AF449082

IDEAS EN EDUCACIÓN II

DEFINICIONES EN TIEMPOS DE CAMBIO

EDICIONES UNIVERSIDAD CATÓLICA DE CHILE
Vicerrectoría de Comunicaciones
Av. Libertador Bernardo O'Higgins 390, Santiago, Chile

editorialedicionesuc@uc.cl
www.ediciones.uc.cl

**Ideas en Educación II.
Definiciones en tiempos de cambio.**

Ignacio Sánchez D.
Editor

© Inscripción N° 291.963
Derechos reservados
Junio 2018
ISBN N° 978-956-14-2258-2

Diseño:
Diseño Corporativo

CIP-Pontificia Universidad Católica de Chile

Ideas en educación II: definiciones en tiempos de cambio / Ignacio Sánchez D., editor.
Incluye bibliografías.

1. Educación - Chile
2. Educación y Estado – Chile.
3. Educación – Aspectos sociales – Chile.
I. Sánchez D., Ignacio, editor.

2018   370.983 + DDC23   RCAA2

IDEAS EN EDUCACIÓN II

DEFINICIONES EN TIEMPOS DE CAMBIO

Ignacio Sánchez D.

Editor

COLECCIÓN ESTUDIOS EN EDUCACIÓN

ÍNDICE

PRÓLOGO

PRÓLOGO

En el debate nacional de los últimos años ha quedado demostrado que uno de los temas centrales que preocupan a la sociedad chilena, y a nuestra casa de estudios superiores en particular, es la educación. Desde su fundación en 1888, la Pontificia Universidad Católica de Chile ha tenido una reflexión permanente sobre este tema, con propuestas y aporte de investigación y nuevo conocimiento que incluye todas las áreas de interés. Es decir, la educación inicial, básica, secundaria y, por supuesto, la enseñanza superior, tanto universitaria como la de orientación técnico-profesional.

Fieles a nuestra función y vocación de compromiso público, a la vez que coherentes con el compromiso y servicio de nuestra universidad con el desarrollo del país, a comienzos del año 2016 publicamos la primera edición del libro *Ideas en Educación. Reflexiones y Propuestas desde la UC*. El objetivo de esa publicación fue aportar a la discusión sobre la educación en todos sus niveles, áreas y aristas. Hoy, dos años después, en un período de reformas, variados y constantes cambios en educación, creemos necesario actualizar los contenidos, la información, nuestras propuestas y argumentos, a la luz de las modificaciones, avances y retrocesos que se han producido durante este período. Lo hacemos, naturalmente, con una visión crítica y constructiva, conscientes de que una evaluación objetiva y académica de estos cambios es indispensable.

Ha sido evidente que en los últimos años la educación ha cobrado gran relevancia, dándose una discusión pública motivada por la necesidad –por todos compartida– de que es necesario hacer cambios. Estos se han producido en un primer momento en la educación escolar y secundaria, luego en la etapa inicial, en la formación docente, y en la actualidad se debate e implementan cambios en la reforma de la educación superior. Muchos de estos proyectos se han transformado en leyes y están en etapa de reglamento o de implementación inicial. Algunos de ellos han sido considerados de manera mayoritaria como un aporte; otros, sin embargo, desde el inicio de su promulgación, han requerido mejoras y cambios para corregir repetidos errores en el texto legal. Así también, en el área de la investigación, el desarrollo de las ciencias y la innovación ha habido una interesante discusión de propuestas y proyectos de ley.

Para hacernos cargo de este desafío, se invitó a un grupo de profesores e investigadores de la UC a renovar sus miradas y propuestas –la mayor parte de ellos ya habían escrito en la primera edición del libro–, y fruto de este trabajo se presenta esta obra, que reúne las temáticas descritas en un número de 27 capítulos. En estos se abordan temas como la autonomía universitaria, el marco regulatorio de la educación, el aseguramiento de la calidad, la educación inicial, el desafío que nos presentan las políticas de inclusión, la ley de desmunicipalización, la carrera docente, la educación técnico-profesional, el acceso y admisión a la educación superior, las formas de financiamiento –escolar, universitario, técnico, así como el que se refiere a las instituciones–, el desarrollo de las ciencias y la innovación, los estudiantes con necesidades educativas especiales, el aprendizaje de la diversidad y la formación ciudadana, entre otros contenidos. Todos estos temas fueron ya presentados en capítulos del libro anterior. Adicionalmente, en esta edición se invitó a nuevos autores de la universidad, con el objetivo de ampliar la obra y compartir sus miradas y propuestas en temas que consideramos muy relevantes y de frontera para la calidad de la educación superior, como son la formación general, el programa de Licenciatura en Estudios Generales o College y los principales aspectos que incluye el área de gestión de asuntos estudiantiles.

Es necesario destacar el gran grupo de especialistas que puede reclutar la UC dentro de sus académicos de diferentes facultades para poner en valor una obra completa en educación. El nivel de compromiso de los autores y de la universidad con los destinos de Chile se ve reflejado, entre otras acciones, en la entrega de valiosas propuestas concretas, que se orientan a enriquecer la discusión en políticas públicas. Este es precisamente el espíritu de esta publicación, es decir, aportar al mejoramiento de la educación en Chile, compartiendo el conocimiento y el resultado de la investigación que realiza un variado y amplio cuerpo de profesores e investigadores de nuestra institución, precisamente en el área de la educación. Quisiera destacar que, al igual que en su versión anterior, en varios temas el libro expresa más de una visión, lo cual da cuenta de la diversidad, del pluralismo y de la riqueza de la investigación de nuestros docentes e investigadores.

Agradezco a todos los autores por su generosidad al aceptar la invitación de participar en esta versión del libro y por sus valiosos aportes, los que finalmente han dado cuerpo al texto que hoy presentamos. Hago también un reconocimiento especial al comité editorial, compuesto por Ignacio Irarrázaval, director del Centro de Políticas Públicas UC, y Andrés Bernasconi, profesor de la Facultad de Educación e investigador principal del Centro de Estudios de Políticas y Prácticas en Educación (Ceppe), por su revisión, comentarios y sugerencias a los capítulos de los autores. Mi especial agradecimiento a Andrea Pinochet, Jefa de Gabinete de Rectoría, por su gran apoyo y dedicado trabajo en la coordinación de las tareas que requirió la edición del libro; a Soledad Hola, de Diseño UC, por su delicado trabajo, y a Angélica Zegers, directora de Ediciones UC, por su gran compromiso y trabajo profesional.

Esperamos sinceramente que este libro sea una fuente de diálogo y reflexión en torno a la educación que queremos para nuestro país, en especial para el presente y futuro de nuestros jóvenes. Un libro que oriente la discusión y nuestros esfuerzos por mejorar y alcanzar una educación que esté al servicio del desarrollo pleno de las personas y de un crecimiento más integrado de nuestro país.

Ignacio Sánchez D.
Rector
Pontificia Universidad Católica de Chile

AUTONOMÍA Y CALIDAD

AUTONOMÍA UNIVERSITARIA Y LIBERTAD DE ENSEÑANZA: DOS NUEVOS PRONUNCIAMIENTOS RELEVANTES

MIGUEL ÁNGEL FERNÁNDEZ
Profesor de Derecho Constitucional UC

INTRODUCCIÓN

En una oportunidad anterior me referí a la autonomía universitaria desde el ángulo de mi especialidad, el Derecho Constitucional[1], exponiendo, a partir de la autonomía de los cuerpos intermedios garantizada en la Carta Fundamental, acerca de la libertad de enseñanza y, más específicamente, su aplicación al ámbito universitario, sobre todo desde la perspectiva de la potestad del legislador para regular dicha libertad y, por ende, para introducir limitaciones a la autonomía de las instituciones educativas.

Examiné esos asuntos considerando, especialmente, la jurisprudencia del Tribunal Constitucional pronunciada hasta ese momento.

Con posterioridad, sin embargo, cabe revisar dos sentencias dictadas por dicha Magistratura[2]. La primera de ellas porque se vincula con la autonomía universitaria, retomando la comprensión más apegada al texto, contexto y espíritu de la Constitución en la materia, y la segunda porque incide en la objeción de conciencia[3].

REVISITANDO LA AUTONOMÍA CONSTITUCIONAL

Al revisar la jurisprudencia del Tribunal Constitucional en relación con esta autonomía, es posible observar cómo, en sus primeros pro-

---

1   Miguel Ángel Fernández González: "Autonomía Universitaria y Libertad de Enseñanza: Competencia del Legislador e Ideario Institucional", Ignacio Sánchez (ed.) *Ideas en Educación. Reflexiones y Propuestas desde la UC* (Santiago, Ediciones UC), pp. 13-38.

2   Sin perjuicio de otros pronunciamientos que no aportan innovaciones significativas en la materia, como sucede con las sentencias emitidas el 21 de diciembre de 2015, Rol N° 2.935; el 28 de enero de 2016, Rol N° 2.950; el 22 de diciembre de 2016, Rol N° 3.279, y el 14 de noviembre de 2017, Rol N° 3.940.

3   Corresponde a la sentencia pronunciada el 28 de agosto de 2017, Rol N° 3.729.

nunciamientos, esa Magistratura fue configurando una amplia extensión de los derechos que integran la libertad de enseñanza (abrir, organizar y mantener establecimientos), comprimiendo, como consecuencia automática, la potestad reguladora del legislador.

Tal vez donde con mayor prolijidad explicó el contenido de aquella libertad fue en el Rol N° 4104, a propósito de los colegios, pero rápidamente la hizo extensiva a las universidades, como ya lo había anunciado en el Rol N° 3525, incluso respecto de las que tienen origen y naturaleza estatal, como sucede con la Universidad de Chile, en el Rol N° 5236.

Así fue configurando el contenido de la libertad de enseñanza en los derechos que el artículo 19° N° 11° inciso 1° de la Constitución asegura a todas las personas, esto es, *abrir, organizar y mantener* establecimientos de enseñanza7, a los cuales se ha agregado el derecho de los padres de elegir el establecimiento para sus hijos8. Esos derechos:

> "(…) condensan, por consiguiente, los elementos, *definitorios e inafectables*, que tal libertad abarca, de modo que el respeto y protección de ellos es lo que requiere siempre la Constitución. Imperativo resulta detenerse en el examen de cada uno de esos tres derechos, para aclarar en qué consiste, respecto de ellos, la seguridad jurídica o certeza legítima, proclamada a favor de todas las personas, en la Carta Fundamental.
>
> Así y en primer lugar, se reconoce el *derecho de abrir, crear o formar establecimientos educacionales de cualquier nivel, de acuerdo con el ideario del proyecto educativo de los fundadores* respectivos. En seguida, queda asegurado el *derecho de organizarlos o determinar*, los fundadores o quienes les sigan, *las características del establecimiento en nexo con sus finalidades u objetivos y métodos para lograrlos; rasgos típicos de la docencia y de los profesionales* que la lleven a cabo; *régimen de dirección, administración y responsabilidad; reglas pertinentes al orden y*

---

4   Sentencia pronunciada el 14 de junio de 2004.

5   15 de julio de 2002.

6   19 de julio de 2007.

7   Enrique Evans de la Cuadra: I *Los Derechos Constitucionales* (Santiago, Ed. Jurídica de Chile, 1999), p. 255.

8   Considerando 15° de la sentencia pronunciada el 14 de junio de 2004, Rol N° 410.

disciplina en la convivencia interna; *sistema financiero o vínculos con otras instituciones*. Por último, *la libertad de enseñanza incluye la facultad de mantener, esto es, conservar o sostener el establecimiento en el tiempo*, modificando su organización o, en última instancia, cerrarlo o transferirlo a terceros"9.

Lo que se asegura en la Constitución, en consecuencia, es el *derecho de abrir* que supone fundar el establecimiento de enseñanza conforme al *ideario* que sus creadores decidan, sin que les sea impuesto por terceros, sean estos órganos estatales o particulares, pues el origen ya se encuentra amparado por la autonomía constitucional.

En seguida, se garantiza también *el derecho de organizarlo* para que pueda, entre otros aspectos, *establecer sus finalidades*, es decir, fijar los objetivos perseguidos con la actividad educativa que desarrolla; *determinar los métodos*, metodologías o instrumentos de aprendizaje que decida emplear para el logro de los objetivos académicos propuestos; *determinar cuáles son los profesionales*, especialmente docentes, que llevarán a cabo aquella metodología en la consecución de las finalidades establecidas; *disponer la estructura u organización interna de la entidad*, particularmente en lo que se refiere al régimen de dirección del establecimiento, a su administración y al estatuto de responsabilidad de quienes lo integran; *estipular las reglas* ad intra *relativas al orden* de quienes forman parte del cuerpo de docentes, profesionales y administrativos que desempeñan sus labores en la institución educativa; *estatuir las normas sobre disciplina* que sirven para regular la convivencia aplicable a todo el personal y a los alumnos, siempre con respeto de sus derechos constitucionales; *disponer el régimen financiero* de la entidad, y *regular sus relaciones con otras organizaciones*, especialmente aquellas que desarrollan actividades de semejante naturaleza.

En fin, se asegura también *el derecho de mantener* el establecimiento, o sea, que su titular, sea el fundador o quien lo ha sucedido, permanezca en esa condición hasta que decida transferirlo o le sea privado por el único medio constitucionalmente admisible, consistente en la expropiación realizada en virtud de ley, especial o general, por causa de utilidad pública o interés nacional, que la autorice y con el acto administrativo que la concrete, previo pago de la indemnización por el daño patrimonial efectivamente causado.

---

9   Considerando 10° de la sentencia citada en *supra* nota 4.

Esta amplia comprensión jurisprudencial llevó, incluso, a que, en 2006, se presentara un proyecto de reforma constitucional porque el Tribunal "ha entendido que la libertad de enseñanza equivale a autonomía"10, de tal manera que se proponía establecer que la libertad de abrir, organizar y mantener establecimientos educacionales se hiciera "en conformidad a la ley"11.

Sin haberse concretado dicha reforma, sin embargo, el Tribunal fue mutando su entendimiento de la preceptiva constitucional, aunque tímidamente en el Rol N° 1.36112; lo asumió, derechamente, en las sentencias sobre administrador provisional (Rol N° 2.73113) y reforma educacional (Rol N° 2.78714), apartándose de manera manifiesta de los precedentes registrados.

Desde este ángulo y sin evaluar otros aspectos que tuvo en cuenta aquella Magistratura, es posible encontrar una revitalización de la autonomía en la sentencia pronunciada el 26 de abril de 2018, Rol N° 4.317, donde examinó si la norma que prohibía que el controlador de una institución de educación superior organizada como persona jurídica de derecho privado fuera una entidad con fin de lucro, se ajustaba o no a la Constitución.

Al respecto, el Tribunal Constitucional sostuvo que esa prohibición modifica la estructura de instituciones que, con anterioridad a la nueva normativa, poseen esa configuración en su propiedad:

> "(...) condición o exigencia sobreviniente, que ciertamente viene a alterar la situación jurídica y los derechos adquiridos de tales instituciones, nacidas al amparo de las normas que regulaban el ejercicio de aquella actividad académica, esto es, constituyéndose como personas jurídicas sin fines de lucro –condición que se mantiene inalterable–, pero sin la limitación en relación al controlador de la misma, que es lo que ahora se pretende imponer, obligándoseles a cumplir según lo prescrito en el artículo décimo octavo transitorio del proyecto de ley en cuestión.

---

10   Mensaje N° 137-354, 6 de junio de 2006, contenido en el Boletín N° 4.222, con el que inicia un proyecto de reforma constitucional que establece como deber del Estado velar por la calidad de la educación, p. 11.

11   *Id.*, p. 14.

12   Sentencia pronunciada el 13 de mayo de 2009.

13   26 de noviembre de 2014.

14   1 de abril de 2015.

Se trata, pues, de innovar respecto a un estado de cosas asentado en el tiempo al amparo de normas constitucionales que no han sido derogadas, ni siquiera modificadas, como son *el derecho a organizar establecimientos educacionales* y el derecho de asociarse, que a todas las personas asegura el artículo 19, N° 11°, inciso primero, y N° 16°, respectivamente, de la Carta Fundamental"[15].

Tal regulación, entonces, afecta el contenido esencial de la libertad de enseñanza, una de cuyas facultades es, precisamente, la de "organizar" establecimientos educacionales:

> "(…) en términos tan amplios e indisponibles por el legislador, como precisara la STC Rol N° 410 (considerando 10°), que hacen de la parte indicada del señalado artículo 63 una prohibición inconciliable con la Constitución"[16].

En otras palabras y más allá de la vinculación que se hace con el derecho de propiedad, es interesante verificar cómo la jurisprudencia vuelve al *leading* case contenido en el Rol N° 410, señero, a mi juicio, en la configuración de la autonomía de los establecimientos de enseñanza, máxime si la prohibición impuesta en el proyecto de ley examinado no se encuadra dentro de *las únicas cuatro causales* que podrían servir al legislador para justificar una nueva interdicción a la libertad de enseñanza, esto es y conforme al mismo numeral 11°, las impuestas por la moral, las buenas costumbres, el orden público y la seguridad nacional[17].

Precisamente, así lo profundiza la sentencia cuando explica, a propósito de la libertad de enseñanza, que ha sido configurada:

> "(…) de tal manera *amplia* (…), a fin que no se la prive de eficacia real ni se la haga objeto de depreciación gradual, entonces su comprensión y alcance han de regirse por aquel principio –favor libertatis– que lleva a *interpretar extensivamente* las disposiciones atinentes a los derechos y garantías de las personas"[18].

Ello se concreta, en la materia que el Tribunal se encuentra analizando, en que solo mediante una impropia interpretación formalista y

---

15 Considerando 80°.

16 *Id.*

17 Considerando 81°.

18 Considerando 95°.

literal de los derechos que incluye la libertad de enseñanza podría no considerarse como parte de ella lo que constituye una facultad connatural para determinar las condiciones y requisitos que deben cumplir quienes integran su estructura organizacional[19]:

> "(…) Cuando la Constitución aseguró el contenido esencial de la libertad de enseñanza, en el citado artículo 19, N° 11, inciso primero, reconociendo que ésta 'incluye el derecho de abrir, organizar y mantener establecimientos educacionales', quiso significar con ello que dichos 'elementos definitorios e inafectables' no pueden ser alterados por el legislador. Misma razón que llevó a esta Magistratura a sostener en STC Rol N° 410 que no es materia de reserva legal –sino que de reserva personal– la facultad que poseen los titulares de los establecimientos educacionales para 'organizarlos' con toda autonomía, esto es, para determinar o modificar su 'régimen de dirección, administración y responsabilidad', entre otras potestades (considerando 10°)"[20].

La autonomía constitucional así comprendida conduce a la Magistratura, inequívocamente, a concluir que:

> "A nivel constitucional, es de una claridad meridiana que *el legislador no puede desconocer la libertad de enseñanza*, emitiendo prohibiciones como si los elementos esenciales de ese derecho no hubiesen sido configurados por la propia Constitución, con inequívoco alcance permisivo, a los efectos de tener fuerza obligatoria directa e inmediatamente para el poder legislador.

> Si la ley no ha podido prohibir a pretexto de regular, menos ha podido mermar la libertad para 'organizar' establecimientos educacionales, toda vez que niega en su médula, sustancia principal de una cosa incorporal, aquello que el Constituyente afirma y quiso dejar a salvo del arbitrio del Estado, especialmente de los actos del legislador"[21].

En consecuencia, en este último pronunciamiento, el Tribunal Constitucional recupera un entendimiento cabal de la autonomía de las instituciones de educación superior, volviendo a la concepción que

---

19   Considerando 96°.

20   *Id.*

21   Considerando 98°.

privilegia el contenido esencial y el ejercicio de los derechos fundamentales para someter a evaluación exigente la regulación legislativa, más si esta, en realidad, contiene una prohibición.

Es indudable, sin embargo, que la futura jurisprudencia del Tribunal será decisiva a la hora de confirmar si este último fallo tendrá la fuerza de recuperar sus precedentes iniciales o si será apenas un regreso esporádico a la cautela sustantiva de la libertad de enseñanza.

EL DERECHO INSTITUCIONAL A LA OBJECIÓN DE CONCIENCIA

Llevada la autonomía constitucional al respeto del ideario de las instituciones de educación, es claro que dentro de aquella que la ley denomina *académica*, esto es, la libertad para que las universidades *decidan por sí mismas* la forma como cumplirán sus funciones de docencia, investigación y extensión, así como la determinación de los planes y programas de estudio, se encuentra el reconocimiento y respeto al *ideario institucional*, vale decir, al plexo de principios y valores que justificaron la creación de la entidad y que dan sentido a su subsistencia. Más aún si esa identidad surge de la confesión religiosa a la cual adhiere y se justifica en el despliegue y exteriorización de la misión que ella supone, a través de la institución de educación superior.

Derechos fundamentales

El reconocimiento del *ideario*, entonces, se *incluye* dentro de la libertad de enseñanza y también, evidentemente, de la libertad religiosa, conforme al artículo 19 N° 6° de la Carta Fundamental y al artículo 12 de la Ley N° 19.638[22], las cuales no pueden ser violentadas imponiendo la práctica de conductas que pugnen frontalmente con esas libertades medulares en la configuración y conservación de la civilización occidental:

> "Cada año que pasa aumenta el número de seres humanos que compran como nosotros, estudian como nosotros, se mantienen sanos (o malsanos) como nosotros, y rezan (o se abstienen de rezar) como nosotros (…). Sólo en el ámbito de las insti-

---

22   Que establece normas sobre la constitución jurídica de las Iglesias y Confesiones Religiosas, publicada en el Diario Oficial el 14 de octubre de 1999.

tuciones políticas se mantiene realmente una significativa diversidad global, con una amplia gama de gobiernos en todo el mundo que se resisten a la idea del imperio de la ley, con su protección de los derechos individuales, como fundamento de un gobierno auténticamente representativo (…)"[23].

Y es más grave todavía afectar el ideario imponiendo actos que lo atacan en su base, porque no solo se quebrantan los derechos de la institución, sino también los de sus miembros, cuya propia conciencia se verá coaccionada si quedan forzados a su realización[24], tal y como lo ha sostenido el Tribunal Constitucional:

> "(…) el respeto de la libertad ideológica o de conciencia supone, entonces, el *reconocimiento de la facultad de las personas para buscar la verdad, <u>manifestar o exteriorizar sus ideas</u>*, lo que remite a la libertad de expresión y la libertad de asociación: 'el contenido específico de la libertad de ideología se manifiesta al exterior en una actuación, <u>*acorde con las propias creencias*</u>, *de carácter verbal, práctico o político*, que inevitablemente supone el ejercicio simultáneo de la libertad de expresión y, en su caso, de las libertades de enseñanza o de asociación, o un ejercicio de la misma que se desarrolla durante una reunión o manifestación pública' (Espín, Eduardo et al., Derecho Constitucional, V. I., Tirant lo Blanch, Valencia, 2003, pp. 225 a 226)"[25].

Por lo expuesto, y conviene aclararlo desde ya, en nuestro ordenamiento constitucional la libertad de conciencia y la libertad religiosa son derechos asegurados a todas las personas y no operan, por ende, como simples reglas de excepción al cumplimiento de deberes legalmente impuestos que los contradigan bajo la fórmula de la *objeción de conciencia*, de tal manera que no se requiere –para invocarlos y ejercerlos– que lo establezca la ley, la cual puede regular el procedimiento que conduzca a su concreción en el caso preciso, pero no se encuentra allí su fuente normativa, sino en la Carta Fundamental.

---

23   Niall Ferguson: *Civilización. Occidente y el Resto* (Barcelona, Debate, 2012), pp. 46-47.

24   Iván Antonio Rodríguez Cardo: "La Incidencia de la Libertad Religiosa en la Relación de Trabajo desde la Perspectiva del Tribunal Constitucional Español", *Revista Brasileira de Direitos Fundamentais e Justiça*, Año 5 N° 15 (Porto Alegre, Pontificia Universidad Católica de Río Grande do Sul, 2011), pp. 17-39.

25   Considerando 30° de la sentencia pronunciada el 2 de junio de 2010, Rol N° 567.

Antes y al contrario, el legislador, al crear obligaciones, como pueden ser las consistentes en otorgar determinadas prestaciones de salud vinculadas a la práctica del aborto, como se debatió en los últimos meses, tiene que ser respetuoso de los derechos fundamentales, incluyendo los que se garantizan en el numeral 6°, de tal manera que su acatamiento no violente la conciencia o el ejercicio de los derechos que contempla la libertad religiosa cuando se trata de situaciones que pugnan en su médula con esos atributos inalienables.

Más claramente dicho, así concebido nuestro sistema jurídico, la conducta legalmente permitida, en cualquier caso, tiene que ser respetuosa de las libertades de conciencia y religiosa, por lo que resulta inconcuso que las instituciones y personas que, bajo ciertos supuestos, por ejecutar esa conducta, las vean vulneradas quedan *per se* excluidas de su realización, de forma tal que el legislador solo puede regular el procedimiento de certificación o publicidad que confiera certeza jurídica a los terceros acerca de si tal o cual persona natural o jurídica se encuentra en esa situación de impedimento radical para el cumplimiento de la conducta que puede haber sido configurada como obligación.

En otras palabras, y para llevarlo al caso concreto, el derecho de las instituciones y personas católicas a no ejecutar abortos no surge porque lo diga la ley, sino que nace directamente de las libertades que, con cualidad de derechos inalienables, les reconoce la Constitución, por lo que al legislador solo cabe ser respetuoso de las libertades de conciencia y de cultos, sin que pueda acotar su reconocimiento, por ejemplo, nada más que al médico cirujano, excluyendo a otros profesionales de la salud, a jueces, funcionarios o a personas jurídicas que intervengan en la realización de la prestación objetada.

Y es útil, en fin, tener en consideración, además, que estos derechos –libertad de conciencia y libertad religiosa, en sus distintas manifestaciones– se encuentran íntimamente conectados con otros atributos fundamentales, como la libertad de expresión, en cuanto manifestación libre de las convicciones y los juicios de conciencia; el derecho de reunión y asociación, para, junto a otros, regularse y dirigirse conforme a pensamientos y convicciones morales mutuamente compartidos, de manera institucional, con o sin fines de lucro; y la libertad de enseñanza, como manifestación exterior, colectiva y persuasiva de las propias convicciones en materia moral y religiosa, en nexo con el derecho preferente de los padres para educar a sus hijos según esas mismas convicciones.

Por eso, una decisión que violente la libertad de conciencia y/o religiosa, probablemente, pugnará también y al mismo tiempo con otros derechos que la Constitución y los tratados internacionales aseguran, máxime si, por ejemplo, las personas naturales o jurídicas lesionadas son tanto prestadoras de salud como instituciones de enseñanza.

Sentencia del Tribunal Constitucional

La tesis expuesta se recoge en la sentencia pronunciada por el Tribunal Constitucional el 28 de agosto de 2017, Rol N° 3.729, al resolver los requerimientos parlamentarios deducidos en contra del proyecto de ley que regula la despenalización de la interrupción voluntaria del embarazo en tres causales[26].

Allí se reprochó que la normativa propuesta limitaba el ejercicio de la objeción de conciencia solo al médico requerido para practicar la interrupción del embarazo y, al mismo tiempo, prohibía su ejercicio por parte de las instituciones.

En esta materia, la sentencia acogió la impugnación, desgraciadamente desechada en lo demás, explicando que suele considerarse fundamento constitucional del derecho a la objeción, a partir de lo dispuesto en el artículo 19 N° 6° de la Constitución, que asegura a todas las personas la libertad de conciencia, la manifestación de todas las creencias y el ejercicio libre de todos los cultos que no se opongan a la moral, a las buenas costumbres o al orden público.

Sin embargo, el Tribunal aclara que ese precepto no contiene un reconocimiento expreso de aquel derecho, en virtud del cual no procede que se obligue a cumplir, por razones de conciencia, las imposiciones de la ley, aun cuando:

> "(…) este Tribunal Constitucional fundará su decisión respecto al derecho de libertad de conciencia y religión que ostentan las personas jurídicas, en materia de objeción institucional, en una perspectiva diversa de la sustentada por la Corte Interamericana, con estricto apego a la norma del artículo 19, N° 6°, pero, además, considerando las garantías contenidas en los numerales 11° y 15°, en relación con el artículo 1°, inciso tercero, de

---

26   Hoy contenido en la Ley N° 21.030, publicada en el Diario Oficial el 23 de septiembre de 2017.

nuestra Carta Fundamental, con arreglo al desarrollo argumental de que se da cuenta en las consideraciones siguientes"[27].

Esa argumentación comienza reconociendo que la objeción de conciencia debe entenderse amparada por la dignidad de las personas que –individualmente o proyectada en su asociación con otros– se niegan a practicar cierto tipo de actuaciones (como la interrupción del embarazo), por razones éticas, morales, religiosas, profesionales, u otras de señalada relevancia[28]. Precisamente, aquella dignidad, reconocida expresamente en el artículo 1° inciso 1° de la Carta Fundamental, impide al legislador disponer de las personas como un medio; a un punto tal que incluso a costa de tener que enajenar las propias convicciones que la definen como persona, cual recurso humano, sea puesta a satisfacer los deseos, apetencias o necesidades de otros:

> "(…) Una alienación tal implica, entonces, despojar a los destinatarios de la norma de su misma calidad de personas, e imponer la obediencia ciega frente a los dictados de una ley que desconoce el elemental derecho, a ampararse en las propias convicciones, para no llevar a cabo un acto que violente su conciencia"[29].

Asimismo, la objeción de conciencia, que el Tribunal entiende como "el rechazo a una práctica o deber que pugna con las más íntimas convicciones de la persona"[30], es una manifestación de la libertad de conciencia asegurada en la Constitución.

Por ende, el ejercicio de ese derecho corresponde a todas las personas, sin que exista razón para limitarlo solamente a las que revistan la condición de profesionales, en circunstancias que aquellas que no lo son también podrían tener reparos, en conciencia, frente a los procedimientos en que deben intervenir[31].

Adicionalmente y en relación con las personas jurídicas, la sentencia sostiene:

> "Que, no es menos evidente, asimismo, que la objeción de conciencia puede ser planteada legítimamente por sujetos jurídicos

---

27   Considerando 130°.

28   Considerando 131°.

29   Considerando 132°.

30   Considerando 133°.

31   Considerando 135°.

o asociaciones privadas, en este caso, con arreglo a la autonomía constitucional que a los grupos intermedios de la sociedad les reconoce la propia Carta Fundamental, artículo 1°, inciso tercero. La interposición de este legítimo reparo no se agota en el orden individual, puesto que también se extiende y propaga a las asociaciones destinadas a encarnar el mismo libre pensamiento, acorde con el derecho que asegura a todas las personas el artículo 19, N° 15°, de la Constitución.

E idénticamente pueden hacerla valer las instituciones religiosas, personas jurídicas o entidades con idearios confesionales que se proyectan hacia el ámbito de la salud, al amparo del artículo 19, N° 6°, constitucional. Como también les es dable oponer la objeción de que se trata a los establecimientos educacionales con una función e ideario en el sentido indicado, de conformidad con el artículo 19, N° 11°, de la Carta Fundamental"[32].

Queda confirmado, con este pronunciamiento, el alcance subjetivo amplio del derecho a objetar, en los casos en que tan grave decisión sea procedente, tal y como lo dispone la Constitución[33].

CONCLUSIONES

Es amplísima la autonomía que la Constitución ha conferido a las instituciones de enseñanza, particularmente tratándose de las universidades y otras entidades de educación superior, consistente con su naturaleza, objetivos y rol dentro del régimen democrático constitucional.

Esa autonomía, que se manifiesta, entre otros derechos, en abrir, organizar y mantener la institución, proviene directamente de la Carta Fundamental, y si bien puede ser regulada por el legislador, este debe actuar respetando la extensión que ella tiene para la realización de los

---

32 Considerando 136°.

33 Para mayor detalle, véase el escrito agregado por la Pontificia Universidad Católica de Chile al expediente originado en los requerimientos parlamentarios deducidos ante el Tribunal Constitucional, Rol N° 3.729, presentado, durante la audiencia pública convocada por dicha Magistratura, por los profesores de Biología del Desarrollo Juan Larraín Correa, y de Derecho Constitucional Patricio Zapata Larraín. Así como también las *Observaciones al Requerimiento de Inconstitucionalidad del Proyecto de Ley que Regula la Despenalización de la Interrupción Voluntaria del Embarazo*, elaboradas por la Facultad de Derecho de la misma Universidad, todos agregados al Cuaderno Separado de la causa referida.

fines propios de las universidades que son decisivos para la realización de la dignidad y derechos de quienes las integran y para la contribución que hacen al progreso y desarrollo de la sociedad completa.

Tal comprensión inicial de la autonomía constitucional, sin embargo, había sido constreñida por diversas sentencias pronunciadas entre 2009 y 2015, pero la que examinó el proyecto de ley sobre educación superior, contenida en el Rol N° 4.317, ha regresado a los precedentes originales que promueven una interpretación favorable a los derechos fundamentales y que configura, más adecuadamente, la potestad regulatoria del legislador.

En fin, el ideario institucional –que es parte medular de aquella autonomía– tiene que ser también cautelado, sin que puedan imponerse deberes que lo afecten en su esencia, quebrantando la conciencia institucional o la de quienes laboran, estudian o investigan en ella, como lo ha reconocido nuestro Tribunal Constitucional recientemente.

REFERENCIAS

Aparisi Miralles, A. y López Guzmán, J. (2006). "El Derecho a la Objeción de Conciencia en el Supuesto del Aborto". *Revista P&B*, Vol. 10 N° 1. Colombia, Universidad de La Sabana.

Evans de la Cuadra, E. (1999). I *Los Derechos Constitucionales*. Santiago: Ed. Jurídica de Chile.

Ferguson, N. (2012). *Civilización. Occidente y el Resto*. Barcelona: Debate.

Fernández González, M. (2015). "Autonomía Universitaria y Libertad de Enseñanza: Competencia del Legislador e Ideario Institucional". Ignacio Sánchez (ed.) *Ideas en Educación. Reflexiones y Propuestas desde la UC*. Santiago: Ediciones UC.

Rodríguez Cardo, I. (2011). "La Incidencia de la Libertad Religiosa en la Relación de Trabajo desde la Perspectiva del Tribunal Constitucional Español". *Revista Brasileira de Direitos Fundamentais e Justica*, Año 5 N° 15. Porto Alegre, Pontificia Universidad Católica de Río Grande do Sul.

Vivanco Martínez, A. (2016). "La Objeción de Conciencia como Derecho Constitucional. Una Especial Mención a la Objeción de Conciencia ante la Despenalización de la Interrupción Voluntaria del Embarazo en Tres Causales Propuesta en el Caso Chileno". Lidia Casas Becerra y Delfina Lawson (compiladoras): *Debates y Reflexiones en torno a la Despenalización del Aborto en Chile*, Año 5 N° 15. Santiago, UDP.

CAPÍTULO 2

ASEGURAMIENTO DE LA CALIDAD EN CHILE: TENSIONES Y DESAFÍOS EN UN ESCENARIO DE CAMBIOS

JUDITH SCHARAGER
Profesora Titular, Facultad de Ciencias Sociales UC
Directora Ejecutiva Agencia Acreditadora Qualitas

ALEXIS MEZA
Investigador Agencia Acreditadora Qualitas

PAULINA RODRÍGUEZ
Asistente de Investigación,
Agencia Acreditadora Qualitas

MANUEL VILLALÓN
Profesor Titular, Facultad de Ciencias Biológicas UC

INTRODUCCIÓN

El escenario actual de la educación superior chilena es incierto. La reforma educacional recientemente aprobada en el Congreso ha abierto una serie de interrogantes sobre cómo quedará estructurada la nueva institucionalidad, el financiamiento y el sistema de aseguramiento de la calidad.

En este capítulo hacemos referencia a este último aspecto. Si bien el debate legislativo puso mayor énfasis en las cuestiones asociadas al financiamiento, el proyecto de ley también modificó sustantivamente el sistema de aseguramiento de la calidad. Ello ha abierto una serie de tensiones, algunas de las cuales son las siguientes: ¿Los reglamentos (aun no formulados) asociados a la Ley lograrán asegurar la calidad a nivel de programas e instituciones de educación superior? ¿Es posible recoger algunos aprendizajes derivados de la Ley 20.129 de aseguramiento de la calidad de la educación superior implementada desde el año 2006, para orientar la puesta en marcha de la nueva institucionalidad? Si bien la nueva Ley especifica la obligatoriedad de acreditar programas de medicina, odontología y pedagogía, por parte de la nueva entidad del Estado (aun no creada), no se han definido los procesos de acreditación de programas y su relación con la acreditación institucional.

El trabajo se estructura en dos apartados. Primero se analiza el escenario que abrió la discusión en torno a la reforma educacional. En el ámbito del aseguramiento de la calidad la iniciativa gubernamental "sobrerreaccionó" ante situaciones anómalas y no tuvo en consideración los avances y aprendizajes que ha experimentado el sistema nacional de aseguramiento de la calidad de la educación superior en las últimas décadas. De ahí surge la pregunta sobre la medida en que la nueva Ley de Educación superior logró capitalizar dichos aprendizajes.

Luego, se identifican algunas tensiones derivadas de dicho escenario. En primer lugar, se discute sobre la necesidad de contar con una mirada sistémica al momento de definir políticas públicas en este sector. En segundo lugar, se presentan debates en torno a concepciones de calidad: uno de ellos se refiere a la priorización de un enfoque de aseguramiento de la calidad basado en el control externo y la rendición de cuentas, en contraste con un prisma en que prevalece el fomento de la capacidad de autorregulación interna de las instituciones. Otra tensión identificada en el ámbito de las concepciones de calidad es la referida a la contraposición entre un enfoque que privilegia el logro de indicadores de eficiencia y una noción que sitúa en el centro el desarrollo del estudiante. En tercer lugar, se pone de manifiesto la función de la investigación en el quehacer universitario y en cómo esta perspectiva no dialoga con otras posiciones que asumen que la investigación no es una función indispensable. En cuarto lugar, se analiza la valoración de la acreditación de programas académicos de pre y postgrado, y los alcances de su eliminación en el nuevo marco normativo. Finalmente, se problematiza acerca de la burocratización e instrumentalización de los procesos de aseguramiento de la calidad que podrían llevar a perder el "sentido académico" de los mismos.

En síntesis, nuestro trabajo pretende analizar el sistema de aseguramiento de la calidad, a veinte años de su implementación en Chile, en el contexto de los cambios propiciados por la nueva legislación. Al mismo tiempo, enunciamos algunas propuestas que apuntan a consolidar los avances logrados en educación superior en las últimas décadas, abordando los nudos críticos existentes.

El aseguramiento de la calidad en el contexto de la reforma educacional: ¿capitalizar los aprendizajes o refundar el sistema?

El sistema de educación superior ha estado en el centro del debate nacional en los últimos años. A raíz de las movilizaciones estudiantiles del año 2011, se ha instalado en la esfera pública la necesidad de reformar el sistema (González y Montealegre, 2012; Rojas, 2012; Reyes y Vallejo, 2013; Ruiz, 2013).

Cabe reconocer que las movilizaciones sociales pusieron en la palestra algunos de los problemas estructurales de nuestro sistema educacional. La masificación de la oferta y matrícula, el financiamiento de las instituciones, el endeudamiento de los estudiantes y sus familias, el abandono de las universidades del Estado, los déficits en materia de regulación y calidad fueron aspectos críticos que lograron sensibilizar al conjunto de la ciudadanía. Si bien varios de estos temas habían sido advertidos por especialistas con anterioridad (Informe del Consejo Asesor Presidencial para la Educación Superior, 2008; Informe OCDE-Banco Mundial, 2009; Meller, 2010), el impulso otorgado por las manifestaciones públicas y el debate social que de ellas se derivó imprimió un ritmo vertiginoso a la discusión. Los alcances de dicho debate mantienen en vilo a las instituciones, dado que a fines de enero de 2018 fue aprobado el proyecto de reforma presentado por el gobierno de Michelle Bachelet. En julio de 2016 el Ejecutivo ingresó un proyecto de ley que reforma la educación superior en nuestro país, abarcando diferentes ámbitos del sistema: institucionalidad, regulación, mecanismos de acceso, mejoramiento de la calidad, inclusión y financiamiento. Luego, con fecha 7 de abril de 2017, ingresó a la Cámara de Diputados una indicación sustitutiva (Boletín 10.783-04)[1], la que reemplaza íntegramente el proyecto anterior. La citada indicación, en los hechos, modificó aspectos relevantes del proyecto original, lo que fue materia de análisis en el campo especializado (Bernasconi et al., 2017). Con fecha 24 de enero de 2018 fue aprobado el proyecto de ley por el Congreso Nacional. Más adelante, en marzo del mismo año, el Proyecto ingresa al Tribunal Constitucional, para hacer una revisión de control preventivo de constitucionalidad de 14 de sus artículos. Luego de dos semanas de discusión, el Tribunal declaró inconstitucional el Artículo 63, que establecía que "solo podrán tener como controladores a personas naturales, personas jurídicas de derecho privado sin fines de lucro". Cabe notar que la revisión de este artículo fue solicitada por una autoridad que representa a una universidad privada, de las creadas después de los años 80.

En este marco, hay dos debates que se entrecruzan. Uno, que ha impregnado toda la discusión, es el referido al *esquema de financiamiento*. Desde el movimiento estudiantil se impulsó como principio que la educación constituye un derecho social fundamental, y que en tanto tal, debiera ser un bien público financiado por el Estado. Esto fue refrendado por Atria y Sanhueza (2013a), para quienes "la pretensión

---

1   El historial del proyecto de ley y sus indicaciones posteriores se puede revisar en: https://www.camara.cl/pley/pley_detalle.aspx?prmID=11224

de que la educación sea 'gratuita' implica transformar radicalmente la manera en que pensamos sobre educación: no ya como un bien que se compra y se vende en el mercado (y al que cada uno accede, entonces, en la medida de sus posibilidades), sino como un derecho social"2.

Se levantó así la demanda por gratuidad en educación superior. Esta iniciativa tiene varios detractores. Por ejemplo, el ex Ministro de Educación Harald Beyer sostiene que se requiere analizar de modo más integral el financiamiento de las instituciones. Propone que el financiamiento estatal de una carrera cuente con una retribución posterior del titulado que sea contingente a su ingreso. Su rechazo a la política de gratuidad (a la que considera una política regresiva) se basa en que el alto retorno privado que exhibe la educación superior en Chile debería ser un motivo suficiente para desincentivar dicha política (Beyer, 2016). En la misma línea, Ricardo Paredes también cuestiona la gratuidad universal:

> En Chile y el mundo la educación superior tiene cobertura parcial, y definitiva y particularmente en Chile está sobrerrepresentada por quienes tienen más ingresos. Ello hace que el efecto de una educación superior gratuita financiada con impuestos generales significará entregarles más recursos a los más ricos de la sociedad y menos a los más pobres, lo que es regresivo. (Paredes, 2014, p. 5)

No obstante estas voces críticas, la demanda por gratuidad fue incorporada en el programa de gobierno de la Presidenta Michelle Bachelet como uno de los elementos centrales de la reforma:

> Avanzaremos gradualmente en la gratuidad universal y efectiva de la educación superior, en un proceso que tomará 6 años.

> Durante el próximo período de Gobierno, accederán a la gratuidad al menos los y las estudiantes pertenecientes al 70% más vulnerable de la población, abarcando extensamente a la clase media. Esta gratuidad podrá ser ejercida en toda institución de educación superior que cumpla, entre otros aspectos, con: estar acreditada; acatar estrictamente las normas que no permiten la existencia de lucro; estar incorporada a las nuevas normas sobre acceso de equidad; desarrollar programas de reforzamiento y acompañamiento para los alumnos vulnerables, y que se

---

2 Atria, F. y Sanhueza, C. (2013a). Gratuidad de la educación superior. Columna publicada en El Mostrador. 22 de mayo de 2013. Revisada el 1 de septiembre de 2017. Disponible en: http://www.elmostrador.cl/noticias/opinion/2013/05/22/gratuidad-de-la-educacion-superior/

rija por el sistema de aranceles que determine el MINEDUC[3].

La propuesta del Gobierno establecía plazos para avanzar gradualmente hacia la gratuidad universal y al mismo tiempo indicaba algunas condiciones para que las instituciones pudieran acogerse a esta política. Entre ellas, estar acreditadas y acatar las normas que prohíben el lucro. Eso abrió otra discusión: ¿Debe el Estado financiar a las universidades sin considerar su estructura de propiedad (privada o estatal)?

> Como la educación es un derecho social (es decir, un derecho de ciudadanía), su financiamiento debe ser universal, es decir, aplicable a toda institución universitaria (esto tiene implicaciones para el régimen general de las universidades como, por ejemplo, excluir la posibilidad de universidades con fines de lucro). Por otra parte, el financiamiento ha de estar disponible sólo para las universidades que asuman en su estructura y operación el estándar que implica el desempeño de una función pública. Esta distinción permite por una parte materializar una gratuidad universal y por otra fortalecer la educación pública. (Atria y Sanhueza, 2013b, p. 2)

De lo anterior se desprende el segundo eje del debate, que apunta a la pregunta sobre cuáles son las instituciones que correspondería financiar. A ello se agrega la discusión sobre la función pública de las universidades. ¿Qué vamos a entender por rol, función o carácter público de una institución de educación superior?

Las universidades privadas creadas con anterioridad a 1981, denominadas universidades tradicionales, reivindican un trato semejante a las universidades del Estado. Ello en función de su contribución histórica al país, lo que las distinguiría de las universidades privadas nuevas creadas con posterioridad al año 1981. Esto no implica desconocer que existen algunas universidades privadas nuevas que han logrado posicionarse como proyectos académicos de indudable calidad y reconocimiento de la formación que imparten.

Hay quienes sostienen que el carácter público estaría dado por su estructura de propiedad. Así, cada institución estatal sería entonces pública por definición. Sin embargo, el debate ha demostrado que dicha acepción es más compleja. Así lo expuso el Rector de la Pontificia

---

3   Ver "Programa de Gobierno de Michelle Bachelet, 2014-2018". Disponible en: http://www.gob.cl/programa-de-gobierno/. Revisado el 8 de agosto de 2017.

Universidad Católica de Chile en una columna de opinión el año 2013:

> Es evidente que no todo lo público es estatal. Basta considerar algunas instituciones de bien público que no son propiedad del Estado. Ejemplos de esto son la Cruz Roja y los Bomberos. La orientación de bien público es lo que marca la misión y objetivo de las instituciones.

> Este es el caso de las universidades que, sin pertenecer al Estado, se encuentran –algunas desde hace 125 años– comprometidas con el desarrollo del país. De hecho, el sistema de educación superior se formó desde ocho instituciones (dos estatales y seis de carácter público no estatal). Este sistema de educación superior no estatal ha sido parte importante del desarrollo que podemos observar hoy, en donde varias de nuestras instituciones son reconocidas a nivel regional y mundial[4].

Atria y Sanhueza refuerzan esa idea:

> Uno puede entender la idea de "universidad pública" como universidad estatal. Esa es una definición formal, que deja sin responder la pregunta por la importancia de la universidad pública. Pero se trata de un concepto formal que es insuficiente. La insuficiencia, en el caso de las universidades, se hace problemática cuando notamos que al hablar de "universidades privadas", hoy en Chile el foco de atención está puesto en las universidades creadas después de 1981, no en universidades que, aunque son formalmente privadas (en el sentido de no estatales), pertenecen a las llamadas "tradicionales" (como la Universidad de Concepción, la Universidad Austral o la Universidad Católica, por nombrar a tres).

> ¿Qué explica esta situación? La respuesta breve es que antes de 1980 se entendía que la actividad universitaria era esencialmente pública, por lo que debía estar sujeta a un régimen público, incluso cuando la universidad fuera privada. Esa naturaleza esencialmente pública de la actividad universitaria implicaba que las universidades no eran nunca comprendidas como universidades docentes, porque no se limitaban a transmitir el conocimiento, sino tenían una función de investigación cuyo objetivo era producir conocimiento. Y la producción de ese conocimiento era pública en el sentido de que no estaba al servicio de agendas particulares.

> (…) las universidades privadas creadas con anterioridad a 1980 eran públicas no solamente porque proveían bienes públicos, sino porque en su funcionamiento se sujetaban a un régimen público. (Atria y Sanhueza, 2013b, p. 7)

---

4   Ignacio Sánchez: Lo público y lo estatal. Columna de opinión publicada en La Tercera el 23 de junio de 2013, disponible en: http://www.latercera.com/noticia/lo-publico-y-lo-estatal/

Nuestro sistema de educación superior desde sus orígenes ha sido de provisión mixta, aunque cabe resaltar que la matrícula en instituciones privadas ha crecido considerablemente. Según Beyer, tras la reforma de 1981 se han moldeado dos "corrientes privatizadoras". Por un lado, una mayor dependencia de parte de las universidades estatales y privadas de recursos provenientes del sector privado, y por otro lado, un aumento de la participación de dicho sector en la oferta educativa (Beyer, 2016).

En línea con lo anterior, González y Espinoza ya en el año 2011 señalaban que la matrícula en el sector terciario se había quintuplicado en las últimas tres décadas, considerando tanto las instituciones públicas como las privadas. Agregaban que a partir del mismo año se incrementaron los aranceles, las ventas de servicios y la participación de la banca privada (González y Espinoza, 2011). Resulta evidente entonces que la condición de provisión mixta del sistema educacional (en términos de la matrícula) se ha ido desbalanceando en favor del sector privado. Es este desbalance (fruto de una expansión desregulada del sistema) el que ha generado una reacción tendiente al fortalecimiento de la función reguladora del Estado. Dicho énfasis, centrado en establecer un rol contralor de parte del Estado en distintos aspectos del sistema, ha cruzado el proceso de reforma educacional.

Pero uno de los temas que han quedado postergados ha sido el aseguramiento de la calidad. Si bien todos señalan que la calidad es un pilar fundamental de nuestro sistema educacional, los aspectos concernientes a ello han quedado subsumidos en la discusión pública y también en el debate legislativo.

> En Chile se permitió el crecimiento de la oferta educacional sin el establecimiento previo de un sistema de aseguramiento de la calidad. Constituyó una manifiesta falta de responsabilidad esta permisividad de décadas en que la producción de un servicio público tan relevante fuese ofrecida sin las suficientes garantías que acreditaran calidad". (Consejo de Rectores de Universidades Chilenas, 2015, p. 22)

El sistema nacional de aseguramiento de la calidad tiene poco menos de dos décadas. En 1999 se creó la Comisión Nacional de Acreditación de Pregrado (CNAP), con el fin de diseñar y proponer un sistema de aseguramiento de la calidad de la educación superior y de conducir procesos experimentales de acreditación. El año 2006 se promulga la Ley 20.129 de Aseguramiento de la Calidad de la Educación y se crea la Comisión Nacional de Acreditación (CNA-Chile). Con posterioridad, se sumaron agencias privadas, con el objetivo de acreditar programas de pregrado y magíster[5].

Existe consenso en el medio especializado que el Sistema Nacional de Aseguramiento de la Calidad ha permitido instalar un conjunto de mecanismos al interior de las instituciones orientados al mejoramiento de la calidad. Así, se reconocen avances en torno a la gestión de la información, una mejor disposición para la rendición de cuentas y la progresiva instauración de una cultura autoevaluativa (Dooner et al., 2016; Bernasconi, et al., 2017). Como contrapartida, se ha acumulado bastante evidencia que señala que uno de los aspectos más problemáticos de nuestro sistema educacional es la falta de un marco regulatorio más efectivo.

No cabe duda que la reforma al sistema de educación superior recientemente aprobada introduce algunas mejoras el Sistema Nacional de Aseguramiento de la Calidad, tales como establecer la acreditación institucional obligatoria y fortalecer los espacios de coordinación del sistema. Sin embargo el diagnóstico que origina la reforma, parte del supuesto de que es necesario refundar completamente el Sistema Nacional de Aseguramiento de la Calidad, sin recoger los aspectos positivos de la institucionalidad existente (Irarrázaval, Scharager, Meza, 2016).

A nuestro parecer, la reforma ha considerado sólo parcialmente los avances logrados con la instauración de un Sistema Nacional de Aseguramiento de la Calidad, y no recoge cabalmente la evolución histórica de las instituciones del país. Si nos atenemos a los resultados derivados de los procesos de acreditación institucional, observaremos que las tres instituciones de mayor antigüedad (Universidad de Chile, Pontificia Universidad Católica de Chile y Universidad de Concepción) son las únicas que han logrado alcanzar el período máximo de acreditación institucional (siete años), en todas las áreas evaluadas. Esto podría hacer presumir que la calidad de una universidad está asociada a la consolidación de un proyecto histórico que adquiere niveles de desarrollo y madurez en el tiempo. Es decir, una universidad

---

5   En la actualidad existen siete agencias acreditadoras privadas autorizadas para operar en la acreditación de programas académicos por la Comisión Nacional de Acreditación (CNA-Chile). Ver: https://www.cnachile.cl/Paginas/Agencias-Acreditadoras.aspx

va construyéndose como un proyecto complejo que logra consolidar resultados en la medida en que se nutre de densidad histórica.

Si a ello agregamos que la base tradicional de nuestro sistema de educación superior chileno se compone (además de las tres universidades ya señaladas) de la Pontificia Universidad Católica de Valparaíso, la Universidad Técnica Federico Santa María, la Universidad de Santiago (ex Universidad Técnica del Estado), la Universidad Austral de Chile y la Universidad Católica del Norte, tenemos que desde su origen nuestro sistema se ha dotado de una oferta privada que ha contribuido con proyectos académicos de calidad.

Lemaitre (2003) sugiere que en el pasado se entendía la calidad, en el contexto de la educación superior, como algo dado, asociado al prestigio, la tradición y la estabilidad de las instituciones universitarias. Por ende, la calidad de las universidades no estaba puesta en cuestión. Hoy, las dinámicas de masificación de la matrícula, de expansión del sistema, la presión por fuentes de financiamiento y el efecto sobre el conjunto de la política pública generan un cuadro de incertidumbre que persigue la calidad como un propósito a lograr. Como agrega la misma autora, "no es que la calidad no haya sido importante, sino que se daba por descontada. Hoy se hace indispensable que 'alguien' –con poder y reconocimiento social– defina calidad en la educación superior, la promueva, la verifique y la garantice" (Lemaitre, 2003, p. 215). Es claro que la calidad dejó de ser un supuesto y pasó a ser un objeto a evaluar y garantizar. No obstante, es dable preguntarse acerca del peso que una evaluación de calidad debiera otorgar a la contribución que a lo largo del tiempo han desarrollado las instituciones. ¿Cómo ponderar el factor histórico que al parecer incide en la calidad de las instituciones?

Existe acuerdo en que es necesario continuar avanzando hacia una institucionalidad de la educación superior en Chile que consolide los resultados en cobertura y calidad que el país ha logrado estos últimos años, pero que corrija los problemas de calidad que han afectado a algunos proyectos institucionales. El cierre de instituciones y de programas ha acrecentado la desconfianza hacia el sistema de educación terciaria, dando cuenta de la falta de mecanismos de regulación efectivos. Lo anterior genera un clima de opinión en la esfera pública propenso a considerar que el sistema está en una situación crítica que obligaría a una profunda reestructuración, lo que sería particularmente urgente para abordar situaciones anómalas en el sector privado. De hecho, en el gobierno de la Presidenta Bachelet se aprobó la Ley 20.800[6] para crear la figura del Administrador Provisional (AP) y Administrador de Cierre (AC), en caso de que alguna universidad deba ser intervenida por el Estado al no lograr sostener su proyecto institucional (Bernasconi, A., 2014). Ello ha provocado, a nuestro juicio, una sobrerreacción contralora que ha permeado las políticas de aseguramiento de la calidad.

Es cierto que hay aspectos críticos que merecían ser objeto de reformulación, tales como terminar con los potenciales conflictos de interés, con la representación corporativa que hoy existe en la CNA, y fijar mecanismos de seguimiento y acompañamiento una vez obtenida la acreditación, entre otros. Sin embargo, no parece apropiado que se desatiendan los avances y aprendizajes que ha desarrollado el Sistema Nacional de Aseguramiento de la Calidad y las propias instituciones de educación superior en las últimas décadas. Lamentablemente, la reforma recientemente aprobada no consideró esta experiencia, sino que legisló en función de la excepción negativa, exagerando la función contralora y sobrerreguladora. De este modo, cabe preguntarse ¿cuál es la concepción de calidad que subyace al proceso de reforma educacional?

Hacia una nueva fase en el aseguramiento de la calidad: nudos críticos y desafíos futuros

A poco más de una década desde la implementación de la Ley 20.129 de Aseguramiento de la Calidad de la Educación Superior, y en un escenario de debate en torno a la reforma de la educación superior, podemos identificar nuevas tensiones y desafíos para una mejora del sistema que apunten a avanzar hacia un nuevo ciclo de desarrollo del aseguramiento de la calidad. Así, hemos identificado cinco grandes nudos críticos, los que serán desarrollados a continuación: a) ausencia de visión sistémica; b) concepciones de calidad; c) rol de la investigación; d) acreditación de programas académicos, y e) burocratización de los procesos de acreditación.

---

6   Los fundamentos, contenidos y el historial de la Ley 20.800 se puede revisar en el siguiente link: https://www.leychile.cl/Navegar?idNorma=1072890

Ausencia de visión sistémica: ¿autismo legislativo en el aseguramiento de la calidad?

Si bien la Ley 20.129 de aseguramiento de la calidad contemplaba un sistema coordinado, en los hechos esto ha ocurrido solo parcialmente, no constituyéndose una visión sistémica, puesto que no solo no hay una debida consideración de todos los actores en su conjunto, sino que además la discusión legislativa que involucra al sistema de educación nacional se ha llevado adelante de manera fragmentada. De hecho, a nuestro juicio, ha prevalecido un "autismo legislativo", lo que significa la compartimentación de políticas y legislaciones vinculadas al sistema terciario.

Un ejemplo de esto se advierte en las políticas de inclusión, las que promueven el ingreso a la educación superior de estudiantes de sectores históricamente postergados. Se ha implementado un conjunto de políticas afirmativas y mecanismos que buscan favorecer el acceso equitativo a la formación terciaria. Estas políticas, sin duda, resultan plausibles.

Pero antes del desarrollo de estas políticas inclusivas, y fruto de un crecimiento de la oferta, hubo un aumento de la matrícula concentrada en grupos sociales antes excluidos, la mayoría de esos estudiantes procedentes de establecimientos municipales y particulares subvencionados. Los datos muestran que los estudiantes de menores recursos económicos acceden con mayor frecuencia a carreras de nivel técnico, las que tienen menores expectativas de ingresos y empleabilidad y que se imparten preferentemente en centros de Formación Técnica (CFT) o Institutos Profesionales (IP). En este sentido, se ha configurado un escenario de masificación segmentada, caracterizado por el acceso diferencial de estudiantes al tipo de institución de educación superior según su origen social (Canales y De los Ríos, 2009). Sin embargo, se observa que la cobertura del sistema de aseguramiento de la calidad no alcanza con fuerza a estas instituciones, que es donde se ha concentrado el crecimiento de la matrícula.

Existe un alto número de programas en CFT que no están acreditados. Incluso al año 2016, solo el 17,4% de las instituciones acreditadas corresponde a CFT (Cuenta Pública CNA, 2016). Este aspecto es de particular relevancia, debido a que –como se señaló anteriormente– este tipo de instituciones es el que recibe la mayor cantidad de estudiantes de bajos ingresos, para quienes la educación superior es central en su desarrollo y movilidad social. Sin embargo, las políticas de aseguramiento de la calidad no han logrado penetrar con fuerza en este sector. Probablemente, el carácter voluntario de la acreditación institucional, más los costos que estos procesos demandan, han sido algunos de los factores que han desincentivado la acreditación de este tipo de instituciones.

La falta de vinculación de las estrategias de aseguramiento de la calidad con las políticas de inclusión a la educación superior no solo es observable a nivel de sistema, sino que también a nivel de implementación de los procesos de acreditación en particular. Si bien los criterios establecidos han permitido generar mecanismos para la identificación temprana de problemas que pudieran afectar el avance curricular de los estudiantes, el foco se ha puesto mayormente en indicadores de resultados, tales como la tasa de titulación oportuna. De esta forma, los sistemas de aseguramiento de la calidad podrían imponer como prioritario el logro de índices de eficiencia Esta exigencia podría ser antagónica a la inclusión, ejerciéndose así una presión no deseada sobre las instituciones y los propios estudiantes.

Un segundo ámbito que ejemplifica la necesidad de una mayor coordinación en el sistema es el referido a las políticas de internacionalización y su vínculo con los procesos de acreditación. Según Knight (2007), uno de los propósitos de los sistemas de calidad en la educación superior es asegurar que la formación sea internacionalmente reconocida. De esta forma, uno de los retos más importantes que plantea la educación transfronteriza es garantizar la calidad de los estudios académicos y conseguir la legitimidad de las titulaciones, con el fin de facilitar la movilidad de estudiantes y académicos. Internacionalmente, este propósito se materializa mediante la acreditación de programas y acuerdos de reconocimiento bilateral. Sin embargo, en el proyecto de ley aprobado recientemente, la acreditación de programas de magíster y de carreras (exceptuando las de acreditación obligatoria) no están formalmente consideradas en la ley

En este marco, el Presidente de la Comisión Nacional de Acreditación, Alfonso Muga, en la Cuenta Pública 2016 de dicho organismo, resaltó la importancia de mantener la acreditación de carreras o programas, dado que es un instrumento necesario para favorecer la movilidad estudiantil entre países:

La acreditación de carreras y programas es lo usual en la experiencia internacional, siendo más bien excepcional la acreditación de instituciones, aun cuando, progresivamente, se está tendiendo a evaluar unidades académicas mayores (Facultades, Áreas). Existe evidencia sobre el efecto positivo que ha tenido en el país la acreditación de carreras, puesto que contribuye a incorporar la cultura de la calidad en los equipos que se vinculan directamente al proceso enseñanza-aprendizaje. Al mismo tiempo, la acreditación de carreras es la base para el reconocimiento de títulos y grados con otros países, acordados mediante convenios de segunda generación. Estos instrumentos bilaterales toman como base el aseguramiento de la calidad y la acreditación de las carreras, como umbral de acceso. Con ellos se favorece la movilidad profesional y académica. (Muga, 2016, p. 7)[7].

La ausencia de un reglamento asociado a la ley, la falta de especificación sobre el mecanismo para llevar a cabo la acreditación a nivel institucional y su relación con la acreditación de carreras y programas, pareciera basarse en el supuesto que la certificación de calidad a nivel de políticas institucionales, asegura de una manera homogénea la calidad y progresión de programas de las diversas disciplinas que se imparten. Sin embargo, la evidencia muestra que la calidad académica de los programas dentro de una misma institución, puede tener distintos grados de desarrollo asociados a su progresión en el tiempo, dependiendo de sus atributos y grados de complejidad.

Como se observa a partir de los ejemplos reseñados más arriba, es indispensable pensar de manera integrada las políticas públicas en materia de educación superior y específicamente en el campo del aseguramiento de la calidad, superando el "autismo legislativo".

b. Debates en torno a las concepciones de calidad

Existe una serie de tensiones en las concepciones de aseguramiento de la calidad. Aquí abordaremos dos de ellas:

i) *La tensión entre el control y la autorregulación.*

La literatura internacional en materia de aseguramiento de calidad pone de relieve la tensión entre dos enfoques principales:

Un enfoque orientado al control y rendición de cuentas, donde

---

7   Discurso de Alfonso Muga en Cuenta Pública CNA 2016. Disponible en: https://www.cnachile.cl/noticias/SiteAssets/Paginas/Forms/AllItems/Discurso%20Alfonso%20Muga%20N.pdf

el énfasis está puesto en la medición de resultados y cumplimiento de estándares, y

Un enfoque orientado al mejoramiento continuo (control interno y autorregulación), cuyo acento se centra en el desarrollo de procesos, políticas, mecanismos y sus resultados.

Se configura, de este modo, un continuo de acepciones que se despliega entre dos polos. En un lado están aquellas definiciones de calidad centradas en aspectos internos, en las cuales priman los procesos autorregulatorios y el desarrollo y aprendizaje de los educandos; mientras que en el otro extremo están aquellas cuyo núcleo es el rendimiento institucional como respuesta a demandas provenientes del exterior, y que están orientadas al control.

Por cierto, existe la posibilidad de asumir perspectivas intermedias, lo que implica adoptar definiciones integradoras, con un balance entre concepciones basadas en el control interno y el externo, la evaluación de procesos y de resultados. Sin embargo, es muy difícil mantener el equilibrio, puesto que en términos conceptuales se puede plantear la opción balanceada, pero en la práctica predominan los sistemas de calidad basados en esquemas de acreditación o verificación de indicadores por evaluadores externos y rendición de cuentas, los que se inclinan hacia el extremo del control (Danøa y Stensaker, 2007). Efectivamente, la tendencia mundial parece haber naturalizado que la regulación de la calidad debe ser realizada "desde fuera" (Dickhouse, 2010). En este contexto, es frecuente que las instituciones que optan por participar de estos sistemas desarrollen acciones reactivas a las demandas y de complacencia a los requerimientos externos, relegando a un segundo lugar la preocupación por la cultura interna de mejora (Houston, 2010). Consecuentemente, el balance que puede enunciarse a nivel conceptual termina por ajustarse solo de modo parcial a la definición equilibrada de lo que se entiende por calidad, y se corre el riesgo de producir respuestas estandarizadas, al adherir con fines utilitarios a patrones de calidad externos (Scharager, 2017). Como señalan algunos autores, bajo este marco, la rendición de cuentas de las universidades, por sí sola, puede convertirse en una demanda coercitiva, invasiva, estéril y ritualista (Newton, 2002; Shore y Wright, 2004).

Este desbalance se ha producido por efecto de la transición que ha tenido la localización del control de la calidad de la educación superior desde un enfoque centrado en la autonomía, la autorregulación y la gestión con lógica académica, a uno basado en la rendición de cuentas a externos, donde lo que predomina es la determinación de la calidad de la educación, según el valor del retorno de la inversión, basado en la desconfianza. Esta suspicacia que tiñe la discusión sobre la calidad en Chile se explica en gran medida por la falta de regulación de nuestro sistema de educación superior en las últimas tres décadas, lo que ha dejado de manifiesto la tremenda heterogeneidad en la oferta académica y en sus niveles de calidad. En este contexto, el Estado ha ocupado un espacio de injerencia que incrementa la presión por privilegiar sistemas de aseguramiento de la calidad basados en el control externo, lo que ha sido muy debatido. Cabe preguntarse cómo distintos abordajes sobre el modo de evaluar la calidad pueden coexistir, asumiendo que cada uno por sí mismo no logra dar cuenta de su complejidad (Leihy y Salazar, 2017).

ii) *La tensión entre la calidad como cumplimiento de indicadores de eficiencia o como proceso prospectivo y transformacional de los estudiantes.*

La literatura despliega una variedad de definiciones de calidad que difieren en los énfasis que otorgan a distintos atributos, y ellas se pueden agrupar dentro del continuo presentado más arriba. Estas abarcan desde aquellas concepciones que acentúan aspectos internos de las instituciones, como los aprendizajes de los estudiantes, el desarrollo de conocimiento y creación artística, hasta conceptos que privilegian el ajuste a estándares definidos externamente (Scharager, Rodríguez, Villalón, 2015). En el punto en que coinciden los autores es en el reconocimiento de la dificultad de construir un concepto de calidad, y en señalar que este es un constructo complejo, dinámico y multidimensional. Indiscutiblemente, el enfoque que predomine va a impactar en las políticas de aseguramiento de calidad que se establezca, lo que incluye los mecanismos de acreditación.

En este contexto, si se analiza el sistema nacional de aseguramiento de calidad vigente y el proyecto de ley aprobado se advierte con claridad que el Estado está estableciendo un modelo que no se sustenta en la confianza. Ello es el resultado de abusos e irregularidades que han ocurrido en el sistema en años pasados. La concepción de calidad subyacente al actual sistema, en teoría, se focaliza en la valoración de la consistencia interna y externa, con un aparente balance de énfasis centrado en la autorregulación y el control. Sin embargo, en los hechos, se advierte un sesgo hacia la detección de malas prácticas, fuertemente focalizado en el ajuste a criterios externos, con escasa consideración del valor de procesos autorregulatorios, gestionados por cuerpos académicos colegiados.

Esta perspectiva pone de manifiesto, como se discutió en la sección anterior, que el aseguramiento de la calidad no contempla otras políticas públicas, como, por ejemplo, las referidas a la inclusión. Aún más, en este caso particular, al asumir una concepción de calidad como respuesta a exigencias externas, se corre el riesgo de generar una tensión entre el aseguramiento de la calidad y las políticas de apoyo a los estudiantes. Dado que las políticas de inclusión promueven el ingreso de una población estudiantil de diversa procedencia social y cultural, se presume que ello puede impactar en la eficiencia medida a través de indicadores de progresión como la titulación oportuna, tal como ya se comentó. Así, el uso preferente de estos indicadores a modo de evidencia de calidad reduce el concepto a una valoración retrospectiva de resultados que no toma debida cuenta de las características específicas de la realidad local (ubicación geográfica, perfil de estudiantes y sus necesidades particulares de formación, entre otras). Bajo este marco, el sistema "castiga" con resultados de acreditación desfavorables la existencia de desviaciones respecto de la progresión estudiantil esperada, a veces sin considerar en la evaluación las carencias formativas detectadas al ingreso de los estudiantes ni las estrategias de reforzamiento que se hayan desarrollado. Desde esta perspectiva, se puede asumir que la calidad se reconoce como una condición más bien estática, retrospectiva y carente de contexto.

Estos antecedentes nos muestran, además, que la educación superior continúa poniendo mucho énfasis en los resultados de valoración externa, tales como las pruebas, las notas, los puntajes, los créditos y grados, descuidando el desarrollo "interno" de sus estudiantes: la esfera de valores y creencias, la madurez emocional, el desarrollo moral, y la autocomprensión (Astin, Astin & Lindholm, 2010). Tal como plantea Jones (2009), las instituciones de educación superior parecen estar bajo la presión de producir graduados cuyos resultados educativos se miden en términos de preparación para el trabajo, tasas de empleabilidad y competencias, en lugar de ponderar su capacidad de desarrollar y desplegar pensamiento crítico e independiente y prepararse para aportar a la sociedad. Si bien las universidades han generado programas o ámbitos de formación tendientes a desarrollar estos aspectos (programas de formación general o áreas de competencias genéricas, etc.), es difícil identificar cómo ellos se evalúan y saber cómo se integran en los procesos de evaluación externa, con fines de acreditación.

En este contexto, se estima necesario llevar a cabo una reflexión en torno a la conceptualización de calidad que se ha generalizado, de modo de incorporar una perspectiva más dinámica y prospectiva. Ello implicaría **concebir la educación de calidad como la acción transformadora que desarrolla una institución en sus estudiantes**, en la que se disponga formar personas integrales, con una orientación de servicio a la comunidad en que se insertan y no solo con un fin de superación o logros de éxitos individuales o ascenso social (Astin, Astin & Lindholm, 2010). Estos autores sostienen que hay abundante evidencia que demuestra que la participación en actividades de desarrollo social promueve el crecimiento de atributos personales como la autoestima, las habilidades de pensamiento crítico, el compromiso de servir a los demás, las habilidades interpersonales, la resolución de conflictos y la autoconfianza. Al mismo tiempo que desarrollan estas capacidades, los estudiantes van generando nuevas dinámicas al interior de las instituciones, logrando impactar en los procesos formativos. Todos estos elementos corresponden a un proceso de desarrollo transformacional.

c. ¿Es la investigación una función inherente al quehacer universitario?

Una de las funciones centrales que llevan a cabo las universidades es la creación de conocimiento a través de la investigación. Si bien esta adquiere distintos niveles de desarrollo, asociados a los estadios y grados de complejidad de cada institución, se entiende que la función investigativa le es inherente.

El modelo de universidad contemporánea ("humboldtiana") establecía que esta debía ser el centro de la unidad del saber, para permitir que se diera una estrecha relación entre la enseñanza y la investigación. Consideraba que la universidad no debía limitarse a ser un simple canal de transmisión de conocimientos, sino un motor que hiciera avanzar la ciencia a través de la investigación. Esto ayuda a explicar la importancia de la investigación como un pilar fundamental de la misión institucional de las universidades (Santelices, 2015).

En Chile, ya en los álgidos años 60, en pleno proceso de reforma universitaria, se creó la Comisión Nacional de Investigación Científica y Tecnológica (CONICYT), la que se establece como organismo asesor de la Presidencia de la República en materias de desarrollo científico y tiene como tarea el fortalecimiento de la ciencia y tecnología, orientando sus esfuerzos a contribuir al progreso económico, social y cultural del país. Desde ahí, el Estado de Chile, a través de distintas leyes, instrumentos y/o programas (CORFO, MECESUP, FONDECYT, entre otros), ha comprometido su apoyo a la investigación. A través del Ministerio de Economía, ha realizado aportes con foco en el desarrollo, innovación, patentamiento y la vinculación con organismos públicos y con la empresa privada.

Vale decir, la investigación ha sido un eje misional de las universidades en Chile y para su desarrollo han contado con apoyo estatal. Es indudable que gracias a ello la productividad científica ha ido en aumento. Al mismo tiempo, en el ámbito de la acreditación institucional, crecientemente se han incorporado al área opcional de investigación más universidades, como queda expresado en el gráfico siguiente.

UNIVERSIDADES ACREDITADAS EN EL ÁREA OPCIONAL DE INVESTIGACIÓN. EVOLUCIÓN PERÍODO 2000-2015

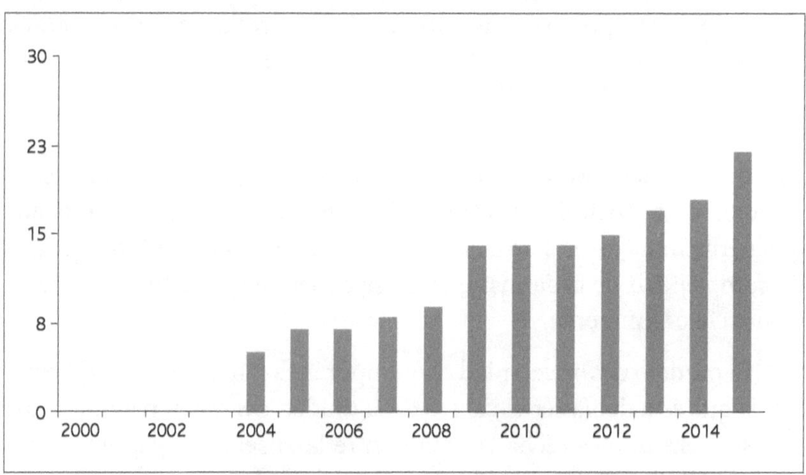

Fuente: Elaboración propia con datos de la Comisión Nacional de Acreditación.

Como se observa, el aumento en el número de universidades con acreditación en el área opcional de investigación ha sido gradual. Si bien el desempeño en investigación de las universidades exhibe distintos niveles de desarrollo, en la actualidad hay 22 acreditadas en el área, lo que representa poco más de un tercio de las universidades existentes. Ello podría indicar que al cabo de estos años las universidades han ido avanzando en la generación de políticas orientadas a fortalecer sus capacidades en investigación. Habría que analizar otros indicadores (proyectos de investigación adjudicados con fondos externos, número de académicos con grado de doctor con jornada completa, publicaciones indexadas, patentamientos, etc.), para evaluar si las políticas desplegadas en el campo de la investigación tienen como correlato un incremento en la productividad científica del país.

En el campo de la investigación, dos tensiones cruzan el debate en el contexto de la reforma educacional. Uno es sobre las fuentes de financiamiento. La adscripción de una institución a la gratuidad supone la cobertura de los costos ligados a docencia directa, quedando los recursos destinados a investigación sujetos a fondos específicos de tipo concursable preferentemente. Ello ha abierto una discusión en torno a cómo financiar la función investigativa, al no poder recurrir para tal efecto a los ingresos vía aranceles estudiantiles. Los Rectores de las universidades Diego Portales y Alberto Hurtado han señalado públicamente que tienen dificultades para cubrir con recursos propios los proyectos o programas de investigación:

> Y es que, en efecto, la transferencia por concepto de gratuidad que el Gobierno efectúa (y que el proyecto de reforma no intenta modificar) no solo está por debajo de los aranceles, sino que no incluye ningún financiamiento para investigación. Es verdad que la glosa presupuestaria consulta un financiamiento nominalmente destinado a ella, pero la verdad es que ese ítem no logra compensar ni el AFI que se suprimió ni la diferencia entre lo que percibían y los actuales aranceles regulados.

> Como consecuencia, estas instituciones han debido, una vez que adscribieron a la gratuidad, moderar sus programas de investigación, restringir la contratación de nuevas jornadas, suspender la mejora de su infraestructura física, congelar los incentivos a sus académicos. La experiencia dificulta que otras universidades de calidad se sumen a la gratuidad, manteniéndose con ello un sistema de educación superior altamente segmentado por criterios socioeconómicos[8].

En consecuencia, la otra tensión es la referida a la acreditación en el área de investigación. La ley recientemente aprobada establece que

---

el área de investigación es de acreditación voluntaria; sin embargo solo podrán acceder al máximo de acreditación aquellas instituciones que la acrediten. Si nos atenemos a los resultados actuales de acreditación institucional, aproximadamente dos tercios de las universidades no se encuentran acreditadas en esta área.

En los actuales criterios de acreditación institucional y de programas se expresa ya esta tensión. Así, en la acreditación de carreras profesionales y licenciaturas, la exigencia de productividad investigativa del cuerpo de profesores ha perdido valoración. Esto entra en contradicción con los criterios de evaluación para la acreditación institucional y de programas de doctorados o magíster de carácter académico, donde se han ido estableciendo de facto estándares de productividad (complementarios a los criterios de evaluación).

Esto lleva a preguntarse ¿qué rol juega la investigación en el escenario universitario actual? A nuestro parecer, la función investigativa es inherente a la función universitaria. Así ha sido históricamente. Cuesta imaginar cómo se puede desarrollar la actividad docente si quien tiene a cargo dicha tarea no desempeña actividades investigativas en su campo disciplinar y/o profesional. Es claro que la investigación contempla distintos estadios de desarrollo, o que puede ser científica o aplicada, pero lo que no resulta comprensible es que no sea considerada entre las funciones primordiales de una universidad. Las universidades requieren acceder a recursos y apoyos basales, a fin de consolidar esta área y no dejarla supeditada exclusivamente a su capacidad de acceder a fondos concursables externos.

d. El valor de la acreditación de programas

Un cuarto nudo crítico es la acreditación de programas. Si bien se reconoce su valía e importancia, la reforma no considera la acreditación de programas.

¿Cuáles serían las razones de ello?

Existen cuestionamientos referidos al valor agregado que tiene para una institución acreditar programas, considerando los costos involucrados en cada proceso de acreditación. Los incentivos externos para acreditar programas son bajos y, por ende, la implementación de una política de dicho tipo queda sujeta a la voluntad institucional. Por otro lado, los casos de corrupción que han empañado en el pasado al sistema y que tuvieron una notoria resonancia mediática han nublado una evaluación más precisa de los avances que ha tenido el sistema.

En ese marco, fortalecer las atribuciones de la agencia nacional estatal es lo que se priorizó Se excluye la acreditación de carreras, lo que va en contra de la experiencia internacional, en la que predomina la acreditación de programas por sobre las acreditaciones institucionales. Se establece que la acreditación institucional será obligatoria para las instituciones de educación superior autónomas. También se señala que dicha acreditación será integral, pues abarcará la evaluación de cinco dimensiones en la totalidad de las sedes con que cuente la institución e incorporará la evaluación de una muestra de programas. Aparentemente, uno de los aspectos que se quiere corregir con la propuesta de acreditación institucional integral es la desvinculación que existe entre la acreditación institucional y la acreditación de programas. Hoy puede haber programas acreditados en instituciones no acreditadas, lo que induce a confusión. Sin embargo, la solución que se ofrece no es la más adecuada.

Si bien es posible considerar que la acreditación de programas resulta costosa y que sus beneficios no son fáciles de apreciar para el conjunto de la institución, es a través de esa instancia que los programas académicos, sus equipos de gestión, docentes, estudiantes y egresados desarrollan la experiencia de evaluar la calidad del proceso formativo. Permite mirar, para cada programa por separado, aspectos tales como la pertinencia y actualización de los perfiles de egreso, la consistencia de los planes de estudio, los índices de progresión académica, la productividad e idoneidad del cuerpo académico, la eficiencia de las estructuras de gestión, los mecanismos de participación, los recursos de apoyo para la enseñanza-aprendizaje, y el impacto en la formación de los estudiantes. Estos elementos no son factibles de evaluar en profundidad en un proceso de acreditación institucional. En la práctica, en un proceso de acreditación institucional el foco está puesto en las estructuras de gestión del conjunto de la organización, los marcos presupuestarios o la definición de políticas y modelos institucionales. Una acreditación de programas, en cambio, pone el acento en las cuestiones disciplinares y permite auscultar con mayor cercanía los procesos de formación, lo que se puede lograr en una modalidad menos costosa si se concentra en aspectos pertinentes al programa y se reduce la evaluación de aspectos estructurales, más propios de una evaluación de carácter institucional (Irarrázaval, Scharager, Meza, 2016). Es un despropósito desaprovechar dicha experiencia, que se sustenta en la retroalimentación académica y disciplinaria que entregan los pares evaluadores y los consejos de área especializados. Es evidente que las instituciones con mayor desarrollo y madurez de sus sistemas de aseguramiento de la calidad son aquellas que tienen como política la acreditación de programas académicos. A través de dicha política logran que los lineamientos institucionales asociados al aseguramiento de la calidad permeen en las facultades, departamentos y carreras.

Por ejemplo, la acreditación voluntaria de programas de pregrado (excluyendo carreras de acreditación obligatoria) ha evolucionado entre los años 2007 y 2016 de la siguiente forma:

CARRERAS Y PROGRAMAS DE ACREDITACIÓN NO OBLIGATORIA ACREDITADOS ENTRE LOS AÑOS 2007 Y 2016

	2007	2008	2009	2010	2011	2012	2013	2014	2015	2016
Carreras acreditadas	306	266	296	349	432	565	652	729	830	978

Fuente: Elaboración propia, con datos de la Cuenta Pública CNA 2016.

Es indudable que las instituciones han ido instalando políticas de aseguramiento de la calidad a partir del aumento de la cobertura de programas acreditados. A través de ello, logran que esas políticas permeen a los programas y van monitoreando la calidad de los procesos formativos de modo directo. No considerar la acreditación de carreras, entonces, constituye en este campo un retroceso.

Tampoco resulta comprensible la omisión respecto de la acreditación de programas de magíster. La oferta en este nivel de formación se ha incrementado considerablemente en los últimos años. Entre 2000 y 2013, la matrícula de programas de magíster pasó de 6.632 a 42.073 alumnos inscritos, septuplicando la matrícula en este nivel de formación. Este crecimiento exponencial de la matrícula hace pensar que es un ámbito que no puede quedar ajeno a la evaluación del sistema de aseguramiento de la calidad. Cabe destacar que gran parte del crecimiento de la oferta se despliega en instituciones que, a la fecha, no están acreditadas en las áreas de docencia de posgrado ni investigación. Estas mismas instituciones muestran bajísimas o nulas tasas de acreditación de sus programas de magíster (Aravena y Meza, 2017).

En síntesis, la evaluación de una "muestra" de programas en el contexto de la acreditación institucional no solo no es viable desde el punto de vista operativo, sino que tampoco permitirá una evaluación pormenorizada sobre aspectos estrictamente académicos y disciplinares, como los que hoy se revisan acuciosamente en una acreditación de programas.

e. Burocratización de los procesos de acreditación

En último lugar, observamos que los procesos de acreditación se han ido burocratizando. El aseguramiento de la calidad se ha desperfilado progresivamente, de modo que lo que parece estar prevaleciendo es una concepción punitiva del mismo. Ello ha ocurrido gradualmente, en el marco del crecimiento desregulado de la oferta de programas de educación superior, producido especialmente a fines de los años 90.

Este cúmulo de eventos llevó al desarrollo de una renovación de los sistemas de control externo a las instituciones de educación superior, mediante las instancias y mecanismos ya descritos. De este modo, gradual e incrementalmente, se establecieron exigencias y demandas de información por parte de organismos del Estado y agencias acreditadoras privadas. Estas exigencias, sumadas a las demandas de un escenario nacional con un modelo económico neoliberal que promueve los comportamientos de mercado, movilizaron a las universidades a incorporar cargos y funciones que les permitieran implementar estrategias para dar cumplimiento a la avalancha de nuevas demandas. Con ello, se abrió un abanico de requerimientos de competencias técnicas en materia de administración académica y se impulsó el desarrollo de ajustes a sus estructuras funcionales, profesionalizando la gestión para atender la complejidad del sistema actual (Scharager, 2017). Se instalan nuevas estructuras dentro de las instituciones, abocadas a la gestión del aseguramiento de la calidad, integradas por personal no académico a cargo del desarrollo de esta nueva función.

Algunas cifras de las bases de datos de contratación de personal no académico con título profesional de las universidades del Consejo de Rectores (CRUCH) pueden ser un indicador indirecto del incremento en la dotación de la planta de profesionales que se han incorporado a la gestión académica de las universidades. En estos registros se observan aumentos en la dotación de profesionales no académicos de hasta 200% en un quinquenio (de 2011 a 2015). Se constata un incremento promedio de 36% entre los años indicados, totalizando

10.586 profesionales de la planta no académica el 2015, en contraste con 16.680 jornadas completas equivalentes en la totalidad de las universidades del CRUCH[9]. Esto implica que más de dos tercios del personal universitario pertenece a la planta de "no académicos", reflejando el cambio estructural al que ha conducido la complejidad de la gestión académica. En consecuencia, las universidades han debido conformar un aparataje administrativo con personal especializado, en un ambiente académico, capaz de responder a este tipo de demandas, a riesgo de subsumir los criterios académicos.

Se debe reconocer que la profesionalización ha contribuido a modernizar la gestión y ha impactado positivamente en las instituciones, en particular en los sistemas de aseguramiento de calidad. Sin embargo, dentro de este campo, el trabajo relacionado con la calidad se ha formalizado a través de regulaciones y burocratización de ciertas tareas. Los procesos orientados al aseguramiento de la calidad han derivado en una creciente instrumentalización de la gestión académica, cuyo fin último ha sido conseguir la acreditación, lo que se homologa a un sello que da garantía de calidad. Estas prácticas –o estrategias de aseguramiento de calidad– se han ido estandarizando, reduciéndose en muchos casos a procedimientos operativos con un fuerte apego a la norma externa. En consecuencia, se observa una mayor preocupación por cumplir con determinados formalismos, en lugar de velar por cuestiones de orden sustantivo, lo que tiende a frenar las innovaciones académicas por temor a que no se ajusten a dichas normas. Esto claramente es una distorsión de los propósitos originales de los sistemas de aseguramiento de la calidad en el mundo y del espíritu fundacional del sistema chileno (Scharager, 2017).

En gran medida, el escenario descrito se refuerza debido a que las agencias responsables de establecer los patrones y normas que regulan la calidad se han ido rigidizando, con una creciente demanda de exigencias de rendición de cuentas a las instituciones de educación superior. Gran parte de estas exigencias externas, especialmente aquellas en materia de calidad, se concentran en aspectos administrativos e instrumentales, relegando lo sustantivo y relevante a un segundo plano, como se dijo anteriormente. Se dibuja así un círculo vicioso:

---

9   Anuario Estadístico al 2015 del Consejo de Rectores, disponible en: http://www.consejoderectores.cl/public/pdf/anuario/2015/ANUARIO_CRUCH_2015_final.pdf

por un lado, las agencias adquieren un creciente carácter controlador que encarnan en demandas operativas e instrumentales sobrestructuradas, que no permiten desviaciones, y, por otro, las instituciones de educación superior responden acríticamente generando estructuras y funciones para satisfacer estas demandas, distanciándose del corazón de la vida académica.

CONCLUSIONES

La reforma de la educación superior ha abierto un escenario de tensión e incertidumbre. Es indudable que nuestro sistema requiere avanzar hacia reformas más comprensivas e integrales que privilegien la calidad, el aporte al país y la formación de estudiantes. La naturaleza de dichos cambios es lo que está en discusión. Es importante mejorar la articulación entre las políticas que atañen a un mismo sector, con el fin de que no se produzcan contradicciones entre resultados medidos en indicadores de eficiencia y los apoyos estudiantiles que permiten avanzar hacia una educación diversa y más justa.

Como se ha señalado a lo largo de este texto, el sistema de educación superior ha estado en el centro del debate nacional en los últimos años, y fruto de ello se han identificado varias áreas críticas, tales como desiguales niveles de calidad entre instituciones, fruto de la masificación desregulada de la oferta; el sobreendeudamiento de los estudiantes y sus familias; la necesidad de asegurar aportes del Estado para financiar las actividades propias de una universidad pública; el limitado desarrollo de las universidades del Estado. Todo lo anterior refrenda la necesidad de realizar una reforma al sistema de educación superior en el país.

La sucesión de algunos casos de abuso y corrupción en el sistema de aseguramiento de la calidad en Chile sembró la sospecha y desconfianza en la institucionalidad de educación superior y los mecanismos regulatorios. De ahí que la reforma en este ámbito haya exacerbado la función contralora por sobre el fomento y promoción de la mejora continua. Existe a nuestro juicio una "sobrerreacción" ante casos anómalos, que impide valorar los aprendizajes y avances del sistema. Es cierto que hay aspectos críticos que merecen ser objeto de reformulación. Sin embargo, no parece apropiado que se desatiendan los avances y aprendizajes que ha desarrollado el Sistema Nacional de

Aseguramiento de la Calidad y las propias instituciones de educación superior en las últimas décadas. Lamentablemente, la reforma no considera esta experiencia, sino que legisla en función de la excepción negativa y exagera la función contralora y sobrerreguladora de la nueva institucionalidad.

Una reforma es necesaria, pero no es necesario "partir de cero". La reforma debió dar cuenta de un diagnóstico que considere cuestiones que han sido parte de la tradición histórica de nuestro sistema de educación superior. Entre ellas, la provisión mixta y la autonomía de las instituciones en su relación con el Estado. Por supuesto que deben existir políticas que establezcan marcos regulatorios claros y efectivos, pero de ahí no se desprende que estos deban suponer un control exagerado del quehacer de las instituciones de educación superior.

Dado que el debate por la cuestión del financiamiento permea a otras áreas (institucionalidad y calidad, entre ellas) y al no estar claro el modo como se estructurará el sistema de financiamiento, se genera un panorama incierto. La gratuidad hasta ahora se ha implementado vía glosa presupuestaria, pero aún no se define un cuadro definitivo que permita certezas sobre qué instituciones podrán adscribir a la gratuidad o cómo se financiarán otras funciones del quehacer universitario, como por ejemplo la investigación.

Justamente, un aspecto que ha sido soslayado en la discusión actual se refiere a una de las tareas centrales de una universidad, como es la creación de conocimiento a través de la investigación. Si bien la función investigativa puede variar en su naturaleza, resulta central que las universidades no solo realicen investigación, sino que enseñen a investigar. Esta tarea formativa es crucial en el marco de la sociedad del conocimiento.

La universidad no debe limitarse a ser un simple canal de transmisión de conocimientos, sino un motor que haga avanzar la ciencia a través de la investigación, lo que explica la importancia que ella tiene y su estrecha relación con la docencia, para definirlas como pilares fundamentales de la misión institucional de las universidades modernas. La nueva ley de educación superior a señala que este ámbito seguirá siendo opcional a nivel institucional, pero indispensable para acceder a la acreditación máxima. Esto significa un avance hacia el fortalecimiento de las universidades en el cumplimiento de su misión. Sin embargo, los resultados actuales de acreditación institucional muestran que aproximadamente dos tercios de las universidades no cumplen con dicho criterio de evaluación. Tampoco es claro cómo la nueva institucionalidad se podría hacer cargo de entregar los recursos necesarios para el desarrollo de la investigación y los grados de complejidad que debería alcanzar en cada institución universitaria. Es primordial, entonces, asegurar que este criterio de calidad, al momento de la acreditación institucional, no se instale como el cumplimiento de "mínimos", sin una debida progresión en el tiempo que asegure un real impacto en la formación de los estudiantes y una contribución significativa en resultados de investigación para el desarrollo social, económico y cultural del país.

Por otra parte, es indispensable volver a poner el foco del aseguramiento de la calidad en un equilibrio entre la lógica de la evaluación externa, basada en el control, y la dimensión orientada al mejoramiento continuo y la autorregulación, puesto que si se anteponen los dispositivos contralores externos, se incentiva la generación de dispositivos reactivos y de acomodo al sistema. Continuar en esta línea de acciones reforzará el carácter instrumental de los procesos de acreditación, con el riesgo de desviarse cada vez más del sentido de estos mecanismos. La utilización de estrategias e instrumentos de modo rutinario y estandarizado, teniendo como objetivo principal el resultado de la acreditación, desvirtúa el propósito de los sistemas de aseguramiento de la calidad.

A su vez, parece necesario evaluar la calidad no solo sobre la base de resultados e indicadores de logro, como la eficiencia, sino también mirando con mayor detalle los cambios y transformaciones que operan en el estudiantado a partir de la formación recibida. Para estos efectos, es necesario indagar en las dinámicas ligadas directamente a los procesos de enseñanza-aprendizaje a nivel de programas disciplinares. Es indudable que las instituciones de educación superior han instalado, a través de la acreditación de programas, políticas de aseguramiento de la calidad, logrando, a través de ello, monitorear la calidad de los procesos formativos de modo directo. No considerar la acreditación de carreras y programas, entonces, constituye un retroceso, además de no ir en línea con la tendencia internacional.

En suma, la reforma educacional en el ámbito del aseguramiento de la calidad no requiere una lógica refundacional, ni tampoco exacerbar los mecanismos de control, los que deberían estar situados en una institucionalidad complementaria a los organismos encargados del aseguramiento de la calidad. A nuestro parecer, el foco de una política orientada a la calidad debiera generar las condiciones para un desarrollo balanceado entre la mejora continua al interior de las instituciones y la rendición de cuentas públicas. De este modo, estaríamos avanzando hacia un nuevo ciclo en el desarrollo del aseguramiento de la calidad, que capitalice los aprendizajes hasta ahora desarrollados y subsane aspectos críticos. Esperamos que la elaboración de los reglamentos asociados a la ley recoja estos aspectos y entreguen lineamientos que permitan a las instituciones desarrollar capacidades de autorregulación y dar cuenta de los mecanismos instalados para asegurar la calidad de la educación que imparten. De este modo se tendería a un balance entre el control externo y la autonomía de las instituciones.

REFERENCIAS

Aravena, M.T. y Meza, A. (2017). Expansión de la oferta y matrícula de Programas de Magíster en universidades chilenas: una mirada desde las políticas de aseguramiento de la calidad. *Pensamiento Educativo*, N° 54(1).

Astin, A. W., Astin, H. S., & Lindholm, J. A. (2010). Cultivating the spirit: How college can enhance students' inner lives. John Wiley & Sons.

Atria, F. y Sanhueza, C. (2013a). Gratuidad de la educación superior. Columna publicada en El Mostrador. 22 de mayo de 2013. Revisada el 01 de septiembre de 2017. Disponible en: http://www.elmostrador.cl/noticias/opinion/2013/05/22/gratuidad-de-la-educacion-superior/

Atria, F. y Sanhueza, C. (2013b). Propuesta de gratuidad para la educación superior chilena. *Clave de Políticas Públicas*, N°17, Instituto de Políticas Públicas Universidad Diego Portales.

Bernasconi, A. (2014). Administrador provisional y de cierre en la educación superior: una UTI sin hospital, *Apuntes legislativos* N°23, Centro de Políticas Públicas UC.

Bernasconi, A. (Editor) (2015). La educación superior en Chile. Transformación, desarrollo y crisis, Ediciones UC. Santiago.

Bernasconi, A., Irarrázaval, I., Meza, A., Scharager, J. y Williamson, C. (2017). Reforma a la educación superior: aportes a la discusión. *Apuntes legislativos*, N° 35. Comentarios al proyecto de ley que formula una indicación sustitutiva al proyecto de ley de Educación Superior (Boletín 10.783-04), Centro de Políticas Públicas UC.

Beyer, H. (2016). Criterios generales para una reforma de la educación superior, *Puntos de Referencia* N° 431, Centro de Estudios Públicos.

Canales, A., & De los Ríos, D. (2009). Retención de estudiantes vulnerables en la educación universitaria chilena. *Calidad en la Educación* (30), 49-83.

Consejo Asesor Presidencial para la Educación Superior (2008). *Los desafíos de la educación superior chilena*. Santiago.

Comisión Nacional de Acreditación (2015). Rendición de Resultados de la Comisión Nacional de Acreditación durante el período 2015. Disponible en: https://www.cnachile.cl/Biblioteca%20Documentos%20de%20Interes/Cuenta%20Publica%202015.pdf

Comisión Nacional de Acreditación (2016). Rendición de Resultados de la Comisión Nacional de Acreditación durante el período 2016. https://www.cnachile.cl/noticias/SiteAssets/Paginas/Forms/AllItems/Discurso%20Alfonso%20Muga%20N.pdf

Consejo de Rectores de Universidades Chilenas (2015). *Propuestas del Consejo de Rectores de Universidades Chilena para la Reforma del Sistema de Educación Superior*. Santiago.

Danøa, T. y Stensaker, B. (2007). Still Balancing Improvement and Accountability? Developments in External Quality Assurance in the Nordic Countries 1996-2006. *Quality in Higher Education, 13*(1), 81-93.

Dickhouse, B. (2010). The selectivity of translation: accountability regimes in Chilean and South African higher education. *Globalisation, Societies and Education, 8*(2), 257-268.

Dooner, C., Armanet, L., Busco, C., d'Alencon, A., Salomone, A. (2016). Impacto de los procesos de autoevaluación en la gestión de pregrado y postgrado en la Universidad de Chile (2011-2014). *Cuadernos de Investigación N°2*. Comisión Nacional de Acreditación. Santiago.

González, L.E. (2008). El Impacto del Proceso de Evaluación y Acreditación en las Universidades de América Latina. CINDA-IESALC/UNESCO, Buenos Aires.

González, L.E. y Espinoza, O. (2011). La educación superior en Chile. Pensamiento Universitario, N° 22. Santiago.

González, S. y Montealegre, J. (2012). Ciudadanía en marcha. Educación superior y movimiento estudiantil 2011: curso y lecciones de un conflicto. Santiago: Editorial Universidad de Santiago de Chile.

Houston, D. (2010). Achievements and consequences of two decades of quality assurance in higher education: A personal view from the edge. Quality in Higher Education,16(2), 177-180.

Irarrázaval, I., Scharager, J., Meza, A. Aseguramiento de la calidad en la reforma a la educación superior. Análisis del Proyecto de Ley de Educación Superior - Título III Aseguramiento de la calidad Educación Superior (Boletín 10783-04). *Apuntes legislativos*, Centro de Políticas Públicas. Agosto de 2016 - N° 32.

Jones, P. (2009). Teaching for change in social work: A discipline-based argument for the use of transformative approaches to teaching and learning. *Journal of Transformative Education, 7*(1), 8-25.

Knight, J. (2007). Educación superior transfronteriza: problemas e implicaciones referentes a la garantía de la calidad y a la acreditación. *Global University Network for innovation.* pp. 134-145. UNESCO.

Leihy, P., & Salazar, J. M. (2017). Quality Street: encountering higher education's accountabilities. *Quality in Higher Education, 23*(1), 3-19.

Lemaitre, M. J. (2003). Aseguramiento de la calidad en la Educación Superior: Opciones y modelos. Pensamiento Educativo, 33, pp. 212-229.

Meckes, L. (2015). *Impacto de la acreditación y de los estándares para egresados de pedagogía en el mejoramiento de la formación de docentes en Chile.* Notas para Educación 20.

Meller, P. (2010). *Carreras universitarias. Rentabilidad, selectividad y discriminación*, Santiago: Uqbar Editores.

Newton, J. (2002). Views from below: academics coping with quality. *Quality in Higher Education, 8*(1), 39-61.

OCDE (2013). El aseguramiento de la calidad en la educación superior en Chile. *Serie Revisión de Políticas Nacionales de Educación.*

Organización para la Cooperación y el Desarrollo Económicos (OCDE) - Banco Mundial (2009). *La Educación Superior en Chile.* Santiago.

Paredes, R. (2014). Reflexiones sobre las propuestas de gratuidad para la educación superior en Chile. *Temas de la agenda pública* N°69, Centro de Políticas Públicas UC.

Peña, C. y Silva, E. (2017). Una gratuidad sin reforma. Columna de opinión publicada en *El Mercurio* el 27 de marzo de 2017. Disponible en: http://www.elmercurio.com/blogs/2017/03/27/49870/Una-gratuidad-sin-reforma.aspx

Reyes, C. y Vallejo, J. (2013). *Los días que avanzaron años. El movimiento estudiantil 2011 desde la perspectiva de sus dirigentes.* Santiago: Instituto de la Comunicación e Imagen (ICEI) de la Universidad de Chile - Ed. CEIBO.

Rojas, J. (2012). *Sociedad bloqueada: movimiento estudiantil, desigualdad y despertar de la sociedad chilena.* Santiago: RIL editores.

Ruiz, C. (2013). Conflicto social en el neoliberalismo avanzado. Análisis de clase de la revuelta estudiantil en Chile (Estudio del movimiento estudiantil 2011), Buenos Aires: Ed. CLACSO.

Sánchez, I. (2013). Lo público y lo estatal. Columna de opinión publicada en *La Tercera* el 23 de junio de 2013. Disponible en: http://www.latercera.com/noticia/lo-publico-y-lo-estatal/

Santelices, B. (2015). Investigación científica universitaria en Chile. En: Andrés Bernasconi (ed.). *La educación superior de Chile. Transformación, desarrollo y crisis*, Santiago: Ediciones Universidad Católica de Chile, 409-446.

Scharager, J. (2017). *Nuevos actores en un viejo escenario: la profesionalización de la gestión de la calidad académica en Chile*, 1990-2015 (Tesis Doctoral).

Scharager, J.; Rodríguez, P.; Villalón., M (2015). Desarrollo del Aseguramiento de la Calidad. En: Ignacio Sánchez (ed.). *Ideas en Educación. Reflexiones y Propuestas desde la UC.* Santiago, Chile: Ediciones UC, pp. 73-109.

Shore, C., & Wright, S. (2004). Whose accountability? Governmentality and the auditing of universities. *Parallax*, 10(2), 100-116.

CAPÍTULO 3

OPORTUNIDADES PARA OPTIMIZAR EL SISTEMA DE ASEGURAMIENTO DE LA CALIDAD EN LA EDUCACIÓN SUPERIOR CHILENA

FERNANDA VALDÉS
Directora de Aseguramiento de la Calidad,
Universidad de los Andes

PEDRO PABLO ROSSO
Rector emérito, Pontificia Universidad Católica de Chile

INTRODUCCIÓN

El proyecto de ley del gobierno de la Presidenta Bachelet para reformar la educación superior, incluyendo su sistema de aseguramiento de la calidad, ha motivado un largo e intenso debate. En términos generales, las principales críticas se refieren a la aparente incongruencia entre sus metas y las medidas que permitirían alcanzarlas, particularmente en lo que se refiere a incrementar la calidad del sistema. Según lo que suceda con este proyecto, la historia registrará el hecho, inédito a nivel mundial, de que Chile intentó cambiar o cambió drásticamente su sistema de aseguramiento de la calidad a menos de una década de su creación. Esta situación revela implícitamente la inexperiencia de nuestro país en esta materia, una realidad reflejada ostensiblemente tanto en las debilidades técnicas de la Ley 20.129, del 17 de noviembre de 2006, que originó el sistema de Aseguramiento de la Calidad en la Educación Superior (ACES)[1], como las que contiene el actual proyecto. Al respecto, adquieren un tono de admonición profética las recomendaciones de la comisión de la OCDE invitada en 2013 por el Ministerio de Educación de Chile para revisar el sistema de ACES. En su informe final, este grupo de expertos tilda de fracaso (sic) el funcionamiento de ese sistema y atribuye sus problemas a "una base legislativa deficiente, unos recursos inadecuados y una falta de visión común de los objetivos". Por lo mismo, advierte que: "**...no se puede esperar que un sistema nuevo y mejorado lo arregle todo por sí solo**" (original en negritas) (OCDE, 2013). Este consejo experto de la Comisión OCDE debería ser un punto referencial para las discusiones del presente y del futuro sobre el ACES.

Algunos países, como los Estados Unidos de Norteamérica (EE. UU.) y los de Europa Occidental, tienen muchas décadas de expe-

---

1   Biblioteca del Congreso Nacional de Chile, 2006.

riencia en materia de ACES. Este es un tema que, además, ha sido ampliamente investigado y existe abundante literatura sobre su institucionalidad, resultados, tendencias, desafíos y dilemas que están enfrentando los encargados de gestionarlos. En el contexto del actual debate nacional motivado por la propuesta de una drástica reforma para el sistema actual, nos ha parecido interesante revisar esa información y contrastarla con algunos de los postulados y metas del proyecto de ley –sin pretender ser exhaustivos en todos sus aspectos, sino más bien focalizados en políticas de aseguramiento de la calidad–, para derivar de ello conclusiones que sirvan para fomentar la mejora continua de las instituciones de educación superior y orientar la actual discusión o las discusiones que pudieran suscitarse a mediano plazo sobre los objetivos y *modus operandi* que debieran caracterizar al sistema de ACES de nuestro país.

LECCIONES DE LA HISTORIA

La mayoría de los países cuenta con un sistema de ACES que, en alguna medida, ha sido modelado de acuerdo con la experiencia de EE.UU. y, más recientemente, de Europa. En consecuencia, hemos enfocado nuestra revisión del "estado del arte" del ACES en estos dos casos. En particular, interesaba conocer el contexto que motivó su creación, la institucionalidad que los rige, los procedimientos que realizan, los dilemas y desafíos que enfrentan, cómo se desarrollan y el impacto que tienen.

Algunos autores hacen remontar la historia del aseguramiento de la calidad a la universidad medieval, usando como ejemplos a la Universidad de París y a las universidades de Cambridge y Oxford (Van Vught, F.A. y Westerheijden, D.F., 1994). La primera sería representativa del modelo de ACES basado en el control externo, en este caso ejercido por las autoridades eclesiásticas, que tenían la potestad de contratar y despedir a los profesores y decidir los contenidos curriculares. En cambio, las universidades inglesas representarían el modelo basado en el control interno, ejercido por las comunidades académicas, que elegían a sus máximas autoridades entre sus pares, las que, a su vez, tenían la atribución de contratar y despedir profesores. Los rectores ingleses no reportaban a ninguna autoridad, ya fuera de la Iglesia o del Estado, y, por lo tanto, gozaban de una gran autonomía en el ejercicio de sus responsabilidades académicas.

Sin embargo, *stricto sensu*, los ejemplos anteriores corresponden más bien a formas distintas de gobierno universitario y no a modelos de ACES. Desde sus tentativos inicios, los sistemas de ACES y la "acreditación" que ellos otorgan o niegan, según el cumplimiento o incumplimiento de normas y estándares convenidos, continúan siendo los mismos. Estos consisten en una etapa de análisis interno o autoevaluación, por parte de las instituciones evaluadas, y otra de evaluación externa, a cargo del ente evaluador. La evaluación externa tiene dos etapas: una visita a las instituciones evaluadas, que realizan evaluadores expertos –en su mayoría académicos–, los cuales emiten un informe sobre sus hallazgos e impresiones a una comisión que deberá resolver. Para este fin la comisión utiliza el informe de autoevaluación, el de los pares evaluadores y de otros antecedentes que pueda considerar pertinentes.

En perspectiva histórica, el concepto de ACES comenzó a plasmarse a fines del siglo XIX en los EE.UU. Hay dos hechos destacables en el ejemplo de este país. El primero es su continuidad temporal. En efecto, pese a los enormes cambios que experimentó el sistema de educación superior estadounidense durante el siglo XX, la mayoría de las actuales organizaciones acreditadoras han funcionado ininterrumpidamente desde su puesta en marcha, entre 1875 y 1900. Esto implica, por una parte, una loable capacidad de adaptación evolutiva y, por otra, el sostenido aprecio y satisfacción de sus usuarios. El segundo hecho es que el ACES fue una iniciativa autónoma de las instituciones de educación superior, en su gran mayoría privadas, y se mantuvo formalmente desligado de los entes estatales y de cualquier otro tipo de control o tutela "externa" por más de medio siglo.

A diferencia de los EE.UU., el ACES fue incorporado por algunos países europeos a partir de la década de los sesenta, por iniciativa de los estados respectivos, y solo adquirió vigencia regional mucho más tarde, en el contexto del Proceso de Bolonia (De Garay, 2012). Este último fue el eje estratégico de la Unión Europea para convertirse en una economía líder en la era del conocimiento. Aunque el sistema de ACES de los europeos está inspirado en la experiencia de los EE.UU., tiene aspectos originales que merecen ser destacados, entre ellos el dinamismo con el que se impuso y el considerable número de trabajos de investigación –relativos a su aplicación e impacto– que ha generado.

La experiencia de los EE.UU.

En 1880, los EE.UU. tenían aproximadamente 50.200.000 habitantes y la educación superior contaba con 116.000 matriculados y cerca de 500 instituciones, en su mayoría *colleges* de artes liberales. En 1900, engrosada por un gran flujo migratorio, la población de ese país había aumentado a cerca de 76.200.000 personas y la matrícula de la educación superior, con 237.000 inscritos, se había duplicado (Goldin y Katz, 1999; Goldin y Katz, 2001). En gran medida ese incremento de matrícula había sido posible por la creación de cientos de nuevas escuelas primarias y secundarias, pero también de nuevos *colleges*, muchos de los cuales distaban considerablemente de las instituciones "tradicionales" en cuanto a la calidad de sus ofertas educativas. Sin duda, se trataba de una situación nueva y, desde la perspectiva de sus actores, crítica. El contexto había cambiado y los *colleges* consideraban que los egresados de la educación media venían "mal preparados" y, a su vez, las universidades tenían la misma queja respecto de los egresados de muchos *colleges*.

Es importante aclarar que en ese período de rápida expansión en la demanda por estudios superiores, un porcentaje significativo de las nuevas instituciones de educación terciaria, particularmente en los estados de reciente creación, pertenecía a inversionistas y emprendedores que habían visto en esas circunstancias la oportunidad de realizar un buen negocio. Fue así como entre 1880 y 1900 se crearon más de 300 instituciones de educación superior (Snyder, 1993). Por lo tanto, casi una cada 30 días. Además, existía una creciente confusión acerca de la nomenclatura que se estaba usando. Habían surgido instituciones post-secundarias que se denominaban "academias" y se dedicaban a preparar a los jóvenes para ingresar a un *college*, y otras que se denominaban *college*, pero que enseñaban profesiones técnicas y no las artes liberales, como mandaba la tradición.

Uno de los elementos estabilizadores de la situación descrita eran los *colleges* tradicionales de Nueva Inglaterra y de los estados de la costa atlántica, muchos de los cuales en esa época se estaban convirtiendo en universidades siguiendo el modelo de Humboldt (Potts, 1971). Estas instituciones continuaban manteniendo los niveles de calidad acostumbrada y educando a las élites. En cambio, en los estados más nuevos, ubicados en el norte, centro y oeste del país, el elemento estabilizador fueron las "*Land-Grant Universi-*

ties" ("Universidades de tierras concedidas"), algunas de las cuales ya manifestaban las virtudes y fortalezas académicas que las harían muy prestigiadas en el siglo XX. Estas instituciones habían sido el resultado de una iniciativa del gobierno federal puesta en marcha en 1862. Su denominación genérica se debe al hecho de que habían sido creadas gracias a una ley que permitía ceder a los estados que lo solicitasen grandes extensiones de terrenos federales, con la condición de que los vendieran y usaran los dineros recaudados para crear universidades y dotarlas del fondo patrimonial respectivo o *endowment* (Appleby, 2007).

Visionariamente, se pensó que esas instituciones formarían el profesorado para los sistemas escolares de los nuevos estados y los profesionales que necesitarían las actividades productivas de esas regiones. Por lo tanto, fueron las "universidades para el desarrollo", y se enfocaron prioritariamente en la educación, las ciencias naturales y la formación profesional, en áreas como agricultura, medicina veterinaria, ingeniería y comercio, pero sin excluir a otras profesiones muy demandadas, como la abogacía y la medicina. Sin duda, se trató de una iniciativa que logró plenamente sus objetivos. Entre las *Land-Grant Universities* estatales se cuentan las de California, Illinois, Iowa, Michigan y Minnesota, para mencionar las más prestigiosas, y entre las privadas, el M.I.T. y la Universidad de Cornell.

Los *colleges* tradicionales y las *Land-Grant Universities* reaccionaron al cambio de escenario de la educación superior de los EE.UU. creando asociaciones regionales de escuelas, *colleges* y universidades (El-Khawas, 2001) (Brubacher, y Rudy, 2004). La primera de estas asociaciones, creada en 1885, fue The New England Association y en los años siguientes se sumaron a ella The Middle States Association, la Southern Association, la North Central Association y el resto de las asociaciones regionales que todavía hoy existen. La última de ellas, la Western Association, data de los años veinte del siglo pasado (Rhoades y Sporn, 2002). Una de las razones de este regionalismo fue el enorme territorio de los EE.UU. y las dificultades de conexión que eso generaba entre las instituciones afiliadas.

Poco después de su creación, las primeras asociaciones regionales se preocuparon de establecer ciertos estándares de calidad para sus instituciones afiliadas. El cumplimiento de esos estándares sería tomado en cuenta en los procesos de admisión y traslado de estudiantes.

A su vez, ese hecho motivó que las escuelas y *colleges* solicitaran a las asociaciones regionales respectivas que certificaran el cumplimiento de los estándares acordados, lo que originó los procedimientos de certificación o acreditación para validar ese hecho, incluyendo una visita a las instituciones realizada por evaluadores. Así fueron surgiendo las respectivas agencias de acreditación institucional, aunque el nombre "acreditación" comenzó a ser usado mucho después, en la segunda mitad del siglo XX.

En cambio, con el acuerdo de las asociaciones regionales, la acreditación de los programas de estudios profesionales fue asumida por las asociaciones nacionales de las escuelas respectivas, siendo pioneras en este campo la *American Medical Association* y la *Association of American Medical Colleges* (AAMC). La agencia acreditadora promovida por estas instituciones contó desde sus inicios con el ascendiente y respaldo legal necesarios para cumplir plenamente con sus objetivos (Beck, 2004). Como resultado de la estricta aplicación de los estándares adoptados por la AAMC, muchas escuelas de medicina no lograron acreditarse y se vieron obligadas a cerrar sus puertas. Las cifras son elocuentes: en 1905 en los EE.UU. había 160 escuelas, en 1910 estas habían disminuido a 133 y en 1920 quedaban solamente 85.

En 1920, los EE.UU. contaban con muchas instituciones terciarias de prestigio y el sistema exhibía una gran diversidad en cuanto a sus integrantes, desde pequeños *colleges* de artes liberales, hasta grandes universidades de investigación, tanto públicas como privadas. Las tensiones generadas por los resultados de algunos procesos de acreditación plantearon una pregunta muy importante: ¿Es lógico y justo aplicarles a todas estas instituciones las mismas exigencias? Esta pregunta motivó que, en 1934, la North Central Association, en una decisión que tendría una gran repercusión posterior, adoptó en sus procesos de acreditación un enfoque basado en el cumplimiento de los propósitos derivados de la misión institucional ("*fit for purpose*"), criterio que aún perdura (El-Khawas, 2001).

Con el tiempo, además de las agencias de acreditación vinculadas a las asociaciones regionales y a las asociaciones de escuelas profesionales, han surgido dos organizaciones acreditadoras, ambas de carácter nacional: una dedicada a la acreditación de instituciones religiosas, como facultades de teología, institutos bíblicos, escuelas rabínicas e instituciones análogas, y otra agencia dedicada exclusivamente a acreditar las ofertas académicas "*for profit*", es decir, de empresas de servicios educacionales (con fines de lucro) (Brittingham, 2009).

En los años sesenta, con la creación del Departamento de Educación, el gobierno federal encargó a ese organismo la tarea de informar anualmente tanto a la ciudadanía como a las entidades gubernamentales pertinentes sobre las instituciones de educación superior acreditadas y, en consecuencia, aptas para que sus postulantes pudieran recibir préstamos federales para pagar sus estudios. Dado que para este fin el Departamento de Educación debía recurrir a la información que le entregaban las Asociaciones Regionales y las organizaciones acreditadoras nacionales, los legisladores consideraron que ese Departamento debía asegurarse de la calidad de esa información evaluando la idoneidad y confiabilidad de las agencias respectivas, lo que, en la práctica, significó que el gobierno federal debía "acreditarlas", un proceso denominado de "reconocimiento". Este se efectúa cada 10 años y durante este intervalo las agencias acreditadoras deben enviar al Departamento de Educación dos informes sobre sus actividades (Brittingham, 2009).

Además del gobierno federal, las organizaciones acreditadoras pueden recibir su "reconocimiento" de un organismo privado, creado por las mismas instituciones de educación superior, denominado Council for Higher Education Accreditation (CHEA) (Eaton, 2015). Aunque es un organismo privado, su idoneidad para esa tarea es reconocida y respetada por el gobierno federal. Por lo mismo, un "reconocimiento" otorgado por CHEA tiene la misma validez y alcance legal que uno del Departamento de Educación, aunque utiliza estándares y criterios que, en muchos aspectos, difieren de aquellos que aplica el organismo estatal. Esta realidad, única en el mundo, se manifiesta en el hecho de que algunas agencias acreditadoras tienen un "reconocimiento" del Departamento de Educación, otras del CHEA y otras de ambos organismos.

La experiencia de Europa

A pesar de la positiva experiencia de los procesos de ACES de los EE.UU., tuvo que pasar bastante tiempo antes de que el aseguramiento de la calidad fuera adoptado por otros países. Los pioneros en Europa fueron Irlanda y el Reino Unido, que crearon sus primeros sistemas a mediados de la década de los sesenta. Sus ejemplos fueron seguidos por los Países Bajos, Dinamarca y otros, de tal modo que, a fines de los noventa, prácticamente todos los países de la vertiente occidental de la Unión Europea (UE) contaban con agencias de ACES y los organismos acreditadores respectivos (Rhoades y Sporn, 2002; Woodhouse, 2012).

Este explosivo interés de los europeos por el ACES puede atribuirse, por una parte, a un considerable aumento en el número de matriculados en estudios superiores, ocurrido a partir de los setenta y, por otra, a la convicción de los gobiernos nacionales y entidades supranacionales de la UE de que era necesario mejorar la calidad de las universidades de esa región, con un énfasis inicial en el control externo de la calidad, para competir con éxito con la economía de los EE.UU. Aun así, los europeos se nutrieron de la experiencia norteamericana y adaptaron a sus realidades tanto los conceptos como los enfoques y procesos desarrollados por las asociaciones regionales estadounidenses.

En la primera década de este siglo la educación superior europea, particularmente la continental, recibió con sorpresa los resultados de las primeras versiones de los *rankings* internacionales de universidades. En estas tablas comparativas las posiciones de liderazgo fueron ocupadas, en una proporción abrumadora, por universidades de los EE.UU. Aunque las comunidades académicas criticaron la metodología utilizada para elaborar estos *rankings*, los gobiernos reaccionaron con preocupación, lo que contribuyó a sensibilizarlos respecto de la importancia de los sistemas de ACES como una alternativa estratégica para mejorar la calidad de sus instituciones de educación superior (Federkeil, 2008; Shattock, 2017).

En la promoción del ACES en Europa, un papel muy importante se atribuye a la existencia del Proceso de Bolonia, un gran esfuerzo colectivo de administraciones públicas, universidades, profesores, estudiantes, empresas, agencias de garantía de la calidad, organizaciones internacionales e instituciones supranacionales, entre ellas la Comisión Europea. Este proceso, cuyos objetivos fundacionales fueron la reforma de los programas de estudio, el aseguramiento de la calidad y el reconocimiento internacional de los estudios cursados, demostró a las comunidades académicas y a los estados las grandes ventajas del trabajo mancomunado. Entre ellas validó las posibilidades, que inicialmente parecían remotas, de ir construyendo un Espacio Europeo de Educación Superior sin grandes diferencias intrarregionales en cuanto a la calidad de las ofertas educativas.

Sobre esa base, en 2005 el Consejo Europeo propuso al Comité Ministerial de Educación la elaboración de Estándares y Directrices para el Aseguramiento de la Calidad en el Espacio Europeo de Educación Superior (Standards and Guidelines for Quality Assurance in the European Higher Education Area [ESG]). Este documento fue actualizado en 2015 sin grandes modificaciones (ESG, 2015).

En 2009 y 2014, la Comisión Europea analizó los avances logrados en el ACES desde la aprobación de los Estándares y Directrices. Las áreas que interesaban a la Comisión fueron las siguientes: a) el apoyo que han significado para las comunidades académicas, estudiantes y otros interesados para alcanzar sus metas de calidad; b) en qué medida han ayudado a las instituciones de educación superior a ampliar el acceso (inclusión) y a disminuir la deserción de estudiantes y las tasas de titulación; c) si han servido de apoyo a las instituciones de educación superior para que los estudiantes adquieran habilidades relevantes y de calidad; y d) si han contribuido a la movilidad y la internacionalización.

Luego de analizar las evidencias entregadas, la Comisión concluyó que durante el lapso transcurrido desde el informe anterior se podían constatar avances, pero que continuaban las brechas en temas como la inclusión, el empleo de los egresados, la internacionalización y que faltaba mejorar los programas de doctorado y las estrategias relativas a recursos humanos. A estas conclusiones la Comisión agregó una visión del futuro que desea para el ACES: que sea un gran proyecto para crear una cultura institucional de calidad y no una de cumplimientos de normas y llenado de "check lists"; que abarque todas las actividades institucionales en todas las áreas y que acoja nuevas tendencias y formas de educación a distancia u otras modalidades.

La institucionalidad europea para el ACES consta de un nivel supranacional y otro nacional. En el supranacional existe la Asociación Europea para el Aseguramiento de la Calidad en la Educación Superior (ENQA), una organización "paraguas" cuya misión es la de representar a las agencias nacionales de ACES a nivel europeo e internacional, especialmente participando en los procesos de toma de decisiones de índole política y colaborando con las organizaciones de profesores, estudiantes, personal administrativo y otros *stakeholders*2. Además, ENQA promueve la dimensión europea del ACES distribuyendo información pertinente, aportando expertos y compartiendo buenas prácticas.

Los afiliados a ENQA son instituciones responsables de ACES en sus respectivos países y para ingresar a dicha asociación deben cumplir con una serie de requisitos que aseguren su idoneidad, empezando por el cumplimiento de los Estándares y Directrices que de ella emanan.

CONCEPTOS, ENFOQUES Y DILEMAS EN ACES

Demostrando su relativa juventud y el interés que genera en los investigadores como sujeto de estudio, el ámbito internacional del ACES es un área muy dinámica en cuanto a la frecuente aparición de novedades, algunas de las cuales construyen tendencias y otras plantean nuevos dilemas. Desde una perspectiva conceptual, pero con importantes implicancias prácticas, Westerheijden (2016) aclara los grandes términos relativos al ACES, releva la necesidad de considerar la diversidad, y por tanto la riqueza, de los sistemas de educación superior y concluye en algunos dilemas que surgen cuando contamos con iniciativas de aseguramiento y de mejoramiento de la calidad.

En lo relativo a conceptos básicos, la visión de Westerheijden (2016) es que se avanza hacia un consenso universal respecto de los siguientes términos:

Calidad: concepto distinto a las normas y a la garantía de calidad, es un proceso esencialmente dinámico (Schindler, L. y colab., 2015). A juicio de Harvey, L. (2006), son indicadores parciales del proceso de transformación (calidad como excelencia; como consistencia; como ajuste a propósitos; como buena relación precio/calidad; y como transformación) y en el contexto de la educación superior, la calidad se basa fundamentalmente en el desarrollo y la mejora, que se materializa en enfoques transformadores por parte de las instituciones.

Evaluación de la calidad: consiste en medir la calidad usando

---

2   Término inglés originado en el mundo de la industria y del comercio para designar a todas las personas vinculadas a una empresa o a una organización y, por lo mismo, interesadas en su buena marcha o afectadas por las decisiones que tomen los responsables de dirigirla. Esto incluye a los trabajadores, accionistas, proveedores y otros.

para ello indicadores cuantitativos y cualitativos relativos a *inputs* (elementos disponibles), procesos y *outputs* (resultados).

Aseguramiento de la calidad: se trata de procesos orientados por una responsabilidad relativa a la fe pública puesta en las instituciones de educación superior. Se trata de otorgar confianza a la sociedad y a sus instituciones, haciendo que la calidad sea claramente evidenciable para todas las partes interesadas.

Acreditación: consiste en una evaluación integral que define umbrales y aplica criterios respecto de la calidad de un programa de estudio o de una institución y lleva asociadas algunas consecuencias según el contexto de cada país o región.

Mejora de la calidad: se refiere a que todas las estructuras y actividades se orientan a lograr la mayor calidad posible, ya sea respecto de la enseñanza y aprendizaje; investigación; servicio a los estudiantes, profesores o investigadores, y gestión académica y de recursos materiales.

Cultura de calidad: se define desde dos dimensiones. Por un lado, se trata de valores, creencias, expectativas y compromisos compartidos por la comunidad de la institución de educación superior y, por otro, se caracteriza por contar con una estructura administrativa que apunta a coordinar los esfuerzos individuales y procesos para mejorar la calidad.

Dado el crecimiento del sistema de educación superior, la variedad de marcos referenciales y el incremento de funciones que hoy alcanzan la formación profesional, la investigación y la transferencia del conocimiento, Westerheijden (2016) enfatiza la necesaria transparencia de toda esa diversidad. Análogamente explica que el "paisaje de la educación superior" es diverso horizontal y verticalmente. El mapeo horizontal es necesario para encontrar la "montaña adecuada", es decir, la institución *ad hoc*, el "par diferente"; la diversidad vertical solo tiene sentido cuando se sabe qué "montaña" se está subiendo. Las nubes, por su parte, en ocasiones obstruyen la visión de las diferencias del paisaje y entonces se requiere de mecanismos e instrumentos que otorguen transparencia.

A partir de las condiciones anteriores, este autor plantea con audacia que requerimos de un ACES 3.0, que reemplace y trascienda a la acreditación tradicional en base a *inputs* y que se abra a la posibilidad de otras modalidades y al reconocimiento de aprendizajes no formales. El ACES 3.0 debiese considerar procesos, desempeños o resultados y auditorías académicas que fomenten los procesos de mejora continua de la calidad, con foco en las instituciones, más que en los programas, y que incrementen su autonomía.

Finalmente, Westerheijden (2016) distingue dos dilemas:

Anticipación de consecuencias: sin consecuencias significativas, el ACES no es considerado seriamente por los académicos y se vuelve un mero proceso administrativo, un tigre de papel3 ("paper tiger"). Pero, por otra parte, si conlleva serias consecuencias, el ACES puede convertirse en un ejercicio centrado en "pasar el examen" y se descuida el proceso de mejoramiento continuo de la calidad.

El peligro de contar/no contar con datos: la cultura de la calidad requiere de procesos y estructuras institucionales para incrementar la calidad sostenidamente; la mejora de la calidad necesita basarse en evidencias. No obstante, el énfasis en los datos puede tensionar las estructuras y puede hacer que la cultura de la calidad sea solo decorativa.

TENDENCIAS MUNDIALES EN EL ACES

Desde una perspectiva fenomenológica, recientemente Klemenčič (2017) destacó las siguientes tendencias de ACES:

Fortalecimiento del ACES a nivel mundial: uno de los hechos más llamativos en el ámbito internacional, sobre todo en los países emergentes, es la proliferación de agencias acreditadoras. Esta tendencia se hace patente en el incremento del número de afiliados que ha tenido la red International Network for Quality Assurance Agencies in Higher Education (INQAAHE), creada en 1991 con 8 afiliados y que actualmente tiene una membresía que suma casi 300 instituciones y agencias que comparten su preocupación por el aseguramiento de la calidad.

Creciente independencia de las agencias de calidad de la tutela estatal: gracias al dinamismo, eficiencia y calidad que han mostrado muchas de las nuevas agencias de ACES, ha disminuido el control

---

3   Modismo inglés para designar a un adversario que parece temible y, en realidad, es inofensivo.

que los estados mantenían sobre ellas, lo que les ha otorgado la autonomía necesaria para desarrollar nuevos estándares e influir positivamente en el desarrollo de culturas de calidad en las instituciones de educación superior. De perdurar esta tendencia, podría ocurrir que muchos estados prefieran delegar en estas agencias algunas de sus atribuciones.

Mayor impacto de los sistemas de aseguramiento de la calidad en las prácticas de las instituciones de educación superior: evidencia reciente señala que los sistemas de aseguramiento de la calidad están influyendo significativamente en las prácticas de las instituciones de educación superior. Lo anterior es más marcado en aquellos sistemas cuyos procesos de acreditación han incorporado mecanismos de seguimiento que incluyen instancias de colaboración para superar algunos de los problemas detectados. En este sentido, los sistemas de ACES han demostrado tener una capacidad de inducción de cambios institucionales positivos muy superior a las dinámicas de mercado. Un buen ejemplo de esta realidad emergente es la experiencia europea, donde en el lapso de una década, desde la aprobación de los Estándares y Directrices (ESG), un alto porcentaje de las instituciones de educación superior ahora cuenta con unidades de aseguramiento de la calidad y cumple con las normas y procedimientos respectivos.

Importancia creciente de la opinión estudiantil: a partir del año 2000, los organismos de aseguramiento de la calidad comenzaron a prestar atención a la opinión de los estudiantes. Esta tendencia aún no se ha generalizado, pero, sin duda, está en vías de lograrlo. Ella responde a la solicitud de las organizaciones estudiantiles, que han planteado su voluntad de tener una mayor participación en la gestión universitaria y, por otra parte, las agencias acreditadoras están interesadas en conocer la opinión de los estudiantes sobre sus experiencias educativas. Ellos aportan una perspectiva única e irreemplazable a la pregunta sobre la calidad de esos procesos. En este ámbito, ha surgido con fuerza una corriente de pensamiento en favor de una participación más activa y comprometida de los estudiantes con su propia educación (*student engagement*), incluyendo la posibilidad de que, a nivel individual, ellos tengan la oportunidad de diseñar su propio currículo. No obstante, esta tendencia es aún incipiente y dispersa; en cambio, un aspecto de los procesos de acreditación que se ha generalizado son las encuestas de opinión de los estudiantes relativas a todos los aspectos que pueden influir en sus experiencias educativas, desde lo que ocurre en las aulas hasta la infraestructura y el medio ambiente institucional.

En el campo del *student engagement*, los europeos han avanzado al punto de incorporar a los estudiantes como actores significativos en los procesos de aseguramiento de la calidad. Para este efecto, la normativa europea (ESG), que rige en el Espacio Europeo de Educación Superior, establece que los estudiantes, en su calidad de stakeholders, son corresponsables de los procesos internos de aseguramiento de la calidad (ESG Estándar 1.1) y junto con otros *stakeholders* deben participar en la planificación y ejecución de acciones de mejoramiento de la calidad institucional (ESG, 2015, Parte 2) y que las agencias acreditadoras deben asegurarse de que lo anterior efectivamente ocurra (ESG, 2015, Parte 3). Por lo tanto, la activa participación estudiantil en los procesos de autoevaluación es obligatoria. Al respecto, es importante señalar que las organizaciones estudiantiles europeas son bastante formales y profesionalmente organizadas. Para ejercer sus derechos deben respetar ciertos principios de gobernanza, incluyendo la prohibición de mantener algún vínculo de interés con actores externos, como empresas o partidos políticos, o internos, como autoridades universitarias y profesores. Además, deben ser representantes que el cuerpo estudiantil considere legítimos.

LECCIONES PARA CHILE DE LA HISTORIA Y EXPERIENCIA INTERNACIONAL EN ACES

Los antecedentes entregados en las secciones precedentes de este capítulo aportan elementos de juicio sobre diversos contenidos del proyecto de ley para reformar el sistema de ACES y los pasos que siguieron los profesionales del Ministerio de Educación para su formulación. Con frecuencia la experiencia internacional contrasta significativamente con esos contenidos y procedimientos, un hecho que revela inexperiencia y desinformación en el tema de los responsables de su elaboración, tanto los equipos técnicos como las autoridades ministeriales. A continuación se destacan las diferencias más ostensibles.

Sobre las orientaciones de la actual propuesta para reformar el sistema de ACES

En relación con las grandes metas a las que apunta el proyecto de reforma de la educación superior de nuestro país, incluyendo el sistema de ACES, es revelador el documento programático para el período presidencial 2014-2018, que le sirve de marco conceptual4. En él se afirma que Chile ha conseguido importantes logros en todos los niveles del sistema educativo, entre ellos una alta cobertura y mejorías considerables en infraestructura y equipamiento. No obstante, estos avances han sido insuficientes para superar tanto la segmentación social como las disparidades de resultados de aprendizaje entre los establecimientos escolares públicos y los privados. Esta situación determinaría limitaciones de acceso a la educación superior asociadas a proveniencia escolar y a las dificultades para financiar los estudios superiores para los jóvenes con menores ingresos familiares. A esto se agregaría lo que, en términos muy generales, se describe como "la existencia de serias dificultades en el control de la calidad de las instituciones de educación superior, cuestión que se ve agudizada por la baja fiscalización de los Institutos Profesionales y los Centros de Formación Técnica", aseveración ambigua que, en forma implícita, denuncia una baja calidad del sistema, hecho que sería tan evidente como para no requerir la debida fundamentación.

Por lo tanto, a juicio de ese documento, los principales problemas que afectarían a la educación superior de nuestro país serían dos: uno de índole social-cultural, manifestado en inequidades de acceso, y otro de calidad. Para remediar los problemas de equidad o inclusión se proponen diversas metas, entre las que destacan las siguientes: la gratuidad universal progresiva y un Programa para Incrementar la Equidad en el Acceso a la Educación Superior; la creación de una Superintendencia de Educación Superior, para una mejor fiscalización del uso de los recursos públicos y evitar el lucro; y la creación de nuevas instituciones estatales de educación superior, incluyendo dos universidades.

Respecto del aseguramiento de la calidad, se propone la creación de una "Agencia de la Calidad de la Educación Superior", cuyas funciones serían la acreditación de las instituciones y "velar por la calidad de la educación superior". Con esta finalidad se establecería "un nuevo sistema de acreditación de instituciones de educación superior. La acreditación, tanto institucional como por carreras, será obligatoria para todas las instituciones de educación superior (Universidades, IP y CFT)".

---

4   Programa Michelle Bachelet 2014-2018.

Como un primer paso en el camino de instaurar las profundas reformas anunciadas en el programa presidencial, el gobierno presentó primeramente una propuesta denominada "Bases para una Reforma al Sistema Nacional de Educación Superior". Este documento motivó un rechazo transversal, tanto de los sostenedores y rectores de las instituciones de educación superior como de los parlamentarios, incluyendo un número significativo del conglomerado oficialista. Las numerosas y variadas críticas fueron recogidas por el gobierno y motivaron sucesivos documentos sustitutivos, con nuevas propuestas, varias de las cuales forman parte del proyecto de Ley de Reforma de la Educación Superior actualmente tramitado en el Congreso. Se trata de un conjunto de disposiciones que cambian –y de manera considerable– el actual sistema de ACES y la institucionalidad responsable. Todas ellas tocan aspectos muy vinculados entre sí y, a la vez, sensibles e importantes.

Durante los últimos años, en Chile se han ido asentando los primeros cimientos para el aseguramiento de la calidad, pero aún no se obtienen los resultados necesarios para garantizar la calidad de todas las instituciones. La tendencia internacional muestra con claridad que el ACES transita hacia la rendición de cuentas, la eficiencia y responsabilidad social, junto con el desarrollo de distintos instrumentos orientados hacia el control, la evaluación y el mejoramiento de la calidad (El-Khawas, 1998; Schwarz y Westerheijden, 2004; Perellon, 2007). En este contexto, la equidad resulta ilusoria si solo se garantiza el acceso, pues tanto o más importante resultan los mecanismos que favorezcan la permanencia y la titulación oportuna de los estudiantes, salvaguardando la calidad y excelencia de la educación que se imparte.

Algunas fallas de origen

Contrariamente al caso chileno, el sistema de ACES de los EE.UU. fue creado por iniciativa de las instituciones de educación superior. Es una tradición que perdura y que plantea la pregunta sobre cómo habría sido el sistema de educación superior de los EE.UU. si esa situación de desorden y mediocridad académica que se produjo hacia fines del siglo XIX se hubiera prolongado.

En el caso de Chile, el único cuerpo colegiado que podría haber impulsado y liderado un proyecto autónomo de aseguramiento de la calidad, como lo hicieron los *colleges* tradicionales y las *Land-Grant Universities* en los EE.UU., es el CRUCH. Lamentablemente, en la época en que se expandió esta entidad, no manifestó, al menos públicamente, su interés por el aseguramiento de la calidad, excepto tangencialmente, al denunciar las deficiencias y malas prácticas de algunas de las universidades nuevas. No obstante, con el ingreso al CRUCH de las universidades derivadas de sedes regionales de la Universidad de Chile y de la Universidad de Santiago, muchas de ellas muy mal gestionadas y con serios problemas de calidad, para el CRUCH habría sido políticamente inviable asumir ese papel. Por otra parte, las universidades creadas después de 1980 se habrían "disparado en los pies" asumiendo una iniciativa de ese tipo. Algunos de los rectores de las nuevas universidades reaccionaron con alarma y desconfianza ante la iniciativa del Estado en materia de ACES e hicieron lo posible por retrasar la aprobación de la Ley 20.129.

El surgimiento del ACES en la UE estuvo a cargo de entes estatales y hay dos aspectos destacados en el proceso de construcción de los sistemas respectivos. El primero es que los países pioneros, en su mayoría del norte de Europa, establecieron sus sistemas de ACES en forma paulatina, en continuo diálogo con los actores. En segundo lugar, buscaron en cada paso el aval de un respaldo técnico confiable, lo cual alentó y financió la investigación necesaria para medir impactos y modificar procedimientos. Toda esta información, puesta en común, echó las bases y dio el tono de la fase siguiente, cuando se crearon las redes internacionales.

El sistema de ACES chileno fue creado usando como modelo las mejores prácticas a nivel internacional, pero con una débil estructura de coordinación y de respaldo técnico para lograr procesos de mejora continua de la calidad. Ello explica que en 2011 se intentara, sin éxito, crear una Superintendencia de Educación Superior que se ocupara de fiscalizar a las instituciones y que en 2013 el MINEDUC convocara a expertos internacionales para que realizaran una revisión crítica del modelo y luego, junto a expertos del Banco Mundial, se confeccionara un nuevo proyecto de ley que intentó crear la Agencia Nacional de Acreditación5. Más allá de cuán pertinentes y oportunas fueron dichas iniciativas, estas intentaron fallidamente mejorar algunos aspectos de la institucionalidad y funcionalidad, lo cual las diferencia en forma marcada del actual proyecto, que busca modificaciones mucho más sustantivas.

---

5 Mensaje 498/360, 8 de enero 2013.

Pese a las debilidades del modelo de ACES antes señaladas, el sistema de educación superior chileno es el que exhibe mayor robustez y experiencia en el concierto latinoamericano. Evidencia de ello es que a la fecha cuenta con 1.247.746 estudiantes (SIES, 2017)6, aproximadamente el doble que el año 2005, distribuidos en universidades privadas (31%), universidades del CRUCH (28%), institutos profesionales (30%) y centros de formación técnica (11%); y que el 85% de la matrícula se encuentre en instituciones de educación superior acreditadas. El porcentaje de matrícula no acreditada se explica porque el 16% de las instituciones del sistema no son acreditables, por carecer de autonomía y debido a que las instituciones restantes, en general pequeñas, no poseen en este momento dicha certificación.

Según datos de la OCDE 20167, Chile exhibe una participación en educación superior –o cobertura bruta– en torno al 87%, superando ampliamente al promedio OCDE (68%). Preliminarmente estas cifras nos plantean que el primer sistema de ACES, aun con sus evidentes deficiencias respecto a la gobernanza de los distintos organismos que lo componen y la débil descripción de los distintos tipos de instituciones y sus funciones, no restringió el acceso, sino más bien logró ampliarlo progresivamente. Además, en el último tiempo, permitió otorgar a la mayoría de la matrícula un sello de calidad avalada por los procesos de acreditación institucional y de programas de estudio.

Por último, contrastando con el supuesto básico de "mala calidad" del sistema que anima al proyecto reformador, la educación superior chilena tiene fortalezas que se expresan en la loable ubicación de algunas de sus universidades en los *rankings* mundiales de universidades y que, como sistema, sea considerado el mejor de América Latina por una organización tan prestigiosa como la Red Universitas 21 (Universitas 21, 2017). En consecuencia, se trata de una situación que en lo que toca al ACES no vuelve justificable una aproximación eminentemente fiscalizadora y tampoco de "tabula rasa" respecto de la institucionalidad y estándares actuales.

---

6   Total levemente decreciendo respecto a los años anteriores, en los que venía aumentando en términos absolutos.

7   OCDE. Tabla C3.1. Notas en Anexo 3. http://dx.doi.org/10.1787/888933398440

MIRANDO HACIA EL FUTURO: OPORTUNIDADES PARA MEJORAR

Considerando las experiencias estadounidense y europea, parece una mejor alternativa ir perfeccionando paulatinamente el sistema de ACES, evaluando cada acción, aprendiendo de cada error, cotejando los supuestos con las pruebas empíricas correspondientes, y evitar las consecuencias de proceder a desmantelarlo sin grandes acuerdos o razones claras de lo que se quiere resolver y con un alto riesgo de reemplazarlo por algo peor. Además, es conveniente llevar a cabo las modificaciones sobre la base de grandes acuerdos, fruto de la participación de todas las instituciones de educación superior. A la luz de estas consideraciones y, en general, del "estado del arte" a nivel internacional, nos parece oportuno proponer algunas iniciativas de mejoramiento para Chile, tanto a nivel sistema como a nivel institucional, cuya particularidad es que han sido estudiadas, la mayoría probadas y no todas ellas requieren de cambios legales para ser implementadas.

Promover una cultura de la calidad

La experiencia internacional ha demostrado la eficacia de los sistemas de ACES como promotores de una "cultura de la calidad" en las instituciones de educación superior (Ryan, 2015). Justamente son las definiciones de los sistemas de ACES, y sus progresivas optimizaciones, las que prefiguran y modelan la institucionalidad más apropiada, estableciendo roles y responsabilidades claras para los agentes encargados y también para otros actores relevantes, y resguardan la coordinación de las instituciones y los adecuados contrapesos. En términos generales, también la evidencia señala que se asumen ciertos supuestos básicos en los sistemas de ACES, a saber, que las instituciones de educación superior cuenten con misiones bien definidas y comunicadas, consistentes con los objetivos del sistema de educación superior en el que se hallan insertas. También se advierten consensos en los siguientes elementos: existencia de agencias autónomas o semiautónomas, estándares y expectativas explícitas, autoevaluación, revisiones externas a través de visitas de expertos, recomendaciones formales, información pública, atención tanto a procesos como a resultados y valoración de la diversidad de las instituciones. Adicionalmente, los sistemas de ACES precisan las definiciones respecto del reconocimiento oficial, el licenciamiento –o como se denomine a la etapa inicial de desarrollo de las instituciones–, la autonomía y la acreditación. Por último, los sistemas de ACES distinguen los procesos que tienen consecuencias asociadas a los resultados de la evaluación de aquellas instancias de carácter formativo para el mejoramiento continuo. Por tanto, la función del ACES no consiste en "amoldar" a las instituciones, sino más bien ha de ser orientadora y promotora de oportunidades para el desarrollo de los distintos proyectos educativos.

El aspecto de fondo del actual proyecto para reformar el ACES que motiva más aprensiones es un enfoque que enfatiza la fiscalización estatal de las instituciones; por lo tanto, el desarrollo de una calidad institucional de origen heterónomo. El ACES concebido como una función fiscalizadora es propia de los sistemas de educación superior emergentes, integrados mayoritariamente por instituciones de reciente creación, con escasa tradición académica, baja capacidad de autorregulación y muchas otras falencias. Sin duda, ante la precariedad de un sistema con esas características, parece un enfoque lógico y, a la vez, práctico. En este caso la tarea fiscalizadora se realiza mediante la verificación del tipo checklist, que permite ir eliminando rápidamente del sistema los casos extremos, pero que no promueve el desarrollo de una cultura de la calidad en las comunidades académicas. Además, suele derivar hacia el "isomorfismo", dejando poco espacio para el desarrollo institucional innovador.

Transparencia y gobernanza

En términos generales, el informe de la OCDE para Chile señalaba que nuestro sistema debía esforzarse por ser transparente, focalizado en los estudiantes y orientado a resultados de aprendizaje (OCDE, 2012). Estas indicaciones son coherentes con lo que hace aproximadamente una década están revelando los sistemas de ACES con mayor experiencia: que es necesario prestar mayor atención a la efectividad de la enseñanza y aprendizaje; que la calidad de la educación superior se evalúa, en gran medida, por sus resultados –la educación recibida por los egresados, sus competencias y empleabilidad– y el uso eficiente de los recursos8.

En términos más específicos, en primer lugar y de acuerdo con opinión experta externa, hay algunos pasos básicos todavía pendientes

---

8   Véase, por ejemplo, Koslowski, 2006.

en Chile: definir claramente el liderazgo y coordinación del sistema y aunar los procesos de licenciamiento y acreditación de las instituciones haciendo que aquel sea condicional y esta, obligatoria. Resolver este problema, que implica evidentemente ajustes en la institucionalidad y monitoreo riguroso para una exitosa implementación, es crucial para contribuir a mejorar lo avanzado hasta ahora. Posiblemente si se hubiesen acortado hace algunos años estas brechas, el debate contingente y con características refundacionales se vería atenuado.

En segundo lugar, es menester contar con grandes acuerdos y tener en cuenta a todas las partes interesadas para optimizar el ACES. Esto, porque finalmente estos constructos han de responder a nociones compartidas sobre el desarrollo de la calidad, de tal forma que las decisiones que se tomen sean significativas, o hagan sentido, para quienes participan y se ven afectados por ellas. A modo de ejemplo, si se creara una Superintendencia o se enmendara el desarrollo del Marco Nacional de Cualificaciones9, requerimos de la participación de todas o gran parte de las 152 instituciones de educación superior vigentes10. En general, el CRUCH, que representa al 17,7% de las instituciones y al 44,2% de las universidades del sistema, ha sido históricamente la entidad de mayor injerencia en educación superior. Sin embargo, se observan menos oportunidades para el resto de las instituciones, muchas de las cuales se han asociado –por ejemplo, la Corporación de Universidades Privadas (CUP), Consejo Nacional de Instituciones Privadas de Formación Superior (CONIFOS), Centros de Formación Técnica Acreditados (Vertebral), entre otras– y hacen grandes esfuerzos para dar su parecer, pese a que se evidencia con frecuencia escasa consideración, al menos por parte del mismo Ministerio de Educación y gran parte de los legisladores. Por tanto, Chile podría mejorar su sistema de ACES esforzándose por llegar a consensos en los grandes temas, a través de la participación y de la representación ampliada de las instituciones de educación superior y de los demás miembros del sistema.

Principios rectores

Como idea para avanzar en lo expuesto precedentemente, resulta inspiradora la iniciativa del CHEA que, a través del CHEA *International*

---

9   Véase OCDE / Banco Mundial, 2009.

10   www.mifuturo.cl al 30 de junio de 2017.

Quality Group (CIQG) y con muchas inquietudes similares a las discutidas en Chile, inició en 2014 una amplia convocatoria para debatir sobre estándares académicos de calidad. Fruto de ese trabajo llegaron a consensuar en 2015 principios comunes que constituyen un marco referencial para fomentar y desarrollar una noción compartida de calidad a nivel regional e internacional. Los principios son solo siete, de cada uno se desprenden las prácticas deseables y se caracterizan por dirigirse a todas las audiencias, considerar los grandes cambios que están ocurriendo a nivel global y buscar orientar hacia la efectividad y la excelencia.

El primer principio dice que los proveedores de la educación superior son los principales responsables de asegurar y alcanzar la calidad. El segundo se refiere a la calidad y a los estudiantes y señala que cualesquiera sean los resultados de aprendizaje que se persigan, estos han de ser siempre de alta calidad. En tercer lugar, la calidad de la educación superior es juzgada por su nivel de correspondencia con las necesidades de la sociedad y la mantención y difusión de la confianza y credibilidad pública. El cuarto principio plantea que los gobiernos (Estados) tienen la función de fomentar y apoyar la calidad en toda la educación superior. El principio número cinco señala que sostener un fuerte compromiso con la rendición de cuentas y proveer permanentemente de evidencias de calidad son responsabilidades tanto de los proveedores como de las agencias y de los sistemas de ACES. El sexto principio indica que los sistemas de ACES y las agencias acreditadoras son responsables de la implementación de procesos, herramientas, *benchmark* y mediciones de los resultados de aprendizaje, trabajando junto con las instituciones, para ayudar a desarrollar una noción compartida de calidad. Finalmente, el séptimo principio se refiere al cambio, puesto que la calidad en educación superior debe ser flexible, creativa e innovadora, para satisfacer las necesidades de los estudiantes, para justificar la confianza de la sociedad y mantener la diversidad. Adicionalmente, el CIQG realizó una invitación, tanto dentro de Estados Unidos como internacionalmente, a suscribir un *Memorandum of Affiliation* que formalmente comprometiera a las instituciones y organismos acreditadores en torno a estos big principles y así fomentar el compromiso con el aseguramiento de la calidad. Consideramos que lograr acuerdos como los descritos sucintamente podría colaborar a priorizar los temas debatidos y a que las decisiones fueran más acotadas a lo que se desea mejorar o resolver.

Reconocer y promover la excelencia

En esta misma línea, pero más ambiciosamente, el grupo de trabajo conformado por el Consejo de la Asociación Europea de Agencias para el Aseguramiento de la Calidad (ENQA) el año 2014, en torno al estudio sobre las instituciones de educación superior que progresan a través de la calidad a la excelencia, constituye otro ejemplo de iniciativa que fomenta aquella capacidad ilimitada para mejorar la calidad. Comúnmente la excelencia se relaciona con los *rankings*, por cuanto aquellas instituciones que adquieren mayor visibilidad serían excelentes. Sin embargo, la mayoría de las agencias acreditadoras no cuentan con declaraciones ni han desarrollado métodos para identificar la excelencia de las instituciones o sus programas. En ese contexto, el grupo de trabajo se dio a la tarea de responder cuáles serían los estándares de excelencia. En síntesis, la excelencia se refiere a aquella calidad que supera los umbrales definidos por las agencias acreditadoras, y en consecuencia correspondería, si deseamos medir esos estándares, utilizar diferentes criterios.

Efectivamente, el grupo de ENQA identificó instituciones que demuestran altos o excelentes niveles de desarrollo, en ciertos ámbitos, dentro del Espacio Europeo de Educación Superior, que exceden a las expectativas mínimas regulatorias, cuya explicación tendría relación con el desarrollo e implementación de procesos de calidad. A modo de ejemplo, la política del gobierno alemán para promover la investigación de alto nivel y la mejora de las universidades alemanas y centros de investigación, *Exzellenzinitiative*, se basa en el principio de una enseñanza sobresaliente, cuyo objetivo es fomentar la investigación de punta y la cooperación entre instituciones. Se espera, además, que ese nivel de excelencia tenga efectos positivos en la enseñanza y el aprendizaje. Asimismo, los métodos de planificación, la asignación de recursos e innovación, el liderazgo y gobernanza, las tasas de graduación, el servicio de apoyo a los estudiantes, la calidad de una facultad, el desarrollo de habilidades de pensamiento crítico, gobernanza, integridad, etc., son ámbitos posibles de ser cultivados, en virtud de los cuales, con los adecuados incentivos, lograrían incrementar su calidad más allá de lo exigible normalmente –a nivel de sistema o dentro de las instituciones o programas– y llegar a ser elegibles para ser considerados excelentes.

Desde una perspectiva más práctica e institucional, pero también bajo el supuesto de que las modificaciones en educación superior han de ser progresivas y graduales, Massy (2016) –quien se ha abocado en el último tiempo a investigar sobre calidad académica, productividad y ACES– sostiene que las instituciones deben permanecer centradas en su misión, pero conscientes del contexto de grandes cambios y necesidad de acuerdos antes descritos. En su realista análisis distingue desafíos y oportunidades para el desarrollo de las instituciones. A continuación algunos ejemplos de sus recomendaciones: la necesidad de contar con mayor y mejor información que, comunicada, permita a los estudiantes y sus familias tomar buenas opciones; ponderar las amenazas y oportunidades que derivan de los nuevos e innovadores proveedores de educación superior que están impactando al sistema internacionalmente, incluyendo la oferta de MOOC y otras alternativas virtuales; asumir que la tecnología inexorablemente está dentro de las instituciones y hay más ámbitos que se deben actualizar con urgencia, aunque no sea fácil; la eficiencia y la promoción de reducción de costos deben ir acompañadas de robustos mecanismos de aseguramiento de la calidad, porque no se puede degradar el aprendizaje.

Preservar aspectos esenciales

Complementariamente, y en referencia a las universidades en medio de los cambios, Massy (2016) señala que existen en ellas activos dignos de ser preservados bajo la premisa de que el "modelo tradicional" no puede ser completamente abandonado ni reemplazado. A su juicio, el "modelo industrializado e innovador" puede llegar a ser muy bueno, pero lo que distingue diametralmente a las universidades "tradicionales" de aquel modelo es la investigación. Los activos en referencia que invita a custodiar y mejorar continuamente son:

On Campus Learning: el encuentro entre personas cara a cara es vital interacción para la formación del pregrado y es una experiencia universitaria que supera con creces a otras alternativas. Aun cuando hay evidencia de que los estudiantes dedican cada vez menos tiempo a las tareas, la promoción de un aprendizaje activo ayuda a fomentar el involucramiento académico.

Faculty Resources: si no están disponibles, decrece el nivel, se ensanchan las brechas y disminuye la investigación. La docencia y la investigación han de complementarse y entre ellas producirse positiva sinergia. En un nivel más prosaico, es a través del nexo con los profesores que se crea un compromiso y se da sustentabilidad futura a las universidades. Se requiere de ese flujo constante de nuevos talentos de primera calidad para mantener a la universidad.

Research and Scholarship: la investigación es condición para ser un buen miembro de la universidad y las becas han de ser mejor gestionadas para ese fin. Si la productividad no incrementa la calidad, es síntoma de que se están perdiendo recursos. La investigación tradicional sería la del descubrimiento, aquella que desarrolla nuevas teorías y hechos; la del compromiso o aplicada es la investigación que se dedica a resolver problemas reales, muy reconocida y apreciada; la integrada combina la investigativa y aplicada, resultando muy útil para la docencia, y la de la enseñanza influye fuertemente a las anteriores.

Nonprofit Organization: las universidades "tradicionales" se deben a un ideario o misión, no a una marca, con valores intrínsecos e identidad. Que las utilidades se reinviertan en el proyecto y no sean distribuidas entre accionistas hace una gran diferencia y tiene una serie de implicancias. Las instituciones con estas características son un bien de la sociedad y, a la vez, esta les entrega beneficios. La producción deseada en estas instituciones cuesta tanto que no sería asequible si hubiera que recuperar la totalidad de los costos. Justamente la necesidad de contar con subsidios fue una de las razones por las cuales las universidades se constituyen como sin fines de lucro.

CONCLUSIONES

Hecho el cotejo con los casos de los EE.UU. y de la Unión Europea, resultan ostensibles las debilidades de Chile en el ámbito del aseguramiento de la calidad. Los ACES estudiados muestran ser mucho más experimentados y en ellos los criterios iniciales fueron cambiando con el tiempo, particularmente en todo lo relativo a estándares, enfoques, criterios, indicadores cuantitativos y cualitativos. En general, podría decirse que en la actualidad existe una mayor sofisticación respecto de la evaluación de los diferentes procesos educativos y de sus resultados, particularmente del efecto que estos han tenido en los estudiantes. Sin embargo, todos estos cambios ocurrieron paulatinamente, en forma evolutiva, a lo largo de una historia que ya cuenta más de un siglo y motivados por evidencias empíricas aportadas por muchísimos trabajos de investigación, muy distante del tipo de información que se ha tenido en consideración en el debate chileno.

La realidad de Chile, un país académicamente joven, es que todavía piensa en sus instituciones de educación superior únicamente como formadoras de profesionales y técnicos, y no como capital humano para crear una "sociedad del conocimiento". Así, la falta de visión de futuro de las políticas de Estado, las carencias de grandes acuerdos, genera tensiones y mantiene a las instituciones divididas; la escasa solvencia técnica de las entidades públicas encargadas de regular y fortalecer el sistema, una tradición de inmediatismo en las decisiones políticas, son todos hechos que conspiran, por lo menos a corto plazo, contra la oportunidad de optimizar el sistema de ACES "de una sola vez".

Como hemos constatado, no existe un modelo ideal de sistema de ACES, ni tampoco uno que garantice el acceso y la fiscalización como referencia. Resulta prudente que los sistemas de ACES se evalúen continuamente por parte de los usuarios y proveedores, y se optimicen sobre la base de evidencias y acuerdos colectivos de todas las partes interesadas. Tampoco el ACES se optimiza ni depende exclusivamente de disposiciones legales, puesto que son sistemas que requieren para operar de instituciones con profesionales idóneos y con cultura de calidad que los conduzcan, monitoreen y gestionen, de tal forma que anticipen riesgos y fomenten la mejora continua de las instituciones de educación superior. También resulta deseable que los sistemas de ACES cuenten con un núcleo de investigadores o, en su defecto, se asocien con universidades o institutos para contratar con estos organismos los proyectos de investigación necesarios para innovar sobre la base de evidencias obtenidas científicamente.

Finalmente, respecto del acceso a la educación superior como un derecho social, la fiscalización de las instituciones y el avance en equidad, paradigmas del debate en nuestro país, son y continuarán siendo procesos plenamente vigentes y desafiantes para el desarrollo de cualquier sistema de ACES. Resulta oportuno entonces ajustar las expectativas sobre el reemplazo del ACES vigente –y sus consecuencias– y asumir que, con independencia de lo que ocurra con la inédita iniciativa legislativa, el sistema y cada institución en particular puede y debe mejorar sus mecanismos de control, evaluación y promoción de la calidad. Esto, porque finalmente el aseguramiento de la calidad depende, en primer lugar, de las mismas instituciones de educación superior.

REFERENCIAS

Appleby, A.P. (2007). Milestones in the Legislative History of U.S. Land-Grant Universities. En: http://cropandsoil.oregonstate.edu/system/files/u1473/land-grant.pdf

Beck, A.H. (2004). The Flexner Report and the Standardization of American Medical Education. *JAMA* 291 (17): 2139-2140.

Biblioteca del Congreso Nacional de Chile (2006). Historia de la Ley N° 20.129. Establece un Sistema Nacional de aseguramiento de la calidad de la Educación Superior. 17 de noviembre de 2006.

Brittingham, B. (2009) Accreditation in the United States: How did we get to where we are? *New Directions in Higher Education* 145: 7-27.

Brubacher, J. S. y Rudy, W. (2004). *Higher Education in Transition. A History of American Colleges and Universities.* Transaction Publishers, New Brunswick (USA).

Brusoni, M., Damian, R., Grifoll, J., Jackson, S., Kömürcügil, H., Malmedy, M., Matveeva, O., Motova, G., Pisarz, S., Pol, P., Rostlund, A., Soboleva, E., Tavares, O., Zobel, L. (2014). *The concept of excellence in higher education*, ENQA Occasional Paper 20, Bruselas (Bélgica).

CIQG (2015). En: http://www.chea.org/4DCGI/cms/review.html?Action=CMS_Document&DocID=55&MenuKey=main#monograph

Comisión de las Comunidades Europeas (2003). Comunicación de la Comisión. El papel de las universidades en la Europa del conocimiento (Bruselas). En: http://www.ecm.ub.edu/ceuropea/ComUniversidadesES1.pdf

Conferencia de Ministros de Educación del Espacio Europeo de Educación Superior (EEES) (2015). Estándares y Directrices para el Aseguramiento de la Calidad en el Espacio Europeo de Educación Superior. En: http://www.enqa.eu/indirme/esg/ESG%20in%20Spanish_by%20ACPUA.pdf

De Garay, A. (2012). Los diez primeros años del Proceso de Bolonia en la educación superior en Europa. Revista Educ Superior 41 (2): 113-126. En: http://publicaciones.anuies.mx/pdfs/revista/Revista162_S3A1ES.pdf

Eaton, J.S. (2015). An Overview of U.S. Accreditation. Council for Higher Education. Washington, D.C. En: https://www.chea.org/userfiles/uploads/Overview%20of%20US%20Accreditation%202015.pdf

El-Khawas, E. (2001). Accreditation in the USA: Origins, Developments and Future Prospect. International Institute for Educational Planning, UNESCO. En: http://unesdoc.unesco.org/images/0012/001292/129295e.pdf

[European] Standards and Guidelines for Quality Assurance in the European Higher Education Area (ESG). (2015). Brussels, Belgium. European Commission (2014). Report from the Commission to the European Parliament, the Council, the European economic and social committee and the Committee of the Regions. Report on Progress in Quality Assurance in Higher Education. En: http://ec.europa.eu/dgs/education_culture/repository/education/policy/higher-education/doc/quality_en.pdf

Federkeil, G. (2008) Rankings and Quality Assurance in Higher Education. *Higher Education in Europe* 33(2): 219-231.

Goldin, C. y Katz, L. (1999). The Shaping of Higher Education: The Formative Years in the United States, 1890 to 1940. *Journal of Economic Perspectives* 13 (!): 37-62.

Goldin, C. y Katz, L. (2001). The Shaping of Higher Education in the United States. *Regional Review Q* (4): 5-11.

Harvey, L. & Green, D. (1993). Defining quality. *Assessment & Evaluation in Higher Education*, 18(1), 9-34. En: http://dx.doi.org/10.1080/0260293930180102. http://www.ecm.ub.edu/ceuropea/ComUniversidadesES1.pdf

Harvey, L. (2006). Understanding quality. Final draft of paper published as Harvey, L., 2006, 'Understanding quality', Section B 4.1-1 of ' Introducing Bologna objectives and tools' in Purser, L. (Ed.) EUA Bologna Handbook: Making Bologna work, Brussels European University Association and Berlin, Raabe.

Klemenčič, M. (2017). Quality and Quality Assurance in a Changing World. Presentado en el seminario del CHEA International Quality Group: A Global Quality Forum, 1-2 de febrero de 2017, Washington D.C.

Massy, W. F. (2016). *Reengineering the University, How to Be Mission Centered, Market Smart and Margin Conscious*. Johns Hopkins University Press, Baltimore, pp. 2-38.

OCDE (2012). Quality Assurance in Higher Education in Chile, November 2012, *Reviews of National Policies for Education.*

Perellon, J. F. (2007). Analysing quality assurance in higher education: proposals for a conceptual framework and methodological implicatioms, en Westerheijden, D. F. Stensajer, B. y Rosa, J. (eds). *Quality Assurance in Higher Education: Trends in Regulation, Translation and Transformation*, Netherlands, Springer, pp. 155-178.

Potts, D. B. (1971). American colleges in the nineteenth century: From localism to denominationalism. *History of Education Quarterly* 11 (4), pp. 363-380.

Ryan, P. (2015). Quality assurance in higher education: A review of literature. *Higher Learning Research Communications*, 5(4). En: http://dx.doi.org/10.18870/hlrc.v5i4.257

Rhoades, G. y Sporn, B. (2002). Quality assurance in Europe and the U.S.: Professional and political economic framing of higher education policy. *Higher Education* 43: 355-390.

Shattock., M. (2017). The 'world class' university and international ranking systems: what are the policy implications for governments and institutions? *Policy Reviews in Higher Education* 1 (1):4-21.

Schindler, L., Puls-Elvidge, S., Welzant, H. y Crawford. L. (2015). Definitions of quality in higher education: A synthesis of the literature. *HigherLearning Research Communications* 5: 3-13.

Schwarz, S., & Westerheijden, D. F. (2004). Accreditation and evaluation in the European higher education area (Vol. 5): Springer Science & Business Media.

Snyder, T. D. (ed.) (1993). 120 Years of American Education: A portrait. National Center for Education Statistics. Department of Education USA. En: https://nces.ed.gov/pubs93/93442.pdf

Universitas 21 (2017). Overall 2017 Ranking Scores. En: http://www.universitas21.com/article/projects/details/158/overall-2016-ranking-scores

UNESCO (1998). Declaración Mundial sobre la Educación Superior en el Siglo XXI: Visión y Acción. (Art.11.a.) En: http://www.unesco.org/education/educprog/wche/declaration_spa.htm#declaracion

Van Vught, F. A. y Westerheijden, D. F. (1994). Towards a general model of quality assessment in higher education. *Higher Education* 28: 355-371.

Westerheijden, D. (2016). Trends in Quality Assurance and Quality Enhancement. Presentado en el XXI seminario internacional del CNED, 11 de noviembre de 2016, Santiago, Chile.

Woodhouse, D. (2012). *A Short History of Quality*. CAA Quality Series No. 2. En: https://www.caa.ae/caa/images/QASeries_2.pdf

EDUCACIÓN INICIAL Y ESCOLAR

CAPÍTULO 4

LA EDUCACIÓN PARVULARIA[1] EN CHILE

CYNTHIA ADLERSTEIN
Facultad de Educación UC

PAMELA RODRÍGUEZ
Facultad de Educación UC

---

1   En Chile, lo que en otros países es denominado como educación inicial (*early child-hood education*) ha sido formal y legalmente instituido como 'Educación Parvularia'. Son pocos los países latinoamericanos que además de Chile utilizan esta denominación (El Salvador y Paraguay), y no siempre alude al mismo tramo etario que en nuestro caso. En Chile la Ley General de Educación la define como "el nivel educativo que atiende integralmente a niños desde su nacimiento (84 días) hasta su ingreso a la educación básica. Su propósito es favorecer de manera sistemática, oportuna y pertinente el desarrollo integral y aprendizajes relevantes y significativos en los párvulos, de acuerdo a las bases curriculares que se determinen en conformidad a esta ley, apoyando a la familia en su rol insustituible de primera educadora" (Chile, 2009: 16).

"Fröebel buscó otro nombre que hubiera expresado la idea que él deseaba realizar. Fröebel comparaba los niños con las plantas i a la hábil maestra a una jardinera que cuida, observa i apoya el desarrollo físico, moral e intelectual. Un día, paseando con un amigo en el campo, Fröebel de repente se paró i exclamó: "¡lo encontré! ¡Un jardín de niños será! Alguien me dijo que esa palabra se oye más florida que el prosaico "sección parvularia", así ruego que me perdonen la porfía" (Maluschka, 1927).

INTRODUCCIÓN

Mucho ha ocurrido política, cultural y pedagógicamente desde la publicación de la precuela de este capítulo (Villalón, 2015). Y aunque dos años pueden parecer un período breve para esperar cambios profundos en la educación, el caso de la educación parvularia chilena es destacable. En este capítulo mostramos desde una mirada crítica cómo algunos sentidos fundacionales de la educación parvularia terminan de consolidarse en el período 2015-2017, al mismo tiempo que se inauguran algunos nuevos que sitúan a la educación parvularia chilena en la frontera del desarrollo. Así, por ejemplo, el reputado informe *Early Childhood Matters* (Bernard van Leer Foundation, 2017) destaca a Chile como modelo de escalamiento de servicios integrados para el desarrollo y aprendizaje temprano. También, la OCDE con su *Education at Glance 2017* muestra a la educación parvularia chilena como un caso destacado de inversión, con un monto público y privado que asciende al 1,14% del PIB, invirtiendo más que países como Alemania y Francia, y superando el promedio de la OCDE de 0,8%.

Parece indiscutible que la educación parvularia tiene argumentos científicos y políticos de sobra para ser reconocida como clave del desarrollo sostenible. Asimismo, resulta irrefutable cómo el esfuerzo público y privado ha posicionado en el último trienio a la educación parvularia chilena como caso modelo. Sin embargo, al analizar este nivel en perspectiva comparada con los otros, se observa que sigue mostrando la menor inversión, la menor cobertura y la mayor desigualdad. Hay bastante por avanzar y resolver aún.

La primera parte del capítulo muestra las grandes tendencias de la educación parvularia chilena, que avanzan en consolidación. Estas tendencias encierran tensiones que discutimos desde una perspectiva de justicia social. En este sentido, valoramos progresos como el aumento de cobertura, el fortalecimiento curricular del nivel y los avances hechos en materia de una institucionalidad más eficiente y sistémica. Pero también mostramos cómo estos positivos avances no logran interrumpir la desigualdad educativa para los niños menores de tres años, del quintil más pobre y que viven en zonas rurales. Miramos los procesos aún incompletos y desatendidos por la política y las políticas de la educación parvularia.

En la segunda parte planteamos los nuevos desafíos que interpelan a la educación parvularia de nuestro país. Allí argumentamos desde una perspectiva comparada con los países del mundo desarrollado. Al mismo tiempo, sostenemos que el enfrentamiento de estos ya está ocurriendo y mostramos cómo la UC contribuye a que ello se consolide progresivamente.

AVANCES Y REVESES QUE HAN CONFIGURADO LA EDUCACIÓN PARVULARIA CHILENA

'El que no llora no mama' fue la expresión con la que Elacqua, Figueroa, Martínez y Santos (2015) argumentaron, hace más de dos años, que a pesar de la extensa evidencia científica sobre los beneficios y los altos retornos sociales que genera la educación parvularia de calidad, esta ha perdido relevancia en el debate público chileno sobre justicia educacional. En opinión de los autores, los movimientos estudiantiles y la discusión parlamentaria pusieron como foco prioritario la administración y financiamiento de las escuelas, y la calidad y gratuidad de la educación superior. Concordando con los autores, discutimos cómo, con mayor parsimonia y menos grupos de presión organizados abogando, la educación parvularia en Chile ha tenido avances destacables en estos dos años. Estos han sido relevantes tanto desde su trayectoria nacional como vistos en perspectiva comparada internacionalmente.

Aumento de la cobertura: el derecho a la educación desde la cuna

El epígrafe con el que iniciamos este capítulo rescata el anhelo fröebeliano que hace más de siglo y medio fundó la educación inicial en el mundo. Situar a los niños de la primera infancia en instituciones educativas, para potenciar su aprendizaje y desarrollo, es un propósito que se ha ido fortaleciendo en la historia de la educación parvularia chilena. De hecho, los últimos dos discursos presidenciales (Bachelet, 2016 y 2017) han mencionado la educación parvularia para destacar su aumento de cobertura y el impacto de asistir a ella. Aunque los motivos y los modelos que han promovido esta expansión han variado, Chile ha sido reconocido en la última década como un caso mundial destacable en materia de aumento de cobertura (Berlinsky & Schady, 2016; Cardini & Guevara, 2017; Intelligence Unit, 2012). Según las cifras de *Education at Glance* 2017 (OECD, 2017), Chile se ubica como el tercer país con mayor aumento en la cobertura para niños de 4 años de edad, creciendo en más de 44 puntos porcentuales en el período 2005-2016. Hacia el 2018, la Educación Parvularia debiera pasar a una cobertura superior al 58% (MINEDUC, 2016).

Desde el 2001, la política pública dio, como meta presidencial, un fuerte impulso al aumento de cobertura de la educación parvularia. En sus comienzos, el programa estuvo focalizado en incorporar a los párvulos de cuatro años (12.000) a las escuelas y en utilizar los espacios ociosos de los kínder que aún no tenían jornada escolar completa. Posteriormente, los gobiernos, sosteniendo la expansión de los servicios, desplazaron la focalización al aumento de matrícula en sala cuna, con el objetivo de fortalecer también la incorporación de la mujer al mundo laboral. Las políticas de expansión de cobertura se desarrollaron a través de programas focalizados, dirigidos principalmente a los quintiles de menores ingresos y a ciertos tramos de edad (MINEDUC, 2016). En este sentido, durante los últimos 15 años el aumento de cobertura ha sido una de las principales políticas de Estado para la educación parvularia, si no la principal.

Con esta prioridad en la agenda, el año 2016 la educación parvularia chilena (regular y especial) tuvo una matrícula de más de seiscientos mil niños (MINEDUC, 2016). Según los datos de la CASEN 2015, ello corresponde a un 50,3% de los niños de 0 a 5 años asistiendo hoy a algún establecimiento educativo. Esto significa un aumento de un punto porcentual respecto de la cobertura 2013, cuestión que es una mejor noticia, aun cuando se observa que el mayor aumento ocurre en los tramos etarios menores y en el 40% más pobre de la población. Cabe destacar que para los niños de 5 a 6 años existe un acceso casi universal (mayor al 95%) y en el tramo de 4 a 5 años la cobertura llega a un 90,1%. Una cuestión interesante en este aumento de la asistencia es cómo se invirtió por género. Del 2013 al 2015, la CASEN muestra que en el tramo 0 a 5 la asistencia de niñas sube dos puntos porcentuales (de 48,1% a 50,8%), para superar la asistencia de niños varones, que en estos dos años baja a 49,7%.

Lo que estas auspiciosas cifras de cobertura ocultan es la difícil superación de la desigualdad en la primera infancia. Al mirar estos datos de cobertura desagregados por edad, quintil de ingreso y localización, lo que se aprecia es que hay menor acceso justamente para quienes más lo requieren; vale decir, los menores de tres años, del primer quintil, viviendo en sectores rurales. Según la CASEN 2015 la cobertura de educación parvularia llega al 29,1% en el tramo de 0 a 3 años, lo que sitúa a Chile como uno de los países de peor cobertura en este tramo, entre los países de la OCDE (Educación 2020, 2017). La desigualdad se hace más evidente al observar que los niños más pobres son los que asisten menos a la educación formal. Aunque las políticas de aumento de cobertura se han focalizado en el 40% más pobre, la asistencia neta del quintil más rico es 2,4 veces la asistencia del quintil más pobre. Mientras el 22,6% de los niños más pobres de 0 a 5 años asiste a la educación parvularia, entre los más ricos lo hace un 55%. Estas brechas se ven agravadas cuando se las considera por zona geográfica, donde encontramos cerca de un 10% de mayor cobertura en zonas urbanas que en las rurales.

Esta tendencia sostenida a aumentar y promover la incorporación de párvulos al sistema educativo ha estado basada en los argumentos de dos discursos principales.

Por un lado, en toda la evidencia sobre los beneficios de la educación temprana en el desarrollo integral de los niños y en la reducción (e interrupción) de las brechas sociales que caracterizan la vida en Chile. Las neurociencias, la psicología del desarrollo y la econometría han contribuido a demostrar el efecto crítico y de largo alcance que tiene la educación inicial (de calidad) en la organización cerebral y, por lo tanto, en las futuras oportunidades de aprendizaje y desarrollo (Shonkoff, 2015). Las evidencias han enfatizado cómo este impacto es sobre todo para los niños y niñas de nivel socioeconómico bajo, cuando los servicios son de calidad (Heckman, 2011; Berlinski & Schady, 2015), permitiendo romper el ciclo intergeneracional de la pobreza (Sen & Brundtland, 1999). Como lo señalan Harris-Van Keuren & Rodríguez Gómez (2016), intervenciones efectivas para el aprendizaje temprano pueden modificar el equilibrio entre riesgo y protección, transformando las posibilidades en condiciones de vida reales. Así, se ha puesto sentido de urgencia a la inversión en la educación de la primera infancia para resolver las condiciones adversas que tempranamente debilitan la productividad en etapas posteriores (Heckman & Masterov, 2006), que no son solo individuales, y que socavan gravemente el desarrollo social y económico buscado por todas las naciones. En Chile, trabajos como el de Contreras y Puentes (2016) muestran evidencia de desigualdad en el desarrollo de vocabulario, explicado fundamentalmente por la capacidad cognitiva de la madre, que aumenta con la edad de no existir acceso a oportunidades que reviertan dichas condiciones de vida. Es decir, que las inversiones en servicios de alta calidad destinados a la infancia temprana y al sostén de las familias fundan las bases para trayectorias de desarrollo productivas (Barnett y Nores, 2015). Tanto desde la experiencia chilena como desde la literatura internacional, la asistencia a la educación parvularia se ha convertido en una narrativa de desarrollo integral de las personas y de justicia social desde la cuna (Dahlberg, Moss y Pence, 2005; Shonkoff, 2015; Pardo y Adlerstein, 2016; PNUD, 2016).

Por otro lado, la incorporación de los niños al sistema educativo se ha argumentado a partir del Enfoque de Derechos. Con la promulgación de la Convención sobre los Derechos del Niño de Naciones Unidas (CDN) en 1989 y la ratificación en Chile en 1990, se ha buscado reconocer a todos los niños (desde el nacimiento) como sujetos de derecho y al Estado como su garante principal. Posteriormente, la Observación General N° 7 (2005) le agrega nuevos desafíos a la expansión de cobertura de la educación parvularia. Los énfasis puestos por el Comité de Derechos instan a entender a los niños como sujetos activos de derecho y ciudadanos plenos; a reconocer el rol primordial de las familias como grupo fundamental para el desarrollo y socio activo en todas las políticas, y a respetar los valores tradicionales y culturales. Morales (2015) plantea que, a partir de este tratado, Chile ha realizado importantes avances legislativos, aunque aún no se estarían garantizando plenamente algunos de los derechos fundamentales ni el principio de no discriminación.

A esto hay que agregar que Chile solo cuenta con un 32% de su matrícula en instituciones públicas (en tramo de 3 a 6 años), cifra que para los países de la OCDE alcanza un 67% (OECD, *Education at Glance*, 2017). Observamos un importante aumento de cobertura en la educación parvularia que tiende a la privatización (Barco, 2016; Renna, 2015) y que aún tiene un fuerte sesgo por quintil de ingreso, por edad y zona geográfica. La expansión de la cobertura en Chile sigue siendo insuficiente en cantidad y calidad. Un grupo importante de niños no está logrando acceso a oportunidades de aprendizaje para un desarrollo pleno de su potencial, por las condiciones de desventaja social en las que vive (Morales, 2015). Es decir, a pesar del notable crecimiento del nivel educativo, Chile sigue padeciendo lo que ha sido identificado como el problema central del desarrollo y de la justicia social latinoamericanos (Alucino y Díaz, 2015; Berlinsky & Schady, 2015; UNESCO-WECCE, 2010).

Mejoramiento de la calidad: la difícil cancha por emparejar

Expandir la cobertura desde la perspectiva de los derechos ha sido una tarea depositada no solo en la educación parvularia. A diferencia de lo que puede suceder con los otros niveles educativos, garantizarle a la infancia temprana el derecho a la educación y a un desarrollo pleno supone un esfuerzo articulado de distintos sectores del Estado[2] (Blanco, 2012; Harris-Van Keuren & Rodríguez Gómez, 2016; UNESCO-WECCE, 2010). Desde este entendido, la principal lección de estos dos años ha sido que el aumento de cobertura debe hacerse con servicios de calidad. Llevar a los niños a jardines infantiles o a programas educativos de diversas modalidades no es suficiente para generar equidad e igualdad. La evidencia ha demostrado que resulta imprescindible desarrollar e implementar, al mismo tiempo que la expansión, políticas y mecanismos específicamente orientados a desarrollar provisión de calidad (Pardo & Adlerstein, 2016). Es decir, la promesa de

---

2   Un ejemplo de esta articulación intersectorial es el reconocido Sistema Intersectorial de Protección Social (Ley 20.379, 2009) que institucionaliza el Subsistema de Protección Integral de la Infancia Chile Crece Contigo, que desde el 2001 se crea para apoyar la trayectoria de desarrollo y aprendizaje desde la gestación hasta los 8 años.

alto retorno social y pleno desarrollo humano desde la primera infancia solo es viable con provisión educativa de calidad.

Aunque persiste el debate sobre qué entendemos por calidad en la educación inicial (Morales, 2015; Peralta, 2008; Pardo & Adlerstein, 2016) y una mirada crítica a qué están logrando los modelos implementados para asegurarla (Falabella, 2014 y 2017), la política y la academia nacional han consensuado respecto de su insuficiencia y sobre la urgencia de su logro. Se ha reconocido que la calidad integral de los aprendizajes y evidencia científica al respecto es lo que debe acompañar el progresivo aumento de cobertura y constituirse en el eje para la toma de decisiones en los próximos años (BID, 2017; Educación 2020, 2017; MINEDUC, 2017).

La evidencia señala que no es fácil ni barato generar educación temprana de calidad (Berlinsky & Schady, 2015; Treviño, 2017). En efecto, el costo de proporcionar jardines de cuidado infantil de alta calidad para los lactantes es casi el triple de lo necesario para un niño en edad preescolar. Sin embargo, hay cierto acuerdo respecto de que las variables para ello son conocidas y pueden ser examinadas (Araujo, 2017; Kagan et al., 2016). Tanto en Chile como internacionalmente la evidencia ha demostrado que esta calidad se construye en torno a dimensiones o variables estructurales y de proceso (European Commission, EACEA, & Eurydice, 2016; BID, 2016), a las que algunos autores agregan las de orientaciones (Tietze & Viernickel, 2010).

Las orientaciones que configuran la calidad se refieren a las creencias, valores y principios que sostienen los adultos que rodean a los niños (Tietze y Viernickel, 2010). A pesar de su relevancia, hoy disponemos de escasa investigación al respecto y es fundamentalmente descriptiva (Espinoza y Rosas, 2016; Pardo y Adlerstein, 2017; Pardo y Woodrow, 2014). Las variables de proceso refieren a todos aquellos elementos que reflejan la experiencia de aprendizaje-enseñanza (Faverio, Rivera y Cortázar, 2015) y se centran en la naturaleza de las interacciones que se producen entre educadores y niños. Se espera que las interacciones de calidad con niños pequeños sean frecuentes, receptivas a sus intereses, ricas en lenguaje, cálidas y sensibles a sus necesidades (Araujo, 2017). Por esto, Chile está poniendo cada vez más énfasis de investigación en estas variables de calidad. Ejemplo de ello son los estudios sobre prácticas de juego de los párvulos (Rupín, 2017) y de interacciones en el aula (Guardia y Mendive, 2016). Las variables estructurales, por su parte, corresponden a aquellas que componen materialmente el servicio educativo: la infraestructura, el tamaño de los grupos, la cantidad de profesionales a cargo y el equipamiento disponible. Es precisamente en estas variables donde la política pública ha puesto más esfuerzo de regulación y mejoramiento; sin embargo, también es en estas donde aún encontramos importantes brechas en relación con los otros países de la OCDE.

La calidad de la educación parvularia chilena ha sido reconocida por las diversas medidas que ha instituido para fomentar la calidad desde sus distintas variables. En este sentido, se ha puesto de relieve el énfasis pedagógico, la participación profesional y la solidez curricular con que han contribuido las Bases Curriculares. En el análisis de Cardini y Guevara (2017), la calidad producida por este dispositivo de la política es comparable con la que existe en países como Nueva Zelandia y Singapur (Cardini y Guevara, 2017). En efecto, el desarrollo de dispositivos curriculares para el nivel ha aportado significativamente a la calidad en términos de generar orientaciones y sentidos compartidos sobre el aprendizaje y la enseñanza en este nivel educativo (Pardo y Adlerstein, 2016). Cabe destacar que a inicios de este 2018 se han aprobado nuevas Bases Curriculares y un Marco para la Buena Enseñanza de la Educación Parvularia se encuentra en proceso de revisión en el Consejo Nacional de Educación (CNED). Cabe destacar que este último existía solo para los educadores de párvulos de escuelas (desde el año 2003) segregando a los educadores de párvulos de jardines infantiles y salas cuna de la red de oferta pública (MINEDUC, 2017).

La Hoja de Ruta de la Educación Parvularia (MINEDUC, 2017) asumió que para avanzar en calidad resulta imprescindible mejorar aspectos estructurales, que son requisitos básicos de funcionamiento. Sobre estos, existen progresos importantes, pero también deudas pendientes. El nudo irresuelto es el coeficiente técnico; de los países de la OCDE, Chile es el que más niños admite por profesional a cargo (OECD, 2017). Mientras todos los países regulan grupos (de niños de 5 a 6 años) con un rango entre 7 y 35 niños (Alemania y Japón respectivamente), Chile admite hasta 45. Aunque las tasas de niños/educador que contribuyen a la calidad bajan mucho para niños más pequeños, en la política pública chilena persisten condiciones adversas (Berlinsky y Schady, 2016). Por ejemplo, la Academia Norteamericana de Pediatría recomienda una tasa de un cuidador por cada tres niños entre los 0 y los 11 meses, y de un cuidador por cada ocho niños entre 4 y 5 años (Academia Norteamericana de Pediatría, 2005). En Chile, admitimos un profesional para 42 bebés y para 32 niños entre 2 y 4 años (Gobierno de Chile, Decreto 115, 2013). En opinión de los expertos, es necesario que los grupos a cargo de profesionales sean reducidos para producir calidad en educación parvularia, porque se aumenta el tiempo para interacciones sostenidas y sensibles, además de contribuir a disminuir la transmisión de enfermedades y mejorar la seguridad (Berlinsky y Schady, 2016; European Commission, EACEA, & Eurydice, 2016; Faverio, Rivera y Cortázar, 2015).

Por otra parte, son destacables, como mejora estructural de calidad, los nuevos estándares para la construcción de salas cuna y jardines infantiles. La infraestructura en la que operan los servicios educativos es internacionalmente reconocida como un factor que predice significativamente el rendimiento académico de los estudiantes (Treviño, 2014). En comparación con los establecimientos tradicionales, las nuevas construcciones de la Meta Presencial pasaron, en Sala Cuna, de 1,1 metros cuadrados por párvulo a 3,3; y en el caso de los Niveles Medios, de 2,5 metros cuadrados por niña o niño a 4,1. Con este nuevo estándar, Chile supera incluso el promedio de la OCDE.

En términos globales, la evidencia existente sobre calidad no es concluyente respecto de la calidad de la educación parvularia que se imparte en el país (Pardo & Adlerstein, 2016). Algunos estudios reportan impactos positivos sobre el desarrollo de los niños y/o su posterior rendimiento académico (Araujo, Carneiro, Cruz-Aguayo y Schady, 2016; Contreras & González, 2015; Cortázar, 2015; Yoshikawa et al., 2015), mientras otros sugieren que el impacto de la educación parvularia no es superior al efecto de los hogares de los niños que no asisten a jardines infantiles (CEDEP, 2011a, 2011b). Lo cierto es que el último quinquenio ha ido demostrando que la calidad de la educación parvularia en Chile, aunque puede mostrar niveles superiores a los de países de América Latina, alcanza cotas regulares o bajas (Adlerstein, Manns y González, 2016; Leyva et al., 2015; Schady et al., 2014; Treviño, Romo y Godoy, 2015), en comparación con países de la OCDE.

La información y la evidencia disponibles sobre calidad de la educación parvularia en Chile son aún insuficientes (Guardia & Mendive, 2016; Pardo & Adlerstein, 2016), a pesar del desarrollo que muestra en los últimos tres años. La mejora de la educación parvularia requiere de mayor inversión (Faverio, Rivera y Cortázar, 2015), pero, sobre todo, de procesos de comunicación, movilización y articulación más efectivos entre la sociedad civil y las instituciones públicas y privadas que participan en la educación de la primera infancia (BID, PAT, 2016, p. 73).

Subsecretaría e Intendencia de Educación Parvularia: transitar a una institucionalidad sistémica y articuladora de la política

Como han planteado diversos autores (Araujo, 2017; Britto, 2014; Kagan et al., 2016; Morales, 2015), el principal instrumento que tiene un país para avanzar en calidad y cumplimiento del derecho a la educación de la primera infancia es su institucionalidad. Es decir, la arquitectura que articula una red de políticas, instituciones y servicios mandatados para prestar educación parvularia de calidad al país. Al respecto, diversos investigadores y expertos han reportado la fragmentación de la institucionalidad chilena y la ausencia de una perspectiva sistémica capaz de articular y escalar un servicio de calidad (Adlerstein & Pardo, 2017; Berlinsky & Schady, 2015; Kagan et al., 2016; Morales, 2015; Pardo & Adlerstein, 2016). Tal como lo ha reconocido el Ministerio de Educación (Hoja de Ruta 2017), los esfuerzos por articular un sistema han sido insuficientes para un nivel educativo que se compone de una suma de programas y servicios, con diversos proveedores y dinámicas institucionales. Con ello se duplican funciones y se exacerba la competencia por recursos, beneficiarios y reconocimiento público, afectando la equidad de desarrollo y oportunidades (MINEDUC, 2016).

Esta situación de fragmentación institucional no es exclusiva de Chile. Britto y colaboradores (2014) reportan cómo en países de ingresos medios y bajos la expansión de los servicios educativos para la primera infancia no ha ido aparejada de una coordinación entre niveles de gobernanza. Los autores describen cómo en general estos países más bien poseen aproximaciones asistemáticas y caóticas en el escalamiento de programas y la provisión. Fox y otros (2015) identifican también en Australia y en otros países del continente un conjunto de problemáticas asociadas a su institucionalidad. Destacan la existencia de un sistema fragmentado y poco coordinado, centrado en particularidades o grupos vulnerables, sin un sistema completo; un enfoque tradicional del bienestar, cuyo foco es el apoyo a la crisis y la estabilización, lo que puede fomentar la dependencia; y servicios que no tienen en cuenta la situación familiar de los usuarios, en particular la existencia y experiencia de los niños. Por su parte, Kagan y colaboradores (2016) son aún más radicales al analizar la situación de los países latinoamericanos estudiados (de los cuales Chile es uno), resaltando que los avances en coordinación e integración son más conceptuales y retóricos que prácticos y sobre el terreno.

Con la Ley 20.835, que crea la Subsecretaría e Intendencia de Educación Parvularia, Chile lidera en América Latina la modernización del sector y se instala como pionero en la creación de una arquitectura institucional sistémica y compleja (Kagan, Araujo, Jaimovich, & Cruz-Aguayo, 2016). La nueva institucionalidad, que comenzó a funcionar en noviembre del 2015, separó las funciones de diseño de política pública, fiscalización, evaluación y provisión del servicio (OECD, *Education at Glance*, 2017), las que históricamente recaían en distintas institucionalidades, fragmentando y duplicando labores. La nueva distribución de funciones le atribuye a la Subsecretaría el diseño, coordinación y gestión de las políticas públicas para el ciclo de 0 a 6 años. La Intendencia por su parte se encarga de proponer los criterios técnicos para fiscalizar los establecimientos que entregan el servicio educativo. Y la JUNJI se centra en su rol fundamental de proveedora de educación de calidad para los párvulos de Chile, apoyando la gestión y el desarrollo técnico y pedagógico de los jardines infantiles.

Para Kagan y colaboradores (2016), esta tendencia a mirar sistémicamente la educación parvularia en Chile supone un cambio paradigmático. Desplaza el tradicional foco fragmentado en los programas educativos, en los resultados de desarrollo y aprendizaje, y en los sujetos, hacia el papel fundamental que cumplen las redes institucionales orientadas a la educación temprana. Desde esta perspectiva, la Subsecretaría de Educación Parvularia se convierte en una entidad articuladora tanto en términos horizontales (intersectoriales) como verticales (descentralización), y en responsable de lograr tres productos sistémicos de nivel macro: la calidad de los servicios y apoyos, la distribución equitativa, y su sostenibilidad en el tiempo (Kagan, 2015).

Como han planteado los expertos (Britto, 2014; Kagan, 2015), a nivel mundial el desarrollo de nuevas arquitecturas institucionales para la primera infancia ha logrado mejorar la visibilidad de la educación parvularia como derecho humano, movilizando apoyo político y promoviendo coordinación entre instituciones. Sin embargo, también ha enfrentado conflictos en su implementación, toda vez que intenta reorientar prácticas y concepciones profundamente arraigadas en las instituciones y ministerios involucrados (Kagan et al., 2016). En el caso chileno, la nueva institucionalidad se encuentra generando nuevas regulaciones técnicas tanto para el sector público como para el privado, que avanzan significativamente en derribar estas barreras. Ello se ve, por ejemplo, en una recientemente aprobada ley de reconocimiento y autorización de funcionamiento para establecimientos de educación parvularia, con la que se establece un marco normativo para garantizar condiciones básicas de operación de los servicios al año 2019. Complementariamente, se están instalando gradualmente los equipos especializados de la nueva institucionalidad, reorganizando al personal que hasta este momento prestaba sus servicios en la División de Educación General y en la Junta Nacional de Jardines Infantiles. Asimismo, en el marco de la Nueva Educación Pública, la arquitectura institucional debe traspasar los jardines infantiles y salas cuna que hoy dependen de municipios y corporaciones municipales a los Servicios Locales.

Si bien esta modernización de la institucionalidad está produciendo cambios significativos en las condiciones con las cuales opera el nivel educativo y ha recibido amplio reconocimiento por ello (Adlerstein, 2014; Araujo, 2017; Pardo, 2014; OECD, 2017), ha sido igualmente interpelada por configurarse sin la suficiente participación del campo profesional. En opinión de grupos gremiales como el Colegio de Educadores de Párvulos (Rayo, 2014) y de OMEP (2017), la pretensión de transformarse en una institucionalidad modelo de política educativa debe hacerse con la participación de los profesionales del campo, "con quienes construyen día a día la educación de los párvulos, siendo parte de las discusiones y propuestas para hacerlo posible" (Rayo, 2014, p. 90). Cabe destacar que esta demanda gremial que emerge en el contexto chileno responde también a una fuerza internacional del campo profesional. Generar nuevas políticas para la institucionalidad de este nivel educativo mejora su visibilidad y valor social; pero hacerlo con los profesionales del campo reconoce su derecho de participación e impulsa el estatus profesional del campo (ILO-UNESCO, 2015).

Fortalecimiento de la profesión docente: impulsar el campo profesional

Actualmente no cabe duda de que el desarrollo profesional docente de los educadores de párvulos es un tema clave en las agendas educativas de los países. Existe suficiente evidencia para afirmar que los docentes de este nivel son el factor crítico en la generación de aprendizajes de calidad (Araujo, Carneiro, Cruz-Aguayo y Schady, 2016), en el desarrollo e implementación de políticas (Bown & Sumsion, 2016; Shirley, Fernández, Ossa, Berger y Borba, 2016) y en el aumento de las expectativas sociales sobre la educación de la primera infancia (Pardo & Adlerstein, 2016). En nuestra opinión, este último período en Chile ha estado signado por el avance hacia una cuarta vía de profesionalismo (Shirley et al., 2016) o hacia una ecología crítica de la profesión (Dalli, Miller & Urban, 2016). Es decir, a través de distintos dispositivos que discutimos más adelante, se empuja el fortalecimiento del campo profesional basado en principios democráticos y pedagógicos orientados por el Enfoque de Derechos hacia la mejora de los resultados de aprendizaje de los párvulos, a la vez que se busca preservar y mejorar las culturas comunitarias.

Probablemente el hito más relevante del período al respecto sea la Ley 20.903, que crea el Sistema de Desarrollo Profesional Docente. El propósito general de este sistema es dignificar la docencia y apoyar su valoración para las nuevas generaciones, mostrando la misión decisiva que cumple esta profesión en la sociedad. Configura el marco regulador más amplio de profesionalización para las educadoras de párvulos, y establece que todos los docentes del nivel (educadores de párvulos de jardines infantiles, escuelas municipales y particulares subvencionadas) forman parte de un proceso evaluativo integral que reconoce la experiencia y la consolidación de las competencias y saberes disciplinarios y pedagógicos, en virtud de los cuales pueden acceder a distintos tramos de remuneración. Hasta la promulgación de esta ley, solo los educadores de escuelas municipales habían sido parte de esta evaluación docente. A partir del 2018, se unirán los educadores de establecimientos particulares pagados y hasta el 2025 se incorporarán progresivamente los educadores de párvulos de jardines infantiles y salas cuna.

De acuerdo con un estudio realizado por Pardo, Adlerstein, Edwards y Contreras (2017), los educadores de párvulos valoran positivamente este nuevo mecanismo de desarrollo profesional. Lo perciben como una forma de mejorar el estatus profesional y de reconocer las particularidades del saber pedagógico de la educación parvularia. Los reparos fundamentales son sobre los instrumentos empleados, por su falta de adecuación con las prácticas pedagógicas propias de la educación parvularia. Cabe destacar que estas críticas son congruentes con aquellas planteadas por la OECD (2013) en su análisis del Sistema de Evaluación Docente chileno.

Esta ley cobra especial relevancia para la mejora de las condiciones laborales en las que se desempeñan las profesionales del nivel, que ha estado caracterizada por bajas remuneraciones, excesivo número de horas en aula y demasiada cantidad de niños por adulto en sala (Treviño, 2017). El promedio de ingresos laborales de estas profesionales las ubica debajo de todas las carreras de pedagogía y casi a la base del conjunto de carreras técnicas (Pardo & Adlerstein, 2015). Al respecto, Treviño (2017) muestra cómo solo el 9% de todas las profesionales en servicio perciben remuneraciones superiores al millón de pesos, mientras el 44% recibe menos de setecientos mil. A esto se agrega la disparidad entre las profesionales dependiendo de la institución en la que se desempeñan, observándose remuneraciones bastante superiores para quienes trabajan en JUNJI y con menores ingresos para las docentes de los VTF y establecimientos de INTEGRA. La Ley de Desarrollo Docente mejora y equipara estos salarios, fijando un punto de inicio en $711.855 pesos (comparado con los $480.463 actuales), que puede aumentar progresivamente conforme avance en los tramos de desarrollo profesional.

Como comentaba Villalón (2015) en la precuela de este capítulo, desde el año 1944 que la formación de educadores de párvulos en nuestro país se ha desarrollado a nivel universitario (Peralta, 2012). De acuerdo con los datos de la CNED, al año 2014 existían 14.992 estudiantes en formación inicial, distribuidas en universidades tradicionales (2.897), privadas adscritas al sistema único de admisión (1.396), privadas (3.455) y en institutos profesionales (7.244), previo al dictamen de Contraloría, que en la actualidad les impide impartir programas de formación profesional pedagógica (CNED, 2014). Este panorama ha cambiado drásticamente en el último trienio, reduciéndose la matrícula (probablemente por la poca valoración social de la profesión), pero aumentando los puntajes de ingreso (atribuible en parte a la Beca Vocación de Profesor) a la formación universitaria.

Si bien el proceso de fortalecimiento de la formación inicial viene de hace más de una década y se consolida con el desarrollo del Programa INICIA el año 2010, es solo desde el 2016 que se incorporan cambios relevantes. Este programa, que contempló la elaboración de estándares orientadores de la formación inicial y la evaluación voluntaria para egresados de carreras de pedagogía (CPEIP, 2014), ha incorporado nuevos requisitos a la formación pedagógica, acordes con los requerimientos de la nueva ley de carrera docente. Entre ellos se señalan pruebas de conocimientos generales a los estudiantes para el ingreso a la formación; la selección de los estudiantes del 30% superior en rendimiento PSU o 10% superior en rendimiento de sus escuelas, y también la obligatoriedad de acreditación para las universidades que ofrezcan carreras de pedagogía y programas de acompañamiento y mentoría para sus estudiantes. Asimismo, se implementan gradualmente, a contar del 2017, pruebas de diagnóstico en el penúltimo año de formación, habilitantes para el otorgamiento de la licenciatura y título de educador de párvulos (CPEIP, 2016).

Este panorama muestra un avance decidido en pos de aumentar los mecanismos regulatorios del desarrollo profesional docente, para superar la heterogeneidad y la baja exigencia de la profesión. Así, se ha comenzado gradualmente a comprender la importancia de la pedagogía para la primera infancia y la complejidad que supone la conformación de este campo profesional.

LOS NUEVOS CAMINOS DE LA EDUCACIÓN PARVULARIA Y EL ARROJO DE LA UC

Es claro que la educación parvularia chilena se ha robustecido de manera sostenida en este último período, lo que explica el reconocimiento internacional que ha recibido. Más allá de los ya discutidos progresos y reveses en los que se encuentra, los desafíos que debe enfrentar para continuar consolidándose son identificados por diversos especialistas. Los dos más relevantes, y atribuibles fundamentalmente al rol del Estado, son el fortalecimiento de la institucionalidad, así como el del estatus profesional. La implementación definitiva de una arquitectura institucional sistémica (Adlerstein y Pardo, 2018; Kagan et al., 2016; Morales, 2015) parece ser el desafío de mayor envergadura, porque conlleva finalmente la construcción de sentidos compartidos sobre esta como derecho social y, a partir de ello, el desarrollo de mecanismos sinérgicos para la provisión y fiscalización de servicios educativos de calidad.

Organismos internacionales e investigadores han destacado la urgencia de consolidar el campo profesional de la educación parvularia y fortalecer su estatus. Reconocen que es el que muestra menor reconocimiento, aprecio e inversión, a pesar de la creciente evidencia sobre su importancia para sentar las bases del aprendizaje durante toda la vida (ILO-UNESCO, 2015; Falabella, 2017; Pardo & Adlerstein, 2016). Las medidas de austeridad y los esquemas de rendición de cuentas mal diseñados crean condiciones laborales precarias que, sumadas a la incipiente profesionalización de la fuerza laboral, la baja organización gremial y las institucionalidades en desarrollo, conforman un círculo vicioso que reproduce la baja valoración social. La nueva ley de desarrollo profesional docente es solo un inicio en el proceso de interrumpir este fenómeno; lo sustantivo para la revalorización profesional será generar nuevos mecanismos de participación y diálogo público, acompañados de un financiamiento público equitativo para el campo.

No es posible entender esta agenda política desafiante si no es basada en evidencias y con la participación de la sociedad civil organizada (Araujo, 2017). Si bien la inversión en el nivel ha aumentado, también se reconoce la escasez de investigación y de evaluaciones que permitan distinguir evidencias para el desarrollo de la política. Se hace urgente la implementación de sistemas de monitoreo que permitan sostener, escalar y ajustar la inversión y la innovación. El verdadero desafío en este sentido ya no es la efectividad aislada de los programas educativos y la redistribución de recursos a quienes están en mayor desventaja, sino la producción y aplicación de conocimiento para generar calidad equitativamente distribuida y sostenible (Kagan et al., 2016) en todo el sistema.

A esto último nuestra universidad lo ha llamado justicia educacional y lo viene asumiendo decididamente como motor de trabajo académico a favor de la primera infancia hace poco más de tres años. A continuación, dos grandes derroteros para la educación parvularia chilena, en los que la UC se ha involucrado para contribuir a la consolidación de este campo en emergencia (emergencia tanto porque alerta sobre su urgencia, como porque surge con particularidades dentro de la educación global).

Formar educadores de párvulos desde la justicia educacional

La implementación de modelos de formación de profesores que recojan las recomendaciones emanadas de las recientes investigaciones representa una tarea compleja para las instituciones de educación superior, ya que implica avanzar hacia propuestas formativas de mayor participación y compromiso de los sujetos. En este sentido, nuestra universidad, a partir del Convenio de Desempeño PUC 1201 "Innovación en la formación de profesores: Integración de competencias disciplinarias, pedagógicas y profesionales para la efectividad en las aulas", ha implementado un modelo de formación cuyo propósito es formar educadores "capaces de ofrecer oportunidades de aprendizaje desafiantes a todos sus alumnos en contextos variados, de tal manera que sean profesionales que influyan en la generación de ambientes educativos equitativos y de calidad" (Müller & García, 2016). Con esta innovación se ponen las pedagogías de la práctica y las prácticas generativas como foco de la formación (Grossman, Hammerness & McDonald, 2009; Müller & García, 2016).

El proceso de reformulación del currículum formativo involucró el alineamiento con los estándares orientadores de la formación (MINEDUC, 2012) y el establecimiento de diversas alianzas con universidades extranjeras (Stanford, Michigan, entre otras) y con facultades UC para que fortalecieran la formación disciplinar de los pedagogos. Actualmente, nuestra universidad ofrece una estructura curricular compleja e interdisciplinaria que produce el desarrollo de desempeños de alto nivel. El plan de formación es de cuatro años, estructurándose sobre la base de un modelo *college*, que articula una formación común de conocimientos, habilidades y disposiciones, con una profundización y ampliación de áreas disciplinares específicas. Así, la formación contempla cinco concentraciones de cursos: fundantes de la educación; cursos pedagógicos de educación parvularia; concentraciones mayores de especialización en educación temprana (0-4 años) o inicial (4-6 años); y prácticas profesionales desde el primer año. Ambas concentraciones mayores (*majors*) contemplan cursos comunes de formación disciplinaria pedagógica que se articulan con prácticas intermedias. De esta manera, aun cuando se otorga una formación que habilita para un ejercicio profesional en educación inicial, esta especialización permite dar visibilidad al ciclo de 0 a 3 años, entregando estrategias metodológicas específicas en contextos de salas cuna, al mismo tiempo que ha generado un corpus de conocimiento teórico y práctico para el trabajo con las familias y comunidades.

Se proponen especializaciones a las estudiantes a través de la profundización en un área específica, en una agrupación menor de cursos (*minors*). Esta especialización aborda los contenidos transversales del currículum vinculados a los recursos didácticos y el juego, la expresión infantil y la interculturalidad. Se destaca la interdisciplinariedad en el abordaje de las temáticas, de manera de formar a las estudiantes en la complementariedad con la incorporación al aula infantil de expertos de otras áreas, en el enriquecimiento de los contextos de aprendizaje, así como en el desarrollo de proyectos que vinculen al centro con el contexto social y cultural.

Al mismo tiempo que se rediseñaron los cursos pedagógicos-didácticos incorporando prácticas generativas o prácticas esenciales para el desarrollo de una enseñanza de calidad en la formación de las estudiantes de Pedagogía en Educación Parvularia, se capacitó además a los docentes para trabajar con las estudiantes en la generación de ambientes de aprendizaje a partir de la aplicación de instrumentos que evaluaran la calidad de las interacciones en el aula, aspecto fundamental en el desempeño profesional de este nivel educativo.

Paralelamente, se diseñó un sistema de prácticas que permitió una vinculación profesional temprana, en alianza con el contexto, buscando una relación estable de ida-vuelta con los centros escolares a través de la formación de las educadoras colaboradoras, con el fin de que participaran de manera más activa en la formación inicial para una inserción en el contexto educativo fundada en la valoración de su experiencia profesional y que, al mismo tiempo, potenciara la formación a partir de un lenguaje común. Esto ha permitido una mayor coherencia formativa, con una articulación de cursos disciplinares y pedagógicos-didácticos alineados con los contextos de práctica, de manera de favorecer el aprendizaje profundo de las estudiantes vinculándolo a contextos reales, tanto desde la metodología Aprendizaje y Servicio como desde la concurrencia de los cursos (articulación horizontal y vertical) del plan de formación.

Formar al tercer educador para habitar pedagógicamente

Como mencionamos antes, el ambiente educativo resulta una variable crítica para explicar la calidad de la educación parvularia (Cleveland & Fisher, 2014; UNESCO, 2012; Woolner, 2017); tanto así que ha sido denominado "el tercer educador" (OWP/P Cannon, VS Furniture, & Bruce Mau Design, 2014; Malaguzzi, 1996). Si bien la nueva institucionalidad del nivel ha avanzado en esta materia, lo ha hecho fundamentalmente renovando los estándares constructivos de la infraestructura educativa, ampliando dimensiones y mejorando materialidad (JUNJI, 2018).

Complementariamente con ello y sin desmerecer este progreso, el estado del arte apela más bien al modelamiento pedagógico de los ambientes físicos (de aulas y patios), para impactar efectivamente en la mejora de la calidad (Adlerstein, Manns & González, 2016; Errázuriz, 2015). Es decir, es el espacio educativo pensado para la habitabilidad pedagógica y el empoderamiento de los niños que explica los logros de aprendizaje de los párvulos (OECD, 2013; Woolner et al., 2007) y la profundidad que estos alcanzan (Cleveland & Fisher, 2014). Así, las recomendaciones internacionales desafían a la educación parvularia chilena demandando una política que transite del foco en el mobiliario (y sus características materiales y ergonómicas del diseño y arquitectura) a la habitabilidad educativa de los ambientes, en conjunto con los agentes educativos y como respaldo de programas de aprendizaje y pedagogías flexibles. Pedagogías conscientes del lugar y prácticas educativas para habitar las nuevas infraestructuras (Adlerstein, Manns, & Gonzalez, 2016) sería el verdadero desafío (OECD, 2009), y no contar con sofisticados materiales industrializados de altos costos, como suele confundirse (Adlerstein, 2017; OECD, 2009; UNESCO, 2012).

Aunque en Chile el ambiente físico de aprendizaje constituye aún un factor escasamente explorado y tecnológicamente desatendido (Adlerstein et al., 2016), la Escuela de Diseño en conjunto con la Facultad de Educación han fundado una línea interdisciplinaria de I+D en el campo. En poco más de seis años y con el financiamiento de dos proyectos Fondef, la UC ha desarrollado, patentado y transferido a la política pública un sistema de modelamiento de ambientes físicos de aprendizaje (MAFA), para jardines infantiles públicos. Este sistema, por el que hoy han transitado más de mil niños, tiene tres componentes que funcionan sinérgicamente: 1) un set de soportes de práctica diseñados para provocar diversas interacciones para el aprendizaje, que reemplazan el mobiliario tradicional; 2) una plataforma virtual que permite la documentación pedagógica y el intercambio virtual de prácticas docentes a las educadoras; y 3) el DiME, un recurso didáctico que escala (para la mano de los niños) los mismos soportes de práctica que tienen en la sala, para que ellos deliberen y proyecten la organización de su aula en función de los proyectos y las experiencias que desarrollarán.

Los resultados del Sistema MAFA, después de un año de intervención en aulas de Nivel Medio (2 a 4 años de edad) de JUNJI, evidencian una mejora sustantiva de la calidad de los ambientes de aprendizaje, alcanzando puntajes equivalentes a los promedios buenos de países desarrollados, como Estados Unidos, Irlanda, Austria y Alemania. Cabe destacar que los aspectos que el Sistema MAFA logra mejorar son precisamente aquellos que los estudios nacionales reportan como más deficientes y resistentes al cambio (particularmente las interacciones para el aprendizaje). Lo relevante de esta iniciativa UC es que ha logrado desarrollar un nuevo lenguaje interdisciplinario que expande el repertorio metodológico de los educadores de párvulos, para hablar, pensar y actuar sobre el ambiente físico (Ferrare & Apple, 2010). Así, MAFA® (Adlerstein, Manns y González, 2016) ha probado conceptual y empíricamente el desarrollo de pedagogías conscientes del lugar (Gruenewald & Smith, 2008), capaces de redistribuir las oportunidades de aprendizaje y mejorar significativamente la calidad de los ambientes en los contextos educativos de mayor desventaja (Adlerstein, 2017).

En la misma línea de investigar y formar interdisciplinariamente al tercer educador, la Facultad de Educación ha creado las salas de experiencias de aprendizaje (SEA), con espacios para que los estudiantes de pedagogía desarrollen habilidades profesionales para el modelamiento de ambientes físicos de aprendizaje. Estos espacios de formación pedagógica temprana e inicial incorporan mobiliario y equipamiento tecnológico y didáctico de vanguardia, que funciona como una interfaz para la investigación, la ejercitación e innovación pedagógica. Como es posible apreciar, la investigación aplicada y la formación inicial orientada por el tercer educador en la UC contribuyen a redireccionar la educación parvularia en el sentido de los países desarrollados: a) transitar desde la infraestructura y la evaluación post ocupación de los espacios físicos a la habitabilidad educativa y el diseño colaborativo de los ambientes físicos de aprendizaje, y b) desde el disciplinamiento de los niños como cuerpos dóciles a interacciones basadas en la autorregulación, el empoderamiento y la ocupación social del espacio.

La envergadura de esta contribución de la UC al desarrollo de la educación parvularia pública y del país, es inédita. La universidad no solo ha entregado gratuitamente a la JUNJI una licencia para que ella sea, en palabras del Rector Sánchez, "la principal agente multiplicadora de esta valiosa herramienta de apoyo a la educación de quienes están en la primera etapa de su aprendizaje formal". Por sobre la modificación de normativa obsoleta y el traspaso práctico de la tecnología, la UC se ubica a la vanguardia de la investigación aplicada al servicio de la política pública y el resguardo de los derechos de los niños. Ello, porque genera un circuito virtuoso entre educación parvularia pública y universidad que funda una nueva relación pedagógica con las comunidades educativas y con los niños. Desde una perspectiva de justicia educacional, MAFA reconoce el poder de las pedagogías conscientes del lugar y redistribuye las oportunidades de aprendizaje para que los jardines infantiles sean espacios de participación y ciudadanía de niños y niñas.

REFERENCIAS

Adlerstein, C. (2017). Rediseñar la distribución del poder en aulas públicas. En M. Mendoza & R. Ferrer, *Nuevos ambientes de aprendizaje en educación parvularia* (pp. 155-180). Santiago: Ediciones JUNJI. Colección de Ideas.

Adlerstein, C. & Pardo, M. (2017). Highlights and Shadows in ECEC Policy in Latin America and the Caribbean. En L. Miller, C. Cameron & C. Dalli, *The Sage Handbook of Early Childhood Policy* (pp. 180-200). London, California, New Dehli, Singapore: SAGE Publications.

Adlerstein, C., Manns, P. & González, A. (2016). *Pedagogías para habitar el jardín infantil. Construcciones desde el modelamiento del ambiente físico de aprendizaje* (MAFA). Santiago: Ediciones UC.

Alucino, C. & Díaz, G. (2015). *Desarrollo Integral en la Primera Infancia. Agenda de acción para la región de América Latina. Resultados del Taller "Construyendo una agenda regional para el desarrollo en la primera infancia"*, realizado del 14 al 16 de septiembre de 2015 en San Pablo, B. São Paulo: BID.

Araujo, M. C. (2017). *¿Cómo promover servicios de cuidado infantil de alta calidad en América Latina?* Banco Interamericano de Desarrollo. Recuperado el 8 de septiembre de 2017, de https://blogs.iadb.org/desarrollo-infantil/2017/06/30/cuidado-infantil-de-alta-calidad/?mc_cid=a6e88ce367&mc_eid=d8caf775d9

Barco, B. (2017). *La elección de salas cunas y niveles medios en localidades desaventajadas en Chile: ¿Diversificación del mercado educacional para la equidad social? Resumen y resultados emergentes de tesis doctoral.* Santiago: Pontificia Universidad Católica de Chile. Escuela de Estudios Doctorales. Jornadas Doctorales 2017.

Barnett, S. & Nores, M. (2015). Investment and productivity arguments for ECCE. En M. Marope & Y. Kaga, *Investing Against Evidence. The Global State of early Childhood Care and Education* (pp. 73-90). Paris: UNESCO.

Berlinski, S. & Schady, N. (2015). *The Early Years Child Well-Being and the Role of Public Policy.* Inter-American Development Bank: Palgrave-Macmillan.

Bernard van Leer Foundation (2017). *Early Childhood Matters.* The Netherlands: Bernard van Leer Foundation.

Bertram, T. & Pascal, C. (2016). *Early Childhood Policies and Systems in Eight Countries. Findings from IEA's Early Childhood Education Study.* Hamburg: International Association for the Evaluation of Educational Achievement.

Blanco, R. (14 de agosto de 2016). Políticas de primera infancia y derechos de los niños (C. Adlerstein, Entrevistador).

Bown, K. & Sumsion, J. (2016). Generating visionary policy for early childhood education and care: Politicians' and early childhood sector advocate/activists' perspectives. *Contemporary Issues in Early Childhood,* 192-209.

Britto, P. R., Yoshikawa, H., Van Ravens, J., Ponguta, L. A., Reyes, M., Dimaya, R., . . . Seder, R. (2014). Strengthening systems for integrated early childhood development services: A cross-national analysis of governance. *Annals of Academy of Sciences 1308,* 245-255.

Cardellino, P., Araneda, C. & García, R. (2017). Classroom environments: an experiential analysis of the pupil-teacher visual interaction in Uruguay. *Learning Environments Research,* 20, 417-431. doi:0.1007/s10984-017-9236-y

Cardini, A., & Guevara, J. (2017). *El lugar del currículum en el mapa de la educación de la primera infancia. Documento de trabajo N°160.* Buenos Aires: CIPPEC .

Cleveland, B. & Fisher, K. (2014). The evaluation of physical learning environments: A critical review of the literature. *Learning Environment Research*, 1-28.

Contreras, D. & Puentes, E. (2016). Inequality of Opportunities at Early Ages. Evidence from Chile Aceptado. *Journal of Development Studies.*

Dahlberg, G., Moss, P. & Pence, A. (2005). *Más allá de la calidad en educación infantil.* Barcelona: Graó.

Educación 2020 (2017). *Plan Nacional de Educación. 30 Prioridades para el 2030.* Santiago: Educación 2020. Recuperado el 10 de agosto de 2017, de http://www.educacion2020.cl/sites/default/files/plan_nacional_capitulo_1.pdf

Elacqua, G., Figueroa, C., Martínez, M. & Santos, H. (2015). El que no llora no mama. ¿Cómo instalar a la primera infancia en el centro del debate? En G. Elacqua, A. Cortázar & E. Calvo, *Educación. El escenario pre-reforma.* Santiago: IPP Instituto de Políticas Públicas UDP.

Espinoza, V. & Rosas, R. (2016). Creencias de educadoras y miembros de equipos directivos de centros educativos de educación parvularia respecto del uso de recursos tecnológicos como herramientas de aprendizaje. *Estudios Pedagógicos de Valdivia* [online]. Obtenido de http://www.scielo.cl/scielo.php?script=sci_arttext&pid=S0718-07052016000200006

European Commission, EACEA, & Eurydice (2016). *Structural indicators for monitoring education and training Systems in Europe - 2016.* Luxembourg: Publications Office of the European Union.

Falabella, A. (2016). ¿Qué aseguran las políticas de aseguramiento de la calidad?: Un estudio de casos en distintos contextos escolares. *Estudios Pedagógicos, vol. 42 n. 1*(1), 107-126. Obtenido de http://dx.doi.org/10.4067/S0718-07052016000100007

Faverio, F., Rivera, L. & Cortázar, A. (2015). ¿Cuánto cuesta proveer educación parvularia de calidad? En G. Elacqua, A. Cortázar & E. Calvo, *Educación. El escenario pre-reforma.* Santiago: Instituto de Políticas Públicas UDP.

Ferrare, J. & Apple, M. (2010). Spacializing critical education: Progress and cautions. *Critical Studies in Education*, 209-221.

Fox, S., Southwell, A., Stafford, N., Goodhue, R., Jackson, D. & Smith, C. (2015). *Better Systems, Better Chances: A Review of Research and*

Practice for Prevention and Early Intervention. Canberra: Australian Research Alliance for Children and Youth (ARACY).

Grossman, P., Hammerness, K. & McDonald, M. (2009). Redefining teaching, re-imagining teacher education. *Teachers and Teaching*, 15(2), 273-289.

Gruenewald, D. & Smith, G. (2008). *Place based education in the global age*. NY: Lawrence Erlbaum.

Guardia, Paula & Mendive, S. (2016). *Evaluación de eficacia de una intervención preescolar para promover lenguaje y alfabetización inicial en niños de sectores deprivados socioculturalmente*. Santiago: FONIDE. Departamento de Estudios y Desarrollo División de Planificación y Presupuesto Ministerio de Educación.

Harris-Van Keuren, C. & Rodríguez Gómez, D. (2016). *Pautas para el aprendizaje temprano en América Latina y el Caribe*. Washington: BID.

Heckman, J. (21 de febrero de 2011). El poder de los primeros años: políticas para fomentar el desarrollo huamno. *Ponencia presentada en el lanzamiento del programa de atención integral a la primera infancia "De cero a siempre"*. Bogotá, Colombia: Alta Consejería para programas especiales de la Presidencia de la República de Colombia.

Heckman, J. & Masterov, D. (2006). The Productivity Argument for Investing in Young Children. *T.W. Schultz Award Lecture at the Allied Social Sciences*.

ILO-UNESCO (2015). *Policy guidelines on the promotion of decent working conditions for early childhood education personnel*. Geneva: International Labour Organization.

JUNJI (2018). 469 Nuevos jardines infantiles. Arquitectura innovadora para Educación de calidad. JUNJI (2014-2018). Santiago: Ediciones JUNJI.

Kagan, S. (2015). Conceptualizing ECE governance: Not the elephant in the room. En S. Kagan & R. Gómez, *Early childhood governance: Choices and consequences* (pp. 9-29). New York: Teachers College Press.

Kagan, S., Araujo, M., Jaimovich, A. & Cruz-Aguayo, Y. (2016). *Una mirada al desarrollo infantil en América Latina y el Caribe desde la teoría y el pensamiento sistémico. Nota técnica N°IDB-TN-1061*. Washington: División de Protección Social y Salud. Banco Interamericano de Desarrollo.

Lee, Y., Krappmann, L. & Akosua Aidoo, A. (2015). Early childhood care is a right. En P. T. Marope & Y. Kaga, *Investing against Evidence. The Global State of Early Childhood Education and Care* (pp. 37-54). Paris: UNESCO.

Malaguzzi, L. (1996). *Diritto all'ambiente*. Reggio Emilia: Reggio Children.

MINEDUC (2016). *Hoja de Ruta: Definiciones de Política para una Educación Parvularia de Calidad*. Santiago: Documento elaborado por la Subsecretaría de Educación Parvularia. Recuperado el 10 de septiembre de 2017, de http://parvularia.MINEDUC.cl/wp-content/uploads/sites/34/2017/02/HOJA-DE-RUTA-PDF-VERSI%-C3%93N-2017.pdf

MINEDUC (2016). *Resumen estadístico de la educación 2016*. Santiago: Centro de Estudios MINEDUC. Recuperado el 15 de septiembre de 2017, de https://centroestudios.MINEDUC.cl/wp-content/uploads/sites/100/2017/06/Resumen-Estad%C3%ADstico-de-la-Educaci%C3%B3n.-A%C3%B1o-2016.pdf

MINEDUC (2017). *Marco para la Buena Enseñanza de Educación Parvularia: Referente para una práctica pedagógica reflexiva y pertinente. Propuesta de ajuste*. Santiago: Ministerio de Educación. Subsecretaría de Educación Parvularia.

Ministerio de Desarrollo Social (2016). *Encuesta de caracterización Socioeconómica Nacional. Educación. Síntesis de resultados*. Santiago: Gobierno de Chile, Ministerio de Desarrollo Social. Recuperado el 17 de junio de 2017, de http://observatorio.ministeriodesarrollosocial.gob.cl/casen-multidimensional/casen/docs/CASEN_2015_Resultados_educacion.pdf

Morales, F. (2015). Radiografía de la institucionalidad para la primera infancia en Chile. En G. Elacqua, A. Cortázar & E. Calvo, *Educación: El escenario pre-reforma*. Santiago: Instituto de Políticas Públicas Facultad de Economía y Empresa Universidad Diego Portales.

Müller, M. & García, M. (2016). *Manual Sistema de Prácticas*. Santiago: Facultad de Educación Pontificia Universidad Católica de Chile. Obtenido de www.educacion.uc.cl / www.practicaspedagogicas.uc.cl

OECD (2009). *International pilot study on the evaluation of quality in educational spaces (EQES). User manual. Final version*. Paris: CELE.

OECD (2013). *Teachers for the 21st Century: Using Evaluation to Improve Teaching*. Paris: OECD Publishing. Obtenido de http://www.oecd.org/site/eduistp13/TS2013%20Background%20Report.pdf

OECD (2017). *Education at Glance 2017: OECD Indicators*. Paris: OECD Publishing.

OMEP (15 de agosto de 2017). Declaración. Obtenido de OMEP Chile. Organización Mundial para la Educación Preescolar: https://docs.wixstatic.com/ugd/b6cfca_6c90c39afba94ad6b4b0d1b7140f609a.pdf

OWP/P Cannon, VS Furniture & Bruce Mau Design (2014). *The Third Teacher. 79 Ways You Can Use Design to Transform Teaching & Learning*. New York: Abrams Books.

Pardo, M. & Adlerstein, C. (2015). *Informe Nacional sobre Docentes para la Educación de la Primera Infancia: CHILE*. Santiago: OREALC/ UNESCO Proyecto Estrategia Regional Docente. Obtenido de http://www.ceppeuc.cl/images/contenido/publicaciones/proyecto-estrategico-regional/2012/Informe-Primera-Infancia-CHILE.pdf

Pardo, M. & Adlerstein, C. (2016). *Estado del arte y criterios orientadores para la elaboración de políticas de formación y desarrollo profesional de docentes de primera infancia en América Latina y el Caribe*. Santiago: OREALC/UNESCO.

Pardo, M. & Woodrow, C. (2014). Improving the quality of early childhood education in Chile: Tensions between public policy and teacher discourses over the schoolarisation of early childhood education. *International Journal of Early Childhood, 46*(101-115), 101. doi:10.1007/s13158-014-0102-0

Pardo, M., Adlerstein, C., Edwards, M. & Contreras, Z. (2017). *Orientaciones para el Desarrollo de los Instrumentos de Evaluación Docente para las Educadoras de Párvulos*. Santiago: Estudio UNESCO-MINEDUC.

Peralta, M. V. (2008). La calidad como un derecho de los niños a una educación oportuna y pertinente. *Espacio para la Infancia*, 3-14.

PNUD (2016). *Desiguales*. Santiago.

Rayo, S. (2014). Condiciones laborales de los educadores de párvulos de Chile. *Docencia*, 88-90. Recuperado el 3 de julio de 2016, de http://www.revistadocencia.cl/new/wp-content/pdf/20140825230135.pdf

Renna, H. (14 de junio de 2015). *El Desconcierto*. Obtenido de Actores de la educación analizaron reforma de la educación parvularia: http://www.eldesconcierto.cl/2017/09/22/extranjeria-quiere-deportar-de-chile-a-mujer-haitiana-con-cuatro-meses-de-embarazo/

Sen, A. & Brundtland, G. (1999). *Romper el ciclo de la pobreza. Invertir en la infancia. Conferencias Magistrales*. Washington: Banco Interamericano de Desarrollo. Recuperado el 3 de junio de 2017, de file:///C:/Users/LENOVO/Dropbox/CAPITULO%20LIBRO%20RECTOR%20EDUCACI%C3%93N%20INICIAL/BIBLIOGRAF%C3%8DA%20REFERENCIAL/invertir_infancia.pdf

Shirley, D., Fernández, M., Ossa Parra, M., Berger, A. & Borba, G. (2013). La Cuarta Vía de liderazgo y cambio en América Latina: perspectivas en Chile, Colombia y Brasil. *PEL. Pensamiento Educativo. Revista de Investigación Latinoamericana*, 50(2), 5-27.

Shonkoff, J. P. (2015). The neurobiology of early childhood development and the foundation of a sustainable society. En M. Marope & Y. Kaga, *Investing Against Evidence. The Global State of Early Childhoos Care and Education* (pp. 55-72). Paris: UNESCO.

Tietze, W. & Viernickel, S. (2010). *Desarrollo de la calidad educativa en centros preescolares*. Santiago: LOM Ediciones.

Treviño, E. (2014). *Mejorar los logros de aprendizaje de los estudiantes: Evidencia comparada de América Latina, África y la OCDE. Documento de Trabajo CPCE Nº 25*. Santiago: Centro de Políticas Comparadas de Educación. Universidad Diego Portales.

Treviño, E. (2017). *Financiamiento de la educación parvularia en Chile*. Santiago: Centro para la Transformación Educativa CENTRE.

Treviño, E., Romo, F. & Godoy, F. (2015). Construcción de capacidades profesionales en educación parvularia: evidencia de "Un Buen Comienzo". En G. Elacqua, A. Cortázar & E. Calvo, *Educación. El escenario pre-reforma*. Santiago: Instituto Políticas Públicas UDP.

UNESCO (2012). *A Place to learn: Lessons from research on learning environments*. Montreal: UNESCO-UIS.

UNESCO-WECCE (2010). *Early childhood care and education regional report. Latin America and the Caribbean*. Moscow: UNESCO.

Villalón, M. (2015). Educación Inicial. En Ignacio Sánchez (Editor), *Ideas en Educación. Reflexiones y propuestas desde la UC* (pp. 145-170). Santiago: Ediciones UC. Colección Estudios en Educación.

CAPÍTULO 5

DIAGNÓSTICO DEL SISTEMA ESCOLAR: LAS REFORMAS EDUCATIVAS 2014-2017

ERNESTO TREVIÑO
Director Centro UC para la Transformación Educativa
Profesor Asociado, Facultad de Educación UC

INTRODUCCIÓN

A partir del año 2014, Chile vivió una intensa ola de reformas estructurales que cambiaron las reglas del juego del sistema escolar. En el país, desde la década de 1980, se introdujo en las políticas públicas una lógica neoliberal, con mecanismos de mercado derivados de la corriente denominada nueva gestión pública, de la que las políticas educativas no estuvieron exentas (Bellei, 2015). La reforma de 1981 implicó, entre los principales aspectos: a) la introducción de un sistema de *voucher* universal por alumno vinculado a la asistencia, para el financiamiento de toda la educación pública y particular subvencionada; b) la apertura para la incorporación de establecimientos particulares subvencionados a la oferta educativa; c) la descentralización de la educación desde el gobierno nacional hacia las municipalidades (Bellei, 2015).

Desde un punto de vista conceptual, los cambios antes mencionados buscaban mejorar la calidad y equidad del sistema escolar a través de la competencia. Por un lado, la competencia entre escuelas llevaría a que aquellas de baja calidad desaparecieran, por ser incapaces de atraer matrícula (Chubb & Moe, 1988). Por otro lado, en este sistema de competencia las escuelas buscarían satisfacer los distintos conjuntos de preferencias de los padres para así maximizar la satisfacción del consumidor y, de esa forma, alcanzar mayores niveles de bienestar general (Chubb & Moe, 1988).

En la práctica, y como se verá en este capítulo, los supuestos tanto de funcionamiento como de los resultados prometidos por este mercado escolar no se cumplieron. La introducción de estas medidas de mercado tuvo un conjunto de consecuencias sobre el sistema escolar, entre las que se cuentan las siguientes: a) desarticulación del sistema escolar, por los incentivos a la competencia –en vez de colaboración–, y la atomización de aprendizajes producto de la descentralización y de la aparición de múltiples sostenedores particulares subvencionados; b) un recrudecimiento de la segregación socioeconómica entre escuelas, producto de la competencia entre estas; la selección de estudiantes, la instauración del copago en escuelas particulares subvencionadas y las presiones de un sistema de rendición de cuentas que acumuló mayores consecuencias por los resultados a partir de la década del 2000; c) la segmentación del mercado laboral docente, al generarse condiciones laborales distintas para los docentes en escuelas municipales y particulares subvencionadas; d) el vaciamiento y descreme de la educación municipal en favor de un aumento sostenido de matrícula de las escuelas particulares subvencionadas; y, e) una merma de los recursos destinados a la educación, como consecuencia de que la ley permitía que los sostenedores subvencionados generaran lucro con recursos de la subvención escolar.

El anterior diagnóstico sirvió de base para proponer y aprobar un conjunto de reformas al sistema escolar llevadas a cabo por el gobierno de la Presidenta Michelle Bachelet durante el período 2014-2017.

El propósito de este capítulo es, precisamente, analizar las tres reformas al sistema escolar más recientes a la luz de la evidencia empírica que las justificó y los cambios que estas promueven, para finalmente plantear los principales desafíos futuros del sistema escolar.

REFORMAS RECIENTES

Las tres reformas estructurales bajo análisis son la Ley de Inclusión, la Ley del Sistema de Desarrollo Profesional Docente y la Ley de Nueva Educación Pública. Se trata de leyes que cambian en gran medida el funcionamiento y la estructura de la educación escolar, y que sin duda traerán consigo oportunidades y desafíos para avanzar en la conformación de un sistema escolar de calidad y equitativo. A continuación, se analiza cada una de estas reformas, incluyendo una parte de la evidencia empírica que les dio sustento y los objetivos que estas pretenden alcanzar.

Ley de Inclusión

A partir del año 2004, los diagnósticos internacionales del sistema escolar chileno mostraban que este adolecía de una serie de prácticas y políticas que exacerbaban, a través de la educación, las desigualdades sociales (OCDE, 2004). A partir de estos diagnósticos globales, y el crecimiento en las instancias y oportunidades para desarrollar investigación educativa, fue posible indagar con mayor profundidad en las formas de desigualdad en el sistema escolar, en tres ámbitos específicos.

En primer lugar, la investigación abrió la puerta a comprender la magnitud y forma de la segregación socioeconómica en el sistema escolar chileno. En este sentido, quedó en evidencia que Chile mantenía niveles considerados como hipersegregación socioeconómica en el sistema escolar (Valenzuela, Bellei, & de los Ríos, 2014; Valenzuela, Bellei, & De los Ríos, 2008, 2010) y que las escuelas contribuían a profundizar la segregación por sobre los niveles de segregación residencial (Flores, 2008). Las elevadas cotas de segregación socioeconómica dejaron en evidencia que el sistema escolar chileno funcionaba como un mecanismo de reproducción de las desigualdades, a través de la separación de estudiantes de características sociales relativamente homogéneas entre escuelas, más que como un vehículo para la creación de mayores oportunidades de aprendizaje y más opciones de encuentro de familias de distintos orígenes y niveles sociales de forma de contribuir a la cohesión social futura (Valenzuela, Villalobos, & Gómez, 2013). Además de la segregación global en el sistema escolar, la acumulación de evidencia más reciente ha permitido verificar altos niveles de desigualdad entre las distintas opciones de oferta educacional, particularmente al comparar la educación media Científico-Humanista con la Técnico-Profesional, pues es esta última la que acoge a aproximadamente 40% de la matrícula de la educación media, concentrando a los estudiantes de menor nivel socioeconómico del país (Sevilla, 2017).

La elección de escuela, otro de los supuestos de un sistema de competencia entre escuelas, también quedó en entredicho a partir de la acumulación de investigación. Distintos estudios mostraron cómo los apoderados no tenían un real poder de elección de escuelas, y más bien, eran las escuelas las que a través de distintos mecanismos —desde selección académica, por características sociales o familiares, o bien por exigencia de copago— ejercían un gran poder e imponían restricciones efectivas a las familias al momento de elegir una escuela (Contreras, Sepúlveda, & Bustos, 2010). Incluso después de la aprobación de la Ley General de Educación del año 2010, donde se prohibía seleccionar en la educación básica pero se permitía realizar pruebas diagnósticas, la selección de estudiantes parecía ser una práctica generalizada en el sistema escolar chileno (Flores & Carrasco, 2013).

El copago es otro de los elementos que aparecían como un aspecto del sistema escolar que contribuía a la reproducción de las desigualdades y a la exacerbación de la segregación socioeconómica entre escuelas. Por una parte, se ha mostrado que el copago en las escuelas particulares subvencionadas no representa un aporte a la mejora en los aprendizajes medidos por el SIMCE (Anand, Mizala, & Repetto, 2009; Mizala & Torche, 2012). Por otro lado, también se ha verificado que la segregación socioeconómica entre escuelas es mayor en los establecimientos particulares subvencionados que cobran copago (Elacqua, 2012; Elacqua & Santos, 2013).

La evidencia empírica acumulada, incluidos los ejemplos que se presentaron anteriormente, tuvo un alto grado de coincidencia con la revisión del sector educativo realizada por la OCDE, la que destacaba la debilidad de los mecanismos de mercado para transformar las prácticas en las escuelas y las salas de clase de forma tal que se materializaran en mayores niveles de aprendizaje para todos los estudiantes, en particular los más desaventajados (OCDE, 2004).

Los avances en la comprensión empírica de los fenómenos educativos dieron pie a la propuesta de la Ley de Inclusión, la que paulatinamente eliminará la selección de estudiantes de la educación obligatoria, el copago y el lucro en todas las escuelas públicas y particulares subvencionadas.

La implementación de la Ley de Inclusión tiene distintos marcos de gradualidad en lo relativo a la selección, el copago y el lucro, los cuales se detallan a continuación.

La Ley de Inclusión propone ampliar las posibilidades de elección de escuela por parte de las familias al eliminar la selección de estudiantes. Gradualmente se retirará de la jurisdicción directa de los establecimientos escolares el proceso de selección, para sustituirlo por un mecanismo centralizado de postulación a los establecimientos de la preferencia de las familias. De esta forma se busca evitar que a través de mecanismos implícitos o explícitos se limite el acceso a la educación obligatoria. Esta medida está alineada con los resultados de investigaciones que indican que, aun a pesar de que la selección está prohibida por la Ley General de Educación del año 2010, los establecimientos incurrían en un conjunto de prácticas abiertas y encubiertas de selección por motivos sociales, económicos o académicos (Flores & Carrasco, 2013). En términos generales, esta medida apunta a que los establecimientos que reciben subvención del Estado y que tengan mayor demanda que cupos disponibles adhieran a un Sistema de Admisión Escolar centralizado mediante una página web, donde los apoderados marcan sus preferencias y un algoritmo computacional busca maximizar estas preferencias. En el caso de que las escuelas tengan mayor demanda que lugares disponibles, también se considera si los estudiantes tienen hermanos en la escuela de su interés, o bien si el padre o la madre son funcionarios de esta.

El cronograma de la Ley de Inclusión determinó que el Sistema de Admisión Escolar comenzara a implementarse el 2016 en la Región de Magallanes y la Antártica Chilena y continuara el 2017 en las regiones de Tarapacá, Coquimbo, O'Higgins y Los Lagos y se extenderá en 2018 a todo el país. Esto ha implicado que la restricción a la selección ocurre en prekínder y kínder, así como en primero y séptimo básico y en primero medio (MINEDUC, 2015a). La ley prevé que para el tercer año de postulación se incluirán todas las regiones del país para los cursos iniciales, mientras que en las regiones donde se inició la implementación, la restricción de seleccionar se aplicará a todos los cursos. En el cuarto año de implementación, la restricción de seleccionar en todos los cursos entrará en vigor a nivel nacional. Finalmente, existe un cronograma gradual de cinco años para llegar al fin de la selección en los establecimientos emblemáticos.

Los resultados disponibles de la implementación de la reforma en la Región de Magallanes son auspiciosos en cuanto a mejorar las posibilidades de elección de establecimiento escolar. Los datos muestran que postularon 3.580 estudiantes a 63 establecimientos municipales y subvencionados en las rondas de etapa regular y etapa complementaria de postulación. Los resultados indican que 64,7% de los postulantes fue admitido en su primera preferencia, y 86,8% de los postulantes fue admitido en alguna de sus preferencias (MINEDUC, 2017).

En relación con el copago, la Ley de Inclusión propone también su eliminación gradual, lo cual implica el aumento progresivo de los montos de subvención por estudiante, a medida que disminuye progresivamente el copago, hasta desaparecer. La ley crea un aporte por gratuidad (que partió en un valor de 0,25 Unidades de Subvención Educacional y llegará después de cuatro años a 0,45 USE), y se espera que el copago disminuya gradualmente y desaparezca cuando el valor de este sea menor o igual al aporte de gratuidad. Por otro lado, la ley también establece una subvención para alumnos preferentes del tercer y cuarto quintil de nivel socioeconómico, que inició su operación en 2016, al igual que un incremento de 20% en la Subvención Escolar Preferencial a los establecimientos que cuentan con este tipo de financiamiento (MINEDUC, 2015b).

En cuanto a la eliminación del lucro, la reforma exigió a los establecimientos particulares subvencionados con fines de lucro que se transformaran en entidades sin fines de lucro hacia finales del año 2017. Los establecimientos podían decidir sumarse a este régimen, o bien, transformarse en escuelas particulares pagadas, lo que las excluiría de la mayor parte de las regulaciones introducidas por la Ley de Inclusión. Además, como una medida para evitar formas encubiertas de lucro, la ley establece un conjunto de restricciones sobre los contratos que los sostenedores puedan celebrar con personas naturales o jurídicas relacionadas, así como requerimientos de plazos y montos específicos relativos a los arriendos para los sostenedores que reciben financiamiento público y que no son dueños de la infraestructura donde se ofrece el servicio educativo. Estas medidas se orientan a reducir la posibilidad de que existan arriendos simulados o cobros excesivos de arriendo.

En relación con el lucro, el 93,9% de los establecimientos particulares subvencionados al 31 de diciembre de 2017 decidió transformarse en organizaciones sin fines de lucro (MINEDUC, 2018), lo que es un resultado positivo en hacer más equitativa la oferta educativa y empezar a generar un sistema escolar más cohesionado. Por otra parte, los estudios disponibles sobre la relación de lucro y educación se concentran en temas como la inclusión, diversidad, resultados educativos (Carrasco, Flores, Manzi, Paredes, & Santelices, 2014; Contreras, Hojman, Huneeus, & Landerretche, 2011; Elacqua, Martínez, & Santos, 2011; Zubizarreta, Paredes, & Rosenbaum, 2014), que muestran que, en general, las escuelas sin fines de lucro tienden a mostrar mejores desempeños en las áreas mencionadas. Sin embargo, no existe evidencia disponible que estime el monto de recursos públicos que se convierten en lucro en vez de invertirse en educación.

Si bien es cierto que los primeros pasos de la Ley de Inclusión auguran avances en términos de equidad en la elección y acceso a los establecimientos escolares, la normativa deja algunos vacíos y dudas. El vacío más importante es que esta ley deja fuera del concepto de inclusión a los niños y niñas con necesidades educativas especiales, cuya inserción en la escuela está limitada por la disposición de los establecimientos a tener Proyectos de Integración Educativa y por la disponibilidad de recursos (pues el PIE no es un derecho de los estudiantes, sino que es un programa por el cual las escuelas concursan y arriesgan no obtener los recursos) para que las escuelas puedan instaurar este tipo de programas. Se trata de una grave omisión en el acceso al sistema escolar, aunque también existen desafíos en la inclusión efectiva de los estudiantes con necesidades especiales en el aprendizaje y desarrollo, para que el beneficio de la inclusión no quede solamente en el acceso y tenga como finalidad el desarrollo del máximo potencial e inclusión social de estos niños y niñas en el largo plazo. La duda más relevante que deja la Ley de Inclusión tiene que ver con el sistema de financiamiento para proyectos de desarrollo de las escuelas particulares subvencionadas. Hasta antes de la ley, muchas escuelas subvencionadas se erigían como instituciones con fines de lucro, porque esta figura facilitaba el acceso al crédito para financiar proyectos y obras cuya amortización requiere plazos más largos. Al transformarse en organizaciones sin fines de lucro, es probable que los establecimientos enfrenten dificultades para acceder a financiamiento para sus proyectos y, probablemente, será necesario establecer créditos especiales desde las instituciones del Estado para sustituir los fondos que provenían de la banca privada.

En resumen, la Ley de Inclusión busca mejorar la eficiencia en la focalización de los recursos públicos invertidos en educación, así como la equidad al disminuir la segregación y aumentar los recursos para las escuelas que atienden a los estudiantes de menor nivel socioeconómico. En este sentido, la prohibición del lucro debería acarrear mejores indicadores de desempeño e inclusión de las escuelas, si es que se mantienen los efectos hallados por los estudios previos. Por otra parte, la eliminación del copago y la introducción del Sistema de Admisión Escolar deberían contribuir a disminuir la segregación socioeconómica entre escuelas, aunque es difícil predecir la magnitud de este cambio, dada la vinculación entre la segregación escolar y la residencial. Finalmente, la Ley de Inclusión genera un incremento relevante de recursos públicos en educación escolar, y si bien los recursos por sí mismos no repercuten en la calidad ni en la equidad, es de esperar que se construyan mayores capacidades a nivel de sostenedores y establecimientos para hacer un uso pedagógicamente adecuado de este caudal de fondos públicos adicionales.

Ley del Sistema de Desarrollo Profesional Docente

La carrera de los docentes en Chile ha enfrentado importantes desafíos respecto de la calidad de la formación, las remuneraciones y las perspectivas de profesionalización y satisfacción laboral. Todos estos elementos se mezclaban con la configuración del sistema escolar que implicaba diferentes niveles de exigencia y regulación para las escuelas públicas y las particulares subvencionadas, tal como se verá a continuación.

El diagnóstico respecto de la situación docente en el país es multifacético, pues incluye elementos de la práctica en el aula, la formación inicial, la formación continua y las condiciones laborales de los profesores.

Un primer diagnóstico acerca de la situación de los docentes en el país está enfocado en las prácticas de aula y los desafíos de mejora de la enseñanza. En este sentido, los datos de la evaluación docente muestran que cerca del 95% de los educadores —de los distintos niveles educativos— están por debajo del nivel mínimo esperado en cuanto a las interacciones pedagógicas en el aula que se miden a través de las clases filmadas (Sun, Correa, Zapata, & Carrasco, 2011). Esta evidencia se corresponde con investigaciones recientes que muestran que los docentes se hacen cargo de la enseñanza y la cobertura curricular, pero a través de métodos de enseñanza frontales y expositivos por parte del profesor y con poca participación de los estudiantes como protagonistas de las actividades del aula (Berger, Álamos, & Milicic, 2016; Preiss, Calcagni, Espinoza, & Grau, 2016; Treviño, Varas, Godoy, & Martínez, 2016). Por lo tanto, la evidencia es coincidente en mostrar que existe un amplio margen de mejora en las prácticas de enseñanza, lo que requiere sin duda un conjunto de medidas para mejorar la formación inicial y continua de profesores y educadoras.

En lo relativo a la formación inicial docente, en el país se han realizado distintos diagnósticos sobre este punto, que dejaron de manifiesto la necesidad de establecer mayores exigencias y apoyos a las instituciones formadoras. En términos de la formación inicial docente disciplinaria, los estudios disponibles muestran que solamente dos de

36 programas analizados generaban ganancias significativas en aprendizajes disciplinarios entre el inicio y el fin de la carrera universitaria (Manzi, Lacerna, Meckes, & Ramos, 2011), revelando la pobre preparación disciplinaria de los profesores. Esta evidencia es coincidente con los hallazgos del estudio TEDS-M, que medía conocimientos disciplinarios en matemática entre docentes recién egresados de la carrera de pedagogía en educación básica, y donde Chile se ubicó en penúltimo lugar entre 15 países (Babcock et al., 2010). Asimismo, los procesos de acreditación de las carreras de pedagogía se han reforzado a lo largo del tiempo, dadas las debilidades encontradas en términos de discrecionalidad (Domínguez et al., 2012) y se han aumentado los requisitos para acreditarse. Al año 2015, solamente 363 de los 515 programas de formación inicial en pedagogía cumplían con los requisitos de acreditación (CNA, 2016).

Los programas de formación inicial docente han sido objeto de distintas políticas públicas, pasando por el Programa de Fortalecimiento de la Formación Inicial Docente (creado en 1997), el programa de Mejoramiento de la Calidad de la Educación Superior y la Beca Vocación de Profesor, la creación de la Prueba Inicia y el aumento de las exigencias de acreditación (Bitar, 2011). Sin embargo, estas políticas no llegaron a consolidarse como un todo integral que vinculara formación inicial con desarrollo profesional a lo largo de la carrera laboral.

Respecto de la formación continua, la evidencia sobre su calidad e impacto es escasa (Cisternas, 2011). Si bien existe literatura que describe o sistematiza distintos programas de formación continua y distingue entre estrategias de formación mediante agentes externos, estrategias entre pares y otras que son una mixtura de ambas (Sotomayor & Walker, 2009), son poco frecuentes las evaluaciones que muestren el impacto de los procesos formativos en el desempeño de los docentes en la sala de clases. Específicamente, la evidencia disponible a nivel nacional muestra que los programas de formación continua para educadoras de párvulos que involucran acompañamiento en el aula, así como la participación de docentes, directivos, autoridades locales y expertos en redes de colaboración para el aprendizaje por un período de dos años tienen resultados positivos en mejorar las prácticas docentes y los indicadores de desarrollo de los niños y niñas (Treviño, Aguirre, & Varela, 2018). Otro tipo de evidencia proviene de estudios que aplican encuestas a los participantes en los programas de formación continua, pero que no necesariamente contrastan con las prácticas de aula. Estas investigaciones encuentran impactos positivos de los postítulos en ámbitos de percepción autorreportados por los docentes beneficiarios (Miranda, Arancibia, Gysling, López, & Rivera, 2013; Miranda, Rivera, Salinas, & Muñoz, 2010). Por lo tanto, la formación continua es un ámbito que requiere una mayor profundización en la investigación para estudiar los beneficios que pueden acarrear distintas iniciativas de preparación del profesorado y perfeccionar estas medidas.

La situación laboral de los docentes ha sido un desafío desde distintas perspectivas. Por una parte, no existía una carrera docente que permitiera a los profesores de todos los establecimientos subvencionados mejorar sus remuneraciones a lo largo de su trayectoria como profesor de aula. La estructura organizacional del sistema educativo generaba también desigualdades en las remuneraciones para los educadores, como resultado de los esquemas de financiamiento. En términos globales, se estimaba que los docentes obtenían remuneraciones 50% menores al promedio de las profesiones con el mismo nivel de preparación (Cristián Bellei & Valenzuela, 2010). A manera de ejemplo, en el caso de las educadoras de párvulos se podían generar diferencias de hasta 30% en la remuneración entre profesionales que laboran en jardines infantiles JUNJI y quienes trabajan en establecimientos denominados Vía Transferencia de Fondos (Treviño, 2014). Además, la inserción laboral de los docentes presenta importantes desafíos para la permanencia en las comunidades educativas y el sistema escolar, pues se estima que cerca de un tercio de los docentes nuevos que ingresan a trabajar cambian de escuela después del primer año (Carrasco, Godoy, & Rivera, 2017) y que alrededor del 40% de los docentes nuevos abandona el sistema escolar al cuarto año de ejercicio (Valenzuela & Sevilla, 2013). Ambas situaciones se dan con mayor frecuencia en escuelas de más alta vulnerabilidad. A este complejo panorama laboral se añadía la precariedad de la distribución del tiempo docente, pues en Chile el 90% del tiempo contractual de los docentes se dedicaba a hacer clases (OECD, 2014), dejando escaso tiempo para labores de coordinación pedagógica, preparación de clases y evaluación.

El diagnóstico relativo al desarrollo profesional de los docentes muestra que existía una urgente necesidad de atender integralmente los desafíos del profesorado, como una condición necesaria para la construcción de capacidades y posterior mejora de la calidad de la educación en Chile. En este sentido, la Ley 20.903, que crea el Sistema de Desarrollo Profesional Docente (SDPD), apunta a atender las situaciones antes señaladas para todos los docentes que participan en escuelas que reciben recursos públicos, lo que implica mejorar las condiciones de desarrollo profesional también a los profesores y educadoras del mundo particular subvencionado y de los jardines infantiles que reciben aportes estatales. Esto representa una marcada diferencia con las políticas anteriores de carrera docente que, en su mayoría, eran obligatorias para los docentes del sistema escolar público.

En primer lugar, la ley del SDPD tiene un foco en el desempeño docente a través de un Sistema de Reconocimiento basado en evaluaciones docentes, que se complementa con procesos formativos de distinta índole descritos más adelante en el texto. La ley establece un Sistema de Reconocimiento que incluye evaluaciones a lo largo de la trayectoria de los docentes. El primer componente de este sistema corresponde a un instrumento de evaluación de conocimientos específicos y pedagógicos relativos a la disciplina y nivel que el docente imparte, de manera tal que se pueda clasificar en uno de los cuatro tramos de desempeño en función del nivel de conocimientos pedagógicos y disciplinarios que demuestra el docente. Este instrumento permite monitorear el grado en que los docentes manejan los conocimientos esperados de acuerdo con la normativa legal. Complementariamente, se establece una evaluación a lo largo de la carrera mediante un portafolio profesional de competencias pedagógicas que considera: a) el desempeño profesional en el aula en relación con los procesos de enseñanza y aprendizaje; b) prácticas y liderazgo colaborativo, trabajo entre pares, cooperación con padres y apoderados; c) creación de contenidos y materiales de enseñanza, participación en actividades académicas, iniciativas de innovación e investigación pedagógica, entre otras; y, d) perfeccionamiento atingente al ejercicio profesional y al nivel de desarrollo del docente. Los resultados del portafolio se organizan en cinco niveles de desempeño.

La combinación de resultados del instrumento de conocimientos y el portafolio anteriormente descritos da lugar a cinco tramos de desempeño docente, a saber: a) inicial, b) temprano, c) avanzado, d) experto I, y, e) experto II. La evaluación del desempeño implica también que aquellos docentes en tramo inicial que no hayan podido avanzar a otra categoría en dos evaluaciones sucesivas serán desvinculados y no podrán ser contratados en otro establecimiento.

La formación inicial es otro de los aspectos que toca la ley de SDPD en cuatro ámbitos principales. En primer lugar, se norman los requisitos de admisión a las carreras de pedagogía, estableciendo que los estudiantes que ingresen a las mismas deberán cumplir con al menos uno de los siguientes requisitos: a) ubicarse a lo menos en el percentil 70 de rendimiento de la Prueba de Selección Universitaria; b) obtener un promedio de notas que lo ubique en el 10% superior del *ranking* de su establecimiento educacional; c) tener un *ranking* de notas dentro del 30% superior del establecimiento educacional y ubicarse al menos en el percentil 50 de la PSU; o, d) haber aprobado algún programa de preparación y acceso para continuar estudios de pedagogía –los que requieren estar en el 15% superior del *ranking* de notas– y rendir la PSU.

La acreditación obligatoria es el segundo ámbito de cambio a la formación inicial que plantea la ley. Específicamente, la regulación exige que solamente las universidades acreditadas y con carreras de pedagogía acreditadas podrán impartir programas de formación docente, lo que representa un importante avance en relación con la desregulación anterior, que permitía la existencia de oferta de carreras de pedagogía en instituciones y programas sin acreditación. Además, los programas de pedagogía deberán cumplir obligatoriamente con los requisitos de admisión anteriormente descritos. Adicionalmente, para acreditarse, los programas de formación deberán aplicar a los estudiantes de pedagogía una evaluación diagnóstica específica por carrera y obligatoria al inicio y otra hacia el final de la carrera. Esta evaluación de fin de carrera es un requisito obligatorio para la titulación de los estudiantes.

Las carreras de pedagogía deberán responder a los estándares pedagógicos y disciplinarios de formación inicial que debe revisar, y eventualmente aprobar, el Consejo Nacional de Educación durante el año 2018. Estos estándares guiarán los procesos formativos, servirán de base para las evaluaciones diagnósticas y serán considerados en los procesos de acreditación de las carreras.

La formación continua representa la tercera área que cambió, producto de la nueva ley de SDPD, con tres vías de acciones formativas. La primera de ellas tiene foco en el desempeño docente en la escuela, y está compuesta por dos de las vías formativas, a saber, la creación de procesos formativos locales y la inducción y mentoría para docentes nuevos. La formación local para el desarrollo profesional apunta a reconocer y fomentar el trabajo colaborativo y la retroalimentación pedagógica al interior de las escuelas e incluso entre escuelas del mismo territorio. El proceso de inducción consiste en el diseño e implementación de un plan de mentoría con duración de diez meses para ayudar a los docentes noveles a insertarse en el espacio laboral y desarrollar capacidades profesionales en la práctica. Su objetivo es ayudar a los educadores a adaptarse a las múltiples tareas que corresponden a un docente en ejercicio, de forma tal que puedan apuntalar la calidad de la enseñanza a la vez que asumen las responsabilidades propias del trabajo docente que no pueden ejercitarse durante las prácticas de la formación inicial –por ejemplo, la gestión académica, la atención a apoderados, la participación productiva en Consejos de Profesores, por mencionar algunos–. La ley otorga el espacio para que los establecimientos que tengan una categoría de desempeño alto o que hayan fluctuado en categorías alto y medio, de acuerdo con el Sistema de Aseguramiento de la Calidad de la Educación, puedan llevar a cabo autónomamente los procesos de inducción.

El tercer canal de formación continua incluye programas, cursos o actividades de formación continua que podrán ser ofrecidos por el Centro de Perfeccionamiento, Experimentación e Investigaciones Pedagógicas (CPEIP), o bien por universidades acreditadas o instituciones sin fines de lucro certificadas. La ley del SDPD establece que estas actividades formativas deberán contribuir a que los docentes alcancen, a lo menos, el nivel avanzado de desempeño en el sistema de evaluación. También se indica que las acciones formativas serán de carácter gratuito, lo que implica que no tendrán costo para docentes y educadoras. Por otra parte, la ley pone énfasis en que se desarrollen actividades formativas para docentes que están en los cuatro años iniciales de ejercicio profesional y para aquellos que no han logrado avanzar del tramo inicial al temprano en su primer proceso de evaluación. Por cierto, el marco regulatorio no restringe la formación continua solamente a estos grupos, y establece que se realizarán también acciones en función de las necesidades planteadas por sostenedores y directores. Finalmente, la formación también incluye estudios de posgrado, los que de acuerdo con la ley deberán ser impartidos por universidades acreditadas y tendrán que ser atingentes a la función del docente, lo que se estipulará en el reglamento de la ley. La regulación enfatiza que para los casos de docentes en los tramos de experto I y II, tendrán prioridad las áreas de currículum, convivencia escolar, liderazgo y gestión educativa, inclusión y atención a la diversidad y evaluación.

La cuarta vía de transformación consiste en la mejora de las condiciones laborales de los docentes a través del aumento en las remuneraciones y de las horas no lectivas incluidas en los contratos. Las remuneraciones docentes están asociadas al tramo de desempeño profesional y a distintas asignaciones que establece la ley. En términos generales se establece una nueva escala salarial que mejora las remuneraciones en función del nivel de desarrollo profesional y el aumento de horas no lectivas. De acuerdo con estimaciones del Ministerio de Educación, las remuneraciones aumentan en promedio en 30% al ingreso a la carrera profesional (MINEDUC, 2017). En términos absolutos, y a manera de ejemplo, las educadoras y docentes que ingresen al sistema de Desarrollo Profesional Docente alcanzarían una remuneración mínima cercana a 800 mil pesos, en el caso de un contrato de 37 horas, y de 900 mil para un contrato de 44 horas (MINEDUC, 2017). Además de la mejora salarial, la ley del SDPD incrementa las horas no lectivas de los docentes, con el fin de que se reconozcan las labores de preparación de clases, revisión de producciones de los estudiantes, trabajo colaborativo y de coordinación, como parte integral de la jornada y de las responsabilidades docentes. Específicamente, para el año 2017 se espera que el tiempo no lectivo de los contratos sea de 30%, lo que para un docente con contrato de 30 horas implica tener 21 horas de clases y 9 horas no lectivas. El año 2019 los docentes deberán contar con 35% de horas no lectivas, lo que representaría para alguien con 30 horas de contrato 19,5 horas de clases y 10,5 horas no lectivas.

La revisión de la ley del SDPD muestra que se trata de una reforma holística y estructural que busca potenciar la construcción de capacidades entre los docentes. Un primer hecho positivo a resaltar es que, por primera vez desde el año 1981, las políticas docentes se aplican a los docentes de escuelas tanto subvencionadas como municipales. Esto representa un importante avance de la política docente que engloba a los docentes y educadoras que atienden a más del 90% de los estudiantes del país. De esta manera, se construye un sistema global, que permite reconocer las capacidades instaladas en los docentes y dota de información y regulación al mercado laboral de los educadores del país. Una segunda constatación es que la ley del SDPD abarca toda la trayectoria de los docentes y educadores, desde la formación inicial hasta el ejercicio profesional continuo, pasando por las instancias de formación continua y reconocimiento de las competencias. También este aspecto representa un logro en relación con las políticas anteriores que, si bien atendían varios de estos aspectos, no tenían la integralidad de incorporar a todos los docentes del país, cuidando los procesos desde la formación inicial, la valoración del desempeño y la formación continua a lo largo de toda la trayectoria.

En lo relativo al desempeño docente, la ley del SDPD se enfoca en crear una carrera que reconozca tanto los conocimientos como las prácticas de aula, a través de un Sistema de Reconocimiento de la trayectoria de los educadores. Así, se trata de maximizar la permanencia de los docentes en las salas de clase a través de una carrera que les permita avanzar en los tramos de la evaluación y mejorar su renta, sin necesidad de dejar de hacer clases. Asimismo, los requisitos para avanzar en la carrera instalan un nivel de exigencia mínimo de desempeño docente. Ahora bien, es importante tener en consideración dos elementos que sugiere la literatura. Por un lado, hay consenso en que los procesos rigurosos de selección para la formación inicial son uno de los componentes de mejora de las capacidades docentes instaladas en los países (Mourshed, Chijioke, & Barber, 2010). Por otra parte, será necesario estudiar acuciosamente los efectos de la ley sobre la demanda en las carreras de pedagogía, pues se ha visto en otros contextos que establecer altos requisitos de entrada a la carrera docente, como un examen habilitante, puede disuadir a buenos candidatos de participar en programas de formación docente (Angrist & Guryan, 2008). Esto último tiene que ver con la relación costo-beneficio que harían las personas al considerar la inversión en esfuerzo para ingresar a la carrera versus los beneficios que se obtienen no solo económicos sino también en términos de valoración social de la profesión. En el caso del SDPD, los requisitos van mucho más allá de la prueba habilitante, pues incluyen nuevas exigencias para el ingreso a la carrera de pedagogía, la rendición de pruebas diagnósticas sin consecuencias para los estudiantes, la rendición de una prueba habilitante para poder participar del Sistema de Reconocimiento, y las evaluaciones de portafolio. Dada la evidencia internacional, será necesario considerar la forma en que la ley del SDPD afectará la demanda por estudiar carreras de pedagogía y por trabajar como docente y será de especial interés verificar que haya dotación suficiente de nuevos docentes graduados en las distintas regiones y territorios del país. Asimismo, y en relación con el desempeño en el aula, será necesario monitorear los avances en la implementación de esta ley y, particularmente, los resultados que va acumulando, pues las investigaciones internacionales sobre eficacia de la enseñanza indican que el desempeño docente depende de un conjunto de características de los profesores en el ámbito académico, profesional, de práctica de aula, así como habilidades de corte social y emocional (Kane, McCaffrey, Miller, & Staiger, 2013; Rockoff, Jacob, Kane, & Staiger, 2008).

Acerca de la formación inicial, si bien la ley del SDPD apunta a elevar los requisitos de selección de estudiantes en las carreras de pedagogía e incorpora las pruebas diagnósticas de inicio y fin de carrera como insumos para la acreditación, no trae consigo medidas para el fortalecimiento institucional de las carreras de pedagogía. Esta situación es de particular preocupación, porque en el año 2016, en promedio, 43,5% de los estudiantes que ingresaron a pedagogía lo hicieron en programas que requerían menos de 550 puntos PSU (CNA, 2016). Como se aprecia en la Tabla 1, más de la mitad de los seleccionados a carreras de pedagogía obtuvo puntaje menor a 550 en la PSU en nueve de las 14 regiones donde existían carreras de pedagogía. Solamente en Coquimbo, Valparaíso, la Región Metropolitana, el Maule y Los Ríos aparecen porcentajes de seleccionados con menos de 550 puntos PSU menores a 50%. Vale la pena mencionar también que no existen carreras de pedagogía en la Región de O'Higgins.

TABLA 1
PORCENTAJE DE SELECCIONADOS A CARRERAS DE PEDAGOGÍA POR REGIÓN EN 2016 QUE OBTUVIERON MENOS DE 550 PUNTOS EN LA PSU

Región	Porcentaje de seleccionados con PSU menor a 550
Arica-Parinacota	53,5%
Tarapacá	61,3%
Antofagasta	51,0%
Atacama	63,5%
Coquimbo	47,8%
Valparaíso	41,0%
R. Metropolitana	32,0%
Maule	49,3%
Bío-Bío	53,8%
Araucanía	56,8%

Región	Porcentaje de seleccionados con PSU menor a 550
Los Ríos	37,5%
Los Lagos	67,5%
Aysén	66,7%
Magallanes	57,5%
Total general	**43,3%**

Fuente: (CNA, 2016).

Las cifras anteriores muestran que el país tendrá un enorme desafío en cuanto a generar una oferta de docentes con formación inicial adecuada para nutrir las necesidades de las escuelas a lo largo del territorio nacional. Por este motivo, se requerirán políticas adicionales a la ley del SDPD para fortalecer las carreras en las regiones del país, de manera tal que puedan mejorar sustentablemente en el tiempo, y cuenten con el financiamiento suficiente para nutrir al sistema escolar de profesores y educadoras con calificaciones adecuadas. Respecto de este último punto, será indispensable crear mecanismos de fortalecimiento financiero para las carreras de pedagogía, de forma tal que estas puedan financiar los elevados costos que implican los sistemas intensivos de prácticas y acompañamiento académico que requieren los estudiantes de pedagogía para recibir una formación orientada al desempeño en el aula. Esto se hace particularmente urgente para lograr atraer a nuevas generaciones de académicos e investigadores a universidades que ofrecen carreras de pedagogía en las regiones con mayores necesidades.

En cuanto a la formación continua, la ley del SDPD tiene rasgos interesantes. Por una parte, y en línea con la investigación internacional (City, Elmore, Fiarman, & Teitel, 2009; Darling-Hammond, 2017; Goodchild, 2014; Musset, 2010), la iniciativa reconoce el potencial de la colaboración entre docentes pares y directivos como fuente de construcción de capacidades desde el diagnóstico, la planificación, implementación y evaluación. Esto quiere decir que los trabajos colaborativos en la escuela para mejorar las prácticas podrán ser reconocidos como parte de la formación continua de los docentes. Para maximizar las posibilidades de que este tipo de iniciativas alcancen resultados en mejorar la enseñanza e impactar en el aprendizaje de los estudiantes, será indispensable generar modelos de trabajo colaborativo en la escuela y evaluar su eficacia, pues el trabajo de formación en la escuela requiere de metodologías probadas para la colaboración que produzcan mejoras en las capacidades de enseñanza. Este tipo de métodos no necesariamente están presentes en el sistema escolar, donde la colaboración no es una capacidad extendida.

También en el ámbito de la formación continua, el SDPD está alineado con la evidencia internacional que muestra que la preparación a lo largo de la trayectoria profesional es necesaria para el desarrollo de capacidades (IALEI, 2008) y es fundamental en situaciones de reforma educativa como la que vive Chile (Buchberger, Campos, Kallos, & Stephenson, 2000). Sin embargo, será necesario revisar los mecanismos de formación continua, pues aquellos más tradicionales que se conforman de cursos de corta duración no alcanzan los impactos de construcción de capacidades de enseñanza deseados (OECD, 2009; Schwille & Dembélé, 2007).

Finalmente, en cuanto a las condiciones laborales de los docentes, el aumento de remuneraciones y el establecimiento de la carrera profesional deberían funcionar como un polo de atracción para futuros docentes. Asimismo, estos mecanismos repercutirán en incrementar la valoración social de la profesión docente. Sin embargo, y como se ha mencionado anteriormente, será necesario verificar si estas mejoras serán suficientes para atraer a estudiar pedagogía a la cantidad suficiente de candidatos con buenos antecedentes académicos. Por otro lado, el mayor número de horas no lectivas no garantiza, en sí mismo, una mejora en la calidad de la enseñanza. Para alcanzar este último objetivo, será necesaria una utilización adecuada de las horas no lectivas en actividades de planificación y evaluación, así como en iniciativas de colaboración que conlleven observación, retroalimentación y reflexión sobre la forma en que la práctica afecta el desarrollo de los estudiantes.

Ley de Nueva Educación Pública

El 3 de octubre de 2017 el Congreso aprobó la Ley de Nueva Educación Pública, la cual se ha conocido coloquialmente como "desmunicipalización". Este nuevo marco legal, entre los años 2018 y 2030, llevará la gestión de los establecimientos educativos públicos desde los municipios hasta un conjunto de Servicios Locales de Educación que dependerán del Ministerio de Educación a través de la Dirección de Educación Pública.

La caída de la matrícula de la educación pública en Chile ha sido uno de los argumentos centrales para apoyar esta reforma. En 1981 entra en vigor la reforma que transfiere las escuelas públicas a los municipios, implementa un sistema de subvención por estudiante vinculada a la asistencia –instrumento conocido en la literatura internacional como *voucher*– e introduce la competencia por matrícula entre escuelas como forma de asegurar el financiamiento. A partir de ese año se observa una constante caída en la matrícula de la educación municipal, que hacia el 2016 atendía solamente a un tercio de la matrícula total en el sistema escolar del país (ver Gráfico 1).

GRÁFICO 1
MATRÍCULA POR DEPENDENCIA ADMINISTRATIVA 1981-2016

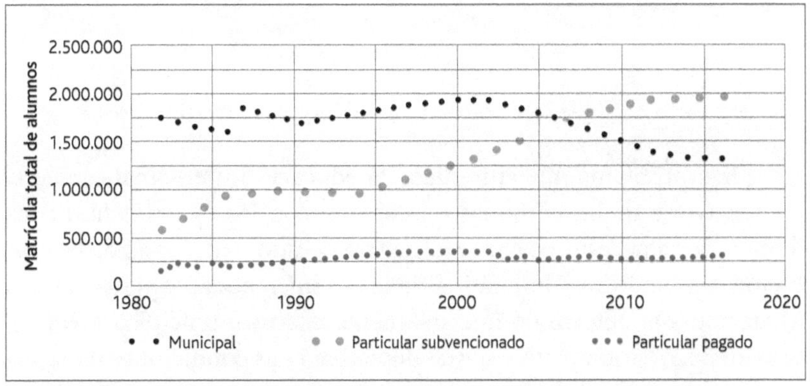

Fuente: Elaboración propia a partir de información Centro de Estudios, Ministerio de Educación.

Las dinámicas de competencia por matrícula en el sistema escolar, aunadas a la posibilidad abierta o encubierta de seleccionar estudiantes que tuvieron las escuelas por largo tiempo, produjeron un efecto descreme que lleva a la segregación socioeconómica de estudiantes entre las escuelas (Altonji, Huang, & Taber, 2010; Epple & Romano, 2008). Esto ocurrió por la fuga de estudiantes de mejores condiciones económicas desde la educación municipal hacia la particular subvencionada (Contreras et al., 2011). Este efecto descreme puede observarse en el Gráfico 2, donde el porcentaje de alumnos prioritarios –aquellos que tienen un bajo nivel socioeconómico y que se benefician de la Subvención Escolar Preferencial– ha sido sostenidamente mayor en las escuelas municipales en comparación con las particulares subvencionadas.

GRÁFICO 2
PORCENTAJE DE ALUMNOS PRIORITARIOS EN RELACIÓN CON LA MATRÍCULA TOTAL SEGÚN DEPENDENCIA DEL ESTABLECIMIENTO, 2008-2016

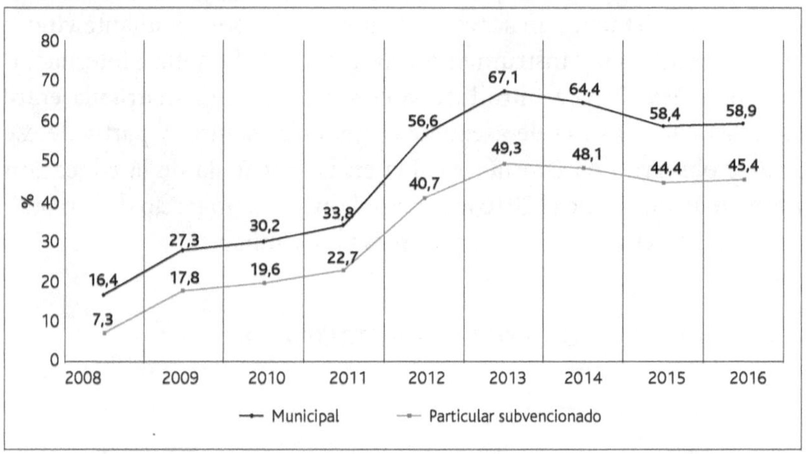

Fuente: Elaboración propia a partir de base de datos prioritarios y beneficiarios sep., MINEDUC.

Otro problema que enfrentaba la educación municipal es que la gran mayoría de las comunas no contaba con los recursos humanos o financieros necesarios para realizar una gestión adecuada de la educación a nivel local. Un análisis de las municipalidades de la Región Metropolitana determinó que solamente cuatro municipios –Ñuñoa, Providencia, Santiago y Vitacura– tenían buenas condiciones para una gestión de calidad de la educación y enfrentaban una complejidad baja o media en términos del contexto socioeconómico de la población (Gallego & Seebach, 2007). La mayoría de los municipios enfrentaba condiciones de alta complejidad local y capacidades en el umbral mínimo o insuficientes para realizar una gestión de calidad (Gallego & Seebach, 2007). A nivel nacional, también se verificaron resultados similares que indicaban que las comunas urbanas y con población estudiantil menos vulnerable contaban con mayores capacidades administrativas, técnicas y pedagógicas en comparación con las comunas rurales y de mayor vulnerabilidad. Tal es la disparidad entre capacidades municipales mostrada que en menos del 10% de los municipios había un equipo técnico pedagógico para el apoyo de las escuelas, y solo en el 39% de los departamentos de administración de educación municipales existía personal para estos propósitos (Raczynski & Salinas, 2009).

La normativa legal también dejaba en desventaja a las municipalidades en cuanto a la gestión educacional. Para ejemplificar este punto, los estudios muestran la carga burocrática que implica la gestión y rendición de cuentas de las distintas subvenciones, que ha llevado a los municipios institucionalmente más frágiles a dedicar gran parte del tiempo de sus recursos humanos hacia estas tareas, en desmedro de otras actividades que pueden ser estratégicas para la mejora de la calidad de la educación (Carrasco, Treviño, Béjares, Villalobos, & Theurillat, 2017).

Los diferenciales de recursos entre municipalidades agravaban la situación para una gestión de calidad. De esta forma, las municipalidades con mayores recursos podían destinar recursos adicionales a la gestión y gasto educacional, mientras que las más vulnerables tenían dificultades para financiar adecuadamente los gastos educativos (Elacqua, González, & Pacheco, 2008). Esto, sin contar los casos de desvíos de fondos desde educación hacia otras cuentas, además de flagrantes hechos de corrupción, y los vaivenes que podía sufrir la política local de educación en función de las preferencias de los alcaldes de turno.

Los diagnósticos de la educación municipal muestran que, estructuralmente, este tipo de organización de la educación pública creaba desigualdades estructurales en términos de la calidad de la gestión y el financiamiento de la educación.

A partir de estos diagnósticos, se aprueba la Ley de Nueva Educación Pública, que cubre a todos los establecimientos públicos a nivel nacional, desde la educación parvularia hasta la media. Y para ello, se genera una nueva estructura organizacional que se describe a continuación.

La nueva nomenclatura de la educación pública a nivel nacional tendrá una Dirección de Educación Pública (DPE) a cargo de coordinar y gestionar a nivel nacional el sistema de educación pública y presentar una Estrategia Nacional de Educación Pública que recibirá insumos de las Comisiones de Educación del Congreso Nacional, y que deberá ser aprobada por el Consejo Nacional de Educación. Además, a nivel regional se crearán Coordinaciones Regionales integradas por miembros de los gobiernos regionales y los Servicios Locales de Educación (SLE) para apoyar la gestión de estos.

En el ámbito local se crean Servicios Locales de Educación, los que tienen las siguientes características:

a. Se crearán 70 SLE a nivel nacional, que entrarán en funcionamiento gradualmente a partir del año 2018 y hasta el 2030 y serán los encargados de gestionar la educación a nivel local.

b. Cada SLE estará constituido por:

    i. Un director ejecutivo que deberá acordar un convenio de gestión educacional elaborado por la DPE, así como un Plan Estratégico Local de Educación Pública y un Plan Anual.

    ii. Deberá contar, al menos, con las áreas de apoyo técnico pedagógico, planificación y control de gestión, y administración y finanzas.

    iii. Comité directivo local, que es un organismo de control del SLE al que rendirá cuentas el director ejecutivo, y estará conformado por uno o dos representantes de las comunas, dos representantes de centros de padres, y dos representantes del gobierno regional.

    iv. Consejo Local de Educación Pública, que apoyará la gestión del SLE, y estará integrado por dos representantes de centros de estudiantes, dos representantes de centros de padres, dos representantes de los profesionales de la educación dependientes del SLE, dos representantes de asistentes de la educación, un representante de universidad local, un representante de un centro de formación técnica, y dos representantes de equipos directivos o técnico-pedagógicos.

    v. Conferencia de Directores de Escuelas, Jardines y Liceos, que tendrá carácter consultivo para verificar el cumplimiento del Plan Estratégico.

La ley norma las labores de los directores de establecimientos educativos y los responsabiliza de presentar el proyecto educativo institucional y el plan de mejoramiento. Asimismo, apunta a generar instancias de participación en la escuela, a través de la asignación de funciones específicas en la toma de decisiones de la organización escolar al Consejo de Profesores, y de regular las atribuciones del Consejo Escolar.

En general, la ley enmarca el funcionamiento de la Nueva Educación Pública bajo los principios de mejora continua, trabajo colaborativo al interior y entre escuelas, e inclusión. Asimismo, se establece la necesidad de que los SLE monitoreen los aprendizajes y las trayectorias escolares de los estudiantes. Finalmente, la ley también hace una apuesta por la racionalización y el aprovechamiento de la escala o tamaño de los SLE en comparación con los municipios. La ley apunta a que los SLE tendrán mayores capacidades de gestión y apoyo, dado que consolidan un conjunto de oficinas municipales (corporaciones o departamentos) acotadas y con recursos insuficientes, en una organización mayor, con más recursos y capacidades de organización a gran escala.

Los cambios estructurales de la educación pública acarrean un conjunto importante de desafíos por superar. El primero de ellos es que la estructura organizacional pueda volverse pesada y burocrática, y que los mecanismos de consulta y rendición de cuentas distraigan a los actores del cometido central de atender a los estudiantes para que alcancen el desarrollo integral. Por este motivo, será necesario generar modelos y metodologías de participación orientadas a apoyar el trabajo pedagógico, de manera tal que se evite distraer el tiempo y atención de los actores de los servicios locales en contingencias administrativas y/o burocráticas.

El segundo elemento ante el que se debe estar alerta es que la DEP y los SLE deberán invertir importantes esfuerzos en iniciar y alinear la gestión a nivel local, y cambiar la cultura de operación de muchos establecimientos escolares y sus actores. Será muy difícil que la nueva estructura logre resultados de calidad y equidad si no se llevan a cabo proyectos de apoyo específicos para encontrar las mejores formas de gestionar los servicios locales, y se despliegan estrategias de acompañamiento y trabajo a los SLE y los establecimientos que permitan aprender métodos de colaboración para la mejora continua.

El tercer desafío se relaciona con los incentivos que puedan tener los SLE para responder a las necesidades de las familias. En este sentido, si bien hipotéticamente se podría plantear que los municipios tendrían un mayor incentivo para responder a las necesidades locales y así contar con apoyo en las elecciones, también es cierto que esta situación podría prestarse para fomentar el clientelismo. En contraposición, los SLE no parecen tener incentivo para responder a las necesidades locales, y pueden correr el peligro de ser cooptados por burocracias locales con altos grados de inamovilidad. Si bien existen el Comité Directivo y el Consejo Local, habrá que estudiar la actuación de la institucionalidad en función de resolver los problemas educativos que enfrentan las distintas comunidades a las que sirven.

El cuarto desafío de la Nueva Educación Pública implica reclutar personal calificado para las labores de apoyo pedagógico a lo largo del país. La concentración de población con formación de posgrado en la Región Metropolitana lleva a pensar que se requerirán incentivos especiales para atraer personal con altas capacidades a los SLE en todo Chile. Este tipo de estrategia deberá acompañarse con instancias de desarrollo profesional in situ para aquellos actores encargados del trabajo técnico-pedagógico, lo que implica tanto la continuidad de estudios como el acompañamiento durante la etapa de diseño e implementación de las estrategias locales de educación pública.

CONCLUSIONES

Las leyes de Inclusión, del Sistema de Desarrollo Profesional Docente y de Nueva Educación Pública representan una reforma estructural y profunda al sistema escolar de Chile. Estas reformas generan nuevas condiciones y vasos comunicantes entre las escuelas y la política, y buscan sentar las bases para que el sistema sea más inclusivo, que ofrezca oportunidades de desarrollo para los docentes y que tenga estructuras de gobernanza y apoyo intermedio que permitan un mejor desarrollo de la política educativa local. De hecho, la reforma estructural desde la Ley de Subvención Escolar Preferencial del año 2008, hasta las que se incluyen en este capítulo han tenido como foco mejorar la calidad y equidad, así como disminuir la segregación (Valenzuela & Montecinos, 2017)

Para materializar los anhelos y objetivos expresados en estas leyes, se requerirá de enormes esfuerzos de gestión en distintos niveles. En primer lugar, será necesario gestionar el cambio cultural que las reformas prometen traer al sistema escolar. Pasar de la lógica de la competencia a la de la colaboración al interior de las escuelas, entre escuelas, así como entre escuelas y SLE, representa un cambio mayúsculo de forma de pensar y actuar. Será necesario conducir estos cambios localmente, atendiendo a particularidades del entorno y gestionando las innumerables tensiones que van a ocurrir durante este proceso.

En segundo lugar, es indispensable gestionar la profesionalización de los docentes a nivel local. La ley del SDPD apunta, al igual que la Nueva Educación Pública, a fortalecer el trabajo colaborativo. Sin embargo, no necesariamente tenemos capacidades o modelos instalados para llevar a cabo trabajo colaborativo que conduzca a mayores niveles de aprendizaje, desarrollo e inclusión de los estudiantes. El sistema escolar lleva cerca de 40 años bajo incentivos que imponen una racionalidad económica a la gestión escolar por sobre una perspectiva pedagógica. Transformar esta perspectiva no es solo cuestión de voluntad, sino que requiere de metodologías eficaces para que el trabajo colaborativo traiga frutos en calidad y equidad. Será un requisito generar iniciativas que traigan resultados positivos palpables para lograr que las comunidades escolares reconozcan, se convenzan y motiven por continuar en el camino al que apunta la reforma.

En tercer lugar, se requerirán esfuerzos especiales para lograr sinergias entre las tres leyes analizadas en este capítulo. Es altamente probable que, a lo largo del tiempo, se deban hacer ajustes para mejorar la eficacia y eficiencia de la operación de los distintos cuerpos legales que recaen sobre el sistema escolar.

El mantener un horizonte de tiempo de maduración de las reformas es el último desafío, y que atañe directamente al poder político. En este sentido, será necesario dar un tiempo de maduración, que puede ir de 6 a 8 años, para que las reformas empiecen a mostrar sus frutos, por lo que sería inconducente que nuevos gobiernos intentaran transformar radicalmente estas leyes antes de ese lapso. Por supuesto, esto no implica que se deje de evaluar y monitorear, y que se hagan los ajustes correspondientes para mejorar la gestión y los resultados de las reformas. Sin embargo, sería irresponsable llevar a cabo cualquier transformación radical antes de realizar una evaluación seria dentro del período que se ha mencionado.

Ahora bien, además de los desafíos, la reforma estructural analizada deja temas pendientes. Entre los más importantes está el estudio de las leyes y normas que regulan el sistema escolar, las cuales pueden llegar a ser entre 100 y 200, lo que representa una excesiva carga burocrática sobre los establecimientos. Estudiar estos cuerpos legales y consolidarlos para racionalizarlos es un trabajo que queda pendiente.

Tres cambios estructurales de la educación quedaron sin saldar en esta reforma. En primer lugar, generar un sistema de educación inclusivo para personas con necesidades educativas especiales. La Ley de Inclusión no contempla a las personas en situación de discapacidad; solo les permite postular a los establecimientos, pero estos no tienen la obligación de contar con Proyectos de Integración Educativa. Es más, los propios recursos para financiar los PIE son concursables y no son una subvención garantizada por el hecho de que el estudiante esté inscrito.

La segunda transformación pendiente se refiere al sistema de financiamiento vía subvención por asistencia. Este sistema no necesariamente aumenta la asistencia, y suele generar fragilidad económica e institucional en escuelas que atienden a estudiantes vulnerables.

Por último, queda pendiente reestructurar el Sistema Nacional de Aseguramiento de la Calidad, para que este se encargue de evaluar y apoyar la mejora de las escuelas, reduciendo o eliminando las consecuencias de los resultados del SIMCE sobre las escuelas. Evidentemente, las discusiones sobre estos cambios no son sencillas y deberán alimentarse con evidencia empírica, pero no se puede pretender tener un sistema más inclusivo y basado en la colaboración sin ajustar los elementos señalados que juegan en contra de estos propósitos.

REFERENCIAS

Altonji, J. G., Huang, C. I., & Taber, C. R. (2010). *Estimating the Cream Skimming Effect of School Choice. NBER Working paper series*. National Bureau of Economic Research.

Anand, P., Mizala, A., & Repetto, A. (2009). Using school scholarships to estimate the effect of private education on the academic achievement of low-income students in Chile. *Economics of Education Review, 28*(3), 370–381. https://doi.org/10.1016/j.econedurev.2008.03.005

Angrist, J., & Guryan, J. (2008). Does teacher testing raise teacher quality? Evidence from state certification requirements. *Economics of Education Review, 27*, 483–503. https://doi.org/10.1016/j.econedurev.2007.03.002

Babcock, J., Babcock, P., Buhler, J., Cady, J., Cogan, L., Houang, R., … Wight, K. (2010). *Breaking the cycle: An international comparison of U.S. mathematics teacher preparation: Initial findings from the Teacher Education and Development Study in Mathematics* (TEDS-M). East Lansing.

Bellei, C. (2015). *El gran experimento. Mercado y privatización de la educación chilena*. Santiago: LOM.

Bellei, C., & Valenzuela, J. P. (2010). ¿Están las Condiciones para que la Docencia sea una Profesión de Alto Estatus en Chile? In C. Bellei, D. Contreras, & J. P. Valenzuela (Eds.), *Ecos de la Revolución Pingüina. Avances, desafíos y silencios de la reforma educacional* (pp. 257–283). Santiago, Chile: Pehuén.

Berger, C., Álamos, P., & Milic, N. (2016). El rol de los docentes en el aprendizaje socioemocional de sus estudiantes: la perspectiva del apego escolar. In J. Manzi & M. R. García (Eds.), *Abriendo las puertas del aula: transformación de las prácticas docentes*. Santiago, Chile: Ediciones UC-CEPPE.

Bitar, S. (2011). *Formación Docente en Chile* (Serie Documentos No. 57). Santiago, Chile.

Buchberger, F., Campos, B. P., Kallos, D., & Stephenson, J. (2000). Green Paper on Teacher Education in Europe.

Carrasco, A., Flores, C., Manzi, J., Paredes, R., & Santelices, V. (2014). *Eliminación del lucro, selección y financiamiento compartido: problemas, vacíos y posibles alternativas* (No. 24). Santiago, Chile.

Carrasco, A., Treviño, E., Béjares, C., Villalobos, C., & Theurillat, D. (2017). *Estudio cualitativo a nivel local sobre el funcionamiento del sistema de financiamiento de la educación escolar en Chile*. Santiago, Chile.

Carrasco, D., Godoy, M. I., & Rivera, M. (2017). *Rotación de profesores en Chile: quiénes son y cuál es el contexto de quienes dejan su primer trabajo* (Midevidencias No. 11). Santiago, Chile.

Chubb, J., & Moe, T. (1988). Politics, markets, and the organization of schools. *The American Political Science Review, 82*, 1065–1087.

Cisternas, T. (2011). La investigación sobre formación docente en Chile: Territorios explorados e inexplorados. *Calidad En La Educación*, (35), 131–164. https://doi.org/10.4067/S0718-45652011000200005

City, E. A., Elmore, R. F., Fiarman, S. E., & Teitel, L. (2009). Instructional Rounds in Education: A Network Approach to Improving Teaching and Learning, 230.

CNA. (2016). *Acreditación de Carreras de Pedagogía 2016 en el marco de la Ley 20.903*. Santiago, Chile.

Contreras, D., Hojman, D., Haneeus, F., & Landerretche, O. (2011). *El Lucro en la Educación Escolar. Evidencia y Desafíos Regulatorios (No. 11). Trabajos de investigación en Políticas Públicas*. Santiago, Chile.

Contreras, D., Sepúlveda, P., & Bustos, S. (2010). When Schools Are the Ones that Choose: The Effects of Screening in Chile. *Social Science Quarterly, 91*(5), 1349–1368.

Darling-Hammond, L. (2017). Teacher education around the world: What can we learn from international practice? *European Journal of Teacher Education*. https://doi.org/10.1080/02619768.2017.1315399

Domínguez, M., Bascopé, M., Carrillo, C., Lorca, E., Olave, G., & Pozo, M. de los Á. (2012). Procesos de acreditación de pedagogías: un estudio del quehacer de las agencias. Calidad En La Educación, (36), 53–85. https://doi.org/10.4067/S0718-45652012000100002

Elacqua, G. (2012). The impact of school choice and public policy on segregation: Evidence from Chile. *International Journal of Educational Development, 32*, 444–453. https://doi.org/10.1016/j.ijedudev.2011.08.003

Elacqua, G., González, S., & Pacheco, P. (2008). Alternativas institucionales para fortalecer la educación pública municipal. In C. Bellei, D. Contreras, & J. P. Valenzuela (Eds.), *La Agenda Pendiente en Educación. Profesores, administradores y recursos: propuestas para la nueva arquitectura de la educación chilena* (pp. 134–155). Santiago, Chile: Universidad de Chile - UNICEF.

Elacqua, G., Martínez, M., & Santos, H. (2011). *Lucro y educación escolar. Claves de Política Pública*. Santiago, Chile.

Elacqua, G., & Santos, H. (2013). Preferencias reveladas de los proveedores de educación privada en Chile: El caso de la ley de subvención escolar preferencial. *Gestión Y Política Pública, 22*(1), 85–129.

Epple, D., & Romano, R. E. (2008). Educational vouchers and cream skimming. *International Economic Review, 49*.

Flores, C. (2008). Segregacao residencial e resultados educacionais na cidade de Santiago do Chile. In R. Katzman & L. Queiroz (Eds.), *A Cidade Contra a Escola?* (pp. 145–179). Rio de Janeiro: Letra Capital.

Flores, C., & Carrasco, A. (2013). *(Des)igualdad de oportunidades para elegir escuela: preferencias, libertad de elección y segregación escolar. Working Paper*. Espacio Público.

Gallego, F. A., & Seebach, C. (2007). Indicadores de complejidad y resultados en el sector de educación municipal. In T. Matus (Ed.), *a Reforma Municipal en la mira: identificando los municipios prioritarios en la Región Metropolitana: complejidad comunal versus condiciones para la calidad de la gestión municipal* (pp. 160–208). Santiago, Chile: Expansiva: Observatorio de Ciudades y Escuela de Trabajo Social (PUC). Retrieved from http://www.expansiva.cl/media/archivos/20071030102221.pdf

Goodchild, S. (2014). Mathematics teaching development: Learning from developmental research in Norway. ZDM - *International Journal on Mathematics Education*. https://doi.org/10.1007/s11858-013-0567-6

IALEI. (2008). *Transforming teacher education : redefined professionals for 21st century schools*. (I. A. of L. E. Institutes, Ed.). Singapore: National Institute of Education, Nanyang Technological University. Retrieved from https://books.google.cl/books/about/Transforming_Teacher_Education.html?id=sUUBPwAACAAJ&redir_esc=y

Kane, T., MCcaffrey, D., Miller, T., & Staiger, D. (2013). *Have We Identified Effective Teachers? Validating Measures of Effective Teaching Using Random Assignment. MET Project.* Bill and Belinda Gates Foundation. Retrieved from http://k12education.gatesfoundation.org/resource/have-we-identified-effective-teachers-validating-measures-of-effective-teaching-using-random-assignment/

Manzi, J., Lacerna, P., Meckes, L., & Ramos, I. (2011). *¿Qué características de la formación inicial de los docentes se asocian a mayores avances en su aprendizaje de conocimientos disciplinarios?* Santiago, Chile.

MINEDUC. (2015a). ¿En qué consiste el fin de la selección? Retrieved from https://www.ayudaMINEDUC.cl/ficha/nuevo-proceso-de-admision

MINEDUC. (2015b). *Ley de Inclusión Escolar.* Santiago, Chile. Retrieved from http://www.comunidadescolar.cl/documentacion/LeyInclusionEscolar/presentacion_sostenedores.pdf

MINEDUC. (2017). Comienza implementación de nuevo Sistema de Admisión Escolar. Retrieved from https://tarapaca.MINEDUC.cl/2017/05/11/comienza-implementacion-nuevo-sistema-admision-escolar/

MINEDUC. (2017). Conoce los aspectos clave de la Nueva ley de Carrera Docente - Gobierno de Chile. Retrieved September 27, 2017, from http://www.gob.cl/aspectos-clave-de-la-nueva-ley-de-carrera-docente/

MINEDUC. (2017). Remuneraciones en carrera - POLÍTICA NACIONAL DOCENTE. Retrieved September 27, 2017, from http://www.politicanacionaldocente.cl/remuneraciones-en-carrera/

MINEDUC. (2018). Ministra de Educación: "Se acabó el lucro en educación." Retrieved March 9, 2018, from https://www.MINEDUC.cl/2018/01/04/ministra-educacion-se-termino-lucro-la-educacion/

Miranda, C., Arancibia, M., Gysling, J., López, P., & Rivera, P. (2013). Impacto de la formación permanente de profesores de primaria en Chile. Evidencias para una evaluación pendiente. In *Seminario Internacional sobre Formación Continua y Desarrollo Profesional Docente* (pp. 143–162). Santiago, Chile: Organización de Estados Iberoamericanos.

Miranda, C., Rivera, P., Salinas, S., & Muñoz, E. (2010). ¿Qué hace a la formación permanente de profesores eficaz?: Factores que inciden en su impacto. *Estudios Pedagógicos (Valdivia), 36*(2), 135–151. https://doi.org/10.4067/S0718-07052010000200008

Mizala, A., & Torche, F. (2012). Bringing the schools back in: the stratification of educational achievement in the Chilean voucher system. *International Journal of Educational Development, 32,* 132–144. https://doi.org/10.1016/j.ijedudev.2010.09.004

Mourshed, M., Chijioke, C., & Barber, M. (2010). How the world's most improved school systems keep getting better. In *New York: McKinsey & Company. Retrieved March* (Vol. 1, p. 126).

Musset, P. (2010). Initial Teacher Education and Continuing Training Policies in a Comparative Perspective: Current Practices in OECD Countries and a Literature Review on Potential Effects. *OECD Education Working Papers.* https://doi.org/10.1787/5kmbphh7s47h-en

OCDE. (2004). Revisión de Políticas Nacionales de Educación: Chile. *Santiago: Centro Para Cooperación Con Los Países No Miembros de La OCDE Y El Ministerio de Educación.* https://doi.org/10.1787/19900198

OECD. (2009). Creating Effective Teaching and Learning Environments: First Results from TALIS. *Learning.* https://doi.org/10.1787/9789264072992-en

OECD. (2014). TALIS 2013 *results: an international perspective on teaching and learning.* TALIS. https://doi.org/10.1787/9789264196261-en

Preiss, D., Calcagni, E., Espinoza, A. M., & Grau, V. (2016). ¿Cómo se enseña el lenguaje y las matemáticas en las salas de primer y segundo ciclo básico en Chile? Principales hallazgos de una serie de estudios observacionales en clases de Lenguaje y Matemáticas. In J. Manzi & M. R. García (Eds.), *Abriendo las puertas del aula: transformación de las prácticas docentes.* Santiago, Chile: Ediciones UC-CEPPE.

Raczynski, D., & Salinas, D. (2009). Prioridades, actores y procesos en la gestión municipal de la educación. In M. Marcel & D. Raczynski (Eds.), *La asignatura pendiente. Claves para la Revalidación de la Educación Pública de Gestión Local en Chile* (pp. 135–176). Santiago, Chile: Uqbar Editores y CIEPLAN.

Rockoff, J. E., Jacob, B., Kane, T. J., & Staiger, D. O. (2008). Can You Recognize an Effective Teacher When You Recruit One? *Education.* Cambridge, MA: National Bureau of Economic Research Cambridge, Mass., USA.

Schwille, J., & Dembélé, M. (2007). *Global Perspective on teacher learning: improving policy and practice.* Paris, France: UNESCO : International Institue for Educationnal Planning.

Sevilla, P. (2017). *Diferenciación Curricular y Estratificación Escolar: El impacto de la polivalencia en la educación media chilena.* Universidad Alberto Hurtado - Universidad Diego Portales.

Sotomayor, C., & Walker, H. (Eds.). (2009). *Formación continua de profesores : ¿cómo desarrollar competencias para el trabajo escolar? : experiencias, propuestas.* Santiago, Chile: Editorial Universitaria.

Sun, Y., Correa, M., Zapata, A., & Carrasco, D. (2011). Resultados: qué dice la Evaluación Docente acerca de la enseñanza en Chile. In J. Manzi, R. González, & Y. Sun (Eds.), *La evaluación docente en Chile* (pp. 91–136). Santiago Chile: MIDE UC, Centro de Medición, Pontificia Universidad Católica de Chile.

Treviño, E. (2014). *Estructura del Financiamiento de la Educación Parvularia en Chile*. Santiago, Chile.

Treviño, E., Aguirre, E., & Varela, C. (Eds.). (2018). *Un Buen Comienzo para los niños de Chile*. Santiago, Chile: Universidad Diego Portales.

Treviño, E., Varas, L., Godoy, F., & Martínez, M. V. (2016). ¿Qué caracteriza a las interacciones pedagógicas de las escuelas efectivas chilenas?: una aproximación exploratoria. In J. Manzi & M. R. García (Eds.), *Abriendo las puertas del aula: transformación de las prácticas docentes*. Santiago, Chile: Ediciones UC-CEPPE.

Valenzuela, J. P., Bellei, C., & de los Ríos, D. (2014). Socioeconomic school segregation in a market-oriented educational system. The case of Chile. *Journal of Education Policy, 29*(2), 217–241. https://doi.org/1 0.1080/02680939.2013.806995

Valenzuela, J. P., Bellei, C., & De los Ríos, D. (2008). *Evolución de la segregación socioeconómica de los estudiantes chilenos y su relación con el financiamiento compartido*. (FONIDE, Ed.). Santiago, Chile: Ministerio de Educación.

Valenzuela, J. P., Bellei, C., & De los Ríos, D. (2010). Segregación escolar en Chile. In S. Martinic & G. Elacqua (Eds.), *¿Fin de ciclo? Cambios en la gobernanza del sistema educativo* (pp. 209–232). Santiago, Chile: UNESCO-PUC.

Valenzuela, J. P., & Montecinos, C. (2017). *Structural Reforms and Equity in Chilean Schools* (Vol. 1). Oxford University Press. https://doi. org/10.1093/acrefore/9780190264093.013.108

Valenzuela, J. P., & Sevilla, A. (2013). *La movilidad de los nuevos profesores chilenos en la década del 2000: un sistema escolar viviendo en peligro Santiago, Chile: Fondecyt No 1120740*. Santiago, Chile. Retrieved from http://www.ciae.uchile.cl/download.php?file=2015-docentes/%0AMovilidad_Valenzuela y Sevilla.pdf

Valenzuela, J. P., Villalobos, C., & Gómez, G. (2013). Segregación y polarización en el sistema escolar chileno y recientes tendencias: ¿Qué ha sucedido con los grupos medios? *Documentos de Referencia*, (3).

Zubizarreta, J. R., Paredes, R. D., & Rosenbaum, P. R. (2014). Matching for balance, pairing for heterogeneity in an observational study of the effectiveness of for-profit and not-for-profit high schools in Chile. *Annals of Applied Statistics*. https://doi.org/10.1214/13-AOAS713

CAPÍTULO 6

NUEVO SISTEMA DE ADMISIÓN ESCOLAR Y ELECCIÓN DE ESCUELA: ¿ASEGURAN CALIDAD?[1]

ALEJANDRO CARRASCO[2]
Director del Centro UC Estudios de Políticas
y Prácticas en Educación - CEPPE
Profesor Asociado, Facultad de Educación UC

---

1   Agradezco el apoyo al Centro de Estudios Avanzados en Justicia Educacional N° 160007 del programa PIA CONICYT y al proyecto RCUK 05 PIA CONICYT.

2   Agradezco a Gabriel Gutiérrez y a Ignacio Wyman el trabajo conjunto en el proyecto RCUK 05 PIA CONICYT, *The new private educational sector in Chile*, que provee el material empírico al capítulo, y a Angélica Bonilla por sus sugerencias al primer borrador, todos investigadores de CEPPE UC.

INTRODUCCIÓN

Este capítulo ofrece una reflexión sobre uno de los componentes centrales de la Ley de Inclusión: el nuevo sistema de admisión escolar (SAE). Este sistema incluirá a todos los establecimientos educacionales que reciben subvención del Estado, poco más del 90% de la matrícula escolar del país (exceptuando al sector particular pagado), modificando la manera en que las familias chilenas se relacionan con los establecimientos al momento de buscar colegio para sus hijos. En lo grueso, el sistema escolar transitará de un modelo de admisión completamente descentralizado, desintegrado e ineficiente (donde cada establecimiento fijaba su propia política de admisión elevando los costos de búsqueda a las familias), a uno diseñado para maximizar las preferencias de las familias, tecnológicamente dotado y coordinado por el Ministerio de Educación.

Asimismo, en este capítulo se discuten las ventajas del nuevo sistema y algunos desafíos de su diseño, pero especialmente ofrece reflexiones sobre la interacción y dinámicas que podría tener el nuevo sistema de admisión con la institucionalidad y el esquema de incentivos ya existentes en nuestro sistema escolar (por ejemplo, elección de escuela, competencia entre colegios, Sistema de Aseguramiento de la Calidad). En concreto, se plantea que independientemente de las bondades intrínsecas del nuevo sistema de admisión, su operación fortalecerá la elección de escuela y, al hacerlo, activará e intensificará los mecanismos de mercado que ya están presentes y estructuran el sistema escolar chileno. De suceder lo anterior, la interrogante inmediata es hasta qué punto un sistema de admisión único, una mayor libertad de elección de escuela y un esquema de competencia entre colegios podrán asegurar mayor calidad educacional. El capítulo sugiere que mientras sistemas de admisión justos pueden contribuir en algún grado a mejorar los niveles de integración de un sistema escolar (componente importante de su calidad y donde Chile exhibe una situación crítica), otras dimensiones de la calidad (aprendizajes) requieren para su fomento de políticas que construyan y sostengan capacidades sistémicas (e.g. profesionalización docente y directiva, apoyo a la innovación curricular, espacios a la evaluación formativa, aumento y reorganización de la asignación del financiamiento, estímulo a la rendición de cuentas interna), en lugar de políticas basadas en la respuesta a incentivos, la disputa por recursos y la agregación de decisiones privadas para alcanzar propósitos públicos.

El capítulo se estructura en cuatro secciones. La primera describe el nuevo SAE y sus avances con información descriptiva de una iniciativa cuya implementación será gradual. La segunda sección plantea algunos desafíos para fortalecer el sistema con vistas a maximizar las preferencias de todas las familias y estudiantes, especialmente de grupos a los que el diseño actual del sistema podría desfavorecer. La tercera sección ofrece una hipótesis sobre el negativo impacto del aumento de la elección de escuela sobre los colegios menos preferidos del sistema escolar, en el marco de un esquema competitivo. La cuarta sección advierte sobre potenciales prácticas selectivas de un grupo de colegios alentados por el marco de incentivos que organiza nuestro sistema escolar. El capítulo cierra con una reflexión final sobre las políticas que aseguran una mayor calidad educacional y el papel que un sistema de admisión y las políticas de elección de escuela juegan en ello.

UN ACCESO JUSTO, MODERNO Y EFICIENTE AL SISTEMA ESCOLAR

El nuevo sistema de admisión representa una política pública de modernización del Estado de última generación que se está implementado gradualmente entre 2016 y 2018 por el Ministerio de Educación[3]. Ofrece a las familias que envían a sus hijos a colegios subvencionados por el Estado una plataforma única de postulación que opera sobre la base de un sistema inteligente de coordinación de preferencias que tie-

---

3   La gradualidad contempla regiones y niveles de enseñanza (prekínder, kínder, 1º básico, 7º y 1º medio). En 2016 se inició el sistema en la Región de Magallanes para el año académico 2017. En 2017 se sumaron las regiones de Tarapacá, Coquimbo, O'Higgins y Los Lagos. El 2018 se iniciará la postulación para el año académico 2019 en las regiones restantes el país, que incluye a las más grandes como la Región Metropolitana, de Valparaíso y Biobío.

ne por propósito maximizar las posibilidades de las familias de quedar aceptadas en sus colegios más preferidos.

Para visualizar la novedad del sistema, es importante contrastarlo con el mecanismo de asignación de cupos con que el país contaba hasta ahora. En los hechos, Chile carecía de un 'sistema' coordinado de admisión propiamente tal. Ocurría exactamente lo contrario, pues han existido miles de mecanismos descentralizados y descoordinados unos de otros, dado que la postulación y admisión a los colegios ha estado en manos de cada uno de los miles de establecimientos educacionales del país, existiendo tantos mecanismos de admisión como colegios (alrededor de doce mil). En la práctica, cada establecimiento escolar ha tenido autonomía para decidir sus propios criterios de asignación de cupos, requisitos y fechas de postulación, modalidades de entrega de resultados o listas de espera. Desde una perspectiva de política pública, dicho sistema ha operado sin un criterio de eficiencia ni de justicia en la asignación de cupos escolares. Ni de justicia porque los establecimientos han tenido la prerrogativa de asignar cupos a base de atributos adscriptivos que están más allá del control de los estudiantes, colisionando así con un principio elemental de igualdad de oportunidades. Tampoco de eficiencia, al carecer de un mecanismo de coordinación entre establecimientos escolares que facilite la búsqueda y expresión de preferencias por parte de las familias. En lo concreto, las familias deben incurrir en costos de tiempo, traslado y desajuste temporal para tomar la mejor decisión (pues deben atravesar procesos distintos de admisión en cada escuela a la que postulan), enfrentando en cada postulación la probabilidad de no ser admitido y, por tanto, de no obtener un cupo en ninguna de las postulaciones efectuadas. El diagnóstico a la base del nuevo sistema de admisión identificó que en Chile existen prácticas de selección basadas en pruebas, sesiones de juegos, entrevistas a familias, que buscaban predecir el desempeño de los estudiantes o su sintonía con la composición sociocultural del colegio (Contreras et al. 2011, 2013; Carrasco et al. 2017)[4].

---

4   Sin embargo, con el fin de hacer presente la inconveniencia de implementar un sistema de admisión escolar centralizado, algunos han sostenido que en Chile la selección de estudiantes por parte de los colegios era prácticamente inexistente, dado que, según datos de la encuesta del Centro de Estudios Públicos, el 90% de los padres afirma haber sido aceptado en su primera preferencia. Pero emplear dicha pregunta, para sostener que la selección es casi inexistente, tiene límites metodológicos evidentes, en tanto no permite dar cuenta de la existencia o no de barreras de entrada. Entre

NOTA 4, CONTINÚA EN PÁGINA SIGUIENTE

En cambio, el nuevo sistema de admisión permite a las familias postular de una sola vez y remotamente en un ambiente web a cuantos colegios deseen postular, con un mínimo de dos postulaciones, jerarquizando los colegios según su preferencia[5]. La plataforma opera en un período acotado, con el propósito de coordinar todas las preferencias de las familias con los cupos disponibles en los colegios y considerando cuatro criterios de ajuste o prioridad fijados por la ley tendientes a optimizar la probabilidad de obtener un cupo de estudiantes específicos: hermanos/as de alumnos ya matriculados, alumnos prioritarios hasta completar un 15%, hijos/as de funcionarios del establecimiento educacional, y exalumnos que retornen al colegio (excepto los expulsados). La ley establece que cuando los cupos disponibles sean iguales o mayores a las postulaciones, todos los postulantes serán admitidos. En aquellos casos donde los cupos sean menores al número de postulantes, se emplearán los criterios anteriores y un mecanismo de asignación de cupos que emplea el Algoritmo de Asignación Diferida, conocido como el Algoritmo de Gale y Shapley, que posee tres virtudes fundamentales: estabilidad, eficiencia y a prueba de estrategias (Abdulkadiroğlu 2011)[6]. Sobre la base de lo anterior, el sistema ofrece un primer período de postulación con la existencia de listas de espera que optimicen las decisiones de las familias en la primera ronda de asignación, y un segundo período complementario, para aquellos rezagados o insatisfechos con el resultado de la primera ronda. En conjunto, el nuevo sistema ofrece a las familias un modo eficiente y justo de elección de escuela al disminuir sus costos de postulación y maximizar sus probabilidades de obtener un cupo a base de criterios

---

los límites más importantes destaca que dicha pregunta, incluida en la encuesta CEP, no identifica el efecto de autoselección que esas barreras estimulan; incluye una alta deseabilidad social, pues los padres tienden a reafirmar su situación actual o el colegio elegido, y no toma en cuenta el bajo número de colegios a los que los padres postulan (no más de dos), dados los altos costos de postulación de un sistema descentralizado y selectivo como se ha descrito.

5   La plataforma incluye información sobre cada colegio relativa a proyecto educativo institucional, reglamento interno, indicadores de calidad, infraestructura, programas especiales y actividades extracurriculares, vacantes por jornada. Por otra parte, las familias deben adherir al proyecto educativo de los colegios a los que postulen, así como aceptar el monto del copago de aquellos que aún no se han adherido a la gratuidad. Ver: www.sistemadeadmisionescolar.cl

6   Para detalles técnicos del funcionamiento del sistema, consultar documento "Resultados del Proceso de Admisión Escolar 2016", Unidad de Admisión Escolar, Ministerio de Educación, mayo 2017; y también Figueroa et al. (2016).

conocidos, transparentes y que vuelven irrelevantes las características adscriptivas de los estudiantes.

En términos de resultados, se trata de un proceso de implementación aún en desarrollo y cuyo impacto inicial a nivel nacional podrá recién comenzar a evaluarse el 2019. Preliminarmente los resultados son positivos, pero deben ser mirados con precaución, dado que aún está pendiente la entrada al sistema de la mayoría de la población escolar del país concentrada en las regiones Metropolitana, Valparaíso y Biobío. En la postulación 2017, en las cuatro nuevas regiones incorporadas más Magallanes[7] (ver nota al pie N° 3), el 93,1% de las familias quedó en algunas de sus preferencias, y el 69,8% en su primera preferencia, muy por sobre la experiencia internacional con similar mecanismo[8].

Pese a estos avances en la implementación inicial, es importante consignar que el sistema no asegura que todos quedarán en sus primeras preferencias, específicamente en el caso que haya menos cupos que postulantes a los colegios de mayor reputación y por lo tanto más preferidos. Esto pues existe la probabilidad de que un número limitado pero igualmente significativo de padres no quede en su primera, segunda o incluso tercera preferencia (por ejemplo, 15% en Magallanes). ¿Es esto legítimo o justificable? Como modo de resolver la sobredemanda (casos en que colegios preferidos tienen más postulantes que cupos), si se acepta un principio de justicia distributiva, es legítimo, pues se busca mejorar o mantener la posición de aquellos menos favorecidos (estudiantes de menor nivel socioeconómico o desarrollo académico), pero sin que ello perjudique el bienestar de otros en condiciones que el regulador definió como justificables (por ejemplo, tener hermanos en el colegio). Así, hoy un estudiante de menor nivel socioeconómico tendrá las mismas posibilidades de acceder a un colegio que otro de mayor nivel, excepto si este último cumple con alguno de los criterios de preferencia. Contrariamente, en el sistema de admi-

---

7   Destaca el hecho de que en Magallanes en 2016 un poco más de 80% de las familias postuló desde su hogar mediante internet, lo que ilustra las facilidades del sistema y la reducción de costos y tiempo para las familias.

8   La experiencia en países que usan similar modelo de asignación está en un rango inferior a los resultados de Chile. Tales son los casos de Nueva York y Boston en EE.UU., y de Ámsterdam en Holanda, y en Finlandia, entre otros. Los resultados muestran cifras comparativas favorables. En Nueva York, EE.UU., en su primer año de funcionamiento (2006), un 40% de los postulantes fue asignado en su primera preferencia.

sión anterior, esto no estaba asegurado. Por un lado, aunque faltaran postulantes, cada colegio podía rechazar la solicitud de cupo de acuerdo con cualquier criterio de su conveniencia (contrario a eso, hoy, si hay cupos, todo estudiante *debe* ser admitido). Por otro lado, en casos de sobredemanda, los cupos se distribuían según capacidad de pago, orden de llegada, contactos o la capacidad intelectual del postulante. En su reemplazo, el nuevo sistema de admisión resuelve esta situación empleando un algoritmo eficiente y transparente para la asignación de cupos, que opera considerando los cuatro criterios de prioridad mencionados, optimizando la expresión de preferencias de los padres y, cuando se requiere, empleando un grado de aleatoriedad para resolver asignaciones que, al existir sobredemanda, los pasos anteriores no resuelven. Como se observa entonces, si bien cabe la posibilidad de no quedar en la primera preferencia, ello no significa que la capacidad de elegir se haya restringido, sino más bien se ha extendido, con reglas y criterios conocidos que vuelven irrelevantes los atributos adscriptivos de los niños, consagrando así el principio de igualdad de oportunidades educacionales propio de toda sociedad democrática.

Con todo, al evaluar su contribución a la calidad educacional, el nuevo sistema de admisión, por un lado, consagra la libertad de elección de escuela bajo la hipótesis de que esta última presionará a los colegios a mejorar (volveremos sobre este punto en la sección 3). Por otro lado, ante su potencial de contribuir a disminuir en algún grado la segregación escolar, y si se acepta que la integración escolar da cuenta de una dimensión relevante de la calidad educacional (cfr. Carrasco 2015, p. 233), resulta auspicioso entonces el avance positivo de su implementación que se ha reportado a la fecha.

MEJORES OPORTUNIDADES DE ELECCIÓN PARA LA MAYORÍA, PERO SU DISEÑO PODRÍA DESFAVORECER A CIERTAS MINORÍAS

Hay que distinguir entre "cambios sustantivos" del sistema de admisión respecto de "cambios incrementales" a su diseño. Los primeros refieren a cambios estructurales en su diseño y se relacionarían, por ejemplo, a la modificación del carácter centralizado del sistema que devolvería poder a los colegios en la decisión de asignación vulnerando con ello la libertad de elección, o al uso de un algoritmo alternativo que desatendería los principios de estabilidad, eficiencia y transparencia que posee el actual, o bien a la eliminación de los criterios de prioridad en la asignación que restaría equidad al sistema de admisión y que están explícitamente estipulados en la ley[9]. Cambios como los anteriores requerirían probablemente modificaciones legales mayores al contrariar el fondo de la ley aprobada en el Congreso.

Por su parte, "cambios incrementales" al sistema de admisión refieren al perfeccionamiento, mejora o ajuste de su diseño original, sin modificaciones al propósito general de fortalecer la elección de escuela, y que requieren solo cambios en los reglamentos o en los protocolos de operación. Entre los potenciales cambios incrementales que la autoridad educacional podría someter a estudio y análisis para su ajuste en el corto o mediano plazo destaca por ejemplo el cambio del número de postulaciones mínimas, aumentarlas o disminuirlas (hoy son dos las mínimas en sectores urbanos y una en sectores rurales, sin techo de preferencias en el máximo), o la información que incluye la plataforma sobre los establecimientos educacionales para que los padres se informen (hoy es estándar lo que los establecimientos deben completar; en cambio, podrían los colegios tener libertad de incluir los atributos que más los representen).

En efecto, como se mencionó, dado que la implementación del nuevo SAE es gradual, por regiones y niveles de enseñanza, los resultados iniciales mencionados en la sección anterior son positivos, pero solo acotados a las regiones más pequeñas del país. Aunque improbable, cabe la posibilidad de que al cambiar la escala de las ciudades (al ingresar las ciudades metropolitanas), cambie asimismo el desempeño del sistema. Con todo, si bien el nuevo SAE está mejorando las oportunidades de elección de la mayoría, esta sección menciona dos aspectos perfectibles o "incrementales" del sistema que podrían aumentar las oportunidades de ciertas minorías. Si uno observa los primeros resultados descriptivos en cinco regiones y considera el sistema de postulación en términos de su "diseño", se revela la importancia de (i) actuali-

---

9   Con todo, en un escenario futuro, y mediante un estudio sistemático, podría analizarse el rendimiento de los cuatro criterios de prioridad actuales, en términos de su capacidad de promover igualdad de oportunidades, para fines de la incorporación de otros nuevos o bien la revisión de los existentes; por ejemplo, ¿es legítimo o justo que padres que no trabajan en un determinado establecimiento educacional pero que sí desean para sus hijos, y respecto del cual son vecinos, tengan menor prioridad de obtener un cupo que los padres que sí trabajan en él? ¿vulnera esto la igualdad de oportunidades al otorgar ventajas a algunos estudiantes respecto de otros?.

zar nociones tradicionales de familia; (ii) y mejorar la información de sus usos y ventajas en grupos sociales más desaventajados[10].

El diseño del sistema requiere ampliar consideraciones de género y tipos de familias

En primer lugar, los establecimientos escolares mixtos solo en el caso de que tengan más postulantes que cupos, no podrán fijar cuotas de género, de modo que sus cursos se equilibren con cierta paridad. Los colegios están obligados a enviar a MINEDUC su número de cupos pero sin especificaciones. Ello es relevante, pues repercute en las experiencias educacionales de los estudiantes que quedan en minoría. De algún modo, padres que buscan colegios mixtos pueden terminar en cursos donde sus hijos son minoría o bien donde no hay ninguna mixtura. Educarse en términos de mixtura no solo socioeconómica o cultural, sino también en términos de género enriquece la etapa formativa de los niños. Por ello, será necesario un análisis, una vez que el sistema este en régimen a nivel nacional, del número de establecimientos que vieron afectada su composición de género histórica o esperada.

En segundo lugar, tener hermanos ya matriculados en el establecimiento de preferencia es uno de los cuatro requisitos de prioridad del sistema, que permite aumentar la probabilidad de que un postulante quede en el colegio donde están su o sus hermanos. Esto contribuye a la vida familiar no solo desde un punto de vista práctico (como los traslados u organización de horarios de los hijos en edad escolar), sino también en términos sustantivos, al facilitarles a las familias que así lo desean que sus hijos se eduquen en un mismo proyecto educativo. Sin embargo, en la actualidad, para certificar lo anterior, la plataforma de postulación obliga como requisito la presentación de documentación que pruebe la consanguinidad (certificado de nacimiento de ambos hermanos o Libreta de Familia del Registro Civil). Esto perjudica a hermanos que, compartiendo un mismo hogar, no tienen lazos sanguíneos, o bien no comparten un mismo apellido. La sociedad chilena ha avanzado en materias similares, tanto en su legislación (por ejemplo, la Ley de Filiación de 1998) como en las transformaciones

---

10   Estas y otras debilidades adicionales fueron identificadas antes que el sistema comenzara su funcionamiento (ver Eyzaguirre, 2016).

culturales de su estructura familiar. En Chile, por ejemplo, el número de hogares monoparentales alcanza al 39,5% y los hijos nacidos fuera del matrimonio a casi el 70%. Así, el nuevo sistema de admisión asume una definición de familia restringida y desconoce, por ejemplo, la existencia de familias donde los padres comparten el cuidado de sus hijos que provienen de relaciones anteriores. El criterio de prioridad que favorece a los postulantes que tienen hermanos en los mismos establecimientos busca satisfacer una serie de objetivos que este diseño perjudica; por ejemplo, el traslado de los hijos al colegio en términos de costos y tiempo, promover la convivencia de los hermanos en un mismo espacio educativo, u otorgar la posibilidad de educar a los hijos en un mismo colegio, bajo un mismo proyecto educativo. Seguramente, una de las razones de la certificación de la condición de hermano busca evitar malos usos del criterio de prioridad en la asignación de cupos. Si bien eso es razonable, sin duda existirán otros instrumentos que permitan detectar trampas al sistema, pero que al mismo tiempo no perjudiquen la calidad de vida de las variedades de familias existentes hoy en Chile.

Mejorar la información sobre su uso en grupos sociales más desaventajados

Existe evidencia internacional sobre las ventajas que los sistemas de elección desregulados otorgan a las familias de mayores recursos culturales, económicos y sociales. Contar con más redes de contacto, familiaridad con el sistema escolar, educación, tiempo disponible, empleos de mejor calidad, en su conjunto, repercuten en prácticas de elección de escuela más eficaces a favor de estudiantes principalmente de clases medias-altas y altas (Feinberg & Lubienski, 2008; Miron et al., 2012; Orfield & Frankenberg, 2013). Por lo anterior, podría esperarse que familias o adultos que enfrentan una vida en condiciones de precariedad material, social y afectiva, cuenten con menores recursos para lidiar, interactuar, responder a un sistema de admisión que exige a los padres involucramiento en la plataforma, disponibilidad de tiempo en períodos acotados de postulación, cierta familiaridad como usuario con transacciones virtuales en plataformas web, algún nivel de estrategia para tomar decisiones sobre alternativas de colegios, o una disposición a planificar y desarrollar un proceso de postulación en varias etapas que culminan con la matrícula. Seguramente, no todos los padres tendrán las mismas condiciones para responder satisfactoriamente a estas demandas del sistema si tenemos en cuenta el nivel de desigualdad socioeconómica del país. Si consideramos la marcada heterogeneidad de calidad entre los establecimientos educacionales del país (por ejemplo, en las diferencias de calidad de profesores o infraestructura), la relación negativa entre capacidad de elegir escuela y exclusión social podría afectar las oportunidades educacionales de un número no despreciable de niños[11]. De ahí la importancia de que la calidad de un sistema educacional no descanse ni en la presión de los padres ni en la competencia entre colegios, sino en políticas de financiamiento y mejora que aseguren que cada colegio en cada barrio y localidad de un país ofrezca una alta y equivalente calidad. Pero eso supone un sistema escolar diseñado con pilares diferentes a los que emplea nuestro país, que mediante el nuevo sistema de admisión fortalecerá la elección de escuela por parte de los padres.

Así las cosas, un primer riesgo es que a algunos padres agobiados o enfrentando dificultades de salud o trabajo, con probabilidades de cambiar de domicilio o ciudad, se les pase el plazo de postulación único perjudicando las posibilidades de que sus hijos queden en un colegio preferido. Dado que el mecanismo de asignación requiere dar a todos la misma probabilidad (excepto a quienes cumplen los cuatro criterios de prioridad), es indispensable que el proceso de postulación sea en un período simultáneo para todos y acotado en el tiempo[12]. El Algoritmo de Aceptación Diferida requiere tomar en consideración no solo las postulaciones propias y los cupos disponibles, sino las preferencias de todos los postulantes, teniendo en cuenta también el modo en que están jerarquizadas, para así, de modo inteligente, dar a cada cual el resultado más óptimo. Sin embargo, las familias que no postulen en la Etapa Regular definida por el MINEDUC, aunque podrán hacerlo en la Etapa Complementaria, reducirán sus probabilidades y estarán en desventaja respecto de las

---

11   El sistema tiene algunas fuentes de complejidad, por ejemplo, la comprensión del funcionamiento de las listas de espera. También, y relacionado con ello, las alternativas que la plataforma ofrece al asignar un establecimiento en la 1º etapa del proceso donde los padres deben decidir entre las siguientes opciones cada una con consecuencias decisivas para el proceso: Aceptar, Aceptar Condicional, Rechazar Condicional y Rechazar.

12   Para el proceso 2017, el período de la Etapa Regular fue entre el 25 de septiembre y el 16 de octubre; la Etapa Complementaria a inicios de diciembre y la matrícula, entre el 18 y 22 de diciembre. Ver www.sistemadeadmisionescolar.cl

familias que postularon en el primer período[13]. Lo anterior podría significar que familias menos informadas, con incertidumbre sobre su lugar de residencia para el año siguiente, o que atraviesen circunstancias excepcionales o difíciles, razones que les impidieron postular en la Etapa Regular, verán afectadas las posibilidades educacionales de sus hijos. En efecto, según consta en el proceso pionero de postulación 2016-2017 en Magallanes, el 6% (N=222) de los postulantes lo hizo en la Etapa Complementaria (como rezagados). Exceptuando primero medio, en todos los niveles de enseñanza (prekínder, kínder, 1° y 7 básico) se observó que en la Etapa Complementaria hubo más postulantes nuevos (o rezagados) que postulantes de la etapa regular (que no aceptó el establecimiento asignado). Como se ha mencionado, aunque el volumen de postulaciones en Magallanes es reducido respecto del país, este comportamiento podría aumentar en número una vez que el sistema se extienda al resto del territorio nacional, llegando a varios miles de estudiantes. ¿Cómo reducir el número de niños cuyos padres postulan con rezago limitando sus posibilidades? Por supuesto, el sistema asegura que a todo niño se le asignará un colegio. Pero dado que el sistema fortalece el mecanismo de elección de escuela, es decir, el comportamiento de un *elector activo*, el SAE favorecerá más a los niños que cuentan con padres que se involucran y participan activamente en el proceso que a aquellos que por diversas razones no cuentan con dichos padres.

Una situación equivalente sucederá respecto del número de colegios ingresados como preferidos[14]. Aquellos padres que ingresen solo dos colegios, y en caso de que ambos sean altamente demandados, reducirán sus probabilidades de quedar y seguramente se les asignará un colegio que no fue parte de sus preferencias. Si el número de preferencias expresadas es reducido, podría disminuir la probabilidad de materializar la preferencia por algún establecimiento educacional y aumentar la de ser asignado automáticamente por el sistema según

---

13   La razón de ello es que el mecanismo de asignación en la Etapa Complementaria incluye, en primer lugar, a quienes habiendo participado en la primera etapa, rechazaron el colegio asignado, y en segundo lugar, a quienes postulan por primera vez rezagados. Ambos grupos reducen sus posibilidades, pues se disputan los cupos sobrantes de la primera etapa, es decir, seguramente, los cupos de los colegios que fueron menos preferidos por las familias en la Etapa Regular.

14   Por diseño el sistema acepta mínimo dos y no establece un número máximo de establecimientos para postular.

criterios de distancia y disponibilidad de cupos. Por tanto, es de alta importancia que, al postular, las familias se informen, exploren alternativas e ingresen todos los colegios que se ajustan a sus preferencias. En caso contrario, serán asignadas a colegios que posiblemente desconocen.

En suma, un sistema como el de admisión, cuya eficiencia es altamente dependiente de la participación activa de los padres en su expresión de preferencias, demanda un trabajo informativo muy decidido por parte del MINEDUC, en medios de comunicación masiva, en jardines infantiles, en consultorios y juntas de vecinos. Se trata de crear una nueva cultura de uso del sistema educacional, más moderna pero probablemente más desafiante para algunos. Con el correr de los años, analizando el funcionamiento del sistema, podremos observar tanto las prácticas de elección 'reales' de las familias como los resultados de la asignación de escuelas, y entender en qué medida las oportunidades educacionales de los niños mejoran con independencia de la posición social de los padres, tal como un principio de justicia educacional reclama[15].

LA LIBERTAD DE ELECCIÓN PODRÍA PRECARIZAR A COLEGIOS MENOS PREFERIDOS

Como se mencionó en la sección anterior, el nuevo SAE permitirá maximizar las preferencias de los padres, permitiendo así materializar el principio de libertad de elección de las familias. A la larga, el resultado esperado es que bajo este nuevo sistema serán las familias, y no los colegios, quienes toman decisiones sobre la distribución de los cupos escolares, significando que los colegios perderán control sobre sus procesos de admisión. La interrogante que explora esta sección es si, ante la disminución de las barreras de entrada a las familias, algunos colegios perderán la preferencia de los padres, quienes optarán por colegios de mayor reputación que antes les eran menos accesibles.

En términos de política educativa, lo anterior implica que el fortalecimiento de la elección de escuela permitirá activar definitivamente la organización de mercado del sistema escolar chileno[16]. Por primera

---

15 En efecto, esta será parte de la agenda de una de las líneas de investigación del Centro de Estudios Avanzados en Justicia Educacional de la UC, ver: www.centrojusticiaeducacional.cl.

16 El origen de las políticas de elección de escuela es múltiple en términos de sus propó-

vez, la elección de escuela, un componente esencial de la operación de un mercado, se desarrollará expresando las reales preferencias de las familias, sin la intermediación de los colegios, los que, hasta ahora, contaban con atribuciones para establecer barreras de entrada a las familias. Como dicta la teoría sobre los mercados educacionales, en un esquema de competencia, donde los incentivos están bien organizados, la libertad de elegir de las familias movilizará espontáneamente acciones en los establecimientos que redundarán en ganancias asociadas a "calidad", con toda la abstracción en la que el término incurre. En un mercado escolar donde la elección de los padres encuentra restricciones, los colegios no tendrán la suficiente presión ni incentivos para mejorar. Con el nuevo SAE, en cambio, se creará un escenario más propicio para que la elección de escuela actúe como un catalizador de la mejora escolar a nivel agregado[17].

Pues bien, el nuevo SAE, si dicho razonamiento teórico es correcto, al menos en lo relativo al actuar de las familias, posiblemente genere un contexto de mayor incertidumbre para los colegios respecto del volumen y tipo de familias que los preferirán, pues estas últimas podrían comenzar a preferir colegios que en el pasado les estaban restringidos. Lo anterior será facilitado por el hecho de que el nuevo SAE disminuirá los costos de postulación (tiempo, movilidad), prácticamente eliminará la interferencia de los colegios en la decisión, posibilitará el cambio de colegio a los que ya están escolarizados, garantizando no perder el cupo en el colegio actual, y todo ello combinado con el aumento de colegios particulares subvencionados gratuitos que antes

---

sitos. Por un lado, su origen se remonta a las políticas de des-segregación en EE.UU. En un contexto donde las escuelas eran asignadas según el lugar de residencia, la elección de escuela contribuiría a dar oportunidades educacionales más allá de los límites geográficos, especialmente a estudiantes de color que vivían circunscritos a sus *ghettos*. Para otros, la elección de escuela constituyó una pieza clave en la organización de un mercado educacional, donde el poder de decisión se trasladaba desde el poder monopólico del gobierno al poder desagregado de las familias, cuyas decisiones activarían la acción de las escuelas. Por su parte, los críticos de la elección de escuela advierten que la *parentocracy* (ver Brown, 1990), al descansar en la capacidad, tiempo, y recursos de los padres para tomar decisiones, otorga inevitablemente ventajas a unos en desmedro de otros, contribuyendo en un determinado grado a la segregación escolar de los sistemas educacionales que la introducen sin ninguna regulación.

17   Hasta ahora, alguna literatura económica identificaba casi únicamente a las asimetrías de información como una de las principales imperfecciones del mercado escolar, desatendiendo el poder y restricción ejercido por los colegios sobre la expresión de preferencias.

cobraban. En lo global, la competencia entre escuelas y las preferencias de los padres, esto es, un mercado escolar, tendrán mayores posibilidades de operar.

¿Esto significa que algunos establecimientos educacionales podrían dejar de ser preferidos y potencialmente desaparecer? Desde el punto de vista de la teoría de los mercados educacionales, es lo esperable y deseable para gatillar el cambio educacional. Un esquema competitivo supone la permanencia de aquellos agentes económicos que, como resultado de su calidad/eficiencia, son preferidos, y la desaparición de aquellos que, como resultado de su ineficiencia, lo son menos. Este proceso de "destrucción creativa" rompe con el poder monopólico de los gobiernos y entrega a las familias el poder de coorganizar tanto la oferta escolar como sus contenidos, toda vez que los colegios se esforzarán por sintonizar con sus demandas. Desde luego, esta perspectiva es ampliamente criticada por sus numerosos efectos colaterales, su simplificación de los procesos de cambio educativo y la reconfiguración del significado y funcionamiento de la educación como experiencia humana (Lauder et al., 1999; Ravitch, 2010; Hargreaves & Shirley, 2009; Putnam, 2015).

En efecto, en la práctica y conforme con los estudios disponibles, este esquema institucional en Chile exhibe notorias limitaciones en términos de eficiencia, calidad, equidad e innovación. De los antecedentes disponibles, al menos cuatro elementos destacan. En primer lugar, en términos de calidad medida por la prueba estandarizada SIMCE, la evidencia sobre los efectos de la competencia entre escuelas es mixta: para algunos, los efectos son inexistentes (McEwan and Carnoy, 2000; Hsieh & Urquiola, 2006); para otros, son positivos pero moderados en su magnitud (Gallego, 2006). Sin embargo, la definición de 'competencia' de estos trabajos es restringida al no incluir aspectos territoriales, demográficos, urbanos y socioculturales que interactúan y median los aspectos educacionales. Segundo, al examinar el funcionamiento de la teoría, se observa un conjunto importante de colegios que, pese a su 'mala calidad', según sus resultados en pruebas estandarizadas, no cierran, pero sí en cambio ven su matrícula reducida y concentran estudiantes de menor rendimiento y nivel socioeconómico. Al disminuir drásticamente su matrícula, operan en condiciones empobrecidas, puesto que a los mismos costos permanentes, reciben menos ingresos vía subvención, generándose una espiral de deterioro institucional (Corvalán & Román, 2012). En tercer término, al examinar aspectos de equidad, adicionales a los efectos segregativos ya conocidos, se observa que las dinámicas competitivas perjudican educacionalmente a los grupos de menores ingresos. Analizando las trayectorias de los estudiantes que asistieron a colegios que cerraron sus operaciones en el período 2002-2012, Grau, Hojman y Mizala (2017) reportan evidencia causal sobre los mayores índices de deserción y repitencia que tienen los estudiantes que asistieron a colegios que fueron cerrados respecto de sus pares que asistieron a colegios equivalentes, pero que no cerraron. Un último antecedente empírico es el impacto que tiene el arraigo espacial de las familias sobre sus oportunidades educacionales en un sistema escolar donde la oferta educacional a nivel local ha estado confiada a agentes privados. Al respecto, Flores y Carrasco (2016) reportan que la libertad de elegir escuelas no está igualmente distribuida en el territorio y que muchas veces las familias de estratos bajos solo pueden 'elegir lo que hay'.

Ante ese panorama, ¿qué efectos generará el nuevo sistema de admisión sobre las dinámicas competitivas del mercado escolar en Chile? La respuesta la tendremos cuando conozcamos, a partir de las postulaciones realizadas por las familias, qué colegios son menos preferidos, qué tipo de colegios son puestos en las últimas preferencias, qué colegios han comenzado a reducir matrícula luego de un tiempo, como efecto de las menores preferencias de las familias (considerando su interacción con dinámicas demográficas y urbanas), y qué proporción y tipo de colegios, a la larga, se empobrecen o desaparecen.

Proyección empírica del potencial efecto del SAE sobre colegios menos preferidos

Mientras tanto, para explorar hipótesis sobre futuros escenarios, contamos con datos recientes sobre la visión de los directores de colegios particulares subvencionados en sus mercados locales, que nos permiten explorar qué tipo de establecimientos podrían eventualmente ser perjudicados en términos de disminución de matrícula y, por tanto, de financiamiento. La Tabla 1 combina dos variables que provienen de fuentes de datos diferentes.

TABLA 1
TENDENCIA DE MATRÍCULA 2008-2016[1] DE ESTABLECIMIENTOS
PARTICULARES SUBVENCIONADOS SEGÚN EL GRADO DE DEMANDA
POR CUPOS DECLARADO[2]

Tendencia de matrícula	Establecimientos altamente preferidos (n=245)	Establecimientos escasamente preferidos (n=171)	Total (n=416)
Matrícula a la baja	14,0%	39,6%	29,1%
Mantiene matrícula	47,4%	38,8%	42,3%
Matrícula al alza	38,6%	21,6%	28,6%

X^2: p=0.000

Nota 1: Variable construida a partir de la base de datos Matrícula del MINEDUC. Se considera un aumento/disminución de matrícula un cambio de ± 10% respecto de matrícula 2008 del establecimiento.
Nota 2: Variable construida a partir de la respuesta de los directores de colegio a la pregunta: En Educación Básica, ¿le sobraron vacantes, o le sobraron postulantes?

Fuente: Encuesta del estudio *The new private educational sector in Chile*, CEPPE UC.

En primer lugar, la variable de nivel de preferencias de los padres, construida a base de una encuesta en las grandes ciudades de Chile[18]. Se les preguntó a los directores de colegios particulares subvencionados si en general, considerando la demanda de las familias, les 'sobraban postulantes' o si les 'sobraban vacantes'. Los colegios que declaran que les 'sobran postulantes' fueron catalogados como 'preferidos', y aquellos a los que les 'sobran vacantes', consignados como de 'baja preferencia' por las familias. Por su parte, se incluye la evolución de la matrícula de estos mismos establecimientos, para el período 2008-2016[19].

Combinando ambas variables, se observan colegios menos preferidos (según reporta el director) y que en paralelo han venido per-

---

18   Los datos presentados en las tablas siguientes provienen de la encuesta del estudio *The new private educational sector in Chile*, a cargo de CEPPE UC, financiada por RCUK 05 PIA CONICYT y ejecutada por DESUC UC. La encuesta es representativa a nivel nacional y fue aplicada cara-a-cara a casi 700 directores de colegios particulares subvencionados de ciudades con más de 200.000 habitantes durante marzo-mayo de 2016.

19   Sobre el uso de la encuesta para estudios de elección de escuela, conviene hacer notar que bajo un sistema de admisión descentralizado como el que Chile ha tenido es casi imposible conocer las reales preferencias de los padres (y por tanto los colegios más o menos preferidos) o los cupos disponibles por cada colegio. Por eso las encuestas han sido el mejor método de aproximarse tanto a las decisiones de elección de las familias como a las prácticas de admisión de los colegios. Con el nuevo sistema de admisión, contaremos con información administrativa, universal y a escala nacional sobre las prácticas de elección reveladas de las familias chilenas.

diendo matrícula, lo cual también puede considerarse un indicador de las menores preferencias de los padres. Por supuesto, esta estrategia de análisis tiene límites; por ejemplo, desconocemos las razones reales de la disminución de la matrícula o de las preferencias, las que podrían obedecer a motivos exógenos, como la interacción con variables demográficas, y no a las dinámicas de elección de escuela. Con todo, se observa que el 39,6% de colegios particulares subvencionados de la muestra está en una situación difícil y que la activación de la elección de escuela bajo el nuevo SAE podría incluso empeorarla. En primer lugar, probablemente estos colegios tienen una menor reputación a nivel local entre las familias, que en general se informan por fuentes primarias sobre el prestigio de los colegios (boca a boca, redes). En consecuencia, en un escenario de mayor elección, menos familias podrían preferirlos y, de encontrar cupos en otros establecimientos, en un futuro este grupo de colegios podrían ver reducida su matrícula. En segundo lugar, el nuevo sistema permite cambiarse de colegio a los que ya están matriculados en uno, sin perder su cupo en el actual. Es decir, permite probar otras opciones a bajo costo. Si es efectivo que estos colegios gozan de baja reputación, es probable que las familias ejerzan su derecho de segunda elección y abandonen estos colegios, en caso de encontrar cupos en aquellos que más prefieren. Poca maniobrabilidad tendrán estos colegios para revertir su situación, dada la disminución de su financiamiento y reputación. Esto podría generar escenarios de precarización económica e institucional que afecten la calidad de la educación recibida por los estudiantes que asisten a este casi 40% de establecimientos. En paralelo, no hay que desestimar el 38,8% de establecimientos que si bien mantienen su matrícula, exhiben una baja reputación, cuestión que en un escenario de mayor elección podría afectarles.

En términos de equidad, al explorar a quiénes corresponde ese 39,6% de colegios particulares subvencionados que se encuentran en una débil posición de mercado, la Tabla 2 muestra una fuerte asociación entre posición de mercado (preferencias y matrícula) y nivel socioeconómico del establecimiento; en específico, los colegios de menor reputación educan en mayor proporción a estudiantes de menor nivel socioeconómico. Por tanto, si este grupo de colegios particulares subvencionados enfrentara un escenario adicional de disminución de matrícula, como resultado de las elecciones de los padres en el marco del nuevo sistema de admisión (y gratuidad), un grupo significativo de estudiantes desaventajados que permanecen en ellos se vería afectado por la disminución de los recursos y las capacidades institucionales de estos colegios.

Como puede deducirse, las dinámicas de interacción entre elección de colegio, competencia y financiamiento contingente a la demanda podrían debilitar aún más a una franja ya debilitada de colegios particulares subvencionados[20].

TABLA 2
'POSICIÓN DE MERCADO' SEGÚN EL NIVEL SOCIOECONÓMICO DE ESTABLECIMIENTOS PARTICULARES SUBVENCIONADOS

Posición de mercado	Nivel socioeconómico[1]					Total (n=383)
	Bajo (n=30)	Medio bajo (n=85)	Medio (n=158)	Medio alto (n=100)	Alto (n=10)	
Matrícula a la baja y escasamente preferido	53,3%	36,5%	18,4%	9,0%	10,0%	22,5%
Mantiene matrícula y escasamente preferido	26,7%	28,2%	26,0%	16,0%	10,0%	23,5%
Matrícula al alza y escasamente preferido	13,3%	11,8%	13,3%	9,0%	20,0%	12,0%
Matrícula a la baja y altamente preferido	0,0%	7,1%	5,7%	5,0%	10,0%	5,5%
Mantiene matrícula y altamente preferido	0,0%	9,4%	20,9%	30,0%	40,0%	19,6%
Matrícula al alza y altamente preferido	6,7%	7,1%	15,8%	31,0%	10,0%	17,0%

X^2: p=0.000
Nota 1: La posición de mercado es construida a partir de las variables de la Tabla 1.
Nota 2: Categorías de nivel socioeconómico según cuestionarios para apoderados 4° básico SIMCE 2015.
Fuente: Encuesta del estudio *The new private educational sector in Chile*, CEPPE UC.

---

20   El sector particular subvencionado es altamente atomizado y en su mayoría sin respaldo institucional de fundaciones o congregaciones religiosas. Según Corvalán, Elacqua & Salazar (2009), alrededor del 85% de colegios particulares subvencionados corresponden a sostenedores que administran solo un colegio. Es decir, menos de un tercio funciona mediante redes de colaboración como recomienda la evidencia internacional. En su mayoría, los dueños corresponden a profesores que decidieron emprender, pero sin mayor respaldo financiero ni institucional. Se trataría de una franja precarizada que no recibe otros aportes, aparte de la subvención del Estado (a diferencia de los colegios de fundaciones), educando a poblaciones en desventaja social, con baja capacidad institucional en términos de generación de conocimiento y redes (para evidencia reciente sobre el sector, ver Gutiérrez, Carrasco y Rasse, 2018).

Algo semejante podría ocurrir con una franja importante de colegios municipales que se encuentran en una situación igual o más precaria. Sin embargo, es muy importante recalcar que la Nueva Educación Pública[21] dotará a todos los colegios públicos (ex municipales) de los mismos y variados recursos, a lo largo de todo el territorio, en términos de una gama amplia de recursos técnico-pedagógicos, evaluativos, administrativos, asociativos y financieros, agrupados en Servicios Locales de Educación que tendrán una dotación profesional significativa financiada con recursos permanentes[22]. Si bien los colegios públicos (ex municipales) estarán igualmente expuestos que los particulares subvencionados a las decisiones de los padres (quienes también podrían abandonar los futuros colegios públicos o no elegirlos), la diferencia fundamental está en que esa franja de colegios particulares subvencionados continuará atomizada y sin el respaldo institucional de un Servicio Local de Educación[23]. Ello podría dificultar seriamente sus posibilidades de atraer matrícula y, a su vez, exponerlos a una espiral de deterioro que podría afectar a los estudiantes que sirven. Paradójicamente, este grupo de establecimientos particulares subvencionados enfrentará, si acaso ya no enfrenta, las mismas debilidades institucionales y financieras identificadas en los colegios municipales y que son la base del diagnóstico que empujó la creación del nuevo sistema de educación pública en implementación (e.g. Marcel & Raczynski, 2009).

En este punto, importa preguntarse: ¿es dicha potencial precarización aceptable como mecanismo de mejoramiento de nuestro sistema escolar?, ¿qué definición de lo público excluye de apoyos decisivos a colegios que acogen a niños de alta desventaja social? De ahí que lo

---

21 Ley publicada en el Diario Oficial el 24 de noviembre de 2017.

22 La nueva ley creará 70 Servicios Locales de Educación y el traspaso de los colegios desde las municipalidades a los SLE será gradual, comenzando en 2018 con cuatro SLE hasta incorporar a los últimos en el año 2022 o según estipule una comisión experta que revisará el proceso de implementación. Para evidencia reciente sobre el impacto esperado de la nueva educación pública, ver estudio "Diseño del modelo de evaluación de la nueva educación pública y levantamiento de línea base", Informe Final, CEPPE UC y DESUC, 2018.

23 La ley que crea el Sistema de Educación Pública solo incluye a los establecimientos municipales (futuros públicos), excluyendo a los colegios que reciben subvención del Estado, que son propiedad y administrados por privados (alcanzan el 57% de la matrícula nacional), denominados colegios particulares subvencionados y que hoy, luego de la Ley de Inclusión, operan sin fines de lucro.

anterior invite a reflexionar sobre las reales ganancias de un sistema de financiamiento casi enteramente competitivo como mecanismo de mejora escolar, así como respecto de las reglas que definen una educación pública en un sistema escolar de provisión mixta.24

Como es sabido, los sistemas escolares son sistemas vivos, organizados sobre la base de reglas, incentivos e intereses que enmarcan las decisiones del conjunto de actores educativos. Por lo mismo, es probable que el nuevo SAE, al tiempo que promueva una mayor elección de escuela, intensifique la operación de los mecanismos restantes que estructuran el sistema escolar chileno, generando de esta manera efectos no esperados en términos de equidad, eficiencia y calidad.

PERMANENCIA DE INCENTIVOS A LA SELECCIÓN DE ESTUDIANTES

Esta sección tiene el propósito de identificar aspectos que podrían eventualmente dificultar el objetivo de eliminar la selección como práctica en nuestro sistema escolar. Identificarlos permitiría monitorear a futuro la eficacia del nuevo sistema de admisión para alcanzar los propósitos generales de este componente de la Ley de Inclusión.

Existen dos aspectos institucionales que adicionalmente interactuarán con el nuevo sistema de admisión: por un lado, (i) el Sistema de Aseguramiento de la Calidad, que plantea incentivos para construir una composición de alumnos de mejor desempeño, y, por otro lado, (ii) las dinámicas de "selección mutua" entre colegios y familias; se trata de prácticas culturales de las familias que favorecen, al momento de elegir colegios, comunidades escolares homogéneas. Esto ejerce una presión sobre los colegios (mediada por el financiamiento asociado a la elección) para responder a esa demanda por homogeneidad que expresan las familias.

En primer término, el Sistema de Aseguramiento de la Calidad creó un esquema de rendición de cuentas de altas consecuencias que

---

24 Al respecto, un reciente estudio sobre los Liceos de Administración Delegada existentes en Chile ofrece aprendizajes sobre las ventajas de un esquema de financiamiento a la oferta y un modelo de colaboración público-privada alternativo al existente mayoritariamente en el país. Ver: CEPPE UC y DESUC (2017) "Colegios técnico-profesionales de Administración Delegada: Aprendizajes de un sistema de financiamiento a la oferta". *Policy Brief N°17* CEPPE UC.

establece el cierre de colegios en los casos en que un establecimiento escolar se mantenga tres veces consecutivas en la categoría de 'insuficiente', según la metodología de clasificación de colegios administrada por la Agencia de la Calidad. Dicha metodología considera en su modelo de estimación una preponderancia de los resultados de las pruebas estandarizadas SIMCE (69%). La teoría de la acción a la base del sistema es que la presión por evitar el cierre de los colegios empujará a los establecimientos a mejorar rápidamente aquellas prácticas que aumenten los resultados estandarizados.

Sin embargo, como indica ampliamente la literatura internacional, este mecanismo produce fuertes incentivos para atraer estudiantes de buen desempeño previo o con características que permitan predecirlo, en lugar de mejorar o innovar en prácticas pedagógicas (e.g Carrasco, 2013; Hargreaves & Braun, 2013). Si bien el nuevo SAE impedirá que los colegios tengan control sobre su matrícula, persistirá una presión a incrementar puntajes en períodos cortos de tiempo, manteniendo un incentivo para influir en una composición académica favorable al logro de los estándares externos fijados por la Agencia de la Calidad. De algún modo, con el fin de la selección, algunos establecimientos dejarán de contar con una de las estrategias más eficaces para aumentar los puntajes en pruebas SIMCE pero continuarán en un ambiente de presión externa de altas consecuencias. Dentro de este marco, la mera creación de un nuevo sistema de admisión centralizado no garantiza necesariamente la eliminación de las prácticas selectivas si otros incentivos que las estimulan persisten.

Prácticas de derivación como potencial práctica de exclusión

En consecuencia, y como un elemento que debiese ser objeto de monitoreo, dado que este mecanismo institucional continuará presionando el quehacer de los colegios, es probable que alguna franja de ellos intente buscar nuevos mecanismos para influir en la composición de su matrícula, especialmente por estudiantes de buen desempeño.25 Por ejemplo, sobre la base del mismo estudio mencionado acerca de colegios particulares subvencionados, la Tabla 3 muestra datos sobre

---

25   Existe literatura internacional que ha reportado estas prácticas en sistemas escolares donde la selección está prohibida (West et al., 2006).

prácticas de derivación que los directores de estos colegios admiten desarrollar. El 38,4% de los directores afirma que deriva estudiantes a otros establecimientos que son parte del set de preferencias de las familias. Si bien este dato es limitado para identificar las razones de la derivación, constituye un antecedente sobre prácticas de coordinación entre establecimientos para ajustar su matrícula, probablemente vulnerando el derecho a elegir de las familias. La práctica de derivación supone una sutil sugerencia de los colegios a las familias para trasladar a sus hijos a otros establecimientos. Dado el funcionamiento del nuevo sistema de admisión (donde ley permite que las familias visiten colegios y hablen con directivos y profesores), dicha práctica podría mantenerse o bien reconfigurarse, pero conservando fines selectivos. En efecto, el nuevo sistema de admisión permite que las familias visiten los colegios, conversen con sus directivos o profesores, conozcan la infraestructura, todo ello en el período previo al proceso único de postulación que comienza con la apertura de la plataforma web. Esa práctica, de algún modo ya existente, podría traducirse en sugerencias a las familias por parte de los colegios para que estos últimos no sean incluidos en el set de preferencias una vez abierto el período de postulación.

TABLA 3
PRÁCTICAS DE 'DERIVACIÓN' DE ESTUDIANTES ENTRE ESTABLECIMIENTOS QUE 'SE DISPUTAN' UN PERFIL SIMILAR DE FAMILIAS[1]

	N	SÍ	No
Envían estudiantes a otro establecimiento	357	38,4%	61,6%
Reciben estudiantes de otro establecimiento	354	70,6%	29,4%

Nota 1: Las opciones corresponden a la respuesta de los directores frente a la siguiente pregunta: Cuando piensa en la relación que ustedes tienen con este primer establecimiento que me nombró [establecimientos a los que usted cree que las familias que postulan a su establecimiento podrían estar simultáneamente postulando o considerando], ¿usted diría que ustedes…?
Fuente: Encuesta del estudio *The new private educational sector in Chile*, CEPPE UC.

El segundo aspecto es cultural y consiste en la inclinación de las familias a elegir colegios homogéneos en términos socioeconómicos y culturales, siendo esto acogido por parte de los establecimientos educacionales, los cuales, respondiendo a esa modalidad de preferencia de las familias, elaboran estrategias para construir una matrícula relativamente homogénea y ofrecer así a las familias la composición socioeconómica que buscan para sus hijos. Esa interacción entre familias y colegios, o "selección mutua", es en parte estimulada por el esquema de incentivos que organiza nuestro sistema escolar. El financiamiento de los colegios, organizado en base a un subsidio a la demanda, empuja a estos a responder y alinearse con las preferencias de las familias; en caso contrario, su financiamiento se vería mermado. Aunque la teoría económica supone que las familias organizan sus preferencias tomando en cuenta los atributos pedagógicos de los colegios, estimulando así una competencia entre colegios con aumentos agregados en calidad, la literatura empírica sobre los factores de elección de escuela, contrariamente, ha reportado que la composición socioeconómica y académica del colegio es una dimensión crítica en las decisiones de elección de colegios que hacen las familias (Elacqua et al., 2006; Córdova et al., 2014; Hernández & Raczynski, 2015; Kosunen et al., 2015; Carrasco et al., 2016; Canales et al., 2016). Esa literatura ha reportado que las familias de todos los grupos sociales buscan colegios que ofrezcan a sus hijos mayor capital social, pares de igual o mayor capital cultural, o pares que aseguren ambientes seguros en términos físicos y emocionales, en el caso de los estratos de mayor desventaja, ante lo cual son comunes aunque sutiles las expresiones y prácticas de autoclausura, segregación lateral o sociofobia[26].

En suma, hay evidencia convergente señalando que las familias prefieren colegios en los que sus hijos encuentren pares en términos socioeconómicos, y los colegios, por su parte, tenderían a responder a esa demanda. El nuevo sistema de admisión no evitará que ello siga sucediendo al menos por parte de las familias, quienes podrán seguir tomando decisiones según la reputación social de los colegios. Sin embargo, como se ha dicho, con el nuevo sistema de admisión, los colegios encontrarán más dificultades para responder a las familias y estructurar su composición en términos socioeconómicos o académicos[27]. ¿Cuáles serán entonces las respuestas de los colegios si esa demanda cultural de las familias persiste poniendo en juego su estabilidad económica e institucional?

---

26   Por ejemplo, un análisis identificó que en el set de preferencias de los padres que buscaban colegios, se tendía a preferir colegios cuya composición socioeconómica era igual o adyacente hacia arriba, teniendo como referencia el nivel socioeconómico propio. A su vez, las familias evitaban colegios cuya composición era inferior, o muy superior que la propia en términos socioeconómicos, encontrando que esta práctica está presente en todos los grupos sociales (Carrasco, Flores & Mendoza, 2018).

27   Dado que el fin al financiamiento compartido que estipula la Ley de Inclusión es gradual, la excepción a esto es la porción de colegios particulares subvencionados que seguirán teniéndolo por un período y donde el pago seguirá actuando como barrera de entrada.

Al respecto, la Tabla 4 muestra la visión que tienen los directores de colegios particulares subvencionados sobre la Ley de Inclusión, en particular sobre el fin de la selección. Esta información descriptiva otorga una pista sobre un potencial comportamiento de los colegios ante la regulación.

TABLA 4
IMPACTO DEL FIN DE LA SELECCIÓN DECLARADO POR DIRECTORES SEGÚN NIVEL SOCIOECONÓMICO DEL ESTABLECIMIENTO

¿Cuán de acuerdo está con la siguiente afirmación respecto a las consecuencias de la nueva ley en torno a la selección de estudiantes?: 'Hará difícil construir una comunidad acorde a su proyecto educativo'	Nivel socioeconómico[1]					
	Bajo (n=41)	Medio bajo (n=125)	Medio (n=222)	Medio alto (n=132)	Alto (n=16)	Total (n=536)
Muy en desacuerdo	41,5%	22,4%	16,2%	6,1%	6,3%	16,8%
En desacuerdo	39,0%	36,8%	35,6%	30,3%	31,3%	34,7%
Ni de acuerdo ni en desacuerdo	9,8%	15,2%	18,9%	18,2%	12,5%	17,0%
De acuerdo	4,9%	16,8%	19,4%	25,8%	37,5%	19,8%
Muy de acuerdo	4,9%	7,2%	7,7%	17,4%	12,5%	9,9%
No sabe/No responde	0,0%	160,0%	2,3%	2,3%	0,0%	1,9%

X^2: p=0.000
Nota 1: Categorías de nivel socioeconómico según cuestionarios para apoderados 4° básico SIMCE 2015.
Fuente: Encuesta del estudio *The new private educational sector in Chile*, CEPPE UC.

La Tabla 4 muestra que a mayor composición socioeconómica de los colegios, en mayor proporción los directores estiman que el nuevo sistema de admisión dificultará la posibilidad de construir una comunidad educativa acorde al proyecto educativo de sus establecimientos.

De lo anterior no se deriva en lo absoluto que este tipo de establecimientos podría infringir la ley. Solo se constata que la ley obligará a un grupo de establecimientos a abandonar una práctica presente en su gestión y que responde al esquema de incentivos que organiza el sistema escolar, en particular, la demanda cultural de las familias de educar a sus hijos en comunidades relativamente homogéneas en términos académicos y socioeconómicos. En efecto, la demanda por dicha homogeneidad no debiese extrañar en un sistema escolar y sociedad altamente segregada. Por lo mismo, convendrá estudiar las respuestas de los establecimientos educacionales a esta nueva regulación que, mientras los obliga a perder el control sobre sus procesos de admisión, les exige continuar operando bajo el mismo ambiente de incentivos que hasta ahora ha organizado su trabajo.

REFLEXIÓN FINAL: ELECCIÓN DE ESCUELA Y CALIDAD

El nuevo Sistema de Admisión Escolar constituye una política de modernización del Estado inédita en el sistema escolar chileno tendiente a mejorar la eficiencia y justicia en la asignación de cupos escolares. Su implementación está aún en desarrollo y su impacto, a nivel nacional, podrá comenzar a observarse desde el 2019. Preliminarmente los resultados son auspiciosos, pero deben ser mirados con precaución, dado que aún resta la entrada al sistema de la mayoría de la población escolar del país concentrada en las regiones Metropolitana, Valparaíso y Biobío. Cuando ello ocurra podrá evaluarse tanto su funcionamiento a gran escala como su interacción con la arquitectura institucional del sistema escolar.

En efecto, lo anterior es relevante, pues Chile tiene un sistema escolar diseñado sobre la base de mecanismos de mercado, provisión mixta y esquemas de rendiciones de cuentas con consecuencias. La evaluación del nuevo SAE a futuro debe contemplar la interacción de la elección de escuela con dicho esquema institucional que define las racionalidades de los actores educativos en Chile. Podría ocurrir que el nuevo SAE, junto con promover una mayor elección de escuela, gatille e intensifique estos otros aspectos de nuestro sistema escolar, generando perjuicios en términos de equidad que la literatura ha identificado en otros sistemas escolares.

De ser el caso, lo que se requiere es avanzar hacia un sistema escolar diseñado para garantizar la mejora sostenida de *todos* los colegios y el aprendizaje de *todos* los estudiantes, tal como lo hacen los sistemas escolares justos y de calidad a nivel internacional (Sahlgber, 2011; Hargreaves & Shirley, 2012). Uno donde todos los colegios cuenten con una institucionalidad intermedia de apoyo que les permita ofrecer con autonomía una calidad equivalente (en infraestructura deportiva y musical, en recursos de profesionalización docente, en espacios para la innovación curricular, en calidad de la dotación de profesores[28], entre otros), de modo que se haga más o menos irrelevante a qué colegio se asiste respecto a estos últimos aspectos. En un escenario así, la elección de escuela demarcaría su relevancia a aspectos relativos a los proyectos educativos o misiones institucionales que ofrecen los colegios (inspirados en principios específicos, por ejemplo, de orden pedagógico, religioso, deportivo o humanista) y que son valorados por las familias. En la actualidad, por contraste, se ha tendido a homologar la diversidad de la calidad de la educación (esto es, la desigualdad educativa) con la diversidad de proyectos educativos (libertad de enseñanza). Ciertamente, son cuestiones independientes, ninguna presupone la otra y ambas pueden garantizarse con un diseño institucional apropiado. Si se fijara como meta que todos los colegios de Chile tuviesen similar calidad educativa y ciertos grados aceptables de heterogeneidad académica y social, probablemente la *elección de escuela* sería una preocupación accesoria para algunas familias, tendría un impacto marginal sobre las oportunidades educacionales, y devendría irrelevante como instrumento de fomento a la calidad educacional.

REFERENCIAS

Atila Abdulkadiroğlu, Yeon-Koo Che and Yosuke Yasuda (2011). "Resolving Conflicting Preferences in School Choice: The 'Boston Mechanism' Reconsidered". *The American Economic Review*, Vol. 101, No. 1, pp. 399-410.

Brown, P. (1990). "The 'Third Wave': Education and the Ideology of Parentocracy". *British Journal of Sociology of Education* 11 (1): 65-85.

Cabezas, V., R. Paredes, F. Bogolasky, M. Rivero, & M. Zhari (2017). "First Job and the Unequal Distribution of Primary School Teachers: Evidence for the Case of Chile". *Teaching and Teacher Education*, 64, 66-78. DOI: 10.1016/j.tate.2017.01.017.

Canales, M., Bellei, C. & Orellana, V. (2016). "¿Por qué elegir una escuela privada subvencionada? Sectores medios emergentes y elección de escuela en un sistema de mercado". *Estudios Pedagógicos*, Vol 42, N° 3.

Carrasco, A. (2013). "Políticas basadas en estandarización, accountability,

---

28   Para ejemplificar, la evidencia muestra la marcada desigualdad en la distribución de profesores de calidad en términos de su formación inicial entre los establecimientos educacionales del país (Cabezas et al., 2017).

examinación y privatización educacional: experiencia anglófona en retrospectiva", *Book Review. Revista Pensamiento Educativo*, Vol. (Nov. 2013), www.pel.cl.

Carrasco, A. (2015). "Revisitando la Ley de Inclusión", capítulo 7. En: Sánchez, I. (editor) *Ideas en Educación: Reflexiones y Propuestas desde la UC*, Ediciones UC.

Carrasco, A., Falabella, A., y Tironi, M. (2016). *Sociologizar la construcción de preferencias: elección escolar como práctica sociocultural*, capítulo 3. En: Corvalán, J., Carrasco, A. & García-Huidobro, J. E. (Editores) (2016) *Mercado escolar y oportunidad educacional en Chile: libertad, diversidad y desigualdad*. Santiago: Ediciones UC.

Carrasco, A., Gutiérrez, G. & Flores, C. (2017). "Failed regulations and school composition: selective admission practices in Chilean primary schools", *Journal of Education Policy*. Vol. 32, issue 5.

CEPPE UC y DESUC (2017). "Colegios técnico-profesionales de Administración Delegada: Aprendizajes de un sistema de financiamiento a la oferta". *Policy Brief N°17* CEPPE UC.

Contreras, D., Sepúlveda, P. y Bustos, S. (2011). "When Schools are the ones that choose: The Effects of Screening in Chile", *Social Science Quarterly*, Vol. 91, N° 5.

Contreras, D., Elacqua, G., Torche, F., Carrasco, A., Flores, C., Mizala, A., Valenzuela, J.P., Santos, H. (2013) *Hacia un Sistema Escolar Más Inclusivo*. Informe de Políticas Públicas 03. Espacio Público. http://www.espaciopublico.cl/media/publicaciones/archivos/25.pdf

Córdoba, C. (2014). "La elección de escuela en sectores pobres: Resultados de un estudio cualitativo". *Psicoperspectivas. Individuo y Sociedad*, 13(1), 56-67.

Corvalán, J., Elacqua, G., and Salazar, F. (2009). El sector particular subvencionado en Chile *Evidencias para Políticas Públicas en Educación*, MINEDUC, FONIDE Santiago, Chile.

Corvalán, J. y Román, M. (2012). "La permanencia de escuelas de bajo rendimiento crónico en el cuasi mercado educativo chileno". *Revista Uruguaya de Ciencia Política* 21/01, pp. 43-64. http://www.redalyc.org/pdf/2973/297325499003.pdf

Elacqua, G., Schneider, M., and Buckley, J. (2006). School Choice in Chile: Is it Class or the

Classroom? *Journal of Policy Analysis and Management*, Vol. 25, N 3, pp. 577-601.

Eyzaguirre, S. (2016). "Urgentes modificaciones al nuevo sistema de admisión escolar", *Punto de Referencia* N° 437, Centro de Estudios Públicos.

Feinberg, W. & Lubienski, C. (2008). *School choice: policies and outcomes. Empirical and philosophical perspectives*. SUNNY Press.

Figueroa, N., Gallego, F., Ochoa, F., Beyer, H., Eyzaguirre, S., Hernando, A. (2016). "Consideraciones para el nuevo sistema de postulación y admisión a establecimientos educacionales en Chile", *Temas de la Agenda Pública*, Año 11, N° 89, Centro de Políticas Públicas UC.

Flores, C. y Carrasco, A. (2016). "Elegir lo que hay: ¿cuentan las familias en sus barrios con una oferta de escuelas que responda a sus preferencias?", capítulo 5. En: Corvalán, J., Carrasco, A. & García-Huidobro, J. E. (Editores) (2016) *Mercado escolar y oportunidad educacional en Chile: libertad, diversidad y desigualdad*. Santiago: Ediciones UC.

Gallego, F. (2006). Voucher-school competition, incentives and outcomes: evidence from Chile. Mimeo. PUC.

Grau, N., Hojman, D. and Mizala, A. (2017). "School closure and educational attainment: evidence from a market-based system". Serie Documentos de Trabajo, SDT N° 439, Departamento de Economía, Universidad de Chile.

Gutiérrez, G., Carrasco, A. y Rasse, A. (2018). *The promise of school innovation, diversity, and change: the case of voucher private schools sector in Chile*. Manuscrito. CEPPE UC.

Hargreaves, A. y Shirley, D. (2009). *The Fourth Way*. Thousand Oaks, CA: Corwin Press.

Hargreaves, A. y Shirley, D. (2012). *The Global Fourth Way. The Quest for Educational Excellence*. Thousand Oaks, CA: Corwin Press.

Hargreaves, A. y Braun, H. (2013). *Data–driven improvement and accountability*. Boston College.

Hernández, M. & Raczynski, D. (2015). "Elección de escuela en Chile: De las dinámicas de distinción y exclusión a la segregación socioeconómica del sistema escolar". *Estudios Pedagógicos*, Vol. 41, N° 2.

Hsieh, C. And Urquiola, M. (2006). "When schools compete, how do they compete? An assessment of Chile's nationwide school voucher program". *Journal of Public Economic*, 90, 1.477-1.503.

Kosunen, S., Carrasco, A. & Tironi, T. (2015). 'Hot' and 'cold' knowledge in *parental choice of schools in Chile and Finland*, chapter 6. In: Seppänen, P., Carrasco, A., Rinne, R. & Simola, H. (eds) (2015) *Contrasting Dynamics in Education Politics of Extremes: school choice in Chile and Finland*. SENSE Publishers.

Lauder, H., Hughes, D., Watson, S., Waslander, S., Thrupp, M., Strathdee, R., Simiyu, I.,

Dupuis, A., McGlinn, J. & Hamlin, J. (1999). *Trading in Futures: Why Markets in Education Don't Work*. Buckingham: Open University Press.

Marcel, M. y Raczynski, D. (editores) (2009) *La asignatura pendiente. Claves para la revalidación de la educación pública de gestión local en Chile*. Santiago: Ubqar.

McEwan, P. and Carnoy, M. (2000). "The Effectiveness and Efficiency of Private Schools in Chile's Voucher System". *Educational Evaluation and Policy Analysis*, Vol. 22, N° 3, pp. 213-239.

Miron, G., Welner, K., Hinchey, P., Mathis, W. (2012). *Exploring the school choice universe: evidence and recommendations*. The National Education Policy Center Series.

Orfield, G. & Frankenberg, E. (2013). *Educational Delusions? Why choice can deepen inequality and how to make schools fair*. University of California Press.

Putnam, R. (2015). Our Kids. *The American Dream in Crisis*. New York: Simon & Schuster.

Ravitch, D. (2010). *The death and life of the great American School System. How Testing and Choice Are Undermining Education*. Nueva York: Basic Books.

Sahlberg, P. (2011). *Finnish Lessons: What can the world learn from educational change in Finland?* Teachers College Press, Columbia.

West, A., Ingram, D. y Hind, A. (2006). "Skimming the Cream": Admissions to Charter

Schools in the United States and to Autonomous Schools in England. *Educational Policy*, 6, 20: 615. DOI: 10.1177/0895904805284054.

CAPÍTULO 7

EL FINANCIAMIENTO ESCOLAR EN CHILE

ÁLVARO SILVA
CLAPES UC

SERGIO URZÚA
U. of Maryland & Clapes-UC

INTRODUCCIÓN

La legislación chilena obliga a todo individuo entre los 5 y 17 años de edad a asistir a algún establecimiento educacional. Esta obligación, sin embargo, no ha sido acompañada de esfuerzos por asegurar la calidad de los servicios educacionales impartidos en los niveles prebásico, básico y medio. El aseguramiento de la calidad en estos niveles es una viga estructural para alcanzar y sustentar el desarrollo (Barro, 2001; Judson, 2006). Tal visión cobra crítica importancia ante los rápidos cambios tecnológicos. Una población que no posee las habilidades requeridas por el mercado laboral o no cuenta con las aptitudes para desempeñarse en el sistema de educación superior no puede aprovechar las inmensas posibilidades de progreso que, de la mano de las nuevas tecnologías, está ofreciendo la nueva revolución industrial. Tal desconexión impacta directamente en el bienestar de la población.

Un sistema educativo a la altura de las nuevas circunstancias no se construye sin un sistema de financiamiento adecuado. Los recursos son siempre escasos, por lo que su utilización eficiente es condición necesaria para asegurar calidad y pertinencia. Las posibilidades de aumentar el aporte del Estado en el sector educacional a partir del crecimiento económico, la promoción del rol de las familias y el entorno en este proceso, el diseño de mecanismos de incentivos que promuevan el mérito e inclusión, y la integración del sector privado al desarrollo de un sistema educativo que se ajuste a las nuevas realidades, son todos ingredientes esenciales para asegurar un sistema de educación de calidad.

En el presente texto planteamos una visión crítica de la dinámica del gasto en educación en Chile y mostramos cómo tal tendencia ha sido el resultado de políticas públicas que no han tenido necesariamente como objetivo maximizar el retorno social del gasto del Estado en educación en el largo plazo. En particular, argumentamos que la priorización por parte del sector público de financiar educación superior en desmedro de los primeros niveles apunta en la dirección contraria de lo que la evidencia y las tendencias mundiales reconocen como la práctica adecuada (Keller, 2006). De hecho, las reformas implementadas durante el gobierno de la Presidenta Michelle Bachelet han acelerado tal desacople. La promesa de gratuidad universal en el nivel educacional más alto representa una mochila financiera que tiene consecuencias de corto y mediano plazo. Por otra parte, la revisión del sistema de financiamiento de los establecimientos educacionales en los niveles básico y medio también adoleció de falencias. La eliminación del financiamiento compartido es un ejemplo. Tal sistema existe en varios países del mundo (OECD, 2017b; Koinzer, Nikolai, & Waldow, 2017) y su impacto en la calidad educacional es materia de continuo debate tanto en Chile (Gallego, 2002; Mizala & Torche, 2012) como en el mundo (Epple, Romano, & Urquiola, 2017). La forma en que se avanzó en su eliminación impacta sobre el monto total de los recursos destinados a la educación en Chile. Concluimos con propuestas conducentes a reorientar los esfuerzos públicos en el sector.

¿CUÁNTO GASTA CHILE EN EDUCACIÓN?

La evidencia permite identificar dos importantes desafíos para el desarrollo futuro de un sistema educativo en los niveles obligatorios en Chile (incluyendo el preescolar, obligatorio desde el 2015). En primer lugar, la necesidad de continuar con los avances presupuestarios destinados al financiamiento. Entre otras cosas, esto implica evaluar alternativas para permitir el aporte privado, una característica histórica del sistema chileno. Un segundo desafío es ajustar la importancia relativa que ha cobrado el financiamiento de la educación superior.

La Figura 1 presenta el gasto total en educación superior relativo al gasto en los niveles básico y medio en función del ingreso per cápita para un conjunto de países de la OECD. Los resultados muestran que, en general, los primeros dos niveles de educación reciben mayor prioridad desde el punto de vista presupuestario que el tercero. A modo de ejemplo, en el 2016 entre los países de la OECD, el gasto en educación básica y media alcanzó el 3,6% del PIB, mientras que en educación superior el 1,6%.

FIGURA 1

GASTO TOTAL EN EDUCACIÓN SUPERIOR RELATIVO A GASTO TOTAL EN NIVELES DE EDUCACIÓN BÁSICA Y MEDIA EN PAÍSES OECD POR PIB PER CÁPITA (AÑO 2016)

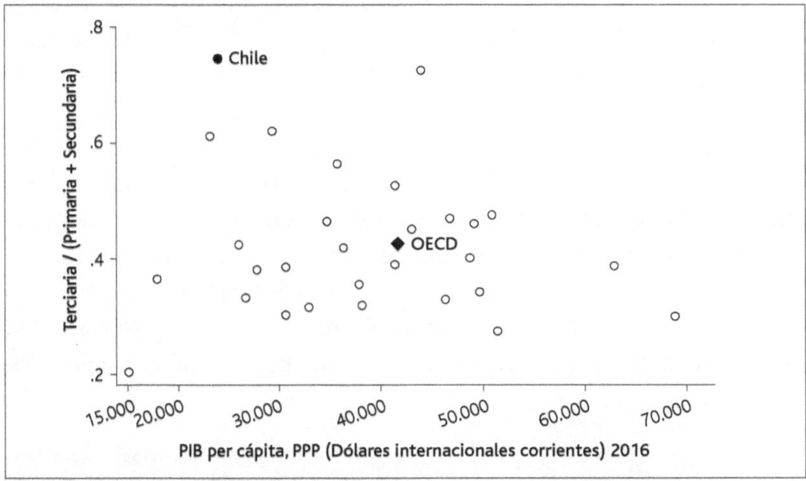

Fuente: Datos de gasto por nivel educacional provienen de OECD (2017a). Ingreso per cápita proviene del Banco Mundial.

Se observa que Chile se desvía de la tendencia internacional. De acuerdo con las cifras, mientras el país destina el 3,1% de su PIB al nivel básico y medio, el 2,6% es destinado al superior[1].

Para comprender el origen de tal anormalidad, es necesario revisar brevemente la actual estructura de financiamiento del sistema chileno. En lo relativo a los niveles básico y medio, este sistema ha estado constituido por tres tipos de establecimientos educacionales:

i. *Establecimientos públicos:* Administrados por las municipalidades, que recibían aportes directos del Estado y que eran en su vasta mayoría gratuitos para todos los individuos (si bien podían permitir copago),

ii. *Establecimientos particulares subvencionados:* Administrados por privados con financiamiento del Estado (condicional en ciertos atributos) que podía ser complementado por un copago por parte de las familias, y

---

1   Tales cifras responden a una tendencia creciente. En particular, en el año 2005 el gasto en educación básica y media alcanzaba el 3,6% del PIB, mientras que en superior el 1,9%, más cercano al promedio, por ejemplo, de la Unión Europea y OECD.

ii. Establecimientos particulares: Administrados por privados, financiados solamente con el aporte de las familias.

El sistema de financiamiento de los establecimientos públicos y particulares subvencionados ha funcionado bajo un esquema de transferencias desde el Estado por estudiante. En la práctica, esto implica que la mayor parte de los recursos económicos de cada establecimiento depende directamente de su matrícula total y asistencia. Así, el Estado traspasa a los municipios (sostenedores públicos) o a los administradores privados (sostenedores de los colegios particulares subvencionados) un monto de recursos directamente proporcional al número de estudiantes del colegio, en función de su nivel y características[2]. En términos agregados, el año 2016, el 50 por ciento del total del presupuesto educacional del Estado, alrededor de US$ 6.940 millones, estuvo asociado a alguna forma de subvención. De estas, cerca del 90% fue asignado al sector privado[3, 4].

Este sistema es complementado con distintas iniciativas destinadas a mejorar la infraestructura y el capital humano de los equipos educativos, incluyendo subvenciones por desempeño de excelencia individual y colectiva, así como también incentivos al desempeño en condiciones difíciles.

La Figura 2 muestra la evolución del gasto total del gobierno en educación por niveles. Si bien el aumento ha sido estable (en precios

---

2   Tal lógica, si bien ha sido interpretada como un sistema de voucher a la demanda, en la práctica es un sistema de subsidio a la oferta, más parecido a los colegios charter de los Estados Unidos.

3   Cálculo se realiza con los montos finales ejecutados acumulados al cuarto trimestre del 2016.

4   Una subvención importante a este respecto es la Subvención Escolar Preferencial (SEP). Esta subvención fue implementada en Chile a comienzos del año 2008 con el objeto de promover un *"mejoramiento de la calidad de la educación de los establecimientos educacionales subvencionados, que se impetrará por los alumnos prioritarios y alumnos preferentes que estén cursando primer o segundo nivel de transición de la educación parvularia, educación general básica y enseñanza media"* (Ley No 20.248, Art. 1). Los alumnos prioritarios bajo esta ley son aquellos cuyas condiciones socioeconómicas de los padres no les permiten participar plenamente del proceso educativo. La calidad de prioritario se determina por el Ministerio de Educación en base a criterios como pertenencia al sistema Chile Solidario o Tramo A del Fondo Nacional de Salud (FONASA), ingresos familiares del hogar, escolaridad de la madre, entre otros. Los alumnos preferentes, por otro lado, son todos aquellos que no siendo prioritarios, se encuentran dentro del 80% más vulnerable de la población, según indique el instrumento de caracterización vigente.

corrientes), se observa que desde mediados del 2000 el gasto en educación superior ha crecido sostenidamente, acelerándose aún más a partir del año 2006. Esto explica su convergencia a los niveles de recursos destinados a educación básica[5]. La educación media, por otra parte, muestra montos mayores al del gasto en educación superior a lo largo de todo el período, con una trayectoria similar a los niveles observados para la educación básica.

En principio, la pérdida de importancia relativa en la última década en los niveles obligatorios respecto del superior puede ser explicada por las tendencias en cobertura. Mientras la matrícula en educación básica se ha mantenido constante entre 1990 y 2015 (un resultado de las bajas tasas de fertilidad) y en media ha aumentado en cerca de un 23%, la cobertura postsecundaria se ha multiplicado por cinco en el mismo período. Tal como lo describe la Figura 3, el número de estudiantes en el sector pasó de 245 mil en 1990 a más de 1,2 millones en el 2015.

FIGURA 2
GASTO PÚBLICO POR NIVEL EDUCACIONAL 1990-2015

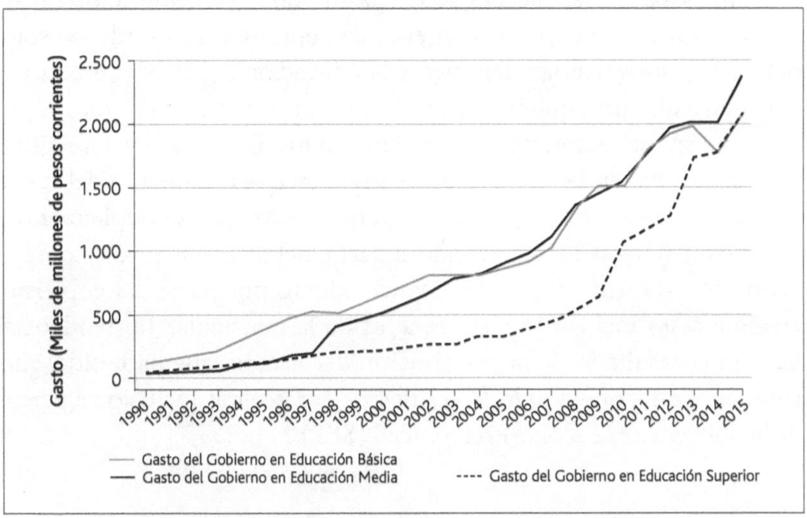

Fuente: Dirección de Presupuestos (DIPRES) y Estadísticas de la Educación UNESCO.

---

5   La gratuidad en educación superior implicará un aumento aún mayor del gasto en educación terciaria que el observado en la Figura 3. Si este es el caso, entonces la evidencia sugiere que el gasto en educación terciaria debiese sobrepasar el gasto en educación básica en los próximos años.

FIGURA 3
NÚMERO DE MATRICULADOS POR NIVEL EDUCACIONAL 1990 Y 2015

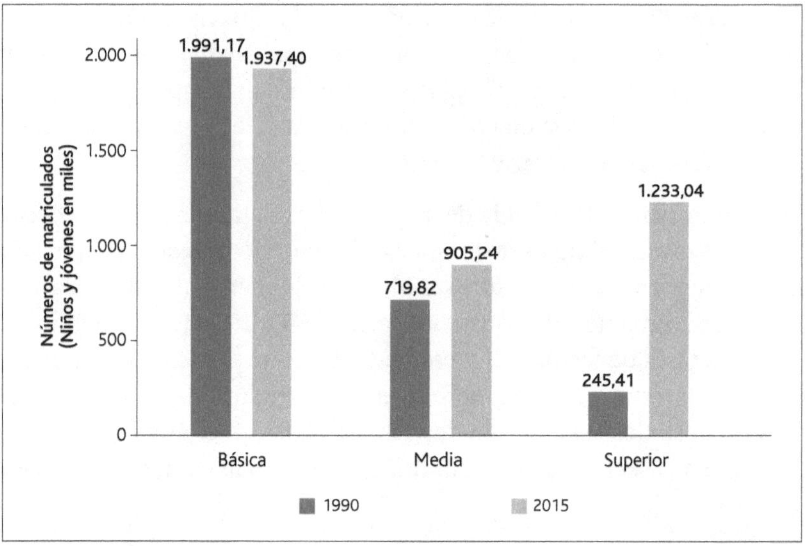

Fuente: Ministerio de Educación (MINEDUC).

Sin embargo, las dinámicas del gasto público en educación no se explican únicamente por el aumento en cobertura. El Estado no solo optó por priorizar financieramente la educación superior por su mayor matrícula, sino que incrementó el gasto por estudiante más rápidamente en ese sector, particularmente en los últimos años. La Figura 4 describe esta tendencia. Los datos sugieren que el aumento del gasto público por estudiante en la educación superior casi se duplicó entre los años 2007 y 2015, superando a partir del 2012 los niveles observados en los otros niveles. El financiamiento por parte del gobierno creció a tasas incluso superiores a las de la matrícula. Tal tendencia ha sido el resultado de la priorización del Estado, que ha tenido que competir con, por ejemplo, los esfuerzos por generar inclusión a partir de la Subvención Escolar Preferencial (SEP)[6].

---

6   La Subvención Escolar Preferencial corresponde a un monto en dinero (subsidio) que el Estado entrega a los establecimientos educacionales particulares o municipales por cada alumno prioritario que estudie en ellos y que curse primer o segundo nivel de transición de educación parvularia, educación básica y enseñanza media. Un alumno se define prioritario en función del nivel socioeconómico de su hogar.

FIGURA 4
GASTO PÚBLICO POR ESTUDIANTE Y NIVEL EDUCACIONAL 1997-2015

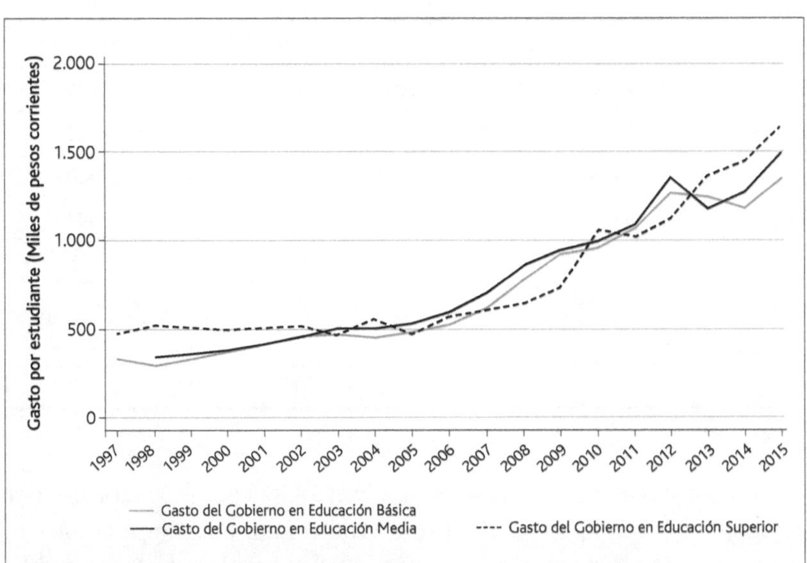

Fuente: UNESCO y Banco Central de Chile (BCCh)

¿Y los resultados? En líneas generales, el modelo educacional chileno expuesto anteriormente ha permitido al país distinguirse en la región como uno de los sistemas de mejor desempeño en pruebas estandarizadas internacionales. Tal como lo indica la Tabla 1, Chile ha sido el líder en las pruebas PISA (alumnos de 15 años) entre los países latinoamericanos desde el año 2006[7]. Por cierto, a pesar de ser el mejor de la región, los resultados chilenos no son tan alentadores cuando se los compara con el promedio de países de la OECD. Chile está muy lejos de este promedio, pero ha tenido avances en todos los ítems que evalúa la prueba en los últimos años.

---

7   Para fines comparativos, se incluyó solo aquellos países latinoamericanos que tenían datos tanto para el 2006 como el 2015 en cada una de las secciones de la prueba. Notar que Chile fue solamente superado por Uruguay en la prueba de matemáticas el año 2006. Sin embargo, este resultado se revierte en 2015.

TABLA 1
PROMEDIO PUNTAJES PRUEBA PISA POR PAÍS 2006-2015

	Lectura		Matemáticas		Ciencias	
País/Año	2006	2015	2006	2015	2006	2015
Argentina*	373,7	425,3	381,3	409	391,2	432,2
Brasil	392,9	407,3	369,5	377,1	390,3	400,7
Chile	**442,1**	**458,6**	**411,4**	**422,7**	**438,2**	**447**
Colombia	385,3	424,9	370	389,6	388	415,7
México	410,5	423,3	405,7	408	409,7	415,7
Uruguay	412,5	436,6	426,8	418	428,1	435,3
OECD	489	493	493,6	490	497,6	493,1

Fuente: OECD.

Los avances en cobertura y la mantención de Chile como líder regional en materia de resultados internacionalmente comparables se debieron a los importantes esfuerzos de financiamiento tanto públicos como privados. Sin embargo, ¿cuánto mejor podrían haber sido los resultados de haber priorizado en los primeros niveles del sistema educativo?

El sistema mixto: ¿una excepción?

En el debate público, el aporte privado en el financiamiento de la educación ha sido profusamente cuestionado. Sin embargo, frecuentemente se olvida que este es una realidad en el mundo (Epple, Romano, & Urquiola, 2017; OECD, 2017b). Así, dentro del contexto global, el sistema de provisión mixta de Chile no es una excepción.

La Figura 5 ilustra este hecho con cifras. Esta presenta la composición de las fuentes de financiamiento para distintos países de la OECD. El promedio del gasto total destinado a instituciones educativas, como porcentaje del PIB, en estos países se situó alrededor del 5,2 % en 2014. Coincidentemente, este es el mismo nivel observado para Chile en ese mismo año. Entonces, antes de las transformaciones estructurales realizadas durante los últimos años, el caso chileno no era singular. Salvo contadas excepciones, como Noruega o Luxemburgo, la mayoría de los países de la OECD poseen una mezcla importante de aportes privados y públicos a sus instituciones de educación. Dentro de estos se encuentran naciones como Dinamarca, Polonia, Nueva Zelandia o Estonia, donde el copago funciona de una manera similar al copago en Chile, o como Corea del Sur o Alemania, donde el copago puede ser utilizado como crédito al momento de pagar impuestos.

FIGURA 5

APORTE PÚBLICO Y PRIVADO A INSTITUCIONES EDUCATIVAS (% PIB, AÑO 2014)

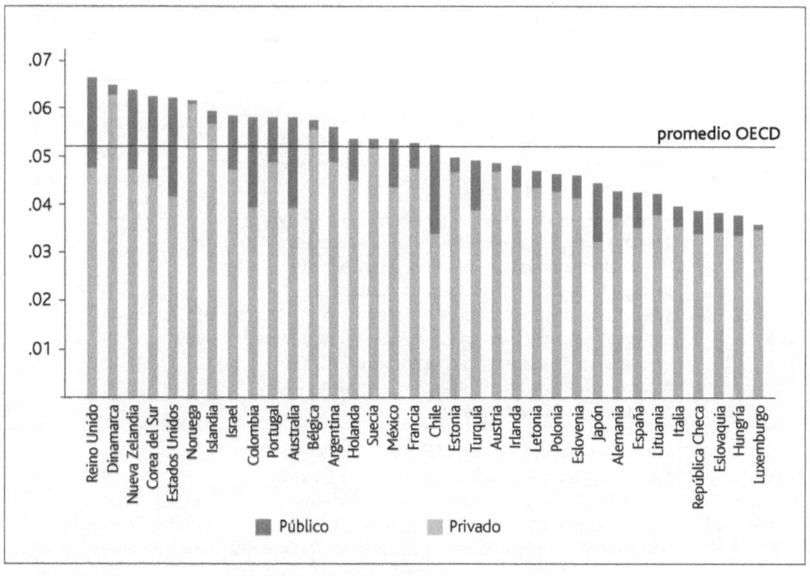

Fuente: Tabla B2.3 Education at a Glance, 2017 (OECD).

EL NUEVO MODELO CHILENO

Pero las cifras de la sección anterior reflejan un sistema educacional chileno algo distinto al que existirá luego de implementarse las reformas aprobadas durante la administración de la Presidenta Michelle Bachelet (2014-2018). La nueva configuración aún es incierta, pero el listado de proyectos de ley en la Tabla 2 resume algunos de los cambios realizados en materia educacional. También se muestran algunos costos estimados y realizados derivados de estos cambios para los cuales se tiene información concreta.

TABLA 2
REFORMAS EDUCACIONALES RECIENTES EN CHILE[8]

Educación parvularia		Costos Anuales en Régimen
Ley N°20.835 (mayo 2015)	Crea la Subsecretaría de Educación Parvularia y la Intendencia de Educación Parvularia, con el objetivo de ordenar la difusa institucionalidad vigente, mejorar el diseño e implementación de las políticas públicas en este nivel y fiscalizar de manera más eficiente.	US$ 395 millones (Ejecutado 2016).
Educación escolar		
Ley N°20.845 (junio 2015)	Ley de Inclusión Escolar que regula la admisión de los estudiantes, elimina el financiamiento compartido y prohíbe el lucro en establecimientos educacionales que reciben aportes del Estado.	US$ 750 millones adicionales por concepto de Subvenciones a Establecimientos Educacionales (Ejecutado 2016).
Ley N°20.903 (abril 2016)	Crea el Sistema de Desarrollo Profesional docente. Se establecen requisitos para el ingreso a estudiar pedagogía, se establece la obligatoriedad de la acreditación de las carreras de pedagogía (con mayores exigencias), se instauran nuevas condiciones laborales (mejores remuneraciones, incremento de horas no lectivas e incentivos para desempeñarse en establecimientos vulnerables).	US$ 1,5 millones (Presupuesto 2017).
Ley de Nueva Educación Pública (noviembre 2017)	Crea el Sistema de Educación Pública y modifica diversos cuerpos legales que establecen una Nueva Educación Pública, contemplando el traspaso de las escuelas municipalizadas hacia nuevos Servicios Locales de Educación Pública especializados y la creación de Consejos Locales de Educación que considera la participación de la comunidad en la administración de las escuelas.	US$ 4,3 millones (Informe financiero de Dirección de Presupuesto).
Educación superior		
Ley N° 20.842	Crea dos universidades estatales nuevas: la Universidad de O'Higgins en la Región del Libertador General Bernardo O'Higgins, y la Universidad de Aysén en la Región de Aysén del General Carlos Ibáñez del Campo.	US$ 13,8 millones (Ejecutado 2016). US$ 10,1 millones (Presupuesto 2017).
Ley N° 20.910	Crea 15 Centros de Formación Técnica Estatales.	US$ 99 mil (Ejecutado 2016). US$ 15,9 millones (Presupuesto 2017).
Boletín 10783-04 (julio 2016)	Reforma de Educación Superior. El proyecto crea un nuevo sistema de financiamiento para el acceso gratuito a las instituciones de educación superior, que permitiría que estudiantes de CFT, IP y universidades que cumplan determinados requisitos, puedan acceder a dicho beneficio. El proyecto crea también la Subsecretaría de la Educación Superior, la Superintendencia de la Educación Superior y un Consejo para la Calidad de la Educación Superior.	US$ 316 millones (Estimado 2017, 5 deciles). US$ 532 millones (Estimado 2018, 6 deciles). US$ 1.043 millones (Estimado 2019, 6 deciles). US$ 3.555 millones (Gratuidad Total).

---

8   Se considera el tipo de cambio observado 2015 que corresponde a 654,25 pesos por dólar.

De todas las leyes y proyectos que se muestran en la tabla, la Ley de Inclusión Escolar (LIE), promulgada en junio del 2015, es la más transformadora del sistema de financiamiento en los niveles básico y medio. Su principal objetivo fue eliminar el financiamiento compartido y prohibir el lucro en todos los establecimientos educacionales que recibían algún tipo de financiamiento por parte del Estado. Debido a su complejidad, esta se presenta y analiza con mayor detalle a continuación.

La Ley de Inclusión Escolar

El nuevo sistema de financiamiento escolar derivado de la implementación de la LIE considera una serie de modificaciones en cuanto a la estructura del sistema educativo chileno en los niveles de educación obligatorios. En particular, la nueva legislación busca poner fin al financiamiento compartido y eliminar la presencia de establecimientos con fines de lucro que reciban recursos estatales hacia comienzos del año 2018. Para ello, se plantea un modelo mediante el cual se incorpora un aporte por gratuidad (APG) destinado a aumentar la subvención de todos los establecimientos gratuitos, sin fines de lucro y que estén adscritos al sistema SEP. Si bien la decisión de los establecimientos es en principio voluntaria, la estructura del nuevo sistema fuerza una decisión.

Veamos entonces en primer lugar lo que ocurre con los establecimientos particulares subvencionados que optan por adherir al nuevo sistema. Aquellos sin fines de lucro cuyo copago sea menor o igual que el APG otorgado por el Estado pasan automáticamente a ser gratuitos. Este APG no será otorgado a estos establecimientos hasta que no se verifique que el monto de su copago sea menor o igual que el APG. La LIE prevé aumentos graduales de 0,1 unidades de subvención escolar (USE) partiendo en 0,25 USE el año 2016 y culminando en 0,45 USE desde el año 2018 en adelante. Durante este período, aquellos establecimientos particulares subvencionados sin fines de lucro que manifiesten su decisión de convertirse en gratuitos seguirán un proceso de disminución en su copago como sigue:

a. Se congelará el valor del copago convirtiéndolo a UF usando como referencia el precio de esta al 1 de agosto del 2015.

b. Se descontará del valor del copago el valor del incremento de subvenciones y aportes del año anterior[9].

c. Esta disminución continuará hasta que el valor del copago sea menor o igual al valor por APG que esté en curso en el año respectivo.

Por el contrario, los establecimientos particulares subvencionados que no declaren su intención de ser gratuitos perderán la subvención a contar del año siguiente a esta declaración, pasando a convertirse en particulares pagados (o cerrar). Vale la pena notar que la nueva legislación no termina inmediatamente con el sistema de financiamiento compartido. Tomará tiempo su término.

Desde un punto de vista financiero, la LIE ejecuta una serie de aumentos en subvenciones escolares. Por un lado, incrementa en 20% la subvención escolar preferencial (SEP), destinada a los alumnos prioritarios. Adicionalmente, genera una subvención equivalente al 50% de una SEP para los alumnos que tengan categoría de preferentes (ubicados entre el tercer y cuarto quintil de ingreso de los hogares). Como se mencionó anteriormente, estas medidas, sumadas a los aumentos en subvenciones en otros ítems (como subvenciones por desempeño), implicaron solo en 2016 un aumento de las subvenciones de cerca de US$ 750 millones.

Otro elemento que es necesario destacar, por sus implicancias sobre el financiamiento, es el nuevo sistema centralizado de admisión. A diferencia de lo que ocurre en otras partes, este deberá convivir, al menos por algunos años, con un sistema de precios (financiamiento compartido).

La LIE incluye un algoritmo de asignación de alumnos a colegios en función de sus preferencias. Distintos países tienen este tipo de modelos para resolver el complejo problema de asignación que afecta

---

9 Esta incluye (en montos anuales) la subvención de escolaridad, el incremento de zona, el incremento de ruralidad y la subvención anual de apoyo al mantenimiento. Estas se transforman en UF utilizando el valor de la UF al 31 de agosto de cada año. El incremento en subvenciones y aportes para el año 2016, por ejemplo, sería el resultado de restar al monto de subvenciones y aportes del año 2015, el monto de subvenciones y aportes del año 2014. Luego, el copago durante el 2016 será el resultado de restar el incremento en subvenciones y aportes del copago efectivo del año 2015. En caso de tener copagos diferenciados por nivel de enseñanza, se le restará el monto de incremento en subvenciones y aportes a cada uno de estos copagos.

a los establecimientos gratuitos, es decir, donde los precios no pueden ser utilizados como alternativa (Boston, Nueva York y Ámsterdam son típicamente puestos como ejemplos). En el caso de Chile, el nuevo sistema significó el término de los establecimientos educacionales con proyectos educativos que privilegiaban el mérito académico (ver Fontaine y Urzúa, 2014, para una discusión respecto del rol de la selección por mérito en el contexto del sistema educacional chileno). Sin embargo, dada la sobrevivencia de fuentes de financiamiento privadas asociadas a la matrícula en establecimientos particulares subvencionados con financiamiento compartido (en transición a transformarse en gratuitos), este nuevo sistema puede tener efectos sobre los recursos finales con los que cuente un colegio. En la siguiente sección se discute dicha posibilidad en mayor detalle[10].

Una pregunta relevante que se debe considerar a partir de la implementación de la LIE y su impacto financiero es cuánto debería aumentar el gasto público para compensar el término del aporte privado o copago. Para responderla, tomamos en cuenta los siguientes supuestos:

1. Los alumnos en establecimientos particulares subvencionados pasan a ser parte de establecimientos gratuitos.

2. Ningún establecimiento decide convertirse en privado[11].

3. Utilizamos la información contenida en la ley, que indica que en régimen el aporte por gratuidad se incrementa en 0,45 unidades de subvención escolar (USE) por estudiante que asista a establecimientos gratuitos, el máximo valor que tomará este aporte según lo establece el Art. 13 del Decreto 478 del Ministerio de Educación, que regula la eliminación del financiamiento compartido[12].

---

10   Bajo el nuevo paradigma, el colegio no puede objetar la admisión de un alumno, excepto en los casos en que el total de alumnos postulando a un nivel educacional del establecimiento sea mayor que el total de cupos disponibles en dicho nivel. Si este es el caso, el colegio seleccionará aleatoriamente basado en ciertos criterios, como por ejemplo la presencia de un hermano en el establecimiento o que el alumno sea hijo de un profesor/a que trabaja en el establecimiento.

11   En la práctica, esto implica una estimación conservadora de los costos privados de la propuesta, dado que los alumnos pueden optar por dejar estos establecimientos y matricularse en establecimientos privados (de mayor costo), como también que establecimientos pueden optar por aumentar el valor de la matrícula traspasándose completamente a un régimen privado.

12   El valor de la unidad de subvención escolar en 2016 fue de 23.237 pesos chilenos.

4. Como referente, consideramos la matrícula total de establecimientos particulares subvencionados con financiamiento compartido en 2015, previo a la implementación de la ley, la que alcanza a 1.290.712 estudiantes.

5. El valor del copago a nivel de establecimiento educacional, previo a la entrada en vigencia de la ley, se obtiene de registros del Ministerio de Educación.

En función de estas cifras, se estima que el aporte privado por concepto de copago sin reforma es cercano a los US$ 420 millones anuales. Por su parte, el valor máximo del gasto del Estado por concepto de APG se estima en aproximadamente US$ 300 millones. El diseño entonces generaría una liberación cercana a los US$ 120 millones anuales. Es posible suponer que parte de tal monto pueda ser invertido por los padres en actividades educacionales de sus hijos. Sin embargo, cualquiera sea el caso, los números sugieren menores recursos financieros destinados a algunos establecimientos educacionales[13, 14].

A la luz de las cifras, es necesario abordar el problema del financiamiento de la educación escolar en el país poniendo especial énfasis en los efectos del nuevo modelo. En particular, ante la posible menor disponibilidad de recursos generada por la diferencia entre el copago y el APG, no es posible descartar *a priori* un potencial impacto negativo sobre la calidad en algunos establecimientos. Tal fenómeno puede además contribuir al fortalecimiento del sistema de educación privada pagada (fuera de la gratuidad), lo que podría incrementar los niveles de segregación. Todo demuestra las potenciales implicancias de diseños de financiamiento deficientes en el ámbito educacional.

Para Chile, la disminución de recursos hace difícil descartar resultados contrarios a los objetivos que motivaron las recientes reformas. La potencial reasignación de alumnos entre los diversos colegios como consecuencia de la legislación no es trivial y la reducción de los recursos en el sistema como un todo podría llevar a asignaciones inferiores e ineficientes, con la respectiva pérdida de bienestar social.

---

13   La pérdida por concepto de copago se calcula multiplicando el copago promedio de un establecimiento particular subvencionado por su matrícula total.

14   Como se mencionó anteriormente, este ejercicio ignora el efecto del incremento en el pago por parte de los padres que se observará en aquellos colegios que decidan pasar de particulares subvencionados a particulares pagados. Sin embargo, este efecto debiese ser acotado.

MEJORAS AL DISEÑO DE FINANCIAMIENTO EDUCACIONAL

En materia educacional, el rol de los padres es crucial en el desarrollo de los hijos (Phillips and Shonkoff, 2000). Por eso, la política pública debe estar diseñada de tal manera de conciliar aspectos inclusivos y, también, de libertad en el aporte de los padres a la educación de sus hijos. Ese equilibrio no ha sido alcanzado en Chile.

Propuestas de mejoras a los cambios que están afectando al sistema de financiamiento educativo chileno pueden elaborarse para atenuar los efectos del traspaso de los colegios particulares subvencionados a particulares subvencionados gratuitos. Tal como se describió anteriormente, el método implementado por la LIE permitió a los colegios con alto copago durante 2015 un traspaso secuencial hacia la eliminación de precios (copago). En aquellos establecimientos particulares subvencionados que se conviertan en gratuitos, el congelamiento y disminución del copago sobre la base del aumento de subvenciones tiene obvios inconvenientes. Esto impone importantes restricciones económicas al sector.

Una opción para relajar las presiones presupuestarias de los establecimientos educacionales es permitir aumentos acotados en los montos de copago. Esto es particularmente importante, dado que el financiamiento compartido continuará existiendo en Chile por un tiempo, con restricciones sobre los montos máximos de cobro (no exceder las 4 USE, por ejemplo). A diferencia de la actual legislación, dicha idea no impondría una presión de corto plazo sobre los sostenedores, permitiéndoles planificar de mejor forma su futuro. Esto preservaría además las mejoras de la LIE, sin sacrificar los aportes privados que realizan los padres a la educación de sus hijos, y la utilización de los precios como instrumento de asignación de recursos. Se puede además incorporar una estructura de descuentos por peso de aporte privado sobre la subvención del Estado que generen incentivos a los establecimientos para transitar a la gratuidad, sin afectar los presupuestos del establecimiento.

Todo lo anterior puede también complementarse con un fortalecimiento del APG. El financiamiento de este esfuerzo, focalizado en los primeros años del sistema educativo, podría compensarse con el congelamiento de la gratuidad en educación superior solo hasta el sexto decil de ingreso (ver Fontaine y Urzúa, 2018; para otras propuestas en la misma línea).

El impacto fiscal de esta medida sería significativo, pero factible sobretodo si se considera el gasto destinado a otras iniciativas de menor retorno social. A modo de ejemplo, según Galleguillos, Hernández, Sepúlveda, & Valdés (2016), el costo adicional de pasar del sexto al séptimo decil de gratuidad en educación superior sería cercano a los US$ 585 millones, monto equivalente al costo asociado a la idea de aumentar la APG a una USE en la educación básica y media[15]. Eventualmente, además, el financiamiento público de este último grupo podría ser revisado, reemplazándose por sistemas de becas y créditos.

En resumen, la propuesta implica que el monto de recursos destinado a los establecimientos gratuitos se incremente en el tiempo, con el correspondiente impacto esperado que esto tendría en su calidad educacional. Si estos recursos son asignados eficientemente, generando un aumento en la calidad educacional de los establecimientos gratuitos, la preferencia de los padres por estos colegios debería tender a disminuir la demanda por particulares subvencionados con copago, generando así incentivos hacia la gratuidad. Se respetarían, entonces, las libertades de padres y establecimientos.

Esto, en ninguna circunstancia, es idéntico al sistema propuesto por la LIE actual, donde el esquema de subvenciones y aportes a los colegios implica que todos los incentivos apuntan a fulminar cualquier preferencia de los padres por colegios particulares subvencionados con copago. Con la propuesta, el resultado esperado es que los incentivos operen de mejor manera, haciendo la educación pública gratuita más atractiva, sin ir en directo desmedro de la particular subvencionada. Las modificaciones anteriores, comparadas con la alternativa de la LIE y gratuidad hasta el séptimo decil, conllevarían una reducción de la fracción del gasto en educación superior relativo al gasto en los niveles previos de un 11%. Esto estaría en línea con la tendencia mundial de

---

15   Los montos están en millones de dólares de 2016. A modo de ejemplo, un incremento gradual del APG hasta 1 USE brindaría mayores incentivos a que los establecimientos particulares subvencionados sin fines de lucro puedan transformarse en gratuitos si así lo deseasen. Esto, estimamos, tendría un costo en régimen cercano a los US$ 1.420 millones. Relativo a la LIE, esto implicaría un aumento del gasto de alrededor de US$ 609 millones.

fortalecer los niveles de educación previos a la educación superior[16].

Naturalmente, los cambios en el sistema de financiamiento tienen consecuencias sobre otros ámbitos del sistema educacional, en particular sobre el sistema de admisión.

Como se mencionó en la sección anterior, el sistema centralizado de admisión que ha comenzado a ser implementando por el MINEDUC asigna alumnos a los colegios de acuerdo con las preferencias de las familias, lo que es complementado con una aleatorización en el evento de exceso de demanda. Según la LIE, todos los establecimientos que reciban subvención o aporte del Estado estarán sujetos a este sistema de admisión[17]. Si esto es así, entonces aquellos colegios que estén adscritos aún al sistema de financiamiento compartido, y por tanto estén cobrando un copago y recibiendo subvención estatal al mismo tiempo, estarán sujetos a este sistema de admisión[18].

El punto anterior constituye una deficiencia y fuente de conflictos en el nuevo modelo de asignación de estudiantes a establecimientos educacionales. Si los alumnos asignados al establecimiento utilizando el sistema centralizado no pueden realizar el copago, ¿qué ocurrirá? Según el Art. 14 del Decreto 152 del MINEDUC, los establecimientos adscritos al sistema de admisión centralizado no podrán solicitar pruebas de admisión a los estudiantes, ni antecedentes de condición socioeconómica o cualquier cobro por concepto de postulación. Según el Art. 23 del mismo decreto, los apoderados deberán declarar que conocen tanto el proyecto educativo impartido por el establecimiento

---

16   Una política pública interesante, complementaria a la anterior, que puede ser explorada es la posibilidad de incorporar un mecanismo de deducciones tributarias asociados a gastos educacionales, similares a las existentes en, por ejemplo, Corea del Sur o Estonia. En estos países, a aquellos padres que financien la educación de sus hijos, se les descuenta este monto del total de impuesto que deben pagar al Estado. Esto generaría incentivos a los padres para aportar, vía transferencias, en la educación de sus hijos. El efecto de esta política, sin embargo, debería estar sujeto a diversos estudios técnicos que evalúen la factibilidad de su implementación y el impacto que esta tendría sobre distintos resultados de interés, como la recaudación fiscal y el rendimiento de los estudiantes, lo cual no es claro a priori.

17   Se espera que desde el año 2018 este sistema sea utilizado en todos los establecimientos del país que cumplan la condición anterior.

18   El Art. 15 del Decreto 152 del Ministerio de Educación establece que *"cuando un establecimiento mantenga un sistema de financiamiento compartido, deberá informar el promedio de cobro para cada nivel"*. Lo anterior implica que un colegio particular subvencionado con copago tendrá que estar dentro del sistema centralizado debido a que recibe subvención por parte del Estado.

al cual postulan y el monto, de existir, del copago que este cobra. El Art. 63, por su parte, señala que si un colegio rechazase el derecho a matrícula de un estudiante asignado mediante el proceso de admisión, la Superintendencia de Educación estará facultada para mantener la matrícula del alumno/a en dicho establecimiento, resguardando el derecho que le concede el proceso de admisión al afectado. En dicho caso, no está claro qué pasará con estudiantes que no puedan o se nieguen a realizar el copago. No pueden ser rechazados por no tener capacidad económica para cancelarlo, ni matriculados en un establecimiento gratuito en caso de no pagar. Así, es posible anticipar un rápido (y *de facto*) fin al financiamiento compartido, lo que aumentará las presiones sobre el financiamiento del sistema.

Por lo tanto, es recomendable modificar el actual modelo de admisión permitiendo, por ejemplo, que los colegios particulares subvencionados puedan optar a ser o no incluidos en el sistema centralizado. Así, cada establecimiento podría evaluar los riesgos y beneficios de ingresar o no al modelo impulsado por el Estado. En principio, un establecimiento gratuito también podría decidir participar o no del sistema centralizado. Esta es la situación, por ejemplo, de Holanda, donde prima la libertad de los proyectos educativos sin que se afecte la libertad de las familias al momento de decidir el establecimiento educacional para sus hijos.

CONCLUSIÓN

Basado en un esquema histórico de provisión educacional pública-privada en todos sus niveles, el sistema educacional chileno ha llevado adelante aumentos sostenidos en su cobertura. Adicionalmente, el país ha sido constantemente líder en la región en pruebas estandarizadas internacionales. Sin embargo, cuestionamientos locales al sistema, basados en la correcta premisa de una gran desigualdad en la formación, han motivado los cambios profundos que se implementaron bajo la administración de la Nueva Mayoría (2014-2018). Especial énfasis se puso en modificaciones que afectaron los niveles de financiamiento en cada uno de los niveles educacionales. El texto realiza un análisis crítico de estas reformas.

En este documento ilustramos algunas tendencias recientes del gasto en educación en Chile y cómo los datos disponibles confirman que los esfuerzos gubernamentales recientes han sido dirigidos principalmente a aumentar los recursos en educación superior, en desmedro de la educación temprana, básica y media. Si bien la reforma de inclusión escolar avanza en la dirección de incrementar los recursos que reciben los establecimientos que proveen educación en los primeros niveles, este aumento sigue siendo insuficiente cuando se lo compara con el enorme esfuerzo presupuestario que implicará, por ejemplo, la gratuidad en educación superior. Adicionalmente, se identifican elementos que hacen dudar del real impacto de los cambios sobre la calidad. Estos se anclan en el menor nivel de financiamiento agregado a nivel de establecimientos educacionales particulares subvencionados.

Con todo, a pesar de que el esfuerzo es significativo, creemos que la distribución de los aportes al sistema debe ser revisada. Ciertamente se requieren más recursos, pero estos deben ser focalizados hacia medidas que mejoren tanto la calidad como la inclusión de la educación preescolar, básica y media pública en el país. Para ello proponemos que el aporte por gratuidad que establece la LIE se incremente gradualmente hasta alcanzar el valor de 1 USE. Para financiar esto, se hace necesario congelar la gratuidad en educación superior en el sexto decil de ingresos. El cambio, además, requeriría una modificación del sistema de admisión. Estimamos que realizar esto significaría un esfuerzo adicional mínimo, lo que sería compensado en el largo plazo con una mejor formación en los primeros años.

En lo esencial, las propuestas buscan alinear incentivos. Es necesario generar mecanismos tales que los recursos apunten a mejorar la calidad de la educación pública, haciéndola más atractiva, de forma que, de modo gradual, sea óptimo para los establecimientos particulares subvencionados adscribirse voluntariamente al sistema de gratuidad. En este contexto, las ideas aquí planteadas ponen énfasis en cómo mejorar el financiamiento y la calidad de los establecimientos gratuitos, de manera que estos sean una opción real para las familias, sin que esto signifique mermar los recursos y la calidad educacional de los actuales colegios particulares subvencionados.

REFERENCIAS

Barro, R. J. (2001, May). Human Capital and Growth. *American Economic Review, Papers and Proceedings of the Hundred Thirteenth Annual Meeting of the American Economic Association*, 12-17.

Epple, D., Romano, R. E., & Urquiola, M. (2017). School Vouchers: A Survey of the Economics Literature. *Journal of Economic Literature*, 441-92.

Gallego, F. A. (2002). Competencia y Resultados Educativos: Teoría y Evidencia para Chile. *Cuadernos de Economía*, 309-352.

Galleguillos, P., Hernández, T., Sepúlveda, F., & Valdés, R. (2016). *Reforma a la Educación Superior: Financiamiento Actual y Proyecciones*. Dirección de Presupuestos (DIPRES). Retrieved from http://www.dipres.gob.cl/572/articles-154341_doc_pdf.pdf

Fontaine, A. & Urzúa, S. (2018). *Educación con Patines*. Ediciones el Mercurio.

Fontaine, A. & Urzúa, S. (2014). El Fin de los Colegios Emblemáticos: ¿Por qué? ¿Cómo? ¿Impacto? Documento de Trabajo N. 6, Clapes-UC.

Judson, R. (2006). Economic Growth and Investment in Education: How Allocation Matters. *Journal of Economic Growth*, 337-359.

Keller, K. (2006). Investment in Primary, Secondary, and Higher Education and the Effects on Economic Growth. *Contemporary Economic Policy*, 18-34.

Koinzer, T., Nikolai, R., & Waldow, F. (2017). *Private Schools and School Choice in Compulsory Education. Global Change and National Challenge*. Springer.

Mizala, A., & Torche, F. (2012). Bringing the schools back in: the stratification of educational achievement in the Chilean voucher system. *The International Journal of Education Policy*, 132-144.

OECD. (2017a). *Education at a Glance*.

OECD. (2017b). *School Choice and School Vouchers: An OECD perspective*.

Shonkoff, J. P., & Phillips, D. A. (Eds.). (2000). *From neurons to neighborhoods: The science of early childhood development*. National Academies Press.

CAPÍTULO 8

DESMUNICIPALIZACIÓN Y LA NUEVA EDUCACIÓN PÚBLICA[1]

VERÓNICA CABEZAS
Facultad de Educación UC

IGNACIO IRARRÁZAVAL
Director del Centro UC de Políticas Públicas

---

1. Este capítulo se basa fuertemente en: Cabezas, V., Hochschild, H., Inostroza, D., Irarrázaval, I. & Tello, C. (2016). Nuevo Sistema de Educación Pública: ¿foco en los aprendizajes? Análisis del Proyecto de Ley que crea el Sistema de Educación Pública y modifica otras normas. Apuntes Legislativos No30. Ese documento realizó un análisis del proyecto de ley al momento de iniciar su tramitación. Este capítulo recoge ampliamente esos antecedentes, pero los actualiza de acuerdo con la ley que fue finalmente aprobada en noviembre de 2017. Esta versión no compromete a los autores del documento inicial. Se agradece el apoyo en la edición de Francisca Pérez y Visnja Tomicic.

INTRODUCCIÓN

De acuerdo con los resultados de los últimos años de diversas pruebas internacionales, como PISA, TERCE y TIMMS, nuestro país ha mostrado avances importantes en términos de logros de aprendizaje, reduciendo levemente las notorias brechas por nivel socioeconómico. Estas mejoras, sin embargo, nos dejan todavía bajo el nivel esperado para nuestro ingreso per cápita y el ritmo de progreso en desempeño es lento, por lo que necesitaríamos varias décadas para alcanzar el nivel actual de los países desarrollados.

Como es conocido, en Chile existen tres modalidades de provisión del servicio educacional. Por una parte, están los establecimientos particulares pagados, que representan alrededor del 8% de la matrícula total. Por otra parte, el Estado, a través del sistema de subvenciones escolares, financia a prestadores privados en la modalidad de establecimientos particulares subvencionados, los que atienden al 56% de la matrícula. Finalmente, la provisión pública de la educación está en manos de los municipios, que cubren el 36% de la matrícula total y tienen proporcionalmente más alta presencia de estudiantes provenientes de contextos de mayor vulnerabilidad social. A nivel agregado, recurrentemente el sector municipal aparece con menores niveles de logro en la prueba SIMCE en los distintos niveles educacionales; sin embargo, al controlar por las características socioeconómicas de los estudiantes, esas diferencias se reducen o desaparecen, en comparación con los establecimientos particulares subvencionados. Muchas veces los alumnos atendidos por el sistema público de educación no tienen otras opciones, por factores económicos, geográficos u otros, lo cual releva el rol que cumple la educación pública en términos de acceso. Adicionalmente, la educación de provisión estatal también tiene el rol de marcar la referencia en términos de calidad para el resto del sistema.

De acuerdo con diversos autores, incluido el Panel de Expertos (2011), hay bastante consenso en que este sistema de administración de la educación pública genera una realidad heterogénea en el país; tanto la distribución de establecimientos como la de matrículas se configuran de manera altamente diferenciada entre las comunas. Además, las características y la calidad de la educación que entregan los establecimientos también resultan muy dispares, generando así oportunidades educacionales desiguales según las capacidades de gestión municipales.

Desde la implementación de este sistema, el número de establecimientos con administración municipal ha ido paulatinamente en descenso, pasando de un total de 6.286 en 1990 a 5.234 para el año 2016 (ver Gráfico 1). Esta disminución de aproximadamente mil establecimientos se ha visto acompañada por un crecimiento en el número de instituciones particulares subvencionadas, las cuales se han duplicado en cantidad (según datos del MINEDUC, eran 2.694 en 1990 y 5.950 el año 2016). Estos cambios han llevado a configurar un escenario en el cual desde el año 2012 el número de establecimientos particulares subvencionados supera la oferta municipal en el país.

GRÁFICO 1
NÚMERO DE ESTABLECIMIENTOS EDUCACIONALES SEGÚN TIPO DE ADMINISTRACIÓN 1990 - 2016

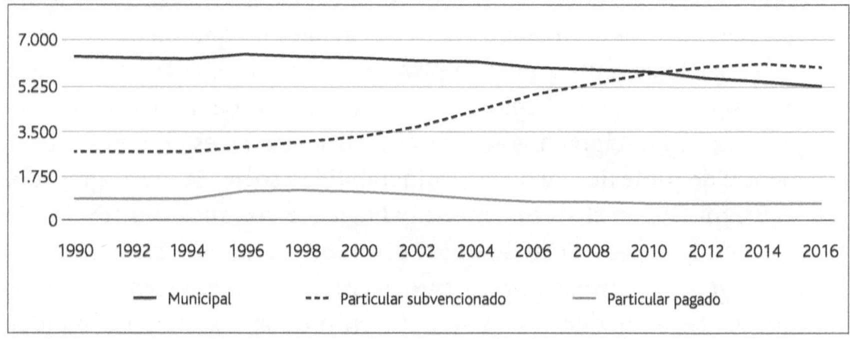

Fuente: Elaboración propia a partir de datos del Centro de Estudios MINEDUC (2016).

Este cambio en la oferta educacional tiene un hito en los años 2007 y 2008, cuando se invierte la proporción de la matrícula entre establecimientos particulares subvencionados y municipales; desde entonces, estos últimos mantienen su tendencia a la baja, como se ve en el Gráfico 2.

GRÁFICO 2
MATRÍCULA DE ESTABLECIMIENTOS EDUCACIONALES SEGÚN TIPO DE ADMINISTRACIÓN (1990- 2016)

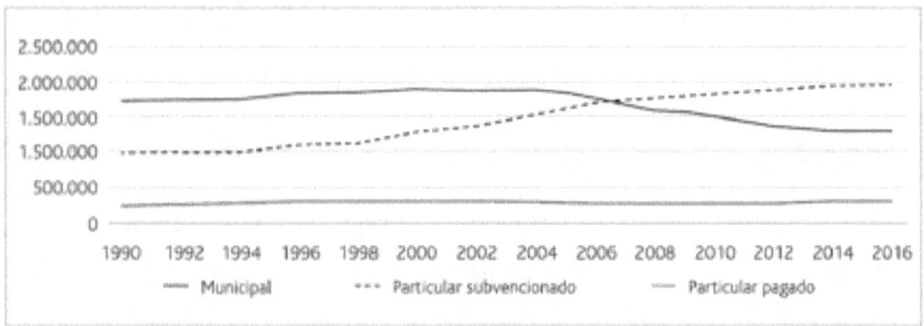

Fuente: Elaboración propia a partir de datos del Centro de Estudios MINEDUC (2016).

De esta manera, la baja sostenida en la matrícula de las instituciones municipales estaría motivada por aspectos demográficos, oferta territorial y cambios en las preferencias de los padres, entre otras causas (Cabezas et al., 2016), dejando en evidencia que existen aspectos que desincentivan que los apoderados escojan la opción educativa municipal para educar a sus hijos, habiendo otras opciones. Esta significativa caída en la matrícula de la educación municipal de los últimos años revela una pérdida de confianza en este tipo de oferta educacional. En este sentido, la baja de las matrículas también debilita las presiones desde los usuarios y apoderados de este tipo de establecimientos, para que efectivamente se logren mejoras.

La disparidad del sector municipal en la gestión educativa ha generado deslegitimación, desmoralización y un desprestigio de las capacidades y motivaciones para responder a las necesidades educativas, siempre en contraposición a las intensificadas competencias del sector particular subvencionado como "la otra opción" vinculada al ámbito de lo público (Marcel & Raczynski, 2009). Existen, por ende, importantes desafíos y problemas que surgen de la alta heterogeneidad de realidades y capacidades de gestión de que disponen los sostenedores municipales, así como también se ha desarrollado un importante debate en torno a las asimetrías observadas entre las instituciones municipales y las particulares subvencionadas en asuntos institucionales, financieros y laborales, entre otros.

En esta línea, en noviembre de 2017 se promulgó la ley de "Nueva Educación Pública" (NEP), que crea el Sistema de Educación Pública.

Esta ley reformula la manera en que se articula el sistema educacional chileno, respondiendo a muchos de los puntos críticos identificados en el sistema de gestión municipal. Sin embargo, también deja temas pendientes para avanzar hacia un sistema educacional de calidad.

En el presente documento se tematiza en torno a las principales problemáticas o aspectos que deben ser abordados para lograr una propuesta educacional que vaya en línea con los requerimientos del país, de manera de dar una dirección adecuada a los recursos que se invierten actualmente en educación pública. También se reflexiona en torno a los contenidos principales de la ley que crea el sistema de Educación Pública y sus repercusiones posibles. Tal como se plantea en dos documentos del Centro de Políticas Públicas UC (2009 y 2011), todo cambio en la institucionalidad de la educación pública debe tener como foco el aprendizaje de los estudiantes, por lo que cualquier reforma debe ser un medio para lograr mejoras en este ámbito. Asimismo, debe entender el aprendizaje en un sentido amplio, más allá de lo cognitivo, incluyendo el desarrollo de habilidades y competencias sociales. Por lo tanto, el mayor problema con la actual educación municipal es el bajo nivel de logro de los niños que asisten a este tipo de establecimientos, y no la baja en la matrícula per se, que suele tomarse como el propósito principal de los cambios a introducir. Con esta mirada en el horizonte, se debe tener presente que los cambios institucionales no son un fin en sí mismos, sino un medio para lograr mejores aprendizajes en los niños.

LIMITACIONES Y DESAFÍOS DE LA EDUCACIÓN MUNICIPAL

El traspaso del servicio educacional a los municipios en Chile, ocurrido a inicios de 1980, fue –de alguna manera– precursor de estrategias similares que se llevaron a cabo en otros países latinoamericanos. Aun así, tal como lo señalan Filgueira, Molina y Bogliaccini (2006), en este continente este fenómeno se trató de una "descentralización tutelada", con procesos estandarizados de traspaso de recursos y con competencias limitadas, en los cuales los gobiernos locales eran meros administradores del sistema. En este mismo sentido, en el caso chileno, se trata más bien de un traspaso de la gestión de los establecimientos, pero sin una capacidad efectiva de apoyo en lo técnico-pedagógico. El diagnóstico actual sobre los desafíos y limitaciones de la educación municipal es convergente con varios análisis realizados tanto por la literatura como también por el debate público[2]; por lo demás, muchos de ellos fueron consignados en el mismo mensaje del proyecto de ley de NEP.

En este sentido, se pueden distinguir seis aspectos de la institucionalidad actual de provisión pública municipal que son críticos para lograr y facilitar mejores aprendizajes para los estudiantes:

Fortalecer el liderazgo de los directores, con foco en el aprendizaje

Tal como se mencionó en la sección previa, una buena gestión educativa debe prestar especial atención a lo que ocurre al interior de la sala de clases. El proceso de enseñanza-aprendizaje debe ser el eje fundamental de cualquier estrategia de revalidación de la educación pública, en tanto constituye el elemento esencial del sistema educacional.

Los profesores deben promover ambientes de respeto, enfocados en una cultura del conocimiento, motivando a los alumnos a aprender y flexibilizando el formato de aprendizaje. Se debe incentivar la innovación al construir conocimientos, generando una comunidad educativa capaz de responder con creatividad a los desafíos del siglo XXI. En este contexto, la educación debe ser integral y las escuelas deben mejorar las fortalezas técnicas para que puedan enfocarse en el aula desde la diversidad y la excelencia. Por ende, el desafío consiste en superar las limitaciones actuales que derivan de las funciones técnicas, pedagógicas y de la dilución de las responsabilidades del aprendizaje (Irarrázaval, 2015; Marcel & Raczynski, 2009).

En esta línea, el día a día en la escuela debe estar apoyado desde las reformas estructurales, las cuales deben entregar las atribuciones para realizar las mejoras necesarias. Todo lo anterior debe estar bajo el alero de un plan estratégico con un claro foco en el aprendizaje (Cabezas et al., 2016). Para ello, se debiese fortalecer el rol de la comunidad educativa y de sus equipos directivos, logrando así cambios en las prácticas docentes, en la calidad de estas e impacto sobre el aprendizaje de los estudiantes en las escuelas.

Así, una de las medidas más relevantes debería ser fortalecer el liderazgo y el rol de los directivos; esta tarea debe ser complementada

---

2 Véanse documentos del Centro de Políticas Públicas UC 2009, 2011 y 2016, Panel de Expertos (2011), Marcel, M & Raczynski, D. (2009), entre otros.

por la instalación de instrumentos y prácticas de monitoreo docente y del aprendizaje de los alumnos, la dotación de personal, y la construcción de una cultura organizacional colaborativa y de apoyo interno. Esta es una de las carencias más importantes que se identifican en la situación actual y cuyo desarrollo permitiría al sistema educacional promover las buenas prácticas y el intercambio de estrategias y prácticas de liderazgo directivo entre una red de establecimientos. Esto se debe inspirar en aprender y mejorar el desempeño, comprendiendo la importancia de fortalecer las capacidades de los establecimientos en tanto son las unidades básicas del proceso de enseñanza. Por ende, se debe tener muy presente que los directores tienen un rol clave: además de contar con una sólida formación en gestión (específicamente en administración de finanzas y personal), ya que a la vez deben administrar los recursos y responsabilizarse por los resultados de su escuela, deben de ser líderes pedagógicos (Marcel & Raczynski, 2009; Cabezas et al., 2016; Irarrázaval, 2015 & Cox et al., 2011).

El documento del Centro de Políticas Públicas UC (2016), citando a Leithwood, Seashore, Anderson y Wahlstrom (2004), es enfático en resaltar que sin equipos directivos fuertes es prácticamente imposible "lograr desarrollo y cambios en las prácticas docentes, en la calidad de estas prácticas, e impacto sobre los aprendizajes de los estudiantes en las escuelas". Los mismos autores muestran evidencia de que el liderazgo de los directivos constituye uno de los factores más relevantes en el logro del aprendizaje de los alumnos, el cual es precedido por el trabajo docente en el aula.

Tal como lo plantea Valeria Silva, superintendente del Sistema de Escuelas Públicas en Minnesota[3], "es necesario para cualquier sistema contar con docentes y directivos de calidad. Los directores tienen que dejar de ser meros administradores y ser líderes de instrucción. Por su parte los docentes deben tener muy altas expectativas de sus estudiantes para comenzar a tener buenos resultados". Con ello, Silva enfatiza la importancia de generar en los directores mayores capacidades de incidir en la instrucción, más allá de la mera administración de los establecimientos.

---

3   Seminario Internacional Gabriela Mistral: Seminario sobre Educación Pública 2012. https://fch.cl/debaten-sobre-la-importancia-de-la-educacion-publica/

Ausencia de horizontes de desarrollo y proyecciones de largo plazo

En términos globales, se ha planteado que el sistema municipal no contempla horizontes de desarrollo ni proyecciones, sino que está altamente concentrado en aspectos administrativos de corto plazo (Marcel & Raczynski, 2009). Estos límites de proyección dificultan trazar planes a mayor plazo, lo que traería ventajas en tanto ello permite ordenar, priorizar proyectos, generar planes realistas, tener mayor eficiencia y mejorar la coherencia de las acciones implementadas. Por ende, generar una institucionalidad permanente y que tenga mirada de largo plazo trae importantes ventajas de gestión, las que fortalecerían el quehacer técnico y pedagógico de las instituciones municipales.

La fuerte concentración del sistema municipal actual en el corto plazo reduce los espacios para mejorar la gestión, estableciendo una dependencia de los ciclos políticos y evitando avances significativos con mirada amplia y a largo plazo. En este sentido, el compromiso de los alcaldes de turno con la educación de su comuna es lo que actualmente define y delimita los proyectos y avances, pero dificulta los proyectos graduales y continuos con resultados de largo plazo (Beyer, 2011; Cox et al., 2011).

Sin embargo, la mirada de largo plazo no debe perder ni desligarse del componente local y del criterio técnico-político; se deben establecer proyecciones desde una viabilidad y coherencia técnica y en concordancia con las prioridades de la agenda de gobierno. También se debe contar con los recursos tanto financieros como humanos para llevar a cabo sus iniciativas, generando un sistema que fomente la optimización en el uso de los recursos, con una adecuada cuota de flexibilidad (Marcel & Raczynski, 2009; Cabezas et al., 2016). De esta manera, una apropiada separación de funciones de diseño, control del desempeño y gestión permitiría desarrollar una institucionalidad municipal que genere planes coherentes a largo y mediano plazo, avanzando así en los proyectos educacionales desde lo local y en consonancia con las prioridades de gobierno, pero en un horizonte mayor y de largo plazo.

Los actuales administradores de la gestión escolar se ven enfrentados a alcaldes con poca dedicación y priorización del tema educativo, el que además queda sujeto a una constante repriorización o cambio de rumbo según los ciclos políticos. Estas variaciones que producen los ciclos políticos provocan incertidumbre en los Departamentos Administrativos de Educación Municipal (DAEM) y en las corporaciones respecto de la continuidad de las medidas que adopten. Por ende, y dada la importancia teórica de contar con un horizonte a largo plazo, resulta necesario analizar el nuevo sistema desde esta arista.

Un sistema educativo con vinculación local

Cuando se descentralizó el sistema educativo, no se verificó que los gobiernos locales a los que se les traspasó la administración de los establecimientos (i.e. municipios) tuviesen las competencias necesarias para hacerse cargo de ellos. Tampoco se verificó si había un arraigo local de los aprendizajes impartidos por cada establecimiento, por lo que existiría una debilidad en el Plan Estratégico Local y los convenios de gestión. Esto dificulta que el sistema educativo efectivamente se pueda acoplar a la realidad territorial, obstaculizando así uno de los propósitos desde los que se planteó el sistema municipal de educación.

Por esto, diversas posturas se inclinan a revertir el sistema municipalizado de educación; sin embargo, resulta necesario que la educación impartida en una comuna tenga arraigo local. Esto se expresa en dos dimensiones. Por un lado, debe posibilitar un conocimiento de la realidad de los estudiantes y sus familias, en tanto este permite reconocer las particulares necesidades existentes en los territorios y responder a ellas de una mejor manera, lo que puede tener repercusiones en la organización de los contenidos de enseñanza u otros aspectos operativos relacionados con formalidades, horarios e instrumentos de enseñanza. Por otra parte, es a nivel local donde se articulan otras políticas públicas que deben dialogar con la educación y donde se da la oportunidad de construir alianzas con otros actores relevantes, como empresas, instituciones académicas o redes entre establecimientos escolares, permitiendo así una acción conjunta que considere a un amplio número de actores (Panel de Expertos, 2011). Efectivamente, la superposición de unidades administrativas del Estado a nivel local no siempre confluye en mecanismos o modalidades de colaboración mutua, aunque tengan objetivos complementarios. Para ilustrar esta situación con un caso internacional, Héctor Montenegro, superintendente de un distrito escolar en el sur de California[4], planteó

---

4   H. Montenegro presentación Julio 2011 http://politicaspublicas.uc.cl/seminario/seminario-gestion-de-la-educacion-publica-en-ee-uu-desafios-para-el-futuro-de-chile/

que los distritos escolares necesitan requerir formalmente el apoyo de los gobiernos locales para proveer servicios de salud y salud mental de sus estudiantes. Por ser distintas entidades públicas con gobiernos corporativos y objetivos diferentes, se origina un proceso burocrático complejo y lento que ha llevado en ocasiones a que los distritos escolares instalen sus propios servicios de apoyo a la educación, como es el ámbito de la salud.

A partir de los lineamientos establecidos en el Plan de Desarrollo Local, el diálogo comunitario y colaborativo debe estar en el centro de los establecimientos y del sistema educacional. Por lo tanto, debe haber instrumentos que permitan efectivamente expresar esas visiones. Se debe contar con iniciativas de gestión de la educación que posibiliten que el sistema efectivamente se pueda acoplar a la realidad territorial, posibilitando que la comunidad local adquiera protagonismo en la definición de diagnósticos y medidas educativas.

Baja rendición de cuentas y dilución de responsabilidades

Otra limitación que se ha formulado respecto de la educación de provisión municipal se refiere a la ambigüedad en la definición de roles y responsabilidades de la gestión de establecimientos educacionales, lo que redunda en una escasa responsabilización y rendición de cuentas efectiva. Si bien en la Ley Orgánica Constitucional de Municipalidades se menciona a la educación como parte de una función relacionada, es decir, que puede ser desarrollada por el propio municipio o en colaboración con otros órganos de la administración del Estado, en la práctica esto termina diluyendo las responsabilidades de la gestión municipal, más aún cuando la propia ley no define atribuciones específicas relacionadas con esa misma función. Por otra parte, debe reconocerse que existe una vasta normativa en el ámbito educacional, partiendo por la Ley General de Educación, la Ley de Aseguramiento de la Calidad y leyes más específicas de financiamiento, como es la Ley de Subvenciones y muchas otras. Sin embargo, esta multiplicidad de normas y las instituciones que crean no han sido efectivas en instalar una verdadera cultura de responsabilización de la gestión educativa, más allá de procesos de corte más bien formalista, que terminan sin incidir en la mejora de los procesos educativos. En este sentido, quienes están a cargo de los establecimientos tienen poca responsabilidad ante las instituciones por los resultados de su gestión o rendición de cuentas, debido a las escasas repercusiones a nivel institucional de estos procedimientos. Actualmente se puede apreciar una nueva tendencia desde el monitoreo de procesos por parte del Ministerio, la Agencia de Calidad y municipios, para que los propios padres y la comunidad sean los que promuevan la rendición de cuentas, facilitando la elección de escuelas, otorgándoles más información sobre estas, y abriéndose a evaluaciones hechas por instituciones externas (Panel de Expertos, 2011). Sin embargo, como efecto de la escasa responsabilidad ante los resultados, se desincentiva la generación de información de desempeño rigurosa, dejando un vacío de evidencia para informar y retroalimentar la toma de decisiones.

La falta de un protocolo de rendición de cuentas permanente para los sostenedores públicos es consecuencia de que se ha construido un sistema escolar que, en su conjunto, no tiene mayores exigencias formales. Ello ocurre en la gestión general de los establecimientos públicos, para los cuales no se establecen indicadores fáciles de comprender o que permitan comparar los desempeños de cada sostenedor público[5].

Países como Suecia y Canadá poseen completos sistemas de *accountability*, que les permiten conocer el desempeño y retroalimentar la toma de decisiones educativas de manera constante, fluida y efectiva, como también dar a conocer el desempeño de diferentes actores dentro del sistema educativo. Esos ejemplos impulsan a considerar que debiesen instaurarse instancias que responsabilicen frecuentemente a los administradores de educación del mejoramiento educativo, pero que entreguen a la vez mayor flexibilidad para gestionar los procesos asociados.

Existe bastante consenso en la academia para sostener que se debe producir y utilizar información de calidad que permita hacer un diagnóstico local, regional y nacional, inspeccionando indicadores operativos y supervisando la labor técnico-pedagógica de estos. Tener y actualizar esta información alimenta la toma de decisiones y apoya el trabajo de los distintos actores del sistema, reforzando los procesos educativos y permitiendo dar cuenta de los avances hacia las metas nacionales, lo que resulta indispensable para realizar mejoras sostenibles al sistema de educación pública.

---

5   Si bien en los últimos cinco años esta tendencia ha comenzado a cambiar a partir de la información entregada por la Agencia de Calidad de la Educación.

Capacidades dispares y atomización

En el sistema actual, debido al amplio número de municipios que administran los establecimientos y su diversidad (345), se genera mucha heterogeneidad de las capacidades técnicas y administrativas de que se dispone para llevar a cabo la tarea educacional. La calidad de la enseñanza impartida no es homogénea y las brechas entre los establecimientos y tipo de sostenedores se manifiestan periódicamente en resultados de pruebas de aprendizaje estandarizadas (Anderson et al., 2007; OECD, 2013).

Entre las características de los municipios que afectan su gestión están: la inexistencia de una diferenciación clara de las funciones que debe realizar un municipio; una enorme heterogeneidad en capacidades técnicas y administrativas; las dificultades para conformar asociaciones municipales para administrar tareas; la alta heterogeneidad en la calidad de los servicios entregados que descansa en liderazgos personales de las autoridades municipales; la dependencia de recursos financieros externos; políticas de recursos humanos altamente restringidas; responsabilidades administrativas separadas de las técnico-pedagógicas (Panel de Expertos, 2011; Cabezas et al., 2016; Cox et al., 2011; Marcel & Raczynski, 2009).

Esta disparidad de capacidades municipales en la gestión educativa suele asociarse al tamaño del sostenedor. De hecho, se ha planteado como justificación de una desmunicipalización la existencia de municipios pequeños que tienen poca matrícula y no pueden generar economías de escala, lo que redundaría finalmente en peores desempeños y una deficiente gestión. En el Gráfico 3 se muestra la asociación entre puntajes SIMCE[6] y el tamaño de los municipios utilizando la tipología FIGEM elaborada por la Subsecretaría de Desarrollo Regional (Subdere)[7]. En el gráfico puede apreciarse que no existe tanta variabilidad

---

6   Se utilizó SIMCE de Lenguaje de 4° básico, dada la mayor cobertura que tiene esta prueba en la educación escolar.

7   La tipología del Fondo de Incentivo al Mejoramiento de la Gestión Municipal (FIGEM) considera seis tipos de municipios.

Tipo 1: Grandes comunas metropolitanas con alto desarrollo

Tipo 2: Grandes comunas metropolitanas con desarrollo medio

Tipo 3: Comunas urbanas mayores con desarrollo medio

Tipo 4: Comunas urbanas medianas con desarrollo medio

NOTA 7, CONTINÚA EN PÁGINA SIGUIENTE

de puntajes SIMCE dependiendo del tipo de municipio, aunque claramente las comunas urbanas de gran tamaño y desarrollo sí muestran un rango superior en los resultados de esta prueba. Complementariamente, el coeficiente de correlación positivo sugiere una leve asociación entre mejores puntajes en la medida que los municipios son más pequeños. A una conclusión relativamente similar se llega al comparar los promedios SIMCE comunales con la matrícula total por municipio, encontrando que no hay asociación entre puntaje comunal y total de matrícula.

GRÁFICO 3
ASOCIACIÓN ENTRE PUNTAJES PROMEDIO DE LECTURA SIMCE 4° BÁSICO Y TIPOLOGÍA MUNICIPAL

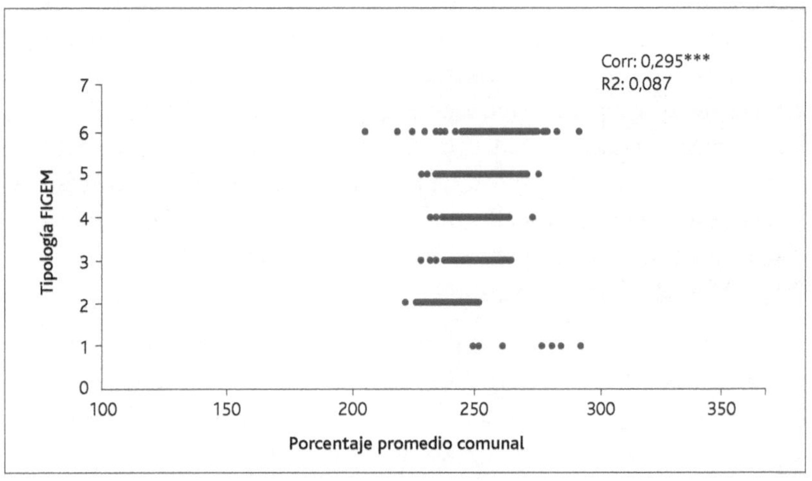

Fuente: Elaboración propia a partir de SIMCE 2014 y Tipología FIGEM - SUBDERE.

Diversos autores han sugerido que un camino intermedio para gestionar eficientemente los recursos humanos, físicos y financieros, con el propósito de apoyar la gestión técnico-pedagógica y potenciar los resultados de los establecimientos educacionales municipales, es favorecer el trabajo en red. De hecho, la escasa vinculación que tienen actualmente los establecimientos municipales entre sí dificulta un trabajo coordinado y un aprendizaje en comunidad (Panel de Expertos, 2011; Cabezas et al., 2016 & Cox et al., 2011).

Tipo 5: Comunas semiurbanas y rurales, desarrollo medio
Tipo 6: Comunas semiurbanas y rurales, bajo desarrollo

Tal como lo sugieren Marcel & Raczynski (2009), el apoyo que podría entregarse a los establecimientos al funcionar en red es una estrategia horizontal que permite dar respaldo a los niveles intermedios y desarrollar capacidades homogéneas que beneficien a la comunidad. Así, se permite un intercambio continuo y fluido de conocimientos, nutriendo al sistema en su totalidad. Además, permitiría una gestión bien conducida y con metas claras, promoviendo el profesionalismo y una forma distinta de rendición de cuentas interna, lo que hace también que los centros educativos se apropien y construyan los procesos de cambio. En este sentido, se genera un liderazgo conjunto con las autoridades, más vinculado a la realidad.

Escasa consideración de la educación inicial y técnico-profesional:

Finalmente, dentro de las limitaciones y desafíos de la gestión municipal de la educación existen dos modalidades que son de gran relevancia y que desafortunadamente han tenido una consideración bastante poco relevante: la educación inicial y la educación técnico-profesional.

Chile presenta hoy en día una baja cobertura de educación inicial en relación con otros países de la OECD. Ha habido avances en el número de matrículas, pero los efectos son aislados y están circunscritos a ciertos grupos de edad dentro del ciclo y regiones específicas (Irarrázaval, 2015). Además, existe la necesidad de complementar crecimiento en la cobertura con mejoras de calidad, tema que generalmente ha sido marginado de los análisis y reflexiones.

Muchos de los factores que afectan la asistencia a la educación inicial son de índole cultural, pero es necesario mencionar que las desconfianzas hacia las instituciones educativas también inciden en que los apoderados no envíen a sus hijos de manera más constante a los establecimientos. Según la Encuesta Nacional Bicentenario UC - GfK Adimark 2011, solo 37% dice confiar mucho o bastante en los jardines infantiles, cifra que baja a 29% cuando se pregunta por la confianza en las salas cuna. Al constatar que el 91% de los ciudadanos reporta que envía o enviaría a sus niños mayores de dos años al jardín, hace sentido la conclusión a la que llegan en la Encuesta sobre Educación Parvularia de Elige Educar 2017: "Si bien la ciudadanía valora la importancia de este nivel educativo, reconoce importantes desafíos para avanzar en calidad".

Esto se relaciona con que actualmente no existe una institucionalidad que asegure un buen funcionamiento de la educación inicial, debido a problemas de coordinación y poca estandarización de los marcos regulatorios de las instituciones (Irarrázaval, 2015; Cabezas et al., 2016). A pesar de la valoración de este nivel educacional, los gobiernos no priorizan políticamente su mejora en comparación con otros niveles educativos, como el escolar o superior (Elige Educar, 2017).

Existen en el país jardines infantiles Vía Transferencia de Fondos (VTF), los cuales funcionan como unidades educativas que dependen de los municipios y organismos privados sin fines de lucro, y que reciben recursos de la Junta de Jardines Infantiles (JUNJI) para su funcionamiento. Cabe notar que más de la mitad de los jardines infantiles VTF son actualmente administrados por los municipios, a los que se suman otros alternativos, además de los que son parte de los establecimientos municipales actuales. Por lo tanto, cualquier modificación institucional debería considerar de manera estratégica a la educación inicial, que hasta la fecha no ha tenido la relevancia que merece.

Por otro lado, para el año 2016 los establecimientos que impartían educación técnico-profesional constituían el 40% de la matrícula total del ciclo de educación media, distribuida en 949 establecimientos que actualmente imparten educación media técnico-profesional (Centro de Estudios MINEDUC, 2016). Este tipo de educación resulta muy importante, porque más allá de su alta representatividad, requieren de un enfoque especializado de enseñanza; y este ha estado ausente por parte de la regulación, que presenta una legislación débil y poco clara.

La modalidad técnico-profesional se imparte tanto desde establecimientos administrados por municipios, con el 47% de la matrícula, como desde establecimientos particulares subvencionados o de administración delegada. Su principal foco está en la Administración y Comercio, seguido por los sectores de Electricidad y Metalmecánica. La composición socioeconómica de esta modalidad educativa se concentra principalmente en alumnos de los quintiles I y II (Sevilla, 2012). Muchos elementos de la regulación de estos establecimientos relativos a los docentes y profesores, las mallas y aspectos administrativos carecen de claridad a nivel institucional.

En síntesis, tanto los establecimientos de educación inicial como los técnico-profesionales constituyen una parte importante del sistema educacional y requieren de un enfoque y consideración explícita que asegure su calidad y accesibilidad.

LA NUEVA LEY: SISTEMA DE EDUCACIÓN PÚBLICA

El 24 de noviembre de 2017 se publicó la Ley N° 21.040, que establece el Sistema de Educación Pública, el cual contempla la creación de una Dirección de Educación Pública (DEP) como un servicio público centralizado cuyo rol principal consistirá en coordinar los Servicios Locales de Educación (SLE) tanto en temas de gestión como en transferencia de recursos para la educación. La ley que crea el Sistema de Educación Pública implanta una nueva institucionalidad para la administración de los establecimientos municipales, los que dejan de estar en manos de los gobiernos locales y pasan a ser coordinados por estos Servicios Locales de Educación (SLE). Estos son entidades públicas con personalidad jurídica y patrimonio propio, cuya función única será gestionar toda la oferta de educación estatal en un territorio, desde los niveles iniciales hasta los secundarios. Esta administración se realizará de acuerdo con un plan estratégico elaborado a partir de políticas de carácter nacional dictadas por la Dirección de Educación Pública (DEP), servicio público descentralizado y dependiente del Ministerio de Educación.

La institucionalidad, servicios propuestos y principales funciones del nuevo Sistema de Educación Pública se describen en forma resumida en la Tabla 1.

TABLA 1
INSTITUCIONALIDAD Y PRINCIPALES FUNCIONES DEL NUEVO SISTEMA DE EDUCACIÓN PÚBLICA

DIRECCIÓN DE EDUCACIÓN PÚBLICA	
Naturaleza	Servicio público centralizado
Funciones	Proponer al MINEDUC la Estrategia Nacional de Educación Elaborar y proponer al MINEDUC convenios de gestión educacional con SLE Seguimiento, monitoreo y evaluación de convenios de gestión Proponer al MINEDUC perfiles de cargo de directores ejecutivos SLE Prestar asistencia técnica a SLE Asignar recursos a SLE Hacer recomendaciones Plan Anual SLE Coordinar a los SLE Promover mejoramiento de calidad de la educación de los establecimientos dependientes Requerir de los SLE y sus establecimientos toda la información necesaria Requerir información a Superintendencia y Agencia de Calidad de la Educación
Instrumentos	Estrategia Nacional de Educación Pública: Debe ser aprobada por Consejo Nacional de Educación Duración ocho años Convenio de gestión educacional con directores SLE (Duración 6 años)
Director Educación Pública	Afecto a sistema Alta Dirección Pública Proponer a MINEDUC la remoción de directores de SLE

SERVICIOS LOCALES DE EDUCACIÓN PÚBLICA	
Naturaleza	Órganos públicos territorial y funcionalmente descentralizados 67 SLE Afectos a sistema Alta Dirección Pública
Funciones	Proveer servicio educacional a través de establecimientos Administrar recursos humanos, financieros y materiales Desarrollar la oferta de educación pública Diseñar y prestar apoyo técnico-pedagógico Implementar iniciativas de desarrollo profesional Seguimiento y monitoreo Fomentar trabajo colaborativo Determinar apertura, fusión o cierre de establecimientos Elaborar y proponer proyectos de inversión Celebrar convenios con municipalidades Responsabilidades respecto a establecimientos de su dependencia Velar por que exista dotación suficiente Proveer oferta curricular acorde con currículum nacional Implementar sistema de monitoreo y seguimiento de los aprendizajes. Establecer número de estudiantes por aula
Instrumentos	Plan Estratégico Local de Educación Pública (duración 6 años) Plan Anual Convenios de desempeño con directores establecimientos SLE (6 años) Contratar y poner término a personal SLE
Director ejecutivo	Cargo por seis años renovables Es el "Sostenedor" de Establecimientos educacionales
Organización interna	Unidad Apoyo Técnico Pedagógico Unidad de Planificación y control Unidad de Administración y finanzas
Financiamiento	Asignación vía Ley de Presupuestos para operación Subvenciones educacionales Programa de Fortalecimiento de la Educación Pública

COMITÉ DIRECTIVO LOCAL	
Naturaleza	Tiene por objeto velar por el adecuado desarrollo estratégico del servicio
Funciones	Proponer a director ejecutivo SLE iniciativas de mejora Proponer Director Educación Pública elementos para perfil de cargo director ejecutivo local Elaborar informe de prioridades para convenio gestión educacional SLE Proponer al Presidente de la República terna para cargo director SLE Solicitar remoción director SLE Aprobar Plan Estratégico Local Realizar recomendaciones al Plan Anual presentado por director ejecutivo local
Integración	Dos representantes de alcaldes del territorio del SLE Dos representantes de Centros de Padres y apoderados Dos representantes de Gobierno Regional Durarán seis años y perciben dieta (renovación por mitades cada tres años)

CONSEJOS LOCALES DE EDUCACIÓN PÚBLICA	
Naturaleza	Colaborar con director SLE en sus funciones Representar los intereses de las comunidades educativas ante director SLE

CONSEJOS LOCALES DE EDUCACIÓN PÚBLICA

Atribuciones	Representar intereses de la comunidad Comunicar a director ejecutivo cualquier asunto de interés Emitir opinión sobre aspectos que se les consulte Asesorar al director ejecutivo Proponer ideas respecto del perfil director ejecutivo y convenio de gestión Proponer modificaciones al Plan Estratégico y Plan Anual
Integración	Dos representantes Centros de Estudiantes Dos representantes Centros de Padres Dos representantes profesionales de la educación Dos representantes asistentes de la educación Un representante universidades Un representante Centros de Formación Técnica o Instituto Profesional Dos representantes equipos directivos de establecimientosDuración del cargo: dos años.

Fuente: Elaboración propia a partir de Ley 21.040.

Si bien la discusión parlamentaria modificó en forma considerable las características del proyecto original, y se tomaron en consideración varias de las observaciones que se formularon a partir de los aportes de instituciones como el Centro de Políticas Públicas y de otras instituciones, como el Consejo Nacional de Educación[8] y el Servicio Civil, en la práctica subyacen diversos aspectos que merecen ser tenidos en cuenta. Por lo tanto, aún quedan desafíos pendientes y sin abordar, además de ciertas incertezas más que soluciones claramente definidas. Estas surgen debido a que se trata de una reforma aún centrada en la desmunicipalización, y no en el fortalecimiento mismo de las escuelas públicas. La implementación de la ley tendrá su primera prueba al mostrar si es posible romper la tendencia en la disminución de la proporción de matrícula escolar pública. Una segunda prueba, y posterior, será obviamente demostrar que se mejoran los aprendizajes en los establecimientos administrados por esta nueva institucionalidad.

En particular, para el Centro de Políticas Públicas UC, el tema de la educación municipal ha sido una prioridad estratégica desde su creación. No en vano, el primer análisis legislativo realizado en agosto de 2009 fue precisamente dedicado al proyecto de ley para fortalecer la educación pública, formulado durante la primera administración de la Presidenta Michelle Bachelet. Con posterioridad, se realizaron diversos seminarios, con invitados nacionales y extranjeros, mesas de

---

8   Véase: contribución del Consejo Nacional de Educación a Políticas de Estado. Proyecto de ley que crea el Sistema de Educación Pública, 27 de enero 2016.

discusión e investigaciones que buscaban hacer aportes a los desafíos de la educación municipal. En relación con el proceso legislativo que culminó con la aprobación de la Ley N° 21.040, se elaboró en abril de 2016 un nuevo Apunte Legislativo que analizó el proyecto de ley, y que fue expuesto ante las comisiones de Educación de la Cámara y del Senado. También se presentaron indicaciones referidas al fortalecimiento del rol directivo, específicamente su capacidad para administrar los recursos de los establecimientos y para dotar de mayores atribuciones a los Consejos Locales de Educación, las cuales tuvieron buena acogida de parte de los parlamentarios. Adicionalmente, se llevaron a cabo reuniones con profesionales del Ministerio de Educación para intercambiar opiniones sobre el proyecto de ley. Finalmente, además de la realización de seminarios, se tuvo la oportunidad de participar en encuentros externos con la Asociación Chilena de Municipalidades y otros espacios de discusión.

En términos generales, tal como se puede apreciar en el Apunte Legislativo N° 30[9], los comentarios formulados a la versión inicial del mensaje contenido en el Boletín No 10.368 fueron bastante críticos. Si bien, a juicio de los autores de ese documento, había coincidencia en la mayoría de los problemas identificados en el mensaje del proyecto –reseñados en la sección previa de este capítulo–, en la práctica el articulado del proyecto no resolvía adecuadamente esos mismos aspectos. Las principales críticas se pueden resumir en cuatro ámbitos. En primer lugar, el proyecto de ley fue concebido como un mero cambio de sostenedor, desde el municipio a una Dirección de Educación Pública, pero sin un claro foco en el mejoramiento de los aprendizajes de los estudiantes. En segundo lugar, el proyecto se formuló con un fuerte sesgo centralizador, otorgándole poderes excesivos al gobierno central en desmedro del vínculo local. En tercer lugar, el proyecto no consideró en profundidad aspectos relevantes de la provisión del servicio educacional, como son la educación inicial y la técnico-profesional. Finalmente, se advierten importantes vacíos y dudas respecto de su implementación, debido a la complejidad del proyecto, que no solo crea una nueva institucionalidad para la provisión de la educación pública, sino que además modifica más de 15 otros cuerpos legislativos

---

9   Citado en este texto como Cabezas et al., 2016. Documento completo disponible en http://politicaspublicas.uc.cl/wp-content/uploads/2016/04/Observatorio-Legislativo_Nueva-Educaci%C3%B3n-P%C3%BAblica.pdf

en el ámbito de la educación y no clarifica suficientemente en la minuta financiera la magnitud de la efectiva disponibilidad de recursos financieros frescos para su implementación.

En el siguiente apartado se abordarán reflexiones en torno al proyecto, desde las problemáticas anteriormente identificadas, y poniendo énfasis en aquello que aún queda pendiente.

Liderazgo de los directores

Tal como se señaló en Cabezas et al. (2016), una buena parte de las percepciones negativas sobre la educación municipal se originan en la incapacidad de esta de resolver cuestiones del día a día de la escuela, desde reparar un vidrio hasta la gestión del personal. De esta forma, el sistema de educación pública debería ser capaz de proveer el apoyo a la escuela para instalar o desarrollar capacidades. Sin embargo, esta colaboración puede ser inútil si el equipo directivo que lidera el proyecto educativo no tiene las atribuciones ni recursos para utilizarlas. Ante esto, el nuevo sistema debería proveer de apoyo a las escuelas, para que así puedan solucionar estas problemáticas y desarrollar las capacidades que necesitan para desarrollarse cotidianamente (Centro de Políticas Públicas, 2016). Es en esta línea que se necesita que los equipos directivos cuenten con los recursos y atribuciones para liderar un establecimiento educativo capaz de lidiar con el proyecto y el funcionamiento de su establecimiento. De hecho, el liderazgo directivo es el segundo factor intraescuela, después del trabajo docente en el aula, que más contribuye al logro de aprendizajes de los alumnos (Leithwood et al., 2004). Incluso, los efectos del liderazgo son mayores donde este es más necesario para el logro del aprendizaje, en particular en escuelas que atienden a estudiantes con índices más altos de vulnerabilidad. La Ley del Sistema de Educación Pública define las funciones de los directores de los establecimientos educacionales dependientes de los SLE, señalando que estas son liderar y dirigir el proyecto educativo institucional y ejercer el liderazgo técnico-pedagógico en el establecimiento. Por otra parte, respecto de las funciones y atribuciones del director, se incluye la facultad de decidir la contratación del personal docente que se incorpore al establecimiento a partir de una terna propuesta por la Comisión Calificadora correspondiente y además puede proponer al director ejecutivo del SLE los perfiles profesionales y de cargos para los docentes. Sin duda, se trata de consideraciones importantes en vistas a dotar de mayor liderazgo educativo a la escuela.

Sin embargo, esta mejor precisión de las funciones no sirve de mucho si estas atribuciones no van acompañadas de recursos para poder ser implementadas. Efectivamente, ya la Ley de Calidad y Equidad de la Educación (Ley No 20.501) estableció procedimientos más precisos para los concursos de selección de los directivos de establecimientos, la necesidad de suscribir convenios de desempeño y, adicionalmente, también otorgó la capacidad de conformar el equipo directivo del establecimiento (subdirector, inspector general y jefe técnico) como profesionales de exclusiva confianza del director. Sin embargo, tal como se describe en el estudio del Centro de Políticas Públicas (2014), esto no se ha concretado, salvo en casos muy limitados, ya que recurrentemente los sostenedores municipales no disponen de las atribuciones suficientes para cambiar de funciones a los profesionales de la educación adscritos a establecimientos, trasladarlos de establecimientos, o bien no tienen los recursos suficientes para nuevas contrataciones. En este sentido, a partir del articulado de la nueva Ley de Educación Pública y los recursos que incorpora, nada asegura que los nuevos sostenedores (Servicios Locales de Educación) vayan a tener más capacidad real para organizar en los establecimientos equipos de gestión y liderazgo, en forma autónoma.

Otro ámbito en el cual no se observan avances significativos respecto de mayor ejercicio de liderazgo de los directores, se refiere al manejo de recursos. La ley que establece el sistema de educación pública ratifica la facultad de administrar los recursos que le sean delegados en función de lo que ya establece la Ley No 19.070 sobre Estatuto de Profesionales de la Educación. En la práctica, esto permite a los directores tener algún nivel de autonomía financiera para ejecutar las reparaciones necesarias que requiera el establecimiento. Sin embargo, no incorpora atribuciones sobre el uso de los recursos más significativos y pertinentes que se transfieren a partir de la Ley de Subvención Escolar Preferencial y del Programa de Integración Escolar, que continuarán llegando al sostenedor, en este caso, al SLE. Cabe notar que la Subvención Escolar Preferencial transfiere un monto de recursos adicionales por cada alumno prioritario de enseñanza básica o media que asista a un determinado establecimiento. Estos recursos se transfieren precisamente para financiar el mejoramiento educativo de esa escuela en gestión del currículum, liderazgo escolar y otros aspectos. Sin embargo, la asignación de estos queda centralizada en el sostenedor.

En suma, las escuelas no ven incrementada su autonomía tras la implementación de la nueva educación pública, lo que dificulta un correcto alineamiento con la realidad local. En este sentido, nuevamente no se considera suficientemente a los directores de las escuelas, lo que abre una interrogante en torno a quién es el que responde ante las familias y sobre las responsabilidades que la escuela debe asumir.

Proyección de largo plazo

Parte de las inspiraciones o justificaciones para cambiar el sistema municipal de educación, y que se mencionaban de manera explícita en el mensaje de la ley, es que se percibe como un sistema con ausencia de proyección de largo plazo, asociado a los ciclos políticos de las alcaldías y a los consecuentes cambios de prioridades.

Tal como se puede apreciar en la Tabla 1, la Ley del Sistema de Educación Pública establece diversos instrumentos para formular una visión de mediano plazo sobre la educación pública. Se define una Estrategia Nacional de Educación Pública con una duración de ocho años y Planes Estratégicos Locales de Educación Pública que durarán seis años, y que deben tomar en consideración la Estrategia Nacional. Adicionalmente, los directores de SLE durarán seis años en el cargo y deberán suscribir convenios de gestión educacional por igual período. Finalmente, los establecimientos educacionales deberán contar con un Plan de Mejoramiento Educativo con una planificación a cuatro años. Por lo tanto, al menos a nivel normativo, se define un completo entramado de instrumentos de planificación que debiesen interrelacionarse y lograr una mirada del desarrollo de la educación en el mediano plazo.

Sin embargo, la mayor crítica a la proyección de largo plazo de la actual educación municipal proviene de los ciclos políticos y de los consecuentes cambios en las prioridades estratégicas a nivel local. Por lo tanto, el desafío está en el proceso de designación del director del SLE, que ahora permanecerá por seis años, y la formulación y seguimiento de los convenios de desempeño[10]. En este sentido, la nueva Ley del Sistema de Educación Pública reafirma las instancias que se ha-

---

10 La Ley 20.501 establece que los directores de DAEM duran cinco años en el cargo, deben suscribir un convenio de desempeño y su selección es por el Sistema de Alta Dirección Pública.

bían previsto en la Ley de Calidad y Equidad de la Educación (Ley No 20.501, 2011) para los directores de Administración de la Educación Municipal que ahora se aplicarán para los directores de SLE. Los análisis preliminares que se han realizado respecto de estas nuevas condiciones de selección de directores muestran algunas señales positivas en cuanto a que existiría mayor liderazgo a nivel de escuela en los casos en que los directivos son elegidos por el sistema de Alta Dirección Pública (Centro de Políticas Públicas UC, 2014)

Vinculación local y tamaño de los servicios

Tal como se mencionó en la sección previa respecto de las limitantes actuales de la educación municipal, la vinculación local se refiere a la posibilidad de reconocer las particularidades del territorio y sus estudiantes, y a la articulación de las políticas y programas sociales que complementan los servicios educacionales.

El nuevo Sistema de Educación Pública está organizado desde "arriba hacia abajo". Se trata de un servicio público centralizado, cuyo sistema de rendición de cuentas y responsabilidades está estructurado desde el nivel local hacia el central y no necesariamente hacia las comunidades locales, las que si bien tienen un rol de propuesta y asesoría, este no es necesariamente vinculante. El director del SLE debe dar cuenta del cumplimiento de su convenio de gestión educacional al director de Educación Pública, mientras que el Comité Directivo Local solo puede hacer una "propuesta de prioridades" para ese convenio, siempre y cuando se enmarque en la Estrategia Nacional de Educación. A su vez, el director de establecimiento debe dar cuenta del cumplimiento de su convenio de desempeño educacional al director del SLE.

Si bien el Comité Directivo Local se acerca a lo que podría ser un directorio del SLE, que tiene por objeto apoyar el desarrollo estratégico del servicio, sus funciones son meramente propositivas, teniendo una sola función vinculante asociada a la aprobación del Plan Estratégico Local. Esta instancia, que no estaba contemplada inicialmente en el proyecto de ley, está integrada por seis personas, de las cuales dos son representantes de los alcaldes. La mayoría de los SLE tiene más de dos municipios, por lo cual sus representantes deberán elegirse entre todos los alcaldes que componen el SLE. Surge la duda sobre cuál será el nivel de involucramiento de los alcaldes que no estén representados en estos directorios que tienen más de dos municipios y que corresponden al 90% de los SLE. Además, lo probable es que estos representantes, que no son funcionarios municipales, no puedan comprometer el apoyo formal de sus municipios ni mucho menos aquellos que no están representados directamente en este comité. De esta forma, se desconoce cuál será la posibilidad de articulación del SLE con las políticas sociales y los recursos locales que administran los municipios.

Adicionalmente, la Ley del Sistema de Educación Pública crea los Consejos Locales de Educación, con doce integrantes, cuyo objetivo principal es precisamente representar los intereses de las comunidades educativas ante el director del SLE. Esta es una instancia valiosa para recabar la opinión de la comunidad educativa ampliada sobre el cumplimiento de los objetivos del SLE. Sin embargo, dado su tamaño, es difícil captar en estas dimensiones la diversidad de situaciones al interior de los SLE y mucho menos conocer o vincularse con las comunidades locales[11].

La conformación de los SLE respeta la división político-administrativa comunal y para su definición se utilizaron criterios como tamaño de la matrícula, número de establecimientos y conectividad, partiendo del supuesto de la pertinencia de conformar SLE de tamaños considerablemente más grandes que los que administraban los municipios. Avilés (2016) estima que habría al menos 17 SLE a cargo de más de 100 establecimientos, mientras el promedio de establecimientos administrados por un SLE es de 82, lo cual resulta una magnitud significativamente mayor a las administradas actualmente. Como referencia, hoy el 90% de los municipios administra 30 o menos establecimientos y solo el 0,1% de los sostenedores de establecimientos particulares subvencionados tienen una escala de más de 20 establecimientos. La estructura de división actual de los SLE se traduce en que, en promedio, cada uno de ellos estará a cargo de 20.000 estudiantes, lo que resulta en una cifra desproporcionada en términos administrativos y de gestión.

En este sentido, los SLE deberán hacerse cargo de una mayor diversidad de alumnos y territorios, alejándose así de las comunidades,

---

11   De hecho, desde la formulación del proyecto de Ley del Sistema de Educación Pública, dada la extensión de los territorios de los SLE, ya se contemplaba la necesidad de crear oficinas locales de estos.

en vez de avanzar en la línea de incluir a estos actores en las decisiones educacionales y fortalecer el componente local de la educación. Los tamaños de los SLE asumen una economía de escala que no ocurre automáticamente al aglutinar territorios, pues otros factores también intervienen en este proceso[12].

Rendición de cuentas y la dilución de responsabilidades

Un tema relevante a considerar en la propuesta de Nueva Educación Pública es el de la precisión de responsabilidades, considerando los actuales traslapes de facultades y la histórica falta de avances significativos en alinear la responsabilización y atribuciones de los actores relevantes en educación. En este sentido, la Dirección de Educación Pública actúa como principal (en la relación principal agente) al vincularse con la institucionalidad creada. Por ello, surge la necesidad de definir operativamente los sistemas de información, seguimiento y monitoreo de los Servicios Locales. Además, es posible visualizar una importante asimetría de información y atribuciones entre el Servicio Local y el Comité Directivo, ante lo cual aparece la interrogante de cómo se precisarán las responsabilidades y las consecuencias que ello trae.

En cuanto a las atribuciones de la DEP, no se ve claro cómo se resuelve el problema de agencia que tiene la educación pública, dado que posee amplias atribuciones en su actuar y un claro control sobre los SLE, mientras que, por otra parte, hay actores más cercanos al territorio que poseen escasas atribuciones formales para formular exigencias al director del SLE.

En este ámbito, resulta indispensable la rendición de cuentas, más allá de una Cuenta Anual de Gestión, por lo que se debe contar con buenos indicadores de desempeño educativo de las autoridades locales responsables. Estos indicadores deben ser pocos y estar centrados en los aprendizajes integrales de los niños, y no exclusivamente en los procesos internos de los SLE.

Por otra parte, la nueva institucionalidad tampoco es muy precisa en explicitar los niveles de coordinación de funciones entre sus insti-

---

12   Véase FOCUS (2004): Diagnóstico y análisis de factibilidad de la administración municipal conjunta de los servicios de educación y salud en los municipios. Estudio realizado para SUBDERE.

tuciones, como el Ministerio de Educación, la Dirección de Educación Pública, la Superintendencia de Educación y la Agencia de la Calidad, tanto a nivel nacional como en el nivel local o del establecimiento educacional, en donde las dos últimas instituciones mencionadas tienen responsabilidades claras que ya están ejecutando.

Educación parvularia y establecimientos técnico-profesionales

Un desafío pendiente del cual la reforma no se hace cargo en profundidad es el traspaso de los establecimientos de educación parvularia que hoy en día dependen de los municipios. Esto queda establecido en el número 12 de las disposiciones transitorias de la ley. En este apartado se declara formalmente que los establecimientos de educación parvularia están considerados en los traspasos de establecimientos al sistema de educación pública, lo que incluye a los jardines que operan Vía Transferencia de Fondos (VTF). Si bien administrativamente la situación queda resuelta en este artículo, esto no aborda integralmente el desafío que conlleva este nivel de enseñanza.

Para abril del año 2015, existían 1.492 jardines VTF administrados por las municipalidades, los que representan el 56,9% de las unidades educativas de la Junta de Jardines Infantiles (JUNJI). Si además se considera que parte de los jardines infantiles alternativos también son administrados por los municipios, cada SLE –suponiendo una distribución homogénea– podría llegar a administrar entre 22 y 32 jardines. Calculando que un SLE administrará en promedio alrededor de 80 establecimientos escolares, el porcentaje de unidades educativas que representará la educación inicial será cercano al 30%. La magnitud de este traspaso plantea aspectos críticos que no están suficientemente resueltos.

La absorción de los VTF municipales es coherente con lo que plantea la nueva Ley de Educación Pública de desmunicipalizar el servicio educacional, en este caso en el nivel de educación parvularia. Sin embargo, a lo ya planteado, se agrega otra serie de desafíos, los cuales, de nuevo, no están claramente abordados en la propuesta. Es necesario tomar en cuenta que los SLE se enfrentarán a los mismos problemas de financiamiento de los VTF actuales: recursos bajos y poco estables, en un contexto de asistencia irregular. Entonces, los SLE estarían asumiendo los costos que históricamente han asumido los municipios: bajo ingreso por alumno atendido e inestabilidad en dicho ingreso por fluctuaciones en la asistencia (dado que este tipo de jardines se financia por asistencia promedio y no por matrícula). Además, la ley no aclara si las múltiples regulaciones, atribuciones y obligaciones de los establecimientos que regula se aplican también a los jardines infantiles y salas cuna.

En la ley se decretó que se implementarán acciones de apoyo psicosocial y profesional para asegurar que los SLE puedan entregar educación de calidad en estos niveles y modalidades educativas. En esta instancia, se reafirma que los actuales jardines infantiles VTF deben ser parte de la Nueva Educación Pública, traspasando los establecimientos educacionales a los SLE respectivos (aunque no sean inmuebles dedicados de manera exclusiva al funcionamiento educacional parvulario).

En el caso de la formación técnico-profesional en la educación media, la ley no le da el protagonismo que debiera tener este tipo de educación si se ve la magnitud que tiene actualmente en el sector municipal y que corresponde al 46% de la matrícula de esta modalidad en el país. La ley contempla que el SLE velará por la pertinencia de la oferta de estas especialidades con miras a la estrategia de desarrollo regional. Sin embargo, quedan muchos aspectos de esta modalidad educativa sin resolver, como lo es la calidad, las características administrativas y el perfil de los docentes, entre otras.

Tal como se ha podido constatar en esta sección, es posible plantear una multiplicidad de dudas y apreciaciones respecto de cómo se implementará la ley del nuevo Sistema de Educación Pública. Obviamente, la nueva institucionalidad es un cambio significativo en la forma de la provisión actual de este servicio, que podrá dar señales importantes para la mejora de la provisión pública de la educación, pero hay muchos aspectos que no están cabalmente resueltos en el contexto de lo que han sido los argumentos históricos de por qué desmunicipalizar.

DESAFÍOS DE LA IMPLEMENTACIÓN

Nuestro país ha aprendido con mucho sacrificio la relevancia que tiene una correcta implementación para el éxito de una política. El caso extremo de una implementación apresurada y con efectos de largo plazo es el Transantiago y, por otra parte, también conocemos lo que fue la puesta en marcha pausada de la Reforma Procesal Penal. En este sentido, la tramitación de lo que fue el Proyecto de Ley del Sistema de Educación Pública llevó a definir un calendario de instalación más moderado y con algunos mecanismos novedosos de revisión del proceso. Efectivamente, los primeros dos SLE ya están en operación desde comienzos del 2018[13]. El proceso de instalación se ha dividido en dos etapas: la primera dura hasta 2020 y considera once SLE, mientras que la segunda se desarrollará entre 2022 y 2025, con la instalación de los 57 SLE restantes. La ley también contempla la creación de un Consejo de Evaluación del Sistema de Educación Pública, el que realizará una evaluación intermedia el año 2021. Este consejo podrá proponer cambios en el calendario de implementación, modificación de los ámbitos de competencia de los servicios y otros aspectos relevantes. Adicionalmente, la ley también incluye la posibilidad de que municipios que cumplen ciertas condiciones de desempeño puedan solicitar postergar el traspaso del servicio educacional.

Si bien esta implementación pausada y con una evaluación intermedia es algo altamente deseable, no deja de generar complejidades en las decisiones estratégicas de la educación local. ¿Cuál será el escenario que se perfilará en los municipios que no ingresen al sistema en los próximos siete años?, ¿tendrán disposición a invertir y desarrollar la educación municipal o bien estarán esperando el cambio de sostenedor y mantendrán un nivel mínimo de compromiso con el servicio? Estas son solo algunas de las interrogantes. Este escenario de incertidumbre puede generar por sí mismo un mayor deterioro o inacción de la educación a nivel local.

También hay ciertos aspectos de la transición especialmente preocupantes y que es necesario tener en cuenta. Por una parte, está lo referido al traspaso de bienes muebles e inmuebles. El Ministerio de Educación ha sostenido que los edificios que actualmente ocupan los establecimientos educacionales, en su mayoría, fueron traspasados a los municipios en calidad de comodato en el proceso de municipalización a inicios de los años ochenta. Sin embargo, los municipios, que son corporaciones autónomas de derecho público, con personalidad jurídica y patrimonio propio, pueden haber adquirido otros edificios o realizado mejoras en la infraestructura con recursos extraídos de su

---

13 Los dos primeros SLE corresponden a el SLE de Barrancas, que agrupa los establecimientos de las comunas de Cerro Navia, Pudahuel y Lo Prado (54 colegios y 23 jardines), y el SLE de Puerto Cordillera, que agrupa los establecimientos de las comunas de Andacollo y Coquimbo.

presupuesto. Por lo tanto, si bien los SLE y los municipios pertenecen al Estado, ambos tienen autonomía y capacidad decisoria propia, por lo que existe más de algún riesgo de que el proceso de traspaso forzoso de los establecimientos termine en una batalla judicial.

Por otra parte, en cuanto a los traspasos de personal, si bien los actuales funcionarios de DAEM y corporaciones tienen prioridad para ser contratados en los nuevos SLE, es posible que no todos sean traspasados, pues precisamente uno de los criterios subyacentes de la desmunicipalización es generar economías de escala. En este sentido, la ley contempló fondos para las indemnizaciones de los funcionarios que actualmente se desempeñan en los servicios educacionales municipales. Aun así, existe la duda de si esos recursos serán suficientes para solventar este proceso. Adicionalmente, también hay incertidumbre respecto de qué ocurrirá con los convenios y contratos colectivos que los profesores y asistentes de la educación han celebrado con los actuales sostenedores, cuando pasen a ser parte de un SLE. Como es sabido, si bien existe un Estatuto Docente que rige para todo el país, la mayoría de los municipios, de acuerdo son sus recursos e iniciativa, han creado sistemas complementarios de incentivos o gratificaciones a sus trabajadores. Aquí surge la preocupación por la complejidad del proceso de homologación de estos beneficios entre trabajadores que cumplen funciones similares, que se puede ver complejizado con la implementación del Sistema Nacional de Desarrollo Profesional Docente (Ley 20.903). Estas situaciones pueden generar dificultades y conflictos laborales potenciales[14].

REFLEXIONES FINALES

Tal como se planteó en la primera sección de este capítulo, hay diversos antecedentes bastante transversales que cuestionan la efectividad de la provisión municipal del servicio educacional, a lo que se asocia

---

14   De hecho, al terminar de escribir el presente artículo ya se habían constatado algunas dificultades en este sentido, ver:,i) el diario "El Día" de Coquimbo (30/11/2017) informa de una huelga de los funcionarios del DAEM de Coquimbo por "incumplimiento" de los compromisos del traspaso por parte de la Secretaría Regional de Educación, ya que quedarían 70 funcionarios DAEM sin trabajo. http://www.diarioeldia.cl/region/coquimbo/funcionarios-daem-coquimbo-inician-paralizacion-indefinida-ante-incumplimientos. ii) Paro del 5 de marzo en SLE de Barrancas http://www.biobiochile.cl/noticias/nacional/region-metropolitana/2018/03/01/docentes-de-servicio-local-de-educacion-en-santiago-anuncian-paro-durante-el-5-de-marzo.shtml

una sistemática reducción de la proporción de matrícula que asiste a este tipo de dependencia. A esto se suma una percepción de estancamiento en los logros de aprendizaje de los estudiantes, que redunda finalmente en la instalación de un clima de deterioro de la educación municipal. De esta manera, se va conformando un cuadro en el cual la desmunicipalización de la educación aparece, desde hace más de una década, como la posibilidad de fortalecer la educación de provisión pública. Sin embargo, la mayor preocupación que surge de este análisis es que este proceso tiene un fuerte componente de cambio de sostenedor del municipio al SLE, lo que por sí solo no conducirá a una mejoría en la calidad.

El mejoramiento de la educación se debe entender como proceso permanente y las escuelas deben generar capacidades internas para sustentar cambios en el mediano y largo plazo. Si bien en la tramitación de la ley que crea el Sistema de Educación Pública se incorporaron diversos aportes, se considera que un aspecto clave para su éxito está en potenciar el desarrollo del liderazgo directivo y de las capacidades de las comunidades educativas, así como mejorar la responsabilización, posicionándose en la tarea educativa con proyecciones de largo plazo.

REFERENCIAS

Anderson, J.O., Lin, H.-S., Treagust, D.F., Ross, S.P., Yore, L.D., 2007. Using Large-scale Assessment Datasets for Research in Science and Mathematics Education: Programme for International Student Assessment (PISA). *Int J of Sci and Math Educ.* 5, 591–614. doi:10.1007/s10763-007-9090-y

Avilés, J. (2016). Proyecto de Ley de Desmunicipalización. Presentación de Instituto Libertad y Desarrollo. 14 de septiembre de 2016.

Cabezas, V., Hochschild, H., Inostroza, D., Irarrázaval, I. & Tello, C. (2016). Nuevo Sistema de Educación Pública: ¿foco en los aprendizajes? Análisis del Proyecto de Ley que crea el Sistema de Educación Pública y modifica otras normas. *Apuntes Legislativos* N° 30.

Centro de Estudios MINEDUC (2016). Anuario de Estadísticas de la Educación 2016.

Centro de Políticas Públicas UC (2009). Reflexiones para una mejor educación pública en Chile. *Apuntes Legislativos* N° 1.

Centro de Políticas Públicas UC (2011). Reforma a la educación: elementos para el debate. *Apuntes Legislativos* N° 6.

Centro de Políticas Públicas UC (2016). Nuevo Sistema de Educación Pública: ¿foco en los aprendizajes? Análisis del Proyecto de Ley que crea el Sistema de Educación Pública y modifica otras normas. *Apuntes Legislativos* N° 30.

Centro de Políticas Públicas UC (2014). Caracterización de Directores electos por el sistema establecido por la ley No 20.501. Informe Final para el Servicio Civil.

Cox, C.; Ditzel, L.; Henríquez, C.; Irarrázaval, I.; Jara, J.; Medina, R.; Raczynski, D.; Sepúlveda, J.; Tello, C. (2011). *¿Qué hacer con la educación municipal? Recomendaciones y desafíos para un nuevo sistema*. Centro de Estudios de Políticas y Prácticas en Educación; Centro de Políticas Públicas UC. Septiembre 2011.

Elige Educar (2017). ¿Cómo evalúa y valora la ciudadanía la educación parvularia en Chile? Elige Educar da a conocer los resultados, 22 de noviembre 2017.

Filgueira, F, Molina C. y Bogliaccini, J. (2006). Centralismo y descentralización como ejercicio iterativo. En Filgueira, F y Fritsche, M. *Descentralización de la educación pública en América Latina*. Konrad Adenauer Stiftung.

Irarrázaval, I. (2015). Perspectivas Futuras en Educación. En *Ideas en Educación: Reflexiones y propuestas desde la UC*, editado por Ignacio Sánchez.

Leithwood, K., Seashore, K., Anderson, S. & Wahlstrom, K. (2004). *Review of research. How leadership influences student learning*. University of Minnesota, University of Toronto & The Wallace Foundation. Disponible en www.wallacefoundation.org.

Marcel, M & Raczynski, D. (2009). *La Asignatura Pendiente: Claves para la Revalidación de la Educación Pública de Gestión Local en Chile*. Corporación de Estudios para Latinoamérica (CIEPLAN), agosto 2009. ISBN N° 978-956-8601-55-3.

OECD, 2013. PISA - Organisation for Economic Cooperation and Development [WWW Document]. URL http://www.oecd.org/pisa/ (accessed 6.18.14).

Panel de Expertos para una Educación de Calidad (2011). Fortalecimiento de la Institucionalidad Pública: Integrado por Beyer, H.; Alvarado, J.; Arellano J.; Aylwin, M.; Brunner, J.; Krebs, A.; Matte, P.; Molina, S.; Pavez, J.; Romaguera, P.; Rosso, P.; Zalaquett, P.

Sevilla, P. (2012). *Educación Técnico-Profesional en Chile: Antecedentes y claves de diagnóstico*. Centro de Estudios. División de Planificación y Presupuesto Ministerio de Educación, Gobierno de Chile.

CAPÍTULO 9

A CASI DOS AÑOS DE LA PROMULGACIÓN DE LA LEY 20.903:
AVANCES, TENSIONES Y DESAFÍOS DEL SISTEMA DE DESARROLLO PROFESIONAL DOCENTE

LORENA MEDINA
Decana Facultad de Educación UC

> *"Leading and supporting pupil learning requires
> every teacher to embark on a professional, social and
> personal journey that involves career-long professional
> development within collaborative learning environments"*
> *(ET2020 Working Group on Schools Policy, 2014-2015).*[1]

INTRODUCCIÓN

Hace ya más de dos años, discutíamos el proceso para la creación de una nueva ley que venía a mejorar las condiciones laborales, profesionales y de formación de las profesoras y profesores chilenos. La Ley 20.903 emergió en el contexto nacional de una serie de reformas educacionales, tanto a nivel escolar como superior, después de un diagnóstico generalizado en nuestro país acerca de la necesidad de realizar cambios profundos y estructurales que permitieran la mejora que nuestra educación necesita.

Tal como señalamos en el capítulo de esta publicación en su versión anterior (Medina, 2015), algunos de los elementos contextuales más gravitantes que han atentado contra la calidad de la educación chilena han sido: una importante desregulación de las carreras de pedagogía desde los años 80, y, desde esa vertiente, una fuerte desprofesionalización docente que afectó al gremio durante décadas; un rol y una valoración profesional social debilitados, y por tanto, una carrera poco atractiva para los buenos estudiantes; unas amplias brechas de calidad vinculadas a las brechas socioeconómicas que existen en nuestro país, redundando en un sistema segregado (Carrasco et al., 2014); además, una distribución muy desigual de los profesores en las escuelas, gatillada por los bajos sueldos y las condiciones menoscabadas de

---

1   "Liderar y apoyar el aprendizaje de los alumnos requiere que cada maestro se embarque en un viaje profesional, social y personal que implique el desarrollo profesional durante toda la carrera en entornos de aprendizaje colaborativo".

desempeñarse en sectores más vulnerables, por lo cual los mejores docentes no permanecen en la educación pública, que es la que tiene más necesidades. Cuestión que también es una realidad más allá de nuestras fronteras (Darling-Hammond & Baratz-Snowden, 2007; Meckes y Bascopé, 2010; Cabezas y Claro, 2011; Paredes y Ramírez, 2011).

En este marco, un lugar importante lo constituye la formación docente inicial y continua, como uno de los factores más relevantes para avanzar en la mejora del sistema educacional. De acuerdo con lo señalado por la literatura especializada internacional y nacional, es la calidad de los docentes el factor intraescuela que mejor explica las diferencias en la calidad del aprendizaje de los estudiantes (Barber y Mourshed, 2007; Cabezas e Irarrázaval, 2015). Por ello, el proponer una ley que se constituyera como un cambio estructural profundo y sostenible en el tiempo respecto de la profesión docente era y es un desafío no menor y muy esperanzador.

En ese entonces discutimos los principales ejes de las propuestas contenidas en el proyecto de ley y sus proyecciones futuras. Hoy, con la Ley 20.903 promulgada hace casi dos años, nos interesa revisar la trayectoria que ha seguido su implementación, en términos de los avances que ha representado, las tensiones que ha generado en los distintos actores implicados por la ley y los desafíos que aún restan por cubrir y en los que se debiera avanzar en los próximos años.

Dado lo anterior, este capítulo abordará, en primer término, una síntesis de los principales componentes de esta ley y los avances que ha permitido; luego, revisaremos los principales hitos o acciones ocurridas desde abril del 2016 hasta hoy para la implementación de la Ley. Posteriormente, consignaremos los aportes a la discusión de la implementación por parte de instituciones dedicadas a las políticas públicas en educación, así como a la formación docente; también revisaremos las tensiones que la implementación ha provocado en diversos sectores, especialmente entre los docentes y las instituciones formadoras. Finalmente, contrastaremos el estado del arte de la implementación de esta ley en Chile con lo planteado y recomendado por la literatura internacional y nacional sobre formación de profesores. A la luz de lo anterior, se sintetizarán los principales desafíos que este cuerpo legal aún tiene por delante y lo que la Facultad de Educación UC ha avanzado a este respecto.

LEY 20.903. CONFIGURACIÓN Y AVANCES DEL SISTEMA DE DESARROLLO PROFESIONAL DOCENTE

Aprobada en febrero del 2016, la Ley 20.903 crea el Sistema de Desarrollo Profesional Docente (SDPD), que tuvo entre sus principales objetivos reconocer el valor de la profesión docente, así como apoyar su ejercicio profesional generando las condiciones para que la mejora en la formación y la calidad de los aprendizajes también avanzara de la mano de profesoras y profesores mejor preparados.

La concepción sistémica de las trayectorias profesionales de los docentes conllevó transformaciones relevantes para el ejercicio de la docencia y la formación de profesores. Ya no se trataría de un abordaje aislado de las condiciones laborales y profesionales de los pedagogos, sino de una concepción que promueve el trabajo colaborativo entre pares, y también a través de la conformación de redes de docentes y/o maestros.

Pero, ¿qué acciones trajo consigo esta ley que podamos considerar avances cualitativos en la profesión docente?

Creemos que un aspecto central de esta visión sistémica y la vez de proyección de la trayectoria profesional es que permite comprender la formación como un continuo a lo largo de toda la vida activa de un docente, tratándose de un camino que ofrece posibilidades relevantes de desarrollo profesional, con un horizonte de expectativas amplio respecto de diversas oportunidades de aprendizaje y formación. Sin duda, la promulgación de esta ley marca un hito en la formación de profesoras y profesores, así como en la historia de la educación chilena.

Su implementación, que se llevará a cabo hasta el año 2026, contempla, en términos globales, un aumento del tiempo no lectivo para los docentes, y que en definitiva se traduce en un tiempo necesario para la preparación y reflexión sobre sus acciones pedagógicas cotidianas y de proyección en el tiempo. También, una nueva escala de remuneraciones que se presenta como más acorde y es sensible a los distintos niveles de desarrollo profesional. Y un aspecto muy relevante es la emergencia de nuevos derechos para los docentes, ya que el acompañamiento en los primeros años de ejercicio a través de mentorías y la formación continua serán posibilidades ciertas para docentes de establecimientos que reciben fondos del Estado.

En general, los focos centrales del SDPD se hallan en la Formación Inicial Docente (FID), en la implementación de un *Sistema de inducción para profesores principiantes* y una *Nueva carrera profesional docente.* Por ello, el SDPD se ocupa de la formación desde el ingreso de los futuros docentes a los estudios de Pedagogía hasta el proceso de desarrollo profesional una vez egresados. Esta visión sistémica global puede apreciarse en la siguiente figura:

FIGURA 1
VISIÓN GLOBAL DE LOS COMPONENTES CENTRALES DEL SDPD.

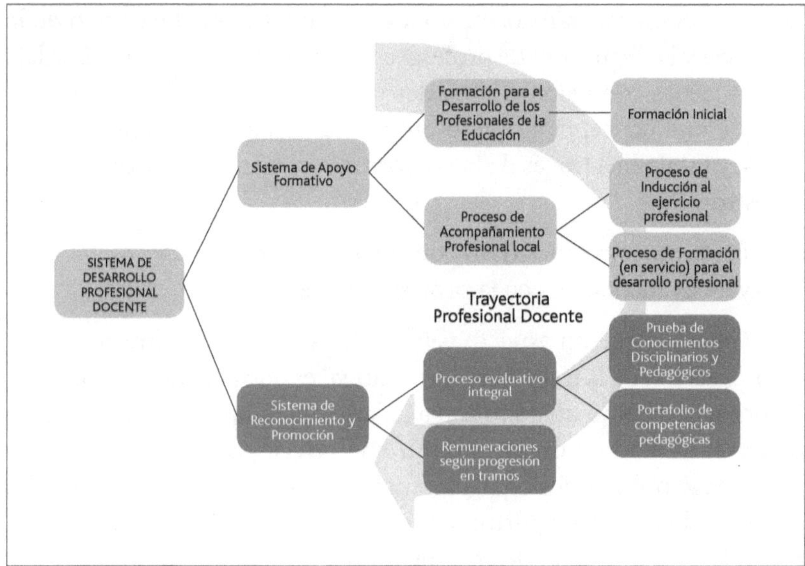

Fuente: Ministerio de Educación, CPEIP, 2 de junio 2017[2].

Tal como muestra la Figura 1, el SDPD comporta dos ejes fundamentales, un *sistema de apoyo formativo* y un *sistema de reconocimiento y promoción*, el cual permite informar sobre el desempeño docente, la asimilación de los profesionales a los distintos tramos de la carrera docente, así como orientar los apoyos pertinentes que posibiliten a los profesores y profesoras avanzar en ella, contextualizadamente, a través de los servicios de apoyo locales.

---

2   Presentación de Jaime Veas, director del CPEIP, al Consejo de Decanos de Educación del CRUCH, CONFAUCE.

Respecto de la formación inicial, los ejes centrales a los que apunta la ley son: establecer por primera vez unos requisitos de ingreso para todas las carreras de Pedagogía; la acreditación obligatoria de las carreras de Pedagogía por parte de la Comisión Nacional de Acreditación (CNA); el establecimiento de unos nuevos estándares disciplinarios y pedagógicos aprobados por el Consejo Nacional de Educación y dos evaluaciones diagnósticas obligatorias: una al inicio de los estudios de Pedagogía y otra un año antes del egreso de los futuros docentes.

En cuanto al sistema de inducción, este nuevo aporte busca facilitar la inserción de profesoras y profesores principiantes en la comunidad educativa del establecimiento en el que se desempeñan, así como apoyarlos para progresar en su carrera profesional. El proceso, de carácter formativo, tendría una duración de 10 meses y los docentes lo pueden realizar en el primer o segundo año de la carrera, con horas destinadas especialmente para ello y financiadas por el Ministerio de Educación. El principal mecanismo para este proceso de inducción lo constituyen las *Mentorías*, que son realizadas por un docente calificado y preparado especialmente para llevar a cabo este proceso. De acuerdo con información del CPEIP, desde el 2017 y hasta el 2022, el sistema funcionará con gradualidad y priorización de postulantes.

En relación con el sistema de reconocimiento y evaluación, este permite a los docentes avanzar en 5 tramos de acuerdo con el desempeño que vayan acreditando durante su carrera. Dos de los instrumentos para evaluar dichos desempeños de los docentes en ejercicio son el Portafolio de la Evaluación Docente y una prueba de conocimientos disciplinarios y pedagógicos. De cada uno de estos se desprenden resultados que arrojan luces y "claves formativas", tal como las ha denominado el CPEIP[3].

De acuerdo con reportes de esta entidad para evaluaciones realizadas hasta el año 2015 de docentes pertenecientes al sistema municipal, los resultados mostraron como sus mayores fortalezas una adecuada capacidad para captar la atención de los estudiantes y también para seguir la secuencia de la clase. Los mayores desafíos, en cambio, se concentraron en las áreas de planificación, evaluación e interacción en la sala de clase. Tanto en planificación como en evaluación hay de-

---

3   Centro de Perfeccionamiento, Experimentación e Investigaciones Pedagógicas del Ministerio de Educación.

bilidad en el diseño y uso de instrumentos adecuados para tales efectos, pero principalmente en el análisis de los procesos para la mejora y retroalimentación post evaluación. En el ámbito de las interacciones de sala de clase, se requiere mayor fomento de la participación y contextualización a partir de las experiencias previas de los estudiantes y los territorios locales (Veas, 2017). El gráfico que presentamos a continuación muestra la distribución del desempeño docente en siete áreas del portafolio de evaluación y en todos los niveles, esto es, I: Insatisfactorio, B: Básico, C: Competente, D: Destacado, donde el nivel "Competente" es el nivel mínimo esperado para un desempeño profesional adecuado, de acuerdo con Docentemás[4].

GRÁFICO 1
RENDIMIENTO NACIONAL EN DIMENSIONES PORTAFOLIO DOCENTE 2015. (ORDENADOS DE MAYOR A MENOR N DE C+D)

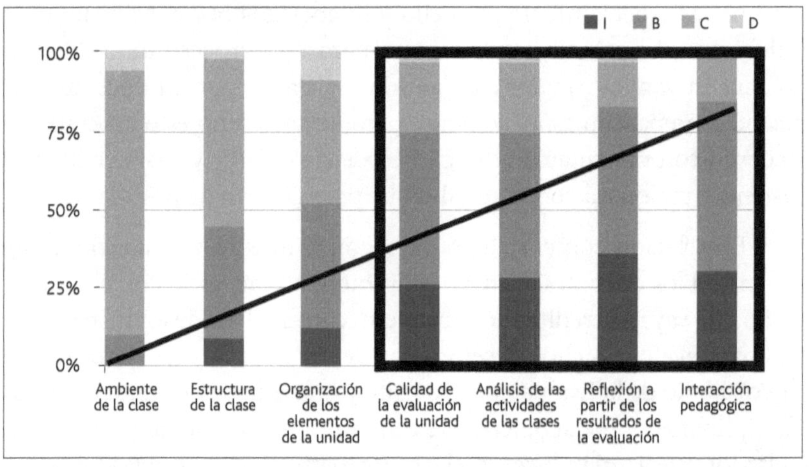

Fuente: Ministerio de Educación, CPEIP. 2 de junio 2017.

La gráfica nos muestra unos desempeños muy similares a lo largo del país. Sobresale un muy buen desempeño en la generación de un buen ambiente de clase para el aprendizaje; entre un 50% y 60% de los docentes fue competente o destacado en cuanto a la estructura de la clase y en un porcentaje menor al 50% en organización de la unidad didáctica. Y tal como se aprecia en el gráfico, descendiendo al 30% y menos, la calidad de la evaluación y la capacidad para analizar las

---

4   https://www.docentemas.cl/dm05_informes_niveles.php

clases realizadas. Y solo entre un 20% y un 10% es competente o destacado en cuanto a reflexión a partir de los resultados de la evaluación y en interacción pedagógica, el aspecto más débil de la evaluación.

Se dio una mayor proporción de competentes y destacados en aquellos docentes que se desempeñan en áreas como Dificultades de aprendizaje y Trastornos del lenguaje, y también en quienes enseñan Matemáticas, Lenguaje y Artes musicales. Una menor proporción de docentes en el estándar esperado se dio en los profesores de Artes visuales y Religión católica, así como entre aquellos que se dedican a la Educación de adultos, enseñando Historia y Ciencias (Veas, 2017). De acuerdo con los datos aportados por el CPEIP, las áreas que requieren de mayor atención para la mejora son: utilizar las intervenciones de los estudiantes para clarificar y profundizar sus conocimientos, en términos de la calidad de la retroalimentación que se les entrega; demostrar buen manejo de conocimientos disciplinares y en la didáctica de la disciplina.

Como puede apreciarse, el contar con datos que permiten visualizar con mayor claridad las áreas de fortalezas y debilidades de los docentes es un avance importante, más allá de la evaluación docente. Esto orienta no solo a los profesores y profesoras, sino también a las instituciones formadoras de profesores y al diseño de la oferta de formación continua. De allí que varias instituciones a nivel nacional estén rediseñando y repensando sus mallas de formación pedagógica en los distintos niveles, considerando estos datos, que sin duda nos señalan a la práctica pedagógica y al vínculo teoría-práctica como los aspectos centrales en los cuales focalizar los esfuerzos de formación inicial y, al parecer, también en el ámbito de la formación continua.

Los resultados sobre interacción pedagógica no sorprenden si se considera que la evidencia aportada por la investigación acerca de las interacciones de aula en Chile en la última década ha mostrado importantes falencias en esta área, en diversos niveles y en distintas disciplinas (Medina, 2014; Larraín et al., 2012; Galdames et al., 2011; Sun et al., 2011; Preiss, 2011, 2009). Lo mismo en el ámbito de la evaluación, pues son los propios docentes quienes declaran sentirse inseguros, poco preparados y con poca formación en este ámbito. Sobre esto, una elocuente imagen de las voces de las y los profesores se puede apreciar en la siguiente figura:

FIGURA 2
NUBE DE PALABRAS, INFORMES VOCES DOCENTES. SÍNTESIS DE 15 REGIONES

Fuente: Informe Voces Docentes, CPEIP, junio 2017.

Además de los resultados que aporta este sistema de evaluación en el marco de la nueva ley, y que permiten orientar los esfuerzos para la formación docente, un elemento regulador fundamental que introdujo la ley es que hizo obligatoria la acreditación de las carreras de Pedagogía, promoviendo entonces un monitoreo y evaluación del proceso de formación que permite resguardar la formación de calidad de futuras educadoras y docentes para un desempeño profesional a la altura de lo requerido. La Ley 20.903 establece que, para obtener su acreditación, las carreras deben hacerse parte de dos "evaluaciones diagnósticas" durante la formación inicial: una al inicio de la carrera y otra un año antes del egreso. Los resultados de la evaluación al inicio de la carrera debieran proveer datos para crear un plan de mejora, con mecanismos de acompañamiento y nivelación para los estudiantes evaluados. La evaluación previa al egreso debiera entregar los datos para un plan de mejora global, con proyecciones para las generaciones de egresados siguientes y el propio perfeccionamiento futuro del profesor(a). Esta última evaluación es obligatoria y es requisito de titulación, aunque su resultado no es vinculante para dicho efecto. Veremos más adelante cómo ha sido la implementación de estas evaluaciones diagnósticas y las reacciones que ello ha generado en los docentes y en las instituciones formadoras.

¿CÓMO HA EVOLUCIONADO LA IMPLEMENTACIÓN DE ESTE SISTEMA DE DESARROLLO PROFESIONAL DOCENTE?

Comenzaremos por revisar las acciones más relevantes desplegadas durante el tiempo de implementación de la Ley 20.903 a la fecha de redacción de este capítulo, para luego comentar los aportes y complementariedades de otras iniciativas en la misma dirección, por parte de diferentes instituciones ligadas a la política pública en educación.

Cronograma de acciones

Como hitos más destacados en la tramitación de la Ley 20.903, podemos destacar que el 28 de enero de 2016, el proyecto fue aprobado por el Congreso, tanto en el Senado como en la Cámara de Diputados. En febrero del 2016, se aprueba la Ley de Desarrollo Profesional Docente en el Congreso Nacional, y el 4 de marzo se promulga la ley de carrera docente, que entra en vigencia en abril del 2016, tras su promulgación el día 1 de ese mes, cuando fue publicada en el Diario Oficial, y a partir de lo cual los cambios serían graduales. Las primeras modificaciones se vieron reflejadas en el sistema municipal con el aumento de horas no lectivas. A partir de marzo del 2016 se produjo un incremento de los interesados por estudiar Pedagogía, aumentando las postulaciones y por ende la oferta a través de más vacantes en las instituciones formadoras a lo largo del país, lo que fue especialmente notorio en la matrícula 2017.

A partir de julio del 2017 se produjo el alza en las remuneraciones de los profesores del sistema municipal, las que se incrementaron, en promedio, en un 30%. Fue así como 100 mil profesores de establecimientos municipales ingresaron al SDPD y fueron beneficiados con este aumento. Según Jaime Veas, director del CPEIP a la fecha, la inversión en docencia durante el año 2017 alcanzó los $280 mil millones.

Para efectos de transparencia y manejo confiable de los recursos y asignaciones a los docentes, se creó un portal para que los profesores/as puedan dar seguimiento a sus nuevas asignaciones (www.portaldocente.MINEDUC.cl). Los establecimientos particulares subvencionados han sido considerados en la carrera docente, pero sus profesores se incorporan gradualmente en un período de 7 años.

En agosto del 2016 se dieron a conocer los cupos de ingreso a la carrera de forma voluntaria y a través de los establecimientos educacionales de los que los docentes forman parte, y se postula a través de la web en www.politicanacionaldocente.cl. Para definir qué instituciones se incorporan primero a este sistema, se utilizaría un criterio de organización de acuerdo con la cantidad y concentración de alumnos prioritarios; y los cupos serían para un séptimo del total de los profesores/as de los establecimientos particulares subvencionados y de administración delegada.

Entre diciembre de 2016 y enero de 2017, se realizaron modificaciones a algunos artículos de la ley original, donde se daba espacio a la creación de nuevas carreras de pedagogía para aquellas universidades acreditadas que impartieran o no este tipo de carreras, lo cual relativizaba o dejaba vacíos sobre los procesos de acreditación, ahora obligatorios en las carreras formadoras de docentes. Para reparar esto, la modificación de la ley estipuló que es posible abrir una carrera de pedagogía si las instituciones están en proceso de licenciamiento, con la obligación de lograr la acreditación dos años después del mismo:

> "Artículo 10.- La formación de los profesionales de la educación corresponderá a las universidades acreditadas, cuyas carreras y programas de pedagogía también cuenten con acreditación, de conformidad a la ley.

Sin perjuicio de lo dispuesto en el inciso anterior, las universidades que se encuentren en proceso de licenciamiento y bajo la supervisión del Consejo Nacional de Educación y que cuenten con la autorización de ese organismo, podrán impartir carreras de pedagogía hasta que dichas instituciones logren la plena autonomía, momento en el cual deberán acreditarse y acreditar la o las respectivas carreras, dentro de un plazo que no podrá ser superior a dos años contados desde que la institución haya logrado la plena autonomía".

En enero del 2017, se aplicó por primera vez la prueba diagnóstica a los alumnos de los últimos años de las pedagogías y cuyo resultado ha sido entregado en el mes de octubre por el CPEIP a cada institución. Además, cada institución aplica diagnósticos de entrada a los alumnos de primer año de Pedagogía, lo cual es chequeado por la CNA.

Respecto de la formación de mentores para encargarse del proceso de inducción de los profesores principiantes, se espera que hacia fines de 2017 se hayan formado 1.200 mentores de la mano de un trabajo colaborativo entre las universidades y el CPEIP. La idea es que en el 2018 comiencen las mentorías de forma gradual y en los establecimientos municipales.

Iniciativas y aportes a la discusión e implementación por parte de otras instituciones a nivel nacional

Hoy en Chile existen también otras instituciones encargadas de promover las mejoras en la calidad de la educación y la formación de profesores, de distinta naturaleza, tanto gubernamentales como no gubernamentales o fundaciones. En este contexto queremos destacar el aporte de algunas de estas entidades a la educación del país, así como a la profesión docente, en tanto motor del cambio que se requiere para ofrecer las oportunidades de aprendizaje real que nuestras y nuestros estudiantes necesitan.

La Agencia de Calidad de la Educación, que ha venido desarrollando una serie de iniciativas en torno a los fines antes señalados, nace con la publicación de la Ley 20.529, que crea el Sistema de Aseguramiento de la Calidad de la Educación Escolar. Este sistema se compone del conjunto de cuatro entidades: la Agencia de Calidad de la Educación, el Ministerio de Educación, la Superintendencia de Educación y el Consejo Nacional de Educación. En este contexto, y según su propia declaración, "… la Agencia de Calidad de la Educación es un servicio público, funcionalmente descentralizado, con consejo exclusivo, dotado de personalidad jurídica, patrimonio propio y que se relaciona con el Presidente de la República por medio del Ministerio de Educación"[5]. Sus principales objetivos son evaluar y orientar la mejora del sistema educativo, apuntando a la calidad y equidad de las oportunidades de aprendizaje que este ofrece.

En el contexto antes señalado, es posible advertir en los últimos años una labor que ha cambiado el foco y el sentido en torno a los temas de evaluación y a las orientaciones para la mejora educativa, que a nuestro juicio ha ido alcanzando los objetivos antes descritos. Y ello especialmente en lo que toca al desempeño de los profesores en contextos concretos y con el afán de valorar el trabajo colaborativo entre pares, con visión de comunidad, de proceso y por tanto de progresión, en el desarrollo y puesta en marcha de mecanismos de mejora. En este sentido, esta labor puede situarse en concordancia

---

5   http://www.agenciaeducacion.cl/nosotros/quienes-somos/

con algunas de las principales características a las que alude la Ley 20.903, respecto del SDPD.

Algunas de las acciones más destacadas en la dirección antes señalada, desde el ámbito de las orientaciones, son: el Plan de Mejoramiento Educativo 2017, en el marco del Sistema de Aseguramiento de la Calidad; la realización de visitas a los establecimientos educacionales con el afán de orientar y retroalimentar a partir de evaluaciones en terreno la labor de los equipos; compartir herramientas de orientación, así como prácticas y experiencias exitosas de las instituciones escolares. Estas últimas se han plasmado en los dos últimos años en la publicación de dos libros que destacan estas experiencias con el nombre de *Se puede*, y que en el 2017 se ha focalizado en prácticas de aula, desarrollo profesional docente y liderazgo pedagógico, dando un giro respecto del foco en resultados a un foco en los procesos. Desde el ámbito de la Evaluación, la Agencia ha ampliado su mirada en cuanto al concepto de calidad, de modo que las pruebas estandarizadas pasan a ser una de las herramientas destinadas a este fin, siendo complementadas por indicadores de desarrollo personal y social, así como por dos nuevos procesos de evaluación: evaluación progresiva y evaluación formativa. De este modo se repiensa y diversifica el sistema nacional de evaluación, con la conciencia de que, como señaló el secretario general de la Agencia, "Una misma talla no les queda bien a todos" y que el mejor uso de los resultados es con fines pedagógicos (Henríquez, 2017)6.

Elige Educar nace en el año 2009 como una alianza público-privada sin fines de lucro para trabajar por una mayor valoración social de la profesión docente, como una profesión con una de las más grandes capacidades transformadoras en la sociedad. Su labor va desde los ámbitos de política pública, la atracción y apoyo vocacional a los futuros profesores y profesoras, a la difusión y reconocimiento de las experiencias y prácticas exitosas. En este contexto, Elige Educar ha gestionado y liderado la participación de Chile en el *Global Teacher Prize*, por dos años consecutivos, que destaca a los buenos profesores chilenos no solo en el ámbito nacional, sino también en el internacional. Ahora bien, en el marco de la desprofesionalización docente

---

6   Presentación realizada al CONFAUCE. Consejo de Decanos de Educación del CRUCH en noviembre del 2017.

descrita en los antecedentes de este capítulo y la poca valoración social real de la profesión, esta iniciativa viene a aportar para "terminar con la paradoja" de saber que los profesores son el factor determinante en la mejora de la calidad de los aprendizajes, pero a los que, sin embargo, no se les brinda el reconocimiento y apoyo necesario para generar mejores condiciones para su desempeño laboral, así como en cuanto a su lugar crítico en la sociedad (http://www.eligeeducar.cl/conocenos).

Por su parte, Educación 2020, que nace también como fundación sin fines de lucro el año 2008, y, como señalan textualmente, "originada por un movimiento ciudadano, que busca la calidad y la equidad en la educación chilena" (http://www.educacion2020.cl/quienes-somos), ha orientado sus esfuerzos a trabajar para impulsar políticas públicas que permitan alcanzar los cambios que nuestra sociedad requiere para mejorar la calidad de la educación chilena. Pero, además, este impulso intenta alcanzar a la ciudadanía para que exija que dichos cambios se hagan realidad. Educación 2020 trabaja en terreno tanto con docentes como con directores y también con estudiantes, probando estrategias para la mejora en los aprendizajes, todo lo cual revela la aspiración de calidad, equidad e inclusión de la organización. Esto es, desde la política pública hasta la sala de clase.

En esta línea, Educación 2020 ha participado con aportes relevantes para una cantidad importante de debates legislativos; por ejemplo, en torno a la Ley sobre el Sistema Nacional de Aseguramiento de la Calidad, 20.529 (2011); en la Ley que incrementa y flexibiliza la subvención escolar preferencial y respecto de la Ley de Presupuestos 2012 (2011), que otorgó becas para la educación parvularia y becas para estudiantes hasta el tercer quintil. También participó de la discusión del Proyecto de Ley de Carrera Docente (2012) y apoyó algunos de los focos más relevantes de la Ley 20.903, como horas no lectivas, mejora salarial y mayores posibilidades de autonomía de los directores de las instituciones escolares. Además, cuenta con una iniciativa denominada "Innovar para Aprender", con foco en las salas de clase, y a partir de la cual ha implementado proyectos en establecimientos educacionales de distintas regiones, en tres líneas: *Redes de Tutoría, ABP y Experiencia Empresa.*

¿Qué tienen en común estas tres instancias? Que cuentan como uno de sus focos principales a la profesión docente y los procesos de aprendizaje en las salas de clase como el espacio privilegiado y más efectivo de la mejora educativa que el país necesita. Desde espacios e iniciativas diversos tensionan y a la vez convergen en lineamientos comunes y complementarios para aportar a los cambios propuestos en la Ley. Además, establecen un vínculo relevante entre las políticas públicas, la academia y la escuela.

TENSIONES ENTRE LOS ACTORES E INSTITUCIONES Y ALGUNAS CUESTIONES CONTEXTUALES

Una primera cuestión que creemos relevante destacar es el contexto "implícito" en el que emergen las voces de los principales actores en la implementación de la ley de SDPD, caracterizado por el desafío de tener que combatir algunas creencias, ideas y concepciones de sentido común acerca de la profesión docente que circulan en la sociedad, no solo en la chilena.

Tal como señalan Darling-Hammond & Baratz-Snowden (2007), la visión de sentido común más convencional y tradicional de la enseñanza es bastante simplista, pues esta se ve como un proceso que sigue un plan de contenidos o información para su estudio y que un maestro "traspasa" a los niños. No necesariamente se da una comprensión social, y a veces tampoco entre los actores del proceso educativo, sobre lo que se requiere para un aprendizaje efectivo o para que las oportunidades reales de aprendizaje y adecuadas al contexto de los aprendices realmente se promuevan. La conciencia de la dificultad y de que un proceso de enseñanza y aprendizaje requiere de una formación profesional rigurosa no siempre se actualiza en un conjunto de acciones concretas. O bien se piensa que basta con conocer el tema o materia que los niños deben aprender para asegurar el aprendizaje. Hablamos por cierto de "lo profesional" de la profesión docente y de la necesidad de su comprensión y desarrollo para la mejora educativa. Sin embargo, a partir de la investigación en el campo educativo, así como en la docencia de los formadores, se ha ido construyendo conocimiento relevante acerca de los conocimientos y habilidades que se requiere construir para desempeñarse en las salas de clase, así como modalidades y etapas en que deben adquirirse y desarrollarse estos elementos profesionalizantes.

Por otra parte, un contexto evaluativo de los aprendizajes y de la docencia orientado a los puntajes, con una fuerte presión por el logro, que transforma y reduce el proceso de aprendizaje en una competencia, ha sido el telón de fondo, a la vez que la meta a la que algunas instituciones terminaron adscribiendo. Todo ello producto de la aplicación de pruebas con resultados generales públicos, a través de los cuales se confrontaba y se confronta aún a los profesores, poniendo en duda su calidad y sus saberes profesionales para enfrentar los "desafíos".

Si bien las orientaciones actuales de la Agencia de la Calidad, descritas en el apartado anterior, así como las acciones de diversas fundaciones y agrupaciones de profesionales apuntan a enmendar esta pérdida de rumbo, aún falta mucho por mejorar.

En este contexto, las ideas de sentido común, una pérdida evidente del rumbo detrás de la aplicación de mediciones estandarizadas, más la desregulación de la formación docente impartida por universidades e institutos desde los 80 contribuyeron y han contribuido históricamente a los problemas de calidad, desprofesionalización y subvaloración de la profesión docente (Ávalos, 1999). Por ello, una ley que viniera a regularizar, canalizar y mejorar estas problemáticas era un proyecto necesario. Sin embargo, y a pesar de los avances descritos en apartados anteriores logrados por el SDPD, su implementación no ha estado exenta de problemas y existen voces disidentes que ponen en tensión el proceso.

Desde el Colegio de Profesores, una crítica reiterada desde el 2016 ha sido que actualmente, según su presidente, se mantienen sistemas paralelos de evaluación para los docentes (la evaluación docente y la carrera docente), lo cual solo implicaría un agobio para los profesores. En abril de 2016, cuando se estaba recién promulgando la ley, el presidente de esta entidad manifestó: "Esta no es nuestra ley"[7], aduciendo falta de participación de los profesores, inconsistencias en los criterios económicos y académicos para el encasillamiento; que el proyecto mantiene una lógica de mercado, individualista y competitiva. Ello deja fuera el discurso del trabajo en equipo y la colaboración entre pares, aspectos anhelados y característicos de lo que actualmente se espera para el buen funcionamiento de una institución escolar y su fin último, que es el aprendizaje de los estudiantes. A partir de esto, un columnista comentó: "Imaginamos el envidiable clima laboral que

---

7   https://www.youtube.com/watch?v=SOXp1LiKleA

producirá este proyecto" (Torres, 2015)[8]. Desde estas voces, la crítica se centra en el individualismo que promovería la nueva ley.

Otras voces se alzaron a propósito de las posibles incoherencias o poca integración global de las diferentes acciones propuestas por la reforma en general, lo cual no pondría el foco en la ley, sino en su articulación con otras iniciativas ministeriales o de "la incoherencia del 'todo' de la Reforma con una de sus partes" (Fernández, 2016)[9].

Desde las instituciones formadoras de profesores chilenos, el Consejo Nacional de Decanos de las Facultades de Educación del CRUCH (CONFAUCE), en carta enviada a los rectores del CRUCH en octubre del 2017, hace notar los problemas de temporalidad en la implementación de la ley y los problemas en que las tardanzas en la devolución de resultados de los diagnósticos, en el marco de un cronograma de implementación apretado, ponen a las instituciones formadoras:

> "…queremos hacer notar que los resultados de la evaluación diagnóstica, cuya responsabilidad recae en el CPEIP, han sido entregados recientemente (mes de octubre). Esta tardanza en la entrega de resultados trae como consecuencia que nuestras instituciones no dispondrán del tiempo necesario para generar e implementar los procesos remediales y de mejora que están en el espíritu de la Ley, y que dan sentido a la aplicación de estos diagnósticos" (Confauce, octubre, 2017)[10].

Puesto que la aplicación de los diagnósticos es un factor considerado por la Comisión Nacional de Acreditación (CNA), esta tardanza, que impedirá a las instituciones implementar oportunamente los planes de mejora solicitados tras el envío de los resultados, produce una incertidumbre y una tensión importante en las instituciones formadoras ante la falta de tiempo para desarrollar un plan de mejora, así como por la ausencia de información sobre las posibles consecuencias de esta entrega tardía de resultados.

Finalmente, también creemos relevante destacar la situación de las educadoras de párvulos en este proceso de implementación, pues en un comienzo, y durante la creación del proyecto de ley, casi no fue-

---

8   http://www.elmostrador.cl/noticias/opinion/2015/05/09/ley-de-carrera-docente-decepciones-y-posibilidades/

9   http://ellibero.cl/opinion/incoherencia-en-la-ley-de-carrera-docente/

10   Carta enviada a los rectores del CRUCH por parte del CONFAUCE (Consejo de Decanos de Educación del CRUCH)

ron consideradas. Solo ante el surgimiento de múltiples voces haciendo notar esta inconsecuencia con el discurso sobre la importancia de educar en este nivel, se hicieron algunas enmiendas. Sin embargo, únicamente las educadoras del sistema municipal han entrado este año al SDPD; el resto tendrá que esperar hasta el 2026.

EL CAMINO RECORRIDO A LA LUZ DE LA LITERATURA NACIONAL E INTERNACIONAL SOBRE FORMACIÓN DOCENTE

En este apartado, y tras haber revisado avances y tensiones sobre la implementación de la Ley 20.903, nos proponemos revisar qué nos dice la literatura internacional y nacional acerca de las condiciones bajo las cuales se puede mejorar la formación y el desempeño docente, así como mirar estas condiciones a la luz de los macrocontextos, tanto la escuela como el país.

Para que la formación de profesores realmente tenga impacto en la mejora educativa, se requiere su inserción e integración en una mirada más amplia y coherente del sistema educativo total. Revisitar los fines y sentidos de la educación escolar debería ser una constante a la hora de repensar la arquitectura educacional, especialmente el currículum nacional, columna vertebral de la estructura que sostiene los contenidos, habilidades y procesos de aprendizaje, incluida la evaluación.

El mundo de hoy reclama un currículum con sentido, integrado, funcional, centrado en el desarrollo de habilidades y construcción del conocimiento con una mirada propia de un pensamiento crítico y orientado a la solución de problemas. Tal como manifestó Darling-Hammond (2012): "Es imposible parcelar los 12 años de educación escolar en porciones de conocimiento estático que debe ser adquirido y considerar eso una educación adecuada". Bajo esta mirada, se vuelve imprescindible un cambio profundo, una transformación del sistema educativo que permita el logro de las metas y sentidos de la educación en nuestro país.

De acuerdo con lo anterior, habría ciertas condiciones fundamentales para el logro de esas metas, y que hoy son parte constitutiva de aquellos sistemas educativos más consolidados a nivel mundial. Tal como señalamos en el párrafo anterior y como lo manifiesta Darling-Hammond (2012), en primer término, se requeriría una visión clara acerca del tipo de aprendizaje requerido para el siglo que vivimos, con currículos y evaluaciones adecuadas y razonables de acuerdo con dicha visión; y al mismo tiempo, invertir en el desarrollo de habilidades y construcción de conocimiento en los docentes para apoyar el tipo de aprendizaje que se requiere y así transformar las escuelas. Esto último supone repensar la organización de las instituciones escolares y los recursos para promover una educación de calidad para todas y todos los jóvenes.

Bajo la lógica antes señalada, se vuelve muy difícil seguir pensando el desarrollo profesional docente como un problema individual o que descansa en evaluaciones de profesionales aislados y descontextualizados. Se requiere pensar, diseñar y organizar a las instituciones educativas y, básicamente, a sus actores como comunidades que colaboran y logran una visión y lenguaje común respecto de las transformaciones y cambios que se requieren a la luz de un proyecto educativo actualizado y con alcance de futuro.

La misma autora sugiere que un buen sistema de desarrollo, evaluación y apoyo a los profesionales docentes debiera contemplar al menos *cinco elementos clave: estándares estatales comunes* para la enseñanza que ojalá garanticen aprendizaje real y que regulen la profesión; *evaluaciones de desempeño*, basadas en esos estándares, que orienten la formación, habilitación y certificación de niveles avanzados de desempeño docente; unos *sistemas locales de evaluación*, a la luz de los estándares y criterios centrados en la práctica, para evaluar in situ la calidad de la enseñanza; *estructuras de apoyo*, a través de evaluadores aptos y mentores, para reorientar y retroalimentar adecuándose al contexto local y global; y ciertamente, *oportunidades de desarrollo profesional* que permitan a los profesores desarrollarse profesionalmente para mejorar la calidad de la enseñanza (Darling-Hammond, 2012). Estos cinco elementos clave han sido propuestos a partir de evidencia aportada por la investigación educativa, así como de la pesquisa en terreno de buenas prácticas.

Si revisamos la Figura 1 que presentamos en el apartado I de este capítulo, podemos constatar que las cinco cuestiones clave antes descritas se hallan presentes en la propuesta de implementación de la Ley de SDPD. Además, y por requerimiento del Ministerio de Educación a través del CPEIP, se encuentran en su fase final de construcción y evaluación pública los nuevos estándares para la formación de profesores. De este modo, se cumple con esta base común para el país de unos mínimos que regulen lo que ocurre en las salas de clase, y que los docentes puedan acceder a ciertas orientaciones acerca de cuáles son esos mínimos. Cuestión que será también relevante para las instituciones formadoras y los currículos de formación para educadores de los diferentes niveles educativos, a la vez que se constituye como la base sobre la que se construirá la carrera docente y los aprendizajes de los estudiantes.

Diferentes autores e instituciones en Chile han señalado la importancia de una preparación adecuada y a lo largo de toda la vida de los docentes, desde la formación inicial, la inserción en terreno con los apoyos necesarios, la inducción y mentorías que cualquier profesión requiere, pero que son más necesarias aún en el caso de la docencia, dada la relevancia y la dificultad de la misma en la práctica. A partir de ello, y tal como vimos en las gráficas de evaluación de desempeño, uno de los aspectos más preocupantes de los resultados obtenidos es el de interacción pedagógica, cuyas carencias también ha mostrado la investigación chilena, y que se convierte a su vez en un llamado de atención a las instituciones formadoras para focalizarse más profunda y concretamente en las prácticas de aula, y lo mismo para el caso de la formación continua. Se debe relevar la necesidad de que para que esa interacción ocurra exitosamente no basta con saber sobre el contenido, sino desarrollar un conocimiento pedagógico del mismo (Ball et al., 2008; 2011), a la vez que poder desarrollar una serie de habilidades o prácticas para la promoción del pensamiento autónomo y crítico por parte de los estudiantes y, también, aprender a enfrentar situaciones o incidentes críticos en las salas de clase.

Vimos como la Agencia de Calidad de la Educación ha concentrado sus esfuerzos en potenciar la colaboración, el trabajo en equipo y la retroalimentación en terreno, levantando buenos ejemplos de prácticas docentes a lo largo de todo Chile, muy en la línea de lo planteado por los expertos internacionales en cuanto a abordar más localmente las problemáticas educativas.

Para cerrar este apartado, donde tocamos algunas de las cuestiones fundamentales planteadas por la literatura y que han sido implementadas en las acciones para llevar a efecto la Ley 20.903, queremos volver sobre el primer punto, referido a la coherencia e integración de los currículos de formación, así como del sistema educativo en su totalidad (Grossman et al., 2008). Al respecto, varios autores apuntan a la "coherencia" como una importante característica de todo buen sistema educativo, como base para la construcción de un entendimiento, visión y lenguaje comunes, que permitan avanzar en los cambios que se requieren, con una dirección y sentidos compartidos, con énfasis en ofrecer las mejores oportunidades de aprendizaje a los profesores en formación (Hammerness, 2006; Mc Donald et al., 2013; Darling-Hammond, 2006).

Esta coherencia, que se busca en las iniciativas de política pública de nivel macro, así como entre las instituciones formadoras, y entre estas y la escuela; y en un nivel micro, al interior de las instituciones educativas, es un deseable que permitiría cierto alineamiento, pero no con rigidez, sino con flexibilidad y contextualización como características emergentes que descansarían en los profesionales de la educación en tanto equipos interconectados que toman decisiones informadas, con unas metas compartidas.

PRINCIPALES DESAFÍOS DEL Y PARA EL SISTEMA DE DESARROLLO PROFESIONAL DOCENTE.

A partir de los aspectos revisados sintéticamente hasta ahora, no cabe duda de que se ha experimentado un avance respecto de la profesionalización docente y de la generación de apoyos y caminos específicos, concretos, para el desarrollo profesional de los educadores. Además, es claro que prácticamente todas las propuestas que contempla la Ley 20.903 están íntimamente relacionadas con necesidades de la formación, diagnosticada por la investigación educacional chilena, pero también se encuentran en sintonía fina con lo planteado por reconocidos expertos internacionales en educación.

Respecto de la implementación, y a la luz de las acciones para la misma, así como de las tensiones emergentes en el proceso, podemos señalar que aún se requiere adecuar los tiempos para que los cambios se hagan progresivamente, respetando unos plazos realistas que permitan a la institucionalidad, tanto escolar como universitaria, comprender, alinearse y avanzar en esta implementación. Es claro que se requiere mayor articulación y unos tiempos consensuados, por ejemplo, entre la aplicación de las pruebas diagnósticas, para permitir la posibilidad de generar planes de mejora, y la debida retroalimentación y proyección futura, de modo que la cadena de instrumentos y acciones legales e institucionales a nivel gubernamental no termine por perjudicar la acreditación de las carreras de pedagogía, o por generar una reacción adversa por parte de las instituciones formadoras.

Respecto de la evaluación, será necesario articular de mejor modo la evaluación docente y las evaluaciones del SDPD, y trabajar colaborativamente con representantes de diferentes anillos contextuales: escuela, CPEIP, MINEDUC, Agencia, CNED, Colegio de profesores, entre otros.

Un desafío importante para las instituciones formadoras será el alineamiento con la ley, en cuanto a cómo las universidades ofrecen una formación docente inicial inspirada en la nueva normativa, a la vez que se repiensa cómo continuar la formación a lo largo de la vida profesional de los docentes. Pero, sobre todo, cómo formación inicial y continua dialogan y se proyectan coherentemente, en los términos planteados en el apartado anterior, algo así como construir currículums de formación como trayectorias docentes a las cuales las instituciones formadoras sirven, apoyan y orientan.

Se requiere avanzar aún más en una mayor comprensión de la necesidad de la evaluación docente contextualizada, colaborativa y a nivel de equipos, donde se evidencie un liderazgo directivo y un liderazgo pedagógico que permita el trabajo conjunto necesario para el logro de proyectos educativos con metas compartidas (Volante y Müller, 2017). Estas metas no son solo locales, sino que deberían proyectarse y enlazarse con una visión también global, de algunos mínimos consensuados acerca de lo que la educación chilena requiere hoy. Unas metas contextualizadas, ligadas a la política pública, y respaldadas por los saberes que tanto la experiencia docente y sus buenas prácticas como la investigación nacional e internacional actualizada aportan para la toma de decisiones pedagógicas, con la altura de miras de un profesional de la educación.

Para el logro de algunas de estas ambiciosas metas son necesarias unas ciertas condiciones y acciones muy concretas que permitan llevar adelante una adecuada implementación de la Ley. En este sentido, especialistas destacados en formación de profesores han orientado acerca de ciertas acciones específicas para acometer esta difícil tarea, tales como: *creación de asociaciones con sitios de práctica* especialmente preparados y diseñados para ese fin; *apoyar cambios curriculares e instruccionales* para centrarse en la práctica, construyendo unas facultades formadoras, así como instituciones escolares con *experiencia y liderazgos distribuidos; desarrollar sitios y plataformas* para la implementación de un programa de formación centrado en la práctica; *cursos y oportunidades para ensayar*, probar y simular las prácticas pedagógicas, a través de la creación y configuración de espacios especialmente diseñados para ello; buscar *oportunidades para un ejercicio práctico más auténtico*, talleres con niños y adolescentes, en espacios diversos y orientados a la resolución de problemas locales y a la ejecución de proyectos en comunidad; un *marco lógico* que respalde un currículo de profesores centrado en la práctica; y, por supuesto, tal como lo referimos antes, la *coherencia* necesaria que permita una visión consensuada de lo que significa una enseñanza de alta calidad, plasmada en un conjunto coherente de prácticas que apoyan esa visión. Se requiere también de la valoración y puesta en práctica de la *experiencia distribuida*, donde profesores de todos los niveles educativos al interior de una institución escolar puedan operar con el apoyo de los pares, especialmente al inicio de la carrera, a través de *mentorías*; del desarrollo de *herramientas y evaluaciones asociadas con las prácticas básicas*, tales como *syllabus*, recursos y materiales educativos.

Sin duda, estas condiciones ponen exigencias y reclaman una comprensión más profunda del sentido de los cambios y de las revisiones, así como de las metas que las orientan, de parte de las instituciones formadoras de profesores. Así, la comprensión profunda de la práctica profesional especializada, el instalar efectivamente capacidades para enseñar a principiantes en la práctica, también presenta desafíos para los liderazgos académicos que, en este contexto, requieren de flexibilidad y de capacidad de toma de decisiones durante la trayectoria de los cambios y para que estos ocurran. A su vez, se espera que las transformaciones impacten a todo el currículum de formación de manera alineada y coherente, con claros vínculos e integraciones entre teoría y práctica. Uno de los motores de este cambio lo constituye la generación de oportunidades para el aprendizaje de las y los profesores en las diferentes actividades y cursos de la formación inicial, pero también a lo largo de su trayectoria en la formación continua, con espacios adecuados para práctica docente (Grossman, 2016). Y, ciertamente, una Facultad o Escuela de Pedagogía para el siglo XXI no puede excluir el desarrollo de capacidades para la investigación y la construcción de conocimiento, tanto en lo que a formación docente se refiere como respecto del campo educativo en su totalidad. La alianza virtuosa o el vínculo virtuoso entre investigación y docencia es uno de los pilares fundamentales para esa comprensión profunda del sentido profesional del quehacer docente, a la vez que un motor de empuje para revisar la organización, los proyectos educativos, la planta académica y las necesidades institucionales de actualización para la mejora requerida en la formación docente por parte de las universidades.

Cuando nos referimos a lo que la implementación de la ley reclama de las instituciones formadoras, apuntamos no solo a las Facultades de Educación o Escuelas de Pedagogía nuclearmente, sino a las universidades en su totalidad. Se requiere de una comprensión, valoración y apoyo con recursos para estos fines desde la dirección superior de cada una de las universidades que poseen carreras de Pedagogía. La cultura universitaria ha contribuido a veces a la subvaloración de la profesión docente, muy influida por la subvaloración de la sociedad toda. Se requieren recursos no solo económicos, sino también de una disposición para el trabajo verdaderamente interdisciplinario entre Facultades y Escuelas, haciendo realidad y concretando la naturaleza interdisciplinaria del campo educativo.

Paulatinamente hemos ido avanzando en estos cambios, pues en los últimos años el interés y la matrícula en las carreras de Pedagogía han aumentado. Motivados por las becas, la gratuidad, el discurso positivo acerca de la profesión docente, y ciertamente por la promulgación de la Ley 20.903, que viene a regular la carrera docente y a proporcionar espacios para el desarrollo profesional, también con una regulación y alza de los sueldos asociados a la profesión, los jóvenes han comenzado a optar por la Pedagogía. El Ministerio de Educación, por su parte, así como diferentes entidades gubernamentales, DIVESUP y también de investigación, han destinado fondos específicos para el desarrollo de proyectos y convenios de desempeño para la transformación y actualización de la formación docente y de investigación avanzada en el campo educacional; sin embargo, estos recursos y acciones aún son insuficientes, sobre todo cuando se trata de iniciativas que vinculan academia y escuela.

AVANCES Y REFLEXIONES DESDE LA FACULTAD DE EDUCACIÓN DE LA UC

A partir de los desafíos y alineamientos que reclama la implementación de la Ley 20.903 y las condiciones y acciones que los especialistas en formación de profesores declaran necesarias para la conformación de una institución sólida en el campo de formación de profesores, la Facultad de Educación de nuestra Universidad ha trabajado a lo largo del tiempo por avanzar hacia el logro de esas metas.

La generación de vínculos con el medio entre la Facultad y las instituciones escolares se ha visto materializada en la creación y desarrollo de un *Sistema de prácticas*, otorgando una organización, espacios y estrategias para el desarrollo del núcleo fundamental del *Modelo formativo* de la Facultad de Educación UC. Hoy este sistema posee convenios firmados con más de cincuenta instituciones, a la vez que opera semestralmente en más de 100 colegios, escuelas y liceos de la Región Metropolitana, materializando la triada virtuosa entre futuros profesores/as, supervisores y profesores colaboradores; estos últimos, en contacto formativo con el sistema de prácticas, traducido en cursos de formación y talleres.

La creación de un *Modelo formativo* centrado en la práctica ha supuesto un trabajo en equipo, diagnósticos, la reflexión profunda sobre lo realizado y la actualización en conocimientos acerca de la formación de profesores, para la reestructuración, proyección en un conjunto de elementos y prácticas que constituyen hoy la formación inicial docente impartida por la Facultad. Detrás de esto, está el debate y los acuerdos necesarios para apoyar los cambios curriculares y orientaciones, con actitud flexible y argumentos basados en la evidencia aportada por la investigación y la experiencia docente contextualizada. Actitud y acuerdos complejos de lograr si se respetan los planteamientos académicos de todos los integrantes de la comunidad académica, que en una universidad se espera que sean diversos. Luego, el desafío y la meta cultural mayor es acordar al menos una visión y un lenguaje comunes para avanzar en esa diferencia, construyendo una facultad con experiencia y tareas distribuidas.

Pero la literatura nos dice que los espacios se constituyen como un tercero relevante para el desarrollo de procesos de aprendizaje de calidad y que se habla incluso del "tercer educador" (especialmente en modelos de educación inicial, como Reggio Emilia), enfocándose en ellos como lugares para un proceso de aprendizaje activo y donde las decisiones pedagógicas incluyen la configuración de espacios de aprendizaje flexibles y reconfigurables de acuerdo con los objetivos de las clases y metas de aprendizaje en el largo plazo. Por ello, desarrollar e implementar espacios flexibles, con proyecciones dinámicas, creativas y activas, que reclamen de los futuros profesores creatividad, autonomía y decisiones basadas en argumentos profesionales y en evidencia de aula, son hoy un requisito relevante en la generación de las condiciones apropiadas para una formación de profesores de calidad. Por supuesto, dada la intervención de las tecnologías en la educación y el desarrollo de habilidades multimodales asociadas a ellas, los espacios educativos también se configuran virtualmente. En este sentido, y en la línea de generar espacios para ensayar y desarrollar las prácticas, hemos creado unas Salas de Experiencias de Aprendizaje (SEA), para formación docente en Pedagogía en Educación Parvularia, que incluyen Sala Jardín y Sala Cuna, y una sala para Pedagogía en Educación Básica, diseñadas con unas características específicas definidas a partir de un proyecto académico que se tradujo en diseño de la mano del aporte de la Facultad de Arquitectura, Diseño y Estudios Urbanos, de nuestra Universidad. Actualmente se encuentran en construcción salas STEM para la formación de profesores de Ciencias y Matemática, así como salas de docencia universitaria.

En la misma línea de lo señalado en el párrafo anterior, hace unos meses se lanzó el Observatorio de Prácticas Educativas Digitales (OPED)[11], conscientes de los requerimientos culturales actuales, y tal como se declara en sus objetivos:

"En una sociedad donde las tecnologías digitales impulsan nuevas prácticas sociales, modifican la economía y el trabajo, cambian la forma de producir y acceder al conocimiento, y presentan desafíos de inclusión y convivencia, es necesario replantearse las competencias y prácticas que requieren estudiantes y docentes para aprender y enseñar en ambiente digital". (http://oped.educacion.uc.cl/website/index.php/quienes-somos/objetivos)

OPED tiene como áreas centrales de su labor, las prácticas educativas digitales, ofreciendo orientaciones, guías de apoyo, recursos digitales y ejemplos de buenas prácticas; al mismo tiempo, promueve el

---

11   http://oped.educacion.uc.cl/website/

uso de tecnología de punta en las Salas de Experiencias de Aprendizaje (SEA) y gestiona el repositorio de videos de buenas prácticas docentes en el aula sobre la base de plataformas digitales especialmente creadas para dicho fin. En este sentido, apoya y difunde prácticas educativas digitales innovadoras. Además, en cuanto a formación, ofrece a la comunidad de nuestra facultad, talleres y asesorías para apoyar y mejorar sus prácticas pedagógicas integrando recursos digitales y desarrollando las habilidades digitales de los futuros profesores y profesoras a lo largo de toda su formación inicial. OPED desarrolla estudios en el área y posee un catastro de artículos especializados disponibles para la comunidad. Y, finalmente, también ofrece servicios para apoyar la gestión de la Facultad.

La comunidad se vincula con el medio no solo a través de la red de instituciones ligadas al sistema de prácticas, sino que también a través de prácticas auténticas y diversas como la *Red Aprende UC*, conformada por estudiantes y académicos/as como una instancia de formación y participación horizontal que busca construir comunidades de aprendizaje recíproco mediante la generación de proyectos y experiencias educativas interdisciplinarias en contextos diversos. Es también un espacio de articulación y fortalecimiento de acciones de vinculación con el medio, desarrolladas por distintas agrupaciones de nuestra Facultad durante años y responde a la necesidad de formación en temáticas complementarias al currículum de las carreras, ofreciendo un espacio de aprendizaje y participación social[12]. En el contexto de los vínculos con el medio, la Facultad también participa de Centros y Programas tanto a través de la Red Aprende UC como de la Biblioteca Escolar Futuro.

Toda la propuesta e implementación del modelo formativo descansa sobre un *Marco lógico*, que permite organizar con sentido y sistematicidad los elementos curriculares y su cristalización en la formación docente entregada en la Facultad. Unos requisitos de formación centrados en la práctica que, al operar organizadamente, contribuyen a la coherencia de la que hablamos en el apartado anterior, desde una visión de alineamiento constructivo (Biggs y Tang, 2011). Dicha coherencia hace posible ir construyendo un relato comprensivo y una visión común acerca de lo que requiere una enseñanza de alta calidad,

---

12   (http://educacion.uc.cl/vinculacion-con-el-medio/red-aprende-uc)

comenzando por un conjunto coherente de prácticas que apoyan esa visión, que en nuestro modelo hemos llamado *Prácticas generativas*, acciones esenciales para la enseñanza, que los estudiantes de pedagogía pueden aprender a poner en práctica (Ball y Forzani, 2011; McDonald, Kazemi y Schneider, 2013). Por esta razón, también es necesario, tal como señalamos en el apartado acerca de las condiciones para la mejora, que se creen herramientas e instrumentos de evaluación asociados a estas prácticas y en sintonía con su naturaleza, tales como *syllabus* y materiales educativos.

Los procesos de inducción y las mentorías han sido abordados por nuestra Facultad en talleres y cursos en conjunto con el CPEIP para la formación de mentores, a través de equipos de académicos de nuestro CENTRE UC[13], dedicado a la formación continua de profesores y que se conecta con el pregrado a través del trabajo de nuestros académicos en el marco del modelo formativo y la visión conjunta de la Facultad. Esta conexión permite plasmar la visión sistémica de desarrollo profesional docente como una tarea de nuestra Facultad, la cual CENTRE UC vino a completar, haciéndose cargo de la formación de los profesores del sistema escolar y colaborando con entidades públicas para la implementación de la Ley 20.903.

Al mismo tiempo, la Subdirección de Docencia de la Facultad implementó un piloto de mentorías durante el 2017 para los académicos que se están integrando a la Facultad con mentores académicos de más larga trayectoria en la comunidad. De este modo, la experiencia se distribuye y los roles entre académicos y profesores al interior de las instituciones educativas se intercambian y se dialogan, apoyándose y colaborando unos con otros.

La interdisciplina y el diálogo interfacultades e interinstitucional con el liderazgo de nuestra Facultad ha cristalizado en Centros de Investigación, tales como CEPPE UC[14], que lleva más de 9 años realizando investigación de punta en Chile y que está constituido por 4 Facultades de nuestra Universidad: Educación; Ciencias Sociales; Ingeniería; Historia, Geografía y Ciencia Política; y en el último año y medio, en el CJE[15], que integra 6 líneas de investigación en temas

---

13   Centro para la Transformación Educativa UC.

14   Centro de Políticas y Prácticas en Educación UC.

15   Centro de Estudios Avanzados sobre Justicia Educacional.

de inclusión y exclusión en el campo educacional. CJE opera a través de un plan de colaboración nacional que incluye cuatro instituciones de educación superior: Universidad de Tarapacá, Universidad de Magallanes, Universidad de la Frontera y DUOC-UC, que colaboran a través del aporte de investigadores principales, núcleos de estudio colaborativo y apoyo estratégico.

Esta interdisciplinariedad también se ha ido plasmando en los últimos seis años en la creación de programas de formación de profesores interfacultades. Comenzamos por el Programa de Pedagogía Media en Ciencias y Matemática con la participación de cinco facultades: Ciencias Biológicas, Química, Física, Matemática y Educación, que trabajan colaborativamente con un equipo directivo compuesto por los cinco decanos y representantes estudiantiles, con el liderazgo de la Vicerrectoría Académica de la Universidad. El mismo modelo se ha seguido con las nuevas Pedagogías en Religión (Teología y Educación) y Pedagogía Básica y Media en Inglés (Letras y Educación), de reciente creación. Al mismo tiempo, se elaboró un Programa de Formación Pedagógica para Licenciados en Actuación Teatral, Pedagogía en Artes Escénicas, con la Escuela de Teatro de la UC.

Proporcionar verdaderas oportunidades de aprendizaje para la formación de profesores supone la construcción progresiva de una comprensión profunda de los contenidos que se enseñan, así como de la práctica especializada. Esto también implica el desafío para los académicos y para quienes lideran los equipos de alcanzar las metas y logros esperados.

PALABRAS FINALES

A casi dos años de la implementación de la Ley 20.903, podemos decir que hemos avanzado, aunque ello no ha estado exento de tensiones y entrampamientos, propios de procesos de transformación profunda. Como decimos en nuestra Facultad, "hoy tenemos nuevos, pero mejores problemas". Y tener mejores problemas significa que seguiremos resolviendo y enfrentando tensiones durante esta implementación, pero desde un piso común más "alto" y con mejores condiciones laborales y académicas que hace unos años.

Las Facultades formadoras tenemos gran responsabilidad y la estamos asumiendo, pero se requiere, como en nuestro afortunado caso, del apoyo de la institución universitaria en su totalidad y de la confianza en el desarrollo y proyección profesional de los docentes, cuando se les entregan las herramientas y la formación adecuadas.

REFERENCIAS

Ávalos, B. (1999). Material de apoyo para la Conferencia "Los Maestros en América Latina: Nuevas Perspectivas sobre su Desarrollo y Desempeño". San José, Costa Rica, 28-30 junio de 1999. Este trabajo se ha realizado con el apoyo del Banco Mundial.

Ball, D., Thames, MH & Phelps, G. (2008). Content knowledge for teaching: What makes it special? *Journal of Teacher Education* 59: 389-407.

Ball, D. L., & Forzani, F. M. (2011). Building a common core for learning to teach and connecting professional learning to practice. *American Educator 35*(2), 17-21, 38-39.

Biggs, J. and Tang, C. (2011). *Teaching for Quality Learning at University*, McGraw-Hill and Open University Press, Maidenhead.

Barber, M. y Mourshed, M. (2007). How the World's Best-Performing School Systems Come Out on Top (Cómo los mejores sistemas educacionales del mundo están en los primeros lugares), Nueva York: McKinsey & Company.

Cabezas, V. y Claro, F. (2011). "Valoración social del profesor en Chile: ¿cómo atraer a alumnos talentosos a estudiar pedagogía?" *Temas de la Agenda Pública*, Año 6, N°42.

Cabezas, V. e Irarrázaval, I (2015). "Nueva Política Nacional Docente: propuestas para aprovechar una oportunidad". *Apuntes Legislativos* N°29, Centro Políticas Públicas UC.

Carrasco, A., Flores, C., Gutiérrez, G., Bogolasky, F. y San Martín, E. (2014). "Selección de estudiantes y desigualdad educacional en Chile: ¿Qué tan coactiva es la regulación que la prohíbe?" Informe Final Proyecto FONIDE N° 711286.

Educación 2020. Documento "Opinión de Educación 2020 sobre proyecto de ley que crea el sistema de Desarrollo profesional docente".

Darling-Hammond, L. (2006). *Powerful teacher education: Lessons from exemplary programs*. San Francisco: Jossey-Bass.

Darling-Hammond, L. & Baratz-Snowden, J. (Eds.). (2007). "A Good Teacher in Every Classroom: Preparing the Highly Qualified Teachers Our Children Deserve". The National Academy of Education Committee on Teacher Education. Published by Jossey-Bass.

Darling-Hammond, L. (2012). "Desarrollo de un enfoque sistémico para evaluar la docencia y fomentar una enseñanza eficaz. Evaluating and Supporting Effective Teaching: Developing a Systemic Approach". *Pensamiento Educativo. Revista de Investigación Educacional Latinoamericana*, 2012, 49(2), 1-20.

Darling-Hammond, L. (2012). *Educar con calidad y equidad: los dilemas del siglo XXI*. Santiago de Chile: Fundación Chile, Centro de Innovación.

European Union (2015). "Shaping career-long perspectives on teaching. A guide on policies to improve Initial Teacher Education". *Schools policy Education & Training 2020*. ET2020 Working Group on Schools Policy.

Fernández (2016). http://ellibero.cl/opinion/incoherencia-en-la-ley-de-carrera-docente/.

Galdames, V., Medina, L., San Martín, E., Gaete, R. y Valdivia, A. (2011). "¿Qué actividades realizan los docentes de NB1 para enseñar a leer en situación de evaluación docente? Enfoques tras las prácticas pedagógicas", en Manzi, J. et al. (Eds.). *La evaluación docente en Chile*, Santiago de Chile: MIDE UC/Ediciones Pontificia Universidad Católica de Chile.

Grossman, P., Hammerness, K., McDonald, M. and Ronfeldt, M. (2008). "Constructing Coherence: Structural Predictors of Perceptions of Coherence in NYC Teacher Education". *Journal of Teacher Education* 59:273.

Grossman, P. (2016). "Academic Leadership for Practice-based Education". Presentación oral realizada en el marco del Summit Internacional de Educación UC.

Hammerness, K. (2006). *Seeing through teacher's eyes: Professional Ideals and Classroom Practices*. New York: Teachers College Press.

Henríquez, C. (2017). Agencia de Calidad: Aporte a la mejora del sistema escolar chileno. ¿Cómo sabemos si nuestros estudiantes están aprendiendo? Presentación realizada al CONFAUCE (Consejo de Decanos de Educación del CRUCH) en noviembre del 2017.

Larraín, A., Strasser, K., Lissi, M.R. (2012). Lectura compartida de cuentos y aprendizaje de vocabulario en edad preescolar: Un estudio de eficacia. *Revista Estudios de Psicología* 33 (3), 379-384.

McDonald, Kazemi & Schneider (2013). "Core Practices and Pedagogies of Teacher Education. A Call for a Common Language and Collective Activity". *Journal of Teacher Education* 20(10), 1-9.

Meckes, L. y M. Bascopé (2010). "Caracterización de las Instituciones Formadoras de Docentes de Educación Básica y Destino Laboral de sus Egresados en Chile". Documento de Trabajo, Centro de Estudios de Políticas y Prácticas en Educación de la Pontificia Universidad Católica (CEPPE-UC).

Medina, L. (2015). "Más que una carrera: La formación de profesores en el marco de un sistema de desarrollo profesional docente". En Sánchez, I. (Edit.) *Ideas en Educación. Reflexiones y propuestas desde la UC*. Santiago: Ediciones UC.

Medina, L., Valdivia, A. y San Martín, E. (2014). "Prácticas Pedagógicas para la Enseñanza de la Lectura Inicial: Un Estudio en el Contexto de la Evaluación Docente Chilena". *PSYKHE*, Vol. 23, 2, 1-13 doi:10.7764/psykhe.23.2.734.

Paredes, R. y F. Ramírez (2011). "Selección Adversa en la Educación Chilena". Documento de Trabajo, Escuela de Ingeniería, Pontificia Universidad Católica de Chile.

Preiss, D. D. (2011). "Patrones instruccionales en Chile: La Evidencia de la Evaluación Docente". En González, R. & Manzi, J. (Eds.) *La Evaluación Docente en Chile* (209-212). Santiago de Chile: MIDE UC.

Preiss, D. D. (2009). "The Chilean instructional pattern for the teaching of language: a video-survey study based on a national program for the assessment of teaching". *Learning and Individual Differences*, 19, 1-11.

Rivero, R (2012). The Distribution of Highly-Qualified Teachers in Chile. Presentación Conferencia CIIE.

Torres (2015). http://www.elmostrador.cl/noticias/opinion/2015/05/09/ley-de-carrera-docente-decepciones-y-posibilidades/.

Veas, J. (2017). Sistema de Apoyo Desarrollo Profesional Docente. Claves para el trabajo formativo de las universidades. Presentación realizada en junio de 2017, por el Director del CPEIP ante el CONFAUCE.

Volante, P. y Müller, M. (2017). *9 Claves ELI. Manual de prácticas para equipos de liderazgo instruccional*. Ediciones UC. Colección Educación UC.

CAPÍTULO 10

¿CÓMO LLEGA LA INNOVACIÓN EDUCATIVA A LA SALA DE CLASES?

DANIEL ARANEDA
Escuela de Ingeniería UC

CARLOS GONZÁLEZ
Facultad de Educación UC

MIGUEL NUSSBAUM
Escuela de Ingeniería UC

INTRODUCCIÓN

Innovación en educación es un término usado en forma ambigua. Una definición dice que es el proceso de cambio que introduce nuevas formas de aprendizaje basadas en la experiencia (Hofman, 2012). Los trabajos más conocidos en esta dirección son el de Hattie (2008), que realiza un metaanálisis del impacto de las innovaciones en el aprendizaje, y el What Works Clearing House, que almacena más de 1.000 estudios educacionales basados en evidencia (WWC). Las innovaciones, que deben ser escalables para tener impacto, necesitan focalizarse en los problemas contingentes de la escuela que debilitan su quehacer, considerando las prácticas instruccionales como primer foco para mejorar su rendimiento (Peurach, 2016).

No se trata solo de conocer cómo mejorar los procesos, sino de desarrollar el conocimiento para que los alumnos efectivamente aprendan mejor en forma sostenida (Bryk, 2015). De esta manera, no es suficiente saber qué innovaciones funcionan; es necesario también considerar el contexto y las dificultades locales de transferencia (Cohen et al., 2015). En este sentido, el mejoramiento continuo, con pequeños cambios incrementales que parten con el prototipaje, permite llegar a cambios sistémicos (Morris & Hiebert, 2011). En línea con lo anterior, en Design Based Research la investigación y la práctica se encuentran entrelazadas, con el fin de tener una mirada sistémica del problema (Amiel & Reeves, 2008). En este proceso es esencial involucrar a profesores y directores e integrar sus visiones en la práctica educativa que se va a desarrollar, de tal manera que esta sea un reflejo de sus necesidades (Rey & Gaussel, 2016). Un paso siguiente es Design-Based Implementation Research, que siendo también un proceso iterativo, pone su foco en desarrollar capacidades sistémicas que se mantengan en el tiempo (Penuel, 2011).

El eje es repensar las relaciones entre investigación, innovación y mejora de la educación, considerando la falta de coordinación entre esfuerzos, la baja recurrencia a las experiencias realizadas, y una evaluación sistémica que mire más allá del caso puntual y analice relevancia, aplicabilidad y escalabilidad (Pedró, 2015).

Las comunidades de aprendizaje han mostrado ser efectivas para fortalecer a los profesores como agentes de cambio en un proceso sistemático de aprendizaje (basado en la evidencia [Pedró, 2015]) al promover la colaboración entre profesionales que comparten intereses y preocupaciones comunes, dentro y fuera de las escuelas (Bryk, 2015), permitiendo así la diseminación de prácticas (Pedró, 2015). Los profesores en general desarrollan un interés en mejorar sus prácticas y así innovar (Gorozidis & Papaioannou, 2014). Sin embargo, al estar ligados a un currículum nacional, que es evaluado a nivel nacional, se sienten reducidos en el espacio disponible para innovar (Ro, 2017). Es necesario que las reformas consideren la experiencia docente (Ro, 2017), y un mayor involucramiento del director de la escuela en los problemas cotidianos del aula (Claro et al., 2017).

Hoy, el eje central de la innovación en el aula es cambiar el rol del estudiante, desde uno donde almacena el conocimiento y genera respuestas correctas (descontextualizadas de su realidad) a otro donde desarrolla habilidades superiores aplicadas a sus necesidades futuras y contextualizadas a su entorno (Sias et al., 2017). Considerando que el alumno ha mostrado ser una variable mucho más relevante en el proceso de mejora escolar, por sobre factores de aula y colegio, es fundamental encontrar mecanismos que involucren al alumno en su proceso de aprendizaje (Townsend, 2007). Sin su compromiso, cualquier innovación presenta pocas posibilidades de éxito.

Es necesario encontrar un lineamiento entre las prioridades definidas por la autoridad, la comunidad científica que lleva la investigación y la iniciativa privada que la transfiere a través de productos y procesos (Pedró, 2015). Mientras las autoridades políticas ven el problema desde lo macro, los investigadores lo hacen desde lo micro, sin intercambiar puntos de vista la mayoría de las veces (Looi & Teh, 2015). Es esencial una colaboración entre quien tiene el problema, la autoridad, y quien puede proveer la solución, los investigadores (Quartz, 2017). Los investigadores debieran involucrarse participando en redes de profesores y en paneles consultivos desde el aula a la gestión educacional, en busca tanto del cambio institucional como del organizacional (Coburn & Penuel, 2016). Así, la modificación de las creencias educativas se logra desde un cambio en las prácticas que nace desde la misma organización educacional (Rey & Gaussel, 2016).

La investigación en educación es un proceso que debe seguir varias fases. Comienza con la Innovación, donde se desarrolla un nuevo proceso o práctica. Luego pasa a la Intervención, donde se aplica la innovación en una o más clases o escuelas, que debiera venir acompañado de una evaluación sistemática. Posteriormente sigue la Implementación, donde iterativamente se busca la localización de la estrategia en estudio. Finalmente, se llega al Escalamiento, donde se busca generalizar distintas experiencias de Implementación (Looi & Teh, 2015).

Considerando que en Chile no se ha logrado un cambio significativo en los aprendizajes de los alumnos (Agencia de Calidad de la Educación, 2017) después de años de apoyo a la investigación con fondos como FONDECYT, FONIDE y FONDEF, nos preguntamos en este artículo ¿cómo llega la innovación a la sala de clases en Chile? Para responder esta pregunta, nos enfocamos en las Entidades Pedagógicas y Técnicas de Apoyo. La razón de esta elección es que estas son las organizaciones que por sus funciones deberían realizar innovaciones en los establecimientos educacionales.

METODOLOGÍA

A partir de la base de datos construida por el Ministerio de Educación en el Registro Público de Entidades Pedagógicas y Técnicas de Apoyo (http://www.registroate.cl/rate/buscador/buscador.php?id_portal=249) se realizó una encuesta a todas las entidades registradas, para indagar en dos objetivos de estudio: 1) Conocer la concepción de innovación educativa y 2) Conocer la fuente del aprendizaje de la innovación. Las preguntas que operacionalizaron estos objetivos fueron: "¿qué entiende usted por innovación educativa?" y "¿cómo aprendió o se formó en las innovaciones educativas que usted implementa como Asesoría Técnica Educativa?". De esta manera, se indagó en las ideas que subyacen a las acciones de las ATEs en términos de innovación y en las fuentes desde donde emergen estas iniciativas, para saber, de esta manera, si había algún resultado de investigación involucrado.

A partir de esas dos preguntas, se realizó, entre los días 17 y 30 de julio de 2017, una encuesta de respuestas abiertas utilizando la plataforma SurveyMonkey. El resumen de las respuestas se encuentra en la Tabla 1. La muestra seleccionada no tomó en cuenta las instituciones cuya asesoría no fuese considerada como innovación y tampoco aquellas que no respondieron la encuesta completa. La muestra utilizada consta de 57 sujetos de estudio.

TABLA 1
DESGLOSE DEL REGISTRO PÚBLICO Y ENTIDADES PARTICIPANTES DEL ESTUDIO

Estado	N°
Entidades incluidas en el Registro Público	1.120
Entidades que comenzaron la encuesta	98
Entidades que no consideraban realizar innovación educativa	12
Entidades que respondieron la encuesta de forma completa	57

La metodología que se utilizó para analizar estas respuestas corresponde a la Teoría fundada (*Grouded Theory*), expuesta por Glaser y Strauss (1967). Para este estudio, en una primera fase se codificaron, a partir de conceptos emergentes, las respuestas de las instituciones para cada una de las preguntas (Abela, García-Nieto y Corbacho, 2007). Todas las respuestas fueron codificadas, siendo estos códigos iterados hasta llegar a un criterio de saturación inicial. Al finalizar esta etapa, los códigos fueron reagrupados en categorías más amplias, como se muestra en los anexos 1 y 3.

Utilizando los códigos y las categorías generadas, se procedió a realizar una codificación axial relacionando las diferentes categorías y códigos (Strauss, 1996), figuras 1 y 2. El análisis realizado en esta etapa permitió, para cada objetivo de estudio, esquematizar cómo se concibe la innovación educativa a partir de los actores que son focos de esta, así como la formación y el aprendizaje que realizaron las instituciones técnicas para poder implementar dichas innovaciones. Estos resultados se presentan en la siguiente sección.

RESULTADOS

Concepciones sobre innovación educativa

Respecto de la pregunta "¿qué entiende usted por innovación educativa?", el Anexo 3 muestra las respuestas de los participantes y los códigos emergentes para cada una de estas. Se incluye además una categoría sobre el foco de la implementación, es decir, a quién va destinada la innovación educativa. El Anexo 1, en tanto, muestra las categorías emergentes a partir de las respuestas ya codificadas de los participantes. Estas, por su parte, fueron agrupadas en categorías más grandes y diferenciadas por el foco que tiene la innovación, siendo referidos en este los actores principales de la comunidad educativa: estudiantes, docentes, directivos y una categoría transversal para aquellas que no tienen un foco específico.

La mayoría de las respuestas (57%) apunta a la conceptualización de la innovación educativa desde un foco en el trabajo de los docentes, ya sea a través de capacitaciones o en base a metodologías de enseñanza que se tienen que producir en su quehacer diario para lograr innovar en educación. En menor cantidad (9%), se hace referencia a los estudiantes como foco de la innovación educativa: son los cambios en sus aprendizajes los que dan cuenta de si se produce esta innovación. El mismo 9% de las respuestas vincula la innovación educativa con el trabajo de los directores de escuela, donde esta se relaciona con la gestión escolar de los equipos directivos. Finalmente, existen conceptualizaciones de la innovación que no se relacionan con ningún foco específico y son categorizadas como transversales a la práctica educativa. Dentro de la categoría transversal se encuentran subcategorías relacionadas con:

La relación entre innovación y cambio, siendo cambio un concepto usado de forma amplia para referirse a procesos, metodologías, acciones que se realizan tanto dentro como fuera del aula.

Respuesta 19. *"Es una idea, acción, estrategia, metodología, entre otras, que produce un cambio en una o varias variables educativas".*

Adaptación y contextualización. En esta subcategoría aparece el concepto de innovación relacionado con la importancia de que las instituciones educativas sean capaces de considerar su entorno, los intereses y necesidades de la comunidad escolar, para plantearse desde allí una acción de mejora.

Respuesta 17. *"Proceso de intervención en un contexto educativo, que busca a través del dialogo entre los diferentes dispositivos del quehacer educativo y el entorno sociocultural, hacer cercanos y amigables los contenidos del currículum".*

Mejora de resultados. En esta categoría aparecen dos concepciones respecto de la innovación y su relación con mejora de resultados educativos (no vistos necesariamente desde indicadores estandarizados). Por un lado, se hace énfasis en el aprendizaje continuo necesario para mejorar los resultados. Por otro, se menciona la importancia de contar con herramientas que permitan, a partir de la información, una mejor toma de decisiones.

Respuesta 26. *"Propuesta, implementación y evaluación de procesos que ofrezcan nuevas formas de abordar el quehacer educativo".*

Respuesta 37. *"Implementación de herramientas novedosas que permiten tener una mejor mirada de lo que sucede en la escuela, para poder tomar decisiones adecuadas y en tiempo oportuno".*

Dentro de las innovaciones educativas donde el foco evidente es la práctica docente, se pueden distinguir dos grandes categorías: la primera apunta a la capacitación y entrega de herramientas en un nivel general. La segunda, a cambios y mejoras asociadas a metodologías de enseñanza. Si bien la segunda categoría se puede entender como dentro de la primera, en las respuestas se puede observar un marcado énfasis en la importancia de los cambios "en la manera de enseñar", lo que lleva a entenderla como una categoría dentro de la capacitación y entrega de herramientas. Este foco es el que más representación tuvo en las respuestas (38).

Respecto de la categoría de capacitación y entrega de herramientas, aparecen conceptos relacionados con el uso de nuevas tecnologías por parte de los profesores, con el proceso de apropiación curricular y con el aprendizaje continuo, en línea con lo señalado anteriormente, entendiendo la innovación como un proceso de contextualización y como una instancia de mejora de variables educativas, respectivamente.

Respuesta 35. *"Incorporación de mejoras sobre la base de nuevos mecanismos, tecnologías conceptos y/o metodologías para la gestión de procesos escolares institucionales y pedagógicos, cuyo efecto es el logro de resultados educativos y satisfacción de los actores escolares".*

Respuesta 6. *"Desarrollar acciones educativas diferenciadas a nivel de aula o cualquier espacio educativo, tendientes a estimular al docente, entregándoles los conocimientos necesarios para aplicarlos teniendo como foco los aprendizajes fundamentales de los estudiantes".*

Dentro de la innovación entendida como los cambios en metodologías de enseñanza, se enfatiza en el proceso completo de enseñanza-aprendizaje, haciendo hincapié en que la innovación en las prácticas pedagógicas debe considerar el resultado de la educación en el estudiante. En este ámbito destacan aquellas innovaciones que ponen énfasis en aprendizajes de habilidades cognitivas y socioemocionales, y también en aquellas que buscan despertar el interés y motivación de los estudiantes, lo que es coherente con la idea de la innovación como una instancia de contextualización y adaptación a las necesidades de la comunidad escolar.

Respuesta 41. *"La introducción de modificaciones sistemáticas en modelos, procesos, estrategias, procedimientos, instrumentos y uso de recursos con el objeto de promover cambios en la práctica docente con el fin último de incrementar en cantidad y calidad los resultados de aprendizaje".*

Respuesta 49. *"Ocupar metodologías que vean integralmente a las personas de las comunidades educativas, que se considere la parte emocional, las conductas, actitudes, que hay detrás de ello, que te mueve, están los temores, está el querer aportar. Que se incluyan dentro de las metodologías atender al cuerpo, la mente y el espíritu".*

Respuesta 8. *"Es la didáctica que el docente pueda tener para la realización de una clase activa mediante la utilización de implementos que faciliten la atención por parte del alumnado".*

Existen, en menor medida, innovaciones entendidas desde el trabajo mismo con los estudiantes. En este caso, aparecen innovaciones que se relacionan directamente con el aprendizaje de estos, con el desarrollo de habilidades cognitivas a través de nuevas metodologías y tecnologías, así como con la incorporación de la dimensión socioemocional en la práctica educativa.

Respuesta 10. *"Entregar herramientas a estudiantes y profesores para abordar los contenidos y objetivos del currículum desarrollando habilidades del siglo XXI y tecnologías de la información".*

Respuesta 49. *"Que se reflexione en la temática que en la vida no hay culpables, trabajar la desnaturalización que el ser humano es violento por naturaleza, la resolución de conflictos en forma pacífica, aprender a co-*

municarse responsablemente y hacerse cargo atendiendo a lo que a uno le sucede".

Respuesta 5. *"Desarrollo de la mentalidad lúdica, aprender jugando como metodología de enseñanza".*

Finalmente, existen innovaciones educativas que ponen también el foco en el liderazgo educacional ejercido por los equipos directivos de los diferentes establecimientos. Dentro de esta categoría se enfatiza en el rol de la innovación educativa en el ámbito de gestión escolar y las repercusiones que ello puede tener en el proceso de enseñanza-aprendizaje.

Respuesta 2. *"Son procesos que permiten instalar desde la calidad de los aprendizajes, cualquier dispositivo que promueva cambios, mejoras, compromiso y liderazgo a nivel de sistema escolar. En particular aquellos procesos que logran dinamizar los intereses que se mueven en la sala de clases por parte de los estudiantes y los docentes".*

A modo de síntesis, se puede señalar que, en su gran mayoría, el foco en innovación educativa es concebido desde el rol que tiene el docente dentro del establecimiento. En los casos anteriores, se presentan diferentes conceptualizaciones que buscan impactar el aprendizaje a través de capacitar a los profesores, entregando herramientas tecnológicas, fomentando el aprendizaje continuo y la reflexión pedagógica, transmitiendo nuevas metodologías de enseñanza y haciendo un fuerte énfasis en que la innovación termina con el aprendizaje del estudiante. También aparecen caracterizadas innovaciones que se realizan de modo directo con los estudiantes, buscando el desarrollo de habilidades cognitivas y socioemocionales. Por último, la búsqueda de mejora en los procesos de aprendizaje requiere de una mejor gestión escolar, cuestión identificada por algunas instituciones cuyo foco son los equipos directivos de los establecimientos educacionales. Cabe destacar que tanto la capacitación en nuevas tecnologías como la necesidad de aprendizaje continuo aparecen como categorías transversales y más generales dentro de la concepción de innovación educativa.

FIGURA 1
ESQUEMA DE LA INNOVACIÓN EDUCATIVA

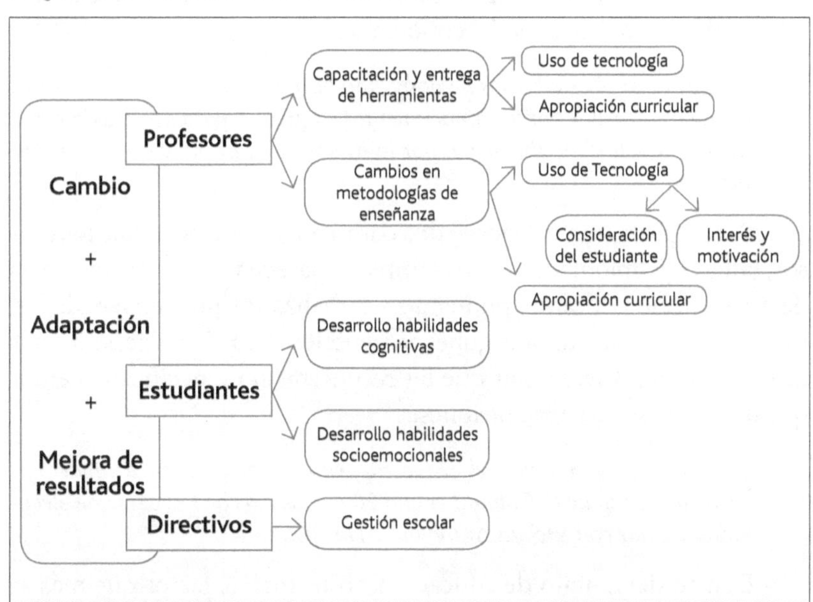

Fuentes de aprendizaje de la innovación

Ante la segunda pregunta, "¿cómo aprendió o se formó en las innovaciones educativas que usted implementa como Asesoría Técnica Educativa?", el Anexo 4 detalla las respuestas de los participantes y, tal como en la pregunta anterior, los códigos emergentes que salieron de estas. El Anexo 2 resume cómo estos códigos componen dos grandes conceptualizaciones de respuestas ligadas a la formalidad del aprendizaje de la innovación educativa. Por un lado, se reconoce el rol de la educación formal en las respuestas, ya sea a través de postítulos de magíster o doctorado, o a través de cursos y talleres de capacitación. Por otra parte, aparecen distintas instancias de educación no formal ligadas a distintos tipos de experiencia y la autoformación, que se detallan más adelante. No existe exclusividad en estas respuestas y es frecuente que los organismos capacitadores reconozcan que el aprendizaje de las innovaciones educativas que implementan tenga un carácter tanto de educación formal como uno basado en la experiencia y en la reflexión de su práctica.

Los postítulos pueden haber sido realizados en universidades nacionales o internacionales. El programa de estudio no aparece explicitado en la mayoría de las respuestas, no pudiendo establecerse con exactitud si la formación en innovación tiene relación directa con la educación o con otra área del conocimiento.

Respuesta 2: *"Los estudios de postgrado permiten una formación teórica que debe transitar por los conocimientos empíricos, para que pueda fortalecer una actitud y dimensión por la innovación. En mi caso estudios de magíster".*

Por su parte, son categorizados como formación continua los cursos, talleres y diplomados. Estos también aparecen como una instancia de aprendizaje relevante, pudiendo ser realizados por universidades, instituciones capacitadoras gubernamentales (CPEIP, Enlaces) u otras organizaciones. Cabe notar que las respuestas no especifican el enfoque de las distintas capacitaciones.

Respuesta 1: *"Fui parte del grupo capacitado por Bitar en el Modelo de Aseguramiento de la Calidad el año 2004, además hice el curso de efectividad escolar con Violeta Arancibia en la PUC".*

Dentro del ámbito de educación no formal, el factor que más se repite es lo significativo de la experiencia en el aprendizaje de las innovaciones educativas. Esta experiencia puede estar ligada al ámbito profesional, principalmente como docentes, o al ejercicio mismo de la innovación educativa.

Respuesta 7: *"Con cursos específicos para comprender la esencia y luego mucho estudio posterior con un grupo de personas… basados en 20 años de haber estado dentro de la sala de clase y haber estado siempre pendiente de ver cómo aprenden los niños y los profes".*

Además del valor de la experiencia, aparecen instancias de formación ligadas a la autoeducación y a la educación en las comunidades de aprendizaje, que dan cuenta de una suerte de formación continua de los organismos de capacitación.

Respuesta 50: *"Con mucha búsqueda bibliográfica para responder a la demanda; ya que los Programas de Estudios de nuestro marco curricular da luces de lo que se debe enseñar en el Manejo de la Lengua desde edades tempranas, pero no cómo enseñar".*

Respuesta 27: *"Once años trabajando en equipo, incorporando todas las asignaturas a los planes de mejoras, y lo más importante, aprendiendo todos los días desde los establecimientos, desde los errores y carencias".*

Respecto de la autoformación, en reiteradas ocasiones surge el rol que tiene la lectura, aunque también aparece como un factor relevante el rol de la reflexión respecto de la práctica que se ejerce. Finalmente, se destaca que la innovación educativa es un proceso iterativo que requiere probar y ajustarse, como bien refleja la respuesta 24, *"Con ensayos, errores, estudios, técnicas y mucho más"*, que da cuenta de un aprendizaje continuo, necesario para realizar innovación educativa.

FIGURA 2
ESQUEMA DE LAS FUENTES DE APRENDIZAJE DE LA INNOVACIÓN

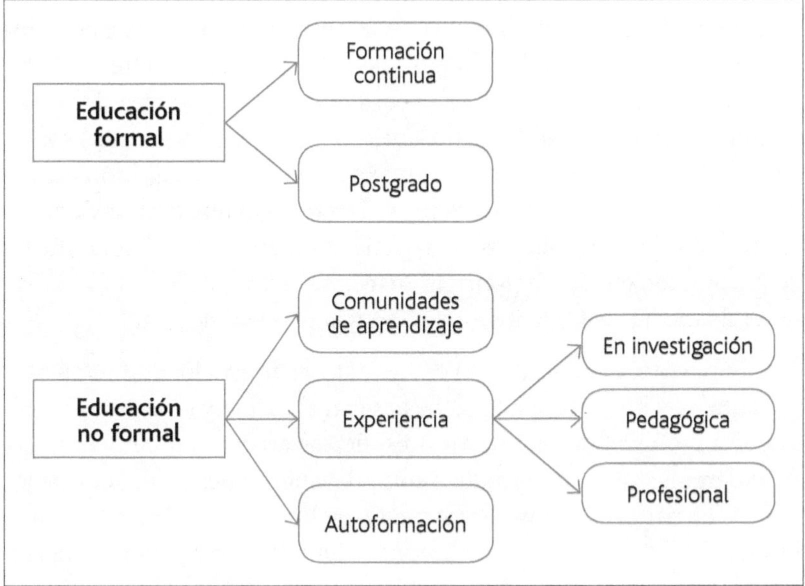

CONCLUSIONES

El objetivo de este estudio ha sido indagar en las concepciones de innovación de profesionales de las Asesorías Técnicas Pedagógicas (ATEs) y en las fuentes de aprendizaje de dichas innovaciones. Los resultados muestran lo siguiente:

La innovación se conceptualiza a partir de tres focos: innovación como trabajo con los docentes (capacitaciones, mejoras en las metodologías de enseñanza), con los estudiantes (la innovación se materializa cuando estos aprenden mejor) y con los directivos de escuela (mejoras en la gestión escolar). El trabajo con los docentes es el que se presenta mayoritariamente. Además, emergió una categoría transversal asociada a innovación como cambio, adaptación o mejora de resultados.

Las fuentes de aprendizaje de la innovación pueden ser formales e informales. En el primer caso, se verifica a través de certificados de formación a nivel de postítulos, magísteres y doctorados. En las instancias no formales, también se mencionan contenidos de investigación a la base de las innovaciones.

Los resultados sugieren que, aparentemente, los encuestados en el estudio habían tenido algún contacto con investigación formal, ya sea a partir de su participación en instancias formales de educación a nivel de posgrado o en la participación en instancias de investigación o de autoformación. Por lo tanto, sería esperable que algo de estas investigaciones haya estado a la base de las innovaciones que se ejecutan. Además, la mayoría de los encuestados mencionó que el foco de su trabajo está con los docentes. Eventualmente, esto podría llevar a superar las conocidas barreras que existen entre investigación académica en educación y la práctica profesional docente, donde las críticas apuntan a que los resultados de investigación escasamente se traducen en innovación en el aula (Martell, 2016). Así, un rol de las ATEs podría ser el de mediar entre la investigación y la práctica docente.

Por cierto, este estudio no está exento de limitaciones. La muestra es pequeña y no representativa. Se basa en el autorreporte de los profesionales de ATEs que estuvieron dispuestos a contestar. Sin embargo, consideramos que los resultados son relevantes, pues entregan categorías útiles para conceptualizar y pensar sobre el rol de las ATEs en la innovación educativa. En esta dirección, futuras investigaciones pueden sondear más en profundidad en algunos elementos importantes surgidos en este estudio. Por ejemplo, indagar si efectivamente las innovaciones que se realizan tienen un componente de investigación, preguntando sobre autores y resultados específicos; o investigar si efectivamente el hecho de que exista investigación a la base de la acción de las ATEs lleva a que esta se materialice en innovación en la sala de clases.

También este estudio tiene implicaciones prácticas. Nuestros resultados sugieren que las ATEs tienen, o podrían tener, un rol relevante en plasmar, en forma de innovación, los resultados de la investigación académica en educación. Esto significa que, efectivamente, se pida a las ATEs cumplir este rol y, de alguna manera, entregarles las herramientas para hacerlo. De este modo, podrían ayudar a superar la largamente documentada separación entre investigación educacional y práctica docente de aula.

REFERENCIAS

Abela, A. M. A., García-Nieto, A., y Corbacho, A. M. P. (2007). *Evolución de la teoría fundamentada como técnica de análisis cualitativo*. Madrid: Centro de Investigaciones Sociológicas.

Agencia de Calidad de la Educación (2017). http://archivos.agenciaeducacion.cl/ResultadosNacionales2016_.pdf

Amiel, T. & Reeves, T. C. (2008). Design-based research and educational technology: Rethinking technology and the research agenda. *Journal of educational technology & society, 11*(4), 29.

Bryk, A. S. (2015). 2014 AERA Distinguished Lecture: Accelerating how we learn to improve. *Educational Researcher, 44*(9), 467-477.

Coburn, C. E. & Penuel, W. R. (2016). Research–practice partnerships in education: Outcomes, dynamics, and open questions. *Educational Researcher, 45*(1), 48-54.

Cohen-Vogel, L., Tichnor-Wagner, A., Allen, D., Harrison, C., Kainz, K., Socol, A. R. & Wang, Q. (2015). Implementing educational innovations at scale: Transforming researchers into continuous improvement scientists. *Educational Policy, 29*(1), 257-277.

Claro, M., Nussbaum, M., López, X. & Contardo, V. (2017). Differences in Views of School Principals and Teachers regarding Technology Integration. *Educational Technology & Society 20*(3), 42-53.

Glaser, B. G. y Strauss, A. L. (1967). *The Discovery of Grounded Theory*. Chicago: Aldine Publishing Company.

Gorozidis, G., & Papaioannou, A. G. (2014). Teachers' motivation to participate in training and to implement innovations. *Teaching and Teacher Education, 39*, 1-11.

Hattie, J. (2008). *Visible learning: A synthesis of over 800 meta-analyses relating to achievement*. Routledge.

Hofman, R. H., de Boom, J., Meeuwisse, M., & Hofman, W. A. (2013). Educational innovation, quality, and effects: An exploration of innovations and their effects in secondary education. *Educational Policy, 27*(6), 843-866.

Looi, C. K., & Teh, L. W. (2015). Towards Critical Discussions of Scaling Up Educational Innovations. In *Scaling Educational Innovations* (pp. 1-10). Springer Singapore.

Martell, C. (2016). Teaching emerging teacher-researchers: examining a district-based professional development course. *Teaching Education, 27*(1), 88-102.

Morris, A. K., & Hiebert, J. (2011). Creating shared instructional products: An alternative approach to improving teaching. *Educational Researcher, 40*(1), 5-14.

Pedró, F. (2015). Las políticas de investigación e innovación en educación: una perspectiva supranacional. *Bordón Revista de Pedagogía*, Volumen 67, #1, 39-56.

Penuel, W. R., Fishman, B. J., Haugan Cheng, B. & Sabelli, N. (2011). Organizing research and development at the intersection of learning, implementation, and design. *Educational researcher, 40*(7), 331-337.

Peurach, D. J. (2016). Innovating at the nexus of impact and improvement: Leading educational improvement networks. *Educational Researcher, 45*(7), 421-429.

Quartz, K. H., Weinstein, R. S., Kaufman, G., Levine, H., Mehan, H., Pollock, M., ... & Worrell, F. C. (2017). University-Partnered New School Designs: Fertile Ground for Research–Practice Partnerships. *Educational Researcher, 46*(3), 143-146.

Rey, O & Gaussel, M., (2016). The conditions for the successful use of research results by teachers: reflections on some innovations in France, *European Journal of Teacher Education* Vol. 39, Iss. 5, 577-587

Ro, J. (2017). A journey from the classroom to the world of educational reform: a study of three Korean teachers' practitioner inquiry. *Asia Pacific Journal of Education, 37* (1), 28-41.

Richmond, G. & Tatto, M. T. (2016). Innovation in Educational Research, Journal of Teacher Education, Vol 67, Issue 5, 360-362.

Sias, C. M., Nadelson, L. S., Juth, S. M. & Seifert, A. L. (2017). The best laid plans: Educational innovation in elementary teacher generated integrated STEM lesson plans. *The Journal of Educational Research, 110*(3), 227-238.

Strauss, A. (1996). Everett Hughes: Sociology's Mission 1. *Symbolic Interaction, 19*(4), 271-283.

Townsend, T (ed.). (2007). *International Handbook of school effectiveness and school improvement: Review, reflection and reframing.* Kluver, Netherlands.

WWC https://ies.ed.g

ANEXO 1:

Categorías emergentes: "¿Qué entiende usted por innovación educativa?"

Foco	Categoría	Etiquetas de fila	Cantidad
Directivos	Gestión escolar	Gestión escolar	4
Estudiantes	Desarrollo de habilidades	Desarrollo de habilidades y aprendizajes	3
Estudiantes	Desarrollo de habilidades cognitivas	Desarrollo de habilidades cognitivas	1
Estudiantes	Desarrollo de habilidades socioemocionales	Desarrollo de habilidades socioemocionales	2
Estudiantes	Desarrollo de habilidades socioemocionales	Desarrollo de habilidades: Mentalidad lúdica	1
Estudiantes	Desarrollo de habilidades cognitivas	Desarrollo de habilidades cognitivas: TIC	3
General	Conceptos generales de innovación	Adaptación y contextualización	4
General	Conceptos generales de innovación	Aplicación de otras áreas del conocimiento a educación	1
General	Conceptos generales de innovación	Aprendizaje continuo	3
General	Conceptos generales de innovación	Cambio	7
General	Conceptos generales de innovación	Cambio: De paradigma	2
General	Conceptos generales de innovación	Participación de la comunidad	1
General	Conceptos generales de innovación	Cambio: De paradigmas - educación para la paz	1
General	Conceptos generales de innovación	Mejora de resultados	9
General	Conceptos generales de innovación	Mejora de resultados: Aprendizaje continuo	2
General	Conceptos generales de innovación	Mejora de resultados: Información	1
Profesores	Capacitación y entrega de herramientas	Capacitación y entrega de herramientas	1
Profesores	Capacitación y entrega de herramientas	Capacitación y entrega de herramientas: Aprendizaje continuo	1
Profesores	Capacitación y entrega de herramientas	Capacitación y entrega de herramientas: Apropiación curricular	3
Profesores	Metodologías de enseñanza	Consideración intereses de estudiantes	2
Profesores	Herramientas y capacitación	Herramientas y capacitación	4
Profesores	Herramientas y capacitación	Herramientas y capacitación: Aprendizaje continuo	3
Profesores	Herramientas y capacitación	Herramientas y capacitación: Apropiación curricular	1
Profesores	Herramientas y capacitación	Herramientas y capacitación: Tecnología	4
Profesores	Metodologías de enseñanza	Metodologías de enseñanza	20

Foco	Categoría	Etiquetas de fila	Cantidad
Profesores	Metodologías de enseñanza	Metodologías de enseñanza: Clima de aula	1
Profesores	Metodologías de enseñanza	Metodologías de enseñanza: Desarrollo de aprendizajes	6
Profesores	Metodologías de enseñanza	Metodologías de enseñanza: Integración curricular	1
Profesores	Metodologías de enseñanza	Metodologías de enseñanza: Interés y motivación	2
Profesores	Metodologías de enseñanza	Metodologías de enseñanza: Uso de tecnología	1

ANEXO 2

Categorías emergentes: "¿Cómo aprendió o se formó en las innovaciones educativas que usted implementa como Asesoría Técnica Educativa?"

Categoría	Código	Cantidad
Educación formal	Educación formal	3
Educación formal	Educación formal: Cursos	24
Educación formal	Educación formal: Posgrado	24
Educación formal	Educación formal: Pregrado	1
Educación no formal	Comunidades de aprendizaje	7
Educación no formal	Experiencia profesional	1
Educación no formal	Experiencia	9
Educación no formal	Experiencia en investigación	4
Educación no formal	Experiencia pedagógica	17
Educación no formal	Experiencia profesional	3
Educación no formal	Formación propia	25

ANEXO 3
CODIFICACIÓN PREGUNTA

N° respuesta	¿Qué entiende usted por innovación educativa?	Foco específico	Categoría 1	Categoría 2	Categoría 3
1	Cambios basados en la realidad educativa en la que nos piden asesorías, trabajamos de Arica a Punta Arenas con escuelas rurales multigrados y escuelas de educación especial que la mayoría de las ATE y Universidades no abordan, pues buscan "grandes clientes" con la excusa del "alto impacto". En ellas, llevamos profesionales de primera línea con conocimientos de las Políticas Públicas pero que al mismo tiempo realmente conozcan el trabajo en aula en zonas difíciles desde dentro. La innovación siempre apunta a cómo mejorar los resultados considerando las difíciles condiciones de desempeño que ellos tienen. Esto es sin internet, muchas veces sin luz, un docente para todo un establecimiento, internado.		Capacitación y entrega de herramientas	Mejora de resultados	
2	Son procesos que permiten instalar desde la calidad de los aprendizajes, cualquier dispositivo que promueva cambios, mejoras, compromiso y liderazgo a nivel de sistema escolar. En particular aquellos procesos que logran dinamizar los intereses que se mueven en la sala de clases por parte de los estudiantes y los docentes.	Directivos, profesores y estudiantes	Mejora de resultados	Gestión escolar	Consideración intereses de estudiantes
3	Innovación educativa es para nosotros un conjunto de estrategias orientadas a provocar cambios en las prácticas docentes.	Profesores	Metodologías de enseñanza		
4	Cambios en las prácticas estándares de ejecución de las actividades lectivas. Para que las nuevas prácticas emergentes se transformen en nuevas prácticas estándar, se requiere, además, innovaciones en la organización y gestión de las escuelas	Profesores y directivos	Metodologías de enseñanza	Gestión escolar	
5	Desarrollo de la mentalidad lúdica, aprender jugando como metodología de enseñanza.	Profesores y estudiantes	Metodologías de enseñanza	Desarrollo de habilidades: Mentalidad lúdica	

N° respuesta	¿Qué entiende usted por innovación educativa?	Foco específico	Categoría 1	Categoría 2	Categoría 3
6	Desarrollar acciones educativas diferenciadas a nivel de aula o cualquier espacio educativo, tendiente a estimular al docente, entregándole los conocimientos necesarios para aplicarlos teniendo como foco los aprendizajes fundamentales de los estudiantes.	Profesores	Herramientas y capacitación: Apropiación curricular	Metodologías de enseñanza: Desarrollo de aprendizajes	
7	Una acción que repercute en el aprendizaje del estudiante y docente. Modificando su manera de pensar. Dejando instaladas nuevas competencias y capacidades... La principal, la de ser aprendiz permanente.		Herramientas y Capacitación: Aprendizaje continuo	Desarrollo de habilidades	
8	Es la didáctica que el docente pueda tener para la realización de una clase activa mediante la utilización quizás de implementos que faciliten la atención por parte del alumnado.	Profesores y estudiantes	Metodologías de enseñanza: Interés y motivación		
9	Adaptarse a los cambios para proponer metodologías acordes a los niños de hoy, cambiar paradigmas y atreverse a usar didáctica que permita articulación.	Profesores	Metodologías de enseñanza	Adaptación y contextualización	
10	Entregar herramientas a estudiantes y profesores para abordar los contenidos y objetivos del currículum desarrollando habilidades del siglo XXI y tecnologías de la información.	Profesores y estudiantes	Herramientas y capacitación: Tecnología	Desarrollo habilidades: TIC	
11	Toda actividad pedagógica que sustente una nueva forma que permita al alumno desarrollar sus habilidades y por ende mejorar en sus aprendizajes.	Profesores y estudiantes	Metodologías de enseñanza: Desarrollo de aprendizajes	Desarrollo habilidades	
12	Una acción novedosa que persigue la meta de mejorar un proceso educativo.		Mejora de resultados	Cambio	
13	El mejoramiento continuo, es decir, no temer a fracasar si con eso puedo avanzar y salir de mi zona de confort.		Mejora de resultados: Aprendizaje continuo		

N° respuesta	¿Qué entiende usted por innovación educativa?	Foco específico	Categoría 1	Categoría 2	Categoría 3
14	Todas aquellas herramientas usadas por los docentes en el aula que generan interés y mayor grado de motivación en los estudiantes, pero que habitualmente no son usadas, por ejemplo las tics.	Profesores y estudiantes	Herramientas y capacitación: Tecnología	Metodologías de enseñanza: Interés y motivación	Desarrollo habilidades: TIC
15	Temáticas que no hayan sido desarrolladas por otros y que tomen elementos de otras disciplinas que reditúan a la educación.		Aplicación de otras áreas del conocimiento a educación		
16	El desarrollo y aplicación de iniciativas diferentes y variadas, que sean capaces de adaptarse a las necesidades y requerimientos de cada comunidad escolar y cada aula de clases.		Adaptación y contextualización		
17	Proceso de intervención en un contexto educativo, que busca, a través del diálogo entre los diferentes dispositivos del quehacer educativo y el entorno sociocultural, hacer cercanos y amigables los contenidos del currículum.	Profesores	Adaptación y contextualización	Apropiación curricular	
18	Incorporar nuevas herramientas para los aprendizajes tradicionales.	Profesores	Herramientas y capacitación		
19	Es una idea, acción, estrategia, metodología entre otras, que produce un cambio en una o varias variables educativas.		Cambio		
20	Es un instrumento de desarrollo que implica retar o desafiar los modos de hacer rutinarios, mecánicos y usuales en los procesos de enseñar, aprender y gestionar los aprendizajes y las instituciones educativas, apostando por otro modo de entender y enfrentar las prácticas pedagógicas y la gestión escolar con el propósito consciente de transformar lo existente. En suma, la innovación exige la disposición de todos los que componen un sistema a indagar, reflexionar, criticar para cambiar con un horizonte claro y colectivamente asumido.	Profesores y directivos	Metodologías de enseñanza	Gestión escolar	Aprendizaje continuo

N° respuesta	¿Qué entiende usted por innovación educativa?	Foco específico	Categoría 1	Categoría 2	Categoría 3
21	La entiendo como la introducción de nuevas estrategias para enseñar, las que para Lenguaje y Comunicación consisten en una nueva relación profesor-curso, profesor-alumno, con el fin de lograr una verdadera literacidad.	Profesores	Metodologías de enseñanza		
22	Hacer algo diferente basado en lo que ocurre en el mundo relacionado con la educación. Es no quedarse con lo mismo siempre.		Cambio		
23	Nuevas metodologías y tic asociados a la educación.	Profesores	Metodologías de enseñanza: uso de tecnología		
24	Todo lo que permita salir del sistema de enseñanza tradicional. Que tenga un impacto positivo y genere un aprendizaje más rápido, ocupando las emociones.	Profesores y estudiantes	Metodologías de enseñanza	Desarrollo de habilidades socioemocionales	Cambio: De paradigma
25	Estrategias innovadoras que mejoran los aprendizajes.		Metodologías de enseñanza		
26	Propuesta, implementación y evaluación de procesos que ofrezcan nuevas formas de abordar el quehacer educativo.		Mejora de resultados: Aprendizaje continuo		
27	Contextualizar, crear, reutilizar, adaptación a los cambios.		Adaptación y contextualización		
28	Un proceso/producto o servicio no tradicional destinado a producir un mejoramiento en la formación.		Mejora de resultados	Cambio	
29	Desde el punto de vista de la capacitación, según mi parecer, correspondería a mostrar y modelar ejemplos concretos de lo que debiera ser la tarea pedagógica en el aula. Por ejemplo, modelar una clase para hacer un estudio grupal.	Profesores	Herramientas y capacitación	Metodologías de enseñanza	

N° respuesta	¿Qué entiende usted por innovación educativa?	Foco específico	Categoría 1	Categoría 2	Categoría 3
30	Generar una acción que es parte de una totalidad y que, por tanto, tiene sentido y significado, que pretende generar cambios en el esquema mental-conceptual, que permita una mayor eficiencia y eficacia educativa (considérese eficiencia y eficacia sustentada en el desarrollo humano).		Mejora de resultados	Cambio: De paradigmas	
31	Son aportes nuevos al quehacer docente y directivo donde la tecnología y las ciencias aportan nuevas bases.	Profesores y directivos	Herramientas y capacitación: Tecnología		
32	Que se entregue un valor agregado replicable para la escuela.		Mejora de resultados		
33	Un servicio o proceso que tenga un real impacto en el aprendizaje de los estudiantes, ya sea mediante la capacitación o trabajo con docentes o directamente con los alumnos y que implique un grado de diferenciación con lo que hace en la actualidad el establecimiento, dotando de nuevas herramientas y formas de trabajo.	Profesores y estudiantes	Herramientas y capacitación	Desarrollo de habilidades	
34	Maneras distintas de enfrentar la sala de clases, para hacer crecer a la mayor cantidad de estudiantes.		Herramientas y capacitación		
35	Incorporación de mejoras sobre la base de nuevos mecanismos, tecnologías conceptos y/o metodologías para la gestión de procesos escolares institucionales y pedagógicos, cuyo efecto es el logro de resultados educativos y satisfacción de los actores escolares.	Profesores y directivos	Herramientas y capacitación: Tecnología	Gestión escolar	Metodologías de enseñanza: Desarrollo de aprendizajes
36	Trabajamos estrategias didácticas con el apoyo de materiales y espacios que para el grueso de los docentes no representan un uso pedagógico.		Metodologías de enseñanza		
37	Implementación de herramientas novedosas que permiten tener una mejor mirada de lo que sucede en la escuela, para poder tomar decisiones adecuadas y en tiempo oportuno.		Mejora de resultados: Información		

N° respuesta	¿Qué entiende usted por innovación educativa?	Foco específico	Categoría 1	Categoría 2	Categoría 3
38	Estrategias y técnicas de enseñanza-aprendizaje distintas a lo que tradicionalmente se utiliza en las escuelas.		Metodologías de enseñanza		
39	Implementación de estrategias pedagógicas que se sustentan en la reflexión y cuestionamiento respecto de las formas tradicionales de enseñar y aprender; son intencionadas y provocan transformaciones en la cultura escolar, en el clima de aula, en la gestión curricular, en la forma de enseñar y en la manera como los estudiantes aprenden.	Profesores	Metodologías de enseñanza: Clima de aula	Capacitación: Apropiación curricular	
40	Una forma de llevar a cabo el proceso de enseñanza aprendizaje lejos de los parámetros tradicionales.		Metodologías de enseñanza	Cambio	
41	La introducción de modificaciones sistemáticas en modelos, procesos, estrategias, procedimientos, instrumentos y uso de recursos, con el objeto de promover cambios en la práctica docente con el fin último de incrementar en cantidad y calidad los resultados de aprendizaje.	Profesores	Metodologías de enseñanza: Desarrollo de aprendizajes		
42	Cuando uno entrega estrategias para trabajar en el aula, que sean diferentes, incorporen cambios en la forma de actuar del docente. Por ejemplo, hacer proyectos integrados, combinando diferentes asignaturas. También creo que esta innovación debe considerar los TIC, incluso el celular como una herramienta de apoyo.	Profesores y estudiantes	Metodologías de enseñanza: integración curricular	Consideración intereses de estudiantes	Desarrollo habilidades: TIC
43	Acciones profesionales que rompan los paradigmas tradicionales de la intervención normativa.		Metodologías de enseñanza		
44	INNOVACIÓN EDUCATIVA está en relación con tomar conciencia y asumir que las prácticas de enseñanza y de evaluación para el aprendizaje se pueden modificar cuando otro profesional me demuestra que he equivocado los procedimientos que se están usando y que al innovar se logran los resultados esperados en y por los estudiantes.	Profesores	Capacitación y entrega de herramientas: Aprendizaje continuo		

N° respuesta	¿Qué entiende usted por innovación educativa?	Foco específico	Categoría 1	Categoría 2	Categoría 3
45	Son ideas, métodos, nuevos caminos y soluciones, debidamente sistematizados, que buscan provocar un cambio a mediano o largo plazo en un determinado ámbito del quehacer educativo.		Mejora de resultados		
46	Instalar nuevos métodos de enseñanza, basados en investigación aplicada, que permiten que alumnado aun de extrema vulnerabilidad alcance logros de aprendizaje equivalentes a los mejores colegios privados. Métodos que deben cumplir con los objetivos curriculares en corto tiempo, un tercio de lo habitual, con comprensión cabal de los temas y cumpliendo debidamente con habilidades, contenidos y objetivos transversales.	Profesores	Metodologías de enseñanza	Capacitación: Apropiación curricular	Mejora de resultados
47	Incorporar nuevos métodos al quehacer educativo cotidiano en el aula o fuera de ella.	Profesores	Metodologías de enseñanza		
48	Cambios para mejorar el proceso enseñanza-aprendizaje. Puede ser un nuevo enfoque, utilización de nuevos recursos metodológicos o estrategias que produzcan un cambio planificado y que generan mejoras en los objetivos propuestos.	Profesores	Mejora de resultados	Metodologías de enseñanza	
49	Ocupar metodologías que vean integralmente a las personas de las comunidades educativas, que se considere la parte emocional, las conductas, actitudes, ¿qué hay detrás de ello, qué te mueve, están los temores, está el querer aportar? Que se incluyan dentro de las metodologías atender al cuerpo, la mente y el espíritu. Que se reflexione en la temática que en la vida no hay culpables, trabajar la desnaturalización que el ser humano es violento por naturaleza, la resolución de conflictos en forma pacífica, aprender a comunicarse responsablemente y hacerse cargo atendiendo a lo que a uno le sucede.	Profesores y estudiantes	Cambio: De paradigmas - educación para la paz	Metodologías de enseñanza: Desarrollo de aprendizaje	Desarrollo habilidades socioemocionales

N° respuesta	¿Qué entiende usted por innovación educativa?	Foco específico	Categoría 1	Categoría 2	Categoría 3
50	Cambios y nuevas formas de enseñanza que permitan un aprendizaje significativo con la incorporación de metodologías pertinentes al logro de un objetivo determinado.	Profesores	Metodologías de enseñanza	Desarrollo de aprendizajes	
51	La aplicación de herramientas y metodologías que permitan mejorar el proceso de aprendizaje en el aula, desde nuevas perspectivas o nuevos puntos de vista.	Profesores	Metodologías de enseñanza		
52	Una vez identificada la o las prácticas docentes que generan resultados no deseados y deseados, el docente se dispone a hacer un cambio en su forma de enseñar.		Herramientas y Capacitación: Aprendizaje continuo		
53	Algo que no sea aplicar más de lo mismo, que cambie roles de los actores, métodos de aprendizaje, que considere más variables.	Profesores	Metodologías de enseñanza	Cambio	
54	Considerar algunas estrategias que se han probado e integrarlo en un sistema más amplio y significativo, para generar cambios en la práctica educativa.	Profesores	Metodologías de enseñanza	Cambio	
55	Generar desde la propia reflexión, las mejoras y cambios, centrados en el aprendizaje de los estudiantes.		Herramientas y capacitación: Aprendizaje continuo		
56	Cambio, participación de la comunidad, trabajo en equipo, capacitación permanente, otros.		Aprendizaje continuo	Participación de comunidad	
57	La aplicación de procedimientos que desarrollen habilidades cognitivas.		Metodologías de enseñanza: Desarrollo de aprendizajes	Desarrollo de habilidades cognitivas	

ANEXO 4

Codificación Pregunta: ¿Cómo aprendió o se formó en las innovaciones educativas que usted implementa como Asesoría Técnica Educativa?

N° respuesta	¿Cómo aprendió o se formó en las innovaciones educativas que usted implementa como Asesoría Técnica Educativa?	Código 1	Código 2	Código 3
1	Trabajé 10 años en MINEDUC. Fui parte del grupo capacitado por Bitar en el Modelo de Aseguramiento de la Calidad el año 2004; además hice el curso de efectividad escolar con Violeta Arancibia en la PUC, pero lo más importante es que los 10 años que estuve en MINEDUC, donde finalmente estuve a cargo de una meta presidencial en Gabinete, nunca dejé el trabajo de sala, como profesora. Esto me ha dado el liderazgo que tengo para conducir este equipo y los conocimientos necesarios para llegar de manera sólida a los establecimientos. Los docentes creen en nuestra propuesta porque saben que no somos de "escritorio" y que al mismo tiempo hemos participado en la implementación de las Políticas Públicas.	Experiencia pedagógica	Educación formal: Cursos	Educación formal: Cursos
2	Los estudios de posgrado permiten una formación teórica que debe transitar por los conocimientos empíricos, para que pueda fortalecer una actitud y dimensión por la innovación. En mi caso, estudios de magíster.	Educación formal: Posgrado		
3	Construimos los aprendizajes como comunidad de trabajo.	Comunidades de aprendizaje	Comunidades de aprendizaje	
4	La desarrollé a partir de la observación de la ineficacia del trabajo docente con estudiantes de contextos de pobreza y vulnerabilidad. Ello fue posible observando las clases desde una crítica al paradigma de la comunicación en las como transmisión de información (emisor, mensaje, receptor) a comunicación como "conversaciones" (trenzas de lenguaje y emoción) según plantearon Maturana y Varela en la Biología del Conocimiento y Rafael Echeverría en la Ontología del Lenguaje. Me apareció el fenómeno de las emociones en las conversaciones de aprendizaje en las aulas, y la incomprensión de los estudiantes pobres y vulnerables, junto a emociones como aburrimiento y desapego. Ante ello, comencé a desarrollar nuevas modalidades de presentación de los temas clave de las unidades didácticas en la educación básica y media, modalidades que pretenden hacer inteligible y amistoso el encuentro del estudiante con las distinciones lingüísticas especializadas de las asignaturas. De allí el nombre de la innovación, "aulas motivadoras".	Formación propia		
5	En el Magíster en Comunicación y Educación UC.	Educación formal: Posgrado		
6	Durante 20 años participé en el CPEIP del MINEDUC, donde recibí perfeccionamiento pertinente para ser Supervisor Técnico Pedagógico, labor que realicé en las escuelas y liceos de la ciudad de Arica. En la actualidad, como ATE, estoy realizando asesorías a nivel sistémico, más que en asignaturas.	Experiencia profesional	Educación formal: Cursos CPEIP	

N° respuesta	¿Cómo aprendió o se formó en las innovaciones educativas que usted implementa como Asesoría Técnica Educativa?	Código 1	Código 2	Código 3
7	Con cursos específicos para comprender la esencia y luego mucho estudio posterior con un grupo de personas... basados en 20 años de haber estado dentro de la sala de clase y haber estado siempre pendiente de ver cómo aprenden los niños y los profes... mucha observación en mi propia práctica pedagógica... con mucha reflexión... como primer insumo... y luego los diplomados y magíster que me interesaban.	Experiencia pedagógica	Educación formal: Cursos	
8	A través de capacitaciones, tanto como diplomados o postítulos que nos han permitido aprender la didáctica que hoy necesitan algunos de los docentes del país.	Educación formal: Cursos		
9	Compartiendo experiencias con expertos y otras instancias formativas, diplomados, cursos y otros.	Educación formal: cursos	Comunidades de aprendizaje	
10	Autoaprendizaje a través de material virtual, visita a exposiciones de expertos y ensayo de propuestas creadas por el equipo en el contexto educativo.	Formación propia		
11	Aplicando el modelo de downsizing de la empresa en el trabajo pedagógico y didáctico del docente.	Formación propia		
12	A través de un magíster.	Educación formal: Posgrado		
13	Con un magíster en Dirección y gestión escolar de calidad. Con el curso de consultores en gestión escolar de calidad. Y probando mil veces.	Educación formal: Posgrado	Educación formal: Cursos	Formación propia
14	Capacitaciones principalmente.	Educación formal: Cursos		
15	Mi formación de ingeniero y profesor me da una visión distinta de los problemas en educación.	Educación formal: Pregrado	Experiencia pedagógica	
16	A través de los 20 años de trabajo como profesora, además de la formación recibida trabajando en el Programa EXPLORA de CONICYT.	Experiencia pedagógica.		
17	No tengo ninguna formación en innovación y el trabajo que desarrollamos tiene un sustento ecléctico que recoge experiencias personales y profesionales de diferentes disciplinas. No creo que sea posible formar en innovación.	Experiencia pedagógica	Comunidades de aprendizaje	
18	Capacitación.	Educación formal: Cursos		
19	Realizando magíster y postítulos, además de mis propias experiencias pedagógicas.	Educación formal: Posgrado	Experiencia pedagógica	
20	A través de la autoformación desafiada por el Magíster en Educación cursado en la Universidad del Mar cuyos referentes teóricos fueron principalmente los pensadores cognitivo-constructivistas.	Formación propia	Educación formal: Posgrado	
21	Me formé en un posdoctorado en la Universidad Autónoma de Barcelona. Me informé apoyada con mucha lectura sobre didáctica de la literatura y enseñanza de la lengua.	Educación formal: Posgrado		

N° respuesta	¿Cómo aprendió o se formó en las innovaciones educativas que usted implementa como Asesoría Técnica Educativa?	Código 1	Código 2	Código 3
22	Leyendo, estudiando (hago un doctorado en Gestión Educativa), además que me gusta innovar.	Educación formal: Posgrado	Formación propia	
23	Desde perfeccionamientos personales y estudios universitarios.	Educación formal	formación propia	
24	Con ensayos, errores, estudios, técnicas y mucho más.	Formación propia		
25	Realizando pasantías, cursos en el extranjero y diplomados en la PUC.	Educación formal: Cursos		
26	A través de mis estudios de posgrado y en mi experiencia profesional. Además del interés personal que pongo en ello.	Experiencia profesional	Educación formal: Posgrado	
27	Once años trabajando en equipo, incorporando todas las asignaturas a los planes de mejoras, y lo más importante, aprendiendo todos los días desde los establecimientos, desde los errores y carencias.	Experiencia	Comunidades de aprendizaje	Formación continua
28	Autoformación y apoyo en seminarios-talleres.	Formación propia	Educación formal: Cursos	
29	Buscando cursos de perfeccionamiento y participando de los proyectos implementados por el MINEDUC como docente. Trabajando desde la propia experiencia como profesora.	Experiencia pedagógica	Educación formal: Cursos	
30	Las personas que trabajan en ella tienen formación desde lo desarrollado en la didáctica de la disciplina, así como se incorporan los planteamientos de la educación diferencial, y también están en el sistema; por tanto la pertinencia es de alto grado.	Experiencia	Educación formal	
31	A través de magíster en Chile y posgrados en Europa.	Educación formal: Posgrado		
32	Originalmente por los cursos de "Enlaces", después en una pasantía en España en el año 2000.	Educación formal: Cursos		
33	A través de la experiencia práctica en terreno, mediante el trabajo con docentes y alumnos, detectando sus necesidades de mejora en lo que hacen, y combinándolo con mucha lectura e investigación de temas de educación de calidad y de tecnologías de información. Además, aportando desde diferentes miradas al proceso educacional, como control de gestión e informática y desde el punto de vista pedagógico.	Experiencia	Formación propia	
34	Siendo partícipe del programa Enseña Chile, conociendo la sala de clases desde dentro, comprometiéndonos, gran parte del equipo, a realizar clases durante dos años.	Experiencia pedagógica		
35	Graduado como Magíster, experiencia en el Ministerio de Educación, así como asesor técnico y autoformación profesional.	Educación formal: Posgrado	Experiencia profesional	
36	Al pasar del tiempo experimentando las estrategias con mis grupos de trabajo y estudiantes.	Experiencia	Comunidades de aprendizaje	

N° respuesta	¿Cómo aprendió o se formó en las innovaciones educativas que usted implementa como Asesoría Técnica Educativa?	Código 1	Código 2	Código 3
37	En la práctica. Dirigiendo establecimientos, una red de establecimientos, haciendo asesorías, y siempre estando en contacto con los docentes y directivos.	Experiencia pedagógica		
38	Contamos con un equipo altamente calificado, en cuanto a experiencia y formación profesional.	Experiencia pedagógica		
39	Formación de posgrado, seminarios, participación en estudios e investigaciones de universidades.	Educación formal: Posgrado	Educación formal: Cursos	Experiencia en investigación
40	En el segundo Magíster "Educación Superior mención pedagogía universitaria",	Educación formal: Posgrado		
41	Estudiando, observando, adaptando, implementando y evaluando innovaciones educativas, en la totalidad de la organización escolar.	Formación propia		
42	Llevo más de 25 años trabajando en educación, en educ. superior, en psicopedagogía y con formación en el extranjero. Me perfecciono continuamente, ya sea en un curso formal o de manera autónoma. Leo mucho, libros, papers, etc.	Experiencia pedagógica	Formación propia	Educación formal: Cursos
43	A través de la experiencia.	Experiencia		
44	A través del perfeccionamiento continuo; la observación de clases; el acompañamiento y modelaje con los docentes; las reuniones de reflexión y análisis con los propios docentes para construir en conjunto las innovaciones que mejoren sus prácticas y la gestión del currículum al interior del aula.	Experiencia	Comunidades de aprendizaje	Formación continua
45	Elementos entregados en un ramo de magíster, mucha lectura, autoaprendizaje y estando muy focalizados en las problemáticas y necesidades de las escuelas que atendemos.	Educación formal: Posgrado	Formación propia	
46	Formación en innovaciones y métodos obtenidos a través de investigación aplicada en ambientes naturales, durante unos 20 años. A partir de allí surgió un cuerpo empírico-teórico con las características señaladas.	Experiencia investigando		
47	Incentivado en el posgrado (Mg Cs en Didáctica de las Matemáticas) y reflexiones personales acerca de los facilitadores y obstáculos del aprendizaje.	Educación formal: Posgrado	Formación propia	
48	Primero que todo: mi formación profesional de base (Profesora de Estado en Castellano. Hoy Lenguaje y Comunicación en EGB y Lengua y Literatura para EM), asistencia a seminarios, cursos, talleres, mucho estudio personal y, esencialmente, la experiencia.	Experiencia pedagógica	Educación formal: Cursos	
49	Estudiando, investigando, preparándome para el hacer, explorando. Pero principalmente aplicando lo aprendido del siloísmo, en donde se hace mucho trabajo personal, se estudia en grupos de autoconocimiento y se aplica en lo social. Se plantea el cambio personal y social. Dentro de todo esto ayudar a la gente a aplicar los conocimientos en su vida personal, laboral y social. Los principios de la conducta coherente, el ser humano como valor principal, el tratar al otro como uno quiere ser tratado, la no violencia activa, la no discriminación.	Formación propia		

N° respuesta	¿Cómo aprendió o se formó en las innovaciones educativas que usted implementa como Asesoría Técnica Educativa?	Código 1	Código 2	Código 3
50	Con mucha búsqueda bibliográfica para responder a la demanda, ya que los Programas de Estudios de nuestro marco curricular dan luces de lo que se debe enseñar en el Manejo de la Lengua desde edades tempranas, pero no cómo enseñar.	Formación propia		
51	Desde la práctica en la sala de clases, a través de estudios como el magíster realizado y luego con mucha lectura personal sobre innovación educativa y conocimiento de innovaciones educativas.	Experiencia pedagógica	Educación formal: Posgrado	Formación propia
52	Formación en redes de tutoría con organización pionera de México (aprender con interés). Permanente intercambio técnico de experiencias entre México y Chile. Cabe destacar que México está implementando este enfoque hace más de 15 años y hoy lo desarrollan más de 30 mil establecimientos	Educación formal: Curso en redes de tutoría		
53	Desde el desarrollo de un método nuevo, con sus materiales incorporados se hace necesario intervenir a los colegios preparándolos para aplicar el modelo.	Formación propia		
54	Formación y experiencia desde la profesión de la psicología. En la práctica clínica, comunitaria y educacional.	Experiencia profesional		
55	En la PUC y en las dinámicas propias del trabajo educativo, centrado en el aprendizaje.	Experiencia	Educación formal	
56	CEPEIP. Profesor guía de talleres de lenguaje.	Educación formal: Cursos		
57	Hace más de 30 años que me dediqué a investigar acerca de la "participación" del cerebro en los procesos de aprendizaje.	Experiencia investigando		

PARTE III

EDUCACIÓN SUPERIOR

CAPÍTULO 11

A CUATRO AÑOS DEL PROCESO DE REFORMA A LA EDUCACIÓN SUPERIOR

IGNACIO SÁNCHEZ
Rector
Pontificia Universidad Católica de Chile

INTRODUCCIÓN

El proyecto de ley de reforma de la educación superior presentado por el gobierno se ha venido discutiendo desde hace cerca de cuatro años y sus principales lineamientos estaban incluidos en el programa de gobierno de la Presidenta Bachelet. Claramente, se trata de una reforma necesaria, dadas sus implicaciones para el futuro del país. En efecto, la voluntad mayoritaria de todos los actores ha sido aportar a su pensamiento, redacción e implementación. Es importante recordar que la última reforma tuvo lugar hace más de 37 años, en 1981. Desde entonces, el sistema ha crecido y cambiado de manera considerable. Sin embargo, a pesar de la presión que se ha instalado sobre la necesidad de esta reforma y sus objetivos –calidad con una mayor equidad y con énfasis en la importancia de la creación de nuevo conocimiento–, que son compartidos por una amplia mayoría, el proyecto de ley incluye algunos elementos que son motivo de gran preocupación y de un malestar generalizado. Por otra parte, de manera persistente se ha omitido una revisión más explícita del contexto de la reforma, donde quedan ausentes la visión de futuro respecto de lo que se espera del sistema de educación superior de nuestro país y el análisis de sus principales desafíos. De manera prioritaria, se necesitan mejoras en la definición de conceptos tales como la función pública de las universidades; un trato equivalente a las instituciones que aportan desde lo público; la autonomía en el quehacer de las universidades; los aspectos que intervienen en una adecuada regulación del sistema; el estímulo a universidades estatales y a todas las regionales; el estado actual, relevancia y proyecciones de la educación técnico-profesional, así como el adecuado financiamiento estudiantil y el que les corresponde a las instituciones de educación superior. Todos estos son elementos cruciales que es necesario analizar en detalle y que van a influir de manera muy significativa en la calidad del proyecto que se discute al momento de cierre de este capítulo.

A continuación, se describirán los aspectos principales que, desde la Universidad Católica, se han planteado durante estos años de discusión de la reforma, y que a nuestro juicio son muy importantes para el debate amplio e integral del proyecto.

VALORACIÓN DE LA FUNCIÓN PÚBLICA EN EDUCACIÓN SUPERIOR

En la actualidad no hay una definición clara del sistema de educación superior sistémico, amplio y diverso que queremos para nuestro país. De igual forma, no hemos avanzado en una definición de consenso referente a la función pública de una universidad. En estos años, ha habido una tendencia a describirla solo desde la lógica de la propiedad, es decir, incluyendo en este concepto únicamente a las universidades estatales. Aun cuando en la primera parte del proyecto se declara que se desea estimular un sistema de provisión mixta, para incentivar la diversidad de los diferentes proyectos educativos, en su versión final se presenta un proyecto que apoya de manera preferente –y se diría excluyente– al sistema estatal, sin preocuparse de instituciones tradicionales que en la actualidad aportan más de la mitad de los bienes públicos al país en las áreas de docencia, investigación y compromiso científico y cultural con las comunidades.

En su formato final, el proyecto de ley no considera la contribución que las instituciones tradicionales han hecho al país durante décadas. Estas instituciones, agrupadas en la red conocida como G9 (que componen las universidades tradicionales o públicas no estatales), históricamente han expresado este compromiso público a través de su labor desplegada en la formación, investigación y propuestas que ofrecen soluciones a los problemas de las personas y de Chile. El proyecto refleja un interés prioritario y focalizado en el sistema estatal, desatendiendo al resto del sistema. Creemos que es preciso propiciar la libertad institucional, de manera que cada institución pueda desarrollarse y participar desde su propia misión, identidad y proyecto universitario.

En este sentido, la discusión que se ha dado respecto de la composición del Consejo de Rectores (CRUCH) es interesante. Creemos que debiera reconocerse la condición de universidad de vocación pública a ciertos proyectos universitarios privados que se originaron después de la reforma de 1981, y que se han destacado por su aporte científico y cultural, a través de la creación de nuevo conocimiento, docencia innovadora y compromiso con las comunidades con las que se relacionan. Hay un grupo reducido pero importante de instituciones que, luego de un análisis objetivo, internacional y riguroso de un grupo de indicadores académicos previamente definidos, podría ser incorporado al Consejo de Rectores.

Así, es necesario tener una mirada sistémica que considere a todos los actores, independientemente de su naturaleza jurídica. La vocación pública en educación supera la naturaleza jurídica de una institución o el origen fundacional de propiedad. Históricamente, nuestro sistema universitario se ha fundado, de manera conjunta y subsidiaria, en instituciones variadas y con diversas características, lo que ha significado un aporte clave para el país. Por esto, es necesario recalcar que la diversidad en el sistema ha de ser valorada, sin olvidar que la calidad del proyecto que se entrega a la sociedad es el norte que debe guiar nuestras acciones.

APORTE E IDENTIDAD DE LA UNIVERSIDAD CATÓLICA

La universidad como institución se consagra a la investigación y a la formación de los estudiantes libremente reunidos con sus maestros, animados todos por el mismo amor del saber. Aquellas de naturaleza católica se distinguen además por su libre búsqueda de toda la verdad acerca de la naturaleza, del hombre y de Dios. En cuanto universidad, es una comunidad que de modo riguroso y crítico contribuye al desarrollo de la dignidad humana y de la herencia cultural mediante la investigación, la enseñanza y el aporte a la comunidad. Así, el esfuerzo permanente de la UC se orienta a promover la excelencia en la generación de nuevo conocimiento y en la formación de personas, junto con fortalecer nuestra identidad católica. Lo anterior permite potenciar a nuestro cuerpo académico, aumentar el ingreso de los mejores alumnos de distintos sectores de la sociedad –con crecientes criterios de inclusión–, realizar investigación e innovación de frontera, y acrecentar la internacionalización y el vínculo con la sociedad. Todo lo anterior, como un aporte al desarrollo del país.

La inspiración cristiana de nuestra universidad nos plantea el desafío de valorar las conquistas de la ciencia, del arte, de las humanidades y de la tecnología en la perspectiva global del ser humano.

Por ende, las universidades católicas debemos realizar una continua renovación, tanto por el hecho de ser universidad como por el hecho de ser católica, trabajando con el anhelo de que la universidad sea un lugar inclusivo para aprender a razonar con rigor, con el fin de obrar con rectitud y servir mejor a la sociedad. De esta manera, la universidad debe comprometerse en el diálogo entre fe y razón, para que estas se encuentren en la verdad al servicio de los hombres. El desafío actual es potenciar una formación integral, con sólidas bases en lo disciplinar y con una concepción amplia de la cultura, el bien y la belleza. El Papa Francisco –quien recientemente nos visitó en un inolvidable encuentro con la comunidad de la educación, ciencia y comunicaciones del país– nos solicita de manera directa cuatro aspectos que deben identificar a una universidad católica: ser un lugar de "discernimiento" para comprender y alimentar lo conocido, y ser un proyecto lleno de "sabiduría", para alimentar la esperanza. Nuestras universidades deben también ser un espacio para el desarrollo de "la cultura de la proximidad y de la cercanía", para valorar las riquezas del otro, y finalmente, deben ser un lugar de formación para la "solidaridad", que genere vida abundante en su entorno y en la sociedad.

En la actualidad, debemos contribuir a que nuestros jóvenes descubran el sentido de la vida y propiciar en ellos el nacimiento de nuevas esperanzas. Aspiramos a que la universidad sea un lugar para todos, que quienes participen de nuestra comunidad se sientan invitados a tener una experiencia en la verdad, orientada a la dignidad de las personas y al bien común. Ser fieles a esta respuesta, por supuesto, se basa en la libertad y en un camino de conversión personal. Así, nuestro proyecto universitario se debe distinguir por su calidad, su identidad, generosidad e inclusión, al servicio de la sociedad, por el bien de todo el país y, en especial, de cada uno de sus habitantes.

LA CALIDAD ES EL EJE DIFERENCIADOR

El proceso de reforma a la educación superior, sin duda, ha sido largo y complejo; ello se ha debido a la variedad de temas e intereses que se entremezclan. Durante estos años, se ha desarrollado una agenda más centrada en la organización, regulación y financiamiento que en la calidad y mirada de futuro de un sistema dinámico y flexible, y que debe estar siempre abierto a los cambios que le presente el desarrollo de la nación. El énfasis en la calidad incluye la necesidad de apoyar el proceso de transformación integral de una persona para dar un salto en su formación personal e intelectual. Lo anterior y la creación de nuevo conocimiento y su transferencia a la sociedad son pilares que sustentan la labor universitaria.

Las universidades son un espacio único y privilegiado de reflexión cultural, investigación científica y debate de ideas. En ellas se cultiva la creación, el nuevo conocimiento, la verdad, el desarrollo del bien y de la belleza, para aportar al mejor crecimiento del país y de sus habitantes. La diversidad de nuestro sistema requiere de una amplia libertad institucional, con el fin de que cada universidad aporte desde su propia misión e identidad. Esto agrega mayor calidad, amplitud de miradas y enfoques en las diferentes temáticas, lo cual favorece la consolidación de un país más democrático e integrado.

En las principales universidades del mundo, la calidad es lo prioritario y transversal, lo que orienta temas de futuro, lo que está en la frontera de la innovación y el cambio. Los temas esenciales en discusión tienen que ver con aspectos que potencian la misión y la identidad de las instituciones, junto con una permanente mirada al aporte sustantivo de la universidad a la sociedad. En este contexto, resultan prioritarios los esfuerzos por potenciar la ética, la innovación curricular y docente centrada en el estudiante y en sus nuevas capacidades, los nuevos métodos de enseñanza, las medidas para hacer más inclusivas a las instituciones, con énfasis en el acceso y retención de estudiantes de sectores vulnerables y que requieren atenciones educativas especiales. Así también, es importante destacar el aporte de la educación *online*, ya que es un tema de presente y futuro, en fuerte desarrollo en las mejores universidades.

En el ámbito de la investigación, se aprecia una importante tendencia a la innovación, a la transferencia y al emprendimiento, con la participación activa de estudiantes de pre y posgrado, quienes interactúan de manera fluida con profesores e investigadores. De esta forma, se plantean proyectos que incluyen un compromiso con el territorio y todas las potencialidades de nuestro país. Esto se da en un marco de trabajo amplio e interdisciplinario, entendiendo que es en la frontera de las disciplinas donde hay un conocimiento aún no descubierto y que con el aporte de profesionales, científicos y artistas de diferentes áreas y disciplinas puede ser la llave de la resolución de los grandes problemas y dilemas de nuestra sociedad. La apertura internacional, la creación de redes y el trabajo conjunto entre investigadores e instituciones son una característica muy importante que se debe considerar. Es la manera de aprovechar las sinergias y capacidades individuales. Asimismo, el desarrollo de la sustentabilidad es prioritario, ya que permite mirar el futuro con responsabilidad, en un entorno en que las universidades deben marcar la pauta en las sociedades en que se desenvuelven.

Por otra parte, los recursos que requieren las universidades son de gran magnitud y van en ascenso acorde a los desafíos que se quiere abordar y satisfacer. Es por esto que, junto a los aportes estatales y a los fondos que genera la universidad, es necesario enfatizar una política de búsqueda de recursos a través de la filantropía. Con la creación de fondos de reserva –o *endowment*– que recientemente nuestra universidad ha presentado en la forma de una campaña se busca dar una respuesta a través del compromiso de los exalumnos y de personas dispuestas a aportar para mantener y potenciar un proyecto educativo de beneficio para el país.

El problema que hemos observado en el actual proyecto de reforma es que si bien presenta algunas innovaciones positivas en el aseguramiento de la calidad, tiende a establecer una normativa excesivamente orientada al control, que posterga la promoción de la calidad y amenaza con restringir la autonomía de las instituciones. Este excesivo control también afecta de manera negativa la identidad de las universidades, sus planes de desarrollo y el futuro crecimiento de sus proyectos académicos. Esto es debido a que dentro de los aspectos a cuidar en la calidad están la formación de una planta académica de excelencia, la implementación de políticas para atraer a alumnos destacados, el desarrollo de un buen gobierno universitario –con participación activa de la comunidad– y la disposición y uso eficiente de recursos para desarrollar el proyecto universitario.

Para poder actuar con transparencia y rigurosidad, todos estos procesos se deben traducir en evaluaciones y acreditaciones de calidad, que sean externas y objetivas. El priorizar la calidad, ampliando la inclusión y nuevas oportunidades para los estudiantes, generando nuevo conocimiento de frontera en todas las áreas del saber y fortaleciendo nuestro compromiso con las comunidades y el país, debe ser un permanente desafío de nuestras universidades. Esto es lo que soñamos, lo que nos guía y es por lo que debemos trabajar.

AUTONOMÍA UNIVERSITARIA EN RIESGO

La autonomía de las instituciones de educación superior ha sido uno de los aspectos más complejos y más criticados por diversos sectores al momento de evaluar este proyecto de ley. Desde la UC consideramos que la autonomía debe ser cuidada de manera estricta para evitar que influencias externas a la institución afecten su libre desarrollo. Como es sabido, existe una autonomía de factores externos a la universidad y una libertad de cátedra al interior de las instituciones. Ambos aspectos deben ser cautelados para asegurar así que la función y misión universitaria se cumplan a cabalidad.

Si bien en el proyecto se declara la importancia de la autonomía del sistema universitario, también se presenta la creación de una subsecretaría que regula los cupos de las carreras, norma el crecimiento de las instituciones, define los aranceles para todos los estudiantes y además toma a su cargo el diseño y la implementación de un nuevo sistema de admisión a la educación superior. Un sistema que hasta ahora ha dependido del Consejo de Rectores y que, en virtud de los cambios que se han realizado y de la implementación del Sistema Único de Admisión (SUA), en los últimos años ha podido actualizar los contenidos y procesos de acuerdo con los comentarios de una importante evaluación internacional, para asumir los nuevos desafíos que se le presentan.

Pese a que existe mucho trabajo y cambios por realizar, nada hace sugerir que la administración de este sistema por un ente estatal –el que va a estar influido por presiones políticas externas– vaya a ser un avance en el sistema que conocemos en la actualidad. En resumen, lo anterior no significa más que una inaceptable intromisión en la autonomía universitaria. Si lo que se desea es construir una real estructura para el futuro, el trabajo de la subsecretaría debe estar orientado a la elaboración, coordinación y ejecución de políticas y programas en el sistema de educación superior, sin interferir en las áreas incluidas en la autonomía universitaria.

Por otra parte, se plantea también la existencia de una Superintendencia de Educación Superior, una estructura muy importante para poder regular un sistema que ha crecido sin el ordenamiento necesario para cumplir sus fines. Es evidente que se requiere desarrollar una estructura institucional que permita establecer un proceso regulatorio más robusto que garantice la transparencia financiera de las instituciones y la información pertinente y veraz orientada a los padres y en particular a los estudiantes. El problema que se aprecia en esta nueva institucionalidad es que se la dota de excesivas funciones, las que corren el riesgo de colisionar con las funciones del Consejo Nacional de Educación, con la labor de la Comisión Nacional de Acreditación y con el adecuado desarrollo de la cadena investigación-innovación-emprendimiento, que requiere de un trabajo conjunto con empresas, nuevos emprendimientos, *spin-offs* y del desarrollo de una cadena de valor, que en el actual texto no se verá representado de manera apropiada. Se ha propuesto en el Congreso que las funciones de esta superintendencia sean más acotadas, para permitir un sistema que pueda desarrollarse con una regulación, pero sin un control excesivo que lo asfixie y que impida su desarrollo.

En relación con el nuevo Consejo de Calidad, orientado al mejoramiento del sistema de acreditación, con evaluación continua y asistencia a las instituciones, preocupa la forma de nombramiento y conformación de sus consejeros, ya que con el mecanismo propuesto se abre la puerta a una politización de sus miembros designados por el Poder Ejecutivo. Durante las audiencias, los integrantes de la Comisión Nacional de Acreditación (CNA) expusieron frente a la Comisión de Educación de la Cámara de Diputados, indicando que, en la propuesta del sistema de aseguramiento de la calidad, el ministerio ocuparía un rol impropio, con niveles de acreditación confusos en sus definiciones. También, los miembros de la CNA expresaron que el consejo propuesto no asegura la autonomía, la pluralidad ni la independencia. El nuevo Consejo de Calidad, indicaron, debiera orientarse a perfeccionar un sistema de acreditación que ha tenido significativos avances en los últimos años, incluidos un mayor acompañamiento y una asesoría continua a las instituciones.

Como se puede apreciar, la nueva institucionalidad propuesta es necesaria; sin embargo, presenta varios elementos que es preciso corregir, los que deberán ser discutidos en detalle para poder avanzar en este aspecto crucial de la reforma.

En el momento del envío de este libro a la editorial, hay varios aspectos de este proyecto que están en discusión.

NUEVA INSTITUCIONALIDAD PARA LAS CIENCIAS, LA INVESTIGACIÓN Y EL DESARROLLO EN CHILE

Actualmente, en el Parlamento se debate el proyecto de ley para crear el Ministerio de Ciencia y Tecnología. Nuestra universidad constituyó una comisión de trabajo interdisciplinaria para reflexionar, aportar y enviar propuestas a las autoridades de gobierno y parlamentarios, con el ánimo de entregar insumos e ideas a la generación de esta nueva ley. En esta experiencia pudimos constatar la riqueza del trabajo fecundo y complementario propio de la interdisciplina. El aporte del arte y de las humanidades a la generación de una propuesta de investigación es de real magnitud e importancia. Su mirada conjunta es de extremo valor, orientada al objetivo común de la investigación y creación de nuevo conocimiento.

El conocimiento, la investigación y el desarrollo no son solo la ciencia y la tecnología. Incluye, por supuesto, a las ciencias sociales, a las humanidades, al arte y a todas las disciplinas que impactan directamente en el bienestar de la persona. Por tanto, si solo pensáramos en la generación de conocimiento en un área del saber, estaríamos mirando de modo sesgado un proyecto que es de relevancia para el país. El desarrollo de un país depende de la visión que tenga la sociedad para invertir en proyectos innovadores, sustentables y que permitan crear riqueza que beneficie a los grupos más vulnerables.

Hoy, la institucionalidad de las ciencias está dispersa en diferentes ministerios, lo cual diluye su presencia y significación pública. Se requiere una planificación de mediano y largo plazo, con coordinación de los diferentes actores del sistema. El nuevo conocimiento constituye un factor determinante en el acervo cultural, bienestar social y económico de la población, y las universidades cumplen un rol fundamental en su desarrollo.

La inversión en investigación y desarrollo (I+D) se ha mantenido de manera constante bajo el 0,4% del PIB. Esto ha significado un notorio estancamiento en nuestro desarrollo. Es preciso reconocer que el apoyo de CONICYT ha sido importante para que la ciencia chilena –desarrollada mayoritariamente en las universidades tradicionales y más recientemente con un interesante aporte de algunas universidades privadas– sea de calidad y goce de prestigio internacional. Sin embargo, a pesar de este avance, Chile sigue siendo el país de la OCDE que menos invierte en I+D, ubicándose muy lejos del 2,3% del PIB promedio de los países que la integran. Es importante destacar que para hacer de Chile un país que participe de la sociedad del conocimiento se requiere de un esfuerzo adicional que base efectivamente el crecimiento en el conocimiento y la innovación. Por esto, creemos que el ministerio debe orientarse a la investigación y al desarrollo, para un avance en el conocimiento de manera amplia e integral.

Existen lineamientos fundamentales por abordar que son vitales para avanzar en este sentido. En primer lugar, el cambio en la institucionalidad es prioritario. Por eso apoyamos fuertemente la idea de discutir la creación de un Ministerio de Ciencia y Tecnología. En segundo lugar, es necesario potenciar la formación e inserción de investigadores. En nuestro país hay menos de 800 investigadores por millón de habitantes, es decir, apenas un 25% del promedio de investigadores de los países de la OCDE. Si bien a partir del año 2014 se ha graduado un número muy significativo de nuevos doctores financiados por CONICYT, este apoyo debe estar coordinado con un programa de contratación de estos nuevos investigadores, que incluya al Estado, junto con estimular su incorporación en empresas privadas. La formación de programas doctorales de relevancia internacional y un programa de reinserción de posdoctorados que permita su proyección y la sustentabilidad de la investigación en el país es de la mayor importancia.

En tercer lugar, es preciso potenciar la internacionalización, ya que el avance en investigación requiere atraer a buenos alumnos e investigadores del extranjero. En la actualidad, nuestro país está en una posición de privilegio para transformarse en un polo de atracción en Iberoamérica. Diseñar políticas similares al programa de Start-Up Chile para atraer alumnos de doctorado es un camino posible. Por otra parte, en cuarto lugar, el financiamiento es absolutamente relevante si queremos dar un paso real en el crecimiento de nuestra capacidad de investigación e innovación. Se debe diseñar una política de financiamiento basada en la evaluación de resultados y logro de metas en un plan a 10-15 años plazo. En ella deben ser prioritarios los proyectos de gran envergadura, de nivel internacional, que incluyan la colaboración de varias instituciones. El apoyo debe ser de largo plazo en la formación de doctores y proyectos de investigación, con visión de las prioridades nacionales. Los fondos basales que reciben las universidades que realizan investigación son claves en esta tarea; adicionalmente, los fondos concursables deben estar disponibles para todas las universidades sobre la base de la calidad de los proyectos. Es preciso actualizar los costos directos en investigación, con un incremento significativo en los aportes a los investigadores y elevar el monto de los overheads de los proyectos, o costos indirectos de la investigación para la institución, ya que en la actualidad están siendo financiados de manera significativa en sus gastos generales por las universidades.

En quinto lugar, se debe poner atención al desarrollo de la innovación, ya que es clave para soñar y avanzar en cambios que signifiquen un beneficio de las condiciones de vida de las personas. Las actividades de innovación pueden ser de carácter social, de diseño, tecnológicas, planes de negocios y culturales. Algunas de ellas requieren de un fuerte desarrollo de investigación y, en el área científico-tecnológica, de importantes inversiones. La innovación entrega un nuevo valor a través de la creación. Es un proceso que requiere de investigadores, inventores y diseñadores de nuevo conocimiento y tecnologías y, de manera esencial, requiere de emprendedores que lleven estos avances e inventos a la sociedad, transfiriendo el nuevo conocimiento. Es necesario, por tanto, conectar a los investigadores con los emprendedores para que en conjunto puedan crear y entregar valor en las diferentes áreas de necesidades de la población.

Sexto, el estímulo a las universidades regionales para lograr potenciar las ciencias, así como la creación de nuevo conocimiento son metas prioritarias en esta reforma de la nueva institucionalidad. Es crucial poder entender y valorar los recursos naturales y potencialidades que presentan las diferentes regiones del país, para así invertir en personas, recursos e infraestructura, y estimular los principales polos de desarrollo. Esto tiene relevancia científica, cultural, artística y también en temas tan relevantes como la identidad y soberanía de la nación. Por último, y no por eso menos importante, es vital impulsar una educación científica precoz y difundir su significación. Esto permitirá visualizar la importancia de la ciencia para las personas y para el desarrollo del país. Estimular la curiosidad por conocer y el pensamiento metódico a nivel escolar, así como desarrollar estrategias para educar a la sociedad, son aspectos fundamentales para sustentar una política estable en las ciencias. Una de las acciones consiste en educar a los niños y a las nuevas generaciones para que sientan inquietud por explorar y adentrarse en las maravillas de la ciencia, del arte y de las humanidades. A través de todas estas acciones se podrá potenciar de manera real la investigación y la creación de nuevo conocimiento en todas las áreas del saber. Este proyecto de ley está en discusión en el Parlamento al momento de la redacción de este libro.

LEY ESPECIAL PARA EL FORTALECIMIENTO DE LAS UNIVERSIDADES ESTATALES

El proyecto de ley de fortalecimiento de las universidades estatales (UE) presentado en el mes de junio de 2017 recibió un apoyo inicial; sin embargo, luego se hicieron escuchar fuertes críticas debido a que este atentaría contra la autonomía universitaria. Es lamentable que el gobierno haya decidido enviar una ley aparte de la propuesta de la "gran reforma de la educación superior", pues al desvincular este proyecto claramente disminuye el valor de la discusión que le dará el marco principal al sistema en su totalidad, pues es evidente que no solo las UE aportan al bien público en educación superior. El proyecto de ley presenta aspectos positivos, los que se enfocan en fortalecer y potenciar el desarrollo y aporte al país de las UE, junto con avanzar en una gestión que disminuye amarras y el exceso de trabas burocráticas. Entre los aspectos negativos están, primero, la institucionalidad: el proyecto presenta la creación de un nuevo consejo asesor de las UE que pone en riesgo el futuro del Consejo de Rectores, cuando lo que se debe hacer es justamente fortalecer esta última instancia con el ingreso de nuevas universidades de función pública y no reducirlo solo a la competencia de las UE. El segundo aspecto negativo tiene relación con la autonomía: es importante evaluar en detalle el procedimiento de los nombramientos de miembros externos a las universidades, debido a que eventualmente pudiera alterarse la autonomía interna de las instituciones. Al igual que en países desarrollados, los nombramientos presidenciales deben estar exentos de consideraciones políticas. Otro aspecto negativo del proyecto se refiere al financiamiento. Es interesante analizar las cifras recientemente publicadas sobre el aporte financiero a las universidades, pues mucho se ha hablado de maltrato y descuido de las UE; sin embargo, los últimos dos gobiernos han tenido una dedicación preferente a entregarles un significativo apoyo. A estos aportes se suman los fondos regionales para proyectos en áreas específicas. Esta es una buena noticia para el sistema universitario y en especial para las UE. Ahora lo que corresponde es reconocerlo y distribuir estos recursos de manera justa entre estas instituciones. Es preciso apoyar de manera más decidida a las UE de regiones, que han sido las que han estado realmente postergadas, en especial en las zonas más extremas del país.

Junto con este fortalecimiento de las universidades estatales, el gobierno debiera evaluar también las necesidades de otras instituciones de función pública que, sin pertenecer al Estado, cumplen un rol clave en sus comunidades, particularmente en las regiones del país. En este aspecto, las universidades del G9 requieren un apoyo equivalente (no necesariamente igualitario) para su desarrollo y aporte a la comunidad. El aporte que entregamos en un trabajo en red y colaborativo con otras instituciones de función pública es de gran relevancia para el país. Desde G9 hemos reiterado que estamos de acuerdo con fortalecer a las UE, pero este apoyo no debe ser en desmedro o a expensas de otras universidades de función pública. En este sentido, no podemos pasar por alto la discriminación que significa incluir por ley el convenio marco de financiamiento de las UE y no hacerlo con el total de las universidades del CRUCH. Esta situación es analizada por los parlamentarios, quienes deben comprender que este apoyo es vital para el adecuado desarrollo de un sistema de educación superior amplio, diverso y de calidad, que mira al futuro de Chile. Este proyecto de ley está en discusión al momento de redactarse este capítulo.

IMPORTANCIA DEL DESARROLLO DE LAS UNIVERSIDADES REGIONALES Y DE LA EDUCACIÓN TÉCNICO-PROFESIONAL

El proyecto carece de un pronunciamiento y valoración decidida respecto del rol de las universidades regionales. Es bien conocido que el estímulo y desarrollo de las universidades regionales –sean estas estatales o tradicionales de función pública– es fundamental. Esto es clave de entender para permitir el adecuado desarrollo científico, cultural y económico de sus comunidades. Si no entendemos el estímulo regional como tal, no seremos capaces de impulsar un proceso de real descentralización y asegurar así que el país ofrezca oportunidades equitativas de crecimiento. Cada región de nuestro país tiene ventajas comparativas, por lo que sus universidades son actores muy presentes en el desarrollo regional, a través de la investigación, innovación y aporte de valor. En este sentido, es importante proponer un gran trabajo de planificación regional, con líneas prioritarias de acción, que sean apoyadas y formen parte del desarrollo del país.

Por otra parte, uno de los sectores más postergados desde hace muchos años ha sido la educación técnico-profesional, la que es crucial para el desarrollo sostenible del país. Es bueno reiterarlo: este sector agrupa a los estudiantes más vulnerables y para quienes la formación que reciben es un gran beneficio una vez que egresan de sus programas. Este efecto positivo de su educación puede contribuir a que los estudiantes y sus familias tengan un incremento muy significativo en el ingreso, lo que se traducirá en un gran impacto en su futuro. Se trata, en resumen, de dos áreas que han sido muy descuidadas en el pasado y que requieren una fuerte inversión y mejores condiciones para su desarrollo.

FINANCIAMIENTO DE LA EDUCACIÓN SUPERIOR

Financiamiento estudiantil

Este aspecto del proyecto de ley es altamente preocupante en lo que se refiere al financiamiento público, en especial respecto de la implementación de la política de gratuidad en la educación superior. Esto incluye, en el corto plazo, la regulación de aranceles tanto para los estudiantes afectos a gratuidad como para los que están en los niveles superiores de ingreso. Se valora que el proyecto de ley, mediante la introducción progresiva de la gratuidad en la educación superior orientada a los estudiantes más vulnerables, tenga como objetivo avanzar en la inclusión y la igualdad de oportunidades. Sin embargo, la incertidumbre en el financiamiento institucional, producto de la transferencia de aranceles, puede afectar la calidad de las instituciones. Es necesario recordar que en las universidades tradicionales de rol y función pública todos los ingresos se invierten en el fomento del proyecto educativo. Por esto, creemos que la gratuidad debe planificarse sobre la base de costos reales, de manera de no poner en riesgo la calidad de los proyectos educativos y no impactar en el mediano y largo plazo de manera negativa en la formación docente, en la investigación, en la generación de nuevo conocimiento y en su entrega a la sociedad.

En el formato y con los fondos actuales, la gratuidad presenta el gran riesgo de debilitar la calidad de los proyectos educativos. Esto sería consecuencia de los escasos fondos públicos y de los ajustes económicos que las instituciones han debido realizar para apoyar esta política pública. De tal modo que el fijar los aranceles regulados, sin tener en cuenta los elementos antes mencionados –calidad y diversidad del sistema–, constituye una amenaza real para la autonomía universitaria. Al momento del envío de este libro a la editorial, el proyecto de ley está en el Parlamento con una discusión muy específica en el tema de gratuidad y regulación de aranceles.

FINANCIAMIENTO INSTITUCIONAL

Desde el punto de vista del financiamiento de las instituciones, el proyecto en sus líneas de inicio declara que favorece y estimula la provisión mixta y la diversidad del sistema. Sin embargo, en la realidad existe un claro estancamiento del financiamiento tradicional (expresado en la Asignación Fiscal Directa o AFD y en la desaparición de la Asignación Fiscal Indirecta o AFI). Lo anterior se suma a la creación de nuevas líneas de financiamiento a las instituciones, en las que se privilegia, de manera evidente, lo estatal como único sinónimo de la generación de bienes públicos. Esto no está en línea con la definición internacional del valor de lo público. Un ejemplo es el trato que se les da a las universidades estatales con la creación del convenio marco, con un incremento importante de recursos que estaría en la propuesta incorporado a la ley, en comparación con las universidades del G9, a las que se les aportan los fondos correspondientes al convenio basal por desempeño.

Finalmente, es importante recalcar que los fondos basales que reciben las universidades son esenciales para desarrollar la investigación y avanzar en la creación de nuevo conocimiento en el país. Debido a que son fondos públicos, es necesario evaluarlos de manera rigurosa y fortalecer los procesos de rendición de cuentas. Para lograr crecer y desarrollarse, las universidades requieren de estabilidad en la planificación de sus presupuestos; es por esto que consideramos vital aumentar el aporte basal, ya sea por los instrumentos tradicionales o por los de reciente implementación que puedan quedar en la ley, para no estar con la incertidumbre del proceso anual de presupuesto. Al envío de este libro a la editorial, hay aspectos del proyecto que están aún en discusión.

PALABRAS FINALES

A través del desarrollo de este capítulo, se ha buscado analizar el estado actual de un proyecto de ley que ha estado en la discusión pública durante prácticamente todo el segundo gobierno de la Presidenta Bachelet, que ha recibido críticas de amplios sectores de la sociedad y que, a pesar de ello, no ha presentado los cambios que se requieren. El país debe avanzar en una reforma a la educación superior que valore la diversidad del sistema, que apoye los proyectos de función y vocación pública –independientemente de su propiedad–, que se oriente a mejorar la calidad de las instituciones, en especial en innovación docente, en el desarrollo de investigación y generación de nuevo conocimiento, y que implemente políticas de acceso a la educación superior que permitan una mayor equidad con calidad, en beneficio de los jóvenes y de todo el país. Estos son los objetivos y desafíos a los que todos debiéramos aportar.

Este capítulo se terminó de escribir a mediados de enero, cuando aún no se ha terminado la discusión del proyecto de ley de Educación Superior, por lo que varios aspectos han quedado pendientes de analizar.

REFERENCIAS

Aseguramiento de la calidad en la reforma a la educación superior. Análisis del Proyecto de Ley de Educación Superior – Título III Aseguramiento de la calidad Educación Superior (Boletín 10783-04). Centro de Políticas Públicas. *Apuntes Legislativos*, No 32, agosto de 2016, pp. 1-26.

Baeza, J. (2010). Desarrollo científico y tecnológico en Chile y el rol de las Universidades. En: B. Santelices (Ed.), *El rol de las universidades en el desarrollo científico y tecnológico. Educación Superior en Iberoamérica. Informe* 2010 (pp. 155-162). Santiago, Chile: CINDA y UNIVERSIA.

Bernasconi, A. (2006). La difícil tarea de clasificar universidades. *Calidad en la Educación Superior, 25*, 81-96. Bernasconi, A., Domínguez, B., González, R., Irarrázaval, I., Marshall, G., Martinic, S., Paredes, R., Prieto, B. y Scharager, J. (2013).

Perfeccionamiento del Sistema de Acreditación y lineamientos futuros para el aseguramiento de la calidad de la educación superior. Análisis del proyecto de ley que crea la Agencia Nacional de Acreditación y establece un nuevo Sistema de Acreditación (Boletín Nº 8774-04).

Centro de Políticas Públicas. *Apuntes Legislativos*, No 19, mayo de 2013, pp. 1-10.

CNED (2014a). Marco Nacional de Cualificaciones. *Boletín Perspectivas en Educación*, 9. Recuperado el 25 septiembre de 2014 desde http://www.cned.cl/boletin/201401N09.pdf

CNED (2014b). Presentación CNED, miércoles 23 de julio de 2014. Recuperado el 14 de octubre de 2014 desde http://www.cned.cl/public/secciones/secciongeneral/noticias/175_noticia.html

Espinoza, R. y Urzúa, S. (2014). Gratuidad de la Educación Superior en Chile en Contexto (documento de trabajo). CLAPES UC. Filippakou, O. (2011). The idea of quality in higher education: a conceptual approach: In *Discourse. Studies in the Cultural Politics of Education*, *32* (1), pp. 15-28.

Gil, F. J., Paredes, R. y Sánchez, I. (2013). El Ranking de las Notas: Inclusión con Excelencia. *Temas de la Agenda Pública*, *8*(60), pp. 1-19.

Gobierno de Chile. Proyecto de ley sobre Educación Superior, correspondiente al boletín N° 10.783-04, 5 de julio de 2016. Recuperado el 1 de septiembre de 2017 desde https://www.camara.cl/pley/pley_detalle.aspx?prmID=11224&prmBoletin=10783-04

Harvey, L. y Green, D. (1993). Defining quality, assessment and evaluation in higher education. *Assessment & Evaluation in Higher Education*, *18*, 9-34.

Larroucau, T., Ríos, I. y Mizala, A. (2013). *Efecto de la incorporación del Ranking de Notas en la Selección Universitaria*. Santiago: DEMRE. Recuperado de http://psu.demre.cl/adjuntos/informe-efectos-ranking-seleccion-universitaria-2013.pdf

OECD (2014). *Education at a Glance 2014: OECD Indicators*. París: OECD Publishing. Recuperado de http://www.oecd.org/edu/Education-at-a-Glance-2014.pdf

Paredes, R. (2014). Reflexiones sobre las propuestas de gratuidad para la educación superior en Chile. *Temas de la Agenda Pública*, *9* (69).

Reforma a la educación superior: aportes a la discusión. Comentarios al proyecto de ley que formula una indicación sustitutiva al proyecto de ley de Educación Superior (Boletín 10.783-04). Centro de Políticas Públicas. *Apuntes Legislativos*, No 35, mayo de 2017, pp. 1-14.

Rouvinen, P. (2002). R&D–productivity dynamics: causality, lags, and 'dry holes'. *Journal of Applied Economics*, *5* (1), 123-156.

Sánchez, I. (2011). Los desafíos de la educación superior en Chile. *Temas de la Agenda Pública*, *6* (47).

Sánchez, I. (2012). La Iglesia y las Universidades Católicas. *Revista Humanitas, 65*, 60-65.

Sánchez, I. (2013). Aseguramiento de la calidad en la Pontificia Universidad Católica de Chile. *Estratto da "Seminarium"*, a. LIII, 1-2.

Sánchez, I. (2014). Hacia una educación superior de calidad y más inclusiva: reflexiones y propuestas para su reforma. *Temas de la Agenda Pública, 71*, 1-11.

Sánchez, I. (2016). La reforma a la educación superior en Chile. Revista de Educación Superior en América Latina, diciembre 2016, Vol. 1, 3-5. http://rcientificas.uninorte.edu.co/images/Revista_Esal_1.pdf

Santelices, B. (2010). *El rol de las universidades en el desarrollo científico y tecnológico. Educación superior en Iberoamérica. Informe 2010*. Santiago, Chile: CINDA y UNIVERSIA.

Santelices, B. y Lund, F. (2013). Innovación con base científica: observaciones para la formulación de políticas públicas. En: B. Santelices, F. Lund, T. Cooper y J. A. Asenjo (Eds.), *Innovación basada en conocimiento científico* (pp. 289-301). Santiago, Chile: Academia Chilena de Ciencias.

Pontificia Universidad Católica de Chile (2016). Urgencia de futuro. Un Ministerio de Ciencias para la investigación y el desarrollo en Chile. 1-34.

Van Kemenade, E., Pupius, M. y Hardjono, T. W. (2008). More value to defining quality. *Quality in Higher Education, 14* (2), 175-185.

Walton, G. y Cohen, G. (2011). A Brief Social-Belonging Intervention Improves Academic and Health Outcomes of Minority Students. *Science, 331*, 1.447-1.451. DOI: 10.1126/ science.1198364.

Williamson, C., Arteaga, A., Ugarte, J. J., Vio, C., Sánchez, I., Morandé, P., Von Chrismar, M., Sánchez, J. M., Fernández, R., Rivera, J., Couyoumdjian, R., Koljatic, M. y Gazmuri, P. (2009). Políticas de educación superior: reflexiones y desafíos para una reforma al sistema. *Temas de la Agenda Pública, 4* (28).

CAPÍTULO 12

DESAFÍOS DEL FUTURO DE LA EDUCACIÓN SUPERIOR CHILENA[1]

ANDRÉS BERNASCONI
Director del Centro de Justicia Educacional
Facultad de Educación UC

---

1 Una primera versión de este artículo fue originalmente publicada en la serie Temas de la Agenda Pública del Centro de Políticas Públicas UC, con el N° 96 de dicha serie. Se han hecho ajustes a la introducción, para actualizar el estado de la discusión del proyecto de ley de reforma de la educación superior. La versión original está disponible en: http://politicaspublicas.uc.cl/publicacion/serie-temas-de-la-agenda/desafios-del-futuro-de-la-educacion-superior-chilena/

INTRODUCCIÓN

En julio de 2016, el Gobierno presentó al Congreso su proyecto de reformas a la educación superior. Ante el escaso entusiasmo que suscitó la iniciativa entre los actores del sistema –rectores, dirigencia estudiantil, académicos y, crucialmente, diputados y senadores, tanto de la coalición de gobierno como de la oposición–, el Ejecutivo propuso una nueva versión, que finalmente ingresó el 7 de abril de 2017 a la Cámara de Diputados, como indicación sustitutiva del proyecto original. El nuevo proyecto fue aprobado por el Congreso luego de enmiendas importantes en el Senado y hoy (marzo de 2018) se encuentra en revisión de constitucionalidad ante el Tribunal Constitucional.

Paralelamente, el Ejecutivo tramitó en el Congreso y logró en enero de 2018 la aprobación parlamentaria de una ley que regula el marco jurídico de las universidades estatales, e ingresó en marzo de 2018 una propuesta para reformar el Crédito con Aval del Estado (CAE). A ello se suma la parcial introducción, en 2016, de la gratuidad para los estudios superiores, que hoy alcanza a los estudiantes de los seis deciles de menores ingresos familiares que están matriculados en 46 instituciones de educación superior que cumplen los requisitos para participar en el programa y han aceptado hacerlo (Delisle y Bernasconi, 2018).

Estas propuestas y reformas han dejado instalados varios temas en la agenda pública, los que se relacionan con el financiamiento de los estudiantes y las instituciones, con la regulación del lucro y de la calidad, y con la estructura institucional del sector público del sistema: Ministerio de Educación y universidades estatales.

Sin desconocer la importancia de estos temas, su centralidad en la discusión de la política de educación superior desde las protestas estudiantiles de 2011 ha dificultado que surjan en la agenda otras preocupaciones propias del desarrollo de la educación superior chilena, que tienen tanta relevancia como las cuestiones que han copado la agenda hasta ahora.

No obstante los logros obtenidos por el Gobierno de Michelle Bachelet en materia legislativa en la última etapa de su gestión, subsiste una sensación de insatisfacción con el estado de la educación superior en muchos actores relevantes del sistema, lo cual sugiere que el tema no quedará cerrado. En este contexto, podría ser útil hacer aquí el ejercicio de identificar los desafíos que la evolución de la sociedad chilena, del propio sistema de educación superior, y de las tendencias globales, plantearán a la educación terciaria en el curso de las próximas dos décadas.

Así, la cuestión de la reforma podría aparecer en una diferente luz: en lugar de diagnosticar y buscar corregir los males de la educación superior chilena desde las urgencias y tensiones del momento presente, se podría evaluar nuestra educación superior a partir de su capacidad de abordar los desafíos que enfrentará hacia, digamos, 2030. La primera perspectiva mira hacia atrás, y considera como guía lo que pudo haber sido la educación superior chilena si las reformas de 1980 no hubiesen ocurrido, o si su curso hubiese sido alterado decisivamente por los gobiernos de la Concertación desde 1990. Busca conjurar una especie de universo paralelo, uno en que los mercados no son el fundamento de la coordinación de la educación superior, el sistema privado tiene mucho menos del 85% de la matrícula, las regulaciones sobre las instituciones son fuertes, el Estado planifica, define cupos, fija precios, y la educación superior es un "derecho social" de acceso gratuito. Esta perspectiva rechaza el legado de las reformas de 1980-81, y aspira a empezar de nuevo, sobre otros fundamentos, más cercanos a un modelo de organización social de primacía del interés general sobre los intereses particulares (Atria et al., 2013).

La segunda perspectiva mira hacia el futuro, con el afán de poner en discusión los elementos de nuestra educación superior que podrían resultar poco adecuados para enfrentar con éxito los desafíos que vendrán. Esta mirada es sensible a la dependencia del sistema respecto de su trayectoria de los últimos 35 años (*path dependence*), es escéptica de la viabilidad de los proyectos refundacionales, y basa el diagnóstico de la realidad presente no a partir de lo que pudo haber sido el sistema de educación superior de haberse corregido oportunamente su orientación fundamental, sino de las encrucijadas que enfrentará, tal como es, en unos años más, cuando maduren algunas tendencias que se incuban en el mismo sistema de educación superior y, más ampliamente, en la sociedad chilena y en la comunidad global. Esas tendencias se avizoran hoy, y algunas de ellas, las que me parecen más desafiantes, son materia de este trabajo.

Ambas miradas –la retrospectiva y la prospectiva– son normativas, en el sentido de que postulan un escenario como preferible al actual, desde las inclinaciones políticas y morales de quien formula la propuesta de cambio, y desafían al sistema a acercarse a ese preferible escenario. Y ambas son legítimas como criterios de orientación de la acción pública. Solo que la primera, la retrospectiva, ya abunda en los diagnósticos existentes sobre la educación superior, y tiene, además, un sello de aprobación oficial, al encontrarse plasmada en el programa de gobierno de la Presidenta Bachelet, y en el mensaje del proyecto de ley de reforma de la educación superior. La mirada prospectiva, en cambio, ha sido desplegada con menor frecuencia en Chile, lo que justifica el presente ensayo.

Para esta tarea de proyección, la situación de Chile como país pequeño y periférico, con mínima influencia en el curso de la historia, pero a la vez altamente integrado a un mundo globalizado, es una ventaja, porque el futuro que nos espera ya está presente: lo están viviendo los países más avanzados del Norte Global. No necesitamos arriesgar conjeturas totalmente originales sobre el futuro, sino leer lo que está ocurriendo hoy en el mundo y aplicar, extrapolar o contrastar, según sea el caso, con la situación de Chile, para identificar por dónde podrían venir las demandas o presiones sobre el sistema, y evaluar su aptitud para responder a ellas.

El presente ensayo está dividido en cuatro partes: los estudiantes, en relación con la función formadora de la educación superior, o si se quiere, la perspectiva de la demanda. Luego, la plataforma institucional, o la oferta. En tercer lugar, la creación de conocimiento, en relación con la función de investigación que cumple el sistema chileno de educación superior, y, por último, la coordinación del sistema, que remite a la función del Estado respecto de las instituciones de educación superior. La parte final se reserva para proyectar algunas propuestas o lineamientos de trabajo prospectivo, tanto para las instituciones de educación superior como para el Gobierno.

Los cuatro ámbitos de desafíos aquí identificados no agotan, por supuesto, la cuestión de la capacidad de nuestra educación superior de evolucionar con los tiempos. Son, más bien, los que por razones de afinidad temática, experiencia profesional, y probablemente otras de las que no estoy consciente, me parecen más urgentes y complejos de resolver. Además, ellos tocan dos de las funciones centrales del sistema –docencia e investigación–, así como las estructuras que las soportan: las instituciones y el Estado en su capacidad promotora y coordinadora. Los lectores de este ensayo podrán tener una lista diferente de los mayores desafíos, pero justamente de eso se trata: de promover una discusión sobre los retos del futuro y la aptitud de nuestra educación superior de estar a la altura de lo que ellos demandarán.

EL DESAFÍO DEL CRECIMIENTO: ¿QUIÉNES SERÁN LOS NUEVOS ESTUDIANTES?

La educación superior chilena matriculó en 2017 a 1.176.727 estudiantes de pregrado, 48.716 de posgrado y a 22.303 de postítulo[2]. Con apenas 6% de la matrícula en el posgrado y postítulo, Chile aparece como un sistema aún muy anclado en la formación del primer nivel de la educación superior, como es el caso en general en América Latina (Brunner, 2016, p. 117).

Chile, después de Brasil, fue el país de Latinoamérica con mayor crecimiento de su matrícula entre 2000 y 2014 (Brunner, 2016, p. 105). Sin embargo, la tasa de crecimiento anual en pregrado se ha ido moderando: de una expansión de 7,6% promedio anual en el quinquenio 2005-2010, pasó a 4,3% promedio anual en el período 2010-2015 (Zapata y Tejeda, 2016, p. 8). Aún más: si se mide únicamente el tramo de 2013 a 2015, el crecimiento anual promedio fue de solo 2,3%. La expansión del posgrado también se ha detenido desde 2012 (Zapata y Tejeda, 2016, p. 9).

Estas cifras sugieren que el ciclo expansivo del sistema está llegando a su fin o, al menos, se ha ralentizado considerablemente. De hecho, datos recientes del Consejo Nacional de Educación[3] muestran, por primera vez en tres décadas, una disminución de 0,6% en la matrícula de pregrado en Chile en 2017. Este es un desafío enorme para instituciones de educación superior, especialmente en el sector privado,

---

2   http://www.mifuturo.cl/index.php/estudios/estructura-compendio

3   http://cned.cl/sites/default/files/tendencias_matricula_pregrado_2017.pdf

acostumbradas a un modelo de desarrollo que se basa en el aumento constante de los ingresos por aranceles de matrícula.

Cabe recordar que la expansión del acceso a la educación superior en Chile en las últimas dos décadas no ha sido, como en otros países, impulsada por ganancias en cobertura y conclusión de la educación secundaria, toda vez que la tasa de conclusión ya era cercana al 70% en 2002 (Ministerio de Educación, 2014, p. 24), y se ubica hoy en 83%, en línea con el promedio de los países de la OCDE (Centro de Estudios, 2013, pp. 4 y 5). En cambio, la expansión ha sido alimentada por la creciente disponibilidad de ayudas financieras para los estudiantes, en la forma de becas y, desde 2007, del Crédito con Aval del Estado (Paredes, 2015, p. 230).

La política de gratuidad implementada en 2016, que reemplaza becas y créditos con un subsidio por estudiante matriculado, impedirá tanto la expansión de las becas y de los créditos subsidiados como el crecimiento de la matrícula. En efecto, las becas y los subsidios al crédito no podrán crecer, porque todo recurso adicional disponible para ayudas estudiantiles, en el plan del gobierno de Bachelet, irá a engrosar los aportes por gratuidad. El aumento de la matrícula, por su parte, estará constreñido a la necesidad del Ministerio de Hacienda de controlar el gasto fiscal exigido por la gratuidad, para lo cual deberá fijar límites al aumento de cupos ofertados por las instituciones. Así, se congelará en la práctica, si no en la intención, el crecimiento en la oferta financiable con ayudas provenientes del Estado.

Puede que así también llegue a su fin otro ciclo que caracterizó la evolución de la educación superior chilena, a saber, el de la disminución en la brecha de acceso entre los sectores más ricos de la población y aquellos con menores recursos. En efecto, si en 1990 un estudiante de una familia ubicada en el quintil de ingresos más altos tenía 9 veces más probabilidades de estar en la educación superior que uno de una familia del quintil de menores recursos (Bernasconi y Rojas, 2004, p. 13), esa brecha se redujo a 2 veces en 2013 (Zapata y Tejeda, 2016, p. 12). Esta ganancia en cobertura neta en el quintil más bajo pone a Chile en el primer lugar latinoamericano en la tasa de participación de los estudiantes más pobres en la educación superior (Brunner, 2016, p. 113).

En este contexto, considerando las tendencias demográficas, económicas y sociales del país, cabe preguntarse si con 51,2% de participación bruta en educación superior, y 36,7% de cobertura neta (Datos para 2013 del Ministerio de Desarrollo Social, 2015, p. 40), ambos números en línea con promedios OCDE, hemos llegado a las cotas de participación en educación superior que corresponden a nuestro nivel de desarrollo económico como país o, por el contrario, nuestro sistema aún necesita crecer en cobertura. Y si la conclusión es que aún debemos crecer en participación, las preguntas que surgen son: ¿cuál debiese ser el tamaño del sistema en régimen? ¿Cuál es la cobertura esperada por quintil de ingreso familiar? ¿Cuánto es suficiente?

Como se ha señalado, en Chile el acceso de los estudiantes de familias del primer quintil de ingresos todavía es la mitad del que han logrado quienes provienen de las familias de mayores recursos. Este desbalance de oportunidades debe ser corregido, por un imperativo de justicia social. Por otro lado, en el mundo la demanda por estudios superiores no para de crecer, especialmente en los países en desarrollo. Para 2025 se espera que el número de estudiantes terciarios en economías emergentes se duplique, llegando a 262 millones (Aebischer, 2015, p. 3). Y en los países desarrollados, si bien se tiende a agotar el pool de alumnos de edad tradicional disponibles para acceder a la educación superior, se expanden la educación continua, el posgrado y la participación de alumnos de edad no tradicional que acuden a la educación superior para mantener actualizadas o reorientar sus competencias profesionales, o para certificar aprendizajes logrados en el trabajo.

Entonces, con una brecha socioeconómica aún importante en las oportunidades de acceso, y con solo 5% de la matrícula en programas posteriores al primer grado o título de educación superior, tal parece que nuestras instituciones aún tienen espacio para crecer en acceso inclusivo al pregrado, así como en posgrados y educación continua.

A este panorama debe agregarse el de la creciente diversificación del sistema en Chile, resultado del auge en los últimos 10 años de los institutos profesionales (IP) y centros de formación técnica (CFT), que enrolan al 44% de todos los estudiantes, y al 56% de los alumnos de primer año (Paredes and Sevilla, 2015, p. 326). Con casi la mitad de su matrícula en el sector no universitario, Chile es también líder latinoamericano en este indicador, superado solo por Cuba (Brunner, 2016, p. 117). Y si se mira la tasa de entrada, esto es, la proporción de personas que se espera ingresen a la educación superior durante su vida, dentro de los países de la OCDE Chile, desde 2010, junto a Bélgica, son los únicos que presentan mayores tasas de entrada en programas de carácter técnico-profesional que en carreras universitarias (Centro de Estudios, 2013, p. 5). En los últimos 10 años (2007-2016), la matrícula de primer año en institutos profesionales y centros de formación técnica ha presentado una tasa de crecimiento promedio de 6% anual, comparado con 2% de aumento promedio anual de las universidades (Vertebral, 2016, p. 4). Esto abre nuevas preguntas: ¿Qué proporción de los alumnos debiese estar en programas técnicos y profesionales no universitarios, de acuerdo con las demandas del mercado de trabajo y las preferencias vocacionales de los estudiantes? ¿Debiese fomentarse la matrícula en el sector técnico profesional?

Nótese, además, que 73% de los estudiantes de CFT e IP (Vertebral, 2016, p. 24) estudian en horario vespertino. En todo el sistema, los estudiantes vespertinos son el 26% de la matrícula de pregrado y el 34% de los estudiantes de posgrado y postítulo[4].

Si el crecimiento futuro ha de darse en estos segmentos, así como en el de jóvenes provenientes de las familias de menores ingresos del país, cabe preguntarse si los mecanismos de admisión y de evaluación diagnóstica, las metodologías de enseñanza y evaluación, las estructuras de apoyo académico, financiero y de desarrollo estudiantil, la infraestructura de nuestras instituciones, el horario de trabajo de sus profesores y los regímenes de acreditación, entre otros factores estructurantes de la oferta académica, están adaptados a las necesidades y características de esos estudiantes. La carrera vespertina, por ejemplo, no es una adaptación del modelo de enseñanza a las características del alumno vespertino que haga más eficiente el uso de su tiempo, sino la misma carrera diurna presencial impartida en turno de noche. En buena medida esto obedece a la rigidez del acreditador, que exige una equivalencia de medios, antes que de resultados: todos los alumnos tienen que pasar por la misma experiencia formativa si los títulos han de ser igualmente verosímiles. Esto, junto a la resistencia al cambio propia de la cultura académica, impide a las instituciones innovar, en el sentido de introducir flexibilidad en los modos de aprendizaje, reconociendo y aprovechando el contexto en que aprende un estudiante adulto que trabaja.

---

4   http://www.mifuturo.cl/index.php/estudios/estructura-compendio

De todo lo anterior emergen algunas preguntas relevantes para la política pública y el desarrollo de las instituciones: ¿Debe extenderse hacia la enseñanza media la educación compensatoria de las instituciones de educación superior, como ocurre con los actuales programas de acceso inclusivo? ¿Cuán eficaces son las instituciones en su labor de enseñanza remedial? ¿Cuánto invierten nuestras instituciones en el desarrollo de cursos y programas *online* versus construcción de nuevas salas de clase y otros espacios presenciales? ¿Cuánto entiende la Comisión Nacional de Acreditación y las agencias de acreditación autorizadas por ella de cómo evaluar la calidad en la educación remedial o compensatoria, en programas *online*, o acerca de la efectividad en estudios de tiempo parcial?

Nuestros instrumentos de política de educación superior, desde la gratuidad hasta el cálculo de los tiempos de permanencia, así como las políticas y prácticas de muchas de las instituciones de educación superior, están diseñados pensando en estudiantes de clase media, edad tradicional, dedicación completa y de régimen diurno en programas presenciales de pregrado en Santiago. Ese perfil será cada vez menos representativo del estudiante de educación superior del año 2030, y nuestro sistema –tanto las instituciones como los apoyos financieros y el aparato regulatorio– deberá ir adaptándose a la nueva realidad que se aproxima.

LA BASE INSTITUCIONAL: ¿TIENEN LAS INSTITUCIONES DE EDUCACIÓN SUPERIOR LAS MISIONES Y FUNCIONES QUE SE VAN A REQUERIR DE ELLAS?

Desde las reformas de 1980 hemos tenido en Chile una base institucional compuesta por universidades, institutos profesionales, y centros de formación técnica (más las instituciones formadoras de las Fuerzas Armadas y de Orden y Seguridad), en una estructura jerárquica de atribuciones para conferir certificaciones, donde los CFT solo pueden otorgar títulos de técnico de nivel superior, los IP emitir títulos de técnico de nivel superior y títulos profesionales en las carreras que no están reservadas a las universidades, y estas pueden otorgar todos los certificados anteriores, más los títulos profesionales en las carreras exclusivamente universitarias, y los grados académicos de licenciado, magíster y doctor. En lugar de que cada tipo de institución tenga un portafolio exclusivo de diplomas –lo que habría permitido una clara distinción entre instituciones y programas–, tenemos una organización tipo pirámide invertida, en que cada escalón superior abarca toda la competencia de certificaciones del escalón inferior. En la cima, las universidades pueden ofrecer cualquier tipo de programa. Parte del desorden de nuestra educación superior viene de esta asignación traslapada de competencias, donde las universidades pueden actuar en el ámbito de la formación de base académica que les es propio y, a la vez, incursionar en la formación técnico-profesional, área que les es crecientemente menos cercana, en la medida que las universidades chilenas se fortalecen académicamente (Bernasconi, 2010).

Hasta ahora, el Gobierno ha propiciado la instauración de un marco de cualificaciones como fórmula para ordenar la estructura de títulos y grados, el que define niveles de cualificación, las certificaciones que corresponden a cada nivel y los descriptores de aprendizaje que caracterizan a cada certificación (Marco Nacional de Cualificaciones, 2016).

Adicionalmente, el tipo institucional "Universidad" admite una enorme variedad de encarnaciones, que van desde universidades no selectivas sin investigación, con extensa oferta de carreras técnicas, hasta universidades altamente selectivas orientadas a la investigación, sin programas de técnico de nivel superior. Durante la preparación del proyecto de reforma a la educación superior en el Ministerio de Educación trascendió que se estaba contemplando la idea de reservar la denominación de universidad para las instituciones que tuvieran una función de investigación claramente desarrollada. Si bien esta propuesta no aparece claramente delineada en la ley de reforma, hay un sector influyente de la opinión pública, especialmente en la academia, que rechaza la idea de las universidades docentes.

En contraste, en la discusión internacional sobre el alcance de las funciones de las instituciones de educación superior, y en especial de las universidades, ha ganado popularidad el concepto de "desagregación" (*unbundling*) (Barber, Donelly y Rizvi, 2013), noción opuesta a la de "multiversidad" de Clark Kerr (1995: 15-22). La desagregación es el abandono de la pretensión de que la universidad debe o puede "ser todo para todos"; en cambio, ella debe especializarse en el nicho o función en que tiene ventajas competitivas de alcance regional, nacional o global, dependiendo de la liga en que juega cada una. El problema principal de la multiversidad, o "universidad compleja" como se le llama en Chile, es el alto costo de su funcionamiento y la poca evidencia que existe de que ese alto costo se traduzca en ventajas de aprendizaje para los estudiantes, adicionales al efecto "marca" derivado del mayor prestigio que suelen tener esas instituciones respecto de las universidades "simples".

El alto costo y la baja eficacia no son las únicas críticas que se formulan a la multiversidad. Desde otro conjunto de preocupaciones, Simon Marginson (2016), evaluando el Plan Maestro de Educación Superior de California de los años 60, ha escrito sobre la crisis de la idea de Clark Kerr para la educación superior de California. Su argumento es que la prevalencia de ideologías y políticas anti-Estado y antiimpuestos en California, y en EE.UU. en general, junto con la creciente desigualdad de ingresos, la más marcada estratificación vertical de la educación superior y la reducción en la tasa de retorno de los estudios superiores, entre otros factores, han disuelto la promesa de los años 60 de una educación superior meritocrática, anclada en la igualdad de oportunidades, que sirve con igual afán tanto a las necesidades de la empresa como a las de la justicia social. Marginson denuncia las políticas públicas que han puesto fin al sueño de conjugar la excelencia académica de una universidad de investigación con el acceso inclusivo y la justicia social. Hoy las universidades de élite académica parecen estar cada vez más dedicadas al servicio de las élites sociales y económicas.

La pregunta sobre cuál es el servicio distintivo de la universidad se ve amplificada por la creciente disponibilidad, abierta y gratuita, de contenido en la web, al que los estudiantes pueden acceder sin la intermediación de una institución educacional. A ello se suma el desarrollo de la investigación en la empresa privada o en consultoras y centros de pensamiento (*think tanks*), que privan a la universidad de la exclusividad en la creación y crítica del conocimiento, y la creciente certificación de competencias por empresas u organizaciones especializadas en ciertas tecnologías, certificaciones que gozan de mayor reconocimiento en el mercado laboral que las que emiten las universidades.

La tecnología y la globalización han transformado profundamente muchas industrias en las últimas décadas y, se argumenta, el momento de cambio de la educación superior no tardará en llegar. Si bien existe espacio para universidades como Harvard o Cambridge en la cima, ese espacio es pequeño, y la aspiración declarada u oculta de todas las universidades de ser como aquellas (o sus equivalentes nacionales) es una ilusión, se reclama (Barber, Donelly y Rizvi, 2013).

De ampliarse aún más las oportunidades de aprendizaje, ya sea informal, o en contextos de mentoría, o en el ambiente laboral, no es inconcebible que las instituciones de educación superior retengan solo el monopolio de las certificaciones, que es el único que tienen que está respaldado por el poder del Estado, o bien que enseñen solo para rellenar vacíos en el repertorio de competencias que traen quienes acuden a ellas buscando una certificación.

Si bien las advertencias sobre la obsolescencia de las universidades suenan por ahora exageradas, como por lo demás sugiere lo que anotábamos antes sobre el continuo crecimiento de la matrícula, quienes desafían a la educación superior a reformarse tienen un punto: para conservar su valor, la educación superior formal debe ofrecer algo que no esté al alcance de unas teclas en Internet: el contacto directo y frecuente con profesores, metodologías de enseñanza que potencien el aprendizaje autónomo, un ambiente educativo que deliberadamente aproveche la co-presencialidad de los estudiantes en el campus, etc. La advertencia a la que las instituciones harían bien en prestar atención es la de no dar por descontada la necesidad de sus servicios, y buscar en cambio formas cada vez mejores de comprometer a sus estudiantes y a otras partes interesadas.

En nuestro medio existe mucha presión sobre las universidades para que procuren ser universidades "complejas", y a los IP y CFT se los tiende a definir por lo que no son: no son universidades. No solo opera aquí el inescapable *"academic drift"*, la observación primero hecha por Riesman (1956) de que las instituciones de educación superior copian a las que están más adelante que ellas en la cadena de prestigio, lo cual configura, según la célebre metáfora de este autor, una especie de procesión que se mueve como una serpiente, la cabeza definiendo la dirección, y cada anillo de cuerpo siguiendo de cerca al que está ubicado delante de él, sin mucha idea de a dónde apunta la cabeza. La política pública refuerza esta tendencia imitativa gobernada por el prestigio: el cálculo del 5% variable del Aporte Fiscal Directo, así como el del arancel de referencia, premia la presencia de doctores en el cuerpo académico y la producción de artículos científicos. El Aporte Fiscal Indirecto (abolido recientemente) premiaba la admisión de postulantes con altos puntajes PSU, que son los más fáciles de educar. La ley de acreditación vigente señala áreas electivas, pero todos en el sistema entienden que la meta de toda universidad es estar acreditada en las tres áreas electivas: investigación, posgrado y vinculación con el medio. Por mucho tiempo la Comisión Nacional de Acreditación aplicó las mismas pautas de evaluación a universidades, IP y CFT. Recién en 2013 aparecieron criterios específicos para CFT, y en 2015, los de los IP.

A lo anterior se suman los *rankings* nacionales, que asocian calidad con investigación, porque es lo más fácil de medir a partir de bases de datos públicas y verificables, o equiparan calidad con insumos, como la cantidad de profesores contratados, la proporción de ellos que tienen doctorado, o el gasto por alumno, variables que identifican calidad con el gasto incurrido para producir el proceso educativo.

Todo esto genera una presión homogeneizadora sobre el sistema, que no debe confundirse con niveles homogéneos de desempeño, pues es sabido que los niveles de calidad de las instituciones son muy variados. A lo que me refiero es a la hegemonía de un modelo de universidad, la universidad compleja, que se erige como el ideal para todas.

A ello cabe agregar el fenómeno de la concentración de la matrícula de pregrado, que ha permitido integrar los niveles técnico y profesional con grandes economías de escala y modelos formativos muy semejantes de una institución a otra: 60% de la matrícula IP está en tres instituciones, y 62% de la matrícula CFT, en dos, mientras dos conglomerados, INACAP y Laureate, concentran 25% de los alumnos de pregrado en Chile.

En el país, es todavía muy limitada la diferenciación de misiones, proyectos educacionales, estructuras organizativas, relaciones con el mundo del trabajo, métodos de enseñanza, etc., y la tendencia parece apuntar a una todavía menor diferenciación. Esto es problemático desde el punto de vista de la desagregación de funciones a que me referí antes. Las señales que percibimos hoy indican que el futuro demandará mayor especialización en la propuesta de las instituciones, de la mano de la creciente diversidad del estudiantado en sistemas de educación superior cada vez más masificados. El que no haya surgido aún una institución con liderazgo indiscutido en educación a distancia, por ejemplo, o en formación técnica dual, o en enseñanza basada en problemas, o en formación de posgrado, o en formación general tipo "artes liberales", o en integración con el proyecto de desarrollo de una región, por mencionar algunas posibilidades que se pueden encontrar en otros países, habla de la escasa aptitud de nuestro sistema para innovar y apostar por nichos. Es como si todas las instituciones en Chile fuesen generalistas.

Una última cuestión relativa a las funciones de las instituciones de educación superior es la de la habilitación profesional. En la tradición de América Latina, que en este punto, como en otros, es bastante única en el mundo, las instituciones de educación superior han recibido, por delegación del Estado, la prerrogativa de entregar títulos que habilitan para ejercer profesiones. A la función universal de certificar conocimientos, las instituciones de educación superior de nuestra región suman la de dar testimonio de la capacidad de un egresado de desempeñarse competentemente en una profesión. En el resto del mundo las instituciones formadoras solo dan cuenta de lo primero, a través del otorgamiento de un grado académico. La admisión a una profesión, o a un oficio técnico, tiene requisitos adicionales al del diploma educacional, como ocurre en Chile con las profesiones de abogado, piloto comercial, o piloto de marina mercante, en las que una entidad no universitaria otorga la habilitación profesional.

Esta separación de funciones tiene pleno sentido, porque la ausencia de ella genera un conflicto de interés para la entidad formadora, que es a la vez juez y parte de su aptitud para entregar un profesional a la sociedad. Este conflicto puede parecer artificial, acostumbrados como estamos al régimen de habilitación profesional por la institución formadora, pero existe. Se manifiesta, por ejemplo, cuando un alumno no está en condiciones de aprobar su examen de título después de haber cursado exitosamente todas las asignaturas de su plan de estudios. De hecho, desde que las universidades han debido, por presión regulatoria, diferenciar en el tiempo y en los requisitos la obtención de la licenciatura académica y el otorgamiento del título profesional, las hipótesis de conflicto se han hecho más evidentes: ahora puede ocurrir, al menos teóricamente, que un licenciado no consiga aprobar los requisitos para el título. Ello pone en aprietos a la universidad, porque es un fracaso suyo no titular a un licenciado, de lo cual surge el incentivo a que esta coyuntura no se verifique.

A mayor abundamiento, la masificación deberá conducirnos a revisar el régimen de habilitación profesional, pues si bien todos tienen derecho a estudiar, no se sigue de ello que todos tengan derecho a ejercer una profesión, en tanto lo segundo compromete derechos de terceros, cuya protección exige control y fiscalización periódica de la aptitud de profesionales y técnicos de cumplir con las responsabilidades de su profesión u oficio.

Los primeros atisbos, todavía incompletos, de una habilitación profesional separada del diploma educacional, han sido en Chile el examen médico nacional (EUNACOM) y la prueba Inicia, recientemente eliminada por la Ley de Sistema de Desarrollo Profesional Docente, aunque Inicia solo alcanzó a tener efecto diagnóstico y no habilitante. Otras profesiones, como Odontología y Enfermería, han estado evaluando la creación de exámenes de competencia profesional.

A este respecto cabe recordar lo que dispuso el artículo 5º transitorio de la Ley 20.129 de aseguramiento de la calidad de la educación superior, de 2006:

> "Corresponderá al Ministerio de Educación desarrollar una propuesta para el establecimiento de un Sistema Nacional de Certificación y Habilitación Profesional, para lo cual deberá promover una amplia participación de los distintos actores involucrados. Dicha propuesta deberá ser presentada dentro del plazo de dos años contado desde la entrada en vigencia de esta ley".

Pues bien, han pasado ocho años desde el vencimiento de este plazo y todavía no existe una propuesta pública en esta materia, que apunte a dar cumplimiento a este mandato legal.

EL PROBLEMA DE LA INVESTIGACIÓN: FALTAN RECURSOS Y FALTAN INVESTIGADORES

Otra arista de la hegemonía del modelo de la universidad compleja en Chile se expresa en la persecución cada vez más generalizada de la función de investigación en desmedro del perfeccionamiento de la función docente. Esta pretensión choca dramáticamente con la realidad que muestran los números relativos al profesorado que debiese abrazar esa misión investigadora. De los académicos de las universidades estatales, solo el 22% tenía doctorado en 2014. Entre las universidades del grupo G9 del Consejo de Rectores, la proporción alcanzaba a 27%. Entre las universidades privadas, baja a 7% (SIES, 2014, p. 44). Además, ocurre que no todos estos doctores tienen capacidad real de hacer investigación: según la última Encuesta Nacional sobre Gasto y Personal en I+D, levantada en 2015, solo había 3.600 investigadores activos en la educación superior chilena en el año 2014, y únicamente

2.238 entre los investigadores y personal técnico y de apoyo tenían doctorado[5]. Ese año, los doctores trabajando en todas las instituciones de educación superior de Chile alcanzaron la cifra de 9.596 (SIES, 2016, p. 2).

Dicho en breve, Chile no tiene aún los recursos humanos instalados en las universidades para dar sustento a más de dos o tres universidades con alta dedicación a la investigación. Y estas no son todavía universidades de investigación, como las de los países desarrollados, sino universidades en vías de serlo (Bernasconi, 2007). Esta realidad sugiere más bien la pregunta contraria a la tendencia homogeneizante: ¿no debiera el Estado privilegiar el despliegue de altas capacidades de investigación solo en las universidades que están en mejor pie para desarrollarlas? Así como Alemania, Rusia o Japón han emprendido programas para levantar algunas de sus universidades al nivel de desempeño que caracteriza a las universidades de clase mundial, ¿no debiese Chile hacer lo mismo?

Para evaluar esta posibilidad, debe tenerse presente que, a diferencia de los países mencionados, en que las universidades están conformadas por profesores que son todos investigadores, en las universidades chilenas científicamente más productivas encontramos lo siguiente: si consideramos solo a los profesores de jornada completa, tienen doctorado el 60% de los académicos de la Universidad de Chile y de la Universidad de Concepción, y el 74% de los académicos de la Pontificia Universidad Católica de Chile (CRUCH, 2014). En las universidades de investigación del mundo desarrollado, en cambio, no solo tenemos que ese porcentaje es del 100%, sino que esos profesores son todos, o en su gran mayoría, altamente productivos en resultados científicos y captación de recursos para financiar sus proyectos. Entonces, el problema del insuficiente desarrollo de la investigación en las universidades chilenas no es solo la falta de recursos para proyectos de investigación, como alega el gremio científico, sino la falta de recursos humanos calificados en las universidades para aprovechar esos mayores fondos.

Así las cosas, el 0,38% del PIB que Chile destina a investigación debe ponerse en el contexto del tamaño de la comunidad científica

---

5   Ver presentación de resultados principales en http://www.economia.gob.cl/wp-content/uploads/2016/01/Presentaci%C3%B3n-resultados-I-D-2015.pdf.

activa en el país. Para ser más precisos: los 3.600 investigadores activos en instituciones de educación superior en 2014 dispusieron ese año de 217 mil millones de pesos de gasto en I+D ejecutado por esas instituciones (Encuesta Nacional sobre Gasto y Personal en I+D), esto es, aproximadamente 60 millones promedio cada uno. Otros países gastan más que Chile en I+D, pero tienen más investigadores entre quienes distribuir esos recursos. Mientras no aumente el número de investigadores capaces de hacer ciencia de calidad, el argumento para incrementar el gasto en I+D estará incompleto.

Y es aquí donde nos encontramos con el verdadero cuello de botella: la falta de renovación de las plantas académicas en las universidades, que carecen de los mecanismos para generarla, especialmente las estatales, que solo pueden dar incentivos económicos al retiro si una ley las autoriza. En el caso de las universidades privadas, el problema se presenta entre las que tienen plantas académicas de mayor edad y están muy endeudadas o no han hecho provisión de fondos para indemnizaciones. A menos que el Estado invierta en jubilar a los docentes que no investigan en universidades como la de Chile o Concepción, lo cual, además de caro, puede ser impopular para un gobierno tanto como para un rector elegido, habrá que esperar unos 20 años para que esas universidades alcancen una dotación en que todos los académicos sean investigadores, si eso es lo que se busca.

En este escenario de rigidez en las dotaciones académicas y de detención del crecimiento de las universidades, la incorporación a la academia de los nuevos doctores chilenos que se están graduando en Chile y en el exterior parece difícil. Se ha estimado que los graduados entre 2012 y 2018 serán del orden de 800 por año, en programas doctorales tanto nacionales como extranjeros (González y Jiménez, 2014, pp. 133-134), y aun cuando algunos de ellos se inserten profesionalmente en otros ámbitos, como el Estado o el sector privado, todavía quedarán muchos que tendrán a la investigación académica como opción principal.

Una alternativa sería crear la carrera del investigador por fuera de las universidades, como el Conicet de Argentina, el Sistema Nacional de Investigadores de México, o el CNRS francés. Si prospera el proyecto de crear un nuevo Ministerio de Ciencia y Tecnología y se agudiza el problema político de la reinserción de los graduados de Becas Chile y de los doctorados chilenos, me temo que la tentación para un nuevo Ministerio de contratar por su cuenta a estos noveles investigadores puede ser invencible. El costo de pagar un sueldo equivalente a profesor asistente a los ex becarios retornados y a los graduados de programas nacionales es muy modesto comparado con el costo de generar cupos en las universidades vía incentivos al retiro, incluso si se le suman los aportes necesarios para que las universidades admitan a estos investigadores en sus laboratorios y bibliotecas.

Pero esta es una mala solución, en cuanto perjudica la renovación del personal de las universidades, separa a los nuevos investigadores de la docencia, los priva de incidir en el gobierno de las universidades y, en general, de participar en la vida universitaria como miembros plenos de una comunidad de pares. El camino penoso y caro es, como en tantas otras cosas, el mejor: invertir en la renovación del profesorado en las universidades, reemplazando profesores titulares y asociados de baja productividad por profesores asistentes doctores que están empezando sus carreras.

ROL DEL ESTADO EN LA CONDUCCIÓN ESTRATÉGICA DE UN SISTEMA FORMADO POR INSTITUCIONES AUTÓNOMAS

La siempre problemática relación entre la autonomía de las instituciones de educación superior, indispensable para que puedan realizar sus funciones propias, y la política pública en el sector, que busca coordinar y desarrollar la educación superior para que atienda de mejor forma las demandas sociales, ha experimentado una redefinición desde fines del siglo XX. La globalización y la sociedad del conocimiento, la exigencia de mayor transparencia y responsabilidad por la gestión pública (*accountability*), la continua expansión del acceso a la educación superior y la inflación de sus costos han ido instalando a través del mundo políticas estatales de conducción de la educación superior que han recortado el alcance de la autonomía de las instituciones (Bernasconi 2014, 2015, 2016a, 2016b).

Existe, así, entre autonomía y política pública una tensión insoslayable, que todos los sistemas resuelven poniendo los límites de la autonomía (o de la acción estatal) en alguna parte de un continuo. En nuestro país, el Gobierno de Bachelet mantuvo que el límite está mal ubicado: existe demasiada autonomía e insuficiente acción estatal.

En este diagnóstico, expresado en el mensaje del proyecto de ley de reforma de la educación superior, se apoyan propuestas como la de la acreditación obligatoria, para garantizar niveles mínimos de calidad, o la superintendencia, para cautelar el cumplimiento de la ley.

Todo esto parece ser efectivamente necesario, pero, una vez más, desatiende la cuestión del tipo de acción estatal que requerimos no solo ahora, para abordar los problemas que se originaron en la expansión desregulada del sistema, sino en el futuro cercano, para prepararnos en función de los desafíos que se aproximan. Nótese que la necesidad de que nuestra educación superior responda a los desafíos del futuro existirá aun si mi lista de dichos desafíos prueba ser inexacta. El *statu quo* se justificaría solo si anticipamos que no habrá alteraciones importantes en el medio en que nuestra educación superior se desenvuelve, lo cual parece improbable, siendo Chile un seguidor y no un líder de las tendencias globales.

Entonces, ¿a quién compete ocuparse de aumentar la capacidad de adaptación de nuestra educación superior? Podría ser al Estado, pero esta alternativa topa con la dificultad que ha mostrado la administración pública chilena, crecientemente en los últimos años, de ejecutar exitosamente labores complejas de supervigilancia y coordinación. El Estado chileno (en su faz de diseño e implementación de políticas) no parece estar preparado para funciones más complejas de administración pública como las que demanda la sociedad chilena hoy. Se requiere una profunda reforma del Estado, que ponga a tono sus capacidades, apropiadas para la sociedad chilena de mediados del siglo XX, con los desafíos de los complejos problemas de una sociedad del siglo XXI; sin embargo, de esta indispensable reforma se dejó de hablar hace 15 años.

Pero ocurre, además, que las propias instituciones –no todas ellas, sino las más consolidadas– tienen mejores capacidades técnicas en su interior que las que concentra el Estado para los efectos de atender a los asuntos que aquí levantamos. A lo cual se suma la autonomía de las instituciones, que reclaman un espacio de autodeterminación que, como hemos dicho, no es absoluto, pero que es incompatible con prescripciones detalladas desde el gobierno. No obstante ello, también es un hecho que estas instituciones, sus líderes y sus expertos, no parecen estar reaccionando a lo que viene, según he argumentado en lo que precede. ¿Cómo salimos de este *impasse*?

Quizás algunas distinciones ayuden a delimitar los ámbitos de acción en que conviene dejar la iniciativa a las instituciones educacionales, de aquellos en que el Estado puede tener un rol más preponderante. Sobre la cuestión de los estudiantes, parece razonable permitir un amplio espacio a las instituciones para adaptarse a los nuevos perfiles de estudiantes, para lo cual es indispensable, primero, que la Comisión Nacional de Acreditación o el organismo que la reemplace (y sus pares evaluadores) diversifiquen sus criterios de evaluación, para entender y valorar la necesidad de que haya variedad de medios para lograr un resultado de calidad. El Estado, por su parte, podría incentivar estas adaptaciones, como lo ha hecho, para estimular la permanencia de los estudiantes, con programas de financiamiento por contrato (tipo MECESUP).

Algo similar ocurre con la desagregación como respuesta a la homogeneización: si bien son las instituciones las que deben elegir sus nichos de especialización, el Estado, incluyendo al ente acreditador, debe abstenerse de forzar sobre ellas modelos únicos o preferidos de organización y funciones. Por el contrario, debe alentar la innovación, a sabiendas de que esta presenta un riesgo que, de ser cargado exclusivamente a la institución que intenta cambiar, inhibirá todo esfuerzo de cambio.

La cuestión de la habilitación profesional es de aquellas que exceden las capacidades de gestión de la complejidad del Estado de Chile de hoy. El proceso de transferencia de la competencia de habilitación profesional es delicado y requiere de una sofisticación técnica y de un esfuerzo sostenido de un gobierno a otro que no están disponibles en nuestra administración pública.

En cambio, los programas de incentivo al retiro de los profesores en edad de jubilación se han implementado en el pasado, con algún éxito, lo cual hace pensar en que, con financiamiento adecuado –si la gratuidad no lo consume todo año tras año–, podría ser alcanzable en el escenario institucional actual.

En suma: la ideología no es buena guía para distribuir racionalmente las responsabilidades por el cambio. No se trata de elegir entre solo Estado o solo autonomía institucional. El trabajo conjunto y coordinado, donde cada actor aporta lo que está en condiciones de hacer mejor, ofrece alguna mejor probabilidad de que el futuro nos encuentre preparados.

CONCLUSIONES

Desde los esfuerzos por sustituir la Ley Orgánica Constitucional de Enseñanza de Pinochet, en el primer gobierno de la Concertación (1990-1994), a la apuesta por instalar la idea de educación superior como "derecho social" y no como "bien de mercado" en el gobierno de la Nueva Mayoría, mucho de la política pública en educación superior se ha planteado como reacción al legado de las reformas de 1980. Entremedio, desde aproximadamente 1994 hasta 2014, las políticas de educación superior, habiendo fracasado en el intento de reformular el sistema desde su ley fundamental, optaron por el camino incrementalista de corregir y mejorar los problemas más graves, como el del aseguramiento de la calidad y el del financiamiento a los estudiantes (Fernández Darraz, 2015). El segundo gobierno de la Presidenta Bachelet ha retomado la agenda refundacional de la educación superior.

El debate que se ha suscitado con ocasión de esta agenda de reformas presenta una oportunidad, poco explorada aún, de considerar no solo cómo se han de corregir los defectos heredados del pasado, sino también de examinar prospectivamente lo que aparece más adelante en el camino. Con esa intención, he presentado cuatro ámbitos de desarrollo que exigen, de las instituciones y del Estado, con variables grados de intensidad, respuestas apropiadas a los desafíos que se aproximan: la transformación de la docencia para responder a nuevos perfiles de estudiantes, la diferenciación de las misiones y funciones de las instituciones, dentro de márgenes aceptables de calidad; el incremento de la dotación de investigadores al interior de las universidades, y la generación en el Estado –Ministerio de Educación y CONICYT, principalmente– de capacidades de desarrollo y gestión de políticas públicas crecientemente complejas.

Sobre lo primero, la función docente del sistema, se advierte mucho espacio para crecer en la formación de posgrado y en la educación continua, lo cual requerirá de las instituciones formadoras poner en estos programas la misma atención y dedicación que brindan al pregrado. De parte del regulador, supondrá diseñar criterios de evaluación especializados y flexibles, que alienten la innovación en vez de sofocarla, permitiendo a las instituciones ensayar diferentes enfoques y metodologías de trabajo con los estudiantes, incluyendo interacciones a distancia.

Pero también existe un déficit de inclusión en el pregrado, no solo en la variable socioeconómica, sino también en la discapacidad, en la compatibilidad del estudio con la vida familiar y el trabajo, en el reconocimiento del aprendizaje autónomo o en el trabajo, en las posibilidades de movilidad de los estudiantes entre programas y entre instituciones, entre otras dimensiones. En esta tarea, la responsabilidad principal recae en las instituciones de educación superior, pero el Estado tiene roles complementarios: de nuevo, evitar castigar la innovación o imponer modelos únicos de enseñanza y aprendizaje, propender a evaluar los procesos por sus resultados y no por la homogeneidad de los planes y metodologías de estudio, y en el plano del fomento, apoyar financieramente el desarrollo de adaptaciones curriculares, tecnologías de apoyo y capacidades docentes para atender con efectividad poblaciones estudiantiles diversas y dispersas.

La base institucional, por su parte, parece haberse estabilizado en torno a las 160 universidades, institutos profesionales y centros de formación técnica en todo el país. La tendencia desde 1990 ha sido la disminución en el número de instituciones y el incremento de su tamaño promedio, en la misma medida que la matrícula se ha expandido y repartido entre menos instituciones. Todavía podrán cerrar algunos planteles que no tengan el tamaño suficiente para abordar los costos que demanda una educación superior de calidad al menos aceptable, pero si la ansiedad por la supervivencia cede un poco, es de esperar que las instituciones, ya instaladas en su estado de régimen, tengan ahora una mayor disposición a elegir un nicho y especializarse. Este necesario giro hacia la diferenciación podría verse favorecido, también, por la meseta demográfica de la cohorte de 18 a 24 años, que augura tasas de crecimiento en la matrícula más bien modestas para los años venideros, y un menor espacio para la expansión de funciones y territorios en pos de captar demanda. Una vez más, el desafío compete esencialmente a las instituciones, pero el ambiente regulatorio puede ayudar o estorbar, según la disposición que haya de aceptar variadas expresiones de la idea de universidad, de instituto profesional y de centro de formación técnica.

Un corolario de esta diferenciación concierne a la posibilidad de desarrollar en Chile universidades globalmente relevantes, o universidades "de clase mundial" (Altbach y Salmi, 2011), lo cual requeriría del Gobierno una concentración de recursos de financiamiento en un par de universidades que son las que se encuentran menos alejadas de ese estándar. Esta opción parece remota, en parte porque la política de financiamiento estatal, hasta ahora, ha sido la opuesta (repartir poco entre muchos), en parte por el gravamen que pone sobre el financiamiento público la pesada carga de financiar la gratuidad, que deja escaso margen presupuestario para otras prioridades, y en parte por la poca confianza que parece existir sobre la viabilidad del proyecto, entre otros factores.

En todo caso, tornando ahora a mi tercer tema, pareciera ser indispensable que el Estado favorezca la inserción de los nuevos doctores en la academia si queremos que nuestras universidades más competitivas no pierdan terreno respecto de las líderes globales y aumente la brecha que nos separa de ellas. El personal académico es la variable más importante en la calidad de una institución de educación superior, y sin inversión en su desarrollo, no habrá ganancias en calidad.

Esta es una labor que el Estado de Chile, no obstante sus cada vez más patentes debilidades, puede cumplir con sus actuales recursos y capacidades. Hay otras, como es el caso de la creación de un sistema de habilitación profesional que mencioné más arriba, que tendrán que esperar la generación de nuevas doctrinas, capacidades y tecnologías de gestión pública. Mientras tanto, no parece haber otro motor de cambio que las propias instituciones de educación superior y sus capacidades y recursos internos, apoyados por la iniciativa estatal, si eso fuese posible, o cuando menos, no impedidas por ella.

Agradecimientos: Agradezco al Centro UC de Políticas Públicas (CPP) por su apoyo a la elaboración de este trabajo, y a Magdalena Letelier y Elisa Piña, profesionales del CPP, que leyeron y comentaron una primera versión. Mis agradecimientos también a Hugo Lavados, Pedro Rosso y Gonzalo Rivas, quienes comentaron la segunda versión en un seminario público organizado por el CPP. Finalmente, Anely Ramírez leyó el borrador final e hizo importantes observaciones. No obstante, los errores que hayan podido permanecer son solo atribuibles al autor.

REFERENCIAS

Aebischer, Patrick (2015). Universities: increasingly global players. En *UNESCO Science Report. Towards 2030*. París: UNESCO.

Altbach, Philip. G. y Salmi, Jamil (Eds.) (2011). *The Road to Academic Excellence: The Making of World Class Research Universities*. Washington, D.C. The World Bank.

Atria, Fernando, Larraín, Guillermo, Benavente, José Miguel, Couso, Javier y Joignant, Alfredo (2013). *El otro modelo: del orden neoliberal al régimen de lo público*. Santiago: Random House Mondadori.

Barber, Michael, Donnelly, Katelyn y Rizvi, Saad (2013). *An Avalanche is Coming. Higher Education and the Revolution Ahead*. Institute for Public Policy Research, en http://www.ippr.org/publications/an-avalanche-is-coming-higher-education-and-the-revolution-ahead

Bernasconi, Andrés (2016a). Relaciones y tensiones entre la libertad académica y la autonomía de las universidades. *Estudios Sociales* 124, pp. 29-52.

Bernasconi, Andrés (2016b). Autonomía y formas de gobierno universitario. En Jairo H. Cifuentes Madrid (Ed.). *Asuntos de Gobierno Universitario*. Bogotá: Editorial Pontificia Universidad Javeriana, pp. 130-143.

Bernasconi, Andrés (2015). El gobierno de las instituciones, en Andrés Bernasconi (Ed.). 2015. *La educación superior de Chile. Transformación, desarrollo y crisis*. Santiago de Chile: Ediciones Universidad Católica de Chile, pp. 259-293.

Bernasconi, Andrés (2014). Autonomía universitaria en el siglo XXI: nuevas formas de legitimidad ante las transformaciones del Estado y la sociedad. *Páginas de Educación* 7(2), pp. 197-215.

Bernasconi, Andrés (2010). La apoteosis del investigador y la institucionalización de la profesión académica en Chile. *ESE-Estudios sobre Educación 19*, pp. 139-163.

Bernasconi, Andrés (2007). Are there research universities in Chile? En Philip G. Altbach y Jorge Balán (Eds.) *World Class Worldwide. Transforming Research Universities in Asia and Latin America*. Baltimore, MD: Johns Hopkins University Press.

Bernasconi, Andrés y Rojas, Fernando (2004). *Informe sobre la Educación Superior en Chile, 1980-2003*. Santiago: Editorial Universitaria.

Brunner, José Joaquín (Ed.). Educación superior en Iberoamérica, Informe 2016. Santiago de Chile: Centro Interuniversitario de Desarrollo.

Centro de Estudios, Ministerio de Educación (2013). *Serie Evidencias* N°18: *Chile en el panorama educacional internacional OCDE: avances y desafíos*. Junio de 2013, en http://centroestudios.MINEDUC.cl/tp_enlaces/portales/tp5996f8b7cm96/uploadImg/File/Evidencias/A2N18_Chile_en_OECD.pdf

CRUCH (2014). *Anuario Estadístico 2014*. Santiago: Consejo de Rectores de las Universidades Chilenas.

Delisle, Jason y Bernasconi, Andrés (2018) *Lessons from Chile's Transition to Free College*. Brookings Evidence Speaks Reports, Vol 2, #43, March 15, 2018, en https://www.brookings.edu/research/lessons-from-chiles-transition-to-free-college/

Fernández Darraz, Enrique (2015). Políticas públicas de educación superior desde 1990 hasta el presente. En Bernasconi, Andrés (Ed.) *La educación superior de Chile. Transformación, desarrollo y crisis*. Santiago de Chile: Ediciones de la Pontificia Universidad Católica de Chile.

González, Horacio y Jiménez, Alejandro (2014). Inserción Laboral de Nuevos Investigadores con Grado de Doctor en Chile. *Journal of Technology, Management and Innovation* 9(4): 132-148.

Kerr, Clark (1995). *The Uses of the University*. Cuarta Edición. Cambridge: Harvard University Press.

Marco Nacional de Cualificaciones (2016). *Marco nacional de cualificaciones para la educación superior*. Santiago: Documento de Trabajo.

Marginson, Simon (2016). *The Dream is Over. The Crisis of Clark Kerr's California Idea of Higher Education*. Oakland: University of California Press.

Ministerio de Desarrollo Social (2015). *Informe de Desarrollo Social 2014*, en http://www.ministeriodesarrollosocial.gob.cl/pdf/upload/IDS2.pdf

Ministerio de Educación (2014). *Informe Nacional Educación para Todos*, en http://www.acaoeducativa.org.br/desenvolvimento/wp-content/uploads/2014/11/Informe_Chile.pdf

Paredes, Ricardo (2015). Desafíos de la experiencia de financiamiento de la educación superior en Chile. En Bernasconi, Andrés (Ed.) *La educación superior de Chile. Transformación, desarrollo y crisis*. Santiago de Chile: Ediciones de la Pontificia Universidad Católica de Chile.

Paredes, Ricardo y Sevilla M., Paola (2015). Reforma de la Educación Técnico Profesional. En *Ideas en Educación. Reflexiones y Propuestas desde la UC*, ed. Sánchez, Ignacio. Santiago: Ediciones de la Pontificia Universidad Católica de Chile.

Riesman, David (1956). *Constraint and Variety in American Education*. Lincoln: University of Nebraska Press.

SIES (2016). *Informe personal académico en educación superior 2016*. Servicio de Información de Educación Superior. Diciembre 2016. En http://www.mifuturo.cl/images/Informes_sies/PAC/personal%20academico_sies_2016.pdf

SIES (2014). *Panorama de la Educación Superior en Chile 2014*. División de Educación Superior, Ministerio de Educación. En http://www.mifuturo.cl/images/Estudios/Estudios_SIES_DIVESUP/panorama_de_la_educacion_superior_2014_sies.pdf

Vertebral (2016). *Derribando mitos en la educación superior técnico profesional*. Documento de Trabajo. En http://vertebralchile.cl/2016/10/19/derribando-mitos-en-la-educacion-superior-tecnico-profesional/

Zapata, Gonzalo, y Tejeda, Ivo (2016). Informe Nacional: Chile. En Brunner, José Joaquín (Ed.) *Educación superior en Iberoamérica, Informe 2016*. Santiago de Chile: Centro Interuniversitario de Desarrollo.

CAPÍTULO 13

ACCESO Y RETENCIÓN EN LA EDUCACIÓN SUPERIOR: DILEMAS Y PROPUESTAS PARA AVANZAR EN EQUIDAD

JORGE MANZI
Director Centro MIDE UC
Profesor Titular, Escuela de Psicología UC

M. VERÓNICA SANTELICES[1]
Profesora Asociada, Facultad de Educación UC

---

1   Los autores agradecen el apoyo de María Rosa García y Lucas Silva para la preparación de este capítulo.

INTRODUCCIÓN

El acceso a la educación superior en Chile, como en otros países, es una de las más importantes aspiraciones para la gran mayoría de las familias. La gran expansión que ha tenido el sector de la enseñanza superior en Chile (reflejada tanto en el número de instituciones y carreras ofrecidas como en las tasas de matrícula) ha generado las condiciones para que esta aspiración sea vista como más alcanzable para un número creciente de familias. Más aún, el establecimiento de un plan de gratuidad en la matrícula para las familias de menores ingresos en Chile entrega señales que manifiestan un compromiso de la sociedad por eliminar o al menos reducir significativamente la barrera económica para el acceso a la enseñanza superior, al tiempo que contribuye a aliviar dicha carga (aunque un porcentaje importante de los postulantes pertenecientes a familias beneficiadas por la gratuidad podían previamente recibir becas). En este contexto, el presente capítulo aborda importantes desafíos asociados a dicha expansión: ¿cómo resolver de manera adecuada la asignación de cupos limitados en carreras e instituciones de enseñanza superior? ¿Cómo asegurar que el sistema de acceso sea efectivamente más equitativo? ¿Qué condiciones se deben tener en cuenta para que el mayor acceso de jóvenes provenientes de grupos desaventajados se refleje en mayores tasas de retención y egreso oportuno?

Este capítulo parte por una sección de contexto, que entrega información acerca de tendencias en la matrícula, la admisión y el financiamiento de la enseñanza superior. Luego se aborda el acceso, analizando los desafíos que el sistema vigente enfrenta a partir de la posibilidad de establecer un sistema de admisión para todo tipo de instituciones de enseñanza superior y que contemple de manera estructural criterios de equidad. Finalmente se trata el tema de la retención de estudiantes, con especial foco en aquellos pertenecientes a grupos socioeconómicos desaventajados, pues la investigación internacional muestra que su integración a la enseñanza superior plantea desafíos muy relevantes de carácter psicosocial.

EL CONTEXTO DE LA ADMISIÓN A LA ENSEÑANZA SUPERIOR

En los últimos dos años, desde la publicación del último capítulo en el que se abordó este tema[2], han ocurrido desarrollos importantes en el área de matrícula y admisión a la educación superior en Chile. Por una parte, la matrícula de educación superior, que venía experimentando una fuerte expansión durante los últimos treinta años, se estabilizó en el año 2017. En este período, además, se han incorporado 14 instituciones de educación superior al Sistema Único de Admisión (SUA) y se implementaron los dos primeros años de admisión del Programa de Acompañamiento y Acceso Efectivo a la Educación Superior (PACE). En el área de financiamiento estudiantil, en el año 2016 por primera vez se financió la totalidad del arancel real, o "gratuidad", para los alumnos que, proviniendo de familias con el 50% de ingresos más bajos del país, se matricularan en instituciones sin fines de lucro[3], que contaran con cuatro años de acreditación y que se hubiesen adscrito al sistema.

Ahora bien, el verdadero éxito académico en educación superior se entiende no solo como un tránsito natural y fácil desde la educación secundaria a la educación superior, sino que como una efectiva culminación del proceso, incluyendo la graduación y titulación del alumno. Por medio de dicha experiencia, el alumno no solo desarrollará sus habilidades e intereses personales (Marginson, 2016), sino que además logrará la formación que le permitirá contribuir a la sociedad y acceder a mayores ingresos (Beyer, 2017). Sin embargo, las estadísticas nacionales aún muestran altas tasas de deserción de la educación superior, con importantes diferencias entre tipos de institución. Mientras la deserción en el primer año alcanza un promedio de 30% en

---

2   Manzi y Santelices, 2015.

3   En el caso de los institutos profesionales y centros de formación técnica con fines de lucro, deben haber manifestado al Ministerio de Educación su intención de transformarse en instituciones sin fines de lucro. (http://www.gratuidad.cl/2016/12/16/universidades/).

universidades, se observan tasas de deserción entre 45-50% en centros de formación técnica (CFT) o institutos profesionales (IP) (Consejo Nacional de Educación [CNED], 2011a, b).

Matrícula y composición del alumnado

El número de estudiantes que asisten a la educación superior ha aumentado significativamente en Chile durante los últimos 25 años. La Encuesta de Caracterización Socioeconómica Nacional (CASEN) estimó que la tasa de matrícula neta fue de 12,8%, 27,5% y 29,1%, en los años 1990, 2006 y 2009, respectivamente (Ministerio de Desarrollo Social, 2015). En 2014, la tasa de matrícula alcanzó al 39,3% de la población entre 18 y 24 años (Servicio de Información de Educación Superior [SIES], 2014).

El 2017 es el primer año en que el número de alumnos inscritos en el sistema parece alcanzar cierta estabilización en la tendencia creciente que se había observado en los últimos años. Ese año, de acuerdo con el CNED, el total de matriculados en la educación superior fue de 1.162.306, de los cuales el 56,7% se matriculó en universidades, el 32% en IP y el 11% en CFT (Consejo Superior de Educación [CSE], 2017). Según la misma fuente, la matrícula de pregrado del año 2016 fue de 1.168.901 y de 1.152.951 en el año 2015.

El número de matriculados en la educación superior ha crecido significativamente en todos los grupos socioeconómicos en las últimas tres décadas, pero más especialmente entre los alumnos de los quintiles de ingresos más bajos. En la Figura 1, construida sobre la base de información de la Encuesta de Caracterización Socioeconómica, se puede observar cómo la participación de los tres quintiles de ingresos más bajos pasó de 36,7% en el año 2000 a 56,2% en el año 2015 (Galleguillos, Hernández, Sepúlveda & Valdés, 2016). Asimismo, la tasa de cobertura bruta de educación de pregrado para los quintiles de ingresos I y II para el año 2000 era de 7,8% y 13,9%, mientras que en el año 2015 fue de 37,6% y 43,3%, respectivamente.

FIGURA 1

COMPOSICIÓN POR QUINTILES DE MATRÍCULA DE EDUCACIÓN SUPERIOR COMO PORCENTAJE DE LA MATRÍCULA TOTAL

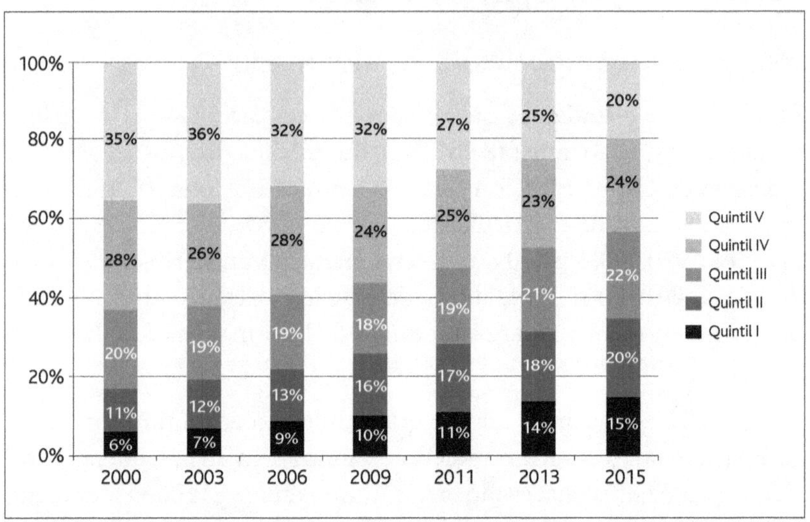

Fuente: Galleguillos, Hernández, Sepúlveda & Valdés, 2016.

El acceso a este nivel educativo aún muestra diferencias entre alumnos de distinto nivel socioeconómico y según el tipo de institución elegida por cada grupo (Galleguillos et al., 2016). El porcentaje de alumnos de los cinco primeros deciles que estudia en CFT o IP es mayor que aquel observado en universidades, como se ve en la figura presentada a continuación (Figura 2). En las universidades se aprecia un mayor porcentaje de alumnos de los quintiles de ingresos altos, especialmente en universidades privadas.

FIGURA 2
**DISTRIBUCIÓN DE MATRÍCULA 2015 POR DECILES DE CLASIFICACIÓN
SOCIOECONÓMICA Y TIPO DE INSTITUCIÓN**

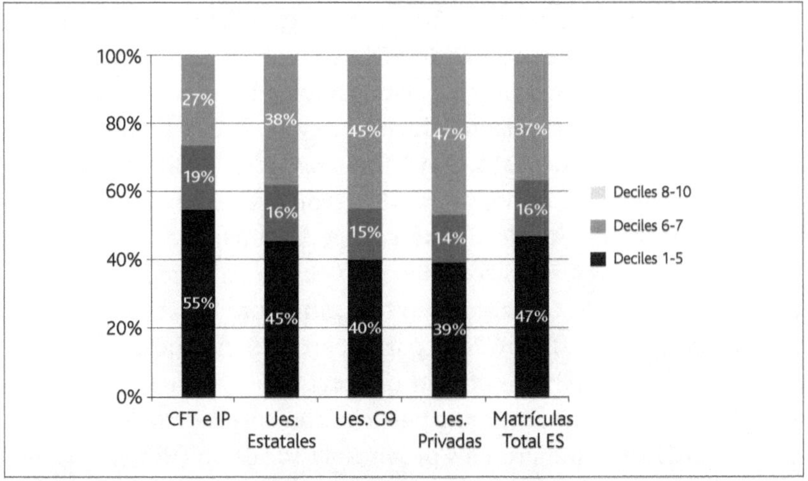

Fuente: Galleguillos, Hernández, Sepúlveda & Valdés, 2016.

Admisión: Incorporación de instituciones privadas al Sistema Único de Admisión e implementación del PACE

A continuación, se describen los principales cambios en el sistema de admisión ocurridos en los últimos años. Uno es la gradual incorporación de universidades que no forman parte del Consejo de Rectores de las Universidades Chilenas (CRUCH), y el segundo es la admisión de estudiantes en el marco del programa PACE.

A partir de 2013, se inició el funcionamiento del Sistema Único de Admisión, como entidad a cargo del sistema centralizado de admisión de las universidades pertenecientes al CRUCH. A dicho sistema también se han incorporado doce universidades privadas no tradicionales. La expansión del SUA más allá de las 25 universidades que tradicionalmente participaron del CRUCH se inició en el 2012 con la incorporación de ocho instituciones privadas. Posteriormente, en 2017 se incorporaron las dos nuevas universidades estatales y aquellas privadas que adscribieron al sistema de financiamiento conocido como "gratuidad".

Además, a partir del año 2015 se implementa la admisión a las universidades por medio del Programa de Acompañamiento y Acceso Efectivo a la Educación Superior (PACE) a nivel nacional. El PACE garantiza cupos en la educación superior a los estudiantes que presenten rendimiento académico dentro del 15% superior de su cohorte de egreso de educación secundaria y hayan cursado un programa de fortalecimiento en sus establecimientos durante 3º y 4º medio. El PACE inició su fase piloto en el año 2014, con 5 universidades de distintos lugares de Chile. Los equipos universitarios tuvieron por objetivo apoyar la labor de un grupo de establecimientos, específicamente con estudiantes de 3º medio, en las áreas de orientación vocacional y preparación académica. De acuerdo con el estudio realizado por el SUA (2017), en el proceso de admisión PACE 2017 participaron 29 instituciones de educación superior (IES) y se ofreció un total de 7.726 vacantes. Si bien 23.913 estudiantes del programa participaron del proceso de admisión 2017, solo 17.089 rindieron las pruebas de admisión (PSU), requisito obligatorio para la elegibilidad a cupos de educación superior. Un total de 3.865 de estudiantes quedaron habilitados para admisión en 2017, de los cuales el 87% de ellos realizó al menos una postulación efectiva por la vía regular o de acceso a vacantes PACE. Los postulantes mostraron un interés especial por las carreras del área de la salud. El informe del SUA indica, además, que ninguna universidad logró matricular estudiantes para el total de vacantes ofrecidas. Más de la mitad de las universidades llenó menos del 50% de sus vacantes. Las universidades con mayores tasas de uso de sus vacantes fueron la Universidad de Valparaíso (73%), la Universidad de La Serena (66%), la Universidad de Santiago de Chile (65%), la Pontificia Universidad Católica de Chile (63%) y la Universidad de Chile (61%). Hasta el momento no se conocen estudios sobre el rendimiento académico y la experiencia en la educación terciaria de los alumnos PACE.

Financiamiento estudiantil

A partir del año 2016 y vía Ley de Presupuesto, los alumnos de ingresos familiares dentro de los primeros cinco deciles más bajos pueden estudiar gratuitamente en las universidades, institutos profesionales y centros de formación técnica que no tengan fines de lucro, cuenten con cuatro años de acreditación y decidan adscribirse al sistema. El beneficio se extendió a alumnos del sexto decil de ingresos y a institutos profesionales que cumplieran con los requisitos establecidos en la

Ley de Presupuesto aprobada en 2017. A esta forma de financiamiento se la conoce como "gratuidad". En 2016 había treinta universidades adscritas, de las cuales cinco eran privadas. En 2017 se adscribieron dos nuevas universidades estatales, seis institutos profesionales y seis centros de formación técnica (Ministerio de Educación, 2016).

En 2015, el Estado de Chile destinó recursos por un total de 500 mil millones de pesos para becas de arancel y 700 mil millones de pesos para créditos (Galleguillos et al., 2016). El presupuesto para la gratuidad del año 2017 fue de 747 mil millones (con MM$518 para las universidades y MM$229 para IP y CFT) (Dirección de Presupuestos [Dipres], 2017). Los beneficiarios de becas de arancel fueron 397 mil en 2015, mientras que los beneficiarios por créditos en 2015 fueron 443 mil (Ministerio de Educación, 2017a). Durante 2016, 140 mil estudiantes de educación superior fueron beneficiados con gratuidad (Ministerio de Educación, 2017b, p. 44), mientras que en 2017 esta cifra aumentó a 262 mil (Ministerio de Educación, 2017c).

Las proyecciones del Ministerio de Hacienda indican que, de mantenerse y expandirse la gratuidad según lo propuesto por el gobierno, los beneficiados por la gratuidad seguirían aumentando en el futuro de acuerdo con la Tabla 1 (Galleguillos et al., 2016).

TABLA 1

ESTIMACIONES DE MATRÍCULA BENEFICIADA POR GRATUIDAD, POR QUINTILES

	2017 (cinco primeros deciles)	2018 (seis primeros deciles)	2019 (seis primeros deciles)	Cobertura de gratuidad para los siete primeros deciles	Cobertura de gratuidad para los ocho primeros deciles	Cobertura de gratuidad para los nueve primeros deciles	Cobertura universal de gratuidad
Matrícula Beneficiada	313.120	349.445	628.622	815.770	962.240	1.142.341	1.249.414
Quintil 1 y 2	254.331	278.241	444.766	499.062	519.326	529.248	501.852
Quintil 3	58.789	116.204	183.857	206.302	214.678	218.780	207.455
Quintil 4				110.406	228.236	232.597	220.557
Quintil 5						161.716	319.550

Fuente: Galleguillos et al., 2016

Persistencia y deserción de la educación superior

El estudio de Santelices, Catalán, Horn & Kruger (2015) examinó en profundidad el fenómeno de la persistencia y deserción de la educación superior en Chile. Para ello se conformó un panel de alumnos que egresó de la educación secundaria y rindió la PSU a fines del año 2009, y se siguió durante los próximos 5 años. En dicho estudio se reportan tasas de persistencia continuas a nivel del sistema de aproximadamente 86% hasta el segundo año (P1), 77% hasta el tercer año (P2), 71% hasta el cuarto año (P3) y 63% hasta el quinto año (P4). Los resultados sugieren que, en los 5 años estudiados, la mayor tasa de abandono del sistema se observa entre el primer y el segundo año (14%). Las tasas de abandono en el tercer, cuarto y quinto año son 9%, 6,6% y 7,2%, respectivamente.

La persistencia institucional continua alcanza aproximadamente 74% hasta el segundo año (P1), 60% hasta el tercer año (P2), 56% hasta el cuarto año (P3) y 55% hasta el quinto año (P4). Estos resultados sugieren una tasa de abandono institucional de aproximadamente 26% durante el primer año, un 15% adicional durante el segundo año, un 4% entre el tercer y cuarto año y un 1% entre el cuarto y el quinto año.

Los análisis muestran además que entre un tercio y un 40% de los estudiantes que abandonan el sistema de educación superior vuelven a él después de un año (el promedio ponderado de reingreso en P2 es 39%, en P3, 36% y en P4, 33%). A nivel institucional, los datos demuestran que entre el 5 y el 6% de los estudiantes que abandonan una carrera de pregrado vuelven a la misma institución de educación superior y que cuanto más progresan en su programa, más probable es que regresen después de un año.

EL SISTEMA DE ACCESO

El actual sistema de admisión chileno enfrentará en los próximos años su mayor desafío histórico. La Ley sobre Educación Superior establece que en el futuro se debe constituir un nuevo sistema de admisión que abarque a todo tipo de instituciones (desde las de enseñanza superior técnica hasta las universitarias). Institucionalmente aun no es claro cómo se implementará este sistema, pero sin duda su puesta en marcha potencialmente produciría la transformación más radical al sistema de admisión desde 1967, cuando todas las universidades entonces existentes adoptaron la Prueba de Aptitud Académica. Un sistema que incorpore todo tipo de instituciones plantea desafíos institucionales y técnicos sin precedentes, como se analizará a continuación.

Como es sabido, el sistema actualmente en uso, basado en pruebas estandarizadas, surgió como respuesta a la masificación de las postulaciones a las 8 instituciones existentes en los años 60. Desde ese entonces, e incluyendo el cambio de la PAA por la PSU, el sistema se entendió como un mecanismo de asignación de cupos basado en el desempeño en pruebas estandarizadas y en las calificaciones durante la enseñanza media. Aunque el mecanismo se originó en la experiencia de una universidad (la Universidad de Chile), el resto de las universidades del Consejo de Rectores lo adoptaron como sistema oficial a partir de 1967. Las universidades creadas a partir de 1981 se incorporaron parcialmente a partir de 2009, luego de la invitación que les cursó el CRUCH. Desde la adopción de la PSU, el CRUCH ha tenido un mayor involucramiento en la supervisión del sistema de admisión a través de un Consejo Directivo (conformado por algunos rectores designados para ese fin). Entre 2003 y 2013, el Consejo Directivo se apoyó en un Consejo Técnico Asesor (integrado por académicos designados por ese Consejo), hasta que en 2013 se decidió conformar una estructura permanente para supervisar y coordinar el proceso (el Sistema Único de Admisión).

Durante el período en que el CRUCH ha ejercido una tutela más directa del sistema de admisión, se han generado estudios que han documentado aspectos técnicos acerca del sistema de admisión (como la confiabilidad de las pruebas, su validez predictiva y validez diferencial). Al mismo tiempo, el CRUCH acordó con el Ministerio de Educación una amplia revisión de la PSU, que fue asignada luego de una licitación a Pearson[4]. El informe resultante, así como los estudios publicados por el CTA y SUA, han permitido contar con evidencia y antecedentes acerca del funcionamiento de las pruebas estandarizadas y de los otros criterios de admisión (Notas de Enseñanza Media y Puntaje Ranking). Adicionalmente, del informe Pearson emanaron más de 100 recomendaciones para el mejoramiento de la PSU, las que han estado en proceso de implementación con la supervisión del SUA.

---

4   Pearson es una empresa internacional que desarrolla y publica libros, material educativo y mediciones. Un equipo técnico asociado a la división de mediciones de esa entidad tuvo a cargo la revisión.

Los principales desafíos futuros para el sistema de admisión

La tramitación del proyecto de ley sobre educación superior abrió múltiples debates, entre los que se encuentra el de la reformulación del sistema de admisión y su relocalización. En ese marco, se discuten a continuación dos temas principales: la posibilidad de avanzar hacia un sistema general de admisión para todas las instituciones de enseñanza superior, y la incorporación sistemática de criterios de equidad en el sistema de admisión[5].

Un sistema para toda la enseñanza superior (no solo las universidades)

Como se mencionó, el sistema vigente se ha expandido hasta incorporar 12 instituciones universitarias privadas (de un total de 33 de ese tipo actualmente existentes). Esta incorporación ha ocurrido por adhesión voluntaria, con la exigencia de que las nuevas entidades se rijan por los procedimientos establecidos por el CRUCH para las 27 universidades que lo integran. La Ley recientemente aprobada establece que se debe constituir un sistema que abarque a todas las instituciones de educación superior. Es decir, no solo debe abarcar el total de instituciones universitarias, sino que debe considerar además a las de enseñanza superior técnica[6]. Esto suscita inmediatamente preguntas acerca de las características que debiera tener un sistema de esta naturaleza. Lo más seguro es que este sistema deba flexibilizarse para considerar las muy diversas realidades en que se desenvuelve la enseñanza superior chilena. Se mencionan a continuación los principales desafíos derivados de esta realidad.

1. **Un sistema que reconozca la diferente naturaleza de instituciones universitarias y técnicas.** Aunque se intente incorporar a todo tipo de instituciones, ello no quiere decir que todas ellas deban regirse por las mismas reglas y deban además emplear los mismos instrumentos. Dado que la Ley de Educación Superior reconoce que el acceso debe distinguir entre instituciones universitarias y técnicas,

---

5   Es importante advertir que este aspecto queda muy escuetamente desarrollado en la Ley de Educación Superior, que fue aprobada por el Congreso en enero del 2018.

6   Además de las universidades, en Chile operan 43 institutos profesionales y 48 centros de formación técnica.

queda claro que el sistema que se desarrollará será diversificado. Para el sistema universitario, será necesario analizar y revisar el sistema que desde los años 60 han empleado las instituciones pertenecientes al Consejo de Rectores: una combinación de pruebas estandarizadas y otros factores de selección (como notas y *ranking* de notas). En el caso de la enseñanza superior técnica, el desafío es potencialmente más complejo, por la amplia variedad de instituciones de este tipo. Asumiendo que antecedentes como las notas y *ranking* sean usados también en este caso, lo más desafiante es decidir si es posible resolver adecuadamente la selección con alguna medición de habilidades generales y transversales (como matemática y lenguaje), o si se requieren además mediciones más específicas, relacionadas con las carreras que se ofrecen. Esta es una materia que deberá ser analizada por la institucionalidad que contempla la nueva Ley, para asegurar que el sistema que se adopte sea pertinente. Sin embargo, en esta decisión también se deben contemplar otros criterios generales, que dicen relación con la viabilidad y cumplimiento de requerimientos técnicos de lo que se proponga.

2. **Dimensiones que serán evaluadas: aspectos cognitivos.** El actual sistema de admisión para universidades incluye pruebas que evalúan dominios curriculares que usualmente se consideran fundamentales en todo sistema educativo (lenguaje, matemática, ciencias y ciencias sociales). La evidencia disponible es que al menos dos de las pruebas (matemática y ciencias) poseen una adecuada capacidad predictiva (equivalente o superior a la de las notas de enseñanza media y *ranking*), mientras que las dos restantes poseen una capacidad predictiva positiva, pero más limitada (SUA 2017). Estos antecedentes indican que si el sistema actual (o una versión revisada del mismo) se expandiera a otras universidades, sería previsible que los actuales niveles de predictibilidad de los factores de selección podrían ser semejantes[7].

Más complejo es proyectar la capacidad predictiva de los instrumentos actuales hacia instituciones técnicas (pues no hay evidencia disponible al respecto). Sin perjuicio de que sería deseable llevar a

---

7   De hecho, el último informe de Validez Predictiva del SUA (SUA 2017) muestra que los niveles de predictibilidad de las pruebas y otros factores de selección son equivalentes para las universidades privadas recientemente incorporadas, en comparación con las universidades del CRUCH.

cabo estudios acotados de predictibilidad (al menos con los antecedentes de los estudiantes que ingresan a esas instituciones habiendo rendido la PSU), lo que se evalúe en este contexto dependerá de lo que se determine, según se menciona en el punto anterior de este apartado. Una posibilidad es que se empleen algunas de las pruebas generales actuales o una versión adaptada de las mismas (nos referimos principalmente a las de matemática y lenguaje). Pero además existe la posibilidad de agregar la medición de dominios propios del ámbito técnico.

3. **Dimensiones que serán evaluadas: aspectos no cognitivos.** En años recientes se ha producido un importante interés por la posibilidad de incorporar a los procesos de admisión universitaria aspectos usualmente denominados "no cognitivos". Estos incluyen, por una parte, competencias intrapersonales, asociadas a la habilidad de regular el comportamiento y la emoción para alcanzar ciertas metas, y por otra, competencias interpersonales, que involucran comunicar eficazmente información a otros, interpretar los mensajes correctamente y responder de forma apropiada. Los limitados estudios existentes que indagan los resultados de intervenciones que evalúan estas competencias muestran que algunas de ellas se relacionan con el éxito en la educación superior y son maleables a las intervenciones. Un reciente informe de la Academia Nacional de Ciencias, Ingeniería y Medicina de EE.UU. (Herman & Hilton, 2017) identifica 8 competencias que cuentan con mayor evidencia relativa. Estas incluyen: (1) autocontrol, persistencia y motivación de logro; (2) el sentido de pertenencia; (3) la autoeficacia; (4) la mentalidad de crecimiento (la creencia del estudiante acerca de que su inteligencia es una cualidad modificable y que puede mejorar); (5) metas y valores personales relacionados con desempeños futuros; (6) metas e intereses académicos con valor intrínseco para el estudiante; (7) valores y metas prosociales (deseo del estudiante de promover bienestar o desarrollo de otras personas); y (8) una autoimagen positiva proyectada al futuro.

Es importante consignar que el informe antes aludido advierte de los riesgos de considerar estos aspectos como parte de sistemas de selección con altas consecuencias, no solo porque la base de conocimiento actualmente existente para su uso es limitada, sino también porque en contextos de altas consecuencias la mayor parte de las mediciones que se pueden desarrollar para evaluar tales aspectos pueden ser distorsionadas o falseadas. En caso de que se resuelva emplear medidas de este tipo, la recomendación básica es llevar a cabo estudios que permitan recolectar evidencia de su confiabilidad, validez y equidad, como también de su pertinencia para ser utilizados en contextos de altas consecuencias. El panel a cargo de este informe suscribe con fuerza la posibilidad de considerar la medición de atributos de esta naturaleza como parte de planes para apoyar el desarrollo personal de los estudiantes durante su formación terciaria (es decir, recomiendan su uso con fines formativos más que sumativos).

4. **Cómo enfrentar la mayor variabilidad de los postulantes.** El actual sistema debe asegurar niveles de calidad técnica para un amplio rango de postulantes, en la medida que las instituciones participantes poseen diverso nivel de selectividad. Esto quiere decir que las pruebas deben ser suficientemente informativas y precisas en un rango de puntajes que va desde valores medios hasta superiores. La ampliación del sistema de admisión podría requerir que el rango donde las pruebas entreguen información confiable se amplíe, en la medida que probablemente al menos una parte de las nuevas entidades se sitúe incluso por debajo de los niveles que actualmente presentan las instituciones menos selectivas del sistema de admisión. Será necesario evaluar si es posible conseguir una solución técnica adecuada con pruebas generales como las actuales, o si será necesario agregar instrumentos que se focalicen en regiones acotadas de desempeño (en la región superior de puntajes o en la región media e inferior). Dado que no es razonable extender la longitud de las pruebas, una ganancia de precisión se puede lograr en una de dos formas: combinando pruebas generales con pruebas focalizadas (una de cuyas variantes eran las pruebas específicas que se usaban en el tiempo en que funcionó la PAA) o empleando alguna variante de la medición adaptativa, lo que es solo posible cuando las pruebas son administradas por computadores.[8]

---

8   La medición adaptativa emplea algoritmos que permiten reducir el número de preguntas que se hacen a un examinado en comparación con una medición estandarizada convencional. En este tipo de pruebas, las preguntas que se presentan al examinado se basan en su desempeño previo. En esencia, si un examinado tiene buen desempeño, se le presentan preguntas de mayor dificultad y viceversa si muestra menor desempeño. La medición se detiene cuando el examinado muestra un desempeño que fluctúa en una región acotada de desempeño. Por su naturaleza, este tipo de mediciones solo pueden ser administradas mediante computadores y suponen la conformación de amplios bancos de preguntas.

5. **La institucionalidad del sistema.** Es evidente que un sistema general de admisión tiene que ser concebido, conducido y evaluado considerando el interés de todas las instituciones que participan del mismo. Hasta ahora se ha manejado el tema en el marco del arreglo institucional entre CRUCH/SUA y Universidad de Chile/DEMRE, en la medida que el sistema se ha circunscrito a la admisión universitaria (y principalmente para instituciones del CRUCH). Sin embargo, es importante tener presente que esto ha ocurrido en condiciones precarias, en que la ausencia de términos de referencia redunda en la no delimitación formal y explícita de roles y responsabilidades de las partes. La tarea de conducción y supervisión del CRUCH no tiene asociados recursos financieros suficientes para otorgar al SUA la densidad técnica requerida. Como es sabido, la admisión es financiada en un porcentaje muy relevante por el Ministerio de Educación, el que traspasa estos recursos a la entidad de la Universidad de Chile (DEMRE) que tiene a su cargo el desarrollo y aplicación de las pruebas, así como la implementación del sistema de inscripciones y postulaciones. Es evidente que la reformulación del sistema de admisión que establece la Ley de Educación Superior requerirá un rediseño institucional completo, en que será necesario explicitar y delimitar las principales responsabilidades de los actores que debieran ser parte de tal sistema. En este arreglo se debe distinguir con nitidez la función de conducción del sistema, en la que debiera recaer la responsabilidad de establecer los atributos que deban ser evaluados como parte del sistema de admisión. La función de conducción debiera también considerar la selección del órgano a cargo de los procesos de desarrollo de instrumentos y aspectos logísticos (relativos a la inscripción, aplicación de instrumentos y postulaciones). Finalmente, también debiera recaer en este órgano conductor la supervisión de los procesos técnicos. Por su parte, la entidad técnica a cargo del proceso debiera regirse por términos de referencia que enmarquen sus responsabilidades, y que permitan auditar sus procesos a partir de estándares relacionados con las funciones que ejerza. Un arreglo institucional de esta naturaleza es posible en el marco de la Ley de Educación Superior recientemente aprobada, pues establece la conformación de un Comité Técnico de Acceso para el sistema universitario y otro para el sistema superior técnico. Estos órganos operarán al interior de la Subsecretaría de Educación Superior, y se señala que dicha Subsecretaría, con acuer-

do de los comités aludidos, podrá encomendar la elaboración, aplicación y evaluación de procesos e instrumentos a instituciones que demuestren prestigio y experiencia en dicho campo. Sin embargo, la Ley no establece con claridad un diseño institucional preciso, puesto que solo identifica de manera general la composición de dos consejos técnicos, que estarán integrados por rectores de instituciones universitarias o técnicas. Será necesario que la reglamentación de esta Ley avance hacia la conformación de una institucionalidad que establezca con claridad las atribuciones y responsabilidades de los distintos actores que participen del sistema, asegurando al mismo tiempo los recursos para que los aspectos técnicos sean supervisados por instancias calificadas, se acompañen de estudios de validez e incluyan la asesoría de expertos internacionales.

Un sistema de admisión que incorpore estructuralmente la dimensión de la equidad

En este apartado se abordan los desafíos para avanzar hacia un sistema de acceso que asegure niveles crecientes de equidad. Como se ha aclarado más arriba, ello no depende tanto de modificar los factores de selección, sino que de establecer reglas de funcionamiento o de asignación de cupos que aseguren mayor equidad. Se presentan alternativas que se han empleado en otros países. Es importante advertir que. además de ser eficientes para promover una representación más justa de la diversidad social existente en las instituciones de enseñanza superior, las opciones que se analicen y adopten deben también ser juzgadas según criterios de confiabilidad (deben controlar fuentes de error en la asignación de cupos, especialmente errores relacionados con la subjetividad de quienes aplican las reglas e instrumentos del sistema), predicción (deben privilegiar a candidatos que estén mejor preparados para tener un buen desempeño en la enseñanza terciaria) y transparencia (deben corresponder a procedimientos pública y claramente establecidos).

1. **Pruebas estandarizadas y equidad[9].** Un foco central de las políticas educacionales en Chile es el de avanzar hacia una mayor equidad

---

9   El debate público en torno a la equidad se centra en las brechas de logro que diversos grupos exhiben. Es importante advertir que la constatación de tales brechas no constituye de por sí una demostración de que las pruebas estandarizadas sean inequitativas. Para estudiar esta posibilidad existen técnicas específicas (como en análisis del funcionamiento diferencial de ítems o el análisis del sesgo de pruebas), las cuales no son abordadas en este capítulo.

en sus procesos y resultados. La abultada evidencia acerca del gran peso que en Chile tiene el origen socioeconómico de los estudiantes (en términos de sus logros escolares y en diversos indicadores relacionados con las oportunidades de aprendizaje) ha demostrado la importancia de asegurar que la equidad impregne las políticas educativas de todo orden. En el contexto de la enseñanza superior, uno de los temas más sensibles es el de las enormes disparidades que se observan en los resultados de las pruebas de admisión a las universidades entre jóvenes que provienen de familias de diverso origen socioeconómico o que han asistido a instituciones educacionales de distinta dependencia[10]. Ello repercute de manera directa en los puntajes de postulación a las universidades, lo que se manifiesta en las diversas oportunidades de estudios superiores que poseen jóvenes de diverso origen socioeconómico. Y si bien se ha constatado un importante avance en el acceso a la educación superior de jóvenes provenientes de hogares de los quintiles de ingresos más bajos, ellos se concentran principalmente en carreras e instituciones que requieren menores puntajes de ingreso (Manzi, 2006; Jarpa & Arriagada, 2017)[11].

2. **Efectos del *ranking* de educación media en equidad.** En paralelo a las acciones anteriores, ha existido un persistente debate en torno al rol que cabría a las pruebas como elementos que perpetuarían o de alguna manera generarían las diferencias en el acceso a la educación superior de jóvenes de diversa condición socioeconómica. Aunque los estudios realizados no han evidenciado niveles de sesgo socioeconómico en las pruebas que permitan atribuir a las mismas un rol relevante en las brechas socioeconómicas (Manzi et al., 2010), ha existido un sostenido cuestionamiento a las pruebas actuales, asumiendo que un cambio de estas podría permitir un avance en torno a la equidad. Adicionalmente, el sistema de admisión ha incorporado el *ranking* como un factor orientado a facilitar

---

10 Dado que la asistencia a establecimientos escolares de distinta dependencia está asociada a la capacidad de pago de las familias, cuando se analizan las diferencias de logro según la dependencia escolar, es relevante controlar el origen socioeconómico de los estudiantes. Cuando ello se hace con los resultados de las pruebas de admisión, se constata que la brecha entre establecimientos particulares pagados y municipales se reduce sustantivamente.

11 Dado que los puntajes de ingreso o selectividad de las carreras típicamente reflejan su prestigio o estatus relativo, se produce una importante diferenciación socioeconómica en las oportunidades formativas en la enseñanza superior.

el acceso según criterios socioeconómicos. La evidencia disponible es que el *ranking* ha generado un efecto acotado en términos de acceso y que ha demostrado poseer una capacidad predictiva equivalente (aunque algo inferior) a la de las notas de enseñanza media.

Equidad en la educación secundaria

Para avanzar hacia un sistema de acceso a la enseñanza superior que favorezca de manera decidida la equidad, es importante aclarar los supuestos que hacen posible tal equidad. La equidad jamás se podrá basar en mediciones si el sistema escolar en que se aplican tales mediciones no posee suficientes garantías de equidad en las oportunidades de aprendizaje. La experiencia acumulada en programas de medición internacionales revela que las condiciones socioeconómicas de los estudiantes se correlacionan directamente con los logros en pruebas estandarizadas en la gran mayoría de los países. Esta relación es menor solo en aquellos países donde existen políticas educacionales muy activas orientadas a promover equidad en el proceso educativo, como ocurre en el ampliamente estudiado caso de Finlandia. En consecuencia, la aspiración de largo plazo de un sistema educativo orientado a la equidad es asegurar que las oportunidades de aprender se distribuyan de manera justa entre las escuelas. Cuando ello se logra, las mediciones estandarizadas seguramente lo reflejarán.

En cambio, es infundado imaginar que revisando la naturaleza o contenido de las mediciones educativas se logrará mayor equidad. No existe evidencia nacional ni internacional que avale que pruebas educacionales puedan mostrar resultados equitativos cuando el sistema educativo no lo es.

Admisión con equidad: alternativas

Uso de cuotas

Un avance hacia una mayor equidad en el acceso no puede depender primariamente de los indicadores que se emplee para ordenar a los postulantes, sean estos pruebas estandarizadas, antecedentes escolares (como notas o *ranking*) u otros factores. Tampoco es posible esperar pasivamente mientras las políticas educativas orientadas a la equidad tengan efecto, puesto que aun si ellas fueran exitosas, sus efectos tomarán varios años antes de manifestarse en el proceso de admisión. En consecuencia, lo único efectivo en el corto y mediano plazo es revisar las reglas del sistema de admisión, para que incorpore criterios de equidad. El cambio que tiene un impacto más directo en la matrícula es el que establece exigencias de acción afirmativa o discriminación positiva. En este caso, se trata de garantizar cupos para jóvenes provenientes de grupos socioeconómicos desaventajados (o para otros grupos subrepresentados en la enseñanza superior, como puede ser el caso de las mujeres en ciertas carreras o disciplinas). Este tipo de medidas han sido implementadas en cerca de un cuarto de los países del mundo, y han mostrado ser eficaces para aumentar la presencia de grupos de interés en la educación superior (ver revisión internacional de Jenkins y Moses, 2014). La forma más directa de implementar este tipo de medidas es mediante cuotas (en Latinoamérica han sido usadas en Colombia y Brasil).

Para el caso chileno, se requeriría identificar los criterios de elegibilidad para favorecer la presencia de estudiantes provenientes de grupos socioeconómicos de interés (lo que se puede hacer a partir de la dependencia del establecimiento educacional de origen, o considerando la condición socioeconómica del postulante). El sistema supone que para los grupos previamente identificados se establecen cuotas (por ejemplo, porcentaje mínimo de postulantes de determinados grupos a los que se debe dar un trato preferencial en el proceso de admisión). Lo que el sistema de selección debe hacer es ordenar a los postulantes pertenecientes a cada grupo identificado, de manera que la asignación de los cupos favorezca a los postulantes con mejores desempeños relativos en los criterios de selección). En este contexto, el sistema de selección sigue requiriendo el empleo de pruebas y otros factores de selección (como notas de enseñanza media y *ranking*), para ordenar de manera confiable a los postulantes. La diferencia es que en lugar de generar un listado único de todos los postulantes, como ocurre hoy, se establecen ordenamientos separados para cada grupo. El sistema puede establecer puntajes mínimos para postular a tales cupos, de modo de asegurar que quienes ingresen a determinada carrera cuenten con una preparación mínima adecuada al proceso formativo de la enseñanza superior.

Uso de Información Complementaria

Complementar la información académica con información adicional que permitiera dar cuenta del perfil del postulante de forma más integral. Esa información adicional podría recogerse de manera estandarizada y abordar aspectos biográficos o educacionales que dieran cuenta de la forma en que los postulantes han aprovechado las oportunidades que han tenido disponibles. La evaluación de la información adicional y su ponderación en la decisión de admisión presentan importantes desafíos de confiabilidad y transparencia. Un caso especial de esta opción son los sistemas de admisión en los que no se hace uso de pruebas estandarizadas, o cuya rendición es opcional.

Admisión en Dos Etapas

Procesos de admisión en dos etapas, o más, en que se establecen criterios académicos mínimos para definir la "elegibilidad" para cierto tipo de instituciones. Una vez definido un grupo amplio de estudiantes elegibles, se realiza un proceso adicional de selección con criterios diferentes, que podrían enfatizar de forma más fuerte, por ejemplo, criterios de equidad.

EL ACCESO NO ES SUFICIENTE: CÓMO AVANZAR DESDE LA INCLUSIÓN A LA INTEGRACIÓN EXITOSA

La reducción de las barreras de acceso a la educación superior es una condición necesaria, pero ciertamente no suficiente para que las aspiraciones educacionales y de desarrollo personal que llevan a postular a la educación superior puedan cumplirse en el caso de los estudiantes provenientes de grupos subrepresentados. Los datos entregados en la primera sección de este capítulo muestran que los estudiantes provenientes de los quintiles más bajos de ingreso han tenido un crecimiento sustantivo en su participación en la educación superior. Sin embargo, como se hizo notar, ellos se concentran mayoritariamente en instituciones superiores menos selectivas (Jarpa & Rodríguez, 2017). En consecuencia, el desafío de mejorar el acceso sigue siendo una prioridad relevante en nuestro país.

Ahora bien, la investigación acerca de la experiencia que enfrentan estudiantes provenientes de grupos subrepresentados que ingresan a la educación superior muestra con claridad que el acceso no es suficiente, y esto es lo que esta sección del capítulo busca resaltar. La investigación acumulada en la última década con estudiantes que corresponden a la primera generación en educación terciaria de su familia da importantes pistas acerca de las dificultades que enfrentan, las que se manifiestan en indicadores relevantes, como su menor rendimiento en los estudios superiores y en tasas de titulación menores (Jury et al., 2017). La investigación advierte acerca de los cuidados que es necesario tener para asegurar que el acceso se proyecte positivamente en la retención y graduación de estos estudiantes.

En esta sección comenzaremos por resumir lo que la investigación ha revelado acerca de las barreras psicosociales para la inclusión efectiva, para entregar en la segunda parte una síntesis de algunas experiencias positivas en el manejo de la diversidad.

Los dilemas de la diversidad en los campus universitarios

La creciente presencia de jóvenes provenientes de diverso origen socioeconómico, en nuestro contexto, o de diversos grupos étnicos y nacionales, en otras latitudes, han demostrado que la sola presencia de mayor diversidad no garantiza integración. Por lo pronto, como lo demuestran Espenshade y Radbord (2009), en el contexto norteamericano, el contacto entre estudiantes tiende a concentrarse dentro de un mismo grupo étnico. Por ejemplo, aun en situaciones donde la mayor parte de los estudiantes son blancos (y consecuentemente, ellos son probabilísticamente el grupo con el que resultaría más frecuente encontrarse), solo el 21% de los estudiantes hispánicos y 32% de los negros reportan socializar frecuentemente con ellos. No contamos con estudios equivalentes en nuestro contexto, pero la experiencia anecdótica que se reporta en conversaciones con estudiantes que ingresan a universidades tradicionales y selectivas a través de medidas de inclusión es que su contacto interpersonal se concentra mayoritariamente en otros estudiantes de su condición. Este rasgo homofílico de los contactos entre estudiantes pertenecientes a distintos grupos al interior de instituciones de educación superior es revelador de procesos más profundos que acotan el potencial positivo que representaría la diversidad social en los campus universitarios.

La psicología social ha acumulado un importante cuerpo de conocimientos acerca de los procesos que ocurren cuando personas pertenecientes a diversos grupos sociales se encuentran. Sin necesidad de entrar en detalle, vale mencionar que tales encuentros típicamente ocurren en situaciones donde se activan las respectivas identidades sociales (la conciencia de pertenecer a un determinado grupo), y tienen como trasfondo las expectativas, estereotipos y prejuicios que las personas poseen acerca de quienes pertenecen a otros grupos. La teoría de la identidad social de Tajfel y Turner (1986) es el modelo teórico que más frecuentemente se emplea para analizar estas relaciones. La investigación ha demostrado que, aunque un resultado usual de estos encuentros es la confirmación de las expectativas previas, existen condiciones en las que el cambio de los estereotipos y prejuicios es posible. Una vía que influye en el cambio es el contacto frecuente y de buena calidad entre personas que pertenecen a diversos grupos. El cambio hacia una mejor percepción de los integrantes de otros grupos es más probable cuando el contacto se produce en condiciones de igualdad de estatus entre las personas, en un ambiente colaborativo y que cuenta con apoyo institucional (ver revisión de Pettigrew & Tropp, 2006). Por su parte, Crisp y Turner (2011) postulan que cuando las personas de distinto grupo interactúan con motivación y capacidad para resolver las inconsistencias que observan en los estereotipos, cuando intentan deliberadamente modificarlos y cuando se exponen a múltiples instancias de integración con otros, es posible esperar modificaciones en las expectativas acerca de otros grupos. Sin embargo, dado que estas condiciones frecuentemente no ocurren (como puede ser también el caso de las condiciones para el contacto intergrupal), el resultado de contar con una composición más diversa en los campus de las entidades de enseñanza superior no necesariamente conducirá a una mayor integración y, lo que es más serio, puede traducirse en una fuerte tensión en los estudiantes provenientes de grupos subrepresentados. A continuación, se mencionan algunos de los factores que pueden explicar por qué un ambiente más diverso no necesariamente conduce a mayor integración.

La estructura intergrupal y los dinamismos individuales que mantienen las concepciones acerca de los grupos

La psicología nos muestra que los seres humanos estamos predispuestos a simplificar la complejidad del entorno en que nos desenvolvemos, segmentando y categorizado a quienes forman parte de él, a partir de sus características más prominentes o estructurales. Las personas categorizamos de manera más o menos automática a otros según su etnia, género, edad, grupo socioeconómico, etc., y asociamos a tales categorías creencias (estereotipos) y evaluaciones (prejuicios). Los estereotipos y prejuicios configuran a continuación la principal base que usamos para orientar nuestras percepciones, juicios y conductas cuando nos encontramos con integrantes de tales grupos. Así por ejemplo, cuando se establecen estereotipos que asocian a un determinado grupo con un menor desempeño académico (como puede ser la expectativa acerca de un estudiante que ha asistido a un liceo municipal, o la que se tenga de una mujer que ingresa a una carrera tradicionalmente masculina), se tiende a ignorar la información individual que podamos tener de un determinado estudiante (por ejemplo, una calificación relativamente positiva) y nos basamos en las creencias previamente establecidas para interpretar su conducta, lo que usualmente nos lleva a creer que su conducta sea interpretada como confirmatoria de lo que ya creíamos (incluso en un caso como este, donde el desempeño no necesariamente confirma lo esperado). Aun cuando las personas se proponen inhibir el uso de estereotipos, pueden ser víctimas de ellos si aspectos de la situación (como el cansancio o la presión del tiempo) los sobrecargan cognitivamente (Mcrae, Bodenhausen, Milne & Jetten, 1994).

Por lo demás, la mayor parte de los grupos en una sociedad ocupan posiciones jerárquicas desiguales (e.g., en el caso de los grupos socioeconómicos). Estas jerarquías definen la naturaleza de la interacción de los grupos en la sociedad, y se ha observado que muchas personas desarrollan actitudes que sostienen y legitiman tales diferencias, incluso cuando las personas pertenecen a grupos subordinados (Jost, Banaji & Nosek, 2004; Sidanius & Pratto, 1999).

Lo anterior quiere decir que la mayor parte de los encuentros que ocurren en un contexto intergrupal diverso se dan entre actores que llegan a la situación de interacción con una importante acumulación de expectativas y predisposiciones que no son neutras y que pueden conducir a reafirmar lo que se busca evitar al promover la mayor diversidad en las aulas y campus de la enseñanza superior. Aunque el espacio de este capítulo no permite elaborar con detalle los procesos que ocurren en quienes pertenecen a grupos aventajados y desaventajados, se mencionan apenas algunos aspectos que repercuten en que muchos de los encuentros entre estos dos tipos de estudiantes puedan llevar a una mayor tensión o estrés en el estudiante desaventajado, lo que eventualmente se puede traducir en menor desempeño, mayor riesgo de deserción y, en términos generales, menor adaptación al contexto universitario.

Las expectativas de los estudiantes provenientes de un contexto socialmente favorecido (alto estatus)

Estos estudiantes tienen el riesgo de exhibir las reacciones que se asocian a la mantención de las disparidades con que llegan los estudiantes provenientes de distinto origen social. La tendencia ampliamente documentada a manifestar sesgo en favor de su grupo (Brewer, 1979) hará que muchos de ellos reafirmen la superioridad de su condición social en el ámbito académico. La percepción que estos estudiantes tengan acerca de estudiantes provenientes de contextos desaventajados puede estar marcada por estereotipos y prejuicios negativos respecto de sus posibilidades de éxito en la educación superior. Ello se puede verificar tanto de manera explícita como en formas sutiles o implícitas.

La experiencia de los estudiantes provenientes de un contexto social desfavorecido (bajo estatus)

Estos estudiantes ingresan a una institución de educación superior muchas veces conscientes de que una gran parte de sus compañeros y profesores (que mayoritariamente provienen de contextos más privilegiados) poseen expectativas bajas acerca de ellos. Estas expectativas devaluadas, cuando son reconocidas por quienes son destinatarios de las mismas, generan las condiciones para la experiencia de la estigmatización, en la medida que estos estudiantes adoptan una actitud vigilante ante el riesgo de ser víctimas de prejuicio y discriminación (Crocker, Major & Steele, 1998). La investigación ha mostrado que quienes han experimentado en el pasado discriminación asociada a su pertenencia grupal reaccionan de manera más intensa, con mayor rabia y resentimiento, cuando recuerdan instancias de discriminación o maltrato (Guyll, Matthews & Bromberger, 2001). Además de los efectos emocionales negativos que se asocian a la percepción de ser objeto de discriminación, la investigación también ha mostrado que ello puede tener efectos negativos en la salud (Mendes, Major, McCoy & Blascovich, 2008).

Una manifestación de lo anterior ampliamente estudiada en el contexto educacional es el fenómeno denominado amenaza de estereotipo. Esta consiste en la ansiedad que produce en las personas tener que desempeñarse en tareas asociadas a los estereotipos que de ellas existen. La investigación sobre este fenómeno (Pennington, Heim, Monty & Coakley, 2016) ha confirmado que dicha tensión incide en un menor desempeño, que por una parte confirma las expectativas negativas y por otra crea las condiciones para la profecía autocumplida (que puede llevar a internalizar las menores expectativas por parte de la persona que es objeto de las mismas).

Los procesos antes mencionados hacen que cuando estudiantes desaventajados interactúan con sus pares más privilegiados (o con docentes de otra condición social), se produzcan condiciones que limiten el potencial positivo de tales encuentros. Por una parte, la actitud vigilante antes descrita se asocia a un foco preventivo, que orienta la percepción hacia claves de amenaza relacionadas con la posibilidad de ser tratados de manera injusta. Esta orientación, a su vez, facilita emociones y cogniciones negativas, lo que estresa y sobrecarga a la persona, disminuyendo sus recursos psicológicos para sostener un encuentro constructivo (Townsend, Major, Gangi & Mendes, 2011). Un aspecto en que se proyecta lo anterior es en el riesgo de malentender las claves de la comunicación. Estudios previos muestran que la gente tiene mayor habilidad para detectar intenciones y emociones en las comunicaciones con otros miembros de su grupo que con miembros de otro grupo (Ambady & Weisbuch, 2010). Por ejemplo, la tensión que experimentan personas de diferente grupo cuando interactúan tiene mayor probabilidad de ser interpretada como hostilidad que cuando la misma ansiedad aparece entre personas del mismo grupo.

En suma, la psicología social advierte de los múltiples riesgos que pueden atenuar o incluso anular los avances que se puedan producir en un mayor acceso de grupos subrepresentados en la educación superior, especialmente cuando ello sucede en instituciones selectivas, donde típicamente la presencia de grupos privilegiados es muy mayoritaria. En estas condiciones su subrepresentación puede resultar más evidente para ellos, recordándoles con mayor frecuencia sus diferencias con otros estudiantes (Martin, 2015).

El marco previamente sintetizado revela que los jóvenes que ingresan como primera generación a las universidades presentan un conjunto de diferencias asociadas a su experiencia de integración a la vida universitaria, en comparación con lo que ocurre en estudiantes cuyos padres asistieron a la enseñanza superior. Se resumen a continuación las principales diferencias constatadas en estudios previos:

- **Una experiencia emocional más negativa.** Estudiantes de primera generación reportan mayor tensión emocional, menor bienestar subjetivo y mayores síntomas de depresión que sus pares provenientes de familias con experiencia universitaria previa (Stebleton, Soria & Huesman, 2014).

- **Una limitada sensación de pertenencia.** La experiencia en la enseñanza superior es por definición un contexto nuevo y poco familiar para jóvenes de primera generación. Como consecuencia, es frecuente que ellos sientan que "no pertenecen" al contexto universitario (Harackiewicz et al., 2014; Ostrove & Long, 2007; Rubin, 2012). Más aun, a veces esta sensación se asocia al sentimiento de no merecer estar allí (Gardner & Holley, 2011). Incluso, un reciente estudio longitudinal muestra que la sensación de desajuste que experimentan estudiantes de primera generación no desaparece a medida que progresan en sus estudios (Phillips, Stephens & Townsend, 2017).

- **Una menor percepción de competencia.** Ya se ha mencionado que estudiantes subrepresentados deben enfrentar la barrera de expectativas y estereotipos devaluados respecto de sus competencias, tanto por parte de sus pares en el contexto de la enseñanza superior como de la sociedad en general. La investigación ha demostrado que esas expectativas negativas se asocian a la autopercepción que estudiantes de NSE bajo poseen acerca de sus competencias: ellos reportan menores niveles de autoeficacia e incluso inteligencia, en comparación con lo que revelan estudiantes de una mejor condición socioeconómica (Ivcevic & Kaufman, 2013; Stebleton & Soria, 2012).

Esta apretada síntesis revela que los estudiantes de una menor condición socioeconómica, que son en su mayoría estudiantes de primera generación en la educación superior, tienden a experimentar un conjunto de experiencias psicosociales negativas (en términos emocionales, de su autoconcepto, y de manejo de sí mismos), que puede explicar los mayores problemas de ajuste que tienden a presentar, tanto en el plano personal como en el académico. En la última parte de esta sección se sintetizan algunas propuestas y programas que se han formulado para promover una mejor integración de estos estudiantes cuando se incorporan a la enseñanza superior.

Intervenciones para promover la integración

Tal como se ha planteado, existen importantes barreras estructurales y psicológicas que tienden a mantener importantes disparidades entre el desempeño y ajuste en la educación superior de estudiantes provenientes de grupos socialmente subrepresentados y los restantes estudiantes. Algunas de las barreras estructurales tienen directa relación con la mayor limitación de recursos económicos de estos estudiantes, por lo que la existencia de *políticas de ayuda estudiantil* que eliminen o reduzcan esas barreras (como la gratuidad de los aranceles) son relevantes. Sin embargo, no hay que perder de vista que el solo contar con la garantía del pago de los aranceles no elimina del todo las barreras estructurales, pues en muchos casos estos estudiantes deben compatibilizar los estudios con el trabajo (para aportar a la familia o a su sostenimiento), y no cuentan con la red de apoyos que facilitan el aprovechamiento de las oportunidades que ofrece la vida universitaria. En consecuencia, además de los aranceles, hay que considerar el rol de becas y otros apoyos que compensen las diferencias con que inician sus estudios estos estudiantes.

Su integración también depende de abordar barreras más sutiles y a veces no conscientes, que, como hemos visto, generan un estrés adicional en estos estudiantes y terminan por limitar su desempeño. Stephen, Brannon, Markus y Nelson (2014) sostienen que el éxito de programas que aborden este tipo de barreras depende de su capacidad para promover en los estudiantes de estos grupos una autopercepción que corrija dos sentimientos que limitan su integración: (a) el de sentirse ajenos y no pertenecientes al contexto educativo al que han ingresado y (b) el de sentir que no poseen las capacidades y habilidades requeridas para tener éxito en dicho contexto. En sus palabras, estas intervenciones, para ser exitosas, deben promover una sensación de ajuste ("me siento cómodo aquí") y de empoderamiento ("merezco estar aquí"). Revisaremos a continuación algunos ejemplos seleccionados de intervenciones que han demostrado ser exitosas en aspectos académicos o psicosociales. Por razones de espacio, esta no es una revisión exhaustiva, y se basa enteramente en casos norteamericanos, que son los que están más documentados. Aunque los contextos académicos chilenos poseen diferencias importantes respecto de los norteamericanos, estimamos que las experiencias que se revisan tienen pertinencia para nuestro medio.

Intervenciones dirigidas a mejorar la motivación académica de los estudiantes

Este tipo de intervenciones apunta a reducir los sentimientos de indefensión, intimidación o ineficacia que muchos estudiantes de primera generación[12] experimentan al incorporarse a una institución de enseñanza superior. Al promover sentimientos de eficacia, estas intervenciones buscan reducir las brechas de desempeño de estos estudiantes. Un ejemplo de este tipo de intervenciones es el estudio de Stephens et al. (2014), que expuso a estudiantes de primera generación y a estudiantes de continuidad a paneles donde estudiantes universitarios de cursos avanzados exponían experiencias personales que mostraban cómo la diversidad de sus antecedentes sociodemográficos había incidido en su ajuste al contexto universitario. Al término del primer año, los estudiantes de primera generación que habían sido expuestos a la intervención lograron promedios de notas significativamente superiores a los de sus pares que asistieron a una condición de control.

Otro tipo de intervenciones de este ámbito aborda más directamente los sentimientos de competencia de los estudiantes. Un ejemplo es el trabajo de Harackiewicz y sus colegas (2014 y 2016), donde se les pide a los estudiantes que escriban acerca de sus valores y la forma en que estos se relacionan con la experiencia educativa que están teniendo (por ejemplo, cursos). Esto permitiría afirmar los valores más importantes de estos estudiantes en contextos amenazantes, fortaleciendo su percepción de integridad y autoeficacia. Estas intervenciones se apoyan en modelos de expectativa-valor (Eccles & Wigfield, 2002), que postulan que cuando los estudiantes se perciben competentes para una tarea (por ejemplo, "soy bueno para la física") y desarrollan creencias positivas acerca del valor de lo estudiado ("la física es una disciplina relevante"), se fomenta la motivación académica, lo que a su vez los fortalece para enfrentar desafíos y reduce el estrés (Harackiewicz et al., 2014). Los resultados de estos estudios muestran ganancias sustantivas para los estudiantes de primera generación expuestos a este tipo de intervenciones, tanto en la tasa de retención como en la brecha de aprendizaje, en comparación con estudiantes de continuidad.

---

12 Este término se emplea para identificar a estudiantes cuyos padres no tuvieron formación universitaria.

Intervención para promover el sentido de pertenencia de los estudiantes

Las intervenciones de este ámbito buscan reducir los sentimientos de desajuste y extrañeza que muchos estudiantes de grupos subrepresentados experimentan al incorporarse a una institución de educación superior, especialmente cuando ellos corresponden a una clara minoría (como es al menos el caso de instituciones altamente selectivas). Walton y Cohen (2007) mostraron que estudiantes de este tipo de minorías exhiben importantes diferencias en su sentimiento de pertenencia a este tipo de instituciones cuando reciben información que aumenta o mitiga sus dudas acerca de su integración social. En un estudio posterior, los mismos autores (Walton & Cohen, 2011) llevaron a cabo una intervención breve durante el período de ingreso a la universidad de estudiantes pertenecientes a minorías. En esa intervención se les entregaba una narrativa de que la adversidad social que experimentarían en ese período sería transitoria. Se les motivaba a atribuir la ansiedad que estaban sintiendo no a su condición grupal, sino que a procesos normales y frecuentes que experimentan todos los estudiantes en su transición a la universidad. Durante tres años observaron que los jóvenes expuestos a esta intervención mejoraban sus notas universitarias (en comparación con grupos de control). Adicionalmente se observó que este efecto beneficioso estaba mediado por una sensación subjetiva que producía la intervención: reducía el riesgo de que interpretaran las adversidades sociales de la vida universitaria como una amenaza a su pertenencia. Adicionalmente, se constataron efectos benéficos adicionales en su bienestar subjetivo y autorreporte de salud.

En un estudio relacionado –Stephens, MarYam, Hamedani y Destin (2014)–, estudiantes de primera generación fueron expuestos a una intervención basada en relatos de estudiantes más avanzados, donde se resaltaban los beneficios de las diferencias socioeconómicas en su experiencia universitaria. Los estudiantes que participaron en esta intervención mostraron un rendimiento académico equivalente al de estudiantes de continuidad. Se constató que este beneficio se asociaba a una mayor tendencia de los estudiantes que participaron en la intervención a utilizar los recursos y apoyos disponibles en la universidad (e.g., reunión con profesores). Al igual que en los estudios reportados previamente, esta intervención mostró otros beneficios relevantes, en este caso en términos de compromiso y salud mental.

CONCLUSIONES

Chile ha mostrado una fuerte expansión de la matrícula en todo tipo de instituciones de la enseñanza superior. Esta expansión ha tenido en los últimos años un mayor dinamismo en familias de menores ingresos, lo que determina que una proporción creciente de los jóvenes que están asistiendo a este nivel formativo provengan de familias sin tradición universitaria (lo que usualmente se denomina "estudiantes de primera generación").

Esta evolución ha presionado con fuerza al sistema de admisión y acceso, al que se le demanda la capacidad de resolver la asignación de cupos para postulantes crecientemente más diversos. Adicionalmente, las exigencias de mayor equidad se han transformado en una fuente principal de cuestionamiento a los instrumentos y reglas del sistema de admisión.

En este capítulo hemos abordado estas tensiones, estableciendo algunas recomendaciones para la evolución hacia un sistema general de acceso que requiere una revisión de los instrumentos (en especial para hacerse cargo de una mayor heterogeneidad de postulantes), pero fundamentalmente modificando las reglas del sistema, para que se puedan resolver de manera más directa y efectiva las demandas por equidad.

Pero aun si fuéramos muy exitosos en asegurar equidad social en el acceso, este capítulo advierte que el desafío más relevante para las instituciones de enseñanza superior es el de asegurar las condiciones para que postulantes de grupos subrepresentados o de primera generación puedan avanzar de manera exitosa en sus estudios y graduarse, ojalá de manera oportuna. Estos desafíos, de acuerdo con la creciente investigación internacional, son principalmente de naturaleza psicosocial, y demandan la modificación de procesos formativos para asegurar una integración efectiva de estudiantes cuando crece la heterogeneidad social en las aulas. La experiencia internacional demuestra que varios programas con base psicosocial se han asociado a resultados positivos en diversos indicadores relevantes, tales como el desempeño académico y retención, la integración social, y la salud física y mental. Estos programas demandan recursos financieros y humanos relevantes, por lo que es esencial que las políticas de integración contemplen financiamiento para asegurar que se puedan evaluar y poner en práctica programas de esta naturaleza.

REFERENCIAS

Ambady, N. & Weisbuch, M. (2010). Nonverbal Behavior. In *Handbook of Social Psychology*. John Wiley & Sons, Inc. https://doi.org/10.1002/9780470561119.socpsy001013

Beyer, H. & Cox, L. (2017). Un financiamiento estudiantil justo para la educación superior. *Centro de Estudios Públicos, 455*, 1–19. Recuperado de https://www.cepchile.cl/cep/site/artic/20170516/asoc-file/20170516165548/pder455_hbeyer_lcox.pdf

Brewer, M. B. (1979). In-group bias in the minimal intergroup situation: A cognitive-motivational analysis. *Psychological Bulletin, 86*(2), 307-324.

Consejo Nacional de Educación (CNED) (2011a). *Estadísticas de Cohorte por Institución.* Recuperado de http://www.cned.cl/public/Secciones/SeccionIndicesEstadisticas/indices_estadisticas_retencion.aspx

Consejo Nacional de Educación (CNED) (2011b). Cohort Statistics by Major [Estadísticas de Cohorte por Carreras Universitarias]. Recuperado de http://www.cned.cl/public/Secciones/SeccionIndicesEstadisticas/

Consejo Superior Educación (CSE) (2017). Matrícula total sistema educación superior años 2005-2017. Recuperado de: https://www.cned.cl/indices/matricula-sistema-de-educacion-superior

Crisp, R. J. & Turner, R. N. (2011). Cognitive adaptation to the experience of social and cultural diversity. *Psychological Bulletin, 137*(2), 242–266. https://doi.org/10.1037/a0021840

Crocker, J. & Major, B. C. (1998). Social Stigma Steele. En S. Fiske, D. Gilbert & G. Lindzey (Eds.), *Handbook of Social Psychology* (Vol. 2, pp. 504-553). Boston, MA: McGraw-Hill.

Dirección de Presupuestos (DIPRES) (2016). Ley de Presupuestos año 2017, Ministerio de Educación. Recuperado de: http://www.dipres.gob.cl/595/articles-155096_doc_pdf.pdf

Eccles, J. S. & Wigfield, A. (2002). Motivational Beliefs, Values, and Goals. *Annual Review of Psychology, 53*(1), 109–132. https://doi.org/10.1146/annurev.psych.53.100901.135153

Fischer, M. (2010). No longer separate, not yet equal: Race and class in elite college admissions and campus life. En Thomas J. Espenshade & Alexandria Walton Radford Princeton University Press. 2009. *Social Forces, 89*(2), 723–725. Recuperado de http://dx.doi.org/10.1353/sof.2010.0090

Galleguillos, P., Hernández, T., Sepúlveda, F. & Valdés, R. (2016). *Reforma a la educación superior: Financiamiento actual y proyecciones.* Ministerio de Hacienda de Chile, Dirección de Presupuestos. Recuperado de http://www.dipres.gob.cl/572/articles-154341_doc_pdf.pdf

Gardner, S. & Holley, K. (2011). Those invisible barriers are real: The progression of first-generation students through doctoral education. *Equity & Excellence in Education, 44*(1), 77-92. DOI: E10.1080/10665684.2011.529791

Guyll, M., Matthews, K. A. & Bromberger, J. T. (2001). Discrimination and unfair treatment: Relationship to cardiovascular reactivity among African American and European American women. *Health Psychology.* US: American Psychological Association. https://doi.org/10.1037/0278-6133.20.5.315

Harackiewicz, J. M., Canning, E. A., Tibbetts, Y., Giffen, C. J., Blair, S. S., Rouse, D. I. & Hyde, J. S. (2014). Closing the social class achievement gap for first-generation students in undergraduate biology. *Journal of Educational Psychology, 106*(2), 375–389. https://doi.org/10.1037/a0034679

Harackiewicz, J. M., Canning, E. A., Tibbetts, Y., Priniski, S. J. & Hyde, J. S. (2016). Closing achievement gaps with a utility-value intervention: Disentangling race and social class. *Journal of Personality and Social Psychology, 111*(5), 745–765. https://doi.org/10.1037/pspp0000075

Ivcevic, Z. & Kaufman, J. C. (2013). The can and cannot do attitude: How self-estimates of ability vary across ethnic and socioeconomic groups. *Learning and Individual Differences, 27,* 144–148. doi:10.1016/j.lindif.2013.07.011

Jarpa-Arriagada, C. G. & Rodríguez-Garcés, C. (2017). Segmentación y exclusión en Chile: El caso de los Jóvenes Primera Generación en Educación. *Revista Latinoamericana de Ciencias Sociales, Niñez y Juventud, 15*(1), 327–343. https://doi.org/10.11600/1692715x.1512028032016

Jenkins, S. R., Belanger, A., Connally, M. L., Boals, A. & Durón, K. M. (2013). First-generation undergraduate students' social support, depression, and life satisfaction. *Journal of College Counseling, 16*(2), 129–142. https://doi.org/10.1002/j.2161-1882.2013.00032.x

Jenkins, L. & Moses, M. (2014). *Affirmative action matters. Creating opportunities for students around the world.* Nueva York: Routledge.

John-Henderson, N. A., Stellar, J. E., Mendoza-Denton, R. & Francis, D. D. (2015). Socioeconomic Status and Social Support. *Psychological Science, 26*(10), 1620–1629. https://doi.org/10.1177/0956797615595962

Jost, J. T., Banaji, M. R. & Nosek, B. A. (2004). A Decade of System Justification Theory: Accumulated Evidence of Conscious and Unconscious Bolstering of the Status Quo. *Political Psychology*, *25*(6), 881–919. https://doi.org/10.1111/j.1467-9221.2004.00402.x

Jury, M., Smeding, A., Stephens, N. M., Nelson, J. E., Aelenei, C., & Darnon, C. (2017). The Experience of Low-SES Students in Higher Education: Psychological Barriers to Success and Interventions to Reduce Social-Class Inequality. *Journal of Social Issues*, *73*(1), 23–41. https://doi.org/10.1111/josi.12202

Manzi, J. (2006). El acceso segmentado a la educación superior en Chile. En P. Díaz-Romero (Ed.), *Caminos para la inclusión en la educación superior en Chile* (pp. 187-204). Santiago de Chile: Equitas.

Martin, G. L. (2015). "Always in my face": An exploration of social class consciousness, salience, and values. *Journal of College Student Development*, *56*(19), 471–487. doi:10.1353/csd.2015.0048

Mcrae, N., Bodenhausen, G.V., Milne, A.B., Jetten, J. (1994). Out of mind but back in sight: Stereotypes on the rebound. *Journal of Personality and Social Psychology*, *67*, 808-817. doi: 10.1037/0022-3514.67.5.808.

Mendes, W. B., McCoy, S., Major, B. & Blascovich, J. (2008). How Attributional Ambiguity Shapes Physiological and Emotional Responses to Social Rejection and Acceptance. *Journal of Personality and Social Psychology*, *94*(2), 278–291. http://doi.org/10.1037/0022-3514.94.2.278

Michalski, J. H., Cunningham, T. & Henry, J. (2017). The Diversity Challenge for Higher Education in Canada. *Humboldt Journal of Social Relations*, *39*, 66–89. http://www.jstor.org/stable/90007872

Ministerio de Desarrollo Social. (2015). Síntesis de resultados CASEN 2013: educación. Recuperado de: http://observatorio.ministeriodesarrollosocial.gob.cl/documentos/Casen2013_Educacion.pdf

Ministerio de Educación (MINEDUC). (2016). Conoce las instituciones adscritas a gratuidad en 2017. Recuperado de: http://www.gratuidad.cl/2016/12/16/universidades/

Ministerio de Educación (MINEDUC). (2017a). Beneficios estudiantiles educación superior: Información histórica. Recuperado de: http://portal.becasycreditos.cl/proceso-historico

Ministerio de Educación (MINEDUC) (2017b). *Cuenta pública 2014-2017: Reforma Educacional.* Santiago, Chile: Ministerio de Educación. http://sitios.MINEDUC.cl/Cuenta-Publica-2017-Libro/files/assets/common/downloads/Cuenta%20Pblica%202017.pdf

Ministerio de Educación (MINEDUC). (2017c). Beneficios estudiantiles educación superior: Beneficios entregados a la fecha. Recuperado de: http://portal.becasycreditos.cl/contador-de-asignaciones

Ostrove, J. M. & Long, S. M. (2007). Social class and belonging: Implications for college adjustment. *The Review of Higher Education, 30*, 363-389. http://dx.doi.org/10.1353/rhe.2007.0028

Pennington, C. R., Heim, D., Levy, A. & Larkin, D. (2016). Twenty years of stereotype threat research: A review of psychological mediators. *PLoS One, 11*(1). doi: 10.1371/journal.pone.0146487

Pettigrew, T. F. & Tropp, L. R. (2006). A meta-analytic test of intergroup contact theory. *Journal of Personality and Social Psychology, 90*(5) 751-783. https://doi.org/10.1037/0022-3514.90.5.751

Phillips, L. T., Stephens, N. M. & Townsend, S. M. (2017). Access is not enough: Cultural mismatch persists to limit first-generation students' opportunities for achievement throughout college. Manuscrito en revisión.

Rubin, M. (2012). Social class difference in social integration among students in higher education: A meta-analysis and recommendations for future research. *Journal of Diversity in Higher Education, 5*, 22–38.

Santelices M.V., Catalán, X., Kruger, D., & Horn, C. (2015). Determinants of persistence and the role of financial aid: Lessons from Chile. *Higher Education, 71*(3), 323-342. doi: 10.1007/s10734-015-9906-6

Servicio de Información de Educación Superior (SIES). (2014). Panorama de la educación superior en Chile 2014. Recuperado de http://www.mifuturo.cl/images/Estudios/Estudios_SIES_DIVESUP/panorama_de_la_educacion_superior_2014_sies.pdf

Sidanius, J. & Pratto, F. (1999). Social dominance: An intergroup theory of social hierarchy and oppression. Cambridge University Press.

Sistema Único de Admisión (SUA). (2017a). *Estudio acerca de la Validez Predictiva del Ranking de Notas*. Recuperado de http://sistemadeadmision.consejoderectores.cl/public/pdf/publicaciones/Libro_Ranking_Notas(web)_baja.pdf

Sistema Único de Admisión (SUA). (2017b). Boletín Julio SUA. Recuperado de http://sistemadeadmision.consejoderectores.cl/boletinjulio

Smith, C. & Gottheil, S. (2011). Increasing Accessibility: Lessons learned in retaining special population students in Canada. *College and University, 86*(4), 47–52. http://ezproxy.puc.cl/docview/906851189?accountid=16788

Stebleton, M. J. & Soria, K. M. (2012). Breaking down barriers: Academic obstacles of first-generation students at research universities. *The Learning Assistance Review, 17*, 7-19.

Stebleton, M. J., Soria, K. M. & Huesman, R. L. (2014). First-generation students' sense of belonging, mental health, and use of counseling services at public research universities. *Journal of College Counseling, 17*(1), 6–17. https://doi.org/10.1002/j.2161-1882.2014.00044.x

Stephens, N. M., Hamedani, M. G. & Destin, M. (2014). Closing the social-class achievement gap: A difference-education intervention improves first-generation students' academic performance and all students' college transition. *Psychological Science, 25*(4), 943–953. https://doi.org/10.1177/0956797613518349

Tajfel, H. & Turner, J. (1986). The social identity theory of intergroup behavior. En S.Worchel &W. Austin (Eds.), *Psychology of intergroup relations* (pp. 7–24). Chicago, IL: Nelson-Hall.

Townsend, S. S. M., Major, B., Gangi, C. E. & Mendes, W. B. (2011). From "In the Air" to "Under the Skin": Cortisol responses to social identity threat. *Personality & Social Psychology Bulletin, 37*(2), 151–164. https://doi.org/10.1177/0146167210392384

Walton, G. M. & Cohen, G. L. (2007). A question of belonging: Race, social fit, and achievement. *Journal of Personality and Social Psychology.* https://doi.org/10.1037/0022-3514.92.1.82

Walton, G. M., & Cohen, G. L. (2011). A Brief Social-Belonging Intervention Improves Academic and Health Outcomes of Minority Students. *Science,* 331(6023), 1447 LP-1451. Recuperado de http://science.sciencemag.org/content/331/6023/1447.abstract

CAPÍTULO 14

DESAFÍOS EN EDUCACIÓN SUPERIOR TÉCNICO-PROFESIONAL

RICARDO PAREDES
Profesor Titular UC y Rector Duoc UC

INTRODUCCIÓN

La educación superior en Chile ha incrementado su cobertura significativamente más que la observada en la mayoría de los países del mundo, y lo ha hecho en un plazo relativamente corto. Este aumento ha sido impulsado, en primer lugar, por el aumento de la cobertura de la educación media, que ha habilitado a gran cantidad de egresados de ese nivel para la continuidad de estudios superiores. En segundo lugar, por el término de las restricciones que impedían la creación de instituciones de educación superior a comienzos de 1980, y que aun cuestionadas por ir de la mano del lucro abierto o encubierto, permitieron un aumento de la oferta que sustentó todo el crecimiento de la demanda. En tercer lugar, por la política de financiamiento estatal, que posibilitó que la demanda potencial de estudios superiores se expresara efectivamente.

El crecimiento y masividad que hoy se observa en la educación superior en Chile ha sido liderado por la matrícula de educación superior técnico-profesional (ESTP), algo nuevo en el país desde comienzos de la década de los 80. Sin embargo, el reconocimiento de que ella es una opción para satisfacer la demanda creciente por mayor educación y que se puede ajustar muy adecuadamente a los requerimientos del sector productivo por competencias técnicas de alto nivel (CEDEFOP, 2011; OECD, 2014) ha chocado con la despreocupación de la política pública, que le ha significado al menos un rezago respecto de la situación sustancialmente más privilegiada de la formación universitaria.

El escaso análisis conceptual y empírico en educación superior se centra más bien en el sector universitario, prácticamente omitiendo a la ESTP, lo que si bien no es una causa, ha contribuido a darle un menor sentido de urgencia a un necesario cierre de brechas. El mismo sesgo prouniversitario se ha reproducido por una falta de masa crítica de legisladores e intelectuales con formación técnico-profesional. Adicionalmente, en su origen la educación técnica fue vista como un camino remedial a la mala formación general que reciben los estratos menos privilegiados, que son los que ejercen menos presión social y que mayoritariamente eligen también el nivel técnico en la educación media (véase, por ejemplo, Jacinto, 2013).

En contraposición, la experiencia internacional da cuenta de que la política pública puede ser muy relevante en definir énfasis virtuosos desde la ESTP. Países como Finlandia, Alemania y Singapur han posicionado a la ESTP como referente de calidad y sustento del desarrollo de sus economías, dándole una identidad propia, diferente, no inferior a la universitaria, sin perjuicio de que sigan también siendo ahí distintivos su carácter práctico y su estructura curricular basada en campos ocupacionales. Así, el alto estatus que alcanza la ESTP en algunos países contrasta con el que tienen las carreras de esta educación en América Latina.

Aunque Chile se ha considerado junto con Colombia una excepción, existen espacios significativos para abordar desafíos descritos desde los años 60 del siglo pasado, no solo desde la mejora, sino que dándole una mirada completamente diferente para abordar nuevos desafíos. Ello, sin embargo, no ha ocurrido, pues el sector técnico-profesional en Chile ha tomado una identidad y objetivos que no son producto de una reflexión que la sitúe en su nuevo contexto. La discusión y los temas parecen no haber mutado respecto de aquellos que discutían, en contextos muy distintos, Valentín Letelier, Manuel de Salas y Abdón Cifuentes. En efecto, desde la Colonia, en Chile se contrapuso la educación técnica (fundamentalmente vista como manual) a la educación humanista (vista como intelectual), lo que pudo tener mayor sentido en épocas pasadas. Más tarde, sin tratarse aún de educación superior, se siguió el camino de los centros comunitarios (*community college*) de Estados Unidos, cuya lógica de creación a principios del siglo XX fue aumentar la cobertura de la educación superior a través de una alternativa más barata y menos selectiva que las universidades, de modo de satisfacer la creciente demanda que surgió después de la Segunda Guerra Mundial (Bailey et al., 2004). En Chile estos centros se concibieron, al igual que en los EE.UU., como una segunda opción para adultos trabajadores que desertaron previamente de la educación superior o no accedieron a ella (Raby, 2009).

La idea central que desarrollo en este artículo es que el cambio que ha experimentado la tecnología, la economía y la sociedad chilena en particular exige una mirada muy diferente. Valorando el legado histórico de la educación técnica, argumento que el desafío y las tareas que Chile debe acometer están en parte contempladas en un discurso público reiterado, pero que la política pública ha ido en otro sentido y requiere un cambio mayor.

Argumento que, en esencia, la imagen de la ESTP no se condice con su aporte, y esa imagen responde a una concepción, desde la política pública, de que esta es una segunda opción, parte de un circuito educativo diferenciado, de menor calidad, destinado a aquellos que no accedieron a la universidad. Planteo que los desafíos que tiene Chile no permiten postergar acciones bien definidas y que son de corto alcance, y que el "legado cultural", si bien existe, se ha vuelto una verdadera excusa para no avanzar decididamente.

Con este propósito, el artículo lo estructuro en cuatro secciones. La segunda sección entrega antecedentes de la ESTP en su relación con el sector universitario. La tercera plantea un conjunto de desafíos para el sector. La cuarta concluye con propuestas.

ANTECEDENTES PARA EL DIAGNÓSTICO

Desde la reforma de 1981 al año 2016, la matrícula en educación superior (ES) en Chile ha crecido 10,5 veces (SIES, 2016). Así, Chile cuenta en la actualidad con una cobertura como la de la OECD, que entre 1990 y 2015 pasó de 11,7% a 37,4%[1], lo que se explica por diversas razones, siendo, como mencioné más arriba, las siguientes tres las principales: i) el fuerte aumento de la demanda potencial, producto de la mayor cobertura de enseñanza escolar; ii) las políticas de financiamiento; y iii) la libertad y regulación laxa respecto de la creación y crecimiento de nuevas instituciones (Paredes, 2014, 2015).

Sin perjuicio de que la tasa de cobertura en Chile es alta y de que los percentiles de ingresos más bajos son los que han experimentado los mayores incrementos relativos de cobertura neta, persisten dife-

---

1   Cobertura neta es definida como la razón entre el total de asistentes a este nivel educativo con edades entre 18 y 24 años de edad, y el total de jóvenes de ese rango etario, según CASEN.

rencias significativas. Así, en promedio la cobertura del quinto quintil es casi el doble que la del primero para el año 2015 (Tabla 1).

TABLA 1
EVOLUCIÓN DE LA COBERTURA NETA EN EDUCACIÓN SUPERIOR (1990-2015)

Año	Quintil de Ingreso					Total
	I	II	III	IV	V	
1990	3,4	5,5	9,2	16,4	31,6	11,7
1996	6,1	9,4	16,3	28,2	52,0	20,9
2003	10,0	15,0	22,9	35,2	57,8	26,1
2006	13,6	17,2	23,8	35,3	53,1	27,4
2009	16,5	21,0	25,5	33,8	54,9	29,1
2011	21,4	27,5	27,7	37,9	60,4	33,2
2013	27,4	30,5	35,5	40,8	57,5	36,7
2015	29,3	33,7	34,8	42,7	54,3	37,4

Fuente: Encuesta Casen.

En 2017 Chile tiene 153 instituciones de ES, las que se desglosan en 59 universidades y 94 instituciones técnico-profesionales (ITP). De las universidades, 25 pertenecen al CRUCH (Consejo de Rectores de las Universidades de Chile), que cuenta con 16 universidades estatales y 9 privadas, y que reciben ayudas directas del Estado. También hay 34 universidades privadas, creadas con posterioridad a 1981 y que no tienen financiamiento directo del Estado, pero que, como las primeras, reciben alumnos financiados por este. De las 94 ITP, 43 son institutos profesionales y 51 centros de formación técnica, los cuales cuentan desde el 2001 con un financiamiento estatal para sus alumnos, pero que es sustancialmente menor al de las universidades (SIES, 2016).

La ley entrega distintas atribuciones a universidades e ITP. Mientras las universidades pueden otorgar títulos técnicos, profesionales sin licenciatura y profesionales con licenciatura, las ITP solo pueden otorgar títulos técnicos y profesionales sin licenciatura.

El financiamiento público institucional es 0,8 del PIB, lo que es menor en tres décimas al del promedio de los países de la OECD. Si se considera el nivel absoluto del PIB, el aporte público por alumno en

Chile es sustancialmente inferior al de los países OECD. La contrapartida al menor aporte estatal está en el sustancial mayor aporte privado que existe en Chile. Así, el gasto total en educación superior en Chile es de 2,5% del PIB, nueve décimas superior al promedio de la OECD.

El gasto privado se canaliza en Chile principalmente a través del pago de aranceles. Las instituciones de ES fijan sus aranceles, los que son superiores a los de la mayoría de los otros países, que tienen mayor aporte directo del Estado (Beyer, 2015). La libertad para la fijación de aranceles, sin embargo, se ha reducido, toda vez que las instituciones que acceden a la política de gratuidad, tienen aportes fijados por el Estado.

Al año 2015, las transferencias fiscales a instituciones representaban el 31,3% del presupuesto de educación superior. De este, el 54,9% iba a universidades estatales, 39,7% a no estatales CRUCH, 4% a universidades privadas y 1,2% a ITP. El 68,7% restante son transferencias de becas y créditos a estudiantes. Las becas tienen criterios de focalización, reconocimiento o de excelencia académica y representan el 54,1% de los recursos asignados, pero también privilegian a los estudiantes de las universidades del CRUCH. La única beca disponible para los programas TP fue, hasta 2017, la beca Nuevo Milenio (BNM), que financia del orden del 40% de los aranceles cobrados. Desde el 2017, hay un beneficio de gratuidad financiado en gran parte por el Estado.[2]

Los créditos operan en dos modalidades: el Fondo Solidario de Crédito Universitario (FSCU), que se entrega desde 1994 y está disponible solo para matriculados en las universidades CRUCH, y el Crédito con Aval del Estado (CAE), desde el 2005, y abierto a los estudiantes que asistan a instituciones acreditadas, universitarias y TP. Desde el 2012, con la reducción a un tercio de la tasa de interés aplicable al CAE y con la condición de que se pague en función del ingreso del egresado, ambos créditos operan en condiciones relativamente similares. Del total de transferencias fiscales destinadas a estudiantes, un 23,6% va a matriculados en universidades estatales y un 21% a quienes se matriculan en ITP.

Aunque las ITP cobran sustancialmente menores aranceles que

---

2   La gratuidad recibida por el estudiante no se calcula a base del arancel real cobrado por la institución, sino que por una parte de este.

las universidades, estos son cercanos al 10% de los ingresos del trabajo del hogar. Las carreras técnicas exhiben aranceles menores que las de nivel profesional, y suben con los años de acreditación de la institución.

Parte relevante de las distintas ayudas estudiantiles se basa en el arancel de referencia (AR), un monto máximo financiable por el Estado y que suele estar debajo del arancel cobrado o precio de lista (PL) que aplica la institución. La brecha entre el apoyo estatal y el precio de lista debe ser financiada por el alumno, el que casi siempre requiere financiamiento anexo.

La Tabla 2 presenta los requisitos y criterios de exclusión para cada una de las becas y créditos disponibles. El beneficio con mayor número de alumnos es el CAE, seguido de la Beca Bicentenario, la cual es la que tiene más alta cobertura financiera y está disponible solo para universidades pertenecientes al CRUCH.

TABLA 2
BECAS Y CRÉDITOS DISPONIBLES, SUS REQUISITOS Y NIVEL DE COBERTURA (2015)

		Requisitos			Transferencias	
	Económicos	Académicos	Instituciones	Cobertura	Beneficiados	Monto (MM$)
Becas Bicentenario	III quintil	500 ptos PSU	CRUCH	A. Referencia	85.817	196.247
Juan Gómez Millas	III quintil	500 ptos PSU	Acreditadas	$1.150.000	39.425	44.169
Hijos de Prof. de la Educación	IV quintil	500 ptos PSU	Autónomas	$500.000	11.177	5.522
Vocación de Profesor	Todos	580 ptos PSU	Acreditadas	Precio Lista	8.782	19.476
Nuevo Milenio	III quintil	NEM sobre 5,5	Acreditadas (Solo TP)	$600.000	137.167	75.740
Excelencia Académica	IV quintil	10% superior egreso	Acreditadas	$1.150.000	24.079	25.975
Puntaje PSU	IV quintil	Pje Nacional PSU	Acreditadas	$1.150.000	183	190
Excelencia Técnica	III quintil	NEM sobre 5,5	Acreditadas	$800.000	9.531	6.458
Articulación	III quintil	NEM sobre 5,5	Acreditadas	$750.000	2.520	1.886
Créditos Fondo Solidario	IV quintil	475 ptos PSU	CRUCH	A. Referencia	83.885	80.592
Aval del Estado	IX decil	475 ptos PSU	Acreditadas	A. Referencia	356.556	349.410

Fuente: Ruiz Tagle y Paredes (2017), en base a SIES (2015).

En el tránsito del sistema de educación superior chileno a uno de amplio acceso, la ESTP ha sido clave. En la última década la matrícula de este sector aumentó en cerca de 342.000 estudiantes, 1,5 veces más que la expansión del alumnado registrada en el sector universitario en el mismo período. Así, y pese a que la ESTP se inicia propiamente con la reforma de 1981, que el financiamiento a los alumnos solo parte a mediados de los 90, y que el financiamiento de ellos sigue siendo sustancialmente inferior al de los universitarios, desde el año 2010 la matrícula de primer año en ITP supera a la matrícula universitaria. El año 2016, esta alcanzó el 54,1% del total de alumnos de pregrado el primer año, siendo el restante 45,9% la matrícula universitaria.[3]

Sin embargo, desde 2014 se empieza a revertir la tendencia que había partido en 2006. Flores (2017) analiza la caída de la matrícula TP de 16.500 estudiantes de ITP entre el 2014 y el 2017, parte de los cuales, cerca de 10.000, fluyen al sector universitario (Figura 1).

FIGURA 1
EVOLUCIÓN DE LA MATRÍCULA DE PRIMER AÑO.FUENTE: FLORES (2017)

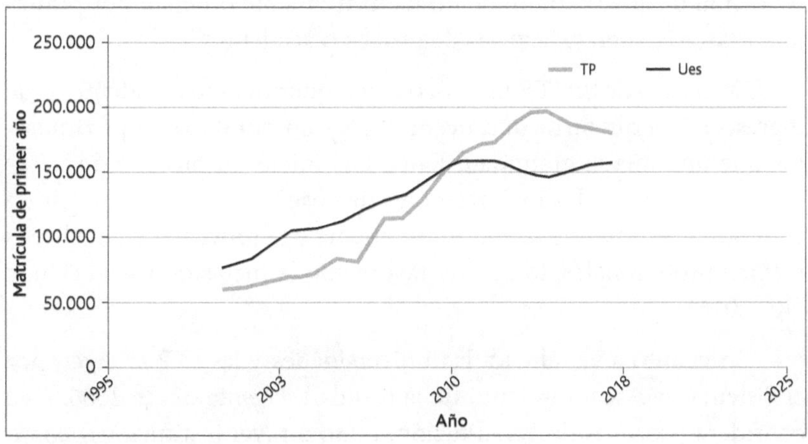

Fuente: Flores (2017).

Este autor explora como hipótesis de la evolución –y halla cierto respaldo empírico– que habría habido un cambio de preferencias hacia instituciones de mayor acreditación. A su vez, ello obedecería a la mayor visibilidad que la calidad tuvo a propósito de la discusión

---

3   Sin embargo, la matrícula total seguía hasta el 2016 siendo mayor en las universidades, que concentraban el 57,4% de los estudiantes del sistema (SIES, 2016).

de la reforma en la Educación Superior, porque muchas ITP no están acreditadas, y porque los alumnos habrían visto en la acreditación una mayor posibilidad de recibir gratuidad (lo que de hecho ocurrió). Así, la evidencia indica que efectivamente la pérdida de estudiantes se concentró en las ITP de menor calidad. Más específicamente, la pérdida de estudiantes de las instituciones TP ha sido compensada por el sector universitario, particularmente por las instituciones beneficiarias de gratuidad.

En cuanto a los procesos de acceso a la educación superior, ellos son diferentes según el tipo de institución. En las universidades existe una modalidad centralizada, administrada por el Departamento de Evaluación, Medición y Registro Educacional (DEMRE), que define la admisión en función de la prueba de selección PSU. En esta participan todas las universidades del CRUCH, más 9 universidades privadas creadas con posterioridad a 1981 que fueron invitadas a participar de este sistema en 2011. La otra modalidad no requiere PSU, y la sigue el resto de las universidades, con sus particularidades. Algunas piden rendición de la PSU (aunque no necesariamente ordenan por puntaje); otras no tienen exigencias de prueba o académicas.

En el caso de las ITP tampoco hay requerimientos académicos de ingreso, sin perjuicio de que, desde 2016 y a partir de los requerimientos que imponía la gratuidad, Duoc UC inició un proceso de selección que privilegia las mejores notas de enseñanza media, el lugar en el ranking de notas de la educación media y la proveniencia de liceos técnico profesionales, lo que ha favorecido la inclusión social (Duoc UC, 2016).

En cuanto a la calidad, las universidades y las ITP se rigen por el Sistema de Aseguramiento de la Calidad, vigente desde 2006. Este considera procesos de acreditación, tanto a nivel institucional como de carreras, que son certificaciones públicas otorgadas sobre la base de procedimientos y criterios de calidad definidos. La acreditación institucional se otorga por un máximo de siete años y evalúa el cumplimiento de la misión y la disposición de mecanismos de autorregulación y aseguramiento de la calidad de las instituciones. Sus criterios de evaluación son transversales a los tres tipos de instituciones de educación superior. Por su parte, la acreditación de carreras evalúa los perfiles de egreso y sus criterios diferencian entre carreras técnicas y profesionales (con y sin licenciatura), los que, sin embargo, pueden no estar alineados con los requerimientos productivos.

Al año 2018 la mayoría de las ITP no están acreditadas institucionalmente, en general porque no tienen autonomía, y por los costos que representa el proceso (MINEDUC, 2011). Sin embargo, ellas concentran una fracción menor al 20% de la matrícula. Cabe también señalar que la matrícula de primer año en carreras técnicas y profesionales sin licenciatura dictadas por universidades ha estado en el orden de 20.000 desde 2005, lo que representa alrededor de un 11% de las dictadas por las ITP y llega en algunas universidades a 50% de su matrícula total.

DESAFÍOS PARA LA ESTP

Concepción de la educación técnico-profesional

La introducción de la enseñanza técnica se hizo a nivel escolar y estuvo cargada de un debate intelectual (Dittborn, 2007). Así, mientras el gobierno de Errázuriz Echaurren [1896-1901] propiciaba un instituto técnico-comercial, la oposición calificaba el proyecto desde "una cosa más o menos inútil" hasta de fomentador de la flojera, sin la seriedad que da un bachillerato (Dittborn, 2007). La discusión relativa a la necesidad de diferenciar la educación entre técnica y humanista continuó con la participación de notables educadores, entre los que se contaban Valentín Letelier y Darío Salas, dentro de los que se oponían, y Luis Galdames y Pedro Aguirre Cerda, que la propiciaban.

El diagnóstico de la necesidad de recomponer el perfil educativo, con una mirada más sistemática y con un mayor sesgo hacia la educación superior, era claro en la segunda década del siglo XX. Federico Santa María, quien donara su riqueza para la construcción de una Universidad Técnica en Valparaíso (1931), planteaba que en Chile había exceso de profesionales liberales y necesidad de técnicos, de trabajadores manuales. Que resultaba fundamental crear un gran centro educativo, que era necesario educar no en base a "conocimientos teóricos y de ciencias abstractas", sino en la fabricación manual, y en servirse de las manos tan bien como de sus cerebros (Dittborn, 2007).

Simultáneamente, en 1924, también en Valparaíso y desechando la idea de una nueva escuela de artes y oficios, una fundación vinculada a la familia Brown, con la influencia de la Universidad Católica, funda un instituto técnico, el que prontamente deriva en la Universidad Católica de Valparaíso, que incluye el Instituto Politécnico Industrial, con Escuelas de Sub-Ingenieros de Construcción Civil, de Sub-Ingenieros Mecánicos, de Sub-Ingenieros Electricistas y de Sub-Ingenieros en Radiotelefonía. En 1947 la Escuela de Artes y Oficios pasa a incorporarse a la Universidad Técnica del Estado, la que, desde los años 60, pasa a denominar a los técnicos de esta escuela Ingenieros de Ejecución. En 1981 la universidad pasa a llamarse Universidad de Santiago.

El impacto de esta concepción general se aprecia en la reforma de principios de los 80. Aunque no hay antecedentes sobre cómo se fue articulando la normativa que rige al sector de educación superior técnico-profesional y sobre la historia de la ley, podemos deducir que las reformas de principios de los 80 se hicieron con una concepción de educación universitaria para la élite, y de un sector técnico-profesional que sería de segunda opción, para quienes no tuvieran capacidades de seguir lo universitario. Ello se deduce por la falta de antecedentes que hay en la historia de la ley, y porque la norma hizo al menos dos diferencias respecto de la educación universitaria. En primer lugar, una conceptual, en que se definió a las universidades como "instituciones de educación superior, de investigación, raciocinio y cultura que debe atender los intereses y necesidades del país al más alto nivel de excelencia". A las universidades la ley les asignó el deber de "a) Promover la investigación, creación, preservación y transmisión del saber universal y el cultivo de las artes y de las letras; b) Contribuir al desarrollo espiritual y cultural del país, de acuerdo con los valores de su tradición histórica; c) Formar graduados y profesionales idóneos, con la capacidad y conocimientos necesarios para el ejercicio de sus respectivas actividades; d) Otorgar grados académicos y títulos profesionales reconocidos por el Estado, y e) En general, realizar las funciones de docencia, investigación y extensión que son propias de la tarea universitaria".

Mientras, para las instituciones del sector técnico-profesional, el rol en la ley fue acotado a "atender los intereses y necesidades del país, mediante la formación de profesionales con los conocimientos necesarios para el ejercicio de sus respectivas actividades". Más aún, el artículo segundo los limita respecto de las universidades, ya que se les impide otorgar licenciaturas y títulos que lo requieran. También en la ley de 1981 se aprecia un sesgo hacia un concepto de capacitación, pues mientras a las universidades se les prohíbe el lucro, a las instituciones TP se les permite.

Así, la concepción de la ESTP ha mantenido una diferenciación que progresivamente la hace menos relevante no solo para las necesidades del futuro, sino que, particularmente, para las necesidades y perspectivas de los alumnos hoy. Desde sus comienzos y con mucho sentido, la ETP se definió para el trabajo, pero ello se mantiene en el tiempo, incluso en el proyecto de educación superior aprobado el año 2018.

Lo anterior tuvo sentido en un comienzo, hacia fines de los años 60 del siglo pasado, cuando existía una alta tasa de analfabetismo, que se traducía en que el requisito de entrada para el Duoc, institución pionera del sector, era saber leer y escribir, y la prevalencia de los cursos consistía en oficios de corta duración. En esa época, la urgencia por salir a trabajar, por concluir una formación mínima que permitiera un oficio, eran consistentes con una percepción de que efectivamente la educación técnica estaba concebida para el trabajo directo, con una connotación terminal.

Hoy, a fines de la segunda década del tercer milenio, por las mayores opciones disponibles, la mayoría de los jóvenes que terminan secundaria no tienen claridad respecto de la carrera que quieren, pero sí en cuanto a que desean perspectivas abiertas. La educación superior no debe verse terminal, es decir, como el fin de un camino que culmina en el trabajo. Esta visión es consistente con la evolución de la matrícula de la educación media técnico-profesional, que entre 2010 y 2016 cayó en más de un 30%, y que, comparada con la caída de 3% de la educación científico-humanista, descarta el fenómeno demográfico como explicación principal.

La principal razón de este cambio radica, a nuestro juicio, en el aumento del ingreso, que ha catapultado la demanda por educación superior, pero donde la posibilidad de continuidad ha sesgado el aumento hacia la ruta universitaria. Además, la ETP de nivel medio se plantea con una orientación más terminal al ciclo de estudios, sin que ello tenga más sentido. Y esto también llega al nivel superior. Así, un alumno que enfrenta el tercer año de la enseñanza media y que puede tomar el camino técnico-profesional o científico-humanista sabe que el primero lo prepara menos para la prueba de selección universitaria y que, por ende, limita sus posibilidades futuras si decidiera seguir una carrera universitaria. Por su parte, la educación media científico-humanista no le restringe las posibilidades para una eventual secuencia del alumno a la ESTP, ya que esta no requiere prueba de selección. Más aún, como solo las universidades pueden dar grados, el camino hacia un eventual posgrado es sustancialmente más complicado para un alumno que decide el camino técnico-profesional.

En síntesis, y sin perjuicio de que en el caso de muchos alumnos una formación técnico-profesional pueda ser tanto o más adecuada para un camino largo de aprendizaje, la política pública, a través de su currículo, sistemas de selección y de financiamiento a posgrados, hace que el camino técnico-profesional reduzca las opciones de desarrollo de largo plazo. En un contexto en el que los estudiantes no tienen claridad de lo que quieren para su propio desarrollo, que están abiertos a que sus propias experiencias los iluminen en el camino futuro, una opción que les reduzca dichas posibilidades se hace sustancialmente menos atractiva. Consecuentemente, el desafío es que la trayectoria técnico-profesional no esté acotada, y que concebida como camino propio, no sea la continuidad por la vía de estudios universitarios de pregrado la única salida a la continuidad. Si bien ello no debiera limitarse, concentrar en esa vía la salida distorsiona los currículos de la enseñanza técnica profesional y la establece como un peldaño, una de calidad inferior a la educación universitaria.

CALIDAD Y HETEROGENEIDAD

El incremento del número de instituciones, el salto cualitativo que dieron algunas al aumentar indiscriminadamente sus cupos luego de obtener su autonomía, el mal gobierno corporativo, particularmente de universidades estatales, y la falta del requisito de acreditación para ITP, son algunos de los principales factores que explican la enorme heterogeneidad en calidad de las instituciones de educación superior en Chile. La mayoría de los desafíos que emergen, más que originarse en falta de recursos, dicen relación con la regulación y supervisión a que se debieran someter las instituciones y que, desde una perspectiva de política pública, no admiten opiniones distintas.

Las tres primeras filas de la Tabla 3 muestran la tipología sobre la que se ha venido desarrollando la política pública y que, definitivamente, no es correcta. En ella no se aprecia toda la heterogeneidad, sin perjuicio de que sí se pueda desmitificar en alguna medida la idea de que una tipología sobre la base de la propiedad o de la naturaleza de la institución tenga sentido. Así, por ejemplo, Duoc UC tiene siete años de acreditación, mientras universidades como Los Lagos, Tecnológica Metropolitana y Arturo Prat, todas con diferente origen, tienen tres años.

TABLA 3
DATOS AGREGADOS DE DISTINTOS ATRIBUTOS SEGÚN TIPO DE INSTITUCIÓN (2015)

	Acreditación	Arancel promedio	Duración formal	Duración real/ Duración formal	Alumnos/ Profesor JEC	Prom. PSU	Distribución ingresos de la matrícula			Aporte Estatal pc (M)
							Bajos	Medios	Altos	
Ues Estatales	4.38	$2.319.129	10.16	1.42	23.64	597.50	52.9%	26.5%	20.6%	$2,571
Ues Tradicionales	5.56	$2.603.617	10.38	1.37	21.24	614.72	49.7%	22.8%	27.5%	$2,679
Ues Privadas	5.00	$3.741.572	10.09	1.28	23.80	604.10	24.6%	19.5%	55.9%	$1,050
Duoc UC	7.00	$1.616.783	8.08	1.34	43.11	499.19	35.5%	31.5%	33.0%	$515

Fuente: Paredes y Sevilla (2016) en base SIES (2015).

El traslape de indicadores de *output* por tipo de institución es muy claro, lo que es consistente con la evidencia internacional. Los datos de PIAAC[4] indican que los graduados de carreras técnicas de corta duración obtienen entre 10% y 20% de ingresos adicionales que aquellos que solo cuentan con educación secundaria completa, pero existe una gran dispersión de salarios según áreas de estudio (OECD, 2014). Mientras, los niveles de renta promedio de egresados de programas de bachillerato técnico en sistemas con una ESTP consolidada (países europeos del Este, principalmente) son comparables con los que obtienen aquellos que provienen del sector universitario (Teichler, 2008).

En general, las carreras universitarias, que tienen mayor duración, reportan mayores salarios que las carreras de la ESTP, pero también hay alta dispersión. El 20% de las carreras de mayores salarios de los IP muestran rentas superiores al promedio de las universidades. A su vez, los ingresos del 20% superior de las carreras de CFT superan el promedio salarial de las carreras de nivel medio de los IP (Figura 2). Más precisamente, según el Servicio de Información de Educación Superior, que provee esta información, las carreras del área de ciencias sociales, educación y salud son las que tienen los menores niveles de ocupación y

---

4   Encuesta de la OECD de competencias de la población adulta.

salarios, mientras que las carreras del área de tecnología son las que dominan en el grupo de carreras del 20% superior de ambos indicadores.

FIGURA 2
EMPLEABILIDAD E INGRESOS POR TIPO DE INSTITUCIÓN

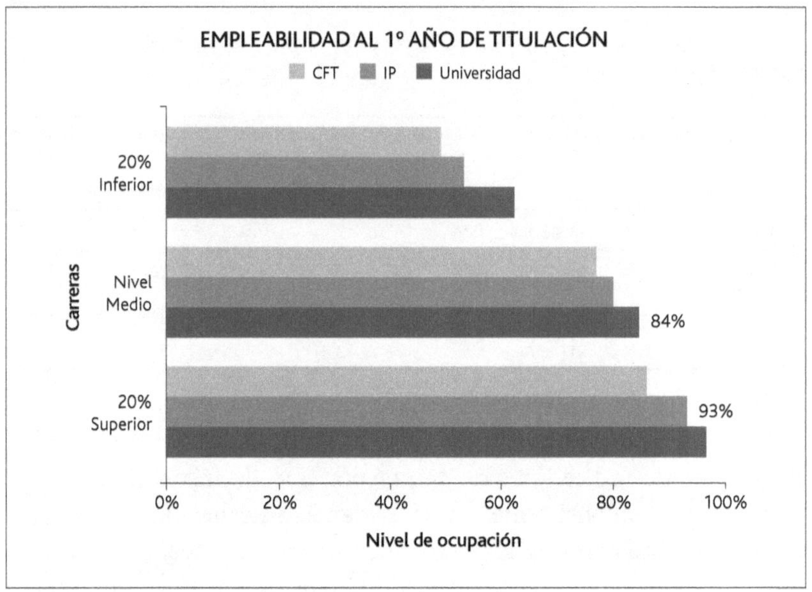

(*) Ingresos mensuales en pesos, 2013.
Fuente: Ministerio de Educación, 2015.

Porque el concepto y definición de calidad es muy vago, en el sector de ESTP los estudios de calidad son muy escasos. Un caso es el *ranking* elaborado por el Grupo de Estudios Avanzados Universitas y que se basa en indicadores de *input*, de empleabilidad, muestra amplia dispersión de las instituciones. La variabilidad también es alta cuando se considera un *ranking* a base de los años de acreditación. Ello, que debiera ser un foco en política pública, se aprecia en la retención, y confirma la idea de que tipologías gruesas no son adecuadas para una asociación con la calidad. En efecto, la Tabla 4 muestra otra métrica relevante y que apunta en igual dirección. La tasa de retención es inferior en ITP que en universidades. Sin embargo, considerando que la proporción de alumnos vespertinos en la ESTP es prácticamente de un 50%, es decir, es significativamente mayor a la de las universidades, es esa composición la que explica la gran diferencia de tasas de retención.

TABLA 4
RETENCIÓN DE PRIMER AÑO EN CARRERAS DE PREGRADO

Tipo de Institución	2011	2015	Variación en puntos porcentuales 2011-2015
Centros de Formación Técnica	61,6%	65,7%	4,0
Institutos Profesionales	64,1%	67,6%	3,5
U. CRUCH Estatal	76,3%	77,9%	1,7
U. CRUCH Privada	80,0%	82,1%	2,1
Universidades Privadas	73,1%	74,7%	1,6
Total general	**68,6%**	**71,3%**	**2,6**
Tipo de Jornada	**2011**	**2015**	**Variación en puntos porcentuales 2011-2015**
Diurno	73,8%	76,5%	2,7
Vespertino	57,2%	61,4%	4,1
Otro	63,3%	50,8%	12,5
Total general	**68,6%**	**71,3%**	**2,6**

Como señalaba más arriba, la heterogeneidad dentro de categorías presuntamente homogéneas es un diagnóstico inexplorado, y que resulta promisorio para la política pública. La Tabla 5 muestra la tasa de retención de los institutos profesionales, ordenados de mayor a menor. La retención de primer año del tercio de instituciones con menor tasa no alcanza en promedio al 50%. Como se aprecia, la varianza es enorme. Si a ello sumamos que de la matrícula total TP, un 10% la tienen universidades y que estas no son acreditadas como ITP, podemos concluir que el espacio para la mejora es grande.

TABLA 5
RETENCIÓN AL PRIMER AÑO EN INSTITUTOS PROFESIONALES

Institutos Profesionales	2015
IP Agrario Adolfo Matthei	79,7%
IP Duoc UC	74,6%
IP AIEP	73,4%
IP Instituto de Estudios Bancarios Guillermo Subercaseaux	73,0%
IP Projazz	72,6%
IP Dr. Virginio Gómez G.	71,8%
IP Inacap	71,4%

Institutos Profesionales	2015
IP Instituto Internacional de Artes Culinarias y Servicios	70,1%
IP Vertical	68,0%
IP Instituto Nacional del Fútbol	67,9%
IP Escuela de Contadores Auditores de Santiago	67,6%
IP Del Comercio	67,6%
IP Santo Tomás	64,7%
IP Escuela Moderna de Música	64,0%
IP Eatri Instituto Profesional	63,6%
IP IPG	63,4%
IP Esucomex	63,0%
IP Carlos Casanueva	62,6%
IP de Arte y Comunicación Arcos	62,0%
IP Los Lagos	61,7%
IP De Chile	60,6%
IP La Araucana	58,0%
IP Los Leones	57,7%
IP Libertador de los Andes	55,2%
IP Chileno-Británico de Cultura	52,8%
IP CIISA	51,7%
IP Del Valle Central	47,2%
IP Instituto Superior de Artes y Ciencias de la Comunicación	42,9%
IP Providencia	42,0%
IP Diego Portales	39,6%
IP Chileno Norteamericano	39,1%
IP De Ciencias y Educación Helen Keller	33,3%
IP De Artes Escénicas Karen Connolly	23,1%

¿UN PROBLEMA CULTURAL O DE FINANCIAMIENTO?

El "problema cultural" ha sido señalado como clave en el desarrollo de la ESTP. En lo esencial, plantea que los jóvenes prefieren estudiar carreras universitarias y que los descartados de estas, los rezagados, los de menor preparación o disposición al esfuerzo llegarían a la ETP. No es posible pasar por alto el que haya una herencia cultural que ha terminado favoreciendo preferencias por lo universitario. En ese caso, el desafío de cambiar la cultura es enorme y el tiempo para hacerlo es seguramente largo.

Mi visión es bastante más optimista. La diferencia conceptual entre la ETP y la educación universitaria que se refleja en la norma ha repercutido en un peor trato financiero otorgado a las ITP y, en particular, a sus estudiantes, quienes carecieron hasta el año 2001 de financiamiento estatal (créditos y becas). Se trata así no de una diferencia cultural o conceptual respecto de la ETP, sino de un direccionamiento de la política pública a los más pobres. Se dirigió la política a trabajadores que podían financiar sus estudios, con o sin la empresa, en jornadas parciales; de la forma como hoy se conciben las labores de capacitación (Figura 3).

Se fue enquistando así la idea de que la ESTP, como la enseñanza de oficios o la de educación media técnico-profesional, también era "culturalmente menos valorada", lo que reforzó desde lo público, desde lo estatal, un privilegio a la formación universitaria por sobre la TP.

FIGURA 3

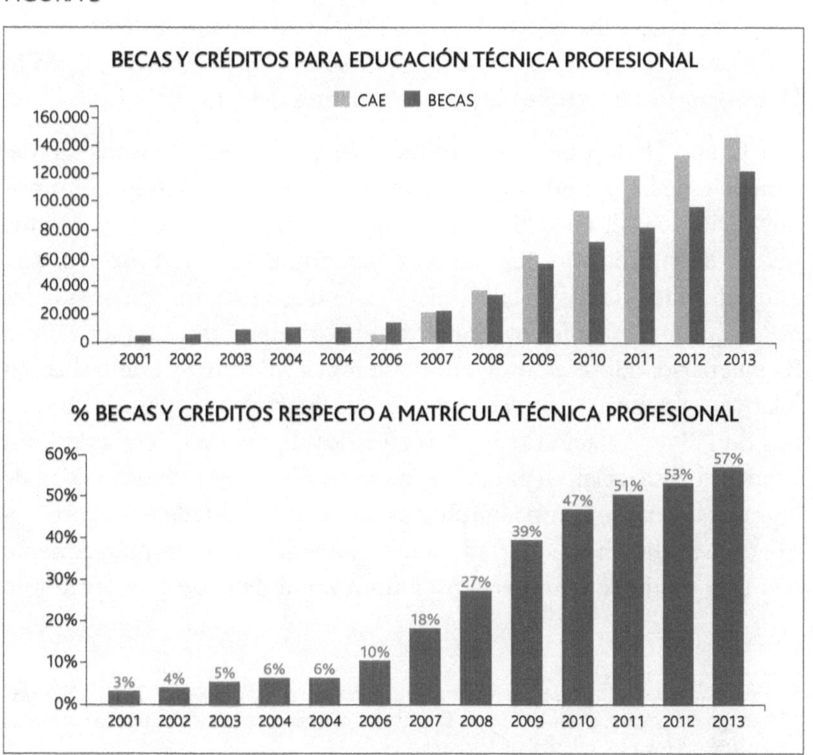

Sin perjuicio de la visión pro universidad, las distintas formas de ayuda estudiantil que se implementaron con fuerza desde 2006, y que por primera vez tocaron al sector, generaron un crecimiento exponencial de la matrícula de la ESTP. La Beca Nuevo Mileno (BNM) y el Crédito con Aval del Estado (CAE) permitieron a alumnos de ITP cubrir los aranceles de sus carreras con financiamiento estatal, del cual habían estado históricamente excluidos.

Sin embargo, la extensión de los beneficios es menor al financiamiento que reciben alumnos del sector universitario, particularmente del CRUCH. En particular, las ayudas estudiantiles en la forma de becas son las más discriminatorias. La BNM, que es la beca por excelencia del sector, cubre en promedio menos del 50% del arancel de referencia de las carreras de ESTP, lo que se contrapone con la Beca Bicentenario, que aplica a universidades tradicionales y cubre el total del arancel de referencia.

Un hito en la reducción de la fuerte discriminación del financiamiento estatal en contra de la ESTP fue la reforma del CAE, cuyos nuevos términos, que imperan desde 2012, han nivelado las condiciones en las cuales los estudiantes de ITP y universidades privadas acceden a este crédito, con las existentes para el Fondo Solidario de Crédito Universitario disponible para los estudiantes del CRUCH[5].

El año 2016 hubo un retroceso, al excluir a los alumnos TP del beneficio de la gratuidad que por primera vez recibieron los alumnos universitarios. El año 2017 se corrigió el error, pero se generó una nueva discriminación que también tiene un efecto significativo. Así, a los alumnos de los deciles seis y siete que asistan a universidades no tradicionales, se les otorgaría una beca nueva, que, como la Beca Bicentenario, cubre el arancel de referencia. Ello hizo que la brecha relativa a financiar con créditos creciera fuertemente para los alumnos de ITP en relación con universidades de menor selectividad. En simple, el costo relativo para un estudiante del sexto y séptimo decil de ingresos que tiene como alternativas una ITP acreditada o una universidad no tradicional acreditada sobre 3 años aumentó dramáticamente con esta modificación. Peor, un alumno que debe decidir entre una

---

5   En particular, la tasa de interés de este crédito se redujo desde un 7% a un 2%, y el pago del crédito, antes en cuotas fijas, en las nuevas condiciones no puede superar el 10% del ingreso mensual de los egresados.

ITP acreditada, por ejemplo, por 6 o 7 años, tiene un costo directo a financiar sustancialmente inferior si asiste a una universidad de 4 años de acreditación.

Las consecuencias del efecto cultural en la imagen del sector están fuera del alcance de este artículo. Sin embargo, ha habido un esfuerzo reciente por dimensionar qué efectos tiene la asimetría del financiamiento en decisiones de los estudiantes que hemos atribuido a la cultura, sin perjuicio de que, como señalé más arriba, la participación de la ESTP en la educación superior sea mayor al 50%. Flores, Meneses y Paredes (2016), usando metodología de regresión discontinua para aislar el efecto causal del sesgo del financiamiento prouniversidad, concluyen que ese sesgo daría cuenta de más de 15 puntos de diferencia en la probabilidad de escoger una universidad sobre una ITP.

En la misma línea, Ruiz-Tagle y Paredes (2018), usando modelos de elección discreta, identifican en el financiamiento particularmente favorable a las universidades fundadas con anterioridad a 1981 el origen del sesgo en la elección de los estudiantes. Más importante, hallan que para los postulantes les es en principio indiferente el acceso a un conjunto amplio de universidades menos selectivas, el 27% de las universidades consideradas, y una ITP de alta acreditación. Esto es, la preferencia por la universidad por sobre ITP es tan solo para un subconjunto de universidades de élite, de alta reputación, y no para todas.

En conclusión, el desafío que se impone en este ámbito es, más que cultural, uno de financiamiento igualitario, lo que está sobretodo refrendado por el hecho que ya hace más de 5 años más del 50% de la matrícula de inicio va a ITP.

ARTICULACIÓN CON LA ENSEÑANZA MEDIA TÉCNICO-PROFESIONAL (EMTP)

La relación entre la educación técnico-profesional de nivel medio y superior no ha sido suficientemente delimitada ni definida. Del diagnóstico respecto de la mala calidad de la EMTP (por ejemplo, informe de la Comisión Nacional de Productividad, 2017), es difícil distinguir cuánto de él obedece a lo general sobre la educación media, y cuánto a las particularidades de la EMTP. Ello es tan evidente que coexisten propuestas de política que sugieren terminar con ella, reformularla o implementarla desde la ESTP, aumentando su duración.

El hecho que aporta una novedad a este diagnóstico es la evolución que ha tenido la matrícula de media, a la que nos hemos referido más arriba. La sostenida caída en más de 30% de la matrícula de EMTP deja pálida la baja de 3% en la media científico-humanista, y señala una crisis especialmente profunda en la opción técnico-profesional. Las explicaciones para esta caída pueden ser varias, pero la más plausible está vinculada con las expectativas de desarrollo futuro que proveen uno y otro tipo de formación.

Si los estudiantes provenientes de la EMTP no desarrollan competencias claras que faciliten su inserción laboral temprana, sus aprendizajes no se reconocen en la ESTP o, como argumentaba más arriba, tienen más limitada su adquisición de competencias generales y posibilidades de desarrollo, entonces el camino que plantea este tipo de educación es más restrictivo. E independientemente de que estamos seguros que un buen diseño de la EMTP puede sobreponerse a este mal escenario, el diagnóstico actual es que una mayoría de los liceos de EMTP no tienen profesores, talleres ni currículos adecuados.

El hecho es que en el Chile actual hay una tendencia marcada de los alumnos de EMTP por continuar estudios superiores. Así, el porcentaje de egresados que siguen educación superior y que provenían desde la educación media científico-humanista aumentó levemente entre el 2008 y el 2015, desde 53% a 55%. En esos mismos años, los egresados de media técnico-profesional que siguen educación superior aumentaron desde 21% a 38%. Más importante para el punto señalado, la evolución desde la EMTP a la ESTP muestra esa tendencia; de los egresados de EMTP que siguen en CFT, fundamentalmente orientados a carreras de menor duración, se pasó desde 44% a 36% entre 2008 y 2015. Mientras quienes proviniendo de la EMTP pasaron a estudiar carreras de mayor duración, saltaron de un 50% a 56% en IP y de 7% a 8% en universidades.

La pregunta clave es cómo incentivar la hoy débil articulación entre la EMTP y la ESTP. Paredes y Sevilla (2016) remarcan que se deben abordar las brechas académicas para la facilitación de estrategias remediales o de nivelación del alumnado antes de su ingreso a la ESTP, orientación vocacional y el acompañamiento y soporte en esta etapa de estudios. Asimismo, contar con un Marco de Cualificación resulta necesario, lo que ha sido fundamental en Australia y Nueva Zelandia.

En el corto plazo, sin embargo, son tres los elementos del diagnóstico que debieran dar lugar a una política que aborde efectivamente el problema más álgido e insoluble: i) el costo de la infraestructura de talleres actualizados; ii) la oferta reducida de especialidades en liceos por la falta de masa crítica de alumnos; y iii) la carencia de profesores técnico-profesionales que compatibilicen trabajo con docencia.

PROPUESTAS PARA UNA REFORMA A LA ESTP

Son cuatro los ámbitos de acción general donde es necesario enfrentar los principales desafíos de la ESTP y sobre los que hemos esbozado una descripción en la sección previa. Lo primero, redefinir y precisar el ámbito de la ESTP. En segundo lugar, y relacionado con lo anterior, afrontar el problema de calidad y, en particular, de las ITP de peor calidad. En tercer lugar, abordar el problema financiero con una urgencia máxima, de modo de no prolongar algo que está en la base del prejuicio cultural. Por último, fortalecer la articulación con la EMTP y, en general, con las competencias adquiridas por los postulantes a lo largo de su vida.

Redefinición del ámbito de la ESTP

La ESTP nació al alero de las universidades y la aspiración de muchas de sus instituciones es parecerse o transformarse en ellas. La vinculación de universidades con ITP, si bien puede tener un lado positivo, suele ser poco clara y devenir en una articulación inconducente. El origen de la vinculación inconducente radica en parte en aspectos tan mundanos como el incentivo a transferir recursos desde ITP que pueden tener fines de lucro a los profesores o a actividades universitarias, pero las consecuencias más negativas dicen relación con cómo se posiciona la ESTP. Así, el problema más acucioso proviene de la existencia de actividades que se aceptan a las universidades, pero no a las ITP. Cuando solo las universidades pueden entregar títulos o grados que permiten proseguir estudios, o que dan acceso por norma a determinados empleos públicos, entonces se generan distorsiones mayores, como ofertas de universidades de relativamente baja acreditación, para que alumnos del mundo TP homologuen sus estudios y accedan en forma rápida a la licenciatura que ellas pueden entregar. Esta secuencia es muy negativa, particularmente porque induce a ITP a asimilar su currículo al de las universidades. Ello lleva a que muchos currículos de ITP parezcan una carrera universitaria incompleta.

La necesidad de homogeneizar títulos y grados, no currículos, a base de las competencias generadas, es imprescindible para darle a la ESTP un camino propio. El ejemplo de Finlandia es digno de considerar. Ahí las instituciones politécnicas (*Ammatikorkeokoulu*), también conocidas como universidades de ciencias aplicadas, ofrecen desde 1991 el título de bachillerato, lo que antes estaba reservado solo a las universidades tradicionales. Por cierto, ello requiere de una depuración importante de las instituciones que otorguen dichos grados o títulos, pero esa depuración debe provenir, como señalé, de la calidad y las competencias, no de si es o se denomina universidad.

El desafío de toda institución de educación superior es formar a los jóvenes para el futuro, fundamentalmente para el trabajo. Las distintas propuestas de reforma de la educación superior mantienen una incomprensión de este fenómeno. Definen a la ESTP para el trabajo, en una anacrónica comparación con lo universitario. Obviamente, la educación universitaria hoy, por su masividad, también está concebida para el trabajo, independientemente de que promueva el pensamiento crítico, la capacidad de abstracción y otras competencias que son altamente demandadas también para el trabajo. Pero la reforma recientemente aprobada, en concordancia con lo que señalaba precedentemente y que hacen algunas ITP, parece concebir a la ESTP como un peldaño inferior a la educación universitaria. Ello quedó en cierta forma refrendado en la norma de creación de CFT estatales y que los dejó al alero de universidades. La idea de que "quien puede más, puede menos" se reitera en esta relación que mantiene la acreditación institucional de universidades bajo un paraguas de acreditación con tenor universitario, en circunstancias que muchas universidades, algunas pertenecientes al CRUCH, tienen una matrícula sustancialmente significativa en carreras técnicas y, sin embargo, presentan nula o baja acreditación no sólo institucional sino que de sus propias carreras técnicas.

Debe reconocerse que los sectores de educación universitaria y técnico-profesional interactúan de distintas maneras, y que el diseño de la política debe propender a una interacción virtuosa. En el aprendizaje, la metodología de enseñanza por competencias y a través del hacer, propios de la ESTP, pueden perfectamente complementar o servir a grupos crecientes de alumnos universitarios. Más relevante, los egresados de la ESTP aprenden cosas y materias diferentes, lo que hace que su perfil de egreso esté orientado a complementar productivamente, no a sustituir a los egresados de la universidad o a los trabajadores no capacitados. Cuando en vez de concebir a los alumnos egresados de la ESTP como sustitutos, lo más parecidos de los universitarios, en lugar de complementarios, es porque a ella se la piensa en su carácter remedial, nivelador de algunas oportunidades, lo que la hace una opción no sustentable productivamente, por cara e ineficiente, y por ser una fuente de frustración para sus egresados.

El cultivo de las artes, de la filosofía, de las ciencias, propio de lo universitario, no puede pensarse a nivel de pregrado sino tomando en consideración sus consecuencias para el trabajo. Mientras, el desafío actual de la formación de ESTP no es solo para el desempeño en un puesto laboral específico, sino también para la asimilación de saberes amplios y generales que permitan una adaptación a la evolución que vendrá. En esta línea, la introducción de competencias generales de empleabilidad incipientemente integradas en el currículo de instituciones como Duoc UC, y a nivel mundial en las mejores universidades, demuestra que el límite entre lo universitario y lo técnico no debe estar en normas que, sin una lógica de competencias y calidad, discriminen en contra de los egresados de ESTP.

Calidad y heterogeneidad

Hemos argumentado en Paredes y Sevilla (2016) que definir y medir la calidad en la ESTP es central en cualquier política. Que el mejoramiento de los criterios de evaluación de calidad y así su aseguramiento, deben contemplar directamente métricas e impacto en empleabilidad, a los elementos de insumo usados en la actualidad, tales como son la superficie de infraestructura disponible por estudiante, calificación de docentes, etc. También deben referirse a la eficiencia y pertinencia de iniciativas conducentes a mejorar competencias, como por ejemplo la investigación aplicada, y adentrarse en indicadores de valor agregado, entre otros.

De cualquier manera, es evidente que aun con las imperfecciones que tienen, distintos indicadores de calidad en ESTP en Chile señalan que hay una diferencia muy grande entre las instituciones que la imparten y que, nuevamente, el hecho de ser universidad no mejora la calidad de las carreras técnicas. En ese contexto, surgen tres recomendaciones para su aplicación inmediata.

Primero, hacer obligatoria la acreditación institucional, de modo que cualquier ITP que no la logre, entre en un plan de cierre que minimice la posibilidad de pérdida a sus alumnos. El impacto de esta medida en la calidad debiera ser enorme. No tanto porque haya demasiadas instituciones que no tengan la posibilidad de ser acreditadas o porque ellas cubran un porcentaje grande de la matrícula. El impacto debiera ser sustancialmente mayor porque muchas políticas discriminatorias en contra de los alumnos de ITP se basan, aunque no sea explícitamente, en que existe una "cola izquierda" en la distribución de la calidad, las muy malas, que es demasiado importante como para dejar espacios abiertos.

Cortar esa cola izquierda requiere llegar a todas las ITP y también a programas que entregan educación técnico-profesional desde universidades y que no son evaluados por entregarse bajo el manto de la acreditación institucional. Cortando esa cola izquierda será más viable introducir métodos que favorezcan la flexibilidad de los alumnos, como programas semipresenciales, sin que surjan programas que deterioren la calidad global del sistema. Cortando esa cola izquierda será más directo eliminar rigideces, como la exclusividad de las universidades en el otorgamiento de grados, que solo pueden ser sustentadas con el argumento de la pésima calidad entregada por algunas ITP.

Financiamiento

El foco de la discusión sobre financiamiento en Chile evolucionó notoriamente en los últimos 6 años. A partir de las demandas de alivio por la situación de endeudamiento que sufrían muchos alumnos y sus familias, el año 2012 se hicieron reformas muy sustantivas que en lo fundamental resolvieron el problema de acceso económico para todos los alumnos. Específicamente, ello se logró con una ampliación del CAE, una baja en la tasa de interés y un pago máximo en función del ingreso futuro del estudiante, una vez egresado.

Sin embargo, gran parte de la discusión que ha seguido parece haberse basado en el mismo diagnóstico previo, el endeudamiento de los alumnos, sin considerar que eso fue válido hasta 2012 para los antiguos alumnos. De ahí, la propuesta de gratuidad universal y la discusión reciente, basada en las necesidades y consecuencias que genera este escenario. Porque ello levanta muchos problemas que hemos abordado en otras instancias (eg., Paredes, 2015; Paredes y Sevilla,

2016); y porque no se ve con realismo que una política pública pueda avanzar sustancialmente en un mediano plazo hacia la gratuidad universal, nos centramos aquí en un escenario en el que la gratuidad avanza y como máximo al sexto o séptimo decil de ingresos.

En tal caso, carecen de sentido un conjunto de medidas que están en la discusión, particularmente la fijación de aranceles, lo que genera riesgos altos e innecesarios de desfinanciar a las instituciones, de segregación completa en algunas universidades, y de crear un espacio de discrecionalidad altísimo. En este sentido, la prioridad respecto del financiamiento para la ESTP debe radicar en tres fuentes. En primer lugar, en terminar las brechas que hacen de la opción universitaria una alternativa artificialmente más conveniente. Ello se manifiesta concretamente en que la Beca Nuevo Milenio, la más amplia para los estudiantes de ITP, financia una parte del arancel de referencia y lo hace en mayor proporción para las instituciones de menores aranceles, lo que produce además un sesgo anticalidad. Si bien este problema fue solucionado en parte con las Becas Nuevo Milenio 2 y 3, persiste la distorsión. Relacionado con este problema, desde el año 2017 se generó una brecha entre alumnos de universidades no tradicionales y de ITP especialmente alta para los alumnos del sexto y séptimo decil, la que en 2018 persiste para el séptimo y que es urgente terminar por la alta sustitución que tienen esas instituciones.

En segundo lugar, se requiere reestimar el costo de la formación técnico-profesional. El financiamiento por alumno es a todas luces muy bajo, del orden de un tercio de lo que es en una universidad masiva, cuyos costos son muy inferiores a los de una ITP de alta acreditación. También es evidente que el financiamiento por alumno de EMTP es muy similar al de instituciones de alta acreditación de la ESTP, lo que no se condice con la infraestructura, diversidad de talleres y calidad de la educación que se provee en cada sector. El ajuste que las ITP hacen para preservar la calidad de talleres y laboratorios se refleja en la precariedad de infraestructura para la vida estudiantil, con bibliotecas más congestionadas y otras carencias. Nuevamente, cuando lo TP está pensado para el trabajo, cuando se piensa a las instituciones como formadoras de oficios, análogas a la capacitación, ello se contrapone con la idea de un ambiente de aprendizaje, donde el deporte, el desarrollo cultural, las relaciones entre alumnos se forjan en los espacios comunes, y donde todo ello contribuye al desarrollo de competencias también propias para el trabajo.

En tercer lugar, y sin perjuicio de que el financiamiento estudiantil es y debe seguir siendo la principal fuente, deben incorporarse instrumentos para el financiamiento de actividades de investigación aplicada y de desarrollo de investigación propias del sector de ESTP. Ello permitirá definir políticas que aumenten la eficiencia en la formación desde la educación media (la articulación con ella es en Chile muy precaria), el aumento de la retención (la deserción es un verdadero flagelo en la educación superior en el país); la eficiencia para la transmisión de conocimientos (esquemas de educación dual, a distancia, son incipientes y poco se sabe en Chile de su efecto en los aprendizajes), y promover la empleabilidad de los egresados.

Por último, y aunque no aplica exclusivamente a la ESTP sino a toda la educación superior, cabe referirse a la necesidad de perfeccionar el sistema de crédito, que definitivamente convivirá por muchos años. La propuesta de la comisión de financiamiento del año 2011 y que derivó en un proyecto de ley, era que el financiamiento se otorgara por el total del arancel, pero que la IES avalara la brecha. A fines del gobierno de la Presidenta Bachelet, el gobierno propuso una modificación al CAE que conceptualmente era similar, pero que en la práctica, lo hacía muy diferente. En efecto, el proyecto establecía un plazo de pago muy corto (diez años), y una extensión hasta que se lograra pagar el arancel regulado. Ello, en la práctica, hace que el proyecto no haga otra cosa que agravar la situación de financiamiento de muchas instituciones, fijando en la práctica los aranceles a niveles del de referencia.

Selección y articulación con la EMTP

En la actualidad no hay requisitos académicos de acceso a la ESTP. Cada vez menos la selección se produce por el cobro a los alumnos, ya que la mayoría tiene o puede optar al financiamiento estatal, por lo que la selección se centra en las vacantes existentes. Aun así, los alumnos que no pertenecen a los cinco primeros deciles deben tener un promedio de notas de enseñanza media mínimo para acceder al financiamiento, que solo aplica a programas con alta presencia en aula.

En un contexto con creciente financiamiento estatal, incluida la gratuidad, la selección distinta al orden de llegada se vuelve algo fundamental para ordenar el acceso sobre la base de preferencia y vocación, lo que es clave para acotar la deserción. Más aún, es previsible que la demanda de educación superior vaya en aumento por el creciente financiamiento estudiantil. Y de ahí, entonces, la necesidad de conciliar algo que es esencial en la ESTP, que es la certeza de que todas las personas, independientemente de su formación y adaptación previa, tienen la capacidad de adquirir competencias a través de métodos prácticos, por lo que no cabe seleccionar por elementos relacionados con la riqueza, y sí con la urgencia de contener y limitar las altísimas tasas de deserción que existen en la ESTP.

La literatura sobre determinantes de la deserción en la ESTP es escasa, pero sabemos que el financiamiento y la falta de flexibilidad explican parte importante de esta[6]. Formas más flexibles de provisión de la ESTP, como formatos en línea implementados en Finlandia, o la modularización de los contenidos, fomentados en Inglaterra y Bélgica, son necesarias para facilitar y apoyar la participación y permanencia en la ESTP, potenciando el aprendizaje y no comprometiéndolo (OECD, 2011). La expansión de formatos flexibles requiere reformar el sistema de financiamiento estatal, para que se asocien fundamentalmente con criterios de calidad y no con la modalidad de oferta (presencial o semipresencial). Ello también debe considerar que los estudiantes que trabajan, particularmente los vespertinos, tienen aprendizajes ya incorporados, por lo que pueden haber cubierto ya parte de las mallas formativas.

Adicionalmente, la evidencia que tenemos a partir de las bases históricas de alumnos Duoc UC muestra que, condicional al ingreso familiar y al apoyo estatal, los alumnos de peor rendimiento previo presentan mayor deserción. A partir de ella, sugerimos en Duoc UC (2015) que la caracterización de los elementos que hacen más probable la retención deben ser un factor para establecer un polinomio de selección. Simulaciones de selección según un ordenamiento a base de un polinomio a partir de sus notas, del *ranking* y de la modalidad de estudios en la enseñanza media indican que se mejorarían las tasas de retención y titulación oportuna significativamente[7].

---

6   Este es un problema no exclusivo de Chile; en EE.UU, dos tercios de los estudiantes de los *community colleges* que optan por programas vocacionales no se titulan luego de ocho años del inicio de sus estudios, y en Australia es el 73%. Sin embargo, en el otro extremo, la deserción en Alemania es 22% y en Finlandia 10% (OECD, 2011).

7   Que puede ser científico-humanista, técnico-profesional en un área distinta a su carrera de ESTP, o en un área relacionada, obteniendo esta última una bonificación de puntaje.

Este criterio objetivo, mientras se generan pruebas de selección que cumplan con la no discriminación por ingreso, ha sido empleado en los años 2016 y 2017 en el Duoc UC para ordenar postulaciones. Los resultados preliminares sugieren que ello ha tenido un efecto positivo en la retención y que constituyen una base para ampliarlo al sistema.

Pero también la evidencia muestra que los alumnos de ESTP que provienen de EMTP en áreas relacionadas con las que estudian tienen menor deserción. Este es un elemento que al considerarse dentro de un polinomio de selección es muy virtuoso y se suma a la ventaja natural de articular los distintos niveles de educación técnica. Para que ello tenga un efecto social máximo, se debe considerar que la EMTP concentra a los alumnos más vulnerables que asisten a liceos de menos recursos (Cabezas, et al., 2017), lo que aumenta los requerimientos de nivelación en la ESTP.

Por lo anterior, el desafío de la articulación entre EMTP y ESTP se favorecería enormemente en la medida que la selección pondera positivamente el resultado de la EMTP como criterio de entrada. Pero esa articulación requiere de pasos adicionales, en los que los currículos de enseñanza media sean definidos en concordancia con aquellos de la enseñanza superior.

REFERENCIAS

Bailey, T., Timothy, L., Marc, S., Alfonso, M., Kienzl, G. y Kennedy, B. (2004). *The Characteristics of Occupational Students in Post-Secondary Education*. Nueva York: Teachers College, Community College Research Center, Columbia University.

Beyer, H. (2015). *Gratuidad y financiamiento público institucional*. Conferencia, Pontificia Universidad Católica.

Jacinto, C. (2013) *Incluir a los jóvenes. Retos para la educación terciaria técnica en América Latina*. Instituto Internacional de Planeamiento de la Educación, UNESCO.

Ministerio de Educación (2011). *Educación Técnica Profesional en Chile. Antecedentes y clase de diagnóstico*. Santiago: Centro de Estudios, División de Planificación y Presupuesto.

Ministerio de Educación (2013). Chile en el panorama educacional internacional OCDE: avances y desafíos. *Serie Evidencias, 2*(18).

Ministerio de Educación (2015). *Tasa de Titulación de Carreras Técnicas de Nivel Superior. Cohorte de Ingreso 2008*. Santiago: Servicio de Información de Educación Superior.

Ministerio de Educación (2015). *Panorama de la Educación Superior en Chile 2014*. Santiago: Servicio de Información de Educación Superior.

OECD (2014). *Skills beyond School: Synthesis Report*. París: OECD Reviews of Vocational Education and Training, OECD Publishing.

OECD (2011). *Skills Beyond School: Access and Drop out*. Group of national experts on Vocational Education and training.

OECD (2010). *Making Reform Happen: Lessons from OECD Countries*. París: OECD Publishing.

Paredes, R. (2012). Universidad y Lucro: o el dilema de la cobertura. *Puntos de Referencia, 348*.

Paredes, R. (2015). Desafíos desde la experiencia de Financiamiento de la Educación Superior en Chile. En A. Bernasconi (Ed.), *La Educación Superior de Chile*. Santiago: CEPPE.

Paredes, R. y P. Sevilla (2016): Reforma de la Educación Superior Técnico Profesional, Cap. 10, en Sanchez, I. Editor *Ideas en Educación: reflexiones y propuestas desde la UC*, Ediciones UC.

Raby, R. L. (2009). Defining the community college model. En R. L. Raby y E. J. Valeau (Eds.), *Community College Models Globalization and Higher Education Reform*. Dordrecht: Springer.

Reyes, L., J. Rodríguez y S. Urzúa (2013). Heterogeneous Economic Returns to Postsecondary Degrees: Evidence from Chile. *NBER Working Paper* 18817.

Ruiz-Tagle, C. y R. Paredes (2018): *Educación superior técnico profesional; ¿Una alternativa a la universitaria?*, El Trimestre Económico, en proceso.

Schmidt, A., Ortúzar, J. D. y Paredes, R. (2015). *Heterogeneity and College Choice* (documento de trabajo). Santiago: Departamento de Ingeniería Industrial, PUC.

CAPÍTULO 15

FINANCIAMIENTO DE LA EDUCACIÓN SUPERIOR[1]

CARLOS WILLIAMSON
Profesor Titular, Instituto de Economía UC
Investigador CLAPES UC

---

1   Este trabajo toma algunas de las reflexiones y propuestas contenidas en el capítulo 14 del libro del mismo autor: "Ideas en Educación: Reflexiones y Propuestas desde la UC". Editor Ignacio Sánchez (2015).

INTRODUCCIÓN

Hay buenos motivos para afirmar que la educación es "el" tema político de nuestro tiempo. Hay un gran anhelo de los padres por conseguir una buena educación para sus hijos, algo que no existió para muchos de ellos, por falta de medios o de oportunidades. La gran mayoría reconoce que la educación es una potente palanca de movilidad social, pero que exige trabajo y esfuerzo personal y en ello consiste precisamente el mérito.

Y esta es una buena noticia. Nuestra sociedad ha ido avanzando hacia una meritocracia, en el sentido de que cada vez más el ascenso en la escala social depende de las capacidades, talentos y habilidades, naturales o adquiridas, y menos de la condición socioeconómica o de la clase social. En el plano de la educación superior, ese anhelo por educación pone a la sociedad civil como fin y a las instituciones y al Estado como medios, siendo los objetivos del "sistema" la equidad, diversidad, autonomía, y la calidad. Por lo tanto, una taxonomía de ordenamiento jerárquico instala a la sociedad civil como primer eslabón de la cadena, la que recibe educación y conocimientos y contribuye al financiamiento del sistema. Ese aporte se justifica porque la educación superior es una fuente de beneficios privados, ya que quien se educa invierte en capital humano, lo que puede redituar como un aumento en los ingresos laborales futuros. La contracara de lo anterior es que el Estado no requiere financiar todo el costo de la educación y, por lo tanto, corresponde poner límites a su aporte, evitando, desde luego, el apoyo a sectores socioeconómicos que cuentan con los recursos para pagar la educación de sus hijos. Asimismo, la sociedad civil entrega recursos por medio de la compra de servicios, hace donaciones y apoya el financiamiento de la investigación e innovación a través de empresas que invierten en tecnología.

En este contexto, las instituciones de educación superior (IES) deben gozar de la necesaria autonomía para fijar su hoja de ruta a la luz de sus respectivas misiones y visiones y en el marco de un sistema diverso que debe propender hacia dos bienes públicos: calidad y equidad. Las IES son las que proveen de educación y conocimiento. El Estado, por su parte, define un marco regulatorio teniendo presente que hay un componente de fe pública que debe resguardar, además de cautelar el cumplimiento de la ley, y debe proveer de financiamiento y cerciorarse de que se hace un buen uso de los recursos fiscales.

Por tanto, el financiamiento público de la educación superior tiene su fundamento en razones de eficiencia económica, para facilitar la equidad en el acceso y la participación de todos los grupos sociales y también para impulsar la búsqueda de una mayor calidad en los programas académicos. En efecto, el Estado puede inducir a una mayor participación de grupos que identificamos como "vulnerables" para que adquieran educación y, por esa vía, contribuir a la equidad social, pero también se entiende su presencia por motivos de eficiencia económica, para promover una mayor inversión en capital humano. De igual modo, las universidades son espacios de reflexión y análisis que buscan generar nuevo conocimiento y contribuir a elevar la productividad de los recursos económicos a través de la ciencia, la innovación y el avance tecnológico. Pero también deben cultivar las humanidades y las artes, que contribuyen al crecimiento del acervo cultural de la sociedad, lo que requiere de políticas públicas para su adecuado fomento. Adicionalmente, el Estado puede crear incentivos para invertir en calidad, financiando estudios encaminados a desarrollar nuevas metodologías de enseñanza y articulando la formación de redes que permitan el intercambio de conocimientos e innovaciones en la docencia y en la investigación.

En lo específico, desde el punto de vista de la eficiencia, la ausencia de un mercado de capitales que financie la educación de jóvenes sin recursos y sin un colateral de respaldo para garantizar el pago futuro, tan solo una promesa incierta de retribución, se traduce en una subinversión de capital humano. Esta restricción de liquidez puede relajarse mediante un sistema de créditos; sin embargo, aun así, como los resultados económicos de la educación son inciertos, si los individuos tienen aversión al riesgo, esto puede actuar como un freno al ingreso a la educación terciaria. En consecuencia, los avales y subsidios del Estado atenúan estos impactos y corrigen estas limitantes.

Este trabajo trata sobre el financiamiento de la educación superior en Chile y concentra su análisis en destacar las principales fortalezas del modelo que asigna parte de los recursos públicos a través de ayudas estudiantiles, sus limitaciones y, en especial, las consecuencias de abandonar este instrumental e instalar la gratuidad universal. Además, analiza cómo se conjuga este modelo de aportes a los estudiantes con la contrapartida de financiamiento público institucional para financiar otros bienes públicos, en especial la investigación básica y el desarrollo de innovaciones tecnológicas.

CHILE Y LAS TENDENCIAS INTERNACIONALES

Participación privada y estatal en la matrícula de la educación superior

Como se aprecia en el Gráfico 1, la participación estatal en la matrícula de la educación superior en Chile, del orden de un 15%, es una de las más bajas entre los países miembros de la OECD. La expansión privada coincidió con la apertura legal para crear universidades en el año 1981 y posteriormente se sumó la creación de institutos profesionales y centros de formación técnica no universitarios. El fenómeno de la pérdida de participación de las instituciones del Estado no obedece a una caída absoluta en su matrícula, sino que se explica porque la masificación en el acceso fue cubierta por instituciones privadas cuyos estudiantes pueden postular a ayudas estudiantiles y que, además, son vistas como alternativas atractivas de formación profesional. También se explica porque las nuevas instituciones son menos selectivas y ponen menos exigencias académicas. La paulatina disminución de la participación estatal ha sido una de las razones por las que sus universidades piden un nuevo trato del Estado y ha estado muy presente en las demandas por mayores recursos públicos y, desde luego, en el debate por gratuidad en el acceso.

GRÁFICO 1
PARTICIPACIÓN DE ALUMNOS INSCRITOS EN EDUCACIÓN TERCIARIA POR TIPO DE INSTITUCIÓN (2015)

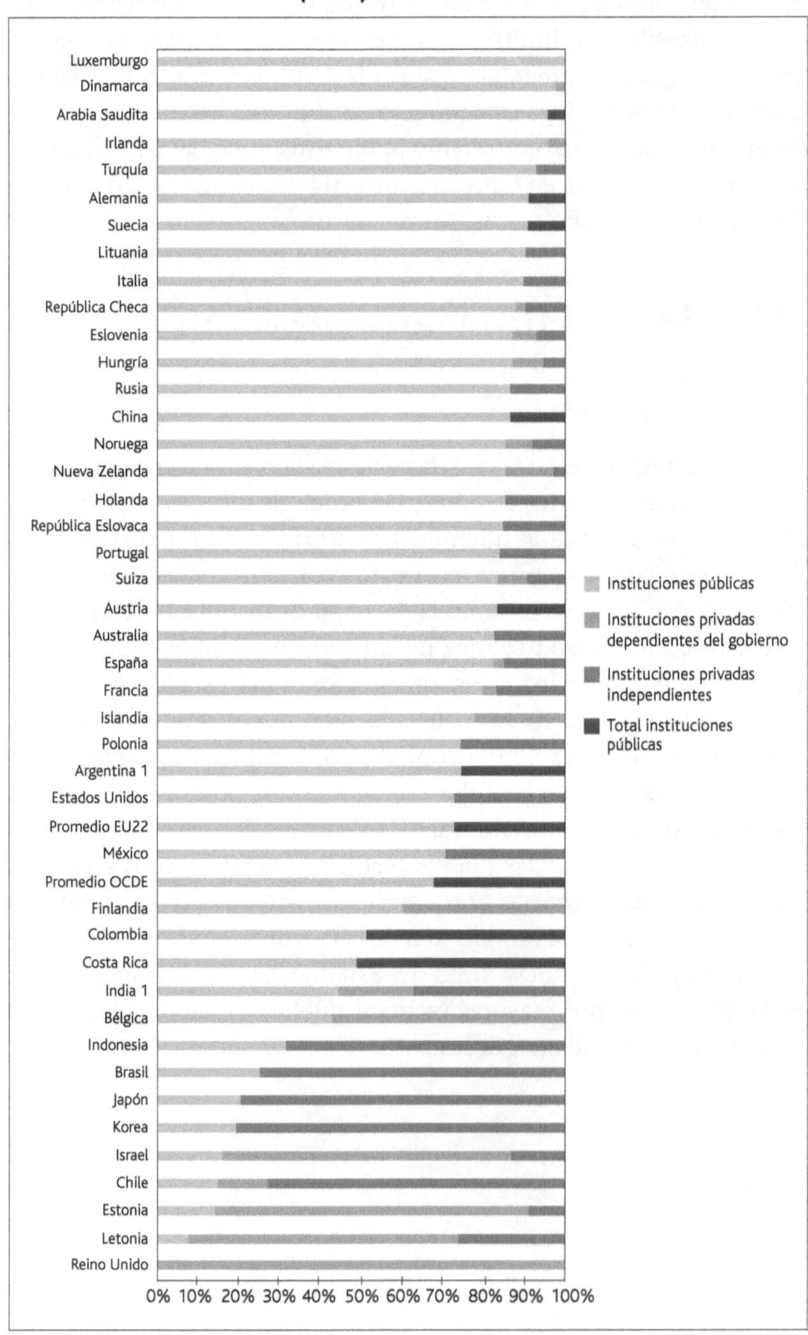

Fuente: *Education at a Glance* 2017.

Gasto total, gasto público y privado en educación

El gasto total en educación en Chile, como porcentaje del PIB, está levemente por debajo del promedio de la OECD, 3,5%, mientras que, al considerar solo el gasto en educación superior, Chile, con un 2,1%, supera con largueza el promedio de la OECD, de 1,6%. Por contraste, como puede observarse en el Gráfico 2, Chile gasta relativamente menos en educación preescolar y escolar que el promedio de la OECD, lo que representa una situación discutible desde el punto de vista de la equidad, ya que es en esos niveles donde la inversión en capital humano puede tener un mayor impacto social.

GRÁFICO 2
GASTO PÚBLICO Y PRIVADO EN INSTITUCIONES EDUCACIONALES COMO PORCENTAJE DEL PIB, POR NIVEL DE EDUCACIÓN (2014)

Fuente: *Education at a Glance* 2017.

Rentabilidad en la educación superior

La educación superior es una importante palanca de movilidad social y económica. El Gráfico 3 muestra que el acceso a la educación superior es una fuente de rentabilidad económica para los egresados. Utilizando un índice base 100 que mide el pago que recibe un egresado promedio de secundaria entre 25 y 64 años, sin acceso a la educación superior, respecto de quienes sí acceden, estos últimos obtienen en Chile un aumento considerable de ingresos, 2,38 veces más, siendo Chile después de Brasil el país con mayor alza. Dado que la tasa de cobertura bruta de Chile ha crecido en forma significativa en los últimos años, especialmente en los quintiles de menores ingresos, se puede afirmar que estas mayores ganancias económicas han ido mejorando la situación relativa de los sectores más pobres.

GRÁFICO 3
INGRESOS RELATIVOS DE ADULTOS DE ACUERDO A NIVEL EDUCACIONAL (2015). INGRESO PRODUCTO DEL EMPLEO PARA ADULTOS ENTRE 25 Y 64 AÑOS; EDUCACIÓN SECUNDARIA SUPERIOR =100

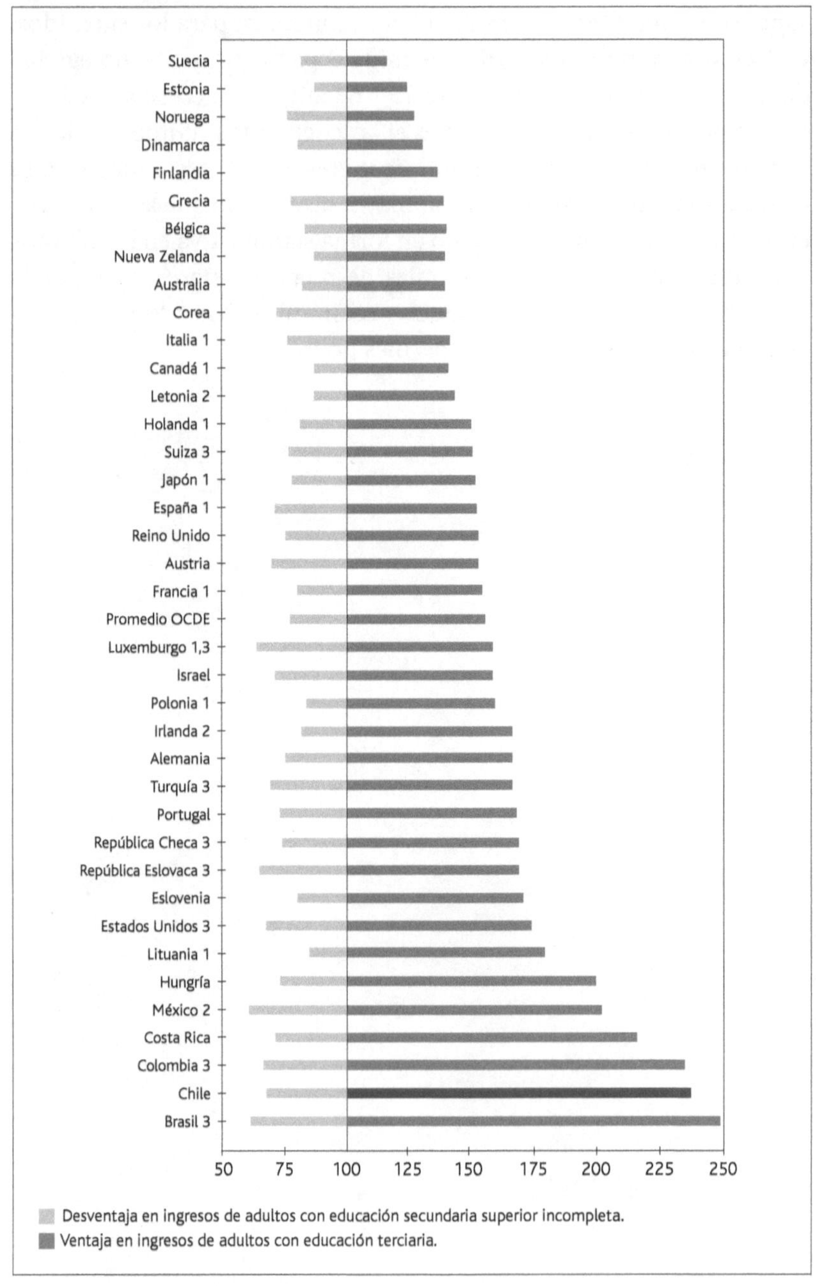

Fuente: *Education at a Glance* 2017.

En resumen, Chile ha tenido una masificación en el acceso y un crecimiento en la cobertura y expansión de la matrícula básicamente de los estudiantes de bajos ingresos en instituciones no estatales de educación superior. Detrás de esas tendencias es interesante constatar las mediciones sobre la rentabilidad económica desde el punto de vista privado, donde Chile exhibe una de las más altas tasas entre los países de la OECD.

ESTRUCTURA DE FINANCIAMIENTO

Composición de los ingresos totales de las instituciones de educación superior

El Gráfico 4 descompone las fuentes de financiamiento de las instituciones según su naturaleza. Mientras que en los IP y CFT y también en las universidades privadas los aranceles representan la casi totalidad de los ingresos, en las universidades del CRUCH, una proporción mayor proviene de aportes fiscales directos o institucionales, ventas de servicios y otros. Con todo, en la discusión sobre financiamiento, las universidades del CRUCH han puesto en el centro del debate los bajos aportes fiscales institucionales, de solo 20%, lo que las obliga a buscar fuentes alternativas para financiar el presupuesto no solo a través de las ventas de servicios, sino con los propios aranceles para costear el financiamiento directo e indirecto de la investigación, desarrollo e innovación. Esto, en muchos casos, las empuja a elevar los aranceles de los estudiantes de pregrado por encima del costo de la formación. Como se muestra más abajo, los aranceles son los más altos entre los países de la OECD, y este dato es uno de los argumentos que se esgrimen para demandar medidas extremas como la gratuidad universal.

GRÁFICO 4

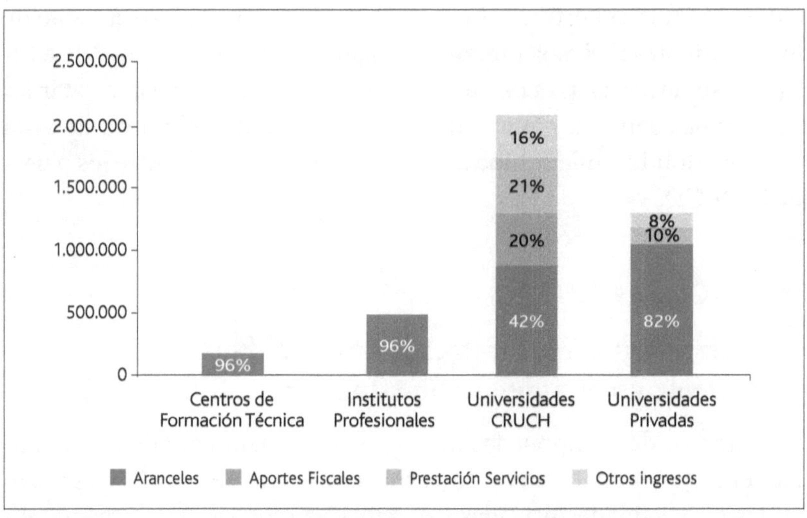

Fuente: Elaboración propia a partir de SIES, MINEDUC.

Nivel de los aranceles de pregrado

Los aranceles promedio de los programas de pregrado en Chile son los más altos entre los países miembros de la OECD, según se aprecia en el Gráfico 5. Chile aparece en segundo lugar, con un arancel algo menor a U$ 8.000. No hay diferencias entre las instituciones públicas y privadas, lo que contrasta con los países con aranceles altos, donde los de las instituciones públicas son ostensiblemente más bajos. Como se señaló antes, la estructura de financiamiento en Chile es atípica, porque los aportes institucionales directos a las universidades, en especial a aquellas con un mayor desarrollo de la investigación, son bajos, lo que obliga a financiarla con un alza de los aranceles en el pregrado.

GRÁFICO 5
COSTOS DE MATRÍCULA COBRADOS POR INSTITUCIONES PÚBLICAS Y PRIVADAS A NIVEL DE BACHILLER O EQUIVALENTE

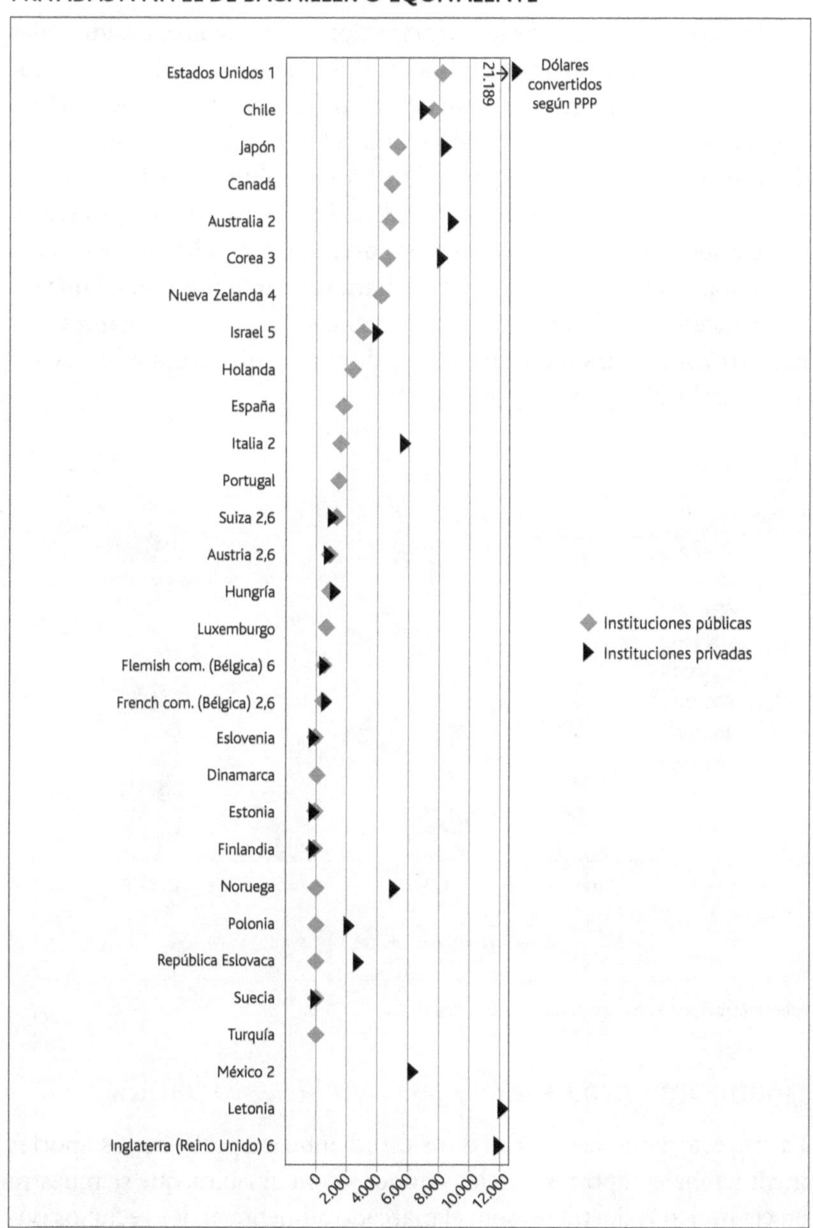

Fuente: *Education at a Glance* 2017.

Fuentes de financiamiento de los aranceles de pregrado

El Gráfico 6 da cuenta de la participación de las ayudas estudiantiles y el pago de las familias en el financiamiento de los aranceles de pregrado. Como se puede apreciar, en las universidades del CRUCH las ayudas cubren sobre el 65% de los aranceles, mientras que en el resto de las instituciones no es superior al 40%; en ambos casos, la diferencia se financia con el aporte de las familias. Por tanto, las ayudas cubren parte importante de las brechas, pero no todo. Más adelante se discute este tema, que es un aspecto central para validar la premisa de que un buen sistema de financiamiento no debe segregar a estudiantes con méritos y sin recursos económicos, y de cómo enfrentar sus limitaciones cuando ellas se presentan.

GRÁFICO 6

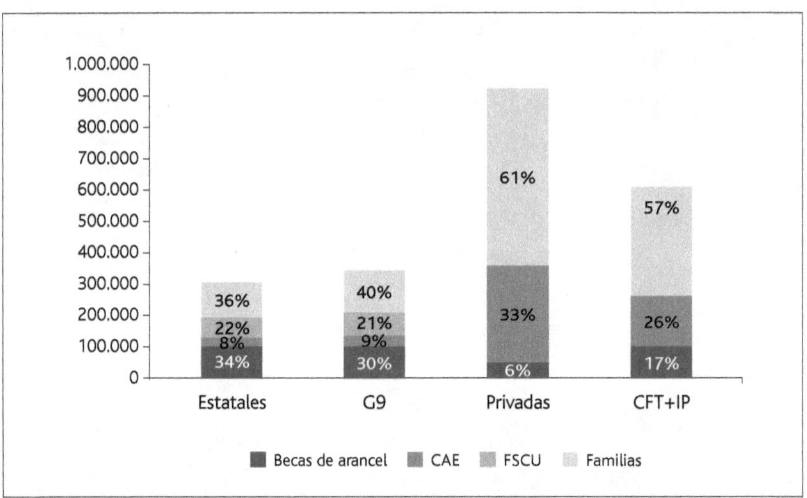

Fuente: Elaboración propia a partir de SIES, MINEDUC.

Financiamiento basal versus ayudas estudiantiles

La trayectoria de las ayudas a los estudiantes respecto de los aportes institucionales, aportes basales + fondos concursables, que se muestra en el Gráfico 7, ilustra no solo el marcado aumento en los recursos públicos, sino también los cambios de la política pública en esta materia en las últimas dos décadas.

GRÁFICO 7
**APORTES INSTITUCIONALES VS. AYUDAS ESTUDIANTILES
(MILES DE $ DEL 2014)**

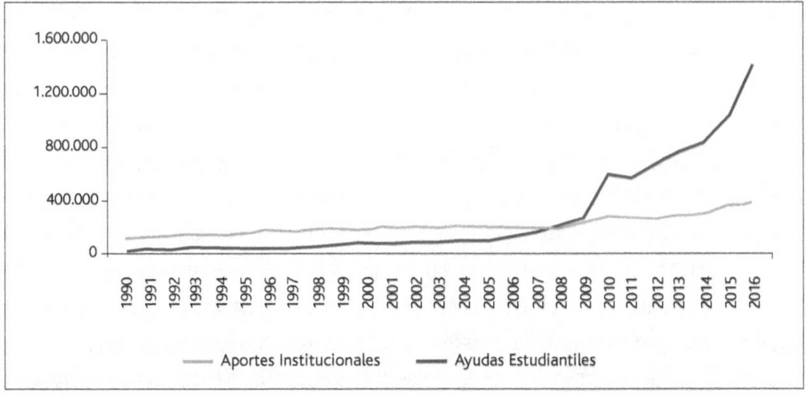

Fuente: Elaboración propia en base al SIES, MINEDUC y DIPRES.

Desde el 2008 el incremento en los aportes en becas y, especialmente, en créditos con la creación del CAE, ha elevado la participación de los beneficios estudiantiles, al punto de que actualmente dichos montos son más de tres veces los aportes institucionales.

Este cambio en la estructura se ha acentuado en los últimos años. El financiamiento estudiantil experimenta una importante alza, al pasar desde un 63% del total en el 2014 a un 70% el 2016. Esto significa que el Estado inyecta recursos al sistema principalmente por la vía de financiamiento a la demanda ("demand driver"), de forma que son los alumnos quienes canalizan los subsidios públicos, es decir, son ellos quienes eligen dónde aplicar el aporte estatal. Esa práctica es incómoda para muchos de los defensores de la gratuidad, ya que se sostiene en el modelo de gratuidad que el aporte debe asociarse a la institución. Resulta por tanto llamativo que el Gobierno impulse una gratuidad acentuando el esquema del *voucher*, entregándolo a las IES elegibles de acuerdo con la carrera e institución que el estudiante selecciona. Con todo, en el esquema de gratuidad los traspasos tienen un tope, que es un arancel regulado, pero con dos diferencias sustantivas respecto de la beca actual, que también libera de todo o de parte del pago del arancel: no se condiciona al mérito y se prohíbe el cobro de aranceles, de modo que esa transferencia por alumno que hace el Estado es el monto máximo con que contará la IES. Más adelante se comenta esta característica y los efectos financieros en los presupuestos de las universidades.

Distribución de matrícula total por tipo de institución y quintil de ingresos

Una característica del sistema de educación superior en Chile es la estructura relativamente homogénea del alumnado según quintiles de ingreso entre las distintas categorías de instituciones, excepto en las universidades, que tienen una proporción mayor del quintil 5 de más altos ingresos (ver Gráfico 8). Esto último tiene alguna relación con los mecanismos de acceso, que tienden a favorecer a estudiantes provenientes de colegios pagados, quienes poseen mayor capacidad de pago y obtienen mejores resultados en las pruebas de admisión. Aun así, la distribución no es significativamente distinta entre las IES, lo que se explica en buena medida porque los estudiantes con menores recursos pueden acceder a becas y, especialmente, créditos, lo que ha ido abriendo la puerta de entrada a todas las instituciones sin la barrera económica de por medio.

GRÁFICO 8

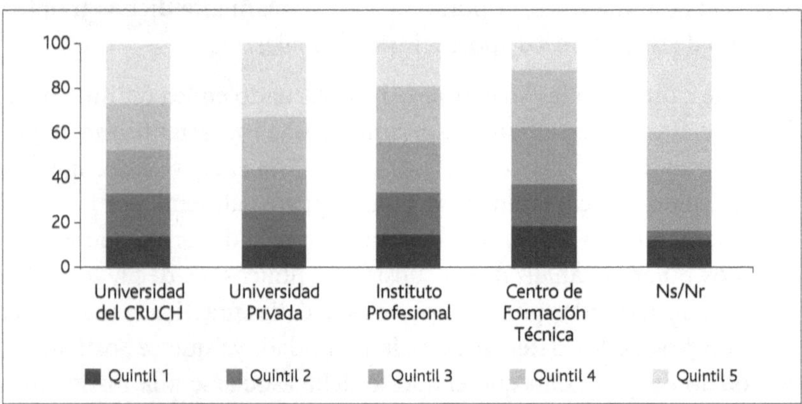

Fuente: Elaboración propia a partir de SIES, MINEDUC.

En resumen, en el financiamiento de las instituciones siguen siendo muy importantes los aranceles de matrícula, cuyos niveles son los más altos entre los países de la OECD. Ello, en parte, es la consecuencia de los bajos aportes fiscales directos a las universidades que realizan investigación, lo que se compensa con mayores aranceles. El financiamiento público, especialmente en los últimos años, se ha canalizado a través de ayudas a los estudiantes para financiar el pago de los aranceles, aunque persiste un componente relevante de aportes de las familias. La importancia cada vez mayor de las ayudas a los estudiantes ha permitido la incorporación de segmentos socioeconómicos de menores ingresos, elevando la cobertura especialmente hacia las universidades privadas y la educación técnico-profesional. La gratuidad ha cambiado, en parte, este modelo, con aportes específicos mediante glosas del presupuesto fiscal, configurando un nuevo paradigma de financiamiento que altera los pilares del modelo vigente, que fue diseñado bajo la premisa de un financiamiento compartido de los costos de la educación entre, por un lado, el estudiante (y su familia) y, por el otro, el Estado. La próxima sección trata precisamente sobre las consecuencias de este cambio.

HACIA UN MODELO DE FINANCIAMIENTO DE LA EDUCACIÓN SUPERIOR

Hemos señalado las fortalezas del modelo de financiamiento vigente que encauza el rol del Estado por medio del apoyo económico a los estudiantes, lo que se complementa con una contribución o copago de las familias para financiar el costo total de la educación. Esto último se fundamenta en el hecho de que la educación tiene un componente de valor privado del cual se apropia el estudiante, y de ahí que se declare como principio que quien se beneficia deba pagar. Asimismo, no todo el financiamiento debe canalizarse a través de los estudiantes, ya que hay bienes públicos que no les pertenecen y que se generan por medio de la investigación e innovación y que deben tener una fuente de financiamiento aparte, entregado a través de aportes institucionales.

Pero un análisis crítico sobre el modelo de financiamiento vigente debe hacerse cargo también de eventuales limitaciones. Desde luego, acreditar si el modelo de becas y créditos derriba las barreras económicas a la entrada para los sectores de menores ingresos. Segundo, de haber problemas, ¿cuáles son las opciones para resolverlos?, ¿es la solución la gratuidad? Tercero, en materia de financiamiento a la investigación, ¿cómo avanzar hacia el objetivo de que las universidades cumplan adecuadamente su función social de invertir en I&D?

Aranceles, ayudas estudiantiles y acceso

El financiamiento público de las instituciones, como se ha dicho, se canaliza a través de un monto fijo por estudiante, que puede ser un aporte en becas, crédito o gratuidad. En cualquier caso, se trata de un monto máximo que tiene como techo el arancel de referencia o el regulado. Por lo tanto, lo habitual es que sea menor que el arancel real, dejando una brecha que varía por carrera y por institución y, en consecuencia, si esta brecha es de cargo del estudiante, como sería bajo becas o créditos –no gratuidad, porque allí el arancel es cero–, hay una potencial barrera a la entrada de carácter socioeconómico si la brecha es significativa respecto del ingreso familiar. Con el fin de medir el tamaño de esa brecha, se puede estimar la diferencial promedio entre el arancel real y el arancel regulado por carrera tomando como referencia aquellas universidades que se han adscrito a la gratuidad.1

El Gráfico 9 muestra en el eje vertical izquierdo la brecha mensual promedio que debe financiar el estudiante según cada universidad, y en el eje de la derecha el ingreso per cápita familiar por decil. Como se aprecia, en muchas universidades la brecha es mayor al ingreso per cápita, lo que da cuenta de las dificultades de financiamiento que aún persisten, pese a los crecientes apoyos en becas y créditos. Esto se magnifica en el caso de las universidades privadas no adscritas, Gráfico 10, sea porque cobran aranceles relativamente más altos o bien porque tienen aranceles regulados menores.

GRÁFICO 9

BRECHA PROMEDIO DE FINANCIAMIENTO MENSUAL ALUMNO (DIFERENCIA ENTRE ARANCEL REAL Y ARANCEL REGULADO) E INGRESO PROMEDIO POR DECIL

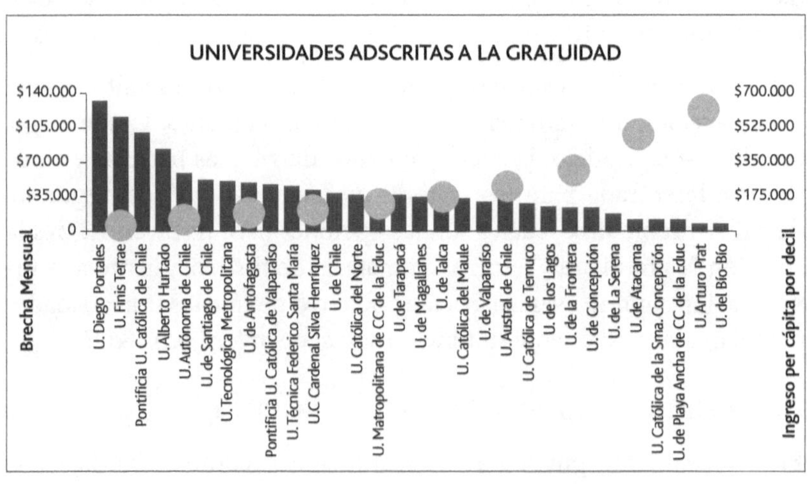

Fuente: Elaboración propia en base a SIES MINEDUC y encuesta Casen 2015.

GRÁFICO 10
**BRECHA PROMEDIO DE FINANCIAMIENTO MENSUAL POR ALUMNO
(DIFERENCIA ENTRE ARANCEL REAL Y ARANCEL REGULADO)**

Fuente: Elaboración propia en base a SIES MINEDUC y encuesta Casen 2015.

En consecuencia, las alzas de aranceles pueden afectar el acceso aun si hay ayudas estudiantiles, porque las brechas pueden cerrar el paso a estudiantes con los méritos académicos, pero sin los recursos para hacerse cargo de esa parte del costo.

En este sentido, un reciente estudio de Kutscher, Riquelme, Santelices y Williamson (2017) permite dimensionar la importancia de este fenómeno. Los autores analizan el efecto de los aranceles y de las ayudas estudiantiles en la admisión al pregrado en instituciones de educación superior en Chile. Para ello, se estima la elasticidad del arancel en el total de la matrícula, es decir, cómo reacciona la admisión promedio al sistema medida como el cambio porcentual de la matrícula nueva frente a un cambio porcentual en el arancel promedio. Esta elasticidad es de -0,764, lo que significa que un aumento de 100.000 pesos en el arancel implica una disminución de un 5,88%, o el equivalente a 38 alumnos en la matrícula de primer año en la sede respectiva. Proyectado a nivel de todo el sistema de educación superior en Chile, significa que en el extremo podrían verse afectados por dicha alza unos 20.000 estudiantes cada año. También se estiman elasticidades para las ayudas estudiantiles en becas y créditos, siendo positivos los efectos en la admisión, aunque de menor magnitud respecto de los aranceles, y se demuestra que el efecto tiende a ser más agudo cuando se trata de los estudiantes con mayor vulnerabilidad socioeconómica.

El estudio mencionado concluye lo siguiente sobre las razones de por qué las ayudas en becas y créditos no logran compensar el alza de aranceles: "Primero, [ello se debe] al hecho de que las ayudas solo cubren a un conjunto de estudiantes elegibles, no a todos, mientras que el arancel afecta a todo el universo. En efecto, si pensamos en la población separada por deciles de ingresos, hay un subconjunto de estudiantes, por ejemplo, de los deciles 8 y 9 e incluso del 10, tramo que comienza con tan solo en $620 mil de ingreso familiar por persona, es decir, sectores de ingresos medios con dificultades para financiar el costo de la educación; pues bien, para ellos el alza de aranceles 'golpea' íntegra y fuertemente en el presupuesto familiar y es esperable que su reacción tienda a ser mayor. Segundo, para quienes son elegibles para ayudas, estas solo cubren el arancel de referencia, que es inferior al arancel real, de modo que no hay compensación equivalente de las ayudas frente a una eventual alza de aranceles. Aunque los aranceles y las ayudas crezcan a la misma tasa, el valor monetario de la brecha crece. Este aspecto puede ser relevante porque las brechas de financiamiento no cubierta por las ayudas pueden ser de magnitudes significativas (como se mostró en los gráficos anteriores). Tercero, los estudiantes postulan a ayudas sin conocer los resultados al momento de decidir el ingreso a la educación superior, mientras que saben anticipadamente el valor del arancel real. Esto introduce un factor adicional que puede reducir la sensibilidad de las ayudas porque las ayudas pueden ser eventuales y por tanto con algún grado de incertidumbre; sin embargo, los cambios en los aranceles son eventos ciertos".

¿Es la gratuidad la solución al problema de acceso frente al cobro de aranceles en la modalidad de financiamiento actual?

Es evidente que la gratuidad elimina los costos económicos del acceso por concepto de aranceles, y, por tanto, significa que las alzas de aranceles no serían impedimentos para el acceso. Sin embargo, se pueden hacer dos reparos a la propuesta de gratuidad que se impulsa. El primero es que pretende universalizar el beneficio y genera un desfinanciamiento en las IES adscritas. La pregunta central es: ¿qué sentido tiene incluir al segmento de mayores ingresos, los más ricos, si los aranceles no son barreras económicas para dichos estudiantes? Si la sensibilidad al arancel se reduce a mayor nivel de ingreso familiar de los estudiantes, la gratuidad es innecesaria para aquellos provenientes del sector de mayores ingresos. Más aún, la gratuidad para ellos es regresiva desde el punto de vista de la distribución de ingresos, ya que resta recursos fiscales que tienen mejor uso alternativo en programas sociales que benefician a sectores verdaderamente vulnerables.

El segundo reparo es que la propuesta de gratuidad solo se dirige a ciertas IES, no a todas. En consecuencia, en el contexto de un sistema segmentado, si la gratuidad elimina las barreras económicas en algunas IES, no en todas, induce a una sustitución horizontal entre ellas, es decir, movimientos de matrícula desde las no adscritas al beneficio hacia las gratuitas con costo cero, que reúne a las IES más selectivas; pero eso tiene límites, que son las vacantes disponibles en las gratuitas, las que además estarán reguladas. Por lo tanto, en el resto seguiría existiendo la restricción económica entre aquellos grupos que no tienen cupos en las adscritas, lo que segmenta el sistema. Es probable, además, que accedan a la gratuidad los estudiantes con mayor capital cultural y relativamente menos vulnerables, por lo que el modelo de gratuidad parcial parece poco justo desde el punto de vista de la equidad. Este sistema segmentado significa una mayor concentración de estudiantes relativamente menos vulnerables, en IES de mayor selectividad y calidad estudiando gratis, y el resto, con mayor vulnerabilidad y pagando, en IES menos selectivas. Tercero, la propuesta de gratuidad que se busca implementar en Chile deja de lado el mérito, que debe ser un factor a considerar en la selección de los estudiantes acreedores a este beneficio. Es decir, la asignación de gratuidad, en caso de instalar un modelo que establece costo cero de matrícula, debería formularse considerando los antecedentes académicos, además de los grados de vulnerabilidad.

¿Cómo se financia la gratuidad? ¿Cuál es su diseño?

La puesta en escena de la gratuidad en Chile tiene un diseño que además conspira en contra de la calidad, que es el gran objetivo de la política pública futura. La fórmula para determinar los aranceles regulados genera brechas crecientes en las IES, especialmente en las de mayor prestigio y calidad. En régimen, queda en manos de una subsecretaría de educación superior creada por ley la decisión sobre el monto a asignar a cada IES adscrita por cada estudiante bajo gratuidad, monto que, en primera instancia, sugiere una comisión de expertos, pero cuya propuesta técnica no es vinculante. Esto significa que cada año las transferencias quedarían sujetas a la situación fiscal y al juego político del gobierno de turno. Ello amenaza la estabilidad y niveles de financiamiento de las IES y pone en riesgo los avances en materia de calidad.

Un estudio reciente de Riquelme, C y Williamson, C (2017) analiza los efectos financieros del modelo de gratuidad propuesto por el Gobierno en el proyecto de ley sobre educación superior.

La gratuidad existe desde el año 2016 por medio de una glosa presupuestaria en la Ley de Presupuestos que otorga este beneficio a estudiantes pertenecientes al 50% de menores ingresos en 30 universidades acreditadas. En el año 2017 se sumaron centros de formación técnica (6) e institutos profesionales (6), de modo que se estima que bajo este modelo de gratuidad habría del orden de los 250 mil estudiantes2.

Las exigencias que se hacen a las instituciones para optar al financiamiento de la gratuidad son (art. 80):

- Contar con acreditación de 4 años o más,
- Constituirse como persona jurídica de derecho privado sin fines de lucro o de derecho público,
- Estar adscrita al sistema común de acceso,
- Aplicar políticas de inclusión y retención de estudiantes vulnerables y el fomento para que al menos un 20% de ellos pertenezca a los 4 primeros deciles.

Asimismo, establece que el aporte por gratuidad en pesos debe considerar el arancel regulado y los derechos básicos de matrícula aplicados al número promedio de estudiantes de los últimos 3 años (art. 82).

Además:

- Las instituciones deben regirse por la regulación de vacantes para primer año (art. 84).
- Los valores de los aranceles regulados se determinan en razón de grupos de carreras definidos con costos similares y dichos valores se establecen cada 5 años (art. 85).

En régimen, las bases técnicas definirán el criterio para el cálculo de estos aranceles regulados, bases que serán propuestas por la Subsecretaría, pero revisadas y aprobadas por un Comité de Expertos (arts. 87 y 88).

Los aranceles regulados específicos por carrera serán propuestos por la Subsecretaría, revisados por el Comité, pero finalmente aprobados por la propia Subsecretaría (art. 89). Estos valores serán reajustados cada año por el IPC (art. 91).

La gratuidad solo se otorga por la duración oficial de la carrera del estudiante (art. 104). Si el estudiante se excede de ese plazo, la gratuidad cesa y el estudiante comienza a pagar, pero la institución solo puede cobrar un arancel máximo: en caso de que la demora sea de 1 año, solo podrá cobrar el 50% del valor del arancel regulado, y si se excede en más de un año, podrá cobrar hasta el arancel regulado (art. 107).

Hay un período de "transición" que considera, a partir del 2018, la gratuidad de los estudiantes que pertenezcan a los primeros seis deciles de ingresos. Es decir, se agregaría el sexto decil de ingresos, pero además se fijan los aranceles de cobro para los estudiantes al margen de la gratuidad, lo que causa un nuevo impacto financiero en las universidades adscritas.

La transición obliga a cumplir ciertas exigencias para los estudiantes sin gratuidad en instituciones adscritas. En efecto, las instituciones deberán sujetarse a una fijación forzosa de aranceles a los estudiantes que pertenezcan a los deciles 7, 8 y 9. Esto es, para estos deciles las instituciones solo podrán cobrar el arancel regulado más un 20% adicional a los jóvenes pertenecientes al decil 7 y un 60% adicional para los deciles 8 y 9. Solo el decil 10 permanece con arancel libre (Artículo trigésimo cuarto transitorio).

Además, el proyecto contempla un segundo escenario que pone en marcha el avance hacia la "gratuidad universal": se agregará a la gratuidad el decil 7 cuando los ingresos fiscales estructurales representen un 23,5% del PIB tendencial del país; luego el decil 8 si los ingresos se elevan a un 24,5%; el decil 9 con un 26,5%, y si se alcanza el 29,5% de los ingresos fiscales, el decil 10. En ese momento se alcanza la gratuidad universal (Artículo trigésimo tercero transitorio).

Mientras no estén vigentes los aranceles regulados calculados con la participación del comité de expertos, estos se determinarán según el promedio ponderado de los aranceles de referencia del año 2017 de las carreras de las instituciones adscritas a la gratuidad y que pertenecen a la misma categoría de años de acreditación. En consecuencia, para definir el aporte por gratuidad, el MINEDUC determinará el valor del arancel regulado de cada carrera en cada institución, a lo que sumará la diferencia entre el arancel real y el regulado, pero este valor no podrá superar el 20% del arancel regulado. Dicho monto multiplicado por el número de alumnos elegibles define el volumen de recursos que recibirá la institución y, por lo tanto, correspondientemente, el gasto fiscal asociado (Artículo trigésimo séptimo transitorio).

El proyecto de reforma y la indicación sustitutiva reiteran la idea matriz de dejar fijado por ley el avance hacia la gratuidad universal, quedando establecidas ciertas condiciones para que ello se materialice, y, entretanto, contempla una transición que puede tardar muchos años. De hecho, es difícil imaginar un aumento de la tributación que no corra paralelo a una nueva reforma tributaria si se pretende llegar a la gratuidad universal.

En ese contexto, Riquelme, C y Williamson, C (2017) calculan los efectos financieros sobre las universidades adscritas a la gratuidad y simulan el impacto que tendrían sobre los presupuestos de estas universidades las etapas de transición y régimen.

El Gráfico 11 muestra las brechas financieras de la transición a la gratuidad solo considerando el aumento de la gratuidad en el sexto decil, la fijación de aranceles de los deciles 7, 8 y 9 y la sobreduración de carreras. Solo se muestra el caso de las 10 universidades con mayor impacto, y las cifras son significativas en relación con los presupuestos, por ejemplo, de los gastos de inversión de dichas universidades y por ende en calidad académica, todo lo cual podría verse afectado por el hecho de que los aportes de la gratuidad no alcanzan a compensar lo que estas universidades reciben por aranceles de matrícula. El Gráfico 12 muestra el mismo ejercicio de cálculo de brechas, pero en las universidades que no se han plegado a la gratuidad, seleccionando aquellas con mayor impacto. Se aprecia que los montos crecen fuertemente, lo que explica en buena medida por qué en varios de los casos algunas universidades no estarían dispuestas a entrar en este esquema.

GRÁFICO 11
BRECHAS FINANCIERAS DE LA TRANSICIÓN A LA GRATUIDAD

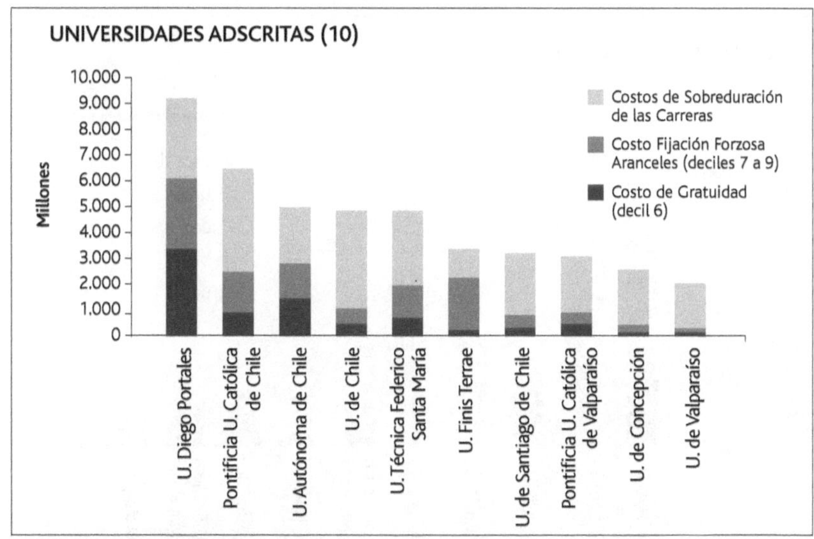

Fuente: Elaboración propia. Ver Anexo 1.

GRÁFICO 12
BRECHAS FINANCIERAS DE LA TRANSICIÓN A LA GRATUIDAD

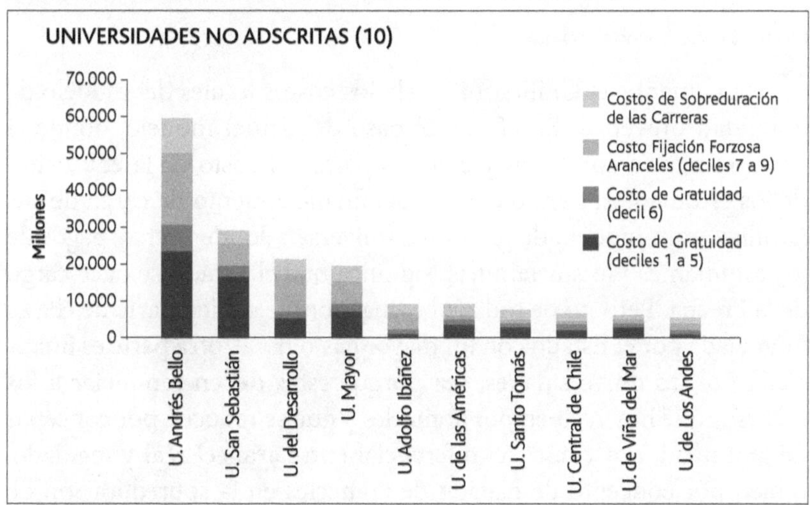

Fuente: Elaboración propia. Ver Anexo 1.

El otro ejercicio interesante de este estudio es mostrar cómo crecen las brechas si entra en régimen la gratuidad universal. El Gráfico 13 muestra que las brechas crecen, ya que las holguras de cobro de aranceles para los deciles 8, 9 y 10 bajo la transición se acaban bajo la gratuidad universal y el arancel regulado es el arancel final.

GRÁFICO 13
BRECHAS FINANCIERAS DE LA GRATUIDAD UNIVERSAL

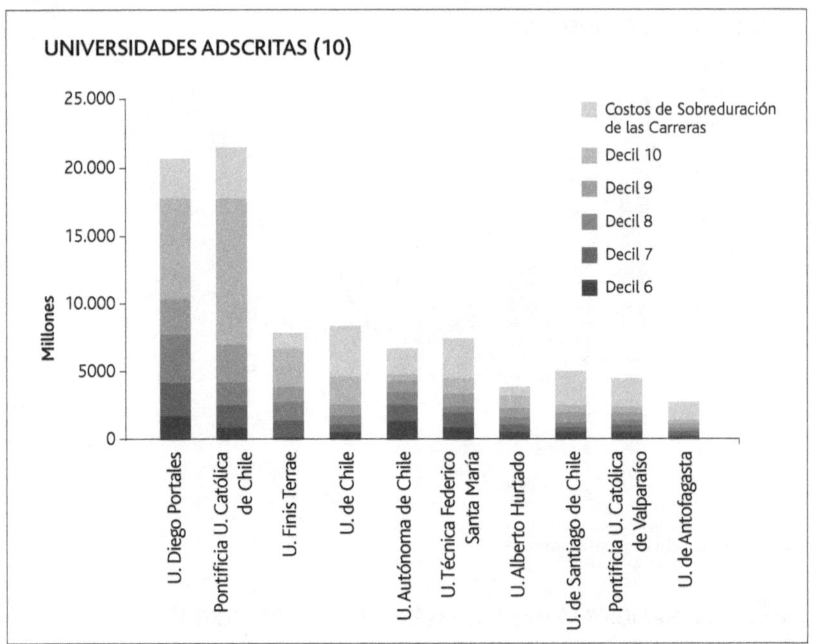

Fuente: Elaboración propia. Ver Anexo 1.

Finalmente, el Gráfico 14 revela los costos totales del modelo de gratuidad universal. En efecto, el paso del actual modelo, donde el Estado financia con becas y créditos parte del costo de la educación de los estudiantes, siendo el resto del financiamiento de cargo de sus familias, a un modelo de gratuidad universal, donde no hay pagos de los estudiantes y/o sus familias, significa que el Estado se hace cargo de la brecha. Pero no de toda la brecha. Porque si bien parte de ella es financiada por el Estado con un mayor gasto fiscal, otra parte es financiada por las universidades, sea porque estas deben renunciar a los recursos que hoy reciben por aranceles y que se reducen por concepto de gratuidad, por causa del diferencial entre arancel real y regulado, o bien por concepto de fijación de aranceles en la sobreduración de las carreras. Por cierto, si las universidades no cuentan con recursos propios para absorber las mayores brechas financieras, hipótesis altamente probable, el ajuste será vía calidad.

En suma, la gratuidad universal tiene un costo total del orden de los US$ 2.300 millones al año, cuya descomposición según origen se muestra en cada columna.

GRÁFICO 14
COSTOS DEL MODELO DE GRATUIDAD UNIVERSAL

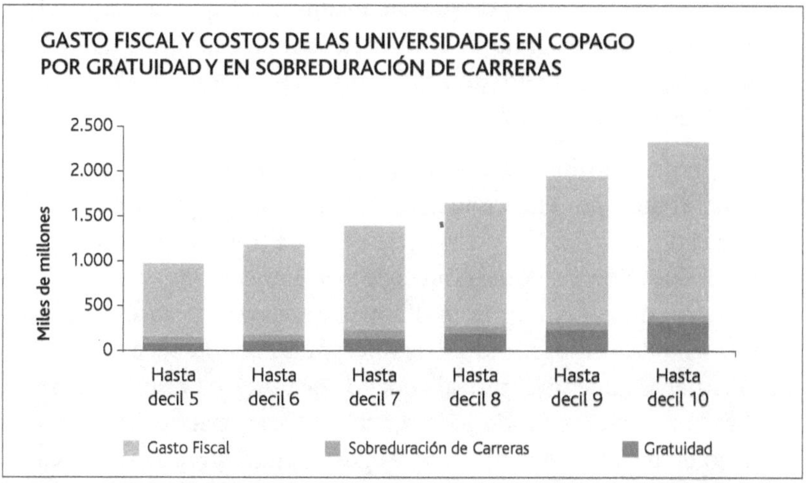

GASTO FISCAL Y COSTOS DE LAS UNIVERSIDADES EN COPAGO POR GRATUIDAD Y EN SOBREDURACIÓN DE CARRERAS

Fuente: Elaboración propia. Ver Anexo 1.

En consecuencia, si el desafío de la política pública en materia de acceso y equidad busca conjugar, por un lado, el principio de que ningún estudiante con los méritos y sin recursos económicos quede al margen de educarse y, por otro lado, garantizar que los estudios entreguen una formación de calidad, lo que alude a las características de las IES, el modelo de gratuidad propuesto, que contempla una transición con fijaciones de aranceles y un camino trazado hacia la gratuidad universal, no constituye una política pública idónea para alcanzar ambos objetivos.

Con todo, la crítica a la propuesta sobre gratuidad no debe llevar a la interpretación de que el actual modelo de becas y créditos, como se demostró antes, está exento de problemas. Como hemos dicho, las medidas de sensibilidad de la matrícula al arancel y a las ayudas revelan que, posiblemente, quedan al margen de la educación superior estudiantes meritorios, pero con necesidades económicas, aun cuando puedan recibir becas y créditos. ¡El modelo de becas y créditos contingentes, con cobertura parcial de los aranceles reales, tiene limitaciones de las que hay que hacerse cargo! Eso debe ser motivo de preocupación para quienes defienden el principio de que ningún estudiante con los méritos debe quedarse afuera de la educación superior y defienden la idea de *cost sharing* o de costos compartidos entre estudiantes y el Estado para financiar los estudios.

Un modelo alternativo: "la beca gratuita"

Un modelo alternativo al de gratuidad universal que busca resolver el problema de acceso, relevar el tema del mérito, ser justo y, además, evitar el desfinanciamiento de las IES, es una propuesta de Williamson y Valdés (2015).

La "beca gratuita con copago limitado" tiene, por una parte, un monto otorgado por el Estado a todos los alumnos que cumplan criterios de vulnerabilidad y mérito personal, para ser destinado al pago en una institución de educación superior. Por otra parte, obliga a la institución educativa a limitar el copago a cero, o a un monto moderado y fijado por el Estado. Las diferencias con la beca actual son tres. Primero, exige un límite al copago del alumno becado, de modo que hay una regulación de los aranceles de matrícula, aunque solo respecto de los alumnos becados. Segundo, para grados mayores de vulnerabilidad y de mérito académico, el copago es cero. Este es el caso de gratuidad plena. Tercero, los atributos mínimos exigidos no discriminan entre alumnos según la calidad jurídica de la institución de educación superior.

Para lograr estos fines, se propone que el copago decrezca a medida que el alumno tiene un "puntaje global" más alto. El "puntaje global" sería dado por una fórmula que tomaría en cuenta indicadores de mérito y de vulnerabilidad del alumno de modo conjunto. En concreto, sumaría puntajes de PSU, NEM, *ranking* y restaría parte del puntaje de la Ficha de Protección Social o de otro instrumento técnico equivalente que recoja el grado de vulnerabilidad del alumno. Cuando este "puntaje global" supera cierto umbral, la educación es gratis.

La "beca gratuita" supera a la gratuidad simple, porque no solo protege a los alumnos vulnerables, sino además premia el mérito académico del alumno y fortalece la independencia de las instituciones de educación superior para que puedan atraer académicos y profesores de calidad. También supera a la gratuidad simple porque no es discriminatoria entre alumnos ni entre instituciones que reúnen idénticas características de calidad.

Este concepto premia el mérito y alivia la necesidad económica de los alumnos. Los más vulnerables acceden a un copago menor, porque tienen más puntaje global por ese concepto, y los más meritorios académicamente también acceden a un copago menor, esta vez porque su puntaje global es mayor gracias a su logro académico. Para un conjunto de ellos, que puede ser muy numeroso, habría completa gratuidad.

Financiamiento institucional

Un complemento necesario

Un sistema de financiamiento público a la educación superior no solo debe contribuir a financiar la educación de los estudiantes. Debe existir una línea de financiamiento paralela con aportes institucionales –convenios de desempeño concursables– que permita hacer inversiones de largo plazo en dotación de académicos, equipamiento e infraestructura, gastos que no corresponde imputar íntegramente en los aranceles de matrícula. Un buen ejemplo fue el programa de Mejoramiento de la Calidad de la Educación Superior financiado por el Banco Mundial (MECESUP), que permitió realizar importantes inversiones en las universidades del CRUCH para potenciar la calidad de sus programas de pregrado.

Pero el apoyo público no debe discriminar ni por institución ni por estudiante. Instituciones de naturaleza no estatal pero con vocación pública deben gozar de los mismos derechos para acceder a fondos institucionales que fortalezcan sus proyectos educativos. Es preciso instaurar un sistema para asignar los aportes públicos institucionales para la docencia y debe reconocerse la enorme diferencia entre las instituciones, buscando la simpleza y una adecuada diferenciación. Por ejemplo, reconocer categorías de universidades y categorías de carreras (ciencias las más caras, humanidades las más baratas). Se puede pensar en un proceso de clasificación de las universidades con programas plurianuales, sumamente competitivo y validado con expertos internacionales.

En Chile, en su origen, el Aporte Fiscal Directo se creó precisamente con el propósito de apoyar a las universidades tradicionales agrupadas en el CRUCH para la generación de bienes públicos provenientes de la investigación. La asignación tomó una base histórica y solo más tarde se comenzó a asignar un 5% sobre bases competitivas. Si bien siempre debió pensarse como un mecanismo competitivo, a estas alturas el AFD está internalizado en los gastos permanentes de las universidades y resulta impensable suponer que estas asignaciones puedan concursarse sin generar serios problemas de financiamiento.

En segundo término, es un hecho que las universidades, especialmente las enfocadas hacia la investigación, destinan parte de los aranceles percibidos del pregrado a financiar un porcentaje de los costos fijos o indirectos de la investigación, por ejemplo los sueldos base de los profesores-investigadores o el pago de la energía eléctrica en un laboratorio, que habitualmente no se financian con el *overhead* de los proyectos. Sin perjuicio de que hay costos conjuntos de la docencia e investigación, esto es, un investigador que hace docencia agrega valor a la docencia, de manera que la remuneración financia dos bienes a la vez, aun así, como hemos dicho antes, los aranceles de matrícula en algunas carreras suelen ser más elevados que los requeridos, para financiar a docentes-investigadores de la respectiva carrera. Por otro lado, hay subsidios cruzados, o sea, recursos de las matrículas de una carrera que auxilian el financiamiento de los costos de las carreras en otras disciplinas. Por lo tanto, si los aranceles de matrícula del pregrado se "limpian" de estos efectos, debiera cambiar su estructura y reducir sus niveles, en cuyo caso debería contemplarse un aumento del aporte basal para compensar a las universidades por estos cambios, sin deteriorar su capacidad de gasto, especialmente de inversión, y, por ende, de calidad.

El apoyo a la investigación mediante financiamiento debe tener un horizonte de largo plazo, con períodos que superen los 5 años y asignados con expertos internacionales que aseguren competencia técnica e imparcialidad. El mayor costo corresponderá a las remuneraciones del equipo permanente de investigadores, pero también debe considerarse el costo de entrenamiento de nuevos investigadores, los gastos de biblioteca y de computación. Además, aportes para supervisión de alumnos de doctorado, cofinanciamiento con entidades que donan y cofinanciamiento con el sector productivo. La idea central es entregar aportes basados en la calidad, volumen y costo de la investigación en diferentes áreas. Por ello, un principio básico es calificar la calidad de la producción académica mediante categorías, por ejemplo nivel 1: excelencia internacional; nivel 2: reconocimiento internacional; nivel 3: reconocimiento nacional, y nivel 4: no clasificado. Otro aspecto que se debe considerar es la variedad de costos de equipamiento dependiendo de la disciplina, por ejemplo nivel I: laboratorios complejos; nivel II: estudios y laboratorios intermedios, y nivel III: otros.

Apoyo a IES de regiones: un mecanismo de descentralización

Chile es un país excesivamente centralizado, lo que impide su desarrollo armónico. Esto trae como consecuencia una gran dispersión de oportunidades desde el punto de vista geográfico y, por ende, marginalidad de vastos sectores de la población que ven limitadas sus posibilidades de progreso y mayor bienestar. La Región Metropolitana, y en particular la capital, concentra buena parte de la actividad política, económica y social. Hay pocas dudas de que es necesario el fortalecimiento regional, tanto desde el punto geopolítico como en el plano productivo, para la generación de nuevas fuentes de trabajo, acceso a buenos servicios públicos, especialmente en el área de la salud, y para obtener educación de calidad en todos los niveles y para todos los sectores sociales. En consecuencia, contar con educación superior de calidad, inclusiva y que promueva una efectiva regionalización, fortaleciendo las capacidades geográficas locales, es un imperativo. La movilidad es deseable, pero tiene límites y es posible que sea social y económicamente más ventajoso que existan polos geográficos a nivel local, con una diversidad de ofertas educativas de calidad, que abran mayores oportunidades de formación técnico-profesional y universitaria e incentiven a los estudiantes a permanecer en la región como una alternativa real que evite la migración hacia la capital. Ello no se logra con medidas que tienen mucho de efectistas en el ámbito político, como la creación de nuevas instituciones en lugares donde no hay demanda, sino creando fondos regionales competitivos para el fortalecimiento de instituciones existentes, sean estatales o particulares.

CONCLUSIONES

En resumen, el país debe persistir en un modelo de financiamiento por el lado de la demanda, que contemple aranceles de matrícula para quienes pueden pagar en el punto de entrada el acceso a la educación superior; también créditos contingentes al ingreso laboral de quienes no tienen capacidad de financiamiento, pero pueden endeudarse a la entrada, y están en condiciones de devolver parte de los recursos públicos, y, finalmente, becas para el resto de los sectores de escasos recursos, sin discriminaciones de ninguna índole, sin perjuicio de que en muchos casos una combinación de alto mérito y alta vulnerabilidad se traduzca en que los estudios sean efectivamente gratuitos. Se daría así una señal potente en el sentido de que la vulnerabilidad es un motivo necesario para eliminar las barreras de entrada a la educación superior, y que el mérito es una condición suficiente para otorgar un premio al estudiante meritorio bajando a cero los costos presentes y futuros de su educación.

La gratuidad como política de financiamiento es una política pública muy injusta que solo se sostiene en la consigna ideológica de que, por ser un derecho social, debe ser universal. Lo falaz del argumento es que el carácter de derecho social no significa que el Estado deba por fuerza dar educación gratis a todos, en tanto los hijos de las familias pudientes se educan sin ayudas estatales, por el imperio de sus capacidades económicas. Más aún, como el Estado es incapaz de cubrir todo el costo de la gratuidad, la propuesta fuerza a las IES a poner recursos propios que, al no estar disponibles, obligan a bajar otros gastos, lo que amenaza la calidad.

Respecto del financiamiento institucional, se debe reiterar que este es indispensable para financiar bienes públicos, no solo para mejorar la calidad de la docencia, sino también para promover la creación de nuevo conocimiento mediante la investigación. Este aporte ha ido quedando rezagado en el financiamiento global y el objetivo debe ser crear nuevas líneas de financiamiento dando apoyo para costear gastos fijos operacionales y de inversión en equipamiento e infraestructura para la investigación y el desarrollo de nuevo conocimiento, que no discrimine entre IES, que permita que estas sean competitivas, y que se asigne por desempeño y con un horizonte de mediano-largo plazo.

REFERENCIAS:

Williamson, C. y Sánchez, J.M. (2009). Financiamiento universitario: principios básicos para el diseño de una política pública en Chile. *Temas de la Agenda Pública*. Centro de Políticas Públicas PUC.

Williamson, C. (2012). Universidad y Lucro, *Revista de Estudios Públicos*, 28, CEP.

Williamson, C. (2008). El financiamiento a los estudiantes, en *Reforma a la Educación Superior*. Brunner JJ y Peña C editores, UDP.

Kutscher, M., Riquelme, C., Santelices, V. y Williamson, C. (2017). Impacto del Arancel y Ayudas Estudiantiles en la Matrícula de la Educación Superior: El caso de Chile. Doc. Trabajo N°33, Clapes UC.

Riquelme, C. y Williamson, C. (2017). Financiamiento Institucional para la Gratuidad: Ilusión e Irresponsabilidad. Doc. Trabajo N°29, Clapes UC.

Williamson, C. Presupuesto 2016: Efectos financieros de la gratuidad a la educación superior y simulación de impacto. Doc. Trabajo N° 19, Clapes UC.

Williamson, C. y Valdés, S. (2015). Informe "Becas gratuitas: Un nuevo modelo de acceso a la educación superior", Clapes UC.

CAPÍTULO 16

LA FORMACIÓN GENERAL COMO PARTE DEL PROYECTO EDUCATIVO A TRAVÉS DE LA HISTORIA DE LA PONTIFICIA UNIVERSIDAD CATÓLICA DE CHILE

PAULINA RODRÍGUEZ
CAROLINA MÉNDEZ
GONZALO PIZARRO
Dirección Académica de Docencia
Vicerrectoría Académica UC

JUAN LARRAÍN
Vicerrector Académico UC

PRESENTACIÓN

De acuerdo con la *Ex corde Ecclesiae*, la misión fundamental de las universidades católicas es la búsqueda de la verdad a través de "la investigación, la conservación y la comunicación del saber para el bien de la sociedad" (S.S. Juan Pablo II en Dirección de Pastoral, 2011, p. 32). Por tanto, el proyecto educativo de la Pontificia Universidad Católica de Chile se orienta por una misión institucional que busca transformar y contribuir a la sociedad a través de la excelencia en la creación y transferencia de conocimiento, y en la formación de personas bajo una concepción católica y al servicio de la Iglesia. Entonces, la formación en nuestra institución se propone que los alumnos adquieran conocimientos disciplinarios específicos de calidad para especializarse profesionalmente, y, a la vez, busca educarlos como personas completas, cultas e integrales, como ciudadanos libres e íntegros, para que lleguen a ser verdaderos agentes de cambio al servicio de los demás (Rectoría, 2015).

Para alcanzar estos propósitos formativos en el nivel de pregrado se requiere que la estructura curricular de los programas académicos se sustente en la articulación e integración de diferentes componentes formativos: cursos mínimos y cursos optativos propios de la carrera del estudiante, y otros en áreas disciplinares diferentes. Estos últimos constituyen un área curricular denominada Formación General, la cual contribuye con el desarrollo de la impronta de los egresados y busca formar personas cultas, con amplia visión del mundo, poseedores de sólidos valores, motivados y capacitados para formarse toda la vida, con capacidades de pensamiento crítico y para abordar problemas complejos, con actitud reflexiva y proactiva, respetuosos de las personas, con vocación de servicio público, capaces de trabajar en equipo y de ejercer liderazgos positivos.

La Formación General forma parte del currículo de pregrado desde hace más de 30 años; sin embargo, podemos reconocer sus fundamentos desde mucho antes. El período de la Reforma Universitaria, por ejemplo, a fines de los años sesenta, es un hito clave en la construcción del actual proyecto educativo, y fue semilla de la estructura actual de la Formación General, trayendo consigo un objetivo distinto, en el que la Universidad se reconocía como formadora de personas auténticamente católicas, respetuosas, con una función ciudadana relevante en pos del bienestar del entorno, y con un interés por convivir con personas de otras disciplinas. En consecuencia, desde esos años se modificaron los planes de estudio, favoreciendo la implementación de los programas académicos actuales, en que los estudiantes tienen una función activa en su progresión académica, y donde a la base se instala la flexibilidad curricular y la articulación de los diferentes niveles formativos.

La Formación General ha sido parte central del sello diferenciador de la Universidad, debido a que "realiza una labor pedagógica integral, que tiene por fin la formación completa del joven como profesional, como ciudadano y como cristiano" (Krebs, Muñoz & Valdivieso, 1994, p. 18), formando personas con las herramientas necesarias no solo para ser expertos en sus campos de estudio, sino, sobre todo, capaces de comprender la sociedad en la que viven con el fin de transformarla. Actualmente, nos encontramos con reflexiones respecto de la relevancia de recuperar en el quehacer de la educación superior estas declaraciones formativas, puesto que la formación integral de los estudiantes de pregrado parece perder importancia. En palabras de José Joaquín Brunner, hoy es necesario cuestionarse respecto del *valor de la educación* en nuestro país, debido a que, aparentemente, han quedado atrás "las preocupaciones sustantivas de la educación; aquellas relativas al ideal humano que se persigue formar y a su figura cultural" (Brunner, 2017, p. n/a), y en cambio el debate nacional se ha centrado en aspectos de producción económica o de capital: cómo producir, quién debe hacerlo, quién se hace cargo de los costos y cómo se distribuyen las ganancias, perdiéndose lo esencial de la acción educativa, que desde la perspectiva de la *paideia* griega se vincula con la ética y "con una formación cultural superior, con los anhelos de perfección y con los ideales de excelencia en una comunidad humana"; y desde la perspectiva del neohumanismo alemán del siglo XIX, se vincula con la "interioridad humana" (Brunner, 2017, p. n/a).

A partir de estas reflexiones, en este capítulo se analizarán entonces las transformaciones que ha experimentado la Formación General e Integral a lo largo de la historia de nuestra Universidad, en cuanto a su evolución histórica, fundamentos, denominaciones y estructuras curriculares, mostrando los desafíos que se han presentado en cada etapa.

EVOLUCIÓN DE LA FORMACIÓN GENERAL A TRAVÉS DE LA HISTORIA DE LA UNIVERSIDAD

Período fundacional (1888-1919): Primeras iniciativas para la formación integral

La Formación General en cuanto estructura curricular como la conocemos hoy surge en una primera versión en 1979 con la Política General de Docencia; sin embargo, su espíritu y propósitos se pueden reconocer en la fundación de la Universidad en 1888. Monseñor Joaquín Larraín Gandarillas, el rector fundador, ya destacaba que la UC debía ser "[…] una vasta escuela en que se cultivan y enseñan los diferentes ramos del humano saber […]", pero también, debía ser "[…] un hermoso taller en que se educa al corazón y se forma el carácter de los jóvenes, y se les prepara para las diversas carreras y exigencias de la vida social" (Larraín Gandarillas en Krebs et al., 1994, p. 17). Desde este momento se atiende al concepto de la *formación integral*, considerándola como la *formación plena* que los estudiantes deben recibir para llegar a ser auténticas personas que responden a las necesidades del país de fines del siglo XIX, y a la cual debía apuntar el proyecto educativo de esta nueva institución.

En relación con lo anterior, en esta época las reflexiones se centraban en torno a que "solamente la educación religiosa y moral podía dar una formación integral que permitía al hombre cumplir con sus fines naturales y sobrenaturales" (Krebs et al., 1994, p. 34), contribuyendo entonces no solo a la plenitud formativa de las personas, sino también beneficiando a la sociedad en su conjunto. Así, el rector destacaba las palabras de Jean-Baptiste Henri Lacordaire, quien definió cuál era el tipo de formación que debían recibir los estudiantes de las Universidades Católicas, y el rol que estas instituciones tenían:

[…] Sin educación no hay civilización; es decir, el hombre es naturalmente bárbaro, y la bondad solo se desarrolla en él por una cultura profunda, […] Desgraciada la nación que confunde la enseñanza con la educación, que cree que el bien brota de la ciencia y de la literatura, cuales quieran que ellas sean, y que el saber coordinar una frase es preparar el alma del hombre y del ciudadano! Lo que más necesita un estado son buenos ciudadanos y éstos no los forma la naturaleza; sólo los forma la virtud (Larraín Gandarillas en Krebs et al., 1994, p. 34).

Como evidencia concreta de este desafío de educar de *cierta manera*, se desarrollaron las primeras actividades, que se considerarían como una traducción académica de la formación integral que recibían los estudiantes de la época, puesto que eran transversales para todos y complementaban sus currículos: por un lado los ciclos de conferencias que debían complementar los cursos profesionales, además de un curso de conferencias religiosas, al cual debían asistir todos los alumnos (Krebs et al., 1994).

En este mismo sentido, se destaca durante el período del rector monseñor Rodolfo Vergara Antúnez la creación del Reglamento General el año 1898, que sentó las bases del proyecto educativo y que explicita la relevancia de formar alumnos no solo en el conocimiento, sino también más allá de este debido a que la función de la Universidad no era solo "promover su cultura intelectual, sino también ayudar a los estudiantes en la grande y difícil obra de su educación moral, que no puede separarse de aquella, y de la cual depende muy principalmente su porvenir en la presente y en la futura vida" (Krebs et al., 1994, p. 124). Por tanto, este nuevo reglamento indicaba que los estudiantes debían realizar algunas actividades extracurriculares de manera obligatoria, tales como cumplir regularmente los ejercicios de piedad, asistir a misa dominical, entre otras (Krebs et al., 1994).

Durante el período del rector monseñor Martín Rucker Sotomayor también se impulsan acciones para promover el desarrollo de la formación integral de los estudiantes, entre ellas la creación del primer curso libre o electivo: "Cátedra de Economía Política y Social", para estudiantes de las facultades de Derecho y de Ciencias Físicas y Matemáticas, el cual buscaba no solo ilustrar a los oyentes, sino que además ampliar sus horizontes laborales y orientar su acción católica (Krebs et al., 1994).

Rectorado de monseñor Carlos Casanueva (1919-1953): Primeros cursos libres que acompañan los planes de estudio

El rector Carlos Casanueva consideraba que el mayor aporte que como institución podía hacerse a la sociedad "[…] era la formación de profesionales con una preparación adecuada para hacer frente a las necesidades del país en el orden técnico y moral" (Krebs et al., 1994, p. 202). La Universidad no debía comprenderse como una gran escuela profesional y de finalidad puramente universitaria, pues este era un concepto incompleto y demasiado pequeño. Si bien era cierto que hasta el momento la Universidad era la mejor escuela profesional, "[…] La obra de la Universidad, por excelencia, era ser faro de la verdad puesto en lo alto para alumbrar a todas las inteligencias y satisfacer sus ansias más puras y desinteresadas de saber […]" (Krebs et al., 1994, p. 199).

Este fundamento, y la idea de una universidad que se conecta con la realidad del país, concretan avances que se traducen en importantes modificaciones curriculares e institucionales. En 1938 se aprueba el Reglamento General de la Universidad, a través del cual las reflexiones respecto del objetivo formativo de la Universidad comenzaron a traducirse en innovaciones en los planes de estudio de las carreras de pregrado. Entre otras, se creó una serie de cursos libres de carácter formativo, los cuales se impartían junto con las cátedras tradicionales de las facultades, con el fin de promover la formación integral de los alumnos. Estos cursos inicialmente fueron de filosofía, ciencias sociales, antropología, historia, literatura y religión (Krebs et al., 1994). Esto da luces acerca de que la intención por formar a los alumnos de manera plena o integral estaba directamente relacionada con integrar en los planes de estudio cursos en temáticas o en otras áreas disciplinares consideradas relevantes.

Con estos avances, y probablemente como sustrato para favorecer la introducción de una formación integral, en esos años ocurrieron cambios muy relevantes: se recibió por primera vez subvención fiscal por parte del Estado de Chile; la Universidad fue erigida canónicamente como "Pontificia"; se incorporaron las primeras estudiantes mujeres; se creó la Federación de Estudiantes; y, además, comenzó la fundación de las academias como unidades externas a las Facultades, preocupadas de manera especial de la investigación científica. Además, se observa un importante crecimiento de la institución en cuanto a creación de programas académicos y matrícula (Krebs et al., 1994).

Rectorado de monseñor Alfredo Silva Santiago (1953-1967): Se transforma la educación y se instala la reflexión sobre la relevancia de la "cultura general"

Durante este período el país vivía grandes transformaciones que repercutieron en la Universidad y la obligaron a cuestionarse temas relevantes relacionados con la formación de los estudiantes, el carácter profesionalizante de la institución, el aporte de la investigación, el compromiso con la sociedad, entre otros. Uno de los hitos fundamentales fue el cuestionamiento al modelo de docencia eminentemente pasivo que se implementaba, donde el proceso de enseñanza-aprendizaje se traducía en la mera transmisión de conocimiento. Además, los cambios sociales y los avances en la ciencia y tecnología influyeron en que se iniciaran revisiones a este modelo pedagógico, otorgando al estudiante mayor participación en el proceso de su formación y se buscaron formas para desarrollar no solo la función cognitiva de la memoria, sino además habilidades y destrezas, como la creatividad y la capacidad de pensar y de resolver problemas. Por ejemplo, en carreras de medicina, ciencias naturales, ingeniería y arquitectura se dio más valor a instancias de trabajo en laboratorios y talleres.

Este ímpetu modernizador da cuenta de que la Universidad no podía solo limitarse a la instrucción científica y profesional, sino que debía velar por la formación integral del individuo, considerada la profesión fundamental del hombre. Por tanto, el rector invitaba a los estudiantes a buscar su crecimiento y desarrollo en una cultura general: "cual fuere la Facultad de Ciencia o Arte que habéis escogido según vuestra vocación profesional, tened como un axioma que no debe haber especialización sin cultura general. La educación religiosa y cultural debía constituir la base para la formación profesional" (Silva Santiago en Krebs et al., 1994, p. 432). Por tanto, el modelo de formación no era suficiente y se planteó la necesidad de establecer nuevas estructuras curriculares y formas de pensar la educación superior, como por ejemplo la creación de un ciclo inicial en los programas académicos de Estudios Generales, el cual debía ser cursado por todos los estudiantes al ingresar a la universidad, para conocer los fundamentos de la ciencia, artes y letras. Solo posteriormente el estudiante podía elegir su especialidad.

Junto con estas transformaciones en la manera de pensar la educación, se podría señalar que la Universidad atravesaba por una especie de *crisis de identidad*. En ese momento esta "era una suma de escuelas profesionales y, careciendo de unidad, había dejado de ser una *universitas*. Por eso se hacía necesario plantearse en forma radical el sentido de la Universidad" (Krebs et al., 1994, p. 610). Ante este debate se constituyeron encuentros liderados por la FEUC y el Consejo Superior, con el fin de elaborar una nueva política; sin embargo, "la Dirección de la Universidad no tuvo la fuerza para definir una política académica que hubiese adecuado la Universidad a las necesidades y exigencias del momento histórico" (Krebs et al., 1994, p. 616). Con la intervención del cardenal Raúl Silva Henríquez, se llegó a algunos acuerdos que darían mayor estabilidad a la institución, lo que se tradujo en la creación de un nuevo reglamento, el cual en su artículo 4º concluyó "que la universidad tenía como función la formación integral del hombre, del ciudadano y del cristiano, la preparación para las carreras profesionales, el cultivo de la investigación, la difusión de la cultura superior y el servicio de los intereses nacionales" (Krebs et al., 1994, p. 663).

Rectorado de Fernando Castillo Velasco (1967-1973): Aparece el Currículo Complementario y la flexibilidad curricular en los planes de estudio

Este período es el de la Reforma Universitaria y en él ocurren profundos cambios a distintos niveles, motivados por la necesidad de definir la función y la identidad de la Universidad. En 1968, el rector Castillo Velasco presentó medidas centrales para reestructurar la institución a nivel de sus estructuras académicas y de poder (Krebs et al., 1994; Molina, 1969). Por tanto, es un período de transformaciones que, entre otras cosas, favorece cambios relevantes en aspectos académicos y curriculares: se propuso crear una nueva estructura académica; promover la coordinación interuniversitaria; democratizar el ingreso a la universidad; promoción de una nueva docencia; la implementación de la carrera docente, y estimular la investigación científica (Molina, 1969).

Estas reflexiones y esfuerzos se materializaron en la promulgación de una nueva política académica que estableció el Régimen Curricular Flexible. La uniformidad de los programas de estudio entre instituciones estaba obsoleta; por tanto, este nuevo lineamiento permitía la diferenciación de la Universidad respondiendo al llamado del nuevo momento en que se situaba el país: "cada universidad en razón de su propio carácter, caminos y metas, defendía su derecho a organizar su propia estructura curricular" (Vicerrectoría Académica, 1968, p. 1). Este nuevo régimen se caracterizó por algunas ideas clave, como: i) los estudiantes, por primera vez, podrían libremente inscribir cursos respetando las normativas y orientaciones de sus propias unidades académicas, "con lo cual dejan de permanecer encerrados en un sistema de currículo ordenado en una sucesión rígida y uniforme de años y cursos" (Serrano, 1968, p. 1); ii) se incorporó "un sistema de créditos, lo que permitiría medir el trabajo de los estudiantes" (Vicerrectoría Académica, 1968, p. 6); iii) a nivel curricular, se propone, por primera vez, dividir los planes de estudio en dos subestructuras: un currículo mínimo y un currículo complementario subdividido a su vez en disciplinas optativas y facultativas; iv) se implementaron los *semestres*, dividiendo el año académico en dos; y v) se crearon cursos abiertos para alumnos de otras carreras, con el fin de proveerles oportunidades para cursar sus currículos complementarios. Además, se establecieron lineamientos claros respecto de la necesidad de definir en los planes de estudio los objetivos de aprendizaje, propósitos de formación, y formar tanto en profundidad como en amplitud.

FIGURA 1
ESQUEMA CURRÍCULO DE PREGRADO, 1968

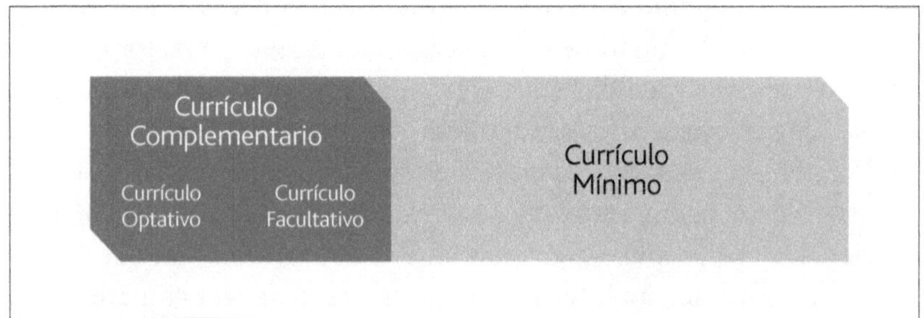

En 1973 finaliza el período del rector Fernando Castillo Velasco debido a la intervención de las universidades y la designación de autoridades en estas. Sin embargo, "[…] la Universidad Católica de Chile siguió funcionando, continuó y mejoró sus labores de investigación y siguió formando profesionales competentes y confiables" (Krebs et al., 1994, p. 757). La institución se transformó: pasó de confesional y clerical a tener un rector seglar; además, perdió homogeneidad social y cultural. A pesar de esto, la institución mantuvo la convicción de que existía una misión trascendente y que la existencia humana se debía regir por valores espirituales y éticos, y que todos los miembros de la comunidad tenían una responsabilidad común. "En un sentido más profundo, la Universidad siguió siendo la Universidad Católica de siempre" (Krebs et al., 1994, p. 758).

Rectorado de Jorge Swett Madge (1973-1984): Nueva política institucional y aparece Currículo de Formación General

Con la designación de los rectores en las universidades del país se inició el rectorado de Jorge Swett Madge, quien fue ratificado en su cargo por el Gran Canciller de la UC y por el Cardenal Arzobispo de Santiago. El rector impulsó la constitución de comisiones académicas con el fin de realizar una profunda revisión de currículos y programas de estudio: "La autoridad universitaria dispuso que se llevara a cabo un riguroso procedimiento de reordenación curricular y planificación de la docencia en todas las unidades académicas (...)" (Krebs et al., 1994, p. 768). Esta revisión permitió visibilizar algunos de los problemas que generaba la flexibilidad curricular, como, por ejemplo, que los estudiantes "postergaban los ramos que les demandaban un mayor esfuerzo. No eran capaces de programar de manera racional sus estudios" (Krebs et al., 1994, p. 900). En consecuencia, permanecían más tiempo en la universidad, y "como los estudios eran gratuitos, los alumnos no tenían prisa en terminar su carrera" (Krebs et al., 1994, p. 769).

A partir de este trabajo se impulsaron nuevos lineamientos institucionales, los que se tradujeron en la promulgación de una nueva política institucional: Reglamento del Académico (1977), Reglamento del Alumno (1978), Política General de Docencia (1979) y Declaración de Principios de la Universidad (1979). Con todo esto se buscaba instalar un nuevo espíritu, el cual se alinearía con lo establecido por el Artículo 8 de la Declaración de Principios de la Universidad citado en Velasco (2002):

La Universidad aspira a lograr una educación sólida, arraigada en la ciencia, el arte y la moral, penetrada por el espíritu que anima a esta casa de estudios, por el amor a la cultura y por el servicio a los hombres en quienes se sirve a Dios. Desea, por tanto, que todos los que estudian en ella no resulten sólo científica y técnicamente capacitados, sino que estén abiertos a las distintas dimensiones de lo humano, conscientes de su responsabilidad personal y social e impregnados de un espíritu cristiano que los capacite para asumir en forma efectiva una acción orientadora y conductora frente a los desafíos que plantea el desarrollo integral de una sociedad libre de las injusticias [...] (p. 3).

Dentro de estos nuevos lineamientos, la Política General de Docencia sistematizó la decisión de la Universidad de adoptar un currículo flexible, siguiendo el modelo del *core curriculum* de la Universidad de Harvard, en el cual se establecía que los programas de estudio integrarían en su estructura un currículo mínimo (cursos propios de cada carrera) y uno complementario. Si bien en 1968 la Dirección de la Universidad ya había presentado este proyecto al Consejo Superior en el marco del Régimen de Flexibilidad Curricular (Serrano, 1968), la reflexión indicaba que éste se había convertido en "un fin en sí mismo y no en una herramienta docente importante" (Vicerrectoría Académica, 1979, p. 11). Por tanto, la nueva propuesta buscaría implementar una nueva estructura: eficiente y específica, de manera de promover "una formación coherente, profunda e integral para los alumnos" (Vicerrectoría Académica, 1979, p. 11).

El objetivo de esta nueva política era formar a los estudiantes como personas "cultas", capaces de conocer, comprender, interpretar y utilizar los distintos lenguajes con los que se estructura y es posible acercarse a la realidad (al menos en un primer nivel). Estas diferentes perspectivas fueron sintetizadas académicamente en el lenguaje científico, el artístico, el filosófico y el cinético o del movimiento del cuerpo humano. Se esperaba, además, formar a estudiantes capaces de vivir con las ideas de su tiempo y de renovar las que deben ser cambiadas; capaces de integrar su actuación y su cultura dentro de los principios de la ética y la teología, obteniendo así la libertad ética base de la libertad psicológica; capaces de interpretar la realidad desde una perspectiva histórica, entendiendo así las distintas respuestas que se dan a los problemas del mundo y del hombre (Vicerrectoría Académica, 2001).

Lo anterior se plasmó en una estructura curricular compuesta por un currículo mínimo, el cual consideraba las actividades académicas críticas y, por ende, obligatorias a realizar por los estudiantes para la obtención del título o grado académico. Y también, un currículo complementario, compuesto por cursos que los estudiantes podían elegir con dos propósitos: por un lado, alcanzar una formación integral complementando su formación, cursos que se agrupaban en el currículo facultativo u optativo de formación general; por otro lado, los estudiantes podían realizar cursos para profundizar en un área de su carrera, estructura que se denominaba currículo optativo de profundización (Secretaría General, 1978).

Los componentes del currículo optativo de formación general eran principalmente dos: requisitos de idioma y cursos electivos de áreas disciplinarias definidas. Los estudiantes debían realizar de manera obligatoria un curso de cada área: científica, artística-humanista, teológica-filosófica, económica-ciencias sociales y educación física, excluyendo el área afín con su carrera. También existían cursos de carácter multidisciplinario, los cuales tenían "por objetivo desarrollar temáticas desde diversos puntos de vista con la participación de profesores de distintas disciplinas con el fin de buscar una respuesta común y coherente al respecto" (Dirección Académica de Docencia, 2000, p. 12). De manera excepcional, los estudiantes también podían inscribir el total de cursos electivos en una sola área disciplinar (incipientes certificados académicos).

FIGURA 2
ESQUEMA CURRÍCULO DE PREGRADO, 1979

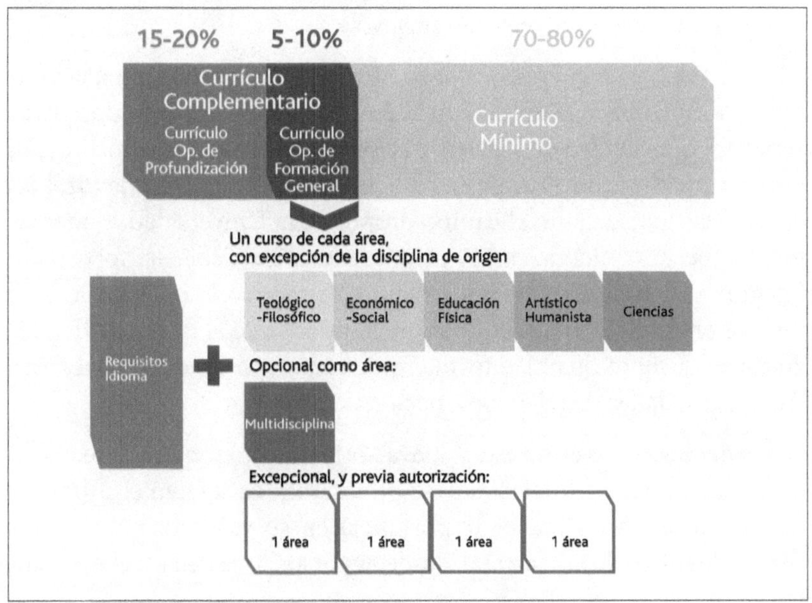

Con esta nueva estructura se buscaba, entonces, garantizar que el estudiante desarrollase una aproximación hacia los tipos de lenguaje del conocimiento, y es debido a la alta demanda de trabajo que esta implementación involucraba que se constituyó un Comité de Coordinación de Formación General (Secretaría General, 1979) para gestionar, orientar y supervisar las actividades que los estudiantes debían realizar en el marco de este currículo optativo. Además, en 1983 se formalizó el Reglamento de los cursos del currículo optativo de Formación General (Vicerrectoría Académica, 1983), en el cual se sistematizó la incorporación de estas actividades en los planes de estudio de todas las carreras.

En este escenario, se impulsa la idea de transformar a la institución en una universidad moderna, a través de la búsqueda de nuevas estructuras curriculares. Por ejemplo, se trabaja en un proyecto para impulsar la implementación de un Programa o Facultad de Estudios Generales, que favorecería nuevas oportunidades académicas para los estudiantes. Esta propuesta se inspiró en el modelo norteamericano, donde los alumnos permanecían en programas de artes liberales durante una primera etapa formativa, para luego especializarse en alguna área disciplinar. Para la Universidad esta sería la primera intención de crear un programa de estudios que permitiese sintetizar la formación de los estudiantes en más de un área del saber, habilitándolos posteriormente para continuar sus estudios de especialidad. Sin embargo, en ese momento el proyecto no se llevó a cabo.

En 1982, y en el espíritu renovador en que se encontraba la Universidad, se publicó la Política Académica y Administrativa de la Universidad, que, dentro de sus orientaciones, reafirmó que la institución por sobre todo debía asumir en su quehacer su condición de católica, destacó la ciencia como el campo propio de la Universidad, y además señaló que, cumpliendo con su misión educativa, debía dar formación integral a sus estudiantes. Por lo tanto, se ratificó la relevancia de la formación integral como sello, explicitándose que la docencia de pregrado tenía como finalidad formar graduados aptos para desarrollarse en las actividades de relevancia nacional.

Además, a través de estas nuevas orientaciones, que a la fecha siguen rigiendo a la Universidad, se precisaron los siguientes aspectos: necesidad de darles mayor importancia en su valor formativo a los cursos de inicio de las carreras desde la perspectiva de la "calidad académica y moral de los profesores responsables de estos cursos; […] en el carácter de las materias a tratar; […] y en el cuidado que se le daba a la relación con los estudiantes" (Vicerrectoría Académica, 1982, p. 11). Además, se destacó la preocupación por la formación de hábitos de estudio y disciplina, tendiendo a formar a los estudiantes en lograr que "aprendan a aprender" como estrategia clave de la docencia.

Finalmente, la nueva política promovió la idea de la creación de programas académicos de pregrado que consideraran la formación básica, pero sólida y acabada, de los estudiantes, evitando la especialización de los alumnos en esta primera etapa formativa, de modo de educar profesionales generalistas, con una verdadera capacidad de análisis, y otras habilidades de pensamiento superior, dentro de una perspectiva global. Y también se le dio especial importancia a la flexibilización de la estructura del pregrado, permitiendo la existencia de nuevas alternativas de ingreso a la Universidad, así como de diversas estructuras curriculares para darle continuación al proceso formativo. Aquí, por ejemplo, se crean los Ciclos Básicos[1] (Vicerrectoría Académica, 1982).

Rectorado Juan de Dios Vial Correa (1984-2000): Evaluación del currículo de Formación General y se implementa el primer certificado académico

El siguiente período de la Universidad fue liderado por el rector Juan de Dios Vial, quien promovió la idea de que la institución debía centrarse en la búsqueda de la verdad, proceso que se traducía en el perfeccionamiento intelectual y moral de la sociedad. La excelencia académica aparecía como fundamental y no como vanidad, sino como relacionada con la mejora de los servicios que los egresados en el futuro prestarían a la sociedad. El conocimiento era considerado un valor que ennoblecía y transformaba, y ese proceso era el que se buscaba que surgiera en la comunidad universitaria, en el cual a la base estaba el aprecio por el ser humano y la creencia incondicional en él: "Amar significa volcarse sin reservas al bien del otro, no guardarse para sí. Como

---

1   Los Ciclos Básicos fueron planes de estudios de carácter básico (6 semestres o 200-300 créditos) en 1 o más disciplinas, y habilitaban al estudiante a continuar sus estudios para la obtención de la licenciatura, título de Profesor de Enseñanza Media, y en el futuro, a los títulos de otras carreras (Vicerrectoría Académica, 1982). Posteriormente, fueron reemplazados por el Bachillerato (Vicerrectoría Académica, 1998).

se vuelca el que enseña en el que aprende, como ensancha su corazón el que aprende hacia el que enseña" (Vial, 2000, p. 284).

En este espíritu, se reconocen acciones que fortalecieron el currículo de Formación General, al "[…] robustecer y enriquecer los cursos, restringiendo su dispersión, dándoles un carácter más formativo, centrándolos en áreas fundamentales y creando incentivos de remuneración para los académicos" (Dirección Académica de Docencia, 2007, p. 7). Además de la convicción del rector de que, considerando el momento que se vivía en términos de la preocupación por la especialización del conocimiento, "[…] la formación general debe ir ocupando […] un lugar en la educación y eso es doblemente una exigencia en una universidad como esta que vive en la convicción de que la acción humana tiene un sentido de conjunto trascendente" (Dirección Académica de Docencia, 2007, p. 7).

En 1990 se realizó el seminario universitario "Visión actual y futuro de la Formación General en la Pontificia Universidad Católica de Chile", el que se constituyó como hito de reflexión respecto de la misión de la Universidad y la formación integral de los estudiantes;. además de destacar algunos conceptos relacionados con la idea de Ortega y Gasset (1930) acerca de que la misión de las universidades debía ser, primero, formar personas en las grandes disciplinas culturales; luego, en los procedimientos intelectualmente más sobrios, inmediatos y eficaces que permiten perfeccionar la formación de un profesional; y, finalmente, formar a los estudiantes en el cultivo de las ciencias (Vicerrectoría Académica, 1990).

En este contexto, el vicerrector académico, Rafael Vicuña, señalaba que los objetivos de la Formación General debían estar centrados en formar al alumno con una visión cultural amplia, que le permitiese complementar los estudios en su disciplina, favoreciendo un acercamiento a otras formas de obtener y aplicar el conocimiento para mayor comprensión del universo, de la sociedad y del hombre, además de entregarles a los estudiantes una formación ética y moral dentro de los principios del catolicismo que inspiran a la Universidad. Algunos de los resultados de este seminario fueron (Vicerrectoría Académica, 1990):

El análisis acerca de la proporción que el currículo optativo de formación general tenía sobre el total del plan de estudios (5%) concluyó que esta no permitía alcanzar los objetivos de la Formación General: formar estudiantes en el ámbito de la ética, la moral o en temáticas como el universo, las civilizaciones o el hombre. Por tanto, se propuso incrementar el número de créditos de 20 a 40, logrando que todas las carreras incorporasen un 10% de cursos de dicho carácter en su plan.

Se propuso incorporar aspectos de la Formación General en los cursos disciplinares, tales como temas históricos, bases filosóficas y cuestiones éticas. La evidencia indicaba que lo valioso en el contexto laboral era desarrollar habilidades al interior de los currículos (rapidez para aprender y adaptarse a los requerimientos del trabajo; capacidad de adquirir y procesar información, y capacidad de comunicarse), debido a que, por ejemplo, los contenidos enseñados en 3.er año podían quedar rápidamente obsoletos. La Universidad debía ser capaz de entregarle al futuro profesional una visión globalizadora e integradora que le permitiese percibir las realidades que involucran al hombre, a los objetos físicos, a los estados de conciencia, a los conocimientos subjetivos, a nuestras percepciones, y a la cultura, que es creada enteramente por el hombre y donde se encuentra el lenguaje, los medios de comunicación, los libros, las producciones artísticas y la tecnología.

Se reflexionó acerca del rol que debía cumplir la Formación General, la cual sentaba las bases para la formación personal y profesional de los estudiantes; por tanto: (i) debía permitir ajustar el horizonte de las disciplinas en un marco general flexible, pero no por eso no estructurado; (ii) debía favorecer la adquisición de lenguajes comunes para acceder a otras disciplinas y, sobre todo, para generar un diálogo entre ellas; (iii) debía enriquecer la formación disciplinar considerando las sugerencias conceptuales o metodológicas que podían provenir de otras áreas del conocimiento; y (iv) debía cultivar las potencialidades propias de cada persona; por ejemplo, la vocación.

Reflexiones en torno a aspectos curriculares de la Formación General, como cursos que los estudiantes debían realizar en el área de la teología, puesto que un gran desafío de la Formación General era promover que se viesen enfrentados a lenguajes que podrían serles ininteligibles, y los profesores debían lidiar con esta dificultad en la sala de clases.

En relación a otras acciones que fortalecieron la Formación General se destaca que respecto a los cursos de formación teológica y filosófica, los planes de estudio incorporaron progresivamente un curso de cada área como mínimo en sus planes de estudio, demostrando que el programa de Formación General iba evolucionando, se adaptaba y respondía a las necesidades de formación de los alumnos. El rector Juan de Dios Vial destacaba que:

"Ninguna de nuestras acciones educativas tendría interés o importancia si no fuera porque ellas están destinadas a formar ciudadanos comprometidos con el país, sensibles al llamado de la solidaridad, convencidos, o al menos, simpatizantes del llamado del magisterio de la Iglesia, conscientes de los males sociales que nos afligen y deseosos de aportar su cuota de esfuerzo para superarlos" (Vicerrectoría Académica, 1995, p. 13).

Por otra parte, se realizaron avances en el objetivo y formación de los requisitos instrumentales de idioma que formaban parte del currículo optativo de Formación General: se definieron criterios de evaluación y de nivelación de competencias tanto en el idioma extranjero (desde ahora, inglés) como en escritura en español.

Se crearon nuevas estructuras curriculares con el fin de promover el desarrollo de programas que permitiesen al estudiante aprehender conocimientos generales en diferentes temáticas. Si bien existían los Ciclos Básicos, el año 1992 se creó el Programa de Bachillerato, estructura curricular con grado académico cuyo objetivo era proveer de una formación general de gran amplitud cultural, que estableciera las bases en cuanto a conocimientos y valores adecuados para el crecimiento personal o para enfrentar el mundo laboral con una mejor preparación, y para continuar hacia estudios superiores con mentalidad amplia e integradora acerca del hombre, la cultura y la sociedad.

También el año 1992 se creó el primer *minor o certificado académico*: Diploma en Estudios Ambientales (Secretaría General, 1992), concentración curricular interdisciplinaria que proveía, de manera eficiente, la formación básica de los estudiantes en una temática determinada . Ello gatilló un interés por parte de los estudiantes por tener la oportunidad de profundizar en áreas del conocimiento de manera formal, creándose modalidades alternativas para el cumplimiento de la formación general, como serán los Certificados Académicos. Estos eran conjuntos coherentes de cursos que permitían "[…] obtener una formación sistemática en torno a temas de una disciplina o varias, en los programas interdisciplinarios. Esta formación complementa la obtenida por el alumno en su currículo principal" (Dirección Académica de Docencia, 2000, p. 15). Posteriormente, se aprobó el cambio en la denominación de los certificados académicos, creándose los entonces denominados Minors en el nivel de pregrado (Secretaría General, 1999).

Rectorado Pedro Pablo Rosso (2000-2010): Nueva manera de pensar la formación de los estudiantes, nuevo currículo de pregrado

El rector Dr. Pedro Pablo Rosso enmarcó su liderazgo en las "directrices de la constitución apostólica *Ex corde Ecclesiae* y se inspiró en el llamado de Juan Pablo II para que las universidades se conviertan en las gestoras de un nuevo humanismo" (Rectoría, 2000, p. 1). Debido al contexto social e histórico del país, la Universidad se enfrentó a grandes desafíos en materias de educación. Se reconocía que un proyecto de educación superior que se proponía impulsar una nueva cultura debía ser pensado en términos de una *paideia*, y no de una mera reforma curricular.

A partir de este período, la Universidad comenzó a orientarse a través de Planes de Desarrollo, cuya función era alinear el quehacer universitario en cada quinquenio. El primer Plan de Desarrollo 2000-2005 presentó la necesidad de sistematizar o definir un nuevo Proyecto Educativo inspirado en un sello distintivo para los egresados, en una impronta en definitiva, que permitiría orientar el actuar de la Universidad para formar estudiantes que fuesen "ejemplos de vida intelectual y cristiana, emprendedores, íntegros y solidarios" (Rectoría, 2000, p. 1). A principios del siglo XXI, se vivía una revolución en la que las instituciones de educación superior crecían, se diversificaban, flexibilizaban y buscaban articularse "para permitir una transferencia fluida de estudiantes" (Rectoría, 2000, p. 2) entre ellas. Los estudios indicaban que el mercado laboral demandaba no solo especialistas, sino poseedores de valores: "autonomía intelectual, [...] conocimiento de diversos campos del saber humano, [...] adaptabilidad a los cambios, espíritu emprendedor y capacidad para continuar aprendiendo toda la vida" (Rectoría, 2000, p. 3).

Para alcanzar dichos objetivos, las universidades norteamericanas y europeas reforzaron sus "[...] programas de formación general, expandiendo el aprendizaje activo, fortaleciendo la educación personalizada, promoviendo las actividades de investigación en el pregrado y expandiendo los programas de intercambio académico" (Rectoría, 2000, p. 3). La Formación General buscaba "[...] impartir conocimientos más amplios que los de la formación profesional, promoviendo, además, el desarrollo de ciertas capacidades intelectuales relativas al pensar, la comunicación y las relaciones personales" (Rectoría, 2000, p. 3).

En Chile la situación no fue muy diferente. Se recomendaba la formación de profesionales generalistas, debido a que existía una "imposibilidad práctica de seguir agregando ramos de especialización al ritmo en que avanza el conocimiento especializado" (Rectoría, 2000, p. 4) y debido a la necesidad de los empleadores por contar con profesionales con competencias generales como: "[…] capacidad de enfrentar creativamente problemas complejos, trabajar bien en equipo, comunicarse eficazmente en forma verbal y escrita, hablar un idioma extranjero, tener una gran capacidad para procesar información" (Rectoría, 2000, p. 3). Por tanto, la tarea educativa estaba centrada en los estudiantes, vinculándose con sus necesidades intelectuales y afectivas; estableciendo objetivos educacionales básicos comunes para todas las licenciaturas, lo que se traduciría, en el caso de nuestra institución, en la implementación de un nuevo Plan de Formación General; flexibilizando los currículos; articulando los programas de estudio entre diferentes niveles; promoviendo nuevas metodologías de enseñanza-aprendizaje, personalizadas, activas y en un ambiente realmente educativo para el desarrollo de habilidades propias de la investigación, como las "[…] habilidades para buscar, evaluar y usar información; espíritu crítico e inquisitivo; capacidad de observación sistemática; rigurosidad lógica; competencias para el trabajo en equipo; enfrentamiento de problemas complejos; voluntad; actitudes solidarias; espíritu emprendedor; y habilidades comunicacionales" (Rectoría, 2000, pp. 6-7).

Las discusiones en ese momento no presentaban grandes diferencias en comparación con lo que había sido la política académica de 1979, en la que existían "[…] cursos o programas específicos, dirigidos a ofrecer a los alumnos una educación más amplia que la mera formación profesional" (Velasco, 2002, p. 4). Sin embargo, entonces el programa de Formación General carecía de eficacia "para alcanzar los objetivos educacionales planteados" (Velasco, 2002, p. 2), el diagnóstico indicaba que las actividades académicas eran muy acotadas en cuanto a su extensión, la calidad de los cursos podía ser cuestionable, y, sobre todo, no existía "una política sostenida en el largo plazo, para la aplicación o evaluación de los diferentes planes y programas" (Velasco, 2002, p. 2).

Por lo anterior, durante este período se buscó definir una nueva propuesta de Programa, con objetivos formativos posibles de alcanzar, de manera de asegurar que si un estudiante cursaba exitosamente un buen programa, debía haber adquirido los siguientes conocimientos y/o habilidades: comprensión de formas de pensar, metodología y conceptos básicos de las ciencias naturales, ciencias sociales, humanidades y las artes; habilidad para razonar en términos cuantitativos y lógicos; habilidad para pensar en forma crítica y comunicarse con precisión y eficacia; comprensión de ideas, valores y objetivos que han influido en la formación de las sociedades; capacidad de fundamentar ideas y comprender las implicancias morales de los actos; conocimientos (nivel de bachiller) de un área determinada del saber con una comprensión de supuestos, fundamentos, relaciones e implicancias; habilidad para establecer diálogos con personas que tienen perspectivas culturales distintas (Rectoría, 2000).

Para la transformación de la Formación General, se constituyó una Comisión, la cual adquirió como consigna inicial modificar la denominación de la Formación General e instalar la Formación Integral, con el fin de definir un nuevo concepto, que si bien es cierto, luego se identifica con un conjunto de nuevos objetivos, antes que eso hace alusión a lo que el profesor Pedro Morandé identificaba como una *experiencia*, y ya no como un producto (Arancibia et al., 2001). La Comisión indicó que si bien los cursos creados para este espacio curricular eran *bien evaluados* por los estudiantes, *no cumplían con los objetivos* formativos iniciales porque: (i) su extensión al interior del currículo representaba una escasa proporción; (ii) su nivel de exigencia era reconocidamente menor, y (iii) al ser creados por las unidades académicas para estudiantes diferentes a los propios, no lograban congregar en la sala de clases a estudiantes de diferentes disciplinas. A partir de este análisis, surgió la necesidad de plantear que las asignaturas debían tener una profundidad y exigencia suficientes para garantizar una inmersión disciplinar eficaz; entonces se decide que estos cursos debían ser mínimos u optativos de profundización de los planes de estudio, y dictados por profesores que cultivasen la materia que enseñaban (Vicerrectoría Académica, 2001).

Considerando todo lo anterior, la propuesta de la Comisión definió cinco objetivos para la Formación Integral (Arancibia et al., 2001): (i) Hacer posible el desarrollo en el alumno de una visión amplia de su entorno; (ii) Promover el desarrollo de un apropiado juicio moral y los valores del respeto y la solidaridad; (iii) Trasladar al estudiante la responsabilidad del propio desarrollo académico, que incluya un espíritu crítico y riguroso; (iv) Estimular la adquisición de la capacidad de expresión oral y escrita de ideas; (v) Exigir un manejo funcional de un idioma extranjero. Dichos objetivos buscarían poder contribuir a desarrollar lo que se define como sello del alumno UC: Personas cultas, con una visión amplia y propia del mundo; poseedores de sólidos valores; muy competentes en sus áreas de conocimientos específicos; motivados y capacitados para perfeccionarse toda la vida; capaces de pensar críticamente y abordar problemas complejos en forma sistemática; con actitud reflexiva y proactiva hacia el cambio; respetuosos de las personas y con vocación de servicio; capaces de trabajar en equipo y ejercer un liderazgo positivo (Rectoría, 2000).

Con estos objetivos, la estructura curricular que se propuso para favorecer la formación integral fue la incorporación del Bachillerato en todas las licenciaturas: durante la etapa inicial de cada currículo de pregrado se incorporaron elementos que configurasen una totalidad coherente en sí misma y que permitiese, tras su finalización, otorgar a cada estudiante el grado de Bachiller.

FIGURA 3
ESQUEMA CURRÍCULO DE PREGRADO, 2001

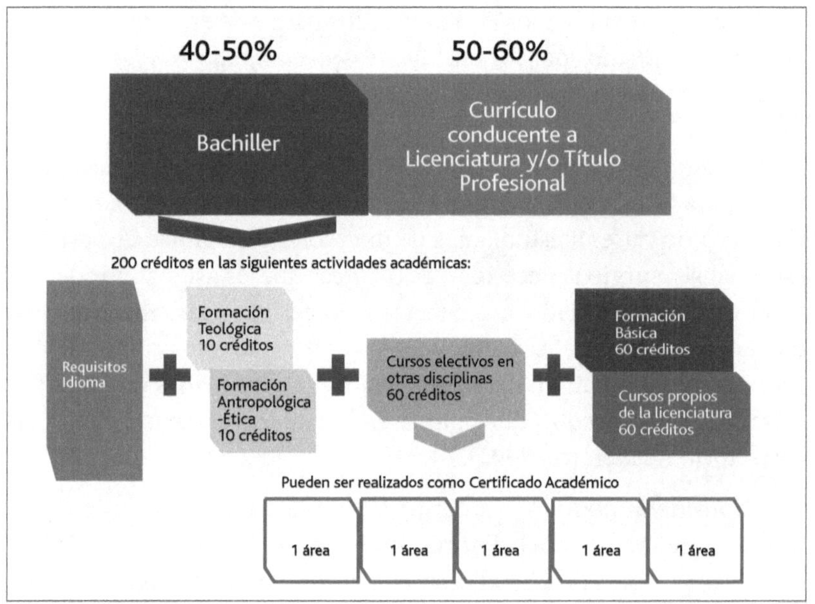

Los elementos curriculares del Bachillerato considerarían 200 créditos, agrupados en 5 componentes: cursos de formación básica para la comprensión de los fundamentos de la disciplina (60 créditos); cursos introductorios propios de la licenciatura que permitieran que los estudiantes adquirieran herramientas conceptuales fundamentales (60 créditos); formación valórica (10 créditos); formación teológica (10 créditos); formación complementaria (60 créditos) que se traduce en el conjunto de cursos electivos en disciplinas distintas de la propia del alumno, además de la acreditación de dominio del idioma inglés en un nivel determinado, y dominio de habilidades de escritura en español (Arancibia, 2001).

Este nuevo Plan de Formación General se formalizó a través del Decreto de Rectoría N°181/2001, el cual estableció que todos los programas de licenciatura debían incluir los elementos mencionados en sus planes de estudio, lo cual hacía vislumbrar la puesta en marcha de un nuevo proyecto educativo, que armonizaba la formación profesional con la formación integral (Secretaría General, 2001). El Decreto se encuentra vigente sin modificaciones estructurales, por lo que todas las carreras de pregrado mantienen una estructura similar, con excepción de algunos currículos que han introducido variaciones al modelo original

La implementación del plan significó para la Vicerrectoría Académica abordar modificaciones curriculares en conjunto con todas las unidades académicas. El éxito de dicho trabajo únicamente fue posible gracias al compromiso y colaboración de autoridades, profesores y estudiantes interesados por el trabajo interdisciplinario y por profundizar en el conocimiento de sí mismos (Vicerrectoría Académica, 2001). Tanto la comunidad universitaria como los programas de estudios fueron responsables de acrecentar la capacidad de integrar al alumno en una visión del mundo como relación, es decir, con conciencia del ámbito en el que nos paramos y con conciencia de sí mismos, de modo de promover la humanización (Velasco, 2002).

Finalmente, dentro de las innovaciones curriculares más destacadas de este período se encuentra la creación del Programa College, el cual es un "ciclo de estudios de pregrado de cuatro años de duración, conducente a una licenciatura, que habilita para la obtención posterior de un título profesional o la realización de estudios de postgrado (Magíster o Doctorado)" (Pontificia Universidad Católica de Chile,

2011, p. 159). Como se ha visto, desde los años sesenta la Universidad analizaba la factibilidad de crear un programa como este: primero, con el estudio realizado para la creación de una Facultad de Estudios Generales, luego con la implementación de los ciclos Básicos y posteriormente con la creación del Bachillerato como programa de estudios. Y es en el año 2009 cuando este programa innovador, inspirado en modelos de universidades extranjeras y con especial énfasis en el desarrollo de programas interdisciplinares, abre su matrícula en tres planes de estudio: artes y humanidades; ciencias naturales y matemáticas; y ciencias sociales.

Rectorado Ignacio Sánchez Díaz (2010-2020): Evaluación de la Formación General y nuevas reflexiones

Dada la información recopilada de las Jornadas de Docencia del período anterior y los avances realizados durante el Rectorado del Dr. Rosso, el período liderado por el rector Dr. Ignacio Sánchez Díaz se propuso realizar una evaluación en profundidad del Plan de Formación General, buscando mantener el espíritu que motivó originalmente su creación, a la vez que se superaban las limitaciones identificadas. Lo anterior, a la luz de los nuevos ejes del Plan de Desarrollo Institucional (2010-2015): fortalecer nuestra identidad católica, avanzar hacia una universidad de mayor excelencia; formar una comunidad UC auténtica; y contribuir al país siendo un aporte desde la esfera del conocimiento y el servicio público (Rectoría, 2010).

Dentro del eje de la "Excelencia Académica", una de las líneas de trabajo a desarrollar hizo referencia al fortalecimiento del proyecto educativo de la Universidad como innovador y al fortalecimiento de la Formación General. Ante este desafío, la primera acción que se realiza el año 2010 fue la constitución de una Comisión de Formación Integral, la cual analizó el estado actual del Plan de Formación General y realizó sugerencias concretas.

Sobre el estado actual de la Formación General, la Comisión identificó que esta impulsó la revisión crítica de los currículos, creando un espacio académico único donde existían créditos reservados para la adquisición de conocimiento que van más allá de la disciplina del alumno. Además, impulsó la creación de aulas diversas, instancias de integración de saberes bien valorados por profesores y alumnos, y apreciados también por contribuir a la formación tanto personal como profesional de los estudiantes. Sin embargo, también se destacaron debilidades, como la concentración de las elecciones de los estudiantes en áreas de las artes y humanidades versus el área de las ciencias exactas y naturales, la baja tasa de inscripción de certificados académicos y la caracterización de los docentes de los cursos de Formación General, que en su gran mayoría eran asistentes de la planta adjunta.

Además, se reconoció como uno de los permanentes dilemas de la implementación del "Plan de Formación General" la tensión existente entre "especialización profesional y Formación General" (Chuaqui et al., 2010, p. 69) La evidencia respecto de las preferencias de cursos y actividades realizadas por los estudiantes para completar los créditos de Formación General, además de la recopilación de opiniones, indicaban que los estudiantes al año 2010 "[…] no han internalizado la importancia de adquirir competencias generales para su futuro, repitiendo la tendencia de priorizar los cursos de la disciplina central de la carrera [...]", lo que en la mayoría se traducía en la inscripción de " [...] los cursos que les caben por horario o los cursos más fáciles" (Chuaqui et al., 2010, p. 70).

En este contexto, dentro de los ejes del plan, se reconoce que la Formación General, a lo largo de la historia de la institución, ha sido diseñada para vincularse de manera muy profunda y directa con la identidad católica y con la impronta de los egresados. Por tanto, se planteó como desafío para el siguiente período la creación de nuevos cursos transversales "disponibles para todos los alumnos de la UC y sean la base de la impronta que queremos entregarle a nuestros estudiantes. Esta formación general debe incluir una ampliación de la oferta de cursos y un aumento de su calidad". Además, se reconoce como desafío también que "[…] junto con mejorar los cursos que refuerzan nuestra identidad católica queremos ampliar la oferta de aquellos orientados a desarrollar nuevas capacidades, como son por ejemplo el compromiso con la sustentabilidad, la vocación pública y la valoración del trabajo interdisciplinario" (Rectoría, 2015, p. 31).

En suma, el desafío principal para este nuevo plan era el reconocimiento de que "el compromiso que tiene la Universidad no solo es con la formación de profesionales competentes en sus áreas disciplinarias. Nuestra misión también se orienta a formar personas en consistencia con nuestra identidad" (Rectoría, 2015, p. 15). En ese contexto, la Formación General debe ser repensada para alcanzar los objetivos planteados. Con el objetivo de realizar todos los esfuerzos posibles para:

Que nuestros egresados sean reconocidos como personas que poseen un desarrollo integral, se orienten por valores cristianos, con aprecio por la familia, con valor por lo ético, de una cultura amplia, con capacidad crítica y propositiva, vocación hacia el servicio público y el bien común, con conciencia por la sustentabilidad, con una mirada y una actitud inclusiva, y con respeto y gusto por las artes (Rectoría, 2015, p. 18)

Sin embargo, esta formación es mucho más que una actividad, un taller o un curso, requiere de una propuesta como comunidad universitaria: "Requiere que todos los miembros de la comunidad, y muy especialmente los profesores, participen de manera activa en este proceso educativo" (Rectoría, 2015, p. 15); requiere de la colaboración de las unidades académicas, y de cada plan de estudio, con el fin de identificar cómo es posible también alcanzar dentro de cada comunidad disciplinar los valores y competencias que queremos formar en nuestros egresados.

De esta manera, se invita a todos a colaborar en este propósito, como se ha dicho, a las unidades académicas, sobre todo a las Facultades de Teología y Filosofía; a la vida universitaria, los emprendimientos sociales, la pastoral, la política estudiantil, al deporte, las actividades científicas, la sustentabilidad, entre otros (Rectoría, 2015). El desafío de formar a mejores personas y profesionales nos obliga a observar todo lo que se ha avanzado en pos de educar a nuestros estudiantes, siempre "convencidos de que la educación católica, con su particular propuesta educativa y su decidido compromiso con las personas y el bien común, constituye un significativo aporte para el Chile que queremos habitar" (Rectoría, 2015, p. 5).

CONCLUSIONES

Como se ha revisado, la Formación General o la formación integral de los estudiantes ha estado presente en los propósitos formativos de la Pontificia Universidad Católica de Chile desde el período fundacional de la institución en 1888, y a lo largo de su historia. Por tanto, es posible reconocer en estos casi 130 años cómo se han ido tomando decisiones que han impactado en la política académica de la institución, en el desarrollo de innovaciones curriculares y en la creación de otras estrategias formativas, con el objeto de educar a nuestros estudiantes de pregrado con un sello distintivo.

Período	Hito	Descripción
1888-1919	Primeras iniciativas para la formación integral	Todos los estudiantes de pregrado debían participar de actividades obligatorias, tales como asistir a ciclos de conferencias religiosas. Se crea primer curso electivo: "Cátedra de Economía Política y Social".
1919-1953	Primeros cursos libres que acompañan los planes de estudio	Se crea un grupo de cursos electivos que acompañan las cátedras disciplinares en las siguientes áreas: filosofía, ciencias sociales, antropología, historia, literatura y religión.
1967-1973	Política del Régimen Curricular Flexible (1968); aparece currículo complementario por primera vez.	Nueva política curricular permitió que los alumnos pudiesen inscribir cursos según sus preferencias; dividió el currículo de pregrado en currículo mínimo y complementario; y creó primero cursos con vacantes para alumnos de otras disciplinas.
1973-1984	Nueva Política General de Docencia (1979); aparece el currículo de Formación General por primera vez.	Se dividió el currículo complementario en: optativo de profundización y optativo de formación general. Este último representaba 5-10% del plan de estudios, y los alumnos debían realizar cursos obligatorios en áreas disciplinares determinadas. Se propuso la creación de la Facultad de Estudios Generales.
1984-2000	Evaluación del currículo de Formación General y creación del certificado académico.	Todos los planes de estudio aumentan la cantidad de cursos obligatorios de Formación General al menos a 10%, y se incorpora un curso de formación teológica y uno de formación filosófica. Se crea el programa Bachillerato (1992, 1993) y el primer certificado académico: Diploma en Estudios Ambientales (1992).
2001-2010	Reforma curricular de pregrado: Nuevo Plan de Formación General (2001).	Se reestructura el currículo de pregrado incorporando el currículo de Formación General, con aumento a 80 créditos. Además, se crea el Programa College en 3 licenciaturas (2009), como programa interdisciplinar y amplio.
2011-2020	Nuevos cursos y actividades académicas que complementan la formación general	Se crean ciclos de Conferencias Magistrales en temáticas transversales, como complementarias a los cursos para potenciar la formación integral. Además, se diseñan cursos especialmente para abordar temáticas disciplinares de interés de los alumnos: "La experiencia de las Artes".

A través del recorrido por los períodos de la Universidad es posible identificar algunos conceptos transversales que permiten describir elementos de este carácter diferenciador del egresado UC y, por tanto, algunos aspectos también de la identidad de nuestra Universidad. Primero, a través de todos los períodos destaca la idea de que se busca formar a *un estudiante que es culto* no desde la perspectiva de la acumulación de conocimiento sin propósito, sino desde una conceptualización más cercana a una disposición de la persona por situarse en el entorno en que habita, que comprende la sociedad compleja y cambiante con la que se relaciona desde distintas perspectivas, de manera de poder colaborar con ella y transformarla.

También se distingue otro concepto que trasciende los momentos históricos y caracteriza a la institución: el *servicio a la sociedad*, que, según el período, podría denominarse también "servicio público", pero que independiente de la denominación, rescata la función primera de la Universidad, que fue el motor de su fundación y que guía el total del quehacer universitario, en el que la búsqueda de la excelencia académica no es un fin en sí mismo, sino un instrumento para impactar y mejorar el mundo en que habitamos.

También, en este sentido, adquieren especial relevancia los conceptos de *interdisciplina* y de *comunidad universitaria*, que también están presentes transversalmente al revisar los cambios que ha vivido la Formación General, puesto que ambos se han constituido como herramientas que favorecen la formación de la persona culta o este egresado que es integral. Debido a que es en el diálogo entre profesores y estudiantes de distintas aproximaciones disciplinares donde se puede acceder a la verdad, a la cual hace referencia la constitución apostólica *Ex corde Ecclesiae*. Un ejemplo de lo anterior es el rol que cumple la Facultad de Teología en cuanto debe intencionar el diálogo entre la razón y la fe, a través de la comunión entre lenguajes diferentes, y que, por tanto, necesita construir un nuevo saber.

Relacionado con lo anterior, y considerando la identidad católica de la Universidad, los componentes que han estado presentes en la formación de los estudiantes de manera transversal son la *formación filosófica y teológica*. Se observa que, a través de la historia de la institución, ambas disciplinas aparecen como fundantes para educar a un estudiante que es capaz de comprender e insertarse en la sociedad de manera adecuada. Es por ello que desde la fundación de la institución se ha buscado que los alumnos se formen en dichas temáticas: primero, a través de la participación en actividades universitarias, y posteriormente con la incorporación de cursos obligatorios en los planes de estudio.

En cuanto a los grandes desafíos que ha enfrentado la formación de la persona integral y que se observan en los períodos de la historia de la Universidad, se destacan dos tensiones relevantes a considerar para poder tomar decisiones y caminar hacia el futuro: *flexibilidad/*

obligatoriedad y *disciplina/formación general*. La flexibilidad en cuanto a la inscripción de los cursos que establece la reforma curricular del año 2001 favorece la libertad de los estudiantes para orientar una formación integral que responde a inquietudes académicas individuales; sin embargo, esta medida pone en una encrucijada la posibilidad de definir objetivos de aprendizaje o competencias, por ejemplo, para luego evaluar y asegurar la calidad de la formación de nuestros alumnos. Así, al tener poca claridad respecto de los objetivos formativos, se favorece la discusión respecto de la proporción que la formación general debe tener en el currículo. Discusión que no solo se hace la Universidad, sino que se está dando también en las grandes universidades con programas tradicionales de Formación General; por ejemplo, en Estados Unidos.

Por otra parte, un desafío de formar estudiantes de manera integral se relaciona con cuáles son las estrategias que se utilizan para ello. Hasta el año 2000, la Universidad definía las áreas temáticas que los alumnos debían experimentar, y creó cursos pertinentes para ello. Sin embargo, la reforma del currículo de Formación General del año 2001 cuestiona el logro de los objetivos de interdisciplina y de profundidad académica. De esta manera, se tomó la decisión de que los cursos debían ser parte del currículo de los planes de estudio existentes, derogándose la idea de crearlos especialmente para la Formación General; pero no por un cuestionamiento de los propósitos formativos, sino para resolver problemáticas que son de índole administrativa y de gestión.

Nuestra Universidad se caracteriza por buscar de manera constante las mejores estrategias para desempeñar su quehacer institucional. Por tanto, a la base existe una preocupación por la calidad de lo que hacemos desde una perspectiva de mejora continua, que es reconocida. Y en este espíritu, después de 17 años, cabe hacerse la pregunta respecto de cómo nutrir la formación que estamos entregando a nuestros alumnos. Pero dicha revisión debe considerar, además de las reflexiones anteriores, algunos elementos que emergen también de los ciclos de transformaciones que ha vivido la Formación General, y más aún el Proyecto Educativo de la institución:

Es fundamental atender al **contexto**. En cada período de la historia de la institución ha sido central la consideración de las necesidades del país y de la misma Universidad, con el fin de desarrollar una propuesta formativa pertinente y que no pierda la función de servicio que tiene la UC.

La **identidad católica** debe ser la orientación formativa y el motor de avance, considerando sus principales características: vocación de servicio, diálogo con otros, relevancia de la comunidad, valoración del respeto, entre otros.

Para generar cualquier transformación en la línea formativa de los estudiantes es imprescindible la **participación** de la comunidad universitaria, sobre todo de los profesores, ya que es precisamente en la relación bidireccional con los estudiantes donde se produce el aprendizaje y la develación de la verdad. Las transformaciones curriculares de los años 1979 y 2001 únicamente fueron posibles considerando el compromiso de toda la institución, y este es un aprendizaje que no se debe desconocer, donde se requiere una comunidad reflexiva y dialogante.

Una nueva propuesta formativa debe considerar **objetivos de aprendizaje** (o competencias si se quiere) definidos y estrategias de **aseguramiento de la calidad**, vinculadas, por ejemplo, a mecanismos pertinentes de evaluación de aprendizajes, que el análisis actual nos muestra como una de las principales falencias del modelo de Formación General actual.

Hasta ahora, cuando hablamos de Formación General, estamos haciendo referencia a la **formación de los estudiantes de pregrado**. Una futura propuesta debe dialogar con los pilares formativos de dicho nivel educativo de manera armoniosa, y considerando las implicancias del currículo completo, pero también debería considerar cómo se agregan estos principios de la formación general a los estudiantes de posgrado (postítulo, magíster, doctorado, especialidades médicas y odontológicas).

En línea con lo anterior, el análisis de la Formación General nutre una reflexión que es mayor, y que principalmente es acerca del Proyecto Educativo de la institución, y cómo este ha ido adquiriendo una identidad propia a partir de la evolución de la educación superior en el contexto nacional e internacional. Por tanto, avanzar hacia una propuesta de una nueva formación general no puede desconocer aquellos propósitos, principios y valores que como Universidad nos distinguen.

REFERENCIAS

Arancibia, V. (2001). *Orientaciones Curriculares para la Formación General de los alumnos UC*. Santiago, Chile.

Arancibia, V., Chianale, J., Chomali, F., De la Maza, M., Edwards, G., Fernández, S., … Salinas, M. T. (2001). *Informe de la Comisión de Formación General*. Santiago, Chile.

Brunner, J. J. (2017, August 13). ¿El valor de la educación o su mera utilidad? *El Mercurio*, p. s/p. Retrieved from http://www.elmercurio.com/blogs/2017/08/13/53365/El-valor-de-la-educacion-o-su-mera-utilidad.aspx

Chuaqui, T., Del Valle, M. A., González, R., Morandé, P., Roncagliolo, C., Saavedra, G., … Varas, P. (2010). *Informe Comisión Formación Integral en la UC. Jornada Marbella 2010*. Viña del Mar, Chile.

Dirección Académica de Docencia (2000). *Gestión Docente en el Rectorado de Juan de Dios Vial 1985-2000*. Santiago, Chile.

Dirección Académica de Docencia. (2007). *Implementación Fase II Plan de Formación General*. Santiago, Chile.

Dirección de Pastoral (2011). *Ex Corde Ecclesiae. Constitución apostólica de S.S. Juan Pablo II sobre las Universidades Católicas* (M. L. Lecaros & J. L. Romero, Eds.). Santiago, Chile: Publicaciones Pastoral UC. Retrieved from http://pastoral.uc.cl/academicos-2/ex-corde-ecclesiae/

Krebs, R., Muñoz, M. A., & Valdivieso, P. (1994). *Historia de la Pontificia Universidad Católica de Chile 1888-1988*. Santiago, Chile: Ediciones Universidad Católica de Chile.

Molina, F. (1969). *Carta del Vicerrector Académico a los Directores con la aprobación sobre los Objetivos de la Política Universitaria*. Santiago, Chile.

Pontificia Universidad Católica de Chile (2011). *Informe de evaluación interna. Pontificia Universidad Católica de Chile*. Santiago, Chile.

Rectoría (2000). *Plan de Desarrollo 2000-2005*. Santiago, Chile.

Rectoría (2010). *Plan de Desarrollo 2010-2015*. Santiago, Chile.

Rectoría (2015). *Plan de Desarrollo 2015-2020*. Santiago, Chile.

Secretaría General. Aprobación Reglamento del Alumno, Pub. L. No. DR N°22/78 (1978). Secretaría General, Pontificia Universidad Católica de Chile.

Secretaría General. Designa miembros Comité Coordinador de Formación General, Pub. L. No. DR N°165/79 (1979). Secretaría General, Pontificia Universidad Católica de Chile.

Secretaría General. Aprueba creación de Diploma en Recursos Ambientales, Pub. L. No. DR N°177/92 (1992). Secretaría General, Pontificia Universidad Católica de Chile.

Secretaría General. Promulga acuerdo Honorable Consejo Superior sobre creación de Minors, Pub. L. No. DR N°09/99 (1999). Secretaría General, Pontificia Universidad Católica de Chile.

Secretaría General. Aprueba Directrices del nuevo Plan de Formación General, Pub. L. No. DR N°181/01 (2001). Secretaría General, Pontificia Universidad Católica de Chile.

Serrano, E. (1968). *Circular N°6 a los Decanos sobre Régimen de flexibilidad de los currículos*. Santiago, Chile.

Velasco, N. (2002). La reforma del Programa de Formación General en la Pontificia Universidad Católica de Chile: Bases Generales. *Revista Calidad en la Educación: Retención y Movilidad Estudiantil en La Educación Superior, 1*(ISSN 0718-4565). Retrieved from http://www.cned.cl/revista-calidad-en-la-educacion/revista-calidad-en-la-educacion-retencion-y-movilidad-estudiantil-en

Vial, J. de D. (2000). *Palabras a la Universidad* (P. U. C. de C. Vicerrectoría Académica, Ed.). Santiago, Chile: Salesianos S.A.

Vicerrectoría Académica (1968). *Informe sobre flexibilidad curricular Universidad Católica de Chile*. Santiago, Chile.

Vicerrectoría Académica (1979). *Política General de Docencia*. Santiago, Chile.

Vicerrectoría Académica (1982). *Política Académica y Administrativa*. Santiago, Chile.

Vicerrectoría Académica (1983). *Reglamento Cursos Currículo Optativo de Formación General*. Santiago, Chile.

Vicerrectoría Académica (1990). *Visión actual y futuro de la Formación General en la Pontificia Universidad Católica de Chile. Seminario Programa de Formación General 23, 24 enero 1990* (Ediciones Universidad Católica de Chile, Ed.). Santiago, Chile: Ediciones Universidad Católica de Chile.

Vicerrectoría Académica (1995). *Nuevas Opciones en la Docencia de Pregrado*. Santiago, Chile.

Vicerrectoría Académica (2001). *VII Jornadas de Planificación Estratégica. Nuevo Plan de Formación General Pontificia Universidad Católica de Chile*. Santiago, Chile.

CAPÍTULO 17

PRÁCTICAS Y TRANSFORMACIONES INSTITUCIONALES PARA AVANZAR HACIA UNA INCLUSIÓN DE EXCELENCIA EN EDUCACIÓN SUPERIOR

CATALINA GARCÍA
EVELYN SEPÚLVEDA
PABLO GONZÁLEZ
Dirección de Inclusión
Vicerrectoría Académica UC

INTRODUCCIÓN

La educación superior (ES) debe ser inclusiva, no hay duda de ello. Es una afirmación constante y cada vez más relevante en diferentes ámbitos donde se discute sobre la educación a la que aspiramos, como puede observarse en la propuesta de reforma universitaria, en la ley de inclusión, en los discursos de diversas autoridades universitarias y en los diferentes espacios públicos relacionados con la educación. Particularmente nuestra universidad ha mostrado desde hace años un especial y fuerte interés por la inclusión, coherente con su misión y la identidad que la define.

La ES en nuestro país ha avanzado en inclusión, y bastante, y es momento de detenerse a pensar en dichos avances dando una mirada a la evolución que han tenido las políticas y acciones inclusivas, para plantear los próximos logros que queremos alcanzar.

Una primera y fundamental pregunta es distinguir ¿en qué estamos pensando cuando aspiramos a una ES inclusiva? Al tratarse de una aspiración amplia y compleja, pareciera ser que no siempre se está entendiendo lo mismo cuando se hace alusión a la inclusión en ES y por lo tanto las acciones y criterios para evaluarla apuntan a diferentes indicadores. A esto se suman distintas creencias respecto de las razones para la "falta de inclusión", lo que se ve reflejado en las decisiones políticas, así como en la cultura de las diferentes instituciones de educación superior (IES).

En la ES chilena se han implementado políticas de inclusión desde los años noventa (Ayala et al., 2013). Estas han tenido por objetivo favorecer el acceso a IES de estudiantes provenientes de contextos subrepresentados en el sistema, quienes, debido a condiciones físicas, desigualdades en la calidad escolar, dificultades de financiamiento, entre otras razones, han visto impedido dicho acceso. La ES ha sido un sistema elitista, en el que históricamente se ha favorecido el acceso de estudiantes con ventajas de capital cultural y económico. Los instrumentos estandarizados de selección de los últimos 60 años (prueba de aptitud académica, PAA, y prueba de selección universitaria, PSU), que se utilizan para acceder a las universidades tradicionales y algunas privadas, han mostrado resultados que se correlacionan con el nivel socioeconómico (NSE) de los estudiantes (Pearson, 2013), lo que nos recuerda, una vez más, que con mayor capital económico es más probable acceder a establecimientos educacionales de mejor calidad, cuyos alumnos están mejor preparados para obtener mejores resultados en las pruebas de admisión universitaria (UNESCO, 2015). Además, al tener mayor capital cultural, las familias promueven el acceso a experiencias culturales y académicas de calidad desde temprana edad y promueven la continuidad de estudios superiores al finalizar el colegio (Bourdieu, 1997).

Las políticas de inclusión en Chile son conscientes de la lógica que opera en la relación entre admisión y NSE (UNESCO, 2015; Gil, Paredes y Sánchez, 2013). Es por eso que buscan diversificar los procesos de admisión para que estudiantes de NSE no representados en la ES puedan ingresar a ella. En respuesta a este interés, ha habido acciones afirmativas referidas a las vías de acceso, las que se fundamentan en la identificación de competencias complementarias a las pruebas de selección y que se hayan desplegado durante la época escolar (MINEDUC, 2015). Con el tiempo, ha sido necesario complementar dichas acciones con otras referidas a los apoyos y acompañamientos que se hacen necesarios para favorecer la graduación de todos los estudiantes, especialmente de aquellos subrepresentados por las barreras económicas, académicas, físicas, entre otras. En el camino de generar acciones inclusivas, las IES se han encontrado con desafíos y barreras relacionadas con la cultura de la ES, las visiones diversas respecto de la inclusión, el uso de conceptos de equidad, diversidad e inclusión como indistintos; o los cuestionamientos respecto de cómo las acciones inclusivas pueden afectar la calidad de la ES.

A continuación se hace una breve reflexión respecto de las políticas inclusivas en ES considerando qué es lo que las ha motivado y qué se ha buscado con ellas, presentando algunas apreciaciones respecto de la influencia que ello ha tenido en la ES, y proponiendo hacia dónde debieran dirigirse en los próximos años.

EVOLUCIÓN DE LAS ACCIONES EN BUSCA DE LA INCLUSIÓN EN EDUCACIÓN SUPERIOR

Las políticas anteriormente mencionadas surgen en los años noventa, cuando se amplían las opciones de acceso al generarse programas de becas institucionales (Larraín, 2017) y acciones de bonificación a los puntajes en la PAA y PSU de alumnos con buenas trayectorias escolares (UNESCO, 2015). A ello le suceden varias iniciativas: en 1991 se inicia una vía de admisión especial para estudiantes con discapacidad en la UC; en 2006 se crean los cupos supernumerarios BEA (MINEDUC, 2015); en 2007 se inician los propedéuticos en un grupo importante de IES (UNESCO, 2015). Desde 2011 se crean programas tendientes a complementar la PSU con otros indicadores académicos (p.e. Talento e Inclusión UC, Programa de Equidad UDP) (UNESCO, 2015). En 2012 se incorpora el Ranking de Notas en la fórmula de admisión (Gil, Paredes y Sánchez, 2013). En 2014 se instala el Programa de Acompañamiento y Acceso Efectivo a la Educación Superior, que implementa un proceso de admisión especial a la Educación Superior, a nivel nacional, y que considera aspectos de la trayectoria escolar sin uso del puntaje obtenido en la PSU (MINEDUC, 2015).

En conjunto, estas acciones han permitido el acceso de estudiantes al sistema terciario, en instituciones a las que no hubiesen accedido por sus puntajes en las pruebas estandarizadas. Se ha contribuido así a abrir oportunidades a estudiantes y sus familias. Aquí se observa un fenómeno interesante, pues en términos prácticos y discursivos el énfasis de la inclusión ha estado puesto en la admisión de estudiantes y en relevar el deseo institucional de convertirse en IES inclusivas, descuidando otros aspectos requeridos para avanzar hacia una inclusión de excelencia. Vásquez y Alarcón (2016) revisaron las misiones y visiones de 26 universidades chilenas que declaran ante la Comisión Nacional de Acreditación tener programas de apoyo al aprendizaje de estudiantes. Encontraron que dichas instituciones comprenden la inclusión desde indicadores culturales (por ejemplo, trato a los estudiantes, comunidad acogedora y segura), pero hay pocas acciones asociadas al acompañamiento de estudiantes, a prácticas concretas relacionadas con esa comprensión de la inclusión, y a la evaluación de las necesidades de su comunidad (Vásquez y Alarcón, 2016). Pareciera ser que las universidades declaran la importancia de la comunidad inclusiva, pero no son explícitas respecto de la generación de prácticas o políticas institucionales.

En los 20 años de acciones de inclusión en la ES, pareciera haber operado la suposición de que permitiendo el acceso de estudiantes históricamente excluidos, las instituciones se transformarían en inclusivas. Sin embargo, una vez que se instalaron de manera sólida procesos de admisión de equidad, las instituciones identificaron la complejidad de las necesidades de los estudiantes, tanto en procesos de inserción social como de inserción académica. En concreto, pese a que los criterios de admisión complementarios a las pruebas estandarizadas permiten prever algunas competencias relacionadas con la permanencia (Equitas, s/a), existen brechas académicas y desconocimiento de los códigos culturales de la educación superior que afectan el trayecto universitario de los estudiantes y pueden derivar en deserción (Canales y De los Ríos, 2009). Esta visión, que instala todas las necesidades en los propios estudiantes "desaventajados", es una señal más de la necesidad de avanzar en inclusión, entendiendo esta como un proceso que resulta de la transformación de todas las partes (y no solo la adaptación del estudiante a la IES).

Frente a lo anterior, ha surgido la perspectiva que focaliza la meta de la inclusión en la titulación y no únicamente en el acceso de los estudiantes. Y si bien ya en el 2005 UNESCO señalaba que la inclusión se relaciona con el acceso, la participación y los logros de todos, especialmente de aquellos en riesgo de ser excluidos, este cambio de énfasis es aún es incipiente y no ha sido sistematizado. En la búsqueda de dar respuesta a ello se ha concretado el inicio de prácticas de acompañamiento continuo durante la trayectoria universitaria, focalizadas en procesos de inserción y aprendizaje, y teniendo como eje inclusivo la promoción del aprendizaje de todos los estudiantes y la consideración de adecuaciones en las instituciones que, sin afectar la calidad de las mismas o su misión, consideren y se hagan cargo de generar condiciones académicas y organizacionales para dar soporte a los estudiantes.

Hemos visto una importante trayectoria de políticas públicas, decisiones institucionales y acciones profesionales en dirección a eliminar las condiciones que hoy se consideran no aceptables, aun cuando se nos hacen difíciles de cambiar. Las primeras respuestas han apuntado a entregar los apoyos económicos necesarios para suprimir esta barrera para la participación en la ES. Poco a poco se ha ido rompiendo la idea de que solo quienes cuentan con recursos económicos tienen las capacidades y condiciones para estudiar, lo que se ha traducido en grandes esfuerzos por encontrar "talentos" en otros contextos socioeconómicos, apoyándolos con becas y otros recursos. Es un paso valioso y abrió oportunidades para quienes no imaginaban poder tenerlas, y de a poco fue movilizando los contextos en los que empezó a estar permitido aspirar a la ES, independiente del lugar de proveniencia.

Con el tiempo la estrategia empezó a no ser suficiente; por una parte, muchos buenos estudiantes no lograban acceder a estos apoyos económicos, ya que no alcanzaban los altísimos requisitos académicos definidos; por otra, seguía siendo evidente que, si bien había oportunidades nuevas de acceso, en muchas ocasiones ello era insuficiente para la permanencia. Estas primeras estrategias han pretendido encontrar estudiantes con las mismas características que aquellos que tradicionalmente participaban de la ES, solo que provenientes de otros contextos socioeconómicos o cuyas características requieren de otras formas de acceso o demostración de aprendizaje de los contenidos; y una vez en la ES parte de su desafío ha sido formar parte de la institución y de la cultura universitaria, lo que para varios ha sido una barrera que en algunos casos lleva a la deserción (Canales y De los Ríos, 2009). ¿Cómo es que un estudiante que tiene las máximas calificaciones y resultados académicos no logra adaptarse a la ES y termina por salir del sistema?

Casos como este son los que nos recuerdan que la inclusión en ES no se trata solo de capacidades; se juega también en la integración académica, social y afectiva, en el sentido de pertenencia, en la real posibilidad de formar parte y aportar desde la riqueza única y personal en vínculo con otros, y en la apertura de las instituciones para transformarse, más allá de la demanda de adaptación a los individuos que busca homogeneizar y hacerse indistinguible.

En este marco de cambios en políticas, acciones e intenciones en las IES, se hace notar un nuevo requerimiento sobre inclusión: la consideración de otros grupos subrepresentados, siendo uno de ellos el grupo de estudiantes con discapacidad y con otras necesidades educativas especiales (NEE). Las políticas y acciones dirigidas a disminuir barreras en estos grupos (bajo NSE y NEE) han avanzado por carriles separados, lo que además de llamar la atención (dado que la inclusión apunta a la consideración de todos (Booth & Ainscow, 2000)), nos recuerda que tenemos allí una deuda aún mayor respecto de su participación plena en la ES.

APORTES A LA REFLEXIÓN ACTUAL SOBRE EDUCACIÓN SUPERIOR INCLUSIVA

Al considerar a las universidades en su rol de formadoras de profesionales, es requisito mirar el proceso de inclusión desde un modelo sistémico (Echeita, Muñoz, Sandoval y Simón, 2014), donde resulta pertinente visualizar a todos los actores que tienen potencial influencia en el sistema educacional y las culturas y prácticas que se desarrollan al interior de las instituciones: estudiantes, docentes, unidades académicas, unidades de servicios, funcionarios (administrativos y profesionales). Pero también es pertinente mirar las relaciones entre dichos actores, los procesos de regulación mutua, las prácticas, los discursos y su influencia recíproca.

Para Echeita, Muñoz, Sandoval y Simón (2014), "todo aquello que, como resultado de la forma de organizar la enseñanza y el aprendizaje, contribuya al desarrollo, en determinados alumnos, de sentimientos y situaciones de fracaso reiterado, aislamiento, marginación, minusvalía o de exclusión deben ser consideradas como barreras de primer orden para el aprendizaje" (p. 32). Hablando de la inclusión dentro de la educación en general, estos autores proponen que gran parte se juega en el aula y en las acciones destinadas a promover el aprendizaje en todos los estudiantes. Cuando eso falla, se promueve la exclusión.

Si bien se pone un fuerte énfasis en el clima, la interacción y el funcionamiento de las IES para ser verdaderamente inclusivas (acogedoras de la diversidad, potenciando el aprendizaje de todos), no debemos dejar en segundo plano su rol formador de profesionales. La ES tiene una gran responsabilidad social, pues es la encargada de acreditar que las personas que participan de su proceso formador están en condiciones de ejercer una profesión o tarea específica para la que están calificadas, y la sociedad puede confiar en ello. Esto último es esencial a la hora de tomar decisiones respecto de acciones inclusivas, pues no basta con acceder a la ES, sino que debe potenciarse el derecho a la igualdad de oportunidades y a la participación plena[1], en el proceso formativo y en el logro de los estándares definidos para dar cuenta de que se es un profesional o técnico que cumple lo necesario; se trata de ES inclusiva, y no solo de inclusión social en el más amplio

---

1   Según plantea la Ley 20.422.

sentido. Por otro lado, para lograr esa meta no podemos desvincular las acciones en ES de las políticas sociales, ni de las políticas y estándares esperados para la educación escolar, ya que no es posible resolver todas las inequidades solo desde la ES, ni puede ponerse en riesgo la responsabilidad que cumple la ES en la sociedad[2].

Una forma de abordar la inclusión en ES ha sido a partir de la búsqueda de romper y disminuir inequidades, reconociendo las múltiples y estables situaciones de desigualdad, de discriminación y de falta de oportunidades. Ha sido una acción afirmativa que pretende hacer notar esto y romper la constante de un espacio de riqueza sociocultural del que muchos han quedado fuera de forma reiterada, por largo tiempo. En contextos de inequidad, la inclusión se hace más compleja, puesto que la participación plena de todos, en función de aquello que es propio de la ES (formación de profesionales), se ve limitada por diversas barreras culturales, de habilidades de aprendizaje, de bagaje de contenidos, de expectativas, de experiencias de desafío intelectual y desarrollo de los potenciales, entre otras. No se trata solo de integración social; se trata de las posibilidades de acceder a reales oportunidades de formación superior de excelencia, alcanzando altos estándares de calidad profesional para todos, lo que hace necesario distinguir las diferencias, y en especial aquellas que conllevan barreras o menores oportunidades para acceder a aquello deseable para todos.

Planteamos por tanto que una ES inclusiva hoy es aquella que apunta a la articulación de grupos (sociedades, comunidades, universidades, etc.) que no se cuestionan respecto de la diversidad, sino que la consideran una característica inherente a lo humano. Desde esta perspectiva, por tanto, la vida cotidiana y el hacer en ES son creados, analizados, evaluados y desarrollados desde la diversidad, lo que facilita que cada uno pueda ser parte de ese todo y, de esa forma, favorece un enriquecimiento para la comunidad en su conjunto. Esto lo logra a través de acciones de equidad complementadas con acciones de inte-

---

2   Las inequidades frente a las que la ES actúa son parte de procesos sistemáticos de desigualdades en la educación preescolar, básica y media. En ese sentido, cuando el énfasis está solo en ES, se corre el riesgo de quitar el foco en las políticas en educación escolar y mover la responsabilidad completa de cerrar brechas a las IES. Mientras sea necesario, la ES generará procesos inclusivos; sin embargo, es una tarea global atender a la equidad en todo el sistema. En un escenario ideal, las acciones remediales "masivas" no debieran ser necesarias en ningún nivel del sistema.

gración e intercambio de la diversidad. De ese modo, una ES inclusiva es aquella que considera su responsabilidad social de formación de profesionales y desde esa misión valora la diversidad y busca ampliar oportunidades para acceder y participar plenamente, ofreciendo diferentes alternativas posibles para recorrer la vida universitaria y para egresar de ella enriquecido por el intercambio con los demás.

En esta complejidad, hay al menos dos aspectos de suma importancia para hablar de una ES inclusiva en el contexto en el que nos encontramos hoy, los que se describen a continuación.

DETECCIÓN Y ACOMPAÑAMIENTO DE DIVERSOS BUENOS ESTUDIANTES

Las políticas de inclusión en la ES parten del supuesto de que la admisión especial debe identificar a estudiantes que no habiendo tenido suficientes oportunidades de desarrollo académico durante la educación media, podrán de todas formas abordar los desafíos de la educación terciaria y obtener un título.

Tradicionalmente en Chile, y siguiendo los principios de la UNESCO (2015), se acepta la noción de que "los talentos están igualmente distribuidos entre ricos y pobres, en todas las etnias y culturas" (p. 6). Más allá de la reflexión por la validez de esta máxima3, es cierto que ella ha tenido un impacto amplio en la discusión sobre inclusión. Por una parte, ha permitido pensar que en distintos contextos y sectores se encuentran estudiantes que potencialmente pueden convertirse en profesionales que aporten a la sociedad; asimismo, ha promovido la generación de indicadores (más allá de las pruebas estandarizadas) para identificar el talento, los cuales sustentan los procesos de admisión inclusiva. En resumen, es una idea que ha fomentado la búsqueda y admisión de estudiantes que tradicionalmente han estado excluidos del sistema terciario.

Sin embargo, la misma premisa puede resultar perjudicial cuando los estudiantes que ingresan por vías inclusivas son vistos como "poseedores" de un talento que les permitirá aprovechar la universidad y transitar por ella. Cuando no se mira críticamente la noción de talento, puede concebirse como un rasgo individual que está o no está presen-

---

3   Tema que no será tratado acá.

te, lo que pondría en el individuo identificado como "talentoso" todo el peso de avanzar frente a obstáculos y desafíos. Sin duda hay muchos estudiantes de ingreso por admisión inclusiva que han podido abordar la transición a la vida universitaria relativamente solos. Sin embargo, tanto la experiencia como la evidencia muestran a las instituciones que cuando el estudiante ha tenido barreras de desarrollo académico y una falta de vínculo o conocimiento sobre la ES, las brechas para el progreso académico, personal y social son mayores que el estándar propio de la transición a la universidad.

Si se suman las dificultades del estudiante y la expectativa de la institución de haber seleccionado a un alumno "talentoso", se produce un resultado negativo: mientras el estudiante no puede avanzar en la universidad, esta no se moviliza para generar apoyo, pues asume que el talento hará su trabajo. Positivamente, las instituciones se han hecho eco de esta experiencia y han instalado sistemas de acompañamiento dirigidos a los estudiantes de admisión inclusiva, y con ello están aprendiendo a acompañar a todos los estudiantes más allá de su vía de admisión.

Parece pertinente abrir la discusión respecto de cómo pensar a aquel "buen estudiante" que los programas de admisión inclusiva buscan identificar. Hasta ahora, el factor decisivo ha sido la trayectoria escolar previa (Equitas, s/a). El supuesto es que los estudiantes que han tenido buenas notas, en relación con sus pares, han aprovechado al máximo las oportunidades académicas de su contexto. Este aprovechamiento sería indicador de ciertas competencias individuales (tanto cognitivas como socioafectivas) necesarias para el aprendizaje. Se espera, entonces, que la aplicación de dichas competencias se transfiera desde el colegio a la universidad.

Este modelo supone que el estudiante posee ciertos atributos específicos, pero desconoce que el resultado obtenido en el colegio (buenas notas) ha sido producto del ajuste entre atributos del individuo y atributos del contexto académico al que se ha visto expuesto. El resultado escolar es, por lo tanto, producto de una interacción. Aunque se acepte que el estudiante se adaptó activamente a las circunstancias académicas de su colegio, logrando el ajuste óptimo para rendir bien respecto de sus pares, ¿qué asegura que el ajuste lo podrá realizar cuando los atributos del contexto académico universitario planteen desafíos nuevos, frente a los cuales el estudiante puede no haber desarrollado aún las competencias óptimas? Si bien lo que se espera es que respecto de otros aprendices tenga una alta capacidad para aprender y sacar provecho del contexto, es solo bajo la premisa que asume el resultado de aprendizaje como un proceso de interacción entre individuo y contexto educativo (formado por otros individuos) que las acciones de inclusión no solo esperarán la manifestación del "talento" identificado en la época escolar, sino que promoverán, desde el comienzo, procesos de ajuste mutuos, esto es, cambios institucionales y cambios en el estudiante. Este proceso debe tener como meta el aprendizaje.

Es necesario mirar el talento de manera operativa a la luz de una comprensión más compleja del aprendizaje. Siguiendo a varios autores (Gagné, 2013; Renzulli, 2012; Tannenbaum, 1997), se propone concebir el talento como el dominio de las competencias necesarias para mostrar desempeños destacados en un área específica, en un contexto determinado. Este talento, más que ser una condición de "entrada" a una etapa educativa nueva, es una situación de "salida" de una etapa previa. Por ejemplo, se puede identificar a quienes han desarrollado las competencias para el desempeño destacado en el colegio cuando lo finalizan, pero ello no es transferible de forma directa a la universidad, pues, al cambiar el contexto y los pares, cambia el escenario dentro del que se han aplicado las competencias desarrolladas hasta ese momento. Esta condición de salida se desarrolla mediante un proceso complejo, extendido en el tiempo, de interacción entre el individuo y su ambiente académico, familiar, social y cultural. El logro exitoso de ese proceso es lo que se busca premiar con mayor equidad en la admisión, y poco a poco se va alcanzando. Sin embargo, a la hora de pensar los apoyos durante la ES, es la mirada de interacción la que debe predominar, considerando características particulares de los estudiantes al encontrarse con el contexto de ES, para promover el aprendizaje de todos.

Cuando se selecciona a un estudiante que ha demostrado buenos desempeños académicos, es porque ha logrado desarrollar y expresar competencias para rendir en el contexto específico escolar y porque estará mejor preparado que sus pares para enfrentar un nuevo escenario de aprendizaje, en este caso, en la ES. Se puede suponer que todas aquellas condiciones de aprendizaje en la universidad que sean similares o análogas al colegio, y que requieran expresar competencias ya desarrolladas, favorecerán en el estudiante un progreso académico, mientras que aquellas condiciones contextuales novedosas y que se encuentren lejos de las opciones de abordaje del estudiante dificultarán su trayecto. La IES debe ser capaz de identificar dichas brechas y promover acciones para cerrarlas que involucren tanto ajustes para el estudiante como para el contexto académico. Para ello la institución debe aprovechar las competencias que el estudiante muestra poseer para abordar los desafíos universitarios4. Siendo así, cada institución y cada carrera dentro de la misma institución podría requerir procesos distintos de acompañamiento para favorecer el ajuste entre estudiante y contexto académico, siendo necesario ir delineando las acciones de acompañamiento y ajuste institucional óptimos, para lograr las metas y estándares propios y aquellos a los que toda ES deba responder en términos de calidad.

La transición a la universidad, al implicar un cambio de contexto, es difícil para todos los estudiantes, especialmente para aquellos que provienen de entornos con baja vinculación a la ES. Sin embargo, todos quienes ingresan al primer año experimentan algún grado de dificultad, pues tendrán que abordar desafíos novedosos en alguna dimensión: académica, social, personal, familiar, vocacional.

Por ello, se implementan acciones de acompañamiento, tanto para el ámbito académico como para el socioafectivo, las que pueden incluir tutores pares, tutores profesionales, talleres, nivelaciones disciplinares y actividades extracurriculares (Ayala et al., 2013). Todo debe estar articulado institucionalmente, pero orientado hacia el estudiante y desde el estudiante (sus necesidades y fortalezas).

El acompañamiento socioafectivo debe promover aquellas competencias y dimensiones que se han asociado con la permanencia universitaria, tales como: autogestión y organización del estudio, autoconocimiento, responsabilidad, desarrollo de metas significativas personales/profesionales, sensación de pertenencia y creencias incrementales sobre las habilidades (National Academies of Sciences, Engi-

---

4   Por ejemplo, Mackay y sus colegas (2015) desarrollaron una investigación que recoge percepciones sobre los atributos positivos que los denominados estudiantes "no tradicionales" aportan a las instituciones de educación superior, es decir, estudiantes de alto desempeño provenientes de contextos académicos desaventajados. Las características que más se destacaron fueron las de determinación y persistencia, búsqueda activa de desafíos académicos y habilidades académicas de alto nivel, tales como aprendizaje autónomo, capacidad de buscar ayuda, orientación al logro y gestión del tiempo.

neering, and Medicine, 2017; Canales y De los Ríos, 2009). Asimismo, el desarrollo socioafectivo, por la naturaleza del fenómeno, debe promoverse desde la generación de ambientes acogedores, disponibles y estructurados (Milicic, Alcalay, Berger y Torretti, 2014), lo que supone posicionarse desde las necesidades de los estudiantes (no todos van a requerir exactamente lo mismo). Estos ambientes se constituyen, evidentemente, por las personas de la comunidad académica en general; por lo tanto, es necesario que la institución promueva prácticas concretas que vayan transformándola en un espacio inclusivo. En la mayoría de los casos, el desarrollo socioafectivo se produce en el tiempo y en el contexto de un buen vínculo (Milicic, Alcalay, Berger y Torretti, 2014); nunca es producto de intervenciones aisladas y/o únicas.

El primer desafío es la inserción. Operativamente, se puede pensar como un proceso en dos líneas: Por una parte, es una etapa de conocimiento mutuo entre estudiante e institución y, por otra, es un período en el que se inicia una vinculación entre estudiante y actores de la comunidad educativa. El conocimiento mutuo se traduce en acciones, como diagnósticos disciplinares, entrevistas, encuestas, charlas, recorridos guiados, ferias de servicios, encuentro con estudiantes de años superiores y encuentros con académicos (Ayala et al., 2013). El vínculo (segundo eje de la inserción) se debe construir desde el comienzo. Este no solo implica dar una recepción amable y respetuosa, sino que implica acoger al estudiante en sus necesidades, expectativas, intereses y sentir respecto de su ingreso a la ES. Desde ese punto de vista, la premisa es escuchar, más que hablar.

En su conjunto, conocimiento y vínculo permiten al estudiante sentar las bases para pedir apoyo y permiten a la institución ofrecer procesos de acompañamiento con mayor probabilidad de aceptación[5] y resultados favorables. Ambos aspectos son especialmente relevantes en los procesos de admisión inclusiva, pues los estudiantes suelen aproximarse a la ES desde el desconocimiento (históricamente sustentado) y/o con una compleja visión respecto de la calidad de sus establecimientos escolares y de las potenciales brechas existentes (en ocasiones esperan tener buenos resultados si siempre les fue bien en lo escolar; en otras, están decepcionados de reconocer la inequidad de

---

5   Prácticamente la totalidad de las instancias de acompañamiento son voluntarias para los estudiantes (Ayala et al., 2013); por lo tanto, la vinculación positiva contribuye a generar confianza y motivación por el acompañamiento.

sus oportunidades previas). Cuando conocen la institución, cuando la institución los conoce y se interesa por ellos, se promueve un vínculo inicial que, en el trayecto universitario, se puede constituir en un vínculo de trabajo, apoyo y desarrollo de competencias.

Finalizada la inserción, se activan los procesos de acompañamiento. Estos, desde la mirada interaccional propuesta, deben producirse de manera activa y coordinada por parte de la institución, y abordar dimensiones académicas/cognitivas y socioafectivas de los estudiantes. Es muy importante abordar estos procesos desde lo descubierto en la etapa de diagnóstico, procurando equilibrar las necesidades individuales y grupales de los estudiantes y las metas que tiene la institución para la formación de sus alumnos. La diversidad de estudiantes obliga a que se generen acciones tanto individuales como grupales para atender los diferentes procesos académicos y socioafectivos involucrados. Especialmente importante es identificar las similitudes y diferencias entre estudiantes de diferentes vías de admisión, con el propósito de focalizar el acompañamiento según la especificidad de cada grupo, tales como estudiantes con NEE, estudiantes con brechas académicas por baja calidad de su escolaridad, entre otros.

Por su parte, el acompañamiento académico debe propender a identificar las brechas académicas y/o las dificultades de acceso a los dispositivos de aprendizaje (por ejemplo en estudiantes con algún tipo de discapacidad sensorial). Una vez identificadas, se deben generar instancias para promover la participación en equidad en el proceso de aprendizaje. Este es un trabajo complejo, pues tiene múltiples objetivos (dependiendo de las necesidades de los estudiantes): logro de aprendizajes mínimos necesarios, exposición a desafíos cognitivos para el desarrollo de habilidades y adaptaciones no significativas en el proceso de aprendizaje (por ejemplo, generar material en formato braille). Para alcanzar esas metas, se actúa desde diversas estrategias, y siempre debe existir una cuota de creatividad para lograr un equilibrio adecuado entre tiempo invertido y beneficio, y entre intervenciones grupales e individuales. Las acciones pueden incluir nivelaciones en verano o invierno, nivelaciones semestrales, asesoría/tutoría individual al estudiante (por tutores pares o profesionales), asesoría a los equipos docentes, adecuaciones curriculares no significativas.

El resultado ideal del acompañamiento, en su conjunto, es promover el andamiaje necesario para asegurar la plena participación en la ES de los estudiantes, con miras a la permanencia y titulación. Este proceso debe distinguir entre el hecho de que los estudiantes son diversos y la necesidad de que todos puedan avanzar en equidad por la ES. Para alcanzar esa equidad, es fundamental identificar el ámbito de inequidad o la desventaja con la que el estudiante enfrenta el desafío de convertirse en profesional.

EQUIDAD, DIVERSIDAD E INTEGRACIÓN: CONCEPTOS FUNDAMENTALES Y COMPLEMENTARIOS PARA PROMOVER CONTEXTOS INCLUSIVOS

La transformación de las IES en busca de la inclusión se verá potenciada si se hacen algunas distinciones conceptuales importantes entre componentes que, si bien constituyen los procesos inclusivos, son complementarios. Estos deben ser abordados articuladamente, pero conservando sus diferencias, tanto en las acciones que motivan como en los criterios para evaluar sus resultados.

Cuando hablamos de equidad, nos referimos a dar a cada uno lo que necesita, en función de una meta o logro esperado o deseable para todos. La equidad tiene que ver con justicia, con igualdad de oportunidades (Blanco, 2006), y para lograr la equidad o al menos apuntar a ella, hay dos cosas que son imprescindibles: visualizar las diferencias y distinguir cuáles de esas diferencias resultan de enfrentar barreras o situaciones de injusticia o desigualdad. Muchas veces se busca la equidad aspirando a la homogeneización entre los individuos, o bien, tratando a todos igual, independientemente de sus características o historias previas. Sin embargo, lo relevante es distinguir las diferencias, sobre todo respecto de oportunidades o posibilidades de acceder a ellas, y de este modo generar mayores posibilidades para disminuir las barreras (entendidas como oportunidades disminuidas respecto de otras personas a causa de su condición o características) y para encontrar la forma adecuada de acompañar el proceso académico de los diferentes estudiantes. Ahora bien, solo reconocer las diferencias, o plantear que todo es valioso solo por ser diferente, nos hace olvidar que la equidad se evalúa respecto de algo que creemos debiera ser para todos, como la posibilidad de todos los estudiantes que acceden a la ES a cursarla con éxito. Siendo así, para lograr una ES equitativa debemos apuntar a la igualdad de oportunidades para acceder y cursar la enseñanza terciaria, sin perder de vista la responsabilidad de la IES de acreditar que los técnicos y profesionales que egresan de esta han logrado los estándares definidos para todos. Considerar estos dos elementos (igualdad de oportunidades y responsabilidad de la IES) ayuda también a orientar a los académicos y profesionales de la ES respecto de las acciones que son discriminadoras versus las que son formativas. Cuando solo consideramos equidad como reconocer y valorar la diferencia, en ocasiones hay temor de que cualquier exigencia o situación académica difícil para un estudiante sea considerada una discriminación o inequidad. Cuando tenemos claros los estándares a alcanzar, y que para lograrlos podemos diversificar los caminos posibles (en los que tanto el estudiante como la institución juegan un rol), entonces estamos apuntando a la verdadera equidad.

Cuando hacemos referencia a la diversidad y a su valor, nos referimos a que todos tenemos diferencias, en muchos aspectos y sentidos, y ello es parte de la condición humana y una de sus riquezas (UNESCO, 2001). Una riqueza que en ocasiones hemos limitado debido a la forma en que nos estructuramos como sociedad (por ejemplo, en el caso de la ES). En un sentido pragmático, la diversidad nos expone a situaciones poco conocidas, nos desafía al contrastar visiones, al conocer otras realidades, y todo ello hace que las personas y los grupos se enriquezcan. Dicho enriquecimiento tiene mucho que ver con el aprendizaje, pues este ocurre cuando experimentamos un "conflicto cognitivo", es decir, cuando debemos resolver un problema que no habíamos enfrentado previamente y ante el cual las antiguas estructuras de conocimiento no son útiles (Bourgeois y Nizet, 1997). En ese sentido, la diversidad nos prepara para nuevos escenarios cada vez más complejos, distintos y cambiantes. La diversidad de la IES aporta a la calidad en el proceso formativo, pues los estudiantes que tienen experiencias de convivencia en este ámbito estarán más abiertos a aceptar y sentirse cómodos con personas diversas. Esto, a su vez, les entrega valiosas herramientas profesionales para desenvolverse satisfactoriamente en ambientes laborales crecientemente diversos (Whiteford et al., 2013). Esta es una de las principales razones por las que una IES debiera promover la diversidad en tres ámbitos: diversidad en el acceso, diversidad en los procesos académicos y diversidad en los egresos, entendido esto como la formación de profesionales enriquecidos y capaces de enfrentar muchos escenarios distintos, dando mejor respuesta a las necesidades del país y de sus diferentes habitantes.

Finalmente, cuando hablamos de integración, estamos apuntando al encuentro de la diversidad, a la participación de todos, pero, sobre todo, a su interacción e intercambio para el aprendizaje, puesto que este ocurre mayoritariamente en interacción con otros (Bruner, 1984). Una de las grandes preocupaciones de la ES precisamente es la baja integración de los actores que participan de ella. Se observan grupos marcados que no se relacionan entre sí y que desvalorizan o discriminan a los otros, y ello conlleva efectos negativos para el clima, la sensación de pertenencia (especialmente de los grupos subrepresentados), así como para las posibilidades de enriquecerse con la diversidad. La diversidad en la composición del estudiantado beneficia a todos, independiente de sus contextos de procedencia, pues abre la posibilidad de que a partir de las interacciones interpersonales se genere interés por conocer realidades culturales diferentes y se aprenda de ellas. Además, la participación en ambientes de aprendizaje con diversidad permite que los estudiantes desarrollen habilidades en áreas como pensamiento crítico y pensamiento democrático (Gravley-Stack, 2014), pues el desarrollo del intelecto y la capacidad humana dependen de la comunidad y de la efectividad de la cultura para promover dicho potencial (Bruner, 1987). Promover la integración debe ser una meta de la ES, pues no basta con que haya diversidad para que los contextos se enriquezcan, sino que se hace necesario el intercambio desde la valoración y la apertura a conocer al otro en un ambiente de colaboración. El valor de la diversidad y de la colaboración es fundamental para el desarrollo de las capacidades, no solo de todos los individuos, sino de nuestra especie, de las capacidades colectivas. Esto último parece ser un elemento que hemos perdido de vista, considerando la inclusión solamente en su dimensión de promoción de la participación de todos en "algo" que es lo deseable y de lo que solo algunos están siendo parte, sin considerar que ese "algo" puede ser mucho mejor.

Distinguir entre equidad, diversidad e integración es fundamental para orientar nuestras acciones hacia el logro de estas dimensiones, las que son complementarias y aportan a lograr la inclusión. Sin distinguirlas, nuestras acciones no serán coherentes, haremos esfuerzos poco eficientes y llegaremos a conclusiones equivocadas, lo que impactará con imprecisión las nuevas políticas inclusivas.

HACIA DÓNDE DEBIERAN AVANZAR LAS POLÍTICAS DE INCLUSIÓN EN EDUCACIÓN SUPERIOR: CONTINUAR AMPLIANDO OPORTUNIDADES

Si bien hay muchos ámbitos y aristas que abordar para continuar avanzando en el desarrollo de IES inclusivas, hay tres elementos que nos parecen particularmente importantes en el momento histórico y de desarrollo educacional actual: buscar la inclusión como un criterio de excelencia, apuntar a una transformación institucional que articule la inclusión, y crear marcos regulatorios promotores de la inclusión en ES.

INCLUSIÓN COMO UNA NUEVA MIRADA DE LA EXCELENCIA EN EDUCACIÓN SUPERIOR

Poner en discusión el concepto de talento utilizado en el contexto de la ES también invita a revisar otro tipo de terminología usualmente empleada para denominar a los distintos perfiles de estudiantes que ingresan a la universidad. La masificación en la matrícula ha traído aparejado un cambio en la composición del estudiantado (MINEDUC, 2012), produciéndose una diferenciación entre un tipo de estudiante que tradicionalmente accede a la ES de otros que provienen de contextos con una histórica baja representación en el sistema de educación terciaria.

En la literatura, los conceptos utilizados para referirse a este nuevo grupo de estudiantes que ingresan a los campus universitarios, y que mayoritariamente son de primera generación, son adoptados desde la corriente anglosajona. Desde una perspectiva que los define en función de lo que carecen, se les denomina como estudiantes "en riesgo, "vulnerables", "desaventajados", entre otros términos que los perfilan como estudiantes distintos a los tradicionales. El riesgo que se corre al usar este tipo de terminología es que, además de ser reduccionistas, son etiquetas usadas para agrupar un gran conjunto de deficiencias percibidas. Con ello, se realizan generalizaciones a partir de sus contextos de procedencia, anticipando que no estarían preparados para sortear con éxito las exigencias del sistema universitario al no contar con la formación académica requerida (O'Shea et al., 2015; Smit, 2012). Por ese motivo, preferimos aludir a este tipo de estudiantes como aquellos que siendo académicamente destacados tuvieron inequidad en sus oportunidades de aprendizaje en los contextos educacionales previos (tanto por NSE como por NEE) y que, por tanto, tuvieron barreras en su desarrollo académico.

El enfoque del déficit es fuertemente cuestionado en la actualidad, puesto que se le atribuye al estudiante la responsabilidad o culpa de sus "carencias", esperando que sea él quien se adapte y aprenda a ajustarse a las expectativas que tiene la institución (O'Shea et al, 2015). En este sentido, esta perspectiva le otorga una connotación negativa a la creciente diversidad del estudiantado universitario, al no considerar los aportes y potencialidades que tiene la participación de estudiantes provenientes de distintos contextos en la ES. Mackay et al. (2015) enfatizan la importancia de tener altas expectativas sobre todos los estudiantes y la necesidad de recordar que aquellos de procedencia diversa deberían ser valorados por lo que potencialmente pueden aportar a sus compañeros y a la institución en su conjunto. Sin embargo, también reconocen que desde la literatura, en muy pocas ocasiones se reportan estudios que pongan de relieve explícitamente la contribución que este tipo de estudiantes puede hacer a la ES.

Otra preocupación vinculada con la progresiva diversidad en los campus universitarios, que ha tenido eco a nivel internacional, se refiere a la amenaza que supone para la mantención de los estándares académicos el ingreso de estudiantes no tradicionales con baja preparación académica. En especial, son las universidades altamente selectivas las que manifiestan una tensión entre el aumento de la diversidad del estudiantado, bajo políticas de equidad e inclusión, y la mantención de los altos estándares de calidad propios de estas instituciones.

En relación con lo anterior, Whiteford et al. (2013) afirman que al parecer lo que subyace a estos temores es la tácita creencia de que los estudiantes que provienen de contextos con barreras de desarrollo académico tendrían un desempeño académico inferior al de los otros estudiantes de la universidad. Sin embargo, este mismo autor señala que existe bastante evidencia que sugiere que las acciones tendientes a favorecer el acceso inclusivo no han puesto en riesgo la calidad de las IES.

Ante las aprensiones institucionales de disminuir los estándares académicos, es plausible proponer una resignificación de la noción de excelencia académica, para dar cabida a un constructo que refleje los nuevos desafíos de la ES. Para Whiteford et al. (2013) una alternativa es incluir en las mediciones de calidad de las IES indicadores vinculados a la inclusión y la diversidad, bajo el entendido de que estos son factores que inciden en la mejora de la formación académica de todos los estudiantes. Eso debería tener un correlato en que este tipo de medidas sean consideradas también en los rankings internacionales que clasifican a las universidades según criterios de calidad. Por su parte, Edwards y Coates (2011) señalan que el principal indicador de productividad en la ES está vinculado a su poder transformativo cuando, a pesar de la diversidad de contextos previos, logra que todos sus estudiantes alcancen altos estándares en sus procesos de formación profesional. La experiencia de trabajo en la UC ha mostrado que recibir estudiantes de contextos de diversa calidad académica previa o estudiantes cuyas características desafían a la docencia tradicional (como lo pueden ser estudiantes con discapacidad) remueve las creencias más arraigadas sobre el aprendizaje, los buenos estudiantes, la calidad educativa y la docencia, y si bien ello lleva a enfrentar resistencias y discusiones bastante complejas, en la gran mayoría de los casos tiene como resultado una mejora en la calidad académica, al buscarse modos alternativos de enseñar, al fijarse en el estudiantado de una manera que nunca antes se había hecho, al buscar capacitarse en nuevas metodologías, al cuestionar la propia docencia, al sentir que su quehacer aumenta su sentido, al generar cambios en los procedimientos o en los criterios que son considerados indicadores de éxito.

La educación inclusiva postula el derecho a la participación y a la educación de calidad para todos los estudiantes que acceden a la universidad (Moriña, 2017). Con esto se entiende que para una real inclusión es necesario mantener altos estándares de calidad, llevando a cabo las exigencias requeridas para todos y procurando el desarrollo de soportes para que todos puedan participar de los beneficios de un proceso de enseñanza y aprendizaje riguroso académicamente. La inclusión no implica, por tanto, reducir los niveles de excelencia de las IES.

TRANSFORMACIÓN INSTITUCIONAL COMO EJE PROMOTOR Y ARTICULADOR DE LA INCLUSIÓN

La discusión sobre inclusión en ES a menudo se centra en la integración y adaptación de las necesidades de grupos específicos, en vez de en políticas y prácticas que servirían para promover la participación plena de todos los estudiantes (Vásquez y Alarcón, 2016). O'Donnell (2016) señala que solo cuando las prácticas inclusivas impulsadas por la institución se extienden a todos los estudiantes se convierten en parte de una cultura genuinamente inclusiva. Por ello, más que focalizar en un grupo específico de estudiantes (discapacidad, etnia, género, NSE, etc.), la universidad debiera trabajar en pos de producir un cambio cultural que los beneficie a todos. En este sentido, Moriña (2017) afirma que, en particular para el contexto de ES, una educación inclusiva es aquella en la cual todos los estudiantes, sin excepción, tienen acceso a un aprendizaje de alta calidad y disfrutan de una participación plena en el sistema educativo.

O'Donnell (2016) ha observado que universidades que promueven la inclusión buscando que todos los estudiantes participen en sus prácticas de enseñanza y aprendizaje no siempre demuestran un compromiso con modificar dichas prácticas en el tiempo, debido a que los cambios hacia prácticas pedagógicas más inclusivas se entienden como una disminución de los estándares académicos. Sin embargo, para que una universidad sea realmente inclusiva requiere necesariamente introducir cambios en cómo enseñan sus docentes, quienes necesitan lineamientos de acción claros y herramientas para modificar sus prácticas. Es clave el soporte que se les presta desde la institución para guiarlos en el proceso de cambio, pues muchos académicos comprometidos con la inclusión pueden carecer de una comprensión clara sobre cómo traducir esta aspiración en prácticas concretas de enseñanza y aprendizaje (O'Donnell, 2016).

Mucho de la comunidad inclusiva se juega en las salas de clases: ¿cómo se aborda la diferencia?, ¿cómo se considera el error y el aprendizaje?, ¿cómo se aprovecha la diferencia de contextos para profundizar el aprendizaje?, ¿cómo se regulan los distintos *habitus* (Bourdieu, 1997) en la interacción en el aula? Parte del rol del docente es contribuir a la regulación de relaciones en el aula. Asimismo, y sobre todo en primer año, es la figura principal que "presenta" a los estudiantes cómo será la universidad y cuáles son los códigos, límites y formas de funcionamiento en el proceso de enseñanza-aprendizaje. Además, transmite los valores institucionales y los estándares de calidad esperados.

Por todo ello, parte de la intervención institucional involucra la formación docente. Esta no solo debiera promover una actitud positiva de ellos hacia la inclusión, sino también la instalación de prácticas concretas que eviten la exclusión o la falta de aprendizaje. En ese sentido, formar a los docentes universitarios en cómo el individuo aprende y los factores que están detrás del desarrollo académico debe ser prioritario, junto con la formación en cómo establecer vínculos positivos, acogedores y constructivos para el aprendizaje.

Para O'Donnell (2006), una cultura verdaderamente inclusiva es aquella que, a partir de una previsión anticipada de la diversidad en el estudiantado, realiza una reorganización a nivel de diseño curricular para hacerlo accesible a las diversas necesidades de aprendizaje. Siguiendo a este autor, un enfoque verdaderamente inclusivo en ES se anticipa proactivamente a nivel de diseño curricular para dar respuesta a las diversas necesidades de los estudiantes, realizando ajustes tanto en el proceso formativo como en los entornos de aprendizaje6. A partir del reconocimiento de la diversidad del estudiantado, es posible generar los andamiajes pertinentes que respondan a las distintas necesidades académicas.

Tal como afirma Moriña (2017), para que exista una real inclusión en ES, no es suficiente garantizar el acceso de estudiantes diversos, sino que también es necesario entregar los soportes pertinentes para asegurar que permanezcan en la universidad y se gradúen de forma exitosa (ver punto 3.1 anterior). Para la instalación de una educación inclusiva se requiere la implementación de estrategias y prácticas organizacionales que promuevan interacciones sociales y académicas significativas al interior de la comunidad universitaria entre quienes

---

6   Un ejemplo acorde con este enfoque en la UC es la estrategia de tránsito curricular diferenciado para los estudiantes que ingresan por vía del Programa de Acompañamiento y Acceso Efectivo a la Educación Superior (PACE), pues anticipando que por su baja vinculación previa con la ES los estudiantes tendrían necesidad de mayor tiempo para su instalación en la universidad, y considerando que debido a sus barreras de desarrollo académico en sus experiencias escolares tendrían necesidad de nivelaciones disciplinares, se elaboró en conjunto con las unidades académicas una propuesta de "trayectoria de nivelación". Esta consiste en que los estudiantes que acceden a la UC por cupo PACE, que tengan bajo desempeño en diagnósticos disciplinares, transiten de forma distinta por el currículum, aplazando algunos cursos de primer año, para, en su reemplazo, tomar cursos de nivelación diseñados especialmente para esta estrategia, la que surge de varias evidencias de la experiencia en la UC: estudiantes con cierto nivel de conocimientos de entrada requieren más tiempo para las nivelaciones disciplinares (no basta con el período de verano); se debe evitar poner en paralelo un curso mínimo disciplinar con la nivelación correspondiente (pues el curso mínimo puede encontrarse lejos de las opciones del estudiante de aprovecharlo plenamente); se debe evitar sobrecargar al estudiante con actividades de acompañamiento en paralelo al tránsito por el total de cursos obligatorios.

provienen de contextos diversos (Tienda, 2013; citado en O'Donnell). Eso, a nuestro modo de ver, se traduce en la implementación de soportes académicos o andamiajes que habilitan a los estudiantes para transitar por el currículum con equidad, y así acceder a las oportunidades de aprendizaje. Esta es una verdadera educación inclusiva.

Respecto de los cambios necesarios para avanzar de forma efectiva y sostenible hacia culturas inclusivas, May y Bridger (2010) señalan que es indispensable que las universidades se focalicen simultáneamente tanto en los factores institucionales como en los factores individuales, al ser estos las dos caras de la misma moneda. Los cambios a nivel institucional impactan las políticas y procedimientos internos, mientras los cambios a nivel individual inciden en el proceso mediante el cual se desarrollan y se implementan las prácticas inclusivas. Por tanto, para asegurar la adopción sistemática de una cultura inclusiva es necesario modificar las políticas y procesos institucionales, así como promover una disposición favorable al cambio a nivel individual.

A nivel individual, es clave que los docentes tengan una alta valoración de la diversidad, puesto que de esa forma podrán modelar en sus estudiantes una actitud favorable hacia un otro diferente. La capacidad que tienen los docentes de trabajar de forma efectiva en aulas diversas debiese ser un elemento a considerar en los atributos de una buena docencia, porque un docente que trabaja con la diversidad tiene altas expectativas de todos sus estudiantes y ajusta sus recursos pedagógicos para desarrollar el potencial de cada uno de ellos (Bella, 2006). Lo anterior debe ser acompañado de apoyos institucionales que aumenten la equidad y complementen la acción inclusiva de los docentes.

May y Bridger (2010) enfatizan la necesidad de generar evidencia sólida y adaptada al contexto institucional, que le dé soporte al proceso de cambio y que muestre los beneficios e impactos de este. Se sugiere que se utilicen distintos métodos de recogida y análisis de información, que involucren a los distintos actores participantes. En esta línea, Watkins et al. (2016) proponen implementar una estrategia de monitoreo para asegurar el desarrollo de un sistema de educación inclusivo, el que debiese incorporar las dimensiones de eficiencia, efectividad y equidad. Esto plantea el desafío a la ES chilena de construir los indicadores apropiados para monitorear la inclusión, los que no solo deben focalizarse en resultados (por ejemplo, composición de la matrícula), sino también en los procesos que sustentan la práctica inclusiva, desde el aula hasta la política interna, pasando por los discursos explícitos de la comunidad y los implícitos que se develan en la interacción cotidiana de dicha comunidad.

Una idea compartida por investigadores y gestores en ES apunta a la necesidad de realizar cambios transformacionales en estas instituciones, de modo que reflejen los cambios en las tendencias sociodemográficas y preparen a los estudiantes para una economía crecientemente globalizada y una fuerza de trabajo diversa. Avanzar con ese horizonte es lo que algunos llaman la "agenda de diversidad" (Adserias et al., 2017).

El término "agenda de diversidad" es amplio; algunos autores lo definen como los esfuerzos de cambio que hacen las universidades para que sus campus sean más inclusivos, mientras que otros definen algunos elementos específicos de su contenido, tales como políticas o planes de acción que guían el avance hacia una comunidad universitaria inclusiva. En definitiva, la agenda de diversidad debiera ser una guía para que los miembros de la institución avancen hacia una cultura inclusiva. Por tanto, se requieren cartas de navegación que contengan elementos tales como definición de diversidad, metas, recomendaciones de acción, definición de actividades y responsables, calendario, indicadores de proceso y presupuesto (Adserias et al., 2017). También debiera incluir procesos de revisión y actualización de los paradigmas con los que la comunidad concibe la inclusión, el aprendizaje y la misión institucional.

UN MARCO REGULATORIO QUE VALORE Y PROMUEVA LA INCLUSIÓN

La transformación institucional y las acciones inclusivas requieren de soporte por parte de los marcos regulatorios al interior de las IES, así como de las políticas públicas. Las normativas, los indicadores de calidad, los criterios de evaluación y los incentivos indican qué es lo posible de realizar, qué se espera del quehacer de una institución, qué es lo relevante y valorado, y qué es lo que vale la pena hacer.

Las acciones inclusivas deben ser claras respecto del ámbito al que apuntan, y deben instalar los marcos de posibilidades y las exigencias acorde con ello. Las IES pueden apoyar la inclusión incorporando dentro de sus documentos y declaraciones públicas su interés por aportar a la equidad, su valoración respecto de la riqueza de la diversidad para aumentar la calidad de la formación y su decisión de ser un espacio paulatinamente más inclusivo. Esto debe verse reflejado en la definición de metas y objetivos institucionales, en las estructuras formales, en las prácticas y en los criterios de evaluación de su gestión. A modo de ejemplo, se esperaría encontrar elementos sobre inclusión en los planes de desarrollo, en los reglamentos, en las orientaciones y exigencias académicas, en los instrumentos y procedimientos de evaluación, entre otros. Esto complementará sin duda la acción inclusiva que pueda darse desde las unidades y personas que forman parte de la institución, entregando un soporte muy importante para movilizar y orientar a su comunidad.

Por otra parte, y considerando que las IES realizan su labor aportando a una responsabilidad social bajo marcos que regulan su actuar, es imprescindible que las decisiones políticas y exigencias legales promuevan lo que se espera. Para ello, distinguir los ámbitos respecto de los cuales se puede aportar a la inclusión, y la pertinencia de las diferentes acciones para cada uno de dichos ámbitos, es de suma importancia; de lo contrario, se puede generar confusión o rechazo a la inclusión en ES. Un ejemplo de esto se puede observar en que muchas de las políticas y decisiones respecto de la inclusión se fundamentan en el valor de la diversidad y la capacidad inherente de los buenos estudiantes de transitar con éxito la ES; sin embargo, las estrategias específicas han apuntado principalmente al acceso equitativo, utilizando como indicador de éxito el número de vacantes utilizadas por estudiantes de contextos tradicionalmente subrepresentados o que presentan mayores barreras académicas. Siendo este el incentivo, en ocasiones se busca llenar más vacantes, incluso eliminando elementos que pueden ser considerados relevantes para enfrentar con éxito la ES, y esperando luego que la IES logre los mismos objetivos dentro de los parámetros que están fijados para todo estudiante, sin considerar diferencias (acompañamientos y nivelación en paralelo a la carrera, mismos años de duración de la carrera, expectativa de que no haya dudas vocacionales, etc.). De lo contrario, puede lograrse el efecto opuesto, generando la idea de que el motivo para ingresar a la ES está dado por su condición de inequidad y no por sus méritos académicos pesquisados de manera distinta al proceso de selección regular, y evaluando dichos méritos en contexto, dadas las situaciones de inequidad.

Lo que se esperaría de una política inclusiva es que potencie las altas expectativas por medio de la consideración de elementos de equidad, así como de enriquecimiento académico debido a la diversidad estudiantil, apoyando la creación de diferentes maneras de acceder y de transitar por la ES con estándares comunes de calidad que deben ser alcanzados por todos los estudiantes y por todas las IES; comprendiendo a su vez que las IES son distintas y que las formas de eliminar barreras de acceso y de permanencia deberán ser diferentes en función de la interacción entre las características de los individuos y las características de la IES específica.

La gestión institucional debe contar con soportes que permitan flexibilizar las acciones para el logro de los indicadores de calidad en todos sus estudiantes; para ello, habría que reconsiderar algunos criterios de evaluación que dificultan la inclusión y ofrecen el incentivo a evitar las acciones en pro de la equidad. Si las IES son criticadas o castigadas por tener menores tasas de aprobación, o estudiantes que demoran más del tiempo estipulado en cursar la carrera, se corre el riesgo de que las IES opten por recibir a los estudiantes con menores barreras, o bien, por disminuir las exigencias académicas para bajar la reprobación, afectando negativamente las creencias respecto de las capacidades de los estudiantes y de la calidad de su formación profesional, todo lo cual puede aumentar la exclusión y empobrecer a la ES.

A MODO DE CIERRE: INCLUSIÓN, PRÁCTICAS Y TRANSFORMACIONES

El objetivo de la inclusión en Educación Superior es que los estudiantes alcancen una formación de calidad, bajo condiciones de equidad e integración que se basen en la comprensión de la diversidad como una condición propia de lo humano. Ya no solo es el estudiante quien debe adaptarse a las demandas de la ES, sino que la institución debe transformarse a la luz de la nueva diversidad que acoge, pero manteniendo los estándares asociados a su rol formador. Gran parte del desafío de la inclusión se juega en alcanzar el equilibrio entre esas dimensiones.

Las IES se están volviendo más diversas gracias a los procesos de admisión inclusiva. Ahora resta por activar procesos de equidad e integración para que los estudiantes cumplan adecuadamente el objetivo formativo de la ES y participen plenamente de ella. Esto se debe dar en el marco de un vínculo nutritivo y de la aspiración al bienestar individual-comunitario. Además, debe existir una clara orientación hacia el aprendizaje, entendiendo este como un proceso derivado de la interacción entre el estudiante y su contexto educativo.

Lograr una ES inclusiva es hoy inseparable de la consideración de acciones concretas que promuevan la equidad, la integración y la vinculación entre contextos e individuos diversos. La diversidad se debe valorar en su carácter de aporte a la comunidad, evitando su valoración desde el sesgo del déficit. Asimismo, esta diversidad debe implicar que las IES sean conscientes de las brechas que podrían operar en el trayecto y que requieran soportes específicos.

Para alcanzar la meta, se deben desplegar prácticas y promover transformaciones en las IES. Se espera que, sobre la base de la diversidad, cada institución genere dispositivos de diagnóstico, acompañamiento, nivelación y seguimiento que promuevan la satisfacción de las necesidades que se activen en los estudiantes ante los desafíos de la ES. Además, se espera que las acciones se desplieguen en el núcleo formativo de las IES, es decir, en la práctica docente, considerando apoyos y orientaciones para los profesores.

Muchas de estas prácticas implican hacer transformaciones en las políticas internas y actuar creativamente para introducir dispositivos novedosos de acompañamiento (por ejemplo, adecuaciones curriculares o adecuaciones a los materiales). Además, se deben generar múltiples objetivos de acompañamiento ajustados a las necesidades y fortalezas de los estudiantes, a la luz de las exigencias institucionales. Esto, lejos de atentar contra la calidad institucional, es un modo de diversificar las formas de transitar el camino hacia la formación profesional establecida por los estándares regulares. Se espera que, en el marco de la diversidad y mediante acciones de equidad, los estudiantes alcancen los estándares institucionales y, además, desplieguen su diversidad para nutrir a la IES en su totalidad y a su futuro ejercicio profesional.

En la medida que se transforman prácticas y paradigmas, estos deben plasmarse en las políticas, marcos regulatorios y acciones de las IES. Entonces se da la inclusión de excelencia, donde todos ganan, y donde hay una construcción permanente, porque las acciones específicas para la inclusión ocurren siempre en un contexto histórico y cultural que seguirá planteando nuevos desafíos. Por lo mismo, se deben fomentar procesos de investigación y evaluación para construir el conocimiento más atingente a nuestra realidad y sociedad actual.

REFERENCIAS

Adserias, R., Charleston, L., & Jackson, J. (2017). "What style of leadership is best suited to direct organizational change to fuel institutional diversity in higher education?", *Race Ethnicity and Education*, Vol 20, N°3.

Ayala, M., Castro, C., Fernández, V., Gallardo, G., Jouannet, Ch. y Moreno, K. (2013). Inclusión, acogida y apoyo hacia los estudiantes desde las instituciones de educación superior. En *Aequalis, Acceso y permanencia en la educación superior: Sin apoyo no hay oportunidad*. Santiago: Aequalis.

Bella, R. (2006). "Investigating Psychological Parameters of Effective Teaching in a Diverse Classroom Situation: The Case of the Higher Teachers' Training College Maroua, Cameroon", *Journal of Education and Practice*, Vol. 7, N°23.

Blanco, R. (2006). La equidad y la inclusión social: uno de los desafíos de la educación y la escuela de hoy. *REICE, Revista electrónica iberoamericana sobre calidad, eficacia y cambio en educación*, Vol. 4 (3), p. 1-15.

Booth, T. y Ainscow, M. (2000). *Índice de inclusión. Desarrollando el aprendizaje y la participación en las escuelas*. CSIE: Bristol UK.

Bourdieu, P. (1997). *Razones prácticas. Sobre la teoría de la acción*. Barcelona: Anagrama.

Bourgeois, E. y Nizet, J. (1997). *Apprentissage et formation des adultes* (Trad. C. Colomer). París: Presses Universitaires de France.

Bruner, J. (1984). *Acción, Pensamiento y Lenguaje*. Madrid: Alianza.

Bruner, J. (1987). *La importancia de la educación*. Buenos Aires: Paidós.

Canales, A. y De los Rios, D. (2009). Entendiendo la permanencia de estudiantes vulnerables en el sistema universitario. Centro de Investigación en Creatividad y Educación Superior (CICES).

Edwards, D. & Coates, H. (2011). Monitoring the pathway and outcomes of people from disadvantaged backgrounds and graduate groups. *Higher Education Research & Development*, 30(2), 151-163.

Echeita, G., Muñoz, Y., Sandoval, M. y Simón, C. (2014). Reflexionando en voz alta sobre el sentido y algunos saberes proporcionados por la investigación en el ámbito de la educación inclusiva. *Revista Latinoamericana de Educación Inclusiva*, 8(2), pp. 25-48.

Equitas (s/a). Propedéutico UNESCO: Nueva esperanza, mejor futuro. Santiago: Fundación Equitas.

Gagné, F. (2013). The DMGT: Changes Within, Beneath, and Beyond. En *Talent Development & Excellence*, 5(1), p. 5-19.

Gil, F., Paredes, R. y Sánchez, I. (2013). El ranking de las notas: Inclusión con excelencia. *Temas de la agenda pública: Centro de políticas públicas, Pontificia Universidad Católica de Chile*, 8(60), 3-19.

Gravley-Stack, K. (2014). "Achieving inclusive excellence: the role of change agents and institutional artifacts in diversifying institutions". A dissertation submitted to the Graduate Faculty of the North Dakota State University of Agriculture and Applied Science.

Larraín, J. (2017). PACE UC. Primera jornada nacional PACE 2017, 4 y 5 de abril, Santiago, Chile.

Ley 20.422 (2010). Ley de Igualdad de Oportunidades e Inclusión Social de Personas con Discapacidad.

Mckay, J., Devlin, M. (2015). "Low income doesn't mean stupid and destined for failure': challenging the deficit discourse around students from low SES backgrounds in higher education". *International Journal of Inclusive Education*, Vol 24, N°4.

May, H., Kath, B. (2010). "Developing and embedding inclusive policy and practice in higher education". Higher Education Academy, York.

Milicic, N, Alcalay, L., Berger, C. y Torretti, A. (2014). *Aprendizaje socioemocional: Programa BASE (Bienestar y Aprendizaje Socioemocional) como estrategia de desarrollo en el contexto escolar*. Santiago: Editorial Planeta.

MINEDUC (2015). Fundamentos del PACE: Elementos que fundamentan este programa y su etapa piloto. Santiago: [s.n].

MINEDUC (2012). "Deserción en la educación superior en Chile". *Serie Evidencias*, Año 1, N°9.

Moriña, A. (2017). "Inclusive education in higher education: challenges and opportunities". *European Journal of Special Needs Education*, 32:1, 3-17.

National Academies of Sciences, Engineering, and Medicine (2017). *Supporting Students' College Success: The Role of Assessment of Intrapersonal and Interpersonal Competencies*. Washington, DC: The National Academies Press.

O'Donnell, Victoria (2016). "Organisational change and development towards inclusive higher education". *Journal of Applied Research in Higher Education*, Vol. 8, Iss 1, pp. 101-118.

O'Shea, S., Lysaght, P., Roberts, J. & Harwood, V. (2015). "Shifting the blame in higher education – social inclusion and deficit discourses". *Higher Education Research & Development*.

Pearson (2013). Informe Final Evaluación de la PSU Chile. London: Pearson.

Renzulli, J. (2012). Reexamining the Role of Gifted Education and Talent Development for the 21st Century: A Four-Part Theoretical Approach. En *Gifted Child Quarterly*, 56(3), pp. 150-159.

Smit, R. (2012). "Towards a Clearer Understanding of Student Disadvantage in Higher Education: Problematising Deficit Thinking". *Higher Education Research & Development*, 31 (3): 369-380.

Tannenbaum, A. H. (1997). The meaning and making of giftedness. En N. Colangelo & G. A. Davis (Eds.) *Handbook of Gifted Education*. Second edition (pp. 27-42). Boston: Allyn & Bacon.

UNESCO (2001). Universal declaration on cultural diversity. París: UNESCO.

UNESCO (2005). Guidelines for inclusion: Ensuring Acces to education for All. Paris: UNESCO.

UNESCO (2015). Inclusión a la universidad de estudiantes meritorios en situación de vulnerabilidad social. Santiago: [s.n].

Vásquez, B. y Alarcón E. (2016). La inclusión en las universidades chilenas: del discurso a las interacciones prácticas, políticas y culturales. **Pensamiento Educativo, 53**(2), 1-19.

Watkins, A. y Ebersold, S. (2016). "Efficiency, Effectiveness and Equity within Inclusive Education Systems". *Implementing Inclusive Education: Issues in Bridging the Policy-Practice Gap*, 229-253.

Whiteford, G., Shah, M. y Sid, C. (2013). "Equity and excellence are not mutually exclusive. A discussion of academic standards in an era of widening participation". *Quality assurance in education*, Vol. 21, N°3.

CAPÍTULO 18

UN PREGRADO A LA ALTURA DE LOS TIEMPOS: COLLEGE UC[1]

TOMÁS CHUAQUI
Director Programa College UC

LORENA CORREA
Directora de Docencia Programa College UC

1   Una versión anterior de este capítulo apareció como "College UC: Una Experiencia de Innovación Curricular", en *Innovación Curricular en las Universidades del Consejo de Rectores*, Santiago de Chile: Consejo de Rectores de las Universidades Chilenas, 2012, pp. 109-132. Agradecemos la asistencia de Pilar Tello, Coordinadora de Asuntos Curriculares del Programa College, en la actualización de las cifras aquí contenidas.

INTRODUCCIÓN

En este capítulo damos cuenta de algunas de las características más distintivas del Programa College de la Pontificia Universidad Católica de Chile. Luego de explicar su origen y las razones que llevaron a su creación, describimos los aspectos esenciales de su estructura, para luego explicar la forma en la que ha funcionado a ocho años de su inicio. También explicamos la filosofía educacional que lo inspira, y el impulso hacia buenas prácticas en educación superior que promueve. Como esperamos mostrar, College UC es un modelo de educación superior único en Chile, que responde a las necesidades del mundo actual, y que se ha consolidado exitosamente.

INTRODUCCIÓN: ALGO DE HISTORIA Y ALGUNOS FUNDAMENTOS PARA LA CREACIÓN DE COLLEGE UC

La creación del Programa College responde a una larga trayectoria de innovación curricular que ha caracterizado a la Pontificia Universidad Católica de Chile. Esto explica que el Programa College no haya aparecido de un día para otro, sino que haya sido resultado de una serie de programas y proyectos que anticiparon varias de sus características principales, y que en su momento buscaban resolver algunas de las mismas falencias del sistema universitario chileno tradicional al que College ofrece una alternativa. Todas estas instancias tuvieron niveles de éxito relativo y, aun cuando no haya sido planificado de esta manera, permitieron ir construyendo el programa actual sobre la base de la experiencia vivida. Al revisar la historia de este desarrollo es sorprendente reconocer la continuidad de principios y filosofía educacional que inspiraron cada uno de los hitos que precedieron a College, ya desde la década de los 70.[2]

Por lo tanto, en retrospectiva es tentador proponer la hipótesis de que College constituye la culminación de un proceso racionalmente planificado. Sin embargo, aunque cada hito del proceso se pueda entender como un intento de superar al anterior, es claro que nunca existió un gran plan maestro que definiera cada etapa en relación con el Programa College existente hoy. Es decir, la paulatina transformación de los programas se fue dando en el tiempo en respuesta a principios generales similares, pero también en respuesta a requerimientos específicos de cada momento, y dando cuenta de las ventajas y desventajas que cada proyecto precedente había demostrado en la práctica. De esta manera, el programa College fue inmediatamente heredero del antiguo programa de Bachillerato (1992-2008), y del Programa de Estudios Generales (2006-2008), este último un virtual plan piloto de College.

El ampliamente conocido programa de Bachillerato de la UC fue pionero en el sistema de educación superior en Chile y cumplió un ciclo de enorme importancia, consolidándose como una alternativa muy valiosa para estudiantes que no tuvieran una vocación definida

---

2   Como por ejemplo permitir una definición vocacional al interior de la universidad, favorecer una formación más amplia e integral, sacar provecho de la complementariedad de diversas disciplinas, y disminuir la deserción. Este punto está recogido en varios trabajos que analizan la historia de la evolución curricular en la P. Universidad Católica de Chile. Ver especialmente: Domínguez C., Bernardo y Aragoneses A., Josefina, "El programa de Bachillerato de la Pontificia Universidad Católica de Chile", en *Bachilleratos en Chile: Educación del Futuro*, editado por el Foro de la Educación Superior y el Centro de Estudios Públicos, 1994, pp. 21-57; Krebs, Ricardo; Muñoz, María Angélica, y Valdivieso, Patricio, *Historia de la Pontificia Universidad Católica de Chile*, Ediciones Universidad Católica de Chile, 1994, Vol. II, pp. 899-912. Desde fuera de la Universidad Católica, la conveniencia de diseñar un programa de estudios de la naturaleza de College UC está muy bien plasmada en Barros, Enrique; Fontaine, Arturo T., Fontaine, Juan Andrés; e Illanes, Juan Pablo, "Proposición de una Escuela de Artes Liberales para Chile", *Estudios Públicos*, 19 (invierno 1985), pp. 1-10.

Algunos de los hitos históricos que antecedieron la creación del Programa College en la Universidad Católica y a los que se refieren estos trabajos son: 1979, Anteproyecto "Studium Generale"; 1983, Programa de Ciclos Básicos; 1989, Definición de la necesidad y conveniencia del programa "Bachillerato"; 1992 – 1993, creación de programas de "Bachillerato"; 2001 – 2003, Instalación del "Plan de Formación General"; 2006, creación del "Programa de Estudios Generales"; 2009, creación del programa "College". Agradecemos la ayuda de la historiadora Silvia Castillo en la obtención de estos artículos y datos.

al egresar de la educación media, o cuyo puntaje PAA/PSU no les hubiera alcanzado para ingresar a su carrera de primera preferencia y que quisieran demostrar su idoneidad académica para cursarla una vez dentro de la universidad. En efecto, el programa de Bachillerato respondió a algunas de las falencias que se venían detectando desde hacía bastante tiempo en el sistema tradicional, como, por ejemplo, el obligar a los estudiantes a determinar en forma muy temprana (y sin las herramientas necesarias) qué ámbito académico y/o profesional era de su interés, y, además, fuese acorde con sus talentos. Este último punto es relevante, ya que pareciera ser un supuesto del sistema de ingreso a las carreras tradicionales que pruebas estandarizadas, más el rendimiento académico en la Educación Media, son indicadores suficientes para determinar si alguien posee o no talentos pertinentes para cursar exitosamente un programa de estudios superiores. Como veremos más adelante, este es uno de los supuestos que implícitamente es puesto en cuestión por College.[3]

El Bachillerato, sin embargo, mantenía en pie algunas de las características del sistema tradicional, ya que aun cuando permitía explorar diversas disciplinas y ofrecía una formación amplia durante los dos primeros años, igualmente el destino de todos sus estudiantes al término de ese período era trasladarse a una carrera tradicional para completar su formación. Aunque hay que reconocer que los dos primeros años constituían una formación diferente y muchos estudiantes consideraban haber adquirido un sello particular por haberlos cursado, de alguna manera los rasgos distintivos de la formación de esos primeros años de estudio se desdibujaban en la trayectoria siguiente hacia la obtención de licenciaturas y títulos tradicionales. Además, una preocupación significativa fueron los porcentajes de deserción de la universidad de los estudiantes de Bachillerato, que en promedio se aproximaban al treinta por ciento, situación explicable, ya que de no quedar entre los seleccionados para trasladarse a las carreras más demandadas, aquellos cuyo interés era definitivamente cursar una de estas no tenían opción más que abandonar la UC y buscar otra universidad que los acogiera, ojalá convalidando los cursos y créditos aprobados.

---

3   Obviamente, aún más cuestionable es la idea de que el mismo puntaje obtenido en pruebas estandarizadas defina la vocación de la persona, situación que pareciera darse en el sistema chileno, toda vez que en general los puntajes más altos se asocian sistemáticamente a un número muy reducido de carreras.

El programa que precedió inmediatamente a College fue el de Estudios Generales. Su corta existencia convivió con los cinco últimos años del programa de Bachillerato. Un grupo pequeño de estudiantes alcanzó a cursarlo, y gran parte de su espíritu se mantuvo al diseñar College. Su característica fundamental era una gran libertad de diseño curricular para los estudiantes, así favoreciendo muy variadas combinaciones disciplinarias de acuerdo con sus intereses. Cursar el programa culminaba con la obtención del grado de licenciado.

Luego de un período de reflexión y análisis de diversos modelos alternativos, y por iniciativa y visión principales del entonces rector Pedro Rosso y el entonces vicerrector académico Juan José Ugarte, el año 2009 se lanza el Programa de Licenciaturas Generales, College UC. Un elemento muy importante en la evaluación de su creación fue la confección y discusión por las autoridades de la universidad de un informe redactado por especialistas de la Universidad de Melbourne[4], en conjunto con el profesor de la Facultad de Ingeniería de la UC Juan Carlos de la Llera, el que a la vez que proponía cambios y recomendaciones al proyecto original, apoyaba firmemente la puesta en ejecución de este.

Más o menos en el mismo período, todo este proceso se vio de alguna manera avalado por la aparición en el año 2008 del documento *Revisión de Políticas Nacionales de Educación: La Educación Superior en Chile*[5], producido por la OCDE y el Banco Mundial, el que, para sorpresa de muchos en ese momento, era muy crítico de la oferta de formación universitaria chilena. En muchos aspectos, quienes diseñaron e implementaron el programa College anticiparon e intentaron dar respuesta a varias de las críticas más importantes al sistema tradicional chileno contenidas en este influyente documento. Entre estas se pueden señalar, por ejemplo, la longitud excesiva de los programas de estudio; currículum rígidos y sobre-especializados; lo poco innovadora y lo estandarizada de la oferta; la ausencia del otorgamiento de capacidades de autoaprendizaje futuro, dados los desafíos cambiantes

---

4   Esta universidad fue escogida para este propósito dado que recientemente había pasado por un gran proceso de reforma curricular similar al que se introdujo en la UC al crear el programa College.

5   Este documento se puede consultar en la página web http://www.keepeek. com/Digital-Asset-Management/oecd/education/la-educacion-superior-en-chile_9789264054189-es. Especialmente relevantes en cuanto a la conveniencia de introducir un programa estilo College son las páginas 73, 74, 142, 154 y 156.

del mundo laboral; la necesidad de otorgar competencias genéricas y destrezas aplicables a distintos contextos profesionales; una respuesta solo parcial a los requerimientos del mercado laboral actual; escasa posibilidad de interdisciplina; y muy limitada movilidad entre programas disponible para los estudiantes.

CARACTERÍSTICAS DEL PROGRAMA COLLEGE[6]

El diseño del programa College incorpora algunas de las características ya señaladas del Bachillerato y del programa de Estudios Generales; en efecto, podría decirse que combina aspectos de ambos generando un nuevo modelo que, además, adopta y adapta elementos de sistemas de formación universitaria muy exitosos, en particular del mundo anglosajón, pero que también se han ido imponiendo en Asia y Oceanía especialmente[7]. Respecto del Bachillerato, College aún ofrece la posibilidad de trasladarse a los dos años de estudio a carreras tradicionales, respondiendo a la necesidad de permitir la movilidad estudiantil. También ofrece una formación amplia durante los dos primeros años de estudio y favorece la exploración vocacional. Del programa de Estudios Generales hereda la formación interdisciplinaria y la flexibilidad curricular. Asimismo, permite la adquisición más efectiva de habilidades genéricas y una mejor preparación para una futura trayectoria laboral caracterizada por una diversidad de funciones y ocupaciones.

Las características generales de los programas de pregrado en los que se inspira College UC tienen como objetivo promover capacidades transversales, estimular la exploración intelectual y académica, incentivar la autonomía personal, y por cierto preparar para el futuro desempeño laboral.

6　Los detalles de todas las alternativas disponibles se encuentran en la página web de College: http://www.college.uc.cl.

7　Para una visión general del desarrollo de programas de pregrado que han ido adoptando un modelo de estudios de "Artes Liberales" similares al de College UC, ver Peterson, Patti Mcgill, "Liberal Education in the Global Perspective", en *International Higher Education*, No 62, Winter 2011, pp. 10-11. Para el caso particular de China, ver Godwin, Kara A. y Pickus, Noah, *Liberal Arts and Sciences Innovation in China: Six Recommendations to Shape the Future*, CIHE Perspectives No. 8, 2017.

Esto último, a la vez que intransable, se considera como un piso desde el cual College UC quisiera agregar valor[8], siguiendo, aun cuando adaptando, modelos de educación superior inspirados en el ideal de "Artes Liberales" que predominan especialmente en el mundo anglosajón.[9]

Esta inspiración se conjuga de forma armónica con la misión de la UC en cuanto a la formación de pregrado:

"El compromiso que tiene la universidad no solo es con la formación de profesionales competentes en sus áreas disciplinarias. Nuestra misión también se orienta a formar personas en consistencia con nuestra identidad.

Nos hacemos conscientes de este reto y continuaremos realizando esfuerzos para que nuestros egresados sean reconocidos como personas que poseen un desarrollo integral, se orientan por valores cristianos, con aprecio por la familia, con valor por lo ético, de una cultura amplia, con capacidad crítica y propositiva, vocación hacia el servicio público y el bien común, con conciencia por la sustentabilidad, con una mirada y una actitud inclusiva, y con respeto y gusto por las artes".[10]

---

8 Alan Ryan hace un punto similar sobre la formación bajo el modelo de Artes Liberales en general en *Liberal Anxieties and Liberal Education*, Hill and Wang, 1998, p. 97. "Here, I largely ignore the view that the most important part of education is fitting students to earn their own living. I ignore it not because it is unimportant, let alone because it is an uncommon view. It is the most common view of the purpose of education [...]. I ignore it because I so completely take it for granted that one thing schools and colleges must do is to graduate students who can survive economically. Our subject, however, is not that [...]; an education that does not do that much is not an education at all. Our subject now is, rather, what *more* can schools and colleges do". Cursivas en original.

9 Andrew Delbanco propone una sugerente lista de las "qualities of mind and heart" que una educación liberal debería estimular, "in no particular order, since they are inseparable from one another:

1. A skeptical discontent with the present, informed by a sense of the past.

2. The ability to make connections among seemingly disparate phenomena.

3. Appreciation of the natural world, enhanced by knowledge of science and the arts.

4. A willingness to imagine experience from perspectives other than one's own.

5. A sense of ethical responsibility."

College: What it was, is, and should be, Princeton University Press, 2012, p. 3.

10 Pontificia Universidad Católica de Chile, "Plan de Desarrollo 2015-2020", s/f, p. 17

En consonancia con esta misión general de la UC, College ha asumido su rol dentro de la formación de pregrado, la que se resume en su propia misión y visión específicas:

"Misión: Ser un programa de excelencia en la formación de pregrado, innovador y multi-disciplinario que permita la adquisición amplia y profunda de conocimientos, habilidades y competencias, a través de un currículum a la vez flexible y estructurado, con el propósito de contribuir al desarrollo de una sociedad compuesta por personas íntegras, tolerantes y dialogantes.

Visión: Ser un referente nacional e internacional en la formación de personas académica y profesionalmente preparadas, autónomas, socialmente comprometidas, de pensamiento crítico y con capacidad de diálogo interdisciplinario".[11]

A nivel internacional, dentro del universo de programas que tienen objetivos similares a los descritos, hay una gran variedad de diseños curriculares, pero haciendo una generalización muy amplia puede distinguirse entre aquellos que privilegian un conjunto más o menos específico de asignaturas que todo(a) estudiante debe cursar (muchas veces denominado el currículum *"core"*) versus aquellos que se enfocan en ciertas grandes áreas o disciplinas dentro de las cuales existe una diversidad de cursos disponibles (por lo general denominados "requisitos distribucionales" o *"distributional requirements"*). Normalmente estas definiciones se refieren al modelo de formación general por el que se opta, además de las múltiples alternativas de concentraciones de estudios en *majors* y *minors* disciplinarios e interdisciplinarios. En los modelos "core" (Columbia University y The University of Chicago, por ejemplo) se busca proveer un currículum mayormente común a todos los estudiantes, independientemente de cuál sea su área de especialización. En el caso de las universidades que exigen "requisitos distribucionales", las categorías de entre las cuales los estudiantes deben escoger cursos son más amplias (matemáticas; expresión escrita; ciencias, por ejemplo), de tal forma que se le otorga mayor libertad a los estudiantes en cuanto a las opciones que tienen. Como se explica enseguida, se puede decir que College UC (o, nótese, "Programa de Licenciaturas Generales") adapta y combina estos dos modelos.

---

11   http://college.uc.cl/index.php?option=com_content&view=article&id=95&Itemid=97

College UC ofrece tres licenciaturas, una en Ciencias Naturales y Matemáticas, otra en Ciencias Sociales, y una en Artes y Humanidades. Al optar por uno u otro de estos programas de estudio los(as) estudiantes ingresan a un currículum amplio que les permite conocer diversas disciplinas dentro de cada una de estas tres grandes áreas del saber. Así, durante sus primeros años de universidad el o la estudiante inscribe una serie de cursos mínimos (obligatorios) que le permiten conocer algunas disciplinas constituyentes de cada una. En Ciencias Naturales y Matemáticas, estos cursos son fundamentalmente de ciencias básicas (Matemáticas, Física, Biología y Química); en Ciencias Sociales son de algunas de las disciplinas representativas de esta área, al igual que en Artes y Humanidades (por ejemplo: Sociología, Historia, Psicología, Economía, Ciencia Política, en el College de Ciencias Sociales; Literatura, Filosofía, Estética, Arte, Arquitectura, en el College de Artes y Humanidades). Como se puede ver, estos cursos mínimos podrían entenderse como un modelo de currículum "core", pero concentrado en cada una de las tres licenciaturas y en las disciplinas más básicas que corresponden a ellas.

En cuanto a la formación general propiamente tal, en el caso de los estudiantes de College esta se caracteriza por lo que ha venido a llamarse una "flexibilidad estructurada", la que efectivamente emula el modelo de "requisitos distribucionales" y que de hecho predomina en las universidades de investigación ("research universities") en EE.UU. Además de los cursos Teológico y Antropológico-ético que todo(a) estudiante de la UC debe tomar, los seis cursos restantes deben ser tomados de la siguiente manera: los estudiantes de la Licenciatura en Ciencias Naturales y Matemáticas deben tomar un curso de expresión escrita (dictado por la Facultad de Letras); dos cursos de las artes y/o humanidades; dos cursos de ciencias sociales (uno de los cuales debe tener contenidos asociados a "ciudadanía"); y un curso que pueden escoger libremente siempre que sea fuera de su área general de estudios (comúnmente se escogen cursos deportivos, de lengua inglesa, o de hábitos de estudio). De forma análoga, la formación general para un(a) estudiante de la Licenciatura de Ciencias Sociales exige un curso de expresión escrita; dos cursos de ciencias naturales y/o matemáticas; dos cursos de artes y/o humanidades; y un curso libremente escogido fuera de las ciencias sociales. Y, siguiendo la misma lógica, los(as) estudiantes de la Licenciatura de Artes y Humanidades deben tomar un curso de razonamiento cuantitativo (en lugar del curso de expresión escrita, habilidad que adquieren en sus cursos mínimos); dos cursos de ciencias naturales y/o matemáticas; dos cursos de ciencias sociales (uno de los cuales debe tener contenidos asociados a "ciudadanía"); y un curso libremente escogido fuera de las artes y humanidades.

De esta forma, los cursos mínimos y la formación general de College constituyen en su conjunto un híbrido de los modelos de currículum "core" y de requisitos distribucionales descritos anteriormente, dada además la separación en tres licenciaturas generales en grandes áreas del conocimiento y la creación.

De hecho, esta estructura de tres licenciaturas (Ciencias Naturales y Matemáticas, Ciencias Sociales, y Artes y Humanidades) es un aspecto distintivo y *sui generis* de College UC. En parte, corresponde a una adaptación, dado el sistema único de admisión que existe en Chile a través de la PSU (Prueba de Selección Universitaria), la que pondera de forma diferenciada distintas áreas del conocimiento de acuerdo con las diversas carreras de interés de los postulantes a la universidad. Sin embargo, también intenciona vocacionalmente a los(as) estudiantes al direccionarlos(as) hacia grandes áreas disciplinarias. Es interesante notar que este modelo podría asimilarse a lo que algunos han propuesto como un perfeccionamiento del sistema predominante en el sistema universitario estadounidense, en el cual existe típicamente un gran "College" (de "Letters and Science", por ejemplo), a veces acompañado de Colleges más específicos (normalmente de carreras más "profesionalizantes", como ingeniería o arquitectura). Efectivamente se ha comenzado a utilizar la categoría de "meta majors", la que describe aproximadamente lo que ya existe en College UC. Ostensiblemente, los "meta majors" se han propuesto como un mecanismo para reducir los excesivos tiempos promedio de graduación que se ven en gran parte del sistema universitario en EE.UU., dado que muchos(as) estudiantes toman cursos de forma dispersa ante una carencia de estructura curricular, tardando mucho en enfocarse en un área de estudios. Sin habérselo propuesto explícitamente, College UC contempla un modelo parecido al propuesto de "meta majors".[12]

También vale la pena notar que los académicos que dictan la

---

12   Ver *Four Year Myth*, Complete College America, 2014; Waugh, Alexandra, *Meta-Majors: An Essential First Step on the Path to College Completion*, Jobs for the future, July 2016.

docencia requerida para los estudiantes de College pertenecen a las Facultades, Escuelas e Institutos de la UC; es decir, College no tiene profesores propios. De esta manera se asegura que la idoneidad de los docentes esté avalada por las unidades académicas correspondientes a la disciplina enseñada[13]. En general, los cursos que los estudiantes deben tomar, ya sea como mínimos o como parte de su *major* o *minor*, son cursos regulares de las licenciaturas de las distintas disciplinas, y, casi sin excepción, el alumnado que asiste a ellos proviene tanto de College como de otras carreras de la universidad.

Como programa de formación universitaria flexible y que privilegia incrementar las alternativas de estudio disponibles para los estudiantes, College ofrece múltiples salidas y combinaciones disciplinarias que los(as) estudiantes pueden escoger. El diagrama que sigue resume las distintas trayectorias posibles, y las exigencias genéricas para todo estudiante, sin importar en cuál de los Colleges esté inscrito.

FIGURA 1

ESTRUCTURA CURRICULAR LICENCIATURAS GENERALES Y SUS OPCIONES DE CONTINUIDAD DE ESTUDIOS[14]

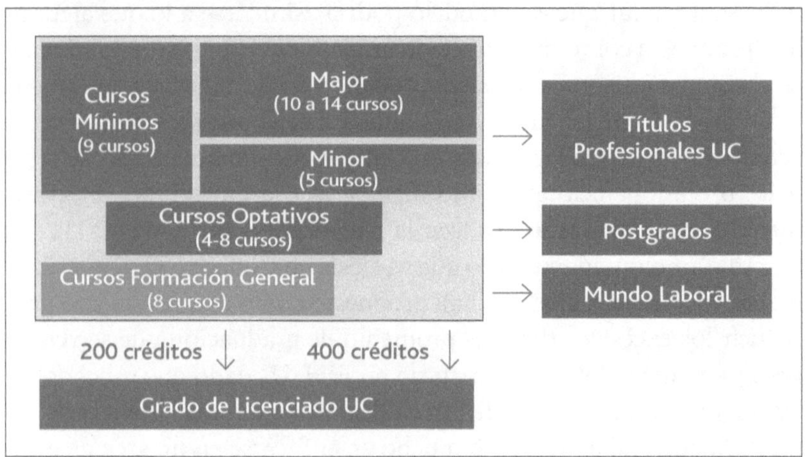

Fuente: Dirección College UC.

---

13   Habiendo dicho esto, es importante subrayar que la Dirección de College debe cumplir una importante función de control de calidad para asegurar que el cuerpo docente que las Unidades Académicas asignan para secciones de cursos compuestos mayoritariamente por estudiantes de College sea de primer nivel.

14   Las mallas específicas de cada College, de cada programa de traspaso a los 200 créditos, como de cada *major* y *minor* se encuentran en la página web htto://www.college.uc.cl.

A continuación se describen las distintas alternativas de salida con las que cuentan los estudiantes de College:

1. Cambio por vocación:

Por reglamento de la Universidad, todo estudiante tiene derecho a cambiarse de una carrera a otra durante su primer año de estudios, siempre y cuando su puntaje ponderado PSU de ingreso a la nueva carrera sea igual o superior al último puntaje de matrícula de su año de admisión y que haya rendido todas las pruebas de selección exigidas para la carrera a la que desea ingresar. A los estudiantes en esta condición se les denomina "supernumerarios".

2. Traspaso a los 200 créditos:

Si la persona ingresa a College con la convicción de cursar una carrera tradicional particular, o si descubre durante sus estudios que su vocación y talento se orientan hacia ella, existe un mecanismo de traspaso a los 200 créditos (normalmente dos años) para trasladarse internamente. Las carreras reservan cupos para que estudiantes de College puedan cambiarse, tal como ocurría en el antiguo programa de Bachillerato. El programa construye un *ranking* que los estudiantes pueden consultar vía web semestre a semestre para ir evaluando sus verdaderas posibilidades de traspaso. Este *ranking* se elabora a partir de un promedio de notas en cursos definidos en conjunto por la Dirección de College y las Escuelas o Institutos correspondientes[15]. También, y exclusivamente en el caso de los estudiantes de College, la condición de "supernumerario" se mantiene hasta el término del segundo año. Por lo tanto, si se han obtenido en la PSU resultados iguales o superiores a los del último alumno seleccionado en otra carrera en ese mismo año, existe el derecho al completar los 200 créditos de trasladarse sin utilizar uno de los cupos de traspaso reservados.

---

15   Cabe hacer notar que en solo cuatro carreras ha existido históricamente mayor demanda de traspaso a los 200 créditos que cupos disponibles: desde el College de Ciencias Naturales y Matemáticas, Medicina e Ingeniería Civil; y desde el College de Ciencias Sociales, Ingeniería Comercial y Derecho (este último solo marginalmente). En el College de Artes y Humanidades la demanda por los cupos de traspaso a los 200 créditos es menor que la oferta para todas las carreras, ya que casi todos los estudiantes optan por la licenciatura College.

3. Obtención de licenciatura a los 400 créditos:

Es en esta trayectoria curricular en la que se encuentran las mayores innovaciones del programa. College ofrece tres licenciaturas, dependiendo de cuál College se curse: la Licenciatura General en Ciencias Naturales y Matemáticas, la Licenciatura General en Ciencias Sociales y la Licenciatura General en Artes y Humanidades. La licenciatura de College se obtiene completando 400 créditos, los que corresponden a cuatro años de estudio si el estudiante toma una carga normal semestre a semestre y no se atrasa por reprobación de ramos. Estos 400 créditos deben estar compuestos por cursos mínimos de cada College, cursos optativos de formación general, y al menos un *major* y un *minor*. Acorde a la flexibilidad del programa, el currículum también contempla una serie de cursos llamados "exploratorios" que permiten que los estudiantes vayan probando diversas disciplinas para escoger adecuadamente sus áreas de concentración académica, sin que esto signifique un retraso en sus estudios. También pueden utilizar estos cursos para completar un segundo *minor*, o incluso un segundo *major*.

Actualmente College ofrece 65 *majors* y 144 *minors*, tanto disciplinarios como interdisciplinarios en las diversas áreas del conocimiento existentes en la universidad. El contenido curricular de los *majors* y *minors* es definido por las unidades académicas correspondientes, estableciendo una secuencia de cursos coherente que permite acceder a un conocimiento de los aspectos centrales de una disciplina o subdisciplina. En su mayoría los *majors* se componen de 10 cursos (100 créditos), aunque hay algunos que llegan a los 14 cursos (140 créditos). Los *minors* se componen de 5 cursos y están diseñados como concentraciones secundarias o complementarias al major.

4. Articulación a títulos profesionales:

Aun cuando el programa College se inspiró en modelos internacionales, necesariamente hubo que introducir algunas adaptaciones respecto de lo que ocurre en otras latitudes. Por ejemplo, a diferencia de otros sistemas de educación superior, en Chile las universidades otorgan títulos profesionales. En muchas áreas, estos son muy valorados por el mercado laboral, al punto de parecer indispensables en algunos casos. Así, el programa, en conjunto con las unidades académicas que los otorgan, ha definido mecanismos de articulación hacia los títulos profesionales luego de la compleción de la licenciatura en Ciencias

Naturales y Matemáticas, Ciencias Sociales, o Artes y Humanidades que otorga College. Existen 60 continuidades de estudio hacia títulos profesionales, y en algunos casos estas contemplan la obtención concurrente del grado de Magíster. Las articulaciones hacia los títulos profesionales solo exigen la compleción de un *major* en la disciplina correspondiente, con la excepción del Programa de Formación de Profesores, al que es necesario postular vía admisión especial. También, los requisitos para completar títulos profesionales por lo general son bastante específicos, por cuanto deben certificar el estar en posesión de ciertas competencias y habilidades disciplinarias estandarizadas. El estudiante que tenga el interés de obtener un título profesional, por lo tanto, debe estar consciente de la necesidad de completar los cursos que sean necesarios para adquirir estas competencias y habilidades, ya sea durante su licenciatura, o durante el tramo profesional de estudios.

5. Posgrados:

Una de las alternativas más atractivas para quienes obtengan la licenciatura de College es el continuar sus estudios hacia un magíster o doctorado. En efecto, la articulación hacia títulos profesionales en algunos casos puede ser compleja, por los requisitos disciplinarios muy específicos que estos pueden tener. Paradójicamente, ya que se trata de grados académicos más altos, la continuidad de estudios hacia magísteres o incluso doctorados es más fluida y natural. El currículum flexible y diverso hace a los licenciados de College particularmente atractivos para ser admitidos en los programas de posgrado. Bien sabido es, además, que la obtención de un posgrado se está haciendo cada vez más necesaria para asegurar un buen desempeño en el mercado laboral. En consecuencia, la Dirección del programa se ha propuesto incentivar esta posibilidad entre los estudiantes[16].

Estas distintas alternativas que College ofrece, de alguna manera también responden a los distintos perfiles de estudiantes que acceden a la educación superior. Existen estudiantes tanto de vocación temprana como de vocación tardía; estudiantes que tienen intereses diversos y que al momento de ingreso a la universidad no los han podido priorizar; muchos(as) carecen de suficiente información para determinar

---

16   Por ejemplo, se han creado becas para estudios de posgrado en la UC reservadas para estudiantes que hayan obtenido una licenciatura de College. Además, anualmente desde el 2011 se lleva a cabo en las dependencias de College la Feria de Post-grados UC.

qué dirección académica o profesional deberían seguir; algunos(as) saben qué quisieran estudiar, pero buscan una combinación disciplinaria que las carreras tradicionales no ofrecen; y también, por supuesto, hay estudiantes cuyo puntaje en las pruebas de admisión no les alcanzó para ingresar a su carrera de primera preferencia y quisieran demostrar a través de méritos académicos, ya en la universidad, que poseen las capacidades suficientes para cursarla exitosamente. Todos estos tipos de estudiante pueden encontrar en College un programa de estudio que satisface sus necesidades.

Por supuesto, un programa de estudios con el grado de flexibilidad de College les otorga una gran libertad a los estudiantes. Para muchos de ellos esta libertad puede ser un desafío en sí mismo, además de los normalmente asociados al comienzo de una nueva etapa como es el ingreso a la Universidad. Tomando en cuenta esta realidad es que se ha instalado un sistema de tutorías, el cual existe desde la época del antiguo programa de Bachillerato, pero que ha sufrido modificaciones significativas en el tiempo. Su principal objetivo es generar un espacio de conversación entre tutores(as) y tutorados(as) para que los(as) estudiantes tengan la posibilidad de abordar inquietudes, relacionadas especialmente con su inserción en la vida universitaria e inseguridades académicas. Desde el año 2011 se introdujo la figura del Tutor-Par, es decir, un estudiante más avanzado en sus estudios, quien se reúne en forma grupal varias veces al semestre y quien cumple una función de acompañamiento en el proceso de integración a la vida universitaria y a los desafíos particulares de College. Por su parte, College cuenta con un equipo profesional dedicado al apoyo curricular y vocacional, que cuenta, cuando es necesario, con académicos de las diversas disciplinas que confluyen en el programa.

FUNCIONAMIENTO Y DESARROLLO DEL PROGRAMA:

Desde que entró en funcionamiento el año 2009, College ha admitido nueve generaciones de estudiantes, y cuenta con 426 egresados (a diciembre 2017). Como se ve en la tabla que sigue, la dispersión de los puntajes de ingreso es bastante alta si se comparan los puntajes máximos con los mínimos. Esto se explica por las distintas características de los estudiantes que ingresan: en general, los puntajes más altos corresponden a estudiantes para quienes el programa College les atrae por las posibilidades de cursar *majors* y *minors*, mientras que los puntajes más bajos corresponden a estudiantes cuyo puntaje no les alcanzó para ingresar directamente a una carrera tradicional. En general los puntajes han descendido desde el año de la creación del programa, pero aún se mantienen relativamente altos en comparación con la media de la Universidad Católica y ciertamente en relación con el sistema universitario chileno en su conjunto, especialmente si se toma en consideración el significativo número de vacantes ofrecidas.

TABLA 1-3
PUNTAJES DE INGRESO MÁXIMO, PROMEDIO Y DE CORTE DEL PROCESO ADMISIÓN ORDINARIA PERÍODO 2009-2017, PARA LAS LICENCIATURAS EN ARTES Y HUMANIDADES, CIENCIAS NATURALES Y MATEMÁTICAS Y CIENCIAS SOCIALES

Indicador	Artes y Humanidades								
	2009	2010	2011	2012	2013	2014	2015	2016	2017
Máximo	774,4	814,7	806,7	742,7	747,1	751,1	740,5	766,3	769,9
Promedio	709,8	694,2	677,6	667,2	660,7	662,9	667,8	670,5	665,0
Mínimo	678,0	642,4	641,0	633,6	629,5	638,1	635,0	635,7	633,6

Indicador	Ciencias Naturales y Matemáticas								
	2009	2010	2011	2012	2013	2014	2015	2016	2017
Máximo	785,8	793,2	780,9	771,7	762,8	783,6	797,6	807,3	786,6
Promedio	711,0	704,9	701,6	698,6	689,2	701,2	713,5	710,5	713,0
Mínimo	682,4	672,6	663,1	668,1	656,8	674,2	686,7	683,0	686,1

Indicador	Ciencias Sociales								
	2009	2010	2011	2012	2013	2014	2015	2016	2017
Máximo	807,2	800,6	806,2	783,6	751,8	772,7	814,1	750,5	774,0
Promedio	688,8	677,1	666,5	659,6	663,7	673,4	669,9	665,7	661,2
Mínimo	657,4	639,0	631,0	626,7	633,3	645,6	640,6	634,3	627,7

Fuente: Dirección College UC.

TABLAS 4-6
VACANTES PROCESO ADMISIÓN ORDINARIA PERÍODO 2009-2017, PARA LAS LICENCIATURAS EN ARTES Y HUMANIDADES, CIENCIAS NATURALES Y MATEMÁTICAS, Y CIENCIAS SOCIALES.

Vacantes	Artes y Humanidades								
	2009	2010	2011	2012	2013	2014	2015	2016	2017
Ofrecidas	50	50	50	50	50	50	50	50	50
Seleccionados	60	70	71	69	66	59	60	60	59
Matriculados	49	53	54	64	57	52	51	52	54

Vacantes	Ciencias Naturales y Matemáticas								
	2009	2010	2011	2012	2013	2014	2015	2016	2017
Ofrecidas	310	310	310	310	400	400	400	400	400
Seleccionados	403	458	451	464	451	453	453	453	452
Matriculados	307	306	305	415	398	407	401	410	401

Vacantes	Ciencias Sociales								
	2009	2010	2011	2012	2013	2014	2015	2016	2017
Ofrecidas									
Seleccionados									
Matriculados									

Fuente: Dirección College UC.

En cuanto al perfil socioeconómico de los estudiantes que ingresan a College, este es similar al promedio de los estudiantes que ingresan al resto de la Universidad, aun cuando la proporción que proviene de la educación privada es mayor. Es probable que tratándose de un programa nuevo, los estudiantes para quienes la educación universitaria es especialmente una oportunidad de movilidad social perciban que haya un riesgo en ingresar a College. A mediano plazo, la distribución socioeconómica de los estudiantes de College debería tender a asimilarse a los promedios de la universidad, sin perjuicio de que el programa, de la misma manera que la Universidad Católica como un todo, está buscando mecanismos para atraer a más estudiantes de sectores socioeconómicos más vulnerables.

FIGURA 2
DISTRIBUCIÓN DE LA PROVENIENCIA ESCOLAR DE LOS ESTUDIANTES DE LA UC. ADMISIÓN PERÍODO 2014-2017

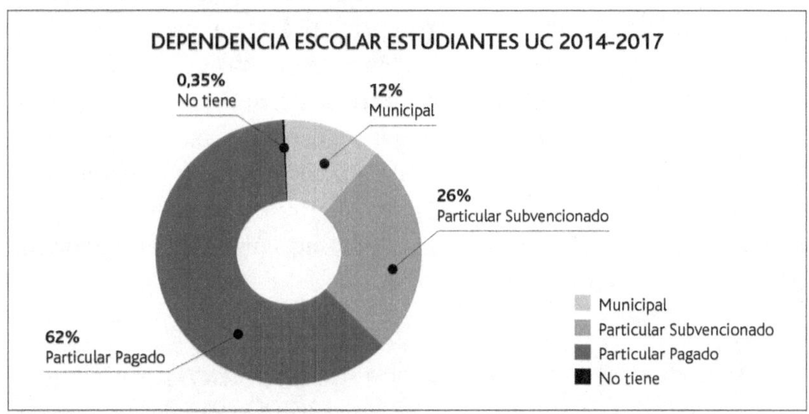

Fuente: Dirección College UC.

FIGURA 3
DISTRIBUCIÓN DE LA PROVENIENCIA ESCOLAR DE LOS ESTUDIANTES DEL PROGRAMA COLLEGE. ADMISIÓN PERÍODO 2014-2017

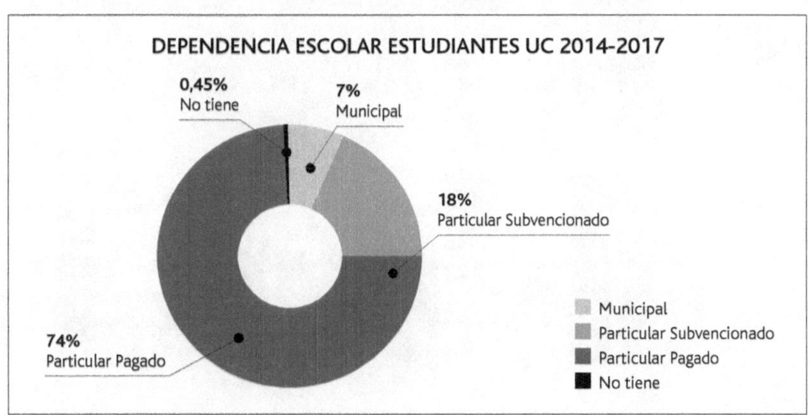

Fuente: Dirección College UC.

Los intereses de los estudiantes al ingresar al programa responden a las distintas alternativas que College pone a su disposición. Sin embargo, es claro que, en promedio, la mayoría de los estudiantes que ingresan a College se interesa en trasladarse a carreras tradicionales, tal como en el antiguo programa de Bachillerato. Sigue siendo el caso que la mayoría de los estudiantes que ingresan tiene la intención de traspasarse a una carrera tradicional a los 200 créditos, ya que la razón declarada más reiterada para haber escogido College es no haber logrado el puntaje para entrar a alguna carrera de primera preferencia. Es más, esta declaración de la razón principal de ingreso ha aumentado desde el año de su creación. Sin embargo, como muestran los cuadros siguientes, esto varía de acuerdo con la licenciatura que se analice, siendo la de Ciencias Naturales la que concentra la mayor cantidad de estudiantes que ingresan en segunda o incluso tercera preferencia; la licenciatura de Ciencias Sociales se encuentra en una situación intermedia; y a Artes y Humanidades ha ingresado una mayor proporción que se identifica con el modelo.

FIGURA 4
RAZONES DE INGRESO DECLARADAS POR LOS ESTUDIANTES DEL PROGRAMA COLLEGE AL INICIO. ADMISIÓN PERÍODO 2014-2017

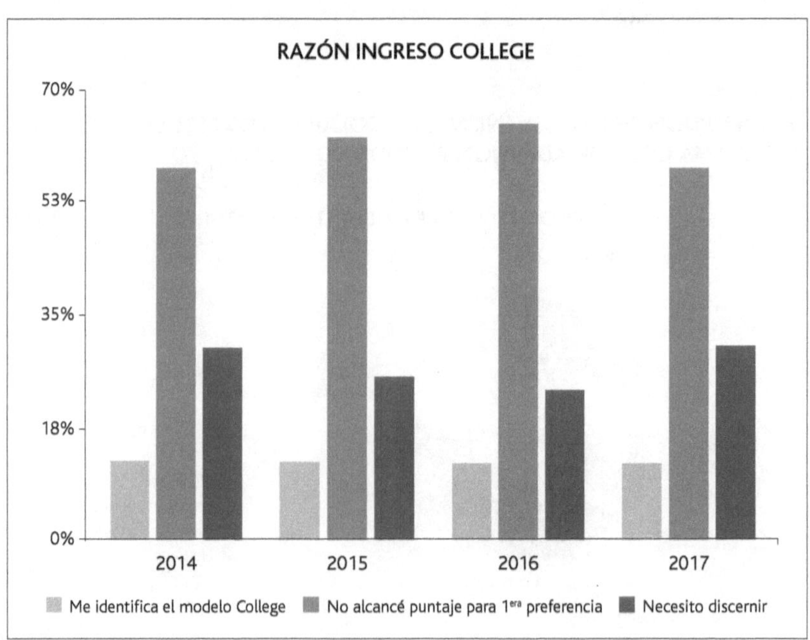

Fuente: Dirección College UC.

FIGURA 5
**RAZONES DE INGRESO DECLARADAS POR LOS ESTUDIANTES DEL
PROGRAMA COLLEGE AL INICIO, SEGÚN LA LICENCIATURA DE INGRESO.
ADMISIÓN PERÍODO 2014-2017**

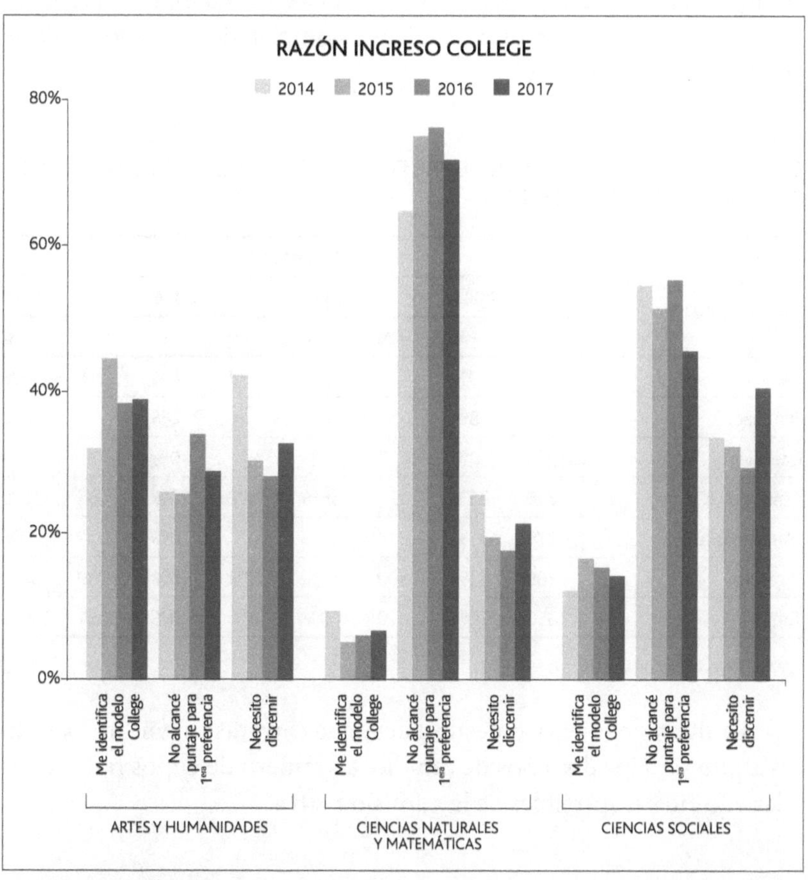

Fuente: Dirección College UC.

La trayectoria que siguen los estudiantes una vez ingresados al programa varía, dado que una de las características más distintivas de su diseño es que permite diversas salidas. En primer lugar, un logro muy relevante de College es que ha disminuido considerablemente las tasas de renuncia a la Universidad en comparación con el antiguo programa de Bachillerato. Al término de los dos años de Bachillerato, aproximadamente un 30% de los estudiantes abandonaban la UC. En College este porcentaje se ha reducido a un promedio de 24% a los dos años de estudio, probablemente porque esta nueva modalidad permite continuar cursando un currículum en el área del conocimiento deseado, aun cuando no se haya logrado quedar seleccionado en uno de los cupos de traspaso a los dos años[17]. La tabla siguiente muestra el resumen a marzo 2012 de lo ocurrido con los estudiantes de las generaciones 2009 y 2010, es decir, habiendo completado tres y dos años de estudio respectivamente.

TABLA 7

SITUACIÓN ACADÉMICA, A OCTUBRE DE 2017, DE LOS ESTUDIANTES CON AÑO DE ADMISIÓN 2014-2017

Situación Académica a octubre 2017	Admisión							
	2014		2015		2016		2017	
	N	%	N	%	N	%	N	%
Cambio Interno	81	9%	76	9%	71	8%	5	1%
Eliminado	68	8%	51	6%	16	2%		0%
Licenciado	3	0%	3	0%		0%		0%
Renuncia UC	216	25%	226	26%	192	22%	67	8%
Traspaso 200 Cr.	279	33%	214	25%		0%		0%
Vigentes	209	24%	300	34%	601	68%	809	92%
Total	856	100%	870	100%	880	100%	881	100%

Fuente: Dirección College UC.

La figura siguiente muestra hacia qué carreras se han traspasado los alumnos a los dos años de estudio, el número de cupos reservados y las vacantes disponibles de la admisión 2014.

---

17   Incluso, parte de estas renuncias a la universidad se pueden entender como una salida en un estadio intermedio de los estudios universitarios. Así, por ejemplo, alguien que aspira a la obtención del título de Ingeniero Comercial, pero que no logró quedar entre los estudiantes seleccionados vía cupos a los 200 créditos (dos años aproximadamente) puede obtener el grado de Bachiller, otorgado por la PUC, y transferirse a otra universidad para completar sus estudios. El estudiante no habrá logrado obtener el título buscado en la Universidad Católica, pero igualmente habrá recibido una formación básica de alto nivel en Ciencias Sociales o Ciencias Naturales que lo preparará muy bien para continuar sus estudios en otra institución. Una proporción no menor de los estudiantes que renuncian a la UC siguen este camino, ya sea habiendo completado los 200 créditos y el grado de Bachiller, o antes. Esta opción disminuye los costos del fracaso en la educación superior, posibilitando así que los estudiantes se atrevan a buscar cumplir su aspiración de estudiar en la UC sin que el no satisfacerla implique simplemente frustración y carencia de caminos alternativos.

FIGURA 6
CUPOS ESTABLECIDOS, ASIGNADOS Y DISPONIBLES EN EL PROCESO CORRESPONDIENTE A LA ADMISIÓN 2014

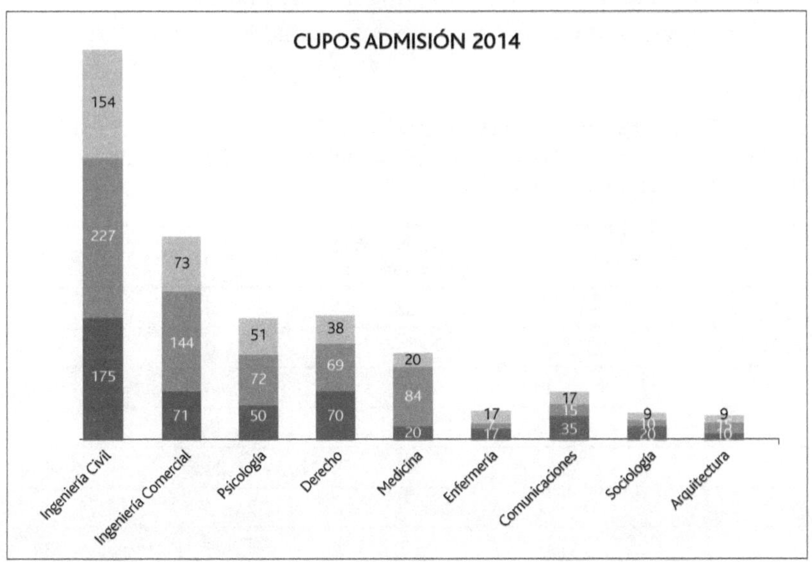

Fuente: Dirección College UC.

Es evidente que la demanda de traspaso se concentra en las carreras más apetecidas en el sistema universitario en general, lo cual no debiera generar sorpresa. Sin embargo, un número importante de estudiantes ha optado por cursar la licenciatura de College inscribiendo *majors* y *minors*.

TABLA 8
NÚMERO DE *MAJORS, MINORS* Y ARTICULACIONES A TÍTULO PROFESIONAL INSCRITOS POR LOS ESTUDIANTES DE LAS ADMISIONES 2009 A 2015

Admisión	Majors	Minors	Articulaciones
2009	118	129	54
2010	91	92	43
2011	92	95	49
2012	82	84	53
2013	36	34	29
2014	4	5	2
2015	3	3	3
Total	426	442	233

Fuente: Dirección de College UC.

La forma en la que se distribuye la inscripción de *majors* y *minors* no es pareja, eso sí. La proporción de interesados en cursar *majors* y *minors* es más alta en el caso de Artes y Humanidades y bastante baja en Ciencias Naturales, estando Ciencias Sociales en una situación intermedia.

TABLA 9
NÚMERO DE *MAJORS, MINORS* Y ARTICULACIONES A TÍTULO PROFESIONAL INSCRITOS POR LOS ESTUDIANTES DE LAS ADMISIONES 2009 A 2015, DISTINGUIENDO POR LICENCIATURA

Admisión	Artes y Humanidades	Ciencias Naturales y Matemáticas	Ciencias Sociales	Total
2009	24	22	62	108
2010	30	13	40	83
2011	18	19	44	81
2012	11	15	48	74
2013	4	1	29	34
2014	2		2	4
2015			3	3
Total	89	70	228	387

Tal como muestran las tablas 8 y 9, un rasgo bastante notable de la inscripción de *majors* y *minors* es que la selección de los estudiantes es interesantemente variada, aun cuando las áreas más demandadas pertenecen a carreras tradicionales.

TABLA 10
TOP 10 *MAJORS*, ADMISIONES 2009 A 2017

Major	Frecuencia
Derecho	70
Psicología	46
Ciencias de la Ingeniería	37
Comunicaciones	35
Sociología	30
Relaciones Internacionales	29
Economía	20
Iniciación a la Expresión Artística	16
Historia del Arte	15
Diseño	13

Fuente: Dirección de College UC.

TABLA 11
TOP 10 *MINORS*, ADMISIONES 2009 A 2017

Minor	Frecuencia
Innovación	29
Recursos Naturales y Medio Ambiente: Aspectos Económicos, Geográficos y Jurídicos	22
Políticas Públicas	22
Comunicación Medial	20
Psicología	20
Sociología	18
Fundamentos de Ingeniería Industrial	17
Antropología Social	16
Comunicación Audiovisual	14
Crítica de las Artes y la Cultura	14

Fuente: Dirección de College UC.

TABLA 12
TOP 10 ARTICULACIONES, ADMISIONES 2009 A 2017

Titulación Profesional	Frecuencia
Derecho	66
Psicología	40
Ingeniería Civil	33
Ingeniería Comercial	24
Sociología	22
Ciencia Política	17
Diseño	7
Medicina	7
Planificación Urbana	6
Actuación	2
Trabajo Social	2
Periodismo	2

Además, la diversidad de combinaciones de *major* y *minor* que los alumnos han seleccionado es muy llamativa, demostrando justamente la gran variedad de trayectorias curriculares que el programa permite y muchas de las cuales no pueden cursarse en ningún otro programa de educación superior del país. Por cierto, la gama de combinaciones va desde aquellas en las cuales el *major* y el *minor* se remiten a una misma disciplina, hasta aquellas que incorporan áreas del conocimiento muy distantes (o al menos aparentemente así). No es posible listar todas estas combinaciones, pero vale la pena consignar algunos ejemplos notables: Finanzas con Recursos Humanos; Gestión Cultural con Crítica de las Artes y la Cultura; Gestión de Negocios con Innovación; Diseño e Innovación; Arte e Historia; Historia y Patrimonio; Economía con Derecho; Economía con Psicología; Sociología con Métodos Cuantitativos; Relaciones Internacionales con Recursos Humanos; Derecho con Antropología; Filosofía con Educación y Sociología; Relaciones Internacionales con Geografía, Territorio y Sociedad; Técnicas Actorales con Psicología; Ciencias Biológicas con Investigación en Ecología; Ciencias Biomédicas con Ciencias Farmacéuticas, etc.

CONCLUSIÓN

Ortega y Gasset dijo alguna vez que la misión de la universidad consiste en formar personas que, "aparte de su especial profesión, sean capaces de vivir e influir vitalmente según la altura de los tiempos. Por eso es ineludible crear de nuevo en la Universidad la enseñanza de la cultura o sistema de las ideas vivas que el tiempo posee. Esa es la tarea universitaria radical. Eso tiene que ser antes y más que ninguna otra cosa la Universidad".[18] Para Ortega, estar vitalmente a la altura de los tiempos requiere estar familiarizado con el sistema de ideas (o cultura) que predomina en el período histórico que nos ha tocado vivir, más allá de la requerida especialización profesional o académica que el mundo actual, en lo laboral y en otros órdenes, exige. El programa College aspira a responder a esta demanda que Ortega, entre otros, le hace a la Universidad.

Aun cuando todavía es el caso que las preferencias de la mayoría de los estudiantes que ingresan al Programa College UC se orientan hacia las llamadas "carreras tradicionales", el programa está atrayendo a un número significativo de personas que se sienten llamadas hacia la construcción de perfiles de egreso distintivos y acordes con vocaciones individuales. Como se ha dicho, esto es especialmente notorio

---

18   Ortega y Gasset, José, *Misión de la Universidad y Otros Ensayos,* Madrid: Editorial Revista de Occidente, 1965 (1930), pp. 31-32.

en el College de Artes y Humanidades. Previsiblemente, en aquellas disciplinas de corte más profesional, el interés predominante de los estudiantes que ingresan a College es trasladarse a los dos años de estudio a estas carreras. En la medida en que coexistan ambos modelos, es esperable y razonable que esto sea así. El programa College está diseñado para permitir movilidad estudiantil y el acceso a carreras profesionales debe ser una de las alternativas disponibles. El modelo de estudios universitarios College no debe entenderse como restringido a personas con intereses estrictamente académicos, ya sea puramente científicos, humanísticos o artísticos. Lo que se persigue es la formación integral de personas, sean estas profesionales en su orientación laboral o no.

Es claro, eso sí, que queda bastante camino por recorrer para lograr convencer a gran parte del público chileno, dentro y fuera del sistema universitario, que este modelo de estudios superiores es una alternativa equivalente o incluso superior a las carreras más tradicionales. Aun cuando el modelo está absolutamente validado en otras latitudes (literalmente) desde hace siglos, en Chile predomina una visión restrictiva y angostamente profesionalizante de la educación universitaria. Difundir y explicar las ventajas del modelo es uno de los desafíos más significativos que tenemos por delante, pero estamos convencidos de que será la calidad de nuestros futuros egresados la que terminará demostrando que el paso innovador que ha tomado la Universidad Católica al crear el programa College no solo va en la dirección correcta, sino que tendrá un impacto significativo en la forma en la que se concibe la educación superior en Chile.

CAPÍTULO 19

ASUNTOS ESTUDIANTILES EN EDUCACIÓN SUPERIOR

WILLIAM YOUNG
Director de Asuntos Estudiantiles UC

M. SOLEDAD CRUZ
Directora de Vida Universitaria UC

M. SOLEDAD ZUZULICH
Directora de Salud Estudiantil UC

INTRODUCCIÓN

En el presente capítulo se busca ilustrar sobre el rol de los asuntos estudiantiles como un aporte al proceso formativo de los estudiantes, describiendo las principales funciones que están presentes dentro de lo que se entiende por áreas de asuntos estudiantiles en la educación superior. En particular se hará énfasis en su desarrollo dentro del sistema universitario, sin desconocer que poco a poco estas áreas se están ganando su espacio en instituciones de formación técnica.

Si bien lo académico es la parte central de la misión formativa de la institución, un buen manejo del área de asuntos estudiantiles puede ser relevante desde la lógica de la formación y éxito académico de los alumnos. A modo de ejemplo, no hay mayor discusión en afirmar que tanto la experiencia académica como la experiencia social pueden incidir en la retención de los alumnos (Tinto, 1975), y lo que Tinto llama *integración social* en su modelo de deserción puede ser fortalecido por la labor de asuntos estudiantiles. A su vez, existe bastante evidencia respecto de que las actividades extracurriculares y la participación en grupos diversos, el voluntariado y experiencias de servicio durante la universidad generan un impacto positivo en los autorreportes del desarrollo de habilidades relacionadas con la carrera (Pascarella & Terenzini, 2005). En general, estas y otras actividades de carácter voluntario suelen estar a cargo de asuntos estudiantiles.

En los siguientes apartados se presentan recomendaciones para considerar dentro de la temática de servicios estudiantiles, cómo se han desarrollado estas áreas en distintos contextos, las características generales de los servicios en Chile, una mirada amplia de la etapa de desarrollo por la que están pasando la mayoría de los estudiantes en su época universitaria –relevante de tomar en cuenta al momento del diseño e implementación de programas e intervenciones– y los desafíos principales que debiesen estar presentes a nivel de la institución y las direcciones de asuntos estudiantiles.

ANTECEDENTES RELEVANTES

Como primer punto, es importante estar al tanto de que las áreas o servicios de los asuntos estudiantiles tienen sentido en la medida que permitan o colaboren en la misión académica de la institución y que los estudiantes tengan una exitosa experiencia académica. Por lo mismo, la labor de asuntos estudiantiles puede abarcar desde apoyar la integración y permanencia, potenciar los aprendizajes, el desarrollo de habilidades, apoyar en el proceso de desarrollo del estudiante, su calidad de vida durante el proceso, colaborar en generar culturas inclusivas y de respeto, hasta facilitar la inserción laboral. Antes de evaluar o determinar el rol de los asuntos estudiantiles en cada institución, se debe tener como referencia cuál es el proyecto educativo de esta y cómo se puede apoyar y complementar el proyecto educativo a través de servicios, programas y actividades para los estudiantes y la comunidad que interactúa con ellos.

UNESCO, en el año 2002, publicó *The role of student affairs and services in higher education*, donde se detallan distintas lógicas del trabajo en asuntos estudiantiles, sus principales áreas, desafíos y cómo se ha ido desarrollando en algunos países. En dicho texto se marca la importancia de poner a los alumnos como el centro de interés y como participantes activos de su desarrollo. También se destacan los siguientes aspectos: el trabajo colaborativo en la búsqueda de aprendizajes de largo plazo y para la vida; estar integrados con la misión académica de la institución, además del rol del área en apoyar y generar las condiciones para que estudiantes de distintas características se puedan desarrollar en la institución. El mismo texto resalta la relevancia de que las prácticas y políticas resultantes se basen en principios e investigaciones sólidas, y que se ponga énfasis en el desarrollo de los profesionales del área, así como en el trabajo colaborativo entre instituciones. A su vez, en lo que se refiere a los aprendizajes, los asuntos estudiantiles debieran tener como meta primaria mejorar el aprendizaje y el desarrollo del estudiante y facilitar las transiciones que se producen tanto al ingreso como lo largo de la experiencia universitaria y en el paso de la universidad a la vida laboral u otros estudios. Por último, también destaca que deben existir valores críticos, entre los que se cuentan el valor del individuo, la diversidad, el pluralismo, la inclusión, la comunidad, las altas expectativas, una visión global, la ciudadanía y el liderazgo, la vida ética y la idea de que los estudiantes pueden y deben participar activamente en su crecimiento y desarrollo.

Ahora bien, las miradas y actividades asociadas a los asuntos estudiantiles han sido heterogéneas en los distintos países (Ludeman, 2009). Obviamente el desarrollo de los países, los perfiles de los alumnos, el número de personas que acceden a educación superior, los contextos y servicios disponibles fuera de las instituciones inciden en la situación de los asuntos estudiantiles en cada región e institución. En este sentido, si bien es posible identificar buenas prácticas (Whitt & Blimling, 1999), principios básicos y temas comunes sobre los cuales se trabaja en distintas partes del mundo (Ludeman, 2009), el énfasis, los grados de desarrollo, la formación de los profesionales y cómo en la práctica se trabaja en las instituciones de educación superior varían (Osfield, Perozzi, Bardill Moscaritolo & Shea, 2016), dependiendo de los factores antes mencionados. Lo anterior no implica que haya acciones claras de trabajo en red a nivel mundial, como el Global Summit on Student Affairs and Services[1], cumbre de profesionales de asuntos estudiantiles y representantes de organizaciones relevantes de distintas regiones, que busca el trabajo colaborativo, identificar desafíos comunes, difundir buenas prácticas y el desarrollo de sinergias a nivel global (Perozzi, Giovannucci & Shea, 2016).

Es así como podemos encontrar países como Estados Unidos, donde la temática y el desarrollo profesional en asuntos estudiantiles tienen una larga tradición. Por lo mismo, lo común es que los profesionales que ejercen en esta área tengan estudios específicos en la materia. Por otro lado, tenemos países donde el término no es conocido, se habla de servicios estudiantiles y estos no necesariamente están articulados en un órgano central o en concordancia con el proyecto de la institución, o incluso el servicio no es parte de las universidades directamente.

Dentro de la oferta de programas de formación en Estados Unidos abundan los programas de posgrado asociados a asuntos estudiantiles que incluyen temáticas de gestión en educación superior, desarro-

---

1   2012 Washington, EE.UU.; 2014 Roma, Italia; 2016 Stellenbosch, Sudáfrica; 2018 Santiago, Chile.

llo estudiantil, liderazgo, justicia social, medición y evaluación, entre otros. A nivel latinoamericano, es difícil hallar programas de magíster y diplomados con especialización en temáticas de asuntos estudiantiles y los que se han dictado han sido de forma irregular.

En países europeos el término más usado es el de servicios estudiantiles, en el que es factible encontrar varios temas comunes con lo expuesto anteriormente, aunque algunos de ellos no sean provistos por las universidades. Las actuales preocupaciones están vinculadas a la seguridad en los campus, la convivencia, gestión de riesgos y crisis, como se puede ver en las temáticas tratadas en el 39º Coloquio Francés-Alemán sobre asuntos estudiantiles realizado en agosto de 2017 ("Home | Deutsches Studentenwerk", 2017).

A modo de ejemplo, en el modelo alemán existe la *Deutsches Studentenwerk* o la asociación alemana de asuntos estudiantiles. Esta asociación busca mejorar la salud, la situación económica, social y cultural de los estudiantes, para garantizar la igualdad de oportunidades, y realiza conferencias para desarrollar los servicios en favor de los estudiantes. Esta asociación congrega a 58 organizaciones de servicios estudiantiles que ven temas que van desde el alojamiento y alimentación hasta orientación o apoyo a alumnos con necesidades especiales. Cada organización tiene profesionales, un director validado por el ministerio de educación y un directorio que considera alumnos, representantes de las universidades y representantes de los ciudadanos. Cada una de estas organizaciones cuenta con financiamiento del Estado e ingresos por los servicios que presta y vela por mantener un estándar de calidad similar en las distintas regiones del país ("Home | Deutsches Studentenwerk", 2017).

Entrando en temas más específicos, se pueden encontrar orientaciones para el desarrollo, la evaluación y los objetivos de aprendizaje a trabajar en los programas y servicios estudiantiles en lo que se conoce como *CAS Standards* desarrollados por el Council for the Advancement of Standards in Higher Education de EE.UU. Además, existen distintas asociaciones de profesionales que contribuyen al desarrollo de asuntos estudiantiles, donde destaca NASPA, creada en 1918, y que el año 2015 creó un área para el desarrollo de la profesión en América Latina y el Caribe[2].

---

2   En el anexo se incluye un listado de asociaciones vinculadas a temas de asuntos estudiantiles, su sitio web y sus énfasis.

DESARROLLO DE LOS ASUNTOS ESTUDIANTILES

En lo que se refiere a la historia de lo que hoy podemos entender como "profesionales de asuntos estudiantiles", es interesante ver el desarrollo de la figura en Estados Unidos. A fines del siglo XIX, debido al aumento de mujeres que accedían a la educación superior y los desafíos que implicaba formarse en un contexto no usual para el sexo femenino en la época, se creó la posición de Decana de Mujeres o Dean of Women (Coomes & Gerda, 2016)[3]. En 1890, el presidente de la Universidad de Harvard creó el cargo de Dean of the College, con la idea de delegar la responsabilidad de gestionar la relación con los estudiantes y sus necesidades. Nombró para este fin a un respetado y querido profesor, según reporta Findlay (1938) en una disertación de su tesis doctoral (citado en Coomes & Gerda, 2016, p. 6). No es de extrañar que posteriormente otras universidades crearan el cargo de Dean of Men y, poco a poco, existieran iniciativas para compartir experiencias, separando los roles de los decanos de hombres de los de las decanas de mujeres. En las primeras reuniones, que datan de principios del siglo XX, las decanas de mujeres compartían buenas prácticas y frustraciones y los decanos de hombres se reunían en torno a temáticas como iniciaciones en las fraternidades, asistencia a clases y la autogobernanza estudiantil (Schwartz, 2016). Al poco andar, las decanas tuvieron que ir más allá de lo que pasaba dentro de la universidad y dedicar esfuerzos para apoyar a las alumnas en la transición al mundo laboral, siendo estos esfuerzos los inicios de lo que se conoce como *career services* (Coomes & Gerda, 2016).

A su vez, no solo los profesores empezaron a hacerse cargo de los desafíos que se iban sumando –como la introducción de veteranos de guerra en las universidades–, y se fue consolidando el concepto de *Student personnel*, incorporando la formación integral, ampliando la mirada más allá del desarrollo intelectual del estudiante (American Council on Education, 1937), instalando la lógica de poner al estudiante en el centro del trabajo de la profesión y aumentando el número de profesionales con formación en el tema (Coomes & Gerda, 2016). A fines de los sesenta, Chickering, con su teoría de los siete vectores del desarrollo, es uno de los puntos de inflexión en cómo se forma a pro-

---

3   Actualmente, tanto en EE.UU. como en Chile el número de estudiantes mujeres en las universidades es superior al de hombres.

fesionales en temáticas de los asuntos estudiantiles, incorporándose la lógica del desarrollo estudiantil al quehacer del área y desarrollándose así distintas asociaciones de profesionales (Coomes & Gerda, 2016). Posteriormente, la noción de cómo distintas actividades que se realizan en asuntos estudiantiles son oportunidades de aprendizaje para los estudiantes (American College Personnel Associaton, 1994) y una manera de contribuir al proyecto educativo de la institución fue ganando terreno hasta hoy, en que los modelos de liderazgo, cambio social, ecológico y aprendizaje experiencial, entre otros, son usados para el desarrollo de distintos programas de asuntos estudiantiles.

Así como se podría decir que los inicios de los asuntos estudiantiles en Estados Unidos estuvieron, con la creación de las decanas de mujeres, orientados por la lógica de lo que hoy podríamos asociar a una mirada de inclusión y cómo se disminuyen las barreras para que distintos perfiles de alumnos puedan desarrollarse en condiciones de equidad en la educación superior, los primeros avances en estos temas tuvieron otra lógica en Chile. El hecho de que acceder a la educación superior fuera algo a lo que pocos podían aspirar, y las generaciones fueran, en general, homogéneas socioeconómicamente (Bernasconi & Rojas, 2004), implicó que los primeros servicios estudiantiles estuvieran más orientados a cómo hacer más grato el paso por la universidad a las personas más destacadas del país. En 1931, el Estatuto Orgánico de la Enseñanza Universitaria establece el derecho de los estudiantes de hacer oír su voz en temas asociados a su bienestar y tener sus representantes, y exige a la Universidad de Chile la protección a sus alumnos y procurar su bienestar y perfeccionamiento ("DFL-280 30-May-1931 Ministerio de Educación Pública - Ley Chile - Biblioteca del Congreso Nacional", 2017). Así, la Universidad de Chile crea la Secretaría de Bienestar Estudiantil, en una lógica de *cuidar el patrimonio humano que la sociedad le confiaba* ("Historia - Universidad de Chile", 2017). De esta forma, los primeros servicios tenían por objeto entender y dar soluciones a los alumnos universitarios, asistencia económica, servicios médicos y de deporte.

Dados los cambios posteriores al golpe militar de 1973, como la disminución de recursos que entregaba el Estado a las universidades y la creación del crédito universitario (Bernasconi & Rojas, 2004), el foco de los servicios se concentra en los temas socioeconómicos y cómo asignarlos, debilitando los otros servicios ("Historia - Universidad de Chile", 2017). En la década de los 90, las universidades tradicionales comienzan a reformular la estructura asociada a los servicios estudiantiles con la creación de las áreas o direcciones de asuntos estudiantiles, que incluyen la creación de fondos concursables, el manejo de las relaciones con los representantes estudiantiles y la centralización de las necesidades no académicas. Podríamos decir que esta mirada es más cercana a la figura del Dean of College de 1890 en Harvard. A inicios del siglo XXI, se empiezan a crear redes de cooperación, como la Red de Universidades Promotoras de la Salud. En los últimos años, dentro de los contenidos de interés presentes en asuntos estudiantiles, se pueden encontrar temáticas de inclusión, apoyo académico y de desarrollo y aprendizaje estudiantil, manteniéndose la importancia de la relación con los representantes estudiantiles y la gestión de beneficios. Dadas la relevancia y alta demanda que generan estos dos últimos temas al interior de las universidades y considerando lo presente del movimiento estudiantil y las discusiones y cambios asociados a los beneficios estatales, muchas direcciones de asuntos estudiantiles no logran tener aún la mirada de desarrollo estudiantil como uno de sus ejes centrales.

COMPARACIÓN DE LA SITUACIÓN ACTUAL ENTRE CHILE Y EE.UU.

Tal y como se mencionó antes, existe gran diversidad de enfoques, énfasis y áreas de funcionamiento asociadas a las divisiones de asuntos estudiantiles en educación superior. En un esfuerzo por sistematizar, NASPA realizó en 2014 un reporte[4] que incluyó respuestas de encargados de asuntos estudiantiles de variadas instituciones de educación superior en Estados Unidos.

Dentro de los resultados dados a conocer, un punto interesante, según lo indicado por el profesional de nivel más alto de área, es que el 72% de las oficinas de asuntos estudiantiles reporta directo a la Rectoría.

---

4   *The Chief Student Affairs Officer, Responsibilities, Opinions and Professional Pathways of Leaders in Student Affairs, Full Report,* 2014, Research and Policy Institute NASPA. Elaborado a partir de una encuesta cuantitativa que incluyó a 863 encargados de asuntos estudiantiles de instituciones de educación superior en Estados Unidos (con una tasa de respuesta del 30% sobre 2.844 individuos), que corresponden principalmente a 240 instituciones públicas de 4 años, 366 instituciones privadas sin fines de lucro de 4 años y 243 instituciones públicas de 2 años.

Además, es de interés observar cómo se distribuyen las áreas de funcionamiento asociadas a asuntos estudiantiles, dentro de las cuales las más comunes son: actividades de campus; comportamiento estudiantil o manejo de casos; servicios de consejería; orientación, y evaluación de asuntos estudiantiles. Agrupados por temáticas, se identifican los siguientes como los temas más apremiantes al momento de realizado el reporte.

En el área *Salud, Bienestar y Seguridad* de los estudiantes, los temas más preocupantes serían salud mental, abuso de alcohol y de otras drogas ilícitas; sin embargo, otros temas también presentes fueron prevención del suicidio, violencia sexual, violencia en general, abuso de drogas prescritas y armas de fuego.

En el área *Cultura de Campus*, los cambios demográficos de los estudiantes, la diversidad estudiantil, equidad e inclusión y seguridad en el campus son los más preocupantes para ellos; otros temas también presentes de manera importante en el quehacer serían las relaciones dentro de la comunidad, estudiantes internacionales y deportistas.

En el área *Gestión y Administración*, apremian en ese momento los ajustes presupuestarios, cumplimiento y requisitos reglamentarios y planeación estratégica; otros serían manejo de crisis en los campus, construcción de nuevas instalaciones, reorganización de las áreas y equipos, desarrollo de servicios estudiantiles *online*, estrategias de redes sociales, recaudación de fondos y externalización de servicios.

Finalmente, en el área *Éxito y Aprendizaje Estudiantil*, los temas que generan más preocupación y atención son las tasas de graduación, la persistencia estudiantil y la evaluación y rendición de cuentas; otros temas que aparecen asociados a esta área son resultados de aprendizaje co-curricular, aprendizaje cívico y compromiso democrático, involucramiento de padres y familias y estudios en el extranjero.

De las instituciones encuestadas, se destaca en la Tabla 1 cuáles fueron las áreas de funcionamiento mayormente asociadas a la división de asuntos estudiantiles (presentes en más del 50% de las instituciones)[5].

---

5   Distribution of Student Affairs Functional Areas Across Three Tiers, Based on Percentage of Institutions Indicating Functional Area Is at Institution and Housed in the Student Affairs Division. The Chief Student Affairs Officer, Responsibilities, Opinions and Professional Pathways of Leaders in Student Affairs, Full Report, 2014, Research and Policy Institute NASPA, p. 18.

TABLA 1
SERVICIOS/ÁREAS MÁS COMUNES DENTRO DE EE.UU. EN LOS ASUNTOS ESTUDIANTILES

Área de funcionamiento	Porcentaje de instituciones
Actividades de campus	98%
Conducta o manejo de casos	97%
Servicios de consejería	89%
Orientación	88%
Evaluación de programas	80%
Servicios de desarrollo profesional	73%
Integridad académica	72%
Programas de bienestar	70%
Servicios de apoyo a la discapacidad	70%
Residencias	69%
Deportes recreacionales	66%
Servicios multiculturales	66%
Aprendizaje Servicio	62%
Programas de salud	59%
Servicios para estudiantes que viven fuera del campus	54%
Organizaciones estudiantiles	54%
Servicios LGBTQ	52%
Servicios para veteranos de guerra	52%

Fuente: The Chief Student Affairs Officer (2014). Research and Policy Institute NASPA.

Por otra parte, al analizar cómo se fueron modificando en los últimos 3 años las divisiones de asuntos estudiantiles en Estados Unidos, podemos ver que los temas que fueron incluidos dentro del ámbito de acción de estas fueron: servicios a veteranos; levantamiento de datos y evaluación de programas de asuntos estudiantiles; seguridad en el campus; servicios de desarrollo profesional, y programas de bienestar. En contraparte, en los últimos 3 años, las áreas removidas de asuntos estudiantiles fueron: servicios de desarrollo profesional; becas y beneficios; intercambio de deportistas; servicios para alumnos internacionales, y admisión.

Es posible observar, por ejemplo, cómo Asuntos Estudiantiles responde a los contextos educativos, considerando los escenarios socio-históricos y las características de los estudiantes, de manera dinámica y flexible, influyendo sobre las decisiones en torno a qué temas incluir o remover dentro del ámbito de asuntos estudiantiles. Es el caso, por ejemplo, de lo que sucedió en EE.UU., según el reporte mencionado, entre el 2011 y 2014, con los servicios de desarrollo profesional (o *Career Services*), que en algunos entran y en otros salen del ámbito de acción, en el mismo período.

En este sentido es importante tener presente que, independiente de que los nombres se repitan o se mantengan a través de los años, qué labores son parte de asuntos estudiantiles dependerá del contexto; es decir, de cómo se enfrenta un tema en la práctica o de las necesidades específicas que se trabajan en cada área, o de cómo afecta el desarrollo histórico.

Para ilustrar lo que actualmente sucede en Chile con las direcciones o áreas de Asuntos Estudiantiles, se realizó una revisión de 56 universidades en agosto de 2017, mediante búsqueda de información publicada en sus páginas web principalmente, y contacto telefónico o vía correo electrónico en algunos casos. Dentro de los resultados obtenidos se encuentra que la dependencia del área es diversa: el 55% depende de la Vicerrectoría Académica, el 37% de los casos depende de la Rectoría (como en EE.UU.), donde casi la mitad de los casos es una vicerrectoría en sí misma, y, finalmente, en el 7% depende de otras instancias, como Secretaría General, Vicerrectoría de Operaciones u otra.

Los énfasis de las distintas misiones declaradas (asociadas al mismo nombre del área o dirección) están vinculados, en su mayoría, a la idea de ser un aporte a la formación integral de los estudiantes, en el marco del proyecto educativo y de las políticas dirigidas a estudiantes de cada institución; a promover la calidad de vida, desarrollo y bienestar estudiantil; además, a generar programas de apoyo, orientación e integración universitaria, buscando favorecer la permanencia; en algunos casos es explícito el favorecer la participación en los distintos espacios de vida universitaria; en otros, el foco está puesto en generar políticas y asesorar a las autoridades institucionales en temas de desarrollo y apoyo estudiantil; y finalmente, en pocas instituciones aparece explícita la necesidad de favorecer la inclusión y equidad, concordando con el contexto actual del sistema educativo chileno de análisis del funcionamiento de todo el sistema de Educación Superior, principalmente en lo que respecta a acceso y financiamiento.

IMAGEN 1
NUBE DE PALABRAS - PALABRAS MÁS FRECUENTES EN LAS MISIONES DE
ASUNTOS ESTUDIANTILES EN CHILE

Considerando la clasificación del reporte de NASPA, y adaptándolo al contexto chileno, encontramos igualmente diversidad en relación con programas o servicios para estudiantes, y con distintos niveles de desarrollo (desde acciones puntuales dentro de un área general a programas que constituyen áreas en sí mismas).

Respecto del área de *Salud, Bienestar y Seguridad*, ocurre algo similar a lo que pasa en Estados Unidos. En Chile, la preocupación por la salud mental de los estudiantes está presente con una diversidad de estrategias de abordaje. El 54% de las instituciones cuentan con acciones o programas que incluyen atención en salud, generalmente de atención primaria (médica, nutricional, ginecoobstétrica, dental y/o psicológica), además de estrategias de promoción y prevención en temas diversos (vocacional, salud sexual y reproductiva, alimentación, consumo de alcohol y otras drogas, uso del tiempo libre, inteligencia emocional, primeros auxilios, etc.). En algunos casos, existen programas de manejo de urgencias médicas y psicológicas en los campus. Además, algunas instituciones presentan convenios con prestadores de salud externos para los estudiantes complementando así los servicios en los campus (farmacia, exámenes de laboratorio, especialidades médicas, etc.). En al menos tres instituciones habría cursos de formación general con creditaje en temas de bienestar y desarrollo integral.

En el área *Cultura de Campus*, en coherencia con lo observado en el reporte de NASPA, en Chile también existe preocupación por temas como inclusión, diversidad y conocimiento sobre los estudiantes y sus necesidades. Esta es la segunda área con mayor presencia en asuntos estudiantiles en Chile, alcanzando al 88% de las instituciones, las que presentan acciones o programas orientados a fortalecer lo que se denomina cultura de campus. Entre las acciones más representativas de esta área están el trabajo de voluntariado (gestionado institucionalmente o por los propios estudiantes), fondos concursables/emprendimiento estudiantil (organizaciones o grupos estudiantiles con proyectos diversos) y trabajo con representantes estudiantiles (delegados, centros de estudiantes, federaciones, etc., dependiendo de la orgánica de cada institución). Otras acciones comúnmente presentes serían actividades culturales y de recreación (talleres artísticos, concursos, otras instancias recreativas, etc.). Además, en algunos casos, se encuentran acciones y programas que buscan favorecer la integración e inclusión a la universidad (PAI, tutores, actividades de bienvenida o celebraciones especiales durante el año). Finalmente, aunque de manera más bien incipiente, existen programas dirigidos a poblaciones específicas, como estudiantes con hijos, estudiantes extranjeros y estudiantes con discapacidad.

En el área de *Gestión y Administración*, los soportes para asignación de becas y otros beneficios socioeconómicos (estatales o propios) son muy relevantes y están presentes desde que se acuña la noción de Asuntos Estudiantiles en Chile (a diferencia de EE.UU., en que solo el 38% de las instituciones la tienen como área propia)[6], quedando más bien implícitas instancias asociadas a la gestión y administración propiamente tal. Así, es posible observar que el 89% de las instituciones en Chile aloja la gestión de beneficios estudiantiles (becas y beneficios estatales, TNE, becas y otros beneficios propios) en esta área, siendo así la que tiene mayor presencia dentro de asuntos estudiantiles. En algunos casos, también están presentes los servicios de alimentación

---

6   Distribution of Student Affairs Functional Areas Across Three Tiers, Based on Percentage of Institutions Indicating Functional Area Is at Institution and Housed in the Student Affairs Division. The Chief Student Affairs Officer, Responsibilities, Opinions and Professional Pathways of Leaders in Student Affairs, Full Report, 2014, Research and Policy Institute NASPA, p. 18.

del campus, las residencias u hogares universitarios y jardines infantiles con cupo para estudiantes. Es relevante mencionar que, dado el funcionamiento actual del sistema de financiamiento de la educación superior en Chile, esta es un área con una alta demanda de trabajo, que en ocasiones puede dificultar a los equipos ampliar el espectro de actividades o intervenciones a realizar con otros focos relativos al desarrollo estudiantil.

En el área de *Éxito y Aprendizaje Estudiantil* se observa que si bien la preocupación por la persistencia y las tasas de graduación es compartida con EE.UU., solo 23% de las instituciones chilenas tendrían alojados en asuntos estudiantiles programas asociados a apoyo al aprendizaje (en algunos casos también llamados "éxito estudiantil") o programas orientados a la transición hacia el mundo del trabajo, inserción laboral y/o desarrollo profesional (en algunos casos se incluye bolsa de trabajo). Otros temas emergentes en Chile serían ciudadanía activa, interculturalidad y formación sociopolítica asociada a liderazgo, presente a través de escuelas de liderazgo, sociedades de debate, talleres u otros. Temas de movilidad/intercambio estudiantil y asociación con entidades externas están presentes de manera esporádica, aunque en un par de instituciones aparecen con acciones específicas. La relación con familias de los estudiantes y áreas relacionadas con evaluación e investigación en asuntos estudiantiles, vinculadas con buenas prácticas, son muy escasas[7].

En cuanto a deporte competitivo, en EE.UU. esta suele ser un área independiente de asuntos estudiantiles, dadas las dinámicas presupuestarias y la relación con procesos de selectividad y becas dirigidas a fomentar el deporte en ese país. En el reporte NASPA no aparece como área de funcionamiento de asuntos estudiantiles (solo a nivel de deporte recreativo, en un 66% de las instituciones). En Chile, en cambio, quisimos agregar una quinta área al análisis, que considera *Deportes* de manera específica en diversas actividades, desde deporte recreativo (uso de espacios, talleres, campeonatos internos, cursos con creditaje, etc.) a deporte competitivo (selecciones), siempre y cuando sea un área claramente definida dentro de asuntos estudiantiles, y no

---

7   Se encuentran dos iniciativas; una es el Observatorio de la Juventud Universitaria, de la Pontificia Universidad Católica de Chile http://vidauniversitaria.uc.cl/observatorio/; la otra es la UTAGE, de la Universidad de Valparaíso http://dae.uv.cl/index.php/nosotros-dae/unidad-asesora.

solo actividades aisladas. Esta área estaría presente en el 54% de las instituciones revisadas como formando parte de asuntos estudiantiles o instancias de desarrollo estudiantil.

Como cierre de esta revisión, nos parece relevante mencionar como espacio de desarrollo estudiantil lo "co-curricular", tema más bien emergente en distintos contextos universitarios y un desafío a abordar. En este sentido, la distinción entre tipos de actividades que realizan los estudiantes en el contexto de su vida estudiantil es necesaria; esto es, la distinción entre actividades curriculares, co-curriculares y extra-curriculares (Hidden Curriculum, 2014). Las actividades curriculares son fáciles de identificar, ya que son aquellas que están en el plan de estudios o programa académico, es decir, son registradas oficialmente por la institución y suelen ser de carácter obligatorio (por ejemplo, cursos, prácticas, actividad de titulación, etc.). Las actividades co-curriculares y extra-curriculares, en cambio, son de carácter voluntario y suelen estar predominantemente a cargo de asuntos estudiantiles como una manera de enriquecer la experiencia estudiantil.

La principal distinción entre las actividades co-curriculares y extra-curriculares es que las primeras estarían explícitamente vinculadas a la formación integral del estudiante y al proyecto educativo de la institución, proporcionando oportunidades de aprendizaje fuera del plan de estudios, pero que son complementarias a este. Por ende, las actividades co-curriculares deben cumplir con las condiciones de cualquier otra actividad formativa en un contexto educativo, esto es, explicitar sus objetivos de aprendizaje, estrategias de evaluación y evidencias de dichos aprendizajes (ACCRAO & NASPA, 2015). Si bien la definición de los requisitos o criterios para que una actividad sea definida como "co-curricular" es una decisión institucional, que busca velar por la calidad de las actividades ofrecidas y su impacto en la formación integral del estudiante, considerar los elementos ya mencionados parece relevante[8].

---

8   Es importante destacar que las actividades extra-curriculares, que son aquellas que no tienen una intencionalidad formativa explícita asociada al proyecto educativo y, por lo tanto, no tendrían un seguimiento ni una manera de medir su impacto en términos de aprendizaje, siguen siendo, sin embargo, un espacio muy relevante de participación estudiantil al interior de las universidades, ya que suelen ofrecer diversidad de alternativas y permiten potenciar la integración y sentido de pertenencia (Strayhorn, 2016).

Como posibles beneficios para los estudiantes de la participación co-curricular, se encontrarían autoeficacia, satisfacción, sentimientos de soporte y desafío institucional, retención, logro académico y compromiso intelectual, comprensión de los demás, profundización del sentido de espiritualidad, y habilidades prácticas, como competencias para entrevistas y redes de contacto; además, enriquecería el aprendizaje y desarrollo estudiantil, complementando la formación curricular (Stirling & Keer, 2015).

ESTUDIANTES Y SU ETAPA DE DESARROLLO

Para el entendimiento y desarrollo de buenas prácticas de apoyo estudiantil, es necesario comprender la desafiante etapa del ciclo vital en la que se encuentran los estudiantes. La experiencia universitaria se constituye entonces como un espacio de enriquecimiento no solo curricular o extracurricular, sino también personal.

En términos generales, la población de estudiantes universitarios es un grupo que presenta pocos problemas de salud física, comparado con la población general. Sin embargo, en lo que respecta a salud mental, los trastornos depresivos y ansiosos presentan una mayor tasa en comparación con la población general (Sánchez, Cáceres & Gómez, 2012); y de morbilidad, discapacidad y mortalidad asociadas a factores de riesgo propios del desarrollo, medioambientales y conductuales (Blum, 2000; Grace, 2010). Por su parte el mundo académico supone que los estudiantes han alcanzado, a su ingreso a la Universidad, altos niveles de autorregulación y autonomía, que su identidad está construida y que siendo jóvenes adultos tienen menos conductas de riesgo que los adolescentes. Asimismo, se infiere que cuentan con hábitos y estrategias de estudio eficientes para el contexto universitario y que son menos procrastinadores, es decir, que se proponen una tarea y la terminan sin mayores interrupciones o dilaciones. Sin embargo, lo anterior dista de la realidad que se observa en la sala de clases, y de los datos que arrojan encuestas y estudios de prevalencia de drogas, factores de riesgo, conductas saludables y hábitos de estudio (ACHA, 2016; Encuesta Prevalencia Drogas UC, 2015). De este modo, son muchos y diversos los desafíos que enfrentan los docentes, profesionales, administrativos y los servicios de apoyo universitarios; y los propios estudiantes, quienes pueden verse sobrepasados en todas las áreas: emocional, social, familiar y académica (ACHA, 2016). Muchas de las conductas observadas se enlazan con la etapa del desarrollo en que se encuentran, y que exige una respuesta adaptativa a los desafíos que emergen en esta etapa. Por mencionar algunos, seguir en la construcción de su identidad e intimidad, crear nuevas redes sociales efectivas, administrar una nueva autonomía inmersa en muchos caminos posibles y practicar formas más complejas de pensamiento.

Se ha señalado que nos encontramos frente a un escenario que ha ido cambiando inconfundiblemente desde mitad del siglo pasado, postergándose el inicio de la edad adulta, tradicionalmente marcada por los hitos del trabajo estable, el matrimonio y la familia. Este cambio cultural incide en que la transición de una etapa intermedia entre ser adolescente y adulto, como una etapa de transición propiamente tal, es más larga y compleja que en otras épocas, lo que ha sido especialmente estudiado en los países desarrollados. Surge entonces una nueva etapa de vida entre la adolescencia y la adultez, comprendida aproximadamente entre los 18 y 29 años de edad, etapa a la que se le ha denominado adultez emergente (Arnett, 2014). Aunque la adultez emergente tiene similitudes con la etapa anterior o siguiente, posee características que la hacen distintiva y única. A diferencia de los adolescentes, los adultos emergentes han alcanzado la madurez física y sexual, y presentan muchos escenarios posibles de estudio o trabajo, entre otras decisiones de trayectoria. Y a diferencia de la adultez joven, no han logrado la independencia económica y tampoco han decidido todo en lo que respecta a trabajo, pareja y familia. Sin duda, hay una mayor independencia emocional respecto de los padres y trabajan en explorar posibilidades de vida antes de hacer compromisos perdurables. La identidad es una de las tareas más importantes de los adultos emergentes, que los lleva a consolidar el desarrollo de valores, habilidades y los deseos personales para el futuro: la identidad vocacional-ocupacional.

Arnett (2000, 2014) propuso cinco características distintivas de la adultez emergente, a la que describió como edad de las exploraciones de identidad, edad de la inestabilidad, edad del autoenfoque, edad del sentimiento intermedio y edad de las posibilidades y optimismo.

Aunque la exploración de la identidad, de acuerdo con la teoría del desarrollo de Erikson, comienza en la adolescencia, las investigaciones dan cuenta de que las exploraciones de identidad ocurren principalmente durante la adultez emergente (Schwartz, Zamboanga, Luyckx, Meca & Richie, 2014). Estas exploraciones de identidad implican pensar y probar distintos escenarios, preguntándose "quién soy, quién quiero ser y qué tipo de vida quiero llevar", en lo que se refiere a la elección de carrera, trabajo, ideología y a un aspecto que surge fuertemente en esta etapa, las relaciones de pareja (Erikson, 1950). Se comienzan a definir con una mirada de largo plazo los compromisos que serán la estructura de la vida adulta, tanto en lo ideológico, profesional, como en lo amoroso, consolidándose gradualmente hacia la edad de los 30 años. Pero el desafío es que la construcción de identidad puede ser confusa y muchas veces se presenta la vivencia de que serán incapaces de tomar decisiones, o que las metas propuestas serán inalcanzables. Este funcionamiento lleva a los adultos emergentes a sentirse mucho más a menudo ansiosos o sentirse deprimidos que en otras etapas de la vida (Arnett, Schwab, 2012). En este escenario, tiene sentido ofrecer servicios de apoyo para los estudiantes en el manejo de la ansiedad y el estrés en la vida universitaria y apoyo en el proceso de exploración vocacional, en que la confusión fomenta los niveles de ansiedad y estrés y pone a prueba la autoeficacia y la autoestima, importantes factores protectores de las conductas de riesgo.

La edad de la inestabilidad se describe, dentro del ciclo vital, como uno de los períodos donde se realizan las exploraciones de identidad (Arnett, 2014). Se caracteriza por cambios en las relaciones amorosas y por la definición de relaciones monógamas, "amigos con ventaja", "sexo casual", entre otros. Se manifiestan asimismo otros intereses y proyecciones, y en lo académico no es infrecuente considerar cambios de carrera y de trabajo, esto último según los datos del US Department of Labor (2012). La respuesta adaptativa a la demanda de la inestabilidad está directamente afectada por la existencia de una red de apoyo social efectiva (pares, familia, pareja), la que muchas veces se sostiene en un diálogo virtual (Arnett, 2014).

La adultez emergente es un tiempo de vida centrado en sí mismo, hay menos responsabilidades y obligaciones que las de un sujeto en la adultez, quien tiene responsabilidades sociales, laborales y familiares, en las que debe velar no solo por su propio bienestar, sino también por el de otros. A esta característica, Arnett (2014) la ha llamado la edad del autoenfoque. Si bien los adultos emergentes también tienen obligaciones, están más bien centrados en sí mismos, pues incluso pocas obligaciones, fuera de la académica, pueden visualizarse. Se vive como un espacio de gran libertad, autodeterminación, lleno de emociones y espacios lúdicos. Por su parte, los padres disminuyen significativamente el control parental, aunque el vínculo sigue siendo muy importante y necesario para el adulto emergente, lográndose la independencia hacia los 30 años.

Aunque la inestabilidad emocional está muy presente, otra característica de esta etapa del desarrollo se refiere a la edad de las "posibilidades y optimismo". Los adultos emergentes presentan un optimismo personal resistente y con poca visión del entorno. Tienden a pensar positivamente en el futuro, el que será próspero y en el que se cumplirán las metas que se habían planteado e incluso que la vida será mejor que la de sus padres, especialmente en sujetos de niveles socioeconómicos más desaventajados (Arnett & Schwab, 2014). No se piensa en el desempleo, divorcio, bajos salarios, etc. Esta característica es vista como un recurso psicológico en una etapa de la vida altamente estresante, donde se tomarán decisiones que formarán parte definitiva del futuro (Arnett & Schwab, 2014).

Se describe que existe conciencia de que esta es una edad de "sentirse en el medio", pues no se ven ni como adultos ni como adolescentes (Nelson & Luster, 2014). El camino hacia la adultez es lento y progresivo, para, finalmente, aceptar la responsabilidad de sí mismo y de tomar decisiones independientes (Arnett, 2000; Nelson & Luster, 2014). El desajuste se manifiesta en la expectativa de querer ser independiente y de tomar decisiones en la base, donde no están todos los elementos para hacerlo, lo que puede nuevamente generar síntomas angustiosos y depresivos.

De este modo, conocer y entender la adultez emergente, así como las necesidades, factores de riesgo y desajustes emocionales propios de la edad, es muy importante para los servicios de apoyo y para los servicios de salud universitarios. Indica que ver a los estudiantes como adolescentes subestima sus capacidades de autorreflexión, autodirección y vida independiente. Y el verlos como adultos les pone exigencias para las cuales no siempre hay terreno fértil. En este sentido, la inestabilidad e incertidumbre que experimentan puede ser un estado esperado en la etapa de vida adultez emergente, y no un síntoma de un problema de salud mental, físico u otro. La comprensión de la adultez emergente como un período con rasgos distintivos y normales dentro del desarrollo tiene el potencial de mejorar la eficacia de los enfoques de apoyo universitario y de programas que promuevan el bienestar y calidad de vida, así como de los servicios de salud mental (Tanner & Arnett, 2013).

DESAFÍOS GENERALES

Una vez revisado el estado actual de las áreas de asuntos estudiantiles y sus énfasis, además de repasar las principales características de la población mayoritaria en la universidad y su etapa de desarrollo, se revisan distintos desafíos actuales de los asuntos estudiantiles en Chile. Teniendo presente que cada institución debe diseñar sus áreas considerando los énfasis que tiene su proyecto educativo y las características y necesidades de sus estudiantes, se presentan desafíos generales asociados a la formación integral, la calidad de vida y la gestión de recursos.

En lo que se refiere a formación integral, y como se indicó anteriormente, una pregunta de vanguardia en el área es ¿cómo favorecer el aprendizaje y desarrollo estudiantil desde iniciativas co-curriculares, usualmente creadas (aunque no exclusivamente) en asuntos estudiantiles? En este sentido, la respuesta estaría asociada a cómo lograr que los estudiantes se involucren en actividades co-curriculares o *co-curricular engagement* (Stirling & Kerr, 2015) y que estas, entendidas como parte integral de la vida universitaria, logren generar aprendizaje y promover desarrollo estudiantil, es decir, cómo generar actividades que, aunque no forman parte del plan de estudios, y que suelen ser voluntarias, impacten y generen aprendizaje, favoreciendo el desarrollo integral.

En diversos estudios se evidencia el potencial de participar en actividades co-curriculares y extra-curriculares, ya que estas generarían sentido de pertenencia e involucramiento, ambos elementos conectados con permanencia y éxito estudiantil. Aparecen, así, el desarrollo personal y social como los principales beneficios, siempre y cuando las actividades sean diseñadas en un marco de referencia teórico, de tal manera que los programas co-curriculares realmente enriquezcan la vida universitaria. Esto implica que deben ser planificadas y ejecutadas de manera rigurosa para que realmente agreguen valor a la experiencia; por ejemplo, que tengan objetivos de aprendizaje claros y explícitos, cuidando de generar las condiciones efectivas para aprender, con un balance entre experiencia, reflexión, conceptualización y aplicación, como modos de aprendizaje (Kolb, 1984; Kuh 2008, en Stirling & Kerr, 2015).

En síntesis, recaería en asuntos estudiantiles la responsabilidad de aportar a la formación integral de los estudiantes, a través de la generación de espacios formativos, de aprendizaje, siempre y cuando estos sean diseñados, implementados y evaluados como actividades co-curriculares que agreguen valor a la experiencia estudiantil, y manteniendo de todas formas los espacios de participación extra-curriculares (la participación en espacios informales es igualmente relevante) que aportan a la diversidad de oportunidades de participación. En la medida en que esto se cumple, y como parte del desafío, sería posible registrar y certificar las actividades co-curriculares que los alumnos realizan (Storey, 2010; Elias & Drea, 2013), generando además la posibilidad de validar el impacto desde asuntos estudiantiles en términos de aporte concreto a la formación de los estudiantes y, al mismo tiempo, mejorar los procesos de rendición de cuentas o *accountability*. Si bien es un desafío para las instituciones ofrecer instancias de aprendizaje co-curricular, asociado a sus procesos, uso de tecnología y evaluación, la expectativa debe ser tener estudiantes mejor preparados para ingresar al trabajo, mejor preparados para comunicarse y más confiados en sus logros como ciudadanos (Leadership Exchange, 2016).

Es bien conocida la relación entre el compromiso o involucramiento estudiantil (o *student engagement*) y la permanencia, la satisfacción estudiantil, el desarrollo y aprendizaje estudiantil, como resultados esperados de la experiencia universitaria. En este sentido, Kuh (2009) explicita cómo desde Asuntos Estudiantiles es posible favorecer el involucramiento de los estudiantes. Entre los elementos propuestos está promover la comprensión del concepto entre los diferentes actores institucionales, entendiendo la responsabilidad que tienen las propias instituciones en promover una cultura de campus capaz de acoger la diversidad. Así, es relevante intencionar dinámicas y contextos para lograr una comunidad inclusiva. Si bien se está avanzando en tener una mayor diversidad en las comunidades estudiantiles, favoreciendo el acceso mediante vías inclusivas, queda mucho aún por trabajar en inclusión, entendiéndola como una característica de los contextos y las actividades que se desarrollan en ellos, y no como un atributo de las personas (Lissi, 2016); por lo tanto, trabajar en inclusión implica una mirada amplia respecto de cómo la institución logra generar un sentido de comunidad en cada uno de sus miembros.

Es importante tener presente que no basta con juntar personas diferentes en un mismo espacio. Hoy sabemos que un aspecto relevante es buscar que personas distintas se relacionen entre sí y se valoren, es decir, incentivar un contacto intergrupal positivo, que no se genera de manera espontánea (González, 2005). En este sentido, Allport (1954), en su Teoría de Contacto Intergrupal, propone las bases para lograr contactos positivos entre los distintos grupos. Según dicha teoría, el contacto entre grupos diversos se torna positivo cuando se dan las siguientes condiciones: los individuos tienen estatus similares, se tienen objetivos comunes, hay cooperación intergrupal y apoyo institucional. Además, la frecuencia, calidad y variedad de formas de contacto colaboran en que las personas se conozcan y valoren. Pensando en una sociedad más cohesionada, donde se respeten y valoren las diferencias y que asume desafíos, como el aumento de la inmigración, el crear campus inclusivos y culturas de respeto en las universidades es un desafío para asuntos estudiantiles y para la institución en su conjunto, buscando aportar a la construcción de una sociedad más justa.

Por otra parte, en lo relativo a formación integral y calidad de vida, Asuntos Estudiantiles tendría un rol relevante en cuanto a colaborar en la revisión y levantamiento de datos sobre políticas y prácticas institucionales y en promover servicios de soporte y ayuda a los estudiantes, con sistemas tecnológicos que permitan un seguimiento adecuado de los alumnos.

Así, los servicios de asuntos estudiantiles cumplen un importante rol impulsando el desarrollo armónico de los estudiantes para el logro de su proyecto de vida, favoreciendo la existencia de espacios y servicios que velen por la calidad de la vida universitaria. Por una parte, en el aspecto más comunitario, implica acoger la diversidad y sus distintos intereses, tomando las acciones co-curriculares gran relevancia. Estas acciones constituyen un buen escenario donde los estudiantes puedan poner a prueba sus intereses y habilidades para la construcción de su identidad, tarea propia de esta etapa del ciclo vital. Pero, además, los estudiantes requieren de instancias que acojan también la inestabilidad e incertidumbre que experimentan, la que muchas veces se manifiesta en síntomas ansiosos y depresivos (Arnett, 2014). Poniendo el foco en lo individual, otro desafío para los asuntos estudiantiles es el de proveer programas de promoción y prevención en salud, encargados de potenciar los factores protectores y disminuir las conductas de riesgo. Así, la oferta de programas para el manejo de la ansiedad y el estrés, para el apoyo al rendimiento académico y de exploración vocacional, así como la disponibilidad de consejerías y apoyo psicológico, entre otros, que acompañen a los adultos emergentes en sus exigencias personales y académicas, se vuelven esenciales. Sin embargo, es importante motivarlos a participar de estas instancias, aunque ello no es simple y constituye un gran desafío planteado a los profesionales inmersos en dichos contextos.

Existe una constante preocupación en las universidades de velar por el bienestar de sus estudiantes, a través de la disposición de servicios, programas y políticas que intentan favorecer la calidad de vida. Es, entonces, otra tarea relevante trabajar en promover la reflexión, la discusión y el análisis crítico entre los grupos etarios que conviven en los contextos universitarios, en pro del bienestar psicológico y físico de los estudiantes. Recoger sus intereses y motivaciones, con un rol activo de su parte, desde su propia voz, sirve de red de apoyo efectiva para favorecer el desarrollo sano y constructivo de los estudiantes en el espacio universitario, volviéndolos partícipes de su proceso de desarrollo, favoreciendo además el sentido de pertenencia.

Finalmente, promover un amplio rango de participación estudiantil en diversas actividades (como formar parte del equipo del periódico estudiantil, liderar una iniciativa, trabajar en el campus o ser deportista destacado), cuidando su diseño y ejecución para que tengan alto impacto (Kuh, 2008), es otra manera de generar involucramiento desde Asuntos Estudiantiles, siempre y cuando esos espacios de participación cubran una amplia gama de intereses estudiantiles y se ofrezcan a un amplio número de estudiantes. En la misma línea, trabajar por favorecer la integración social y académica de los estudiantes, es decir, promover el sentido de pertenencia (Strayhorn, 2016), que los estudiantes se sientan parte de la comunidad universitaria, que ellos son importantes, debiese ser una noción transversal a la institución, y con el potencial de ser favorecida especialmente desde Asuntos Estudiantiles.

En lo que se refiere a la gestión de recursos, el principal desafío se asocia a cómo obtener los recursos humanos, económicos y físicos para el desarrollo de los asuntos estudiantiles. Si en la institución hay una mirada de servicios y restricciones presupuestarias, el tema claramente se traducirá en eficiencia y en bajar costos, pero si se logra avanzar en comprender el valor que puede agregar el área a la formación de los estudiantes, cambia la lógica. Claramente el desafío base para lograr transmitir el valor tiene que ver con el desarrollo de profesionales del área. Tal como se ha mencionado en este capítulo, los énfasis del área y cómo abordar los distintos temas requieren un entendimiento de los contextos, de los perfiles de alumnos a intervenir y de las herramientas más adecuadas. Lo anterior implica que los profesionales de asuntos estudiantiles deben profundizar en las distintas herramientas disponibles, en la evidencia existente para abordar las temáticas, y en un entendimiento específico de la situación de sus alumnos y el contexto. En Chile, los profesionales que están en estas unidades suelen ser reclutados por ser psicólogos, asistentes sociales, enfermeras, doctores, periodistas, exdirigentes estudiantiles o personas que destacaron por su cercanía con las temáticas estudiantiles y por una validación de sus pares. En algunas universidades donde el tema es incipiente, y no está claro el valor del área, se produce frustración y rotación de los cargos, se asumen muchos desafíos con pocas personas o equipos que no han tenido la oportunidad de desarrollo profesional en el tema y no se generan modelos específicos de intervención. En un trabajo conjunto entre NASPA y ACPA se ha ido acordando un listado de competencias a desarrollar por los profesionales del área. Cada competencia, las que se agrupan en dimensiones, incluye distintos niveles de logro y el último trabajo incorpora rúbricas de evaluación y recomendaciones de uso en programas de formación o evaluación de profesionales. Las componentes principales son Asesoramiento y Apoyo; Medición, Evaluación e Investigación; Leyes, Políticas y Gobernanza; Liderazgo; Gestión de Recursos Humanos y de la Organización; Fundamentos Éticos y Personales; Justicia Social e Inclusión; Aprendizaje y Desarrollo Estudiantil; Tecnología; Valores, Filosofía e Historia de los Asuntos Estudiantiles (ACPA/NASPA Professional Competencies Rubrics, 2016). A partir de estas competencias y de los desafíos de cada institución, e independiente de no tener programas de posgrado en el tema, los directivos deben priorizar sus propias dimensiones, preocupándose por el desarrollo de los profesionales, dándole la seriedad e importancia a la labor que se desarrolla, logrando resultados y siendo capaces de mostrar indicadores asociados para validarse así dentro de las instituciones de educación superior. Todo lo anterior, trabajando colaborativamente en beneficio de los estudiantes, foco principal de la profesión.

REFERENCIAS

ACPA/NASPA Professional Competencies Rubrics (2016) (1st ed.). Washington, D.C. Obtenido desde https://www.naspa.org/images/uploads/main/ACPA_NASPA_Professional_Competency_Rubrics_Full.pdf

ACCRAO & NASPA (2015). A Framework for Extending the Transcript. Extraído el 31 agosto desde http://www.aacrao.org/docs/default-source/PDF-Files/extending-the-transcript-framework-final-draft-.pdf?sfvrsn=2

Allport, G.W. (1954). *The nature of prejudice*. Reading, Massachusetts: Addison-Wesley Publishing Company.

American College Personnel Association (1994). *The Student Learning Imperative: Implications for Students Affairs*, Washington, DC: ACPA.

American Council on Education. (1937). *The Student Personnel Point of View: A Report of a Conference on the Philosophy and Development of Student Personnel Work in College and University* (Series 1, Vol. 1, Number 3) Washington, DC.

Arnett, J.J. (2000). Emerging adulthood: a theory of development from the late teens through the twenties. *Am Psychol*, 55: 469-80.

Arnett, J.J. & Schwab, J. (2012). The Clark University poll of emerging adults: thriving, struggling, and hopeful. Extraído agosto 2017 de https://www.clarku.edu/ clark-poll-emerging-adults/pdfs/clark-university-poll-emergingadults-findings.pdf

Arnett, J.J. (2014). *Emerging adulthood: the winding road from the late teens through the twenties*, 2nd Ed. New York: Oxford University Press.

Bernasconi, R. A. & Rojas, F. (2004). *Informe sobre la educación superior en Chile*. Santiago de Chile: Ed. Universitaria.

Blum, R. (2000). Un modelo conceptual de salud del adolescente. E: Dulanto, edit. *El adolescente*. México: Mc Graw Hill; p. 656-672.

Coomes, M. & Gerda, J. (2016). A Long and Honorable History. In *The Handbook of Student Affairs Administration* (4th ed.). San Francisco: Jossey-Bass.

Deutsches Studentenwerk (2017). Studentenwerke.de. Extraído 16 agosto 2017, desde https://www.studentenwerke.de

DFL-280 30-MAY-1931 Ministerio de Educación Pública - Ley Chile - Biblioteca del Congreso Nacional (2017). Ley Chile - Biblioteca del Congreso Nacional. Extraído 13 agosto 2017, desde https://www.leychile.cl/Navegar/index_html?idNorma=1040383

Elias, K. & Drea, C. (2013). The co-curricular record: Enhancing a postsecondary education. *College Quarterly*, 16 (1). Extraído 17 agosto 2017 desde https://eric.ed.gov/?id=EJ1016461

Grace T. W. (2010). Health Problems of College Students. Journal of American College Health, 243-251.

González, R. (2005). Movilidad social: el rol del prejuicio y la discriminación. En *Foco*, 59, 1-23.

Hidden curriculum (2014). En S. Abbott (Ed.), *The glossary of education reform*. Extraído 17 de agosto 2017 desde http://edglossary.org/hidden-curriculum

Historia - Universidad de Chile (2017). Uchile.cl. Extraído 13 agosto 2017, desde http://www.uchile.cl/portal/presentacion/vicerrectoria-de-asuntos-estudiantiles-y-comunitarios/direccion-de-bienestar-estudiantil/direccion/5019/historia

Kolb, D. A. (1984). *Experiential learning: Experience as the source of learning and development*. Englewood Cliffs, NJ: Prentice Hall.

Kuh, G. D. (2008). *High-impact educational practices: What they are, who has access to them, and why they matter*. Washington, DC: Association of American Colleges and Universities.

Kuh, G. D. (2009). What student affairs professionals need to know about student engagement. *Journal of college student development*, volume 50, number 6, november-december 2009, pp. 683-706. Extraído 13 de diciembre 2016 desde https://muse.jhu.edu/article/364960

Leadership Exchange (2016). Linking Learning inside and outside the classroom, Cocurricular Experiencies add Value, NASPA winter 2016,

Lissi, M. (2016). Foro Inclusión de Estudiantes con Discapacidad en la UC: Un compromiso de todos. Presentation, Casa Central, P. Universidad Católica de Chile.

Ludeman, R. (2009). *Student affairs and services in higher education*. París: United Nations Educational, Scientific and Cultural Organization.

Nelson, L. J. & Luster, S. S. (2014). "Adulthood" by whose definition? The complexity of emerging adults' conceptions of adulthood. In: Arnett J. J., ed. *The Oxford handbook of emerging adulthood*. New York: Oxford University Press.

Osfield, K., Perozzi, B., Bardill Moscaritolo, L. & Shea, R. (2016). *Supporting students globally in higher education* (1st ed.). NASPA-Student Affairs Administrators in Higher Education.

Pascarella, E. & Terenzini, P. (2005). *How College Affects Students: a third decade of research*. San Francisco, CA: Jossey-Bass.

Perozzi, B., Giovannucci, G. & Shea, R. (2016). The Global Dialogue. In *Supporting students globally in higher education* (1st ed.). Washington: Kenneth Osfield.

Sánchez, R. Cáceres, H. y Gómez, D. (2002) Ideación suicida en adolescentes universitarios: Incidencia y factores asociados. *Biomédica*; 22: 407-416.

Schwartz, R. (2016). *Deans of men and the shaping of modern college culture.* Palgrave Macmillan.

Schwartz, S. J., Zamboanga, B. L., Luyckx, K., Meca, A., Richie R. (2014). Identity. In: Arnett, J.J., ed. *The Oxford handbook of emerging adulthood.* New York: Oxford University Press.

Stirling, A. y Kerr, G. (2015). Creating Meaningful Co-Curricular Experiences in Higher Education. *Journal of Education & Social Policy*, Vol. 2, No. 6.

Storey, K. (2010). *Bridging the Gap: Linking Co-Curricular Activities to Student Learning Outcomes in Community College Students.* Dissertations. Paper 30.

Strayhorn, T. (2016). *Student Development Theory in Higher Education: A Social Psychological Approach.* Routledge, NY.

Research and Policy Institute NASPA (2014). *The Chief Student Affairs Officer, Responsibilities, Opinions and Professional Pathways of Leaders in Student Affairs,* Full Report. Extraído 17 agosto 2017 desde https://www.naspa.org/images/uploads/main/CSAO_2014_ExecSum_Download2.pdf

Tanner, J. L. & Arnett, J. J. (2013). Approaching young adult health and medicine from a developmental perspective. *Adolesc Med State Art Rev*, 24: 485-506.

Tinto, V. (1975). Dropout from Higher Education: A Theoretical Synthesis of Recent Research. *Review of Educational Research*, 45(1), 89-125.

UNESCO: The role of student affairs and services in higher education (2002). Extraído 24 agosto 2017, desde http://unesdoc.unesco.org/images/0012/001281/128118e.pdf

US Department of Labor (2012). Number of jobs held, labor market activity, and earnings growth among the youngest Baby Boomers: results from a longitudinal survey summary. Economic News Release, Table 1. Extraído agosto 2017 desde http://www.bls.gov/news.release/nlsoy.nro.html

Whitt, E. & Blimling, G. (1999). *Good practice in student affairs.* San Francisco: Jossey-Bass.

ANEXO 1
ALGUNAS ASOCIACIONES RELACIONADAS CON ASUNTOS ESTUDIANTILES EN EL MUNDO

Sigla	Organización	Sitio WEB
AACRAO	American Association of Collegiate Registrars and Admissions Officers	http://www.aacrao.org/
ACA	American Counseling Association	https://www.counseling.org/
ACHA	American College Health Association	http://acha.org
ACPA	College Student Educators International	http://www.myacpa.org
AHEAD	Association for Higher Education Access and Disability	https://www.ahead.org/
AMOSSHE	Association for leaders of Student Services in UK higher education	http://www.amosshe.org.uk/
ANZSSA	Australian New Zealand Student Services Association	https://www.anzssa.com/
APSSA	Asia Pacific Student Services Association	http://www.apssa.info/
CACUSS	Canadian Association of College and University Student Services	https://www.cacuss.ca
CAS	Council for the Advancement of Standards in Higher Education	http://www.cas.edu
DSW	German National Association for Student Affairs	https://www.studentenwerke.de/
ECSTA	European Council for Student Affairs	http://ecsta.org/
FYE SC	National Resource Center for The F.Y. Experience and Students in Transition	http://sc.edu/fye/
HKSSA	Hong Kong Student Services Association	http://www.hkssa.org.hk/
IASAS	International Association of Student Affairs and Services	http://iasas.global
NACA	National Association for Campus Activities	https://www.naca.org
NACADA	National Academic Advising Association	https://www.nacada.ksu.edu/
NACE	National Association of Colleges and Employers	https://www.naceweb.org/
NASPA	Student Affair Administrators in Higher Education	https://www.naspa.org/
NCDA	The National Career Development Association	https://www.ncda.org
NODA	National Orientation Directors Association	http://www.nodaweb.org
SAFSAS	Southern African Federation for Student Affairs and Services	http://safsas.ukzn.ac.za/

CAPÍTULO 20

CONTRIBUCIÓN DE LA EDUCACIÓN SUPERIOR A UNA SOCIEDAD MÁS SUSTENTABLE

RICARDO IRARRÁZABAL
FRANCISCO MEZA
BÁRBARA PRIETO
Pontificia Universidad Católica de Chile

GUILLERMO MARSHALL
Prorrector UC

INTRODUCCIÓN

El desarrollo sustentable[1] del planeta tiene una estrecha relación con la educación, tal como lo establece la UNESCO en su informe GEM (*Global Education Monitoring*) del 2016[2]. En dicho reporte se analiza cómo los diferentes tipos de educación juegan un rol clave para alcanzar los objetivos de reducción de la pobreza, erradicación del hambre, mejora de la salud y calidad de vida de las personas, igualdad de oportunidades entre hombres y mujeres, agricultura sustentable y cuidado del medio ambiente y, como resultado, sociedades más iguales, inclusivas y justas.

Según el informe GEM, "*debemos cambiar fundamentalmente la manera como concebimos la educación y su función en el bienestar humano y el desarrollo mundial. Ahora más que nunca, la educación tiene la responsabilidad de fomentar el tipo adecuado de competencias, actitudes y comportamientos que llevarán al crecimiento sostenible e inclusivo*". Una educación de calidad "*permite formar ciudadanos empoderados, reflexivos, comprometidos y competentes, capaces de trazar el camino a seguir hacia un planeta más seguro, más ecológico y más justo para todos*".

Por otro lado, la agenda 2030 aprobada en 2015 por la Asamblea General de las Naciones Unidas[3] estableció 17 objetivos de desarrollo

---

1   En adelante, se utiliza el concepto de sustentable (o sustentabilidad) como análogo al de sostenible (o sostenibilidad).

2   *Informe de seguimiento de la educación en el mundo 2016* (Informe GEM, *Global Education Monitoring Report*). La educación al servicio de los pueblos y el planeta: creación de futuros sostenibles para todos. Organización de las Naciones Unidas para la Educación, la Ciencia y la Cultura, 2017. Disponible para su descarga en https://en.unesco.org/gem-report/

3   ONU (2015). Agenda 2030 para el Desarrollo Sostenible. Los 17 objetivos de desarrollo sostenible de esta agenda están disponibles en http://www.un.org/sustainabledevelopment/es/la-agenda-de-desarrollo-sostenible/

sustentable (ODS) que definen las prioridades de desarrollo hasta el 2030 y plantea cómo implementar una sociedad más sustentable. El ODS 4, referido a la educación, es el objetivo que el informe GEM monitorea y analiza con el fin de hacer seguimiento de la educación en el mundo para la "*creación de futuros sostenibles para todos*".

De esta manera, en el Informe GEM se demuestra que la educación, en todos sus niveles, es un elemento indispensable para el desarrollo sustentable e integral de la sociedad. En relación con la educación superior, se trata de un elemento clave para la implementación de la agenda 2030.

Es así como en el caso de la educación superior, el informe GEM le atribuye metas directas respecto del fomento del desarrollo sustentable. Por un lado, el informe propone como meta para el año 2030 "*garantizar que todos los alumnos adquieran los conocimientos teóricos y prácticos necesarios para promover el desarrollo sostenible, entre otras cosas mediante la educación para el desarrollo sostenible y la adopción de estilos de vida sostenibles, los derechos humanos, la igualdad entre los géneros, la promoción de una cultura de paz y no violencia, la ciudadanía mundial y la valoración de la diversidad cultural y de la contribución de la cultura al desarrollo sostenible, entre otros medios*".[4]

Asimismo, otra de las metas asociadas a la educación superior es "*aumentar sustancialmente a nivel mundial el número de becas disponibles para los países en desarrollo, en particular los países menos adelantados, los pequeños Estados insulares en desarrollo y los países de África, para que sus estudiantes puedan matricularse en programas de estudios superiores, incluidos programas de formación profesional y programas técnicos, científicos, de ingeniería y de tecnología de la información y las comunicaciones, en países desarrollados y otros países en desarrollo*".[5]

LA SUSTENTABILIDAD EN LA UC

Para la UC, las universidades juegan un rol clave en la búsqueda de soluciones a los problemas del país, entregando conocimientos y experiencias para avanzar en un crecimiento integral. Mediante la investigación se deben proponer los caminos para un desarrollo humano

---

4   Informe GEM 2016, meta 4.7.

5   Informe GEM 2016, meta 4.b.

sustentable y, con un proyecto educativo que incluye una formación integral, educar para ello. Hoy, las mejores universidades del mundo han abordado la sustentabilidad desde diferentes ángulos y se han propuesto el desafío de aportar en los ámbitos de su competencia y reducir su propio impacto en el medio ambiente. De esta forma, las instituciones de educación superior tienen la responsabilidad de formar profesionales preparados para una sociedad más sustentable, científicos capaces de crear conocimiento en temas de impacto ambiental y, junto con eso, desarrollar un modelo de laboratorio que cree profunda conciencia y pueda ser transferido al país a una escala mayor.

En este contexto, la Universidad Católica se ha comprometido desde hace varios años con la sustentabilidad en todos sus ámbitos a través de políticas, programas y acciones que integran los principios de la sustentabilidad en las operaciones en los campus, en la academia y en la comunidad universitaria.

El año 2010, con la firma del protocolo marco para la colaboración interuniversitaria *Campus Sustentable*, la universidad estableció el objetivo de avanzar en la incorporación de la sustentabilidad en todas las áreas de su quehacer. Junto con esto, el Plan de Desarrollo 2010-2015 formalizó el compromiso institucional con la preservación del medio ambiente, atendiendo al deseo de la propia comunidad universitaria y a las iniciativas que durante años venían desarrollando los estudiantes. A partir de la aspiración de convertirse en una universidad sustentable, el año 2011 se creó la Oficina de Sustentabilidad y se elaboró la primera versión de un Plan de Sustentabilidad a nivel institucional.

La Oficina de Sustentabilidad ha tenido un papel importante en el fomento de una conciencia por la sustentabilidad en los miembros de la comunidad universitaria, en especial en los estudiantes. A través de diferentes programas, proyectos, talleres y actividades recreativas, dirigidos tanto a alumnos como a otros miembros de la comunidad, la Oficina trabaja por fomentar la sustentabilidad en las operaciones al interior de la UC y por aportar a la consolidación de una cultura de sustentabilidad en la comunidad.

Profundizando su compromiso con la sustentabilidad, durante 2012 la Universidad firmó el Acuerdo de Producción Limpia (APL) y a partir de ese momento se comenzó a medir oficialmente la huella de carbono institucional, lo que ha significado un impulso a los esfuerzos de la institución por reducir el consumo de energía y promover alternativas más sustentables de transporte, entre otras medidas.

El año 2014 se lanzó el primer Reporte de Sustentabilidad UC 2013, esfuerzo que permitió establecer un diagnóstico del desempeño de la institución en materia de sustentabilidad y detectar desafíos y oportunidades para seguir avanzando. El segundo Reporte de Sustentabilidad abarcó los años 2014 y 2015 y permitió ver avances respecto de los compromisos adquiridos en el reporte anterior.

El año 2015, la UC se adhirió a la Red Campus Sustentable como socio institucional y en calidad de fundador. Esta Red es una corporación sin fines de lucro que tiene como objetivo potenciar el esfuerzo que realizan las instituciones de educación superior en materia de sustentabilidad.

En relación con la docencia, la creación de cursos y certificados académicos cuyos contenidos abordan la sustentabilidad y de nuevos programas de posgrado y educación continua enfocados en esta temática, demuestra el creciente interés de la UC por incorporar la sustentabilidad en los planes de estudio. Como parte de su proyecto educativo, la Universidad promueve que todos sus estudiantes desarrollen habilidades y competencias más allá de sus disciplinas. Una cultura amplia, valor por lo ético, vocación pública y una capacidad crítica y propositiva son algunos de los valores y habilidades que conforman la impronta del egresado UC. A partir del año 2015, y en el marco del nuevo Plan de Desarrollo, la conciencia por la sustentabilidad es otro de los atributos de la impronta:

> *"Continuaremos realizando esfuerzos para que nuestros egresados sean reconocidos como personas que poseen un desarrollo integral, se orienten por valores cristianos, con aprecio por la familia, con valor por lo ético, de una cultura amplia, con capacidad crítica y propositiva, vocación hacia el servicio público y el bien común, con conciencia por la sustentabilidad, con una mirada amplia y una actitud inclusiva, y con respeto y gusto por las artes".*[6]

Respecto de la investigación, la motivación académica por aportar con conocimiento de frontera que promueva los principios de sustentabilidad en nuestro país, se ha traducido en proyectos de in-

---

6   Pontificia Universidad Católica de Chile (2015). *Plan de Desarrollo 2015-2020.* Santiago, octubre de 2015.

vestigación, transferencia y desarrollo que abordan este nuevo paradigma desde diferentes perspectivas. En relación con esto, destaca el surgimiento de centros interdisciplinarios, como el de Cambio Global (2006), Desierto de Atacama (2007), Desarrollo Urbano Sustentable (2013) y el Centro de Ecología Aplicada y Sustentabilidad (2013), por nombrar solo algunos.

En relación con las operaciones y la gestión interna, la Universidad se ha propuesto enseñar con el ejemplo. La renovación y ampliación de los sistemas de reciclaje, la promoción de la movilidad sustentable, el desarrollo de iniciativas de eficiencia energética, más áreas verdes y el paisajismo bajo criterios ecológicos han sido solo algunos de los avances en materia de sustentabilidad ambiental en la UC en los últimos años y que son resultado de una gestión que actúa de manera preventiva.

El Plan de Desarrollo 2015-2020, actualmente vigente, refuerza el compromiso institucional con la sustentabilidad, asumiendo que *"nos queda trabajar en la consolidación de una cultura de sustentabilidad de toda la comunidad; en incorporar nuevos cursos que aborden esta temática en el Plan de Formación General; y en sumar a más alumnos y profesores en tareas de investigación, difusión y acción para la sustentabilidad"*.[7]

En 2015, la publicación de la encíclica *Laudato si*[8] dio nuevos bríos al compromiso de la Universidad por el cuidado de nuestra casa común. A la luz de *Laudato si'*, la Universidad Católica busca colaborar en la generación de un mundo mejor y sustentable, permitiendo la entrega de un mejor país y un mejor planeta a las nuevas generaciones. Esta es una meta global y sustentable, a la que la UC aspira a través de un proyecto universitario de calidad.

En palabras del Papa Francisco, *"Seamos custodios de la creación, del designio de Dios inscrito en la naturaleza, guardianes del otro, del medio ambiente"*. En la misión institucional de la UC se invita a actuar al servicio de la excelencia, aportando calidad, igualdad de oportunidades, creación de nuevo conocimiento y formación integral de estudiantes. Así, la Universidad debe seguir trabajando para que las nuevas

---

7   Pontificia Universidad Católica de Chile (2015). *Plan de Desarrollo 2015-2020.* Santiago, octubre de 2015.

8   Papa Francisco (2015). *Laudato si'.*

generaciones reciban un país en el que puedan vivir y desarrollarse en plenitud, lo que se transforma en una gran tarea para todas las instituciones de educación superior.

LA SUSTENTABILIDAD EN LA FORMACIÓN DE PERSONAS

¿Por qué formar en sustentabilidad?

No cabe duda de que crecientemente la sociedad está exigiendo a los profesionales una mayor y mejor formación en sustentabilidad. Así, por ejemplo, la pequeña y la mediana empresa necesitan profesionales atentos a las innovaciones que les permitan reducir las externalidades ambientales y sociales a un menor costo; las empresas multinacionales requieren de personas con una gran formación técnica, pero al mismo tiempo con un desarrollo de habilidades sociales que les permitan poner atención a las necesidades de las comunidades y compatibilizarlas con el desarrollo económico; los ejecutivos y directores de empresa han de prestar especial atención a los temas de transparencia y cumplimiento de las normas de valores en términos de sustentabilidad[9], así como a las normas y estándares internacionales, tales como los *"Principios Rectores sobre las empresas y los derechos humanos"* de las Naciones Unidas[10], entre otros. Por otra parte, los profesionales que se desempeñan en el sector público también necesitan cumplir estrictos estándares en materias tales como transparencia, probidad y buen gobierno, además de requerir de un correcto entendimiento de lo que significa realmente la sustentabilidad y la compatibilización de los tres pilares –el económico, el ambiental y el social–, a través de la correcta implementación de los instrumentos de gestión ambiental por parte del Estado.

En este sentido, la pregunta que debiéramos formularnos radica justamente en la forma como estamos formando en sustentabilidad a nuestros alumnos y si dicha formación les permite a ellos el desarrollo de un verdadero "criterio de sustentabilidad", que les sirva en

---

9   Por ejemplo, la Norma 385 de la Superintendencia de Valores y Seguros, de 8 de junio de 2015, que establece Normas para la Difusión de Información respecto de las prácticas de gobierno corporativo adoptados por las sociedades anónimas abiertas.

10   Naciones Unidas, 2011.

las difíciles decisiones a las cuales se verán expuestos en su ejercicio profesional.

¿Qué significa este "criterio de sustentabilidad"? Este criterio responde no solamente a un cabal entendimiento de lo que es la sustentabilidad, sino que a su aplicación en forma técnica a casos concretos y de acuerdo con un marco ético. Ello por tanto requiere de una verdadera "educación para la sustentabilidad o el desarrollo sustentable"[11] que reemplace el antiguo paradigma de la simple "educación ambiental", la cual muchas veces se vio teñida de motivaciones políticas e ideológicas.[12]

La Ley 19.300 sobre Bases Generales del Medio Ambiente define "desarrollo sustentable"[13] como el *"proceso de mejoramiento sostenido y equitativo de la calidad de vida de las personas, fundado en medidas apropiadas de conservación y protección del medio ambiente, de manera de no comprometer las expectativas de las generaciones futuras"*. Esta definición es una buena síntesis del concepto de desarrollo sustentable del Informe de la Comisión de Medio Ambiente y Desarrollo, también llamada Comisión Brundtland[14], que enfatiza la solidaridad intergeneracional bajo la lógica del desarrollo[15] y del principio N° 1 y siguientes de la Declaración de Río, con ocasión de la Cumbre de la Tierra en 1992, que coloca al ser humano en el centro de las preocupaciones

---

11 Por ejemplo, la "Década de la Educación para el Desarrollo Sustentable", iniciativa de la UNESCO y del PNUMA en la década del 2000.

12 Por ejemplo, la "Carta de Bogotá sobre Universidad y Medio Ambiente" (1985), con ocasión de un seminario realizado en Bogotá sobre "Universidad y Medio Ambiente en América Latina y el Caribe", la que en su cuarto punto establece que *"Las condiciones de las crisis económicas y políticas de nuestros países plantean esta responsabilidad de las universidades en un contexto más complejo y en una perspectiva más conflictiva. Esta responsabilidad va más allá de la articulación funcional entre la formación de capacidades profesionales y el fortalecimiento de un aparato productivo deformado por la racionalidad económica y el estilo de desarrollo dominante, impuesto desde los centros colonizadores de nuestros pueblos y de sus recursos naturales"*. Asimismo, y con ocasión de la Cumbre de la Tierra (1992), se estableció por algunos participantes, un "Tratado sobre Educación Ambiental para sociedades sustentables y responsabilidad global". En su cuarto principio, se señala que *"La educación ambiental no es neutra, sino ideológica. Es un acto político, basado en valores para la transformación social"*.

13 Artículo 2° letra g) Ley 19.300.

14 Naciones Unidas, 1987, Comisión de Medio Ambiente y Desarrollo.

15 *"Desarrollo que asegura la satisfacción de las necesidades del presente sin comprometer la capacidad de las futuras generaciones para satisfacer las propias"*.

del Desarrollo Sustentable[16]. Además, la conceptualización de la Comisión Brundtland se vio complementada con el desarrollo de la idea de los "tres pilares de la sustentabilidad", definida por el principio N° 5 de la Cumbre de Johannesburgo del 2002, que delineó los señalados tres pilares: "*Asumimos la responsabilidad colectiva de promover y fortalecer, en los planos local, nacional, regional y mundial, el desarrollo económico, desarrollo social y la protección ambiental, pilares interdependientes y sinérgicos del desarrollo sostenible*".

Así, la definición de la Ley 19.300, conceptualizada como un proceso cuyo objeto es la calidad de vida de las personas, incluyendo las de las generaciones futuras, se hace operativa a través de las "*medidas apropiadas de conservación y protección del Medio Ambiente*", que corresponden a los instrumentos de gestión ambiental.

Dichos instrumentos podrían definirse como aquellos que, destinados a finalidades de conservación ambiental, permiten la internalización de externalidades ambientales y sociales negativas con un sentido de gestión ambiental, tal como lo reconoce el principio 16 de la Declaración de Río, al señalar que "*Las autoridades ambientales deberían fomentar la internalización de los costos ambientales*"[17]. Al respecto, la gestión ambiental no es otra cosa que el ejercicio de internalizar como forma de compatibilizar los tres pilares de la sustentabilidad de la manera más eficiente posible, lo cual, sin lugar a dudas, significa un desafío no menor a la inteligencia y a la formación profesional de nuestros estudiantes y que rompe con la lógica maximizadora propia del ser humano. En efecto, ¿cómo compatibilizar los tres pilares, de manera de no dejar ninguno de ellos fuera de la ecuación? La tarea no es fácil y se relaciona con lo que el Papa Francisco ha denominado la *Ecología Integral*, "*que incorpore claramente las dimensiones humanas y sociales*"[18], las cuales muchas veces son olvidadas, ya que el equilibrio solo se piensa entre crecimiento económico y cuidado ambiental. Es por esto que el Papa Francisco remarca que "*es fundamental buscar soluciones integrales que consideren las interacciones de los sistemas naturales entre sí y con los sistemas sociales. No hay dos crisis separadas,*

---

16   Principio 1: "Los seres humanos constituyen el centro de las preocupaciones relacionadas con el desarrollo sustentable. Tienen derecho a una vida saludable y productiva en armonía con la naturaleza".

17   Naciones Unidas, Declaración de Río sobre el Medio Ambiente y el Desarrollo, 1992.

18   Papa Francisco (2015). *Laudato si'*, p. 137.

una ambiental y otra social, sino una sola y compleja crisis socio-ambiental"[19]. Esto lleva a que el esfuerzo por compatibilizar supere la falsa dicotomía entre cuidado ambiental y verdadero desarrollo humano, el cual, como ya se ha visto, ha de tener como piedra angular a la persona.

¿Qué significa por tanto formar en sustentabilidad desde una perspectiva de educación superior? Significa entregar una serie de contenidos en esta materia que estén presentes en el currículo académico de disciplinas tales como la Ingeniería, las Ciencias Biológicas, la Economía, el Derecho, las Ciencias Sociales y Políticas, y otras, con un enfoque interdisciplinario, y con la finalidad de generar las bases que permitan la internalización de externalidades ambientales y sociales negativas. La misma Declaración de Río reconoce la importancia del saber científico, el cual requiere ser aumentado *"mediante el intercambio de conocimientos científicos y tecnológicos"*[20]. Además, ello ha de realizarse con la finalidad de generar el denominado *"criterio de sustentabilidad"*, esto es, la aplicación de la sustentabilidad en forma técnica a casos concretos y de acuerdo con un marco ético, desarrollando habilidades y capacidades.[21]

Formación de profesionales para las nuevas exigencias

¿Cómo debiéramos formar a los estudiantes para que incorporen las lógicas de la sustentabilidad y generen criterio al respecto, o sea, la aplicación de la sustentabilidad a casos concretos? Ello debiera basarse en los siguientes elementos:

- **Formación en la belleza:** Una de las temáticas que debieran ser el inicio del interés por la sustentabilidad de un alumno radica justamente en el "dejarse asombrar" por la belleza –un trascendental del ser–, específicamente por la belleza presente en la naturaleza, y de esta forma entender su importancia en relación con el ser humano y para la sustentabilidad. Ya lo decía el científico Rodulfo Amando Philippi, fundador del Museo de Historia Natural en el siglo XIX:

---

19   Papa Francisco (2015). *Laudato si'*, p. 139.

20   Naciones Unidas, Declaración de Río sobre el Medio Ambiente y el Desarrollo, 1992. Principio 9.

21   Un interesante instrumento que promueve la incorporación al currículo de materias de sustentabilidad lo constituye el "Acuerdo de Producción Limpia Campus Sustentable", promovido por el Consejo Nacional de Producción Limpia, firmado el 2012 y suscrito por varias universidades.

"El estudio de la naturaleza, la contemplación de sus varios productos será siempre una fuente inagotable de los goces más profundos, que nunca dejan remordimientos, y no despierta jamás pasiones mezquinas".[22] Y es que la belleza, ponerle atención y amarla, *"nos ayuda a salir del pragmatismo utilitarista. Cuando alguien no aprende a detenerse para percibir y valorar lo bello, no es extraño que todo se convierta para él en objeto de uso y abuso inescrupuloso".*[23]

- **Formación en la interdisciplina:** La mera enunciación de contenidos de sustentabilidad en las diversas disciplinas académicas no garantiza una aproximación interdisciplinaria a dicha temática, cuestión fundamental con miras a generar un verdadero criterio de sustentabilidad, teniendo presente que al ejercicio profesional en esta materia concurren profesionales de las más diversas formaciones. Es por ello que se requiere un diálogo real entre las disciplinas que construya un verdadero "ecosistema de sustentabilidad", con una docencia e investigación que la lleven a cabo, integrando a profesores de las distintas disciplinas e incorporando a los alumnos en dicho proceso.

- **Formación en la innovación:** Tal como lo señala el Principio 9 de la Declaración de la Tierra, el aumento del saber científico al cual están llamados los Estados ha de realizarse *"mediante el intercambio de conocimientos científicos y tecnológicos, e intensificando el desarrollo, la adaptación, la difusión y la transferencia de tecnologías, entre estas, tecnologías nuevas innovadoras".* Para ello, y también desde la lógica de la interdisciplina, la universidad ha de generar una atmósfera que promueva a todo nivel la innovación, con miras a resolver los apremiantes problemas ambientales que presenta el país, con mecanismos que logren las soluciones al menor costo posible y con la mayor ganancia ambiental, esto es, llevando a la práctica el principio de la eficiencia ambiental. Ello resulta especialmente interesante si se posibilita un mejor cumplimiento normativo a un costo menor, entendiendo que muchas veces son las propias normativas más exigentes las que incentivan las mejoras tecnológicas a través de la innovación.

---

22   Philippi, Rodulfo (1880). El estudio de las ciencias naturales.

23   Papa Francisco, *Laudato si'*, p. 215.

- **Formación en la ética:** La aplicación de la sustentabilidad en forma técnica a casos concretos requiere de un necesario marco ético que permita al profesional, frente a las variadas complejidades que presenta la implementación práctica de la sustentabilidad, dilucidar cuál debiera ser la conducta adecuada. Ello significa entender especialmente qué es lo que demanda este tema desde un punto de vista del cumplimiento, lo cual muchas veces va más allá de la mera aplicación de la norma, apuntando a un real cumplimiento ambiental y social, en el que se internalicen de verdad las externalidades ambientales y sociales negativas, y en un contexto en que se identifique a la empresa como una comunidad de personas inserta en un entorno y respecto del cual requiere de una licencia social fundada en el concepto de valor compartido. Con todo, hay que tener presente que no ha de confundirse lo anterior con la "responsabilidad social empresarial", la cual debiera abordar temáticas que vayan más allá del cumplimiento.

CREACIÓN DE CONOCIMIENTO PARA UN DESARROLLO SUSTENTABLE

Se cumplen treinta años desde que se publicara el informe "Nuestro Futuro Común", también conocido como el Informe Brundtland sobre desarrollo sustentable, al cual nos referimos más arriba. Este documento, presentado a la Comisión Mundial para el Medio Ambiente y el Desarrollo de Naciones Unidas, se transformó en un hito importante, ya que alertaba sobre el deterioro ambiental y su relación con las vías de desarrollo que seguían los países, postulando que la tarea de la protección del medio ambiente tenía un carácter global, de la cual nadie podía restarse.

Una de las herencias que nos deja este documento es la definición de desarrollo sustentable que, aunque genérica y algo ambigua, ha servido de base para el desarrollo de un cuerpo de pensamiento y de propuestas de solución al problema de cómo propender a relaciones más virtuosas entre desarrollo y medio ambiente. Según el informe Brundtland[24], el desarrollo sustentable se define como aquel desarrollo económico que permite "la satisfacción de las necesidades de la ge-

---

24   Our Common Future: The Report of the World Commission on Environment and Development. Oxford University Press, Oxford & New York: xv + 347 + 35 pp., 1987.

neración presente sin comprometer la capacidad de las generaciones futuras para satisfacer sus propias necesidades".

En el presente, prácticamente ninguna institución desconoce la relevancia del concepto de desarrollo sustentable, identificando claramente sus pilares ambientales, económicos y sociales, proponiendo indicadores de desempeño para sus actividades según su escala y ámbito específico de acción. Así pues, a nivel individual uno puede identificar acciones concretas que van en la dirección de preservar el medio ambiente, reduciendo el impacto ecológico de las acciones cotidianas (ej., reciclaje). Mientras que, en un nivel mayor, las organizaciones humanas monitorean sus impactos agregados y diseñan políticas para gestionarlos eficientemente (ej., cálculo de huella de carbono). A nivel global, y reconociendo la gran desigualdad de estadios de desarrollo que existe entre los países y los principales problemas socioambientales que los afectan, nos hemos planteado metas que nos hagan avanzar hacia garantizar un conjunto de condiciones mínimas para un bienestar global. Estas metas se conocen como Objetivos de Desarrollo Sustentable (*Sustainable Development Goals*), cubriendo aspectos variados, tales como erradicar el hambre y la pobreza, promover equidad de género, asegurar acceso al agua y generar trabajos decentes y desarrollo económico.

Dentro de las características más salientes de los problemas sociales y ambientales que determinan el desarrollo sustentable se encuentra el que son de naturaleza multidimensional y que tienen niveles altos de complejidad. Es por ello que se requiere de análisis profundos y de trabajo interdisciplinario que, entendiendo el desarrollo sustentable como un proceso continuo de mejora, nos entreguen nuevo conocimiento y herramientas tecnológicas para abordar los desafíos del presente de manera eficaz.

Este es precisamente el contrato implícito que establece la sociedad con la ciencia en sus múltiples disciplinas y que la encíclica *Laudato si'* reafirma al señalar: "es necesario invertir mucho más en investigación para entender mejor el comportamiento de los ecosistemas y analizar adecuadamente las diversas variables de impacto de cualquier modificación importante del ambiente" (LS, 42). Cabe entonces preguntarse cuál es el estado actual de la investigación en nuestras universidades y cómo están ellas contribuyendo directamente a diseñar los caminos para un desarrollo más integrador y sustentable. En las siguientes subsecciones analizaremos la naturaleza de los desafíos para el desarrollo sustentable global y nacional, así como la respuesta que se evidencia en algunos indicadores de actividad académica. Finalmente, discutiremos sobre la necesidad de profundizar y de articular el trabajo científico en torno a un campo emergente de conocimiento, como es *Sustainability Science*.

Desafíos ambientales y el cuidado de la casa común

Si bien es cierto que la influencia de la actividad humana en la naturaleza es discernible desde hace más de doscientos años, su nivel de impacto se ha intensificado notablemente en las últimas décadas. Numerosos indicadores señalan que la acción colectiva del hombre supera actualmente a las grandes fuerzas de la naturaleza en su capacidad de generar impacto en el sistema terrestre (Steffen et al., 2011). Como ejemplo se puede mencionar que, gracias al proceso de Haber-Bosch que permite la síntesis de amoníaco, la capacidad de sintetizar nitrógeno de manera artificial ha logrado superar a la capacidad de la biósfera de fijar nitrógeno (Hibbar et al., 2006). A partir de 1945 se vive un proceso de gran aceleración, en el cual los principales indicadores de la actividad humana, tales como crecimiento poblacional, producto interno bruto per cápita, uso de agua, construcción de represas, número de vehículos, consumo de papel, etc., experimentan un cambio de tendencia hacia un crecimiento de carácter exponencial.

De manera lógica, la respuesta planetaria muestra también los mismos rasgos en la rapidez del deterioro ambiental. Los niveles de gases de efecto invernadero, deterioro de la capa de ozono, deforestación y pérdida de biodiversidad, así como de número de desastres naturales, siguen el mismo tipo de curva.

El nivel de interdependencia que tenemos todas las especies hace que los efectos de esta época de rápidos cambios se experimenten en la sociedad en muy poco tiempo. La degradación ambiental nos priva de servicios ecosistémicos básicos de soporte, regulación y culturales, que han permitido nuestro bienestar por mucho tiempo. Los niveles de contaminación de suelos, agua y aire tienen efectos notorios en la salud de la población, y la sobreexplotación de recursos priva a los más desfavorecidos y a las futuras generaciones del acceso a recurso básicos, como agua, alimentos y energía, lo que compromete el desarrollo sustentable.

A nivel nacional, la modalidad de desarrollo seguido durante décadas ha incidido en que el crecimiento económico dependa en su mayor medida de la explotación de recursos naturales y del patrimonio natural, con una producción orientada a los mercados externos, y una demanda que se orienta a los sectores productivos intensivos en recursos naturales (Centro de Análisis de Políticas Públicas, 2016), con múltiples señales negativas en la calidad del aire de las ciudades (a pesar de los avances experimentados gracias a los planes de descontaminación ambiental), aumento en la presión sobre recursos hídricos superficiales, retroceso de glaciares, contaminación y erosión de suelos y pérdida de biodiversidad.

Los grandes sectores como minería, agricultura, industria forestal, pesca industrial, generación de energía destacan por su relevancia en la actividad económica del país y además demandan una fracción muy significativa de empleos. Asimismo, estos sectores son también los que mayor dependencia tienen de recursos naturales y de energía, y los que, lamentablemente, dejan pasivos ambientales de mayor envergadura. Frente a este escenario y considerando presiones externas como las asociadas al Cambio Climático, resulta evidente que el país debe hacer un esfuerzo significativo en la consolidación de programas de investigación que aborden los desafíos que plantea un verdadero desarrollo sustentable.

El rol de la ciencia y de las universidades

Las universidades y la investigación científica juegan un papel destacado en la sociedad y la economía del conocimiento. Siempre atentas a avanzar en su misión de búsqueda de la verdad y dispuestas a dialogar con la sociedad para promover un desarrollo humano integral, en el caso de la búsqueda de caminos de desarrollo sustentable, existe una gran variedad de preguntas y desafíos que requieren de mayor conocimiento.

Evidentemente, un primer ámbito de acción corresponde al desarrollo de investigación que permita modificar o sustituir procesos productivos de gran impacto por otros que generen resultados neutros o hasta ambiental y socialmente positivos y cuya aplicación sea asimismo económicamente factible. Una mirada atenta a los problemas socioambientales que experimenta nuestra sociedad debiese permitirnos identificar claramente cuáles son las mayores brechas que se deben cerrar en este ámbito y cuáles son aquellas hacia las que cada disciplina debiese orientar sus esfuerzos. Un segundo aspecto, que tiene características similares al anterior, corresponde a la identificación de los pasivos ambientales y zonas que han experimentado deterioro progresivo y que requieren de intervenciones específicas para apoyar su restauración y devolverlas a sus estados originales de funcionamiento. En tercer lugar, emergen las necesidades de conocimiento y de estrategias de acción para promover un balance en el medio ambiente y desarrollo promoviendo la conservación biológica. De cada uno de estos aspectos se desprenden preguntas científicas disciplinares que van desde la biología de las especies y sistemas hasta el diseño de estrategias de intervención y gestión que aseguren resultados económicos y sociales óptimos.

Cabe señalar que, al encontrarnos frente a problemas y fenómenos complejos, multidimensionales y de respuestas y orígenes no lineales, solo el desarrollo de marcos teóricos de estudio que posibiliten la integración disciplinar y la evaluación de estrategias considerando criterios y objetivos múltiples constituye un desafío científico en sí mismo y requiere de diálogos permanentes entre ciencias naturales y sociales.

Finalmente, una de las mayores contribuciones de la ciencia a la sociedad en la búsqueda de caminos de desarrollo sustentable ha sido suministrar información relevante para permitir una adecuada formulación y aplicación de políticas públicas relativas al medio ambiente y al desarrollo. El diseño adecuado de políticas, la identificación de conjuntos de alternativas que aborden los problemas y el desarrollo de sistemas de evaluación y modelos operativos que apoyen a los tomadores de decisiones en condiciones de incertidumbre frente a sistemas complejos constituyen uno de los roles que las universidades deben asumir con mayor fuerza, entendiendo que los procesos de diálogo entre ciencia y sociedad tienen un carácter iterativo y de mutuo aprendizaje y dependencia. Este rol fundamental es reconocido por la comunidad científica internacional. En palabras de Angela Merkel, quien es a su vez líder político de Alemania y científico "…tanto los líderes políticos como los científicos se enfrentan al desafío de reconocer las interrelaciones e interacciones entre los factores ecológicos, económicos y sociales y tomar en cuenta estos factores al buscar estrategias de solución. Para enfrentar este desafío, los tomadores de decisiones requieren enfoques interdisciplinarios y estrategias que trasciendan las líneas políticas. Las discusiones ambientales deben ser más objetivas, y esto incluye, especialmente, los debates sobre los riesgos de las nuevas tecnologías, que a menudo tienen una carga ideológica…" (Merkel, 1998).

Contribuciones de la ciencia en Chile en el ámbito de la sustentabilidad

Como todo concepto amplio que busca orientar quehaceres políticos, económicos y ambientales, el desarrollo sustentable tiene numerosas dimensiones que se conectan directa o indirectamente con distintas disciplinas científicas y, por lo tanto, se hace difícil dimensionar el verdadero aporte de la ciencia en Chile al tema de la sustentabilidad. Ante la falta de registros sistemáticos de iniciativas y, sobretodo, del impacto que producen en la construcción de un desarrollo sustentable, resultaría muy valioso, como primer paso, organizar jornadas o congresos nacionales que permitieran una reflexión de la comunidad científica sobre cómo se integran y cuál es el aporte real que se hace a los objetivos de desarrollo sustentable.

A pesar de la falta de métricas para evaluar impactos de la ciencia sobre la sustentabilidad y de instancias que permitan la reflexión y documentación de los aportes, podemos encontrar algunos indicadores indirectos del trabajo que se está realizando al interior de las Universidades. Para hacerlo se ha analizado información de Conicyt, y de la Iniciativa Científica Milenio, tanto en lo que respecta a proyectos de investigación del sistema Fondecyt, como también revisando programas de financiamiento de mayor envergadura orientados a Centros Científicos de Excelencia.

En lo que respecta a los proyectos individuales de investigación (Fondecyt regular, Inicio y Postdoctorado) se tomó la base de datos de proyectos financiados en el periodo 2000-2014, seleccionándose aquellos que, en su título, contenían explícitamente en su título las palabras "sustentabilidad", "sostentabilidad" o "sustainability".

En general el número de proyectos financiados que cumplen esta característica se mantuvo estable entre 2000 y 2008, para luego experimentar un ligero incremento (Figura 1). Destaca el año 2012 como uno en que prácticamente se triplica el número de proyectos que declaran en su esencia el concepto de sustentabilidad triplicando su valor. La mayor parte de ellos corresponde a proyectos en las áreas de Ciencias de la Agricultura, Ciencias Sociales e Ingeniería.

FIGURA 1
NÚMERO DE PROYECTOS DEL CONCURSO FONDECYT QUE CONTIENEN EL CONCEPTO DE SUSTENTABILIDAD EN SU TÍTULO

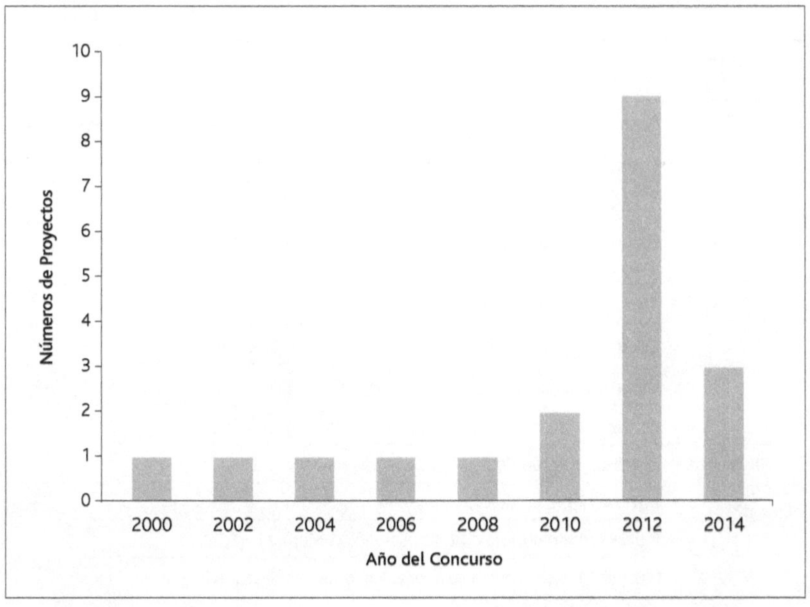

En relación a centros de excelencia financiados por los instrumentos FONDAP. Iniciativa Científica Milenio y Financiamiento Basal, podemos encontrar un número interesante de iniciativas que realizan contribuciones directas al tema de sustentabilidad (Tabla 1). De un total de 20 centros FONDAP vigentes, 10 de ellos tienen que ver directamente con temas relativos a sustentabilidad. En el caso de Institutos y Núcleos Milenio vigentes seis de ellos abordan en sus objetivos generales temas que se encuentran en el ámbito central de la problemática socio-ambiental. En el caso del Financiamiento Basal la proporción es algo menor con dos centros de un total de diecisiete. Probablemente las características del instrumento, con acento en la generación de fondos complementarios, no permitan que un mayor número de propuestas en el ámbito de sustentabilidad se presenten.

TABLA 1
LISTADO DE CENTROS DE EXCELENCIA NACIONALES QUE REALIZAN
INVESTIGACIÓN QUE CONTRIBUYE DIRECTAMENTE A TEMAS DE
SUSTENTABILIDAD

Programa de Financiamiento	Nombre de Centro de Excelencia
FONDAP	Centro de investigación dinámica de ecosistemas marinos de altas latitudes (IDEAL)
	Centro de recursos hídricos para la agricultura y minería (CRHIAM)
	Centro de ciencia del clima y la resiliencia (CR)2
	Centro nacional de investigación para la gestión integrada de desastres naturales (CIGIDEN)
	Centro de investigación en energía solar (SERC-CHILE)
	Centro para el desarrollo urbano sustentable (CEDEUS)
	Centro interdisciplinario de investigación en acuicultura sustentable (INCAR)
	Centro de excelencia en geotermia de los Andes (CEGA)
Iniciativa Científica Milenio	Instituto Milenio de Ecología y Biodiversidad – IEB
	Instituto Milenio de Oceanografía
	Núcleo Milenio Centro de Conservación Marina
	Núcleo Milenio Centro para el estudio de Forzantes Múltiples en Sistemas Socio-Ecológicos Marinos
	Núcleo Milenio de Ecología y Manejo Sustentable de Islas Oceánicas
	Núcleo Milenio de Investigación en Economía Ambiental y Recursos Naturales
Financiamiento Basal	Fundación IEB
	Centro de Ecología Aplicada y Sustentabilidad

Con anterioridad podemos encontrar algunos centros de excelencia de gran impacto como el Centro para estudios avanzados en Ecología y Biodiversidad (CASEB) y Centro de Investigación Oceanográfica en el pacífico Sur-Oriental (COPAS) financiados por FONDAP, mientras que en ICM destaca el Centro de Estudios Científicos de Valdivia (CECS) por su trabajo en Glaciología y Cambio Climático.

También hay aportes especiales en los Centro Regionales de Conicyt abordando problemáticas específicas de la región que son críticas para el desarrollo sustentable como el CIDERH (Recursos Hídricos en Región de Iquique) y el CEAZA Glaciares y Sequías en Región de Coquimbo). Asimismo, las Universidades han comenzado a fomentar la investigación interdisciplinaria albergando centros de investigación de distintas unidades académicas. En el tema de sustentabilidad destacan acá el Centro de Investigación para la Sustentabilidad de la Universidad Andrés Bello, el Centro de Estudios Ambientales de la Universidad Austral y el Centro UC de Cambio Global en la Universidad Católica.

Hacia el desarrollo de una Ciencia para la Sustentabilidad

Cada día resulta más evidente que los desafíos de la sustentabilidad no podrán ser abarcados totalmente con los enfoques tradicionales ni la mirada que puedan brindar las disciplinas individuales. La posibilidad de que efectivamente podamos alcanzar a satisfacer las necesidades de la generación presente sin comprometer las posibilidades de las futuras generaciones ni tampoco de las otras especies que cohabitan nuestro planeta, requiere de científicos debidamente entrenados y con experiencia de trabajo inter y transdisciplinario.

El surgimiento de la ciencia de la sustentabilidad (*Sustainability Science*) ha sido recibido con mucho entusiasmo por la comunidad científica. De hecho, la prestigiosa revista "*Proceedings of the National Academy of Sciences* (PNAS)" ha abierto una sección para dar a conocer trabajos que "aborden las interacciones entre los sistemas naturales y sociales y que afecten directamente el desafío de alcanzar la sustentabilidad". Kates (CITA), presenta en esta sección preguntas críticas para ser abordadas por esta nueva disciplina y que merecen ser tomadas en cuenta por nuestra comunidad universitaria si es que queremos profundizar en el desarrollo de esta disciplina. Algunas de ellas que pueden ser tomadas tanto desde la perspectiva regional como global son:

a. ¿Cuáles son los determinantes de las tendencias y transiciones a largo plazo que afectan el desarrollo en este sigo?

b. ¿Cuáles son los factores que determinan la adaptabilidad, vulnerabilidad y resiliencia de los sistemas socio-ambientales?

c. ¿Cuáles son los principales compromisos (*trade offs*) entre el bienestar humano y la salud de los ecosistemas?

d. ¿Cómo se puede evaluar la sustentabilidad de vías alternativas de desarrollo?

Estas preguntas, así como otras de igual o mayor relevancia en el contexto de nuestra realidad sirven de marco para estructurar un trabajo de largo plazo en ciencia y en la formación de científicos. Queda aún pendiente saber de qué forma se organizará la respuesta que nuestro sistema universitario desee darle y cuáles serán los frutos que traiga en las décadas venideras.

REFLEXIONES FINALES

La responsabilidad de la educación superior en relación al desarrollo sustentable del país conlleva 3 elementos: fomento de la conciencia de la sustentabilidad en la comunidad universitaria; formación en sustentabilidad y creación de nuevo conocimiento en esta materia.

En la UC, el compromiso con la sustentabilidad se ha traducido en diversas políticas, programas y acciones que integran esta temática en las operaciones en los campus, en la academia y en la comunidad universitaria. La incorporación de este compromiso en el Plan de Desarrollo Institucional, la creación de la Oficina de Sustentabilidad, la firma del Acuerdo de Producción Limpia, la elaboración de Reportes de Sustentabilidad, la creación de cursos, certificados académicos y nuevos programas de postgrado enfocados en sustentabilidad, la incorporación de este concepto en los valores de la impronta que la universidad quiere fomentar en sus egresados y la creación de conocimiento en esta materia son solo algunos de los ejemplos del compromiso de la UC con la sustentabilidad.

Con respecto a la formación en sustentabilidad, cabe preguntarse cómo estamos formando a nuestros alumnos en esta materia y si dicha formación les permite a ellos el desarrollo de un verdadero "criterio de sustentabilidad" que les sirva en las difíciles decisiones a las cuales se vean expuestos en su ejercicio profesional. Este criterio debiera responder no solo a un cabal entendimiento de lo que es la sustentabilidad, sino que a la aplicación de la misma en forma técnica a casos concretos y de acuerdo a un marco ético. Para ello resulta fundamental formar a los alumnos en la belleza, la interdisciplina, la innovación y por supuesto en la ética.

Para construir una cultura que promueva el desarrollo sustentable son claves tanto la formación de personas como la actividad de investigación. Ambas se complementan y potencian, logrando el impacto transformador de las personas para que puedan dar una respuesta efectiva a las interrogantes que surgen de la interacción de sistemas socio-ambientales. Mientras que la formación de personas se nutre del conocimiento teórico y práctico obtenido a través de programas sólidos de investigación, la identificación de nuevas preguntas se hace más efectiva en cuanto las Universidades entablan diálogos profundos con los diversos actores de la sociedad, esuchando atentamente sus demandas y formulando conjuntamente diagnósticos sobre el estado del medio ambiente, el progreso social y el desarrollo económico.

La contribución de las universidades al desarrollo sustentable ha sido y continuará siendo sustancial para la sociedad. Quizás porque el desarrollo sustentable es un procesos continuo de mejora y no un destino final, las universidades debieran estimular el diálogo permanente entre las diversas disciplinas y alentar a sus miembros a probar nuevas estrategias de formación de personas y de desarrollo científico que les permita contribuir de forma continua a esta tarea tan trascendente.

REFERENCIAS

Centro de Análisis de Políticas Públicas. 2016. Informe País: estado del Medio Ambiente en Chile. Comparación 1999-2015. Disponible en http://www.uchile.cl/publicaciones/129607/informe-pais-estado-del-medio-ambiente-en-chile-1999-2015

Hibbard K. A., Crutzen P. J., Lambin E. F., Liverman D., Mantua N. J., McNeill J. R., Messerli B., Steffen W. (2006) *in* Integrated history and future of people on Earth, Decadal interactions of humans and the environment, eds Costanza R., Graumlich L., Steffen W. (MIT Press, Boston, MA), pp 341–375, Dahlem Workshop Report 96

Kates, RT. 2011. What kind of science is sustainability science. Proceeedings of the Bnational Academy of Sciences 108 (49). 19449-19450.

Merkel, A. 1998. The Role of Science in Sustainable Development. Science. 281 (5375): 336-337.

ONU (2015). *Agenda 2030 para el Desarrollo Sostenible*. Disponible en: http://www.un.org/sustainabledevelopment/es/la-agenda-de-desarrollo-sostenible/

Papa Francisco (2015). *Laudato si'*.

Philippi, Rodulfo, El estudio de las ciencias naturales, en *El orden prodigioso del mundo natural*, Ediciones UACH, 2017.

Steffen, W., Grinevald, J., Crutzen, P., McNeill J., 2011. The Anthropocene: conceptual and historical perspectives Philosophical Transactions of the Royal Society A 369(1938): 842-867.

UNESCO (2017). *Informe de seguimiento de la educación en el mundo 2016. La educación al servicio de los pueblos y el planeta: creación de futuros sostenibles para todos*. Disponible para su descarga en https://en.unesco.org/gem-report/

FUTURO Y DESARROLLO DE LA EDUCACIÓN

EL FUTURO DEL TRABAJO ANTE LOS CAMBIOS EN LA TECNOLOGÍA: POSIBLES IMPACTOS Y ¿CÓMO NOS PREPARAMOS PARA ENFRENTARLOS?

JOSÉ MIGUEL SÁNCHEZ
Decano Facultad de Ciencias Económicas
y Administrativas UC

INTRODUCCIÓN

La preocupación por los efectos negativos sobre el empleo que traerían los cambios tecnológicos no es algo nuevo. Ella ha acompañado siempre a ciertos hitos asociados a desarrollos tecnológicos disruptivos en su época que han dado lugar a las denominadas revoluciones industriales (ver Frey y Osborne (2017) para una elaborada síntesis de las revoluciones industriales, partiendo en el siglo XVI hasta las revoluciones industriales del siglo XXI, o National Academies of Sciences, Engineering, and Medicine (2017), pp. 61-63, para otra síntesis, y Acemoglu y Robinson (2012), para un interesante caso originado a partir de la invención de una máquina capaz de realizar tejido de punto para hacer calcetines en Inglaterra en el año 1538).

Mucho más recientes son las predicciones de John Maynard Keynes, quien, en 1930, cuando el motor a combustión interna y la electrificación estaban partiendo, sostuvo que esas innovaciones llevarían a un aumento en la prosperidad material, pero también producirían "desempleo tecnológico", en la medida que las máquinas fueran reemplazando a los humanos. Asimismo, Wassily Leontief, premio Nobel de Economía, planteó en 1952 una analogía entre lo que le pasará al hombre y lo que le pasó al caballo a comienzos del siglo 20: "El trabajo se hará cada vez menos importante… Más y más trabajadores serán reemplazados por máquinas. No veo que las nuevas industrias puedan emplear a todos los que quieran un trabajo" (ambos casos citados en Brynjolfsson y Mcafee (2015) y en National Academies of Sciences, Engineering, and Medicine (2017)).

Si bien estas predicciones no se han cumplido hasta ahora, fundamentalmente porque los cambios tecnológicos han generado nuevos mercados, crecimiento en salarios y en la demanda, sin efectos sobre el empleo agregado, existe una creciente preocupación de que esta vez, con el impresionante desarrollo de la inteligencia artificial, el avance de la tecnología sí tendrá efectos adversos sobre el empleo y que podría ser posible que la economía no tenga la capacidad suficiente de crear empleos a la velocidad en que estos se van perdiendo.

Estamos viviendo lo que algunos han llamado la Cuarta Revolución Industrial (Schwab, 2016). La primera se asocia a la invención de la máquina a vapor para mecanizar los procesos productivos. La segunda se basó en la introducción de la electricidad para masificar la producción. La tercera, llamada revolución digital, se basó en el uso de la electrónica y de las tecnologías de la información para automatizar la producción. La cuarta, basada en la digitalización, se caracteriza por una combinación de tecnologías que elimina las separaciones entre lo digital, lo físico y lo biológico, y que tiene su fundamento en lo que se ha denominado inteligencia artificial y que ya está presente en la forma en que hacemos las cosas, en cómo se trabaja, en cómo nos relacionamos y en cómo vivimos.

Lo anterior ha dado origen a una gran cantidad de publicaciones que se han planteado la pregunta acerca de cómo esta nueva revolución industrial afectará la economía y el bienestar de las personas. En este trabajo revisamos parte de esa literatura. Específicamente, en la sección 2 se resume la literatura reciente que aborda la pregunta de cómo los desarrollos tecnológicos recientes asociados a la inteligencia artificial afectarán el empleo y si se generará desempleo tecnológico. En la sección 3 abordamos la pregunta de cómo la educación superior puede preparar a sus estudiantes para enfrentar de mejor forma este proceso de adopción tecnológica, que tendrá, y ya está teniendo, un impacto sobre el mercado laboral.

EL FUTURO DE LOS TRABAJOS Y EL MERCADO LABORAL: UNA REVISIÓN

En esta sección revisamos una serie de trabajos e informes aparecidos en los últimos años que han intentado estimar el efecto de la inteligencia artificial sobre el futuro de los empleos y han vuelto a poner el tema en la discusión. Frey y Osborne (2013, 2017), World Development Report 2016 del Banco Mundial, el McKinsey Report (2017), el Informe de la OECD (2017), el Informe PWC (2017), entre otros, intentan contestar la interrogante de cuáles son los efectos probables, en un futuro cercano (una o dos décadas), de la automatización sobre las ocupaciones y trabajos existentes hoy día, y a partir de ahí estimar el porcentaje de empleo que se verá afectado por la tecnología suponiendo un cierto desarrollo de la tecnología y en especial de la Inteligencia Artificial (IA). En términos más generales, la IA se refiere a sistemas computacionales que pueden sentir el ambiente, pensar, aprender y tomar acciones como resultado de lo anterior. La habilidad para responder al ambiente es lo que diferencia a la IA de la automatización de las tareas rutinarias (PWC, 2017). Sin embargo, en la mayor parte de los estudios revisados, se incluye, en la definición de AI, la automatización, la sustitución de tareas manuales repetitivas y rutinarias y la sustitución de tareas cognitivas por máquinas que no necesariamente son inteligentes. En consecuencia, se incluyen en la IA cuatro elementos: la automatización de tareas manuales y cognitivas rutinarias (tareas ya existentes), sistemas que ayudan a las personas a tomar mejores decisiones a mayor velocidad (pero que no aprenden de las interacciones), sistemas que aprenden permanentemente de la interacción con los humanos y con el ambiente y, por lo tanto, mejoran los procesos de toma de decisiones de las personas, y sistemas que se adaptan a distintas situaciones y que pueden actuar sin intervención humana (PWC, 2017).

El *paper* original de Frey y Osborne (FO), original de 2013 y publicado recientemente en *Technological Forecasting and Social Change* (2017), intenta evaluar la capacidad técnica (no económica) de sustitución de ciertas tareas por parte de máquinas considerando los avances en áreas relacionadas con Aprendizaje de Máquinas (*Machine Learning* (ML)) y *Mobile Robotics* (MR). ML incluye la Minería de Datos (*Data Mining*), la Visión de Máquina (*Machine Vision*), Estadística Computacional (*Computational Statistics*) y son todas componentes de la IA, de acuerdo con la definición entregada en el párrafo anterior. La MR, en cambio, consiste en la computarización de tareas manuales.

Frey and Osborne (2013, 2017) se basan en el modelo de tareas de Autor et al. (2003), que considera una función de producción agregada con retornos constantes a escala con las siguientes características: a) los computadores pueden sustituir, desde el punto de vista técnico, el trabajo humano en tareas rutinarias, mientras que es más difícil hacerlo en tareas no rutinarias, y b) el uso más intensivo de insumos rutinarios aumenta la productividad marginal de los insumos no rutinarios.

Luego el supuesto es que los computadores sustituyen al factor trabajo en muchas tareas rutinarias y tienen, a la vez, fuertes complementariedades con el trabajo que realiza tareas cognitivas no rutinarias. La adaptación del modelo de Autor que hacen Osborne y Frey considera el desarrollo actual y futuro de la computación determinado por el uso de la inteligencia artificial y que incide en el número y tipo de tareas que se pueden realizar de manera automatizada. El desarrollo tecnológico ha hecho posible que se automaticen tareas que se consideran no rutinarias.

La implementación empírica de la metodología de identificación de la capacidad de que distintos trabajos sean sustituidos por máquinas utiliza datos de O*NET, que es un servicio *online* desarrollado por el US Department of Labor. En su versión 2010, O*NET contiene información de 903 ocupaciones y sus respectivas tareas. La información se basa en el juicio experto de analistas del mercado del trabajo, trabajadores que se desempeñan en determinadas ocupaciones y expertos en general. La base de datos contiene características clave de una ocupación medida a través de un conjunto de variables mensurables y estandarizadas y también provee descripciones abiertas de tareas específicas a cada ocupación (Frey and Osborne, 2013, 2017). Para disponer de información respecto de empleo y salarios, se unió la base datos O*NET con la base de datos 2010 del Bureau of Labor Statistics (BLS), para lo cual se agregaron las 903 ocupaciones O*NET para que correspondieran a las del sistema de clasificación de seis dígitos del Standard Occupational Classification. Después de este proceso de consolidación de ambas bases de datos, FO se quedaron con una base de datos final de 702 ocupaciones.

Para determinar si un trabajo u ocupación es automatizable, FO le preguntó a un grupo de investigadores de ML que clasificaran 70 ocupaciones según si son automatizables o no, basados en la estructura de tareas definida para cada ocupación. Estas 70 ocupaciones correspondían a aquellas respecto de las cuales los expertos se sentían muy confiados en su clasificación. La clasificación de las restantes 632 ocupaciones fue hecha por FO usando un modelo probabilístico. Para construir ese modelo, FO examinan si la clasificación subjetiva de las 70 ocupaciones se relaciona sistemáticamente con 9 atributos objetivos de estas ocupaciones (destreza digital, destreza manual, originalidad, percepción social, etc.) vinculados con lo que definen como cuellos de botella de la computarización, a saber, la percepción y manipulación, la inteligencia creativa, y la inteligencia social (Tabla 1 de FO (2013)). Luego, estos autores estiman algunas variantes de modelos para predecir la probabilidad de automatización de una ocupación, como una función de estos atributos relacionados con los cuellos de botella. Repiten este ejercicio con subconjuntos aleatorios de las 70 ocupaciones bien clasificadas y encuentran un alto nivel predictivo de estos atributos para la probabilidad subjetiva de la automatización de cada ocupación. El modelo estimado se usa para predecir la probabilidad de automatización de cada una de las 632 ocupaciones que no fueron evaluadas por los expertos y se clasifican en aquellas de bajo riesgo (menos de 30%), riesgo medio (30-70%) y alto riesgo (mayor a 70%). Combinando esta información con el número de trabajadores en cada ocupación en Estados Unidos, ocupando los datos del BLS, los autores concluyen que el 47% del empleo total en EE.UU. está en la categoría de alto riesgo, "lo que significa que las ocupaciones asociadas son potencialmente automatizables a lo largo de un número no especificado de años, tal vez en una década o dos". Entre las ocupaciones que ellos identifican de alto riesgo de automatización están los servicios, las ventas y la construcción.

El trabajo de FO (2013) fue replicado para países en desarrollo en un informe del Banco Mundial (World Development Report, 2016), donde se concluye que el porcentaje de empleo en riesgo de ser automatizado es aún mayor para esta categoría de países y va desde Uzbekistán, con 55%, hasta Etiopía, con un 85%. Según esta metodología, el promedio de la OCDE sería de 57%, mientras que países como China tendrían en riesgo el 77% del empleo, y en India lo estaría el 69%. Chile no aparece en esta muestra del WDR, pero sí Argentina, con un 65%; Bolivia, con un 67%, y Uruguay, con un 63% (ver el siguiente gráfico elaborado con los datos de la Figura 2.24 del WDR 2016 en http://bit.do/WDR2016-Fig2_24).

FIGURA 1
PORCENTAJE ESTIMADO DE EMPLEO SUSCEPTIBLE DE AUTOMATIZADO EN PAÍSES EN DESARROLLO - 2016

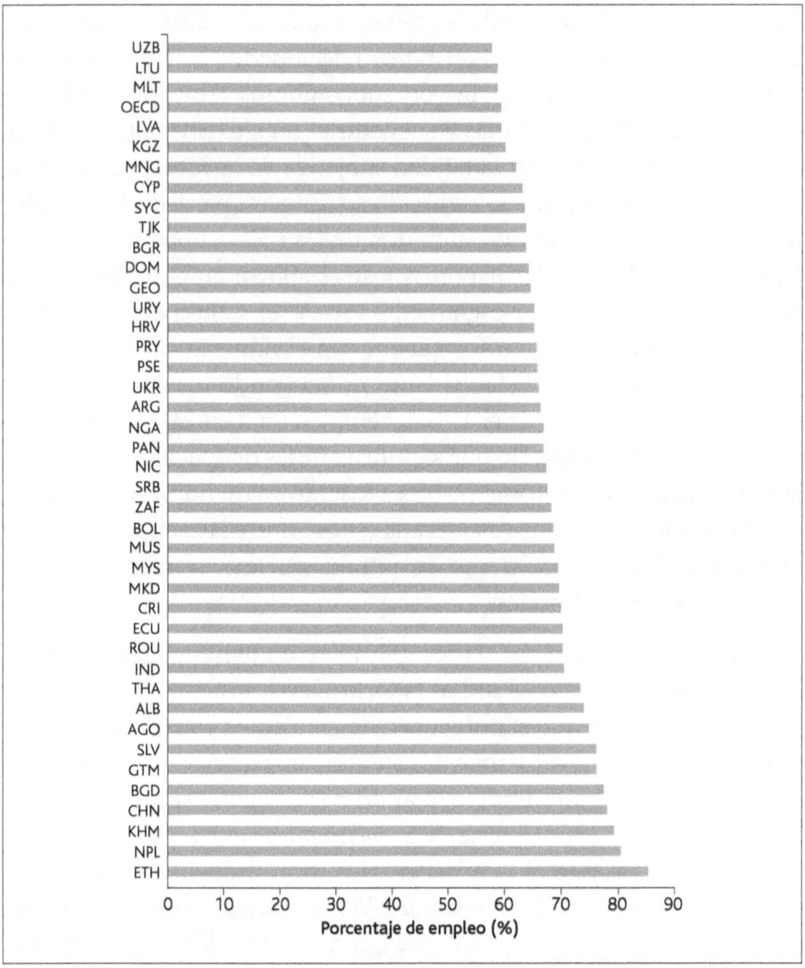

Fuente: WDR 2016, figura 2.24.

En enero de 2017 se publicó otro documento que ha recibido bastante atención, el Informe McKinsey Global Institute. Este trabajo difiere de los anteriores en que, en vez de basarse en ocupaciones, considera las diferentes actividades laborales que forman una ocupación, cada una de las cuales puede tener un diferente potencial técnico de automatización. Usando datos para EE.UU. del BLS y O*Net, se examinaron en gran detalle más de 2.000 actividades laborales para más de 800 ocupaciones en la economía.

El resultado principal de este estudio es que la proporción de ocupaciones que pueden ser, desde el punto de vista tecnológico, completamente automatizadas (es decir, que todas sus actividades se puedan automatizar) adaptando la tecnología existente en la actualidad, llega a menos de un 5% en los EE.UU. Sin embargo, casi todas las ocupaciones se verán afectadas por la automatización, estimándose que, en general, el 60% de ellas tendrá, por lo menos, un 30% de actividades automatizables técnicamente (p. 33). Las actividades técnicamente automatizables representan en ese país cerca del 46% del total de horas trabajadas. Otro resultado interesante de este reporte es que, si bien existe una correlación negativa entre los salarios y el potencial técnico de automatización, hay una variación muy grande, por lo que el salario por hora no resulta ser un buen predictor del potencial de automatización técnica. Esto significa que no solo trabajos en los grupos de bajos salarios se verán afectados, sino que también algunos trabajos en el grupo de los salarios altos.

La OCDE, en su Informe Employment Outlook 2017, presenta su propia evaluación de los riesgos de automatización que enfrentan los países de esa organización en una o dos décadas y los compara con los estimados por FO (2013). Usando una metodología distinta, basada en las tareas que tiene cada ocupación, obtiene riesgos de automatización significativamente menores que los obtenidos por FO. Para EE.UU., estima que un 9% de los empleos presenta un alto riesgo de automatización, lo que contrasta con el 47% estimado por FO. Para el conjunto de los países de la OCDE, el riesgo estimado por el Employment Outlook también es de 9%, contrastando con el 57% estimado en el WDR 2016. El rango va desde 12% para Alemania, España y Austria hasta 6% para Finlandia, Chile, Estonia y Polonia. El siguiente gráfico, elaborado a partir de los datos presentado en OCDE (2017), muestra el fuerte contraste con los resultados de FO y de WDR (presentado en el gráfico de más arriba), que usa la misma metodología de FO.

FIGURA 2
EMPLEOS EN RIESGO DE AUTOMATIZACIÓN EN PAÍSES DE LA OCDE - 2017

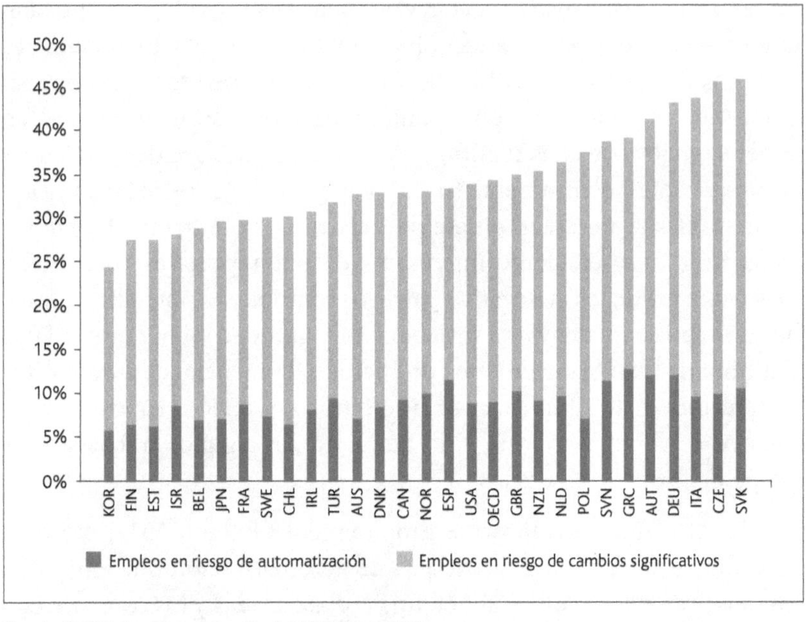

Fuente: OCDE, Employment outlook 2017, figura 3.10.

Las estimaciones de la OCDE, representadas en el gráfico precedente, provienen de Arntz et al. (2016) y Arntz et al. (2017). Estos autores se basan en FO, pero a diferencia de ellos, que toman como fundamento el contenido de la tarea promedio de cada ocupación, usan un enfoque alternativo para estimar el número de empleos en riesgo de automatización, analizando directamente el contenido de las tareas de los trabajos individuales. El enfoque se basa en la idea de que la automatización de los trabajos depende de las tareas que los trabajadores deben desarrollar para realizarlos y de cuán fácilmente estas tareas pueden ser automatizadas. Es decir, no son las ocupaciones completas las que se automatizarían, sino que trabajos específicos, dependiendo de las tareas que se realizan en esos trabajos. La metodología de estos autores estima estadísticamente la relación entre las tareas de los trabajadores y la factibilidad técnica de automatización de los trabajos tal como fue estimada por FO (2013). La diferencia con dicho trabajo es que mientras en FO (2013) se estima la relación existente entre el grado de automatización a nivel de ocupación, según el juicio experto, y cierto número limitado de tareas que constituyen cuellos de botella (tal como fue explicado más arriba) y que reflejan una estructura de tareas "promedio" para la ocupación, en Arntz et al. (2016) se usan datos de una encuesta a individuos en la que se les pregunta por tareas específicas que ellos desarrollan en su trabajo. Esta diferencia resulta ser crucial (explicaría las diferencias en las probabilidades de automatización encontradas), debido a que admite la posibilidad de que distintos individuos que tienen una misma ocupación desarrollen tareas muy distintas entre sí, y por eso se enfoca en los trabajos individuales. La encuesta utilizada en Arntz et. al (2016) es la OECD Adult Skills Survey (Programme for the International Assessment of Adult Competencies, PIAAC), la que tiene datos individuales sobre características socioeconómicas, sobre habilidades y competencias, información sobre los trabajos y sobre las tareas que en ellos se realizan.

Con esta metodología se puede considerar que la exposición al riesgo de automatización no es a nivel de ocupaciones, sino a nivel de tareas específicas desarrolladas en los trabajos específicos, estando en mayor riesgo de automatización aquellos trabajos con mayor proporción de tareas automatizables. Este enfoque es menos restrictivo que el usado por FO (2013), que asume que las estructuras de tareas son las mismas para todos los trabajadores en una determinada ocupación, puesto que admite que las estructuras de tareas difieran entre trabajadores en una misma ocupación. Por otra parte, trabajos con la misma estructura de tareas tendrán el mismo grado de automatización.

En suma, estos autores, usando datos individuales sobre tareas realizadas, estiman un porcentaje de trabajos en riesgo de ser automatizados significativamente menor que el calculado por FO (2013), WDR (2016) y McKinsey (2017). La razón para estos hallazgos es que los trabajadores que FO califican como en alto riesgo de automatización también desarrollan tareas que no son fácilmente automatizables. Concretamente, ellos encuentran que la automatización es más factible en trabajos que tienen una alta proporción de tareas relacionadas con compra y venta, con intercambio básico de información y con destrezas manuales básicas. En contraste, los trabajos con menor probabilidad de ser automatizados son aquellos que requieren mayor interacción y cooperación con otros trabajadores, mayor nivel de relaciones interpersonales, aquellos que requieren un elevado nivel educacional y aquellos trabajos que tienen un alto componente de tareas de convencimiento a otras personas, todos los cuales requieren un elevado nivel de habilidades socioemocionales.

Un problema fundamental de toda la literatura reportada en los párrafos precedentes es que se centra en la factibilidad técnica, no económica, de la sustitución del trabajo humano por parte de la tecnología, considerando su estado actual de desarrollo y su probable evolución, pero no considera los efectos de equilibrio general que la introducción de estos desarrollos tecnológicos tendrá en el mercado del trabajo, y en particular sobre los salarios y el empleo. Estos estudios ignoran que la automatización dependerá del costo de sustituir el trabajo por máquinas y del efecto sobre el costo del trabajo como resultado de este proceso de automatización. Tampoco consideran que el efecto sobre el empleo dependerá de lo que ocurra en otros sectores de la economía, los que podrían crecer ocupando el empleo liberado por la introducción de las máquinas o incluso podría haber un aumento en la demanda por trabajo debido al incremento de la productividad en los propios sectores afectados por la introducción de la tecnología (Acemoglu y Restrepo, 2017).

En su artículo "Robots y Empleos: evidencia de los mercados del trabajo en US" (2017), estos autores estiman el impacto de equilibrio que ha tenido la introducción de robots industriales (una de las tecnologías de automatización) sobre los mercados del trabajo locales en EE.UU. entre los años 1990 y 2007. El modelo usado en este estudio extiende parte de sus contribuciones anteriores, para incluir la posibilidad de que la proporción de tareas realizadas por robots varíe entre industrias. El modelo empírico relaciona el cambio en el empleo y los salarios en un mercado del trabajo con la "exposición a robots", definida como la penetración a nivel nacional de robots en cada industria multiplicada por la participación del empleo de esa industria en el mercado laboral local.

Los autores encuentran un efecto negativo sobre salarios y empleo al aumentar el número de robots en la economía. Este efecto se produce por el desplazamiento de los trabajadores de sus actuales trabajos producto de la introducción de los robots. Sin embargo, al mismo tiempo, hay un efecto positivo sobre empleo y salarios por una ganancia en productividad. Al aumentar el número de robots, disminuyen los costos de producción, lo que genera un aumento en la producción de la industria y por consiguiente un aumento en la demanda por trabajo.

El análisis concluye que el efecto negativo se encuentra en todas las ocupaciones, menos en las administrativas. Además, los mayores efectos se dan en los trabajos de obrero que tienen operaciones manuales rutinarias, tales como obreros de montaje, transportistas y maquinistas. El efecto negativo disminuye levemente a medida que aumenta el nivel educacional del trabajador. Los efectos negativos encontrados en este modelo de equilibrio general son preocupantes, puesto que se muestra una limitada capacidad de crecimiento de empleos y ocupaciones en otras industrias. El efecto agregado hallado por Acemoglu y Restrepo (2017) se puede resumir en que un robot adicional por cada mil trabajadores reduce la razón empleo sobre población en un rango de 0,18-0,34 puntos porcentuales y reduce los salarios en un rango de 0,25-0,5%. En todo caso, esta es un área en donde se requiere mayor investigación.

El considerable número de estudios –de los cuales hemos revisado aquí los principales– que en los últimos años se han dedicado a investigar acerca del impacto que los desarrollos tecnológicos asociados a la inteligencia artificial tendrían sobre los mercados laborales, el empleo y los salarios, refleja la preocupación existente respecto de la posible existencia de desempleo tecnológico, la que destruiría empleos a una velocidad mayor que la velocidad a la cual los crea.

Si bien aquellos estudios que estiman la factibilidad técnica de que el trabajo humano sea reemplazado por máquinas (la automatización) difieren, tal como se vio en los párrafos precedentes, en la estimación que hacen respecto del riesgo de automatización del empleo actual en un plazo de 10 a 20 años, parece claro que habrá un efecto significativo sobre el mercado del trabajo y que se requiere mayor investigación, tal como lo señalan Acemoglu y Restrepo (2017), para tener una evaluación comprehensiva de los efectos de equilibrio sobre los mercados laborales.

IMPLICANCIAS PARA LA EDUCACIÓN SUPERIOR

La revisión de la literatura, realizada en la sección 2, sugiere que la revolución tecnológica en que estamos inmersos, posibilitada por el gran y acelerado desarrollo de la inteligencia artificial, está modificando de manera sustantiva la manera como trabajamos, en qué trabajamos, cómo nos organizamos y cómo nos relacionamos. Dicha revolución tiene el potencial de afectar de manera muy significativa el mercado del trabajo, al existir la factibilidad técnica de que cada vez más tareas sean desarrolladas por máquinas en vez de humanos. De la literatura revisada, es importante notar que lo que parece estar en riesgo de automatización y reemplazo por máquinas no son ocupaciones o empleos específicos, sino que tareas específicas que se realizan en una ocupación. Esta distinción es importante, por cuanto reconoce que una misma ocupación puede tener distintos grados de posible automatización dependiendo de la estructura de tareas con que esté organizada. Reconoce además que aun en trabajos u ocupaciones que requieren alto nivel de habilidades y preparación, incluso en trabajos profesionales, hay ciertas tareas que pueden ser realizadas por máquinas igual o mejor que lo que lo puede realizar una persona. Los ejemplos que se encuentran en la literatura son muchos y no se limitan a tareas repetitivas y de baja calificación, aunque estas últimas están más expuestas a una posible automatización. Algunos ejemplos de tareas que normalmente realiza un profesional y que podrían ser ejecutadas con igual o mejor calidad por máquinas, usando aprendizaje de máquinas, son la lectura e interpretación de exámenes (psicológicos, radiológicos, kinésicos, etc.), tareas relacionadas con la compra y venta de productos y servicios, operaciones de registro y manejo de datos, tareas asociadas a la evaluación y liquidación de siniestros, algunas tareas contables, entre otras (Rainie y Anderson, (2017)).

El desarrollo tecnológico ha acompañado al hombre desde que es hombre. Por lo tanto, se puede decir que el cambio tecnológico ha sido un continuo en la historia de la humanidad. Sin embargo, esta cuarta revolución industrial, asociada al desarrollo de la inteligencia artificial, tiene como una de sus características esenciales la velocidad a la cual se están produciendo los cambios, lo que probablemente seguirá siendo así por muchos años más. Los cambios que provoque en los mercados del trabajo no son solo un tema técnico, sino que también económico, por cuanto ellos dependerán de la velocidad de adopción de estas tecnologías, de su tasa de penetración y de la capacidad de adaptación que tengan los agentes económicos frente a estos cambios.

Esto plantea a la educación superior, y en particular a la universidad, el enorme desafío de saber adaptarse para enfrentar de mejor forma estas transformaciones. En particular, debe introducir cambios en la formación que entrega a sus alumnos, de manera de dejarlos en mejor pie para abordar los desafíos que les depara el futuro producto de estos cambios tecnológicos. La preparación tiene que ser para enfrentar tanto la sustitución como la complementariedad con las máquinas. Para minimizar el riesgo de ser sustituido por una máquina, se debe preparar a los alumnos en el desarrollo de habilidades para ejecutar aquellas tareas en las cuales las máquinas se desempeñan relativamente peor o aquellas que les cuesta más hacer que las personas. Esto requiere formar a los alumnos en el pensamiento crítico y despertar en ellos una gran curiosidad. Dicha preparación comienza por aprender a hacerse preguntas, para luego responderlas con creatividad, que es otro gran atributo muy difícilmente replicable por una máquina. También se debe entrenar la flexibilidad y la adaptabilidad a los distintos tipos de tareas que se podrían realizar en una ocupación. La interacción con personas, el trabajo colaborativo, la comunicación en situaciones complejas y saber desenvolverse en contextos distintos y cambiantes, y con información también rápidamente cambiante, son atributos no replicables fácilmente por las máquinas. Algunas de estas habilidades transversales, como el liderazgo y el trabajo en equipo, la empatía y el saber valorar el trabajo interdisciplinario, están siendo muy valoradas en el mercado del trabajo. Estas características le permitirán al trabajador adaptarse mejor a las variables condiciones del mercado laboral.

Adicionalmente, los futuros trabajadores deben también entrenarse para trabajar de manera complementaria con las máquinas y de ese modo lograr incrementos en productividad. Esto requiere que los estudiantes aprendan conocimientos disciplinares sólidos, pero por sobre todo que aprendan a aprender, porque cada vez será más necesario estar permanentemente aprendiendo a lo largo de la vida laboral. Las empresas e instituciones están más interesadas en personas que tengan la motivación y la capacidad para aprender en forma permanente y continua, antes que en personas que solo manejen ciertos conocimientos, porque es muy probable que las cosas específicas del trabajo que realizan lo aprenderán con la práctica. Por eso, es muy importante enseñar a pensar, antes que enseñar recetas, algoritmos o modelos predefinidos. La velocidad de los cambios es tan grande que no podemos anticipar hoy cuáles serán las preguntas relevantes en el futuro no muy lejano. Luego, la universidad no debe preparar para el primer trabajo, sino que debe preparar para una vida completa de trabajo.

REFERENCIAS

Acemoglu, Daron. y Robinson, James (2012). ¿Por qué Fracasan las Naciones?, Ediciones Deusto.

Acemoglu, Daron. y Restrepo, Pascual (2017). Robots and Jobs: Evidence from the US Labor Markets, *NBER Working Papers Series*, WP 23285.

Arntz, M., T. Gregory and U. Zierahn (2016). The Risk of Automation for Jobs in OECD Countries: A Comparative Analysis. *OECD Social, Employment and Migration Working Papers*, No. 189, OECD Publishing, Paris. http://dx.doi.org/10.1787/5jlz9h56dvq7-en

Arntz, M., T. Gregory and U. Zierahn (2017). Revisiting the risk of automation. *Economic Letters* 159, pp157-160.

Autor, D., Levy, F. and Murnane, R.J. (2003). The skill content of recent technological change: An empirical exploration. The Quarterly Journal of Economics, vol. 118, no. 4, pp. 1279–1333..

Brynjolfsson, Erik, and Andrew Mcafee (2015). Will Humans Go the Way of Horses? *Foreign Affairs*, July/August Issue.

Frey, Carl Benedikt and Osborne, Michael A. (2013). The Future of Employment: How susceptible are jobs to computerization? September. Publicado en *Technological Forecasting & Social Change* 114 (2017) 254-280.

McKinsey Global Institute (2017). *A future that works: Automation, employment and productivity*, January.

National Academies of Sciences, Engineering, and Medicine (2017). *Information Technology and the U.S. Workforce: Where Are We and Where Do We Go from Here?* Washington, DC: The National Academies Press. doi:10.17226/24649.

OECD, Employment Outlook (2017). Pp. 38,39 107.

Rainie, Lee and Anderson, Janna (2017). *The Future of Jobs and Job Training*, Pew Research Center, May.

Schwab, Klaus (2016). *The Fourth Industrial Revolution: what it means, how to respond*. World Economic Forum, January.

UK Economic Outlook, PWC (2017). *Will Robots Steal our Jobs? The potential impact of automation on the UK and other major economies*, Chapter 4.

World Bank (2016). World Development Report: *Digital Dividends*. Washington, DC: World Bank.

CAPÍTULO 22

DESARROLLO DE LA CIENCIA, LA TECNOLOGÍA Y LA INNOVACIÓN

BERNABÉ SANTELICES
Profesor Titular, Facultad de Ciencias Biológicas UC

PEDRO BOUCHON
Vicerrector de Investigación UC

INTRODUCCIÓN

Como define la Real Academia Española, la ciencia es el conjunto de conocimientos obtenidos mediante la observación y el razonamiento, sistemáticamente estructurados y de los que se deducen principios y leyes generales con capacidad predictiva y comprobables experimentalmente. Así, emergen las ciencias naturales, que se ocupan de la naturaleza; las ciencias sociales, que abordan la actividad humana en la sociedad, y las ciencias humanas, que atienden aspectos diversos de la actividad y del pensamiento humanos. La ciencia, entonces, juega un rol central en el desarrollo de una sociedad. Nos ayuda a comprender nuestro entorno, abriéndonos posibilidades de desarrollo futuro y permitiéndonos anticipar desafíos.

La relevancia de esta actividad en el proceso de formación se materializa en Alemania a fines del siglo XVII (Ergard, 2016) con la creación del doctorado en filosofía, que abarca el concepto "filosofía" en un amplio sentido, considerando las diversas áreas del saber, en concordancia con el concepto griego de "amor por la sabiduría". De esta forma, la investigación científica se incorpora como una función de importancia en el trabajo universitario a fines del siglo XVIII (Rüegg, 2004; Clancy y Dill, 2009; Brünner, 2010). En Estados Unidos, el grado de doctor, siguiendo el modelo alemán de doctorado (PhD), se otorga por primera vez en la Universidad de Yale en 1861, mientras que en el Reino Unido, se confiere en 1917 en la Universidad de Oxford (DPhil). Actualmente, en la mayoría de los países y campos de aplicación, es requisito para pertenecer a una planta universitaria. De acuerdo con esto, la investigación es hoy una de las tres funciones (misiones) esenciales de las universidades.

En sociedades desarrolladas, la investigación –y la innovación que se deriva de la aplicación de sus resultados– es la base del crecimiento económico sostenido y de la productividad nacional. Allí se reconoce que el desarrollo de las ciencias, la educación doctoral y la transferencia de conocimiento son esenciales para el progreso económico de los países. De esta forma, la investigación científica no se restringe exclusivamente a las universidades, pues se desarrolla sustancialmente en empresas, tanto públicas como privadas. La educación doctoral sigue siendo una responsabilidad principalmente universitaria, pero con participación creciente de la industria, mientras que la transferencia tecnológica cuenta con una diversidad de canales, conectando la investigación universitaria con la innovación industrial (transferencia vertical). Sin embargo, en Chile aún no hemos hecho de las ciencias, de las tecnologías ni de la innovación un factor sustantivo para el desarrollo de nuestro país (CNID, 2017).

Durante estos últimos años, se han formalizado las presentaciones de tres iniciativas legales que, si son aprobadas, podrían influir significativamente en el desarrollo de las ciencias, la tecnología y la innovación (CTI) en el país. Las dos primeras corresponden a los proyectos de ley que reforman la educación superior en general y la educación superior estatal en Chile. La tercera iniciativa corresponde al proyecto de ley que establece una institucionalidad pública para la CTI en Chile.

En este capítulo, presentaremos un contexto general que ayudará a comprender los avances recientes en el desarrollo del trabajo científico e innovación a nivel nacional, para luego dar paso a un análisis de las iniciativas impulsadas por el gobierno.

AVANCES RECIENTES EN EL DESARROLLO DEL TRABAJO CIENTÍFICO NACIONAL

Como se ha planteado en diversos documentos (CNID, 2017; OECD, 2017), el número de investigadores en Chile es muy bajo en comparación con los otros países de la OECD, tanto a nivel absoluto como relativo. Sin embargo, durante los últimos años se ha ido desarrollando un ecosistema que busca robustecer, aunque todavía tímidamente, la ciencia, la tecnología y la innovación.

Desarrollo de capital humano avanzado

Se estima que actualmente contamos con 13.015 investigadores (OECD, 2017) activos a nivel nacional, lo que corresponde a 8.175 jornadas completas equivalentes (JCE) (CNID, 2017). De los investigadores que realizan estas JCE, la composición, de acuerdo con el último grado o título obtenido, indica que el 39% tienen el grado de doctor, 16% el grado de magíster y un 37% obtuvo el título profesional o licenciatura, según la Sexta Encuesta Nacional sobre Gasto y Personal en Investigación y Desarrollo 2015, desarrollada por el Ministerio de Economía (MINECON, 2016). El personal dedicado a la investigación y desarrollo en calidad de investigador, de acuerdo con la misma encuesta, se desempeña principalmente en el ámbito de la educación superior (49%,) y luego en empresas (28%), participando en menor medida en instituciones privadas sin fines de lucro (IPSFL) (13%) y en el Estado (11%). Al considerar el mismo análisis anterior en relación con las áreas de especialización, en el Estado se observa un 38% de investigadores en ciencias agrícolas y un 32% en ciencias sociales, mientras que en la educación superior un 30% se desarrolla en el ámbito de las ciencias naturales y un 26% en el de la ingeniería y tecnología. En las IPSFL, un 62% se encuentra en las ciencias naturales, y en empresas un 61% en ingeniería y tecnología. La distribución regional de estos investigadores muestra un persistente centralismo (MINECON, 2016; Santelices, 2015; MINECON, 2014).

Las universidades participan de casi el 80% de las contribuciones científicas del país (CONICYT-Scimago, 2015), tienen el imperativo de acreditar la formación de la totalidad del personal con entrenamiento avanzado y generan 10 y 30% de las patentes nacionales e internacionales concedidas a residentes, respectivamente. El 40% de las universidades ha establecido oficinas de transferencias que ayudan al desarrollo de la innovación y el emprendimiento. Así, la relevancia de estas instituciones en el desarrollo de la ciencia y la tecnología en el país es de máxima importancia.

Desarrollo doctoral

El desarrollo social y económico depende cada vez más de la investigación y la innovación. En ello juega un rol estratégico la formación de nuevos doctores para participar activamente de la sociedad del conocimiento. Sin embargo, el país cuenta con aproximadamente 1 doctor por cada 1.000 ocupados (población 25-64 años), mientras que el promedio de la OECD es de aproximadamente 9,5 doctores por cada 1.000 ocupados. Por otro lado, países que apuestan por el desarrollo doctoral y ven en él un motor de desarrollo, como Austria e Israel, tienen 16 y 12 doctores aproximadamente por cada 1.000 ocupados (OECD, 2015).

Ante esta situación, la Comisión Asesora Presidencial ha propuesto, al menos, triplicar la actual tasa en los próximos 15 años. Por su parte, otra sugerencia (*e. g.*, Santelices y Lund, 2013) es que el país pueda alcanzar, en plazos de seis a ocho años, densidades de investigadores equivalentes a los promedios actuales de los países de la OECD, llegando al doble de esos promedios en el plazo de 15 años. El aumento del número de investigadores en Chile posibilitaría diversificar nuestros programas de investigación y desarrollo, reforzar dichas capacidades en regiones, renovar las plantas académicas en universidades y contar con un mayor número de científicos incursionando en desarrollo tecnológico e innovación. El desarrollo de un programa que permita lograr este impulso debería estar efectivamente alineado con las políticas de desarrollo y prioridades nacionales, y preocuparse también de los problemas de inserción de nuevos investigadores, tanto en la academia como en la industria.

Según el documento "Aseguramiento de la Calidad de programas doctorales en Chile: estado actual y desafíos" (Poblete y Baeza, 2017), de la Comisión Nacional de Acreditación (CNA), el número de programas de doctorado en el país se incrementó, entre 2012 y 2017, a un ritmo promedio de aproximadamente 15 programas por año, alcanzando un total de 266 en 2017, estando acreditados un 62% (165 programas). El número total de estudiantes en estos programas también ha aumentado, a un ritmo promedio de aproximadamente 275 por año. Así, de 4.052 estudiantes matriculados en estos programas el 2011, se subió a 5.526 al año 2017. En forma análoga, también aumentó el número de graduados, de 433 doctores titulados el año 2010 a 704 el año 2016. La oferta doctoral entre los años 2007 y 2016 aumentó en 66% en las universidades del CRUCH, mientras que en las universidades privadas aumentó muy significativamente (6,4 veces), representando en la actualidad aproximadamente el 20% de los programas doctorales ofrecidos.

Simultáneamente, el país ha seguido invirtiendo en formación doctoral en universidades extranjeras. En 2017 el programa Becas Chile concedió 360 nuevas becas para continuar estudios de doctorado en diversas partes del mundo. Las áreas con mayor número de candidatos fueron Ciencias de la Ingeniería, Educación, Sociología, Ciencias Médicas, Historia, Antropología y Arqueología, y Letras. Una estimación de los doctorandos y doctores formados usando becas nacionales (1988-2014), becas internacionales en el período 2001-2007 y Becas Chile en el período 2008-2014 sugiere un total de 9.500 estudiantes que se han doctorado o están en vías de hacerlo en los próximos años (Brieva, comunicación personal, 2015). Ello generará en el país una fuerte presión por la inserción de los nuevos doctores en lugares de trabajo, incluyendo el ámbito académico y los escasos espacios posibles de encontrar en la industria.

Desafíos de la formación doctoral

Los cambios y desafíos en las sociedades contemporáneas generan nuevos requerimientos e impulsan modificaciones en la educación doctoral, para formar a graduados que contribuyan y respondan eficazmente a las necesidades presentes en los sectores público y privado (Brown, 2008). El debate sobre el reajuste de programas doctorales en cuanto al vínculo de la universidad con la industria ha marcado la agenda desde la década de los años ochenta del siglo XX; no obstante, las iniciativas más robustas y concertadas han proliferado ya en el siglo XXI, como por ejemplo *Los principios de Salzburg* (fruto del proceso de Bologna) del 2005. De acuerdo con el primer principio de este documento: *"The core component of doctoral training is the advancement of knowledge through original research. At the same time it is recognized that doctoral training must increasingly meet the needs of an employment market that is wider than academia"* (Koch, 2005). En este contexto, las universidades asumen responsabilidad en cuanto a la formación de un nuevo perfil de graduados y la generación de lazos efectivos con el entorno público-privado (de acuerdo con su tercera misión de generar y transferir el conocimiento). Las nuevas formas de organización del mercado laboral científico exigen de los doctores una mayor movilidad hacia los espacios no académicos o extra-académicos (los llamados "espacios híbridos"). Se genera la necesidad de que los graduados enfrenten perspectivas cambiantes del empleo y sean capaces de manejar el portafolio profesional. Por otro lado, también los graduados proyectan su futuro desarrollo profesional ya no solamente en las universidades y centros de investigación, sino que de manera creciente ven su grado académico como una plataforma para una carrera laboral en el sector privado.

Considerando este requerimiento, que busca ir más allá de proveer una formación científica de excelencia, es necesario complementar la formación doctoral con el fin de fortalecer las capacidades de los futuros graduados para insertarse y generar impacto en el mundo académico y no académico, y abrir espacios en ambientes sociales y productivos. Es así como se hace necesario proveer, como parte de su formación, de herramientas que les permitan mejorar su productividad científica, comunicarse efectivamente en forma oral y escrita, perfeccionar su docencia, comprender los cimientos de la formulación de proyectos, conocer aspectos de transferencia tecnológica y propiedad intelectual, adquirir herramientas para el desarrollo de negocios y emprendimiento, comunicarse en un segundo idioma (*e.g.*, inglés), entre otras, de manera tal que el alumno pueda complementar su formación de acuerdo con sus intereses. De esta forma, además se empodera al alumno en su toma de decisiones para que diversifique sus competencias y en definitiva aumente las probabilidades de éxito de una futura inserción laboral. Por esto, la estructura del programa, así como el rol que ejerce el tutor como mentor son claves. El diálogo establecido debe ayudar a identificar la mejor forma de complementar la formación, con miras a lograr la inserción del futuro doctor.

En este sentido, la convocatoria de CORFO "Nueva Ingeniería para el 2030" que involucra la participación de 13 universidades de todo el país, a través de 7 propuestas, junto con el reciente lanzamiento de la convocatoria "Ciencia e Innovación para el 2030", cuyo propósito es fomentar la transferencia tecnológica, la innovación y el emprendimiento de base científica-tecnológica en las facultades de ciencias básicas de las universidades chilenas, refuerzan el diagnóstico latente de ir más allá de la formación científica de excelencia.

La internacionalización de los programas también juega un rol clave en este sentido, por lo que el impulso de este tipo de iniciativas por parte del gobierno es fundamental. Esto considera la posibilidad de realizar pasantías de investigación y el desarrollo de co-tutelas o grados conjuntos, permitiéndoles ser eficientes conectores entre el ecosistema nacional y uno internacional. De esta manera, bien se podría pensar en el financiamiento de programas compartidos entre universidades extranjeras y nacionales, a través de becas que permitan una estancia adecuada (*e.g.*, 2 años) en cada institución.

Por otro lado, y con el fin de aumentar el número de investigadores con grado de doctor y contribuir al desarrollo y crecimiento del país, existen desde hace algunas décadas modelos de doctorado colaborativos con la industria (*e.g.*, Industrial PhD o Professional PhD) que buscan disminuir la "brecha cultural" entre los mundos de la academia y la industria. Estos programas vinculados a la industria responden a las necesidades y expectativas laborales de los investigadores en formación. Este tipo de doctorado, además de la profundización disciplinaria, ofrece el desarrollo y ejercicio de competencias transversales. El programa debe constituir una propuesta formativa distintiva y al mismo tiempo poseer igual "calidad de PhD", entendida como capacidad de realizar investigación en forma original e independiente en la frontera del conocimiento. La vinculación con la industria proporciona además fuentes adicionales de financiamiento de investigación doctoral, frente a la creciente escasez de instrumentos estatales.

Estos programas deben contar con ciertas características de diseño que les posibiliten lograr el impacto deseado. Ciertamente, deben poseer normativas claras de vinculación y colaboración con la industria. Asimismo, el proyecto de tesis debe ser generado en conjunto con la industria, en respuesta a un problema presente (que requiere de un vínculo establecido previamente). El programa de estudios debe contemplar un tiempo mínimo de estadía en la industria y actividades de inserción, y el alumno debe ser supervisado por el director académico de tesis y por el co-director industrial. Dadas estas características distintivas, los criterios de acreditación para este tipo de programas deben ser revisados. Por ejemplo, el claustro académico del programa debiese contar con excelencia académica y con una vinculación demostrada a través de la realización de proyectos con la industria, que pueden situarse fuera del marco acostumbrado de proyectos científicos. Asimismo, se debiesen considerar otros resultados durante el proceso de investigación, adicionales a las publicaciones, como patentes en tramitación o desarrollo de prototipos, por nombrar algunas variaciones.

INVESTIGACIÓN Y TRANSFERENCIA TECNOLÓGICA

Chile ha ido desarrollando paulatinamente un ecosistema que busca fortalecer de diversas formas la ciencia, la tecnología y la innovación. Si bien aún no contamos con un número de investigadores adecuado en comparación con los países que componen la OECD, no se puede desconocer la incorporación de nuevos actores y la calidad de la investigación generada.

Desarrollo de la investigación

Los artículos científicos, los libros, los capítulos de libro, las presentaciones en congresos científicos son los vehículos tradicionalmente utilizados para comunicar los avances del estado del arte de las ciencias, y ciertamente constituyen la principal plataforma de valoración científica. De esta forma, y junto al fuerte impulso de las políticas públicas, al hacer de los artículos científicos el principal indicador de desempeño, se ha privilegiado la investigación por sobre el desarrollo tecnológico y la innovación.

En concordancia con lo anterior, los artículos originales producidos en Chile y considerados por Web of Science (WoS) se incrementaron desde 5.081 en 2010 a 8.813 en 2016 (Incites, 2017), mientras que si se considera la base de datos de Scopus, el número de artículos publicados subió de 5.515 en 2010 a 9.761 en 2016 (Scopus, 2017). En términos per cápita, este nivel de producción destaca entre los países latinoamericanos, pero es bastante más reducido que los promedios de países desarrollados. Este aumento ha venido acompañado también de un incremento relativo de la calidad de las investigaciones. Hace alrededor de 30 años su impacto normalizado era de 0,59 y a partir de entonces ha manifestado un alza que las llevó a comportarse como el promedio mundial hacia 2010, y a encontrarse nítidamente por sobre este en la actualidad (1,24) de acuerdo con WoS. Asimismo, el porcentaje de participación de Chile en la producción mundial de artículos científicos se ha cuadruplicado en los últimos años (CNID, 2017), lo que da cuenta de la mayor presencia científica chilena de calidad en el mundo. Más allá de los números, estas publicaciones reflejan las dos pulsiones del desarrollo científico desde un país como Chile: hacerse cargo de las problemáticas locales y aportar a dar respuestas a asuntos de interés global.

Un factor clave para el desarrollo de investigación de alto nivel es la incorporación de posdoctorados en las instituciones. Este cuerpo de investigadores autónomos de alto nivel permite sostener equipos de investigación de gran envergadura y alto impacto. Sin embargo, hay una serie de desafíos pendientes para lograr un óptimo desarrollo, como está siendo debatido internacionalmente (Wallach, 2017). Otro aspecto fundamental para el desarrollo de ciencia de alto impacto tiene relación con la complejidad del problema de estudio, lo que exige muchas veces un enfoque multi, trans o interdisciplinar. La investigación interdisciplinaria es un tipo de investigación desarrollada por equipos o individuos que integran información, datos, técnicas, herramientas, perspectivas, conceptos, y/o teorías de dos o más disciplinas, para hacer avanzar la comprensión fundamental o la resolución de problemas cuya solución trasciende el alcance de una sola disciplina (National Academy of Sciences, National Academy of Engineering, and Institute of Medicine of The National Academies, 2005). Según lo reportado en *Nature* (Van Noorden, 2015), el impacto de la investigación interdisciplinar es sustantivamente mayor en comparación con la disciplinaria, pero toma más tiempo, razón por la cual el tránsito hacia ella no es evidente. Por otro lado, es difícil su clasificación de acuerdo con los estándares tradicionales, por lo que hay un riesgo importante asociado a lograr una correcta evaluación. Este ciertamente es un gran desafío para CONICYT. Según lo reportado en el mismo artículo, es muy interesante ver, además, cómo las referencias a otras disciplinas han ido en aumento, sustancialmente en las ciencias sociales, en el que el ~50% de las publicaciones hace referencia a otras disciplinas, cifra que alcanza un ~40% en las ciencias naturales e ingeniería.

A nivel nacional, las universidades producen el 85-90% de las contribuciones científicas del país, forman al 100% del personal con entrenamiento avanzado y concentran entre el 70 y el 75% de los investigadores activos de Chile. Por otro lado, el 38,9% de las actividades de investigación y desarrollo (I+D) se realizan en establecimientos de educación superior, mientras que el 75,6% de los doctorados declara que su actividad principal se desarrolla en una institución universitaria. Sin embargo, existe una gran heterogeneidad entre las universidades respecto de su productividad científico-tecnológica y capacidad de transferencia. Se estima que tres universidades nacionales podrían ser consideradas como universidades de investigación, mientras que otras ocho a diez tienen representación de alguna significación en investigación e innovación. En concordancia, nueve instituciones nacionales se encuentran dentro de las 50 primeras universidades del *ranking* QS 2018 a nivel latinoamericano.

No resulta evidente entonces hacer un plan homogéneo para las diversas instituciones. Se ha sugerido (Santelices et al., 2014) concebir estas instituciones como plataformas estables de investigación y tecnología a lo largo de Chile, contribuyendo, además, a su diferenciación y especialización. Así, las universidades de investigación debieran ser la base de desarrollos futuros, constituyendo el asiento natural de programas y proyectos de alta especialización y de interés del Estado y el país. El desarrollo de las ocho a diez universidades que les siguen en productividad debiera propender a que aquellas instituciones con un mayor desarrollo relativo pudiesen aproximarse e igualar los niveles de diversidad y producción de una universidad de investigación. Esto es particularmente relevante para el establecimiento de polos regionales de desarrollo, en latitudes (norte y sur) a cierta distancia de la zona central del país, donde ya están desarrolladas las tres universidades de investigación. Las universidades con menor desarrollo relativo podrían especializarse en ámbitos específicos de investigación, en los que pudiesen alcanzar altos niveles de calidad y producción. Además, se debería avanzar en la creación de nuevas estructuras, tales como universidades tecnológicas y centros de investigación, que permitan incorporar investigadores jóvenes, alojar equipamiento científico sofisticado y estimular la innovación y la transferencia tecnológica con la empresa y el Estado.

Impulso a la aplicación de la investigación

En Chile, la aplicación de la investigación se ha visto enormemente impulsada desde la década de los años 90 por CONICYT (particularmente en las universidades por el Fondo de Fomento al Desarrollo Científico y Tecnológico, FONDEF), por CORFO (particularmente en las empresas a través del Fondo Nacional de Desarrollo Tecnológico y Productivo, FONTEC, y posteriormente por el Programa I+D Aplicada y el Comité Innova Chile) y por la Fundación para la Innovación Agraria, FIA (en el ámbito de los productores agrícolas).

A comienzos de los años 90 surgieron las primeras políticas de Estado que consideraban la innovación como uno de los ejes del desarrollo productivo. A partir de estas políticas se originó el Programa de Ciencia y Tecnología, PCT, (1992-1995), financiado con un préstamo del Banco Interamericano de Desarrollo, BID, y coordinado por el Ministerio de Economía; el Programa de Innovación Tecnológica, PIT, (1996-2000), financiado por el Estado de Chile y coordinado por el Ministerio de Economía; el Programa de Desarrollo e Innovación tecnológica, PDTI, (2001-2006), cofinanciado entre el Estado de Chile y el BID, y coordinado por el Ministerio de Economía; el Programa Bicentenario de Ciencia y Tecnología (2003-2008), cofinanciado entre el Estado de Chile y el Banco Mundial, coordinado por CONICYT; y el Programa Start-Up Chile, coordinado por Innova Chile.

Recientemente, la agenda de productividad, innovación y crecimiento, impulsada por el Gobierno entre 2014 y 2018, coordinada por el Ministerio de Economía y administrada por CORFO, dio a origen a los Programas Estratégicos de Especialización Inteligente. Estos se centran en los siguientes ámbitos de acción: minería de alta ley, turismo sustentable, alimentos saludables, economía creativa, construcción sustentable, pesca y acuicultura, servicios de la salud, logística, industria solar, industrias inteligentes, y manufactura avanzada.

Estos programas consecutivos han dado origen a diversos instrumentos que han apoyado el desarrollo de I+D y fomentado la vinculación universidad-empresa en Chile, a los que se suman las siguientes iniciativas impulsadas por CORFO:

- Creación de incentivos a la innovación empresarial, a través del subsidio a los contratos tecnológicos de empresas a centros de investigación y el fomento al uso de la Ley N° 20.241.

- Instalación de Centros de Excelencia Internacional, con el propósito de transformar a Chile en un polo de innovación en Latinoamérica, atrayendo al país centros de investigación aplicada y desarrollo de nivel mundial, que generen los puentes entre la ciencia y la empresa.

- Creación de Centros Tecnológicos, orientados a crear y/o fortalecer infraestructura tecnológica y capital humano avanzado de largo plazo en entidades tecnológicas, que permitan activar la demanda por innovación de las empresas para la creación de nuevos productos o servicios de alto valor y potencial de mercado.

- Fortalecimiento y creación de Consorcios Empresariales y Programas Tecnológicos Estratégicos, orientados a incrementar la tasa de innovación tecnológica en productos y procesos de las empresas en sectores estratégicos, mediante la ejecución articulada de portafolios de proyectos de investigación aplicada y desarrollo tecnológico con visión de largo plazo.

• Creación de Polos Territoriales de Desarrollo Estratégico, para establecer zonas en el territorio que impulsen la conformación de redes de cooperación, articulación y encadenamiento productivos que permitan sentar las bases para el desarrollo estratégico de una nueva industria a partir de materia primas agrarias nacionales dedicadas.

Estos programas tienen por objetivo mejorar la competitividad y la diversificación productiva del país, a través del fomento a la inversión, la innovación y el emprendimiento, fortaleciendo, además, el capital humano y las capacidades tecnológicas para alcanzar el desarrollo sostenible y territorialmente equilibrado. A enero de 2018, los Programas Estratégicos de Especialización Inteligente contaban con 782 actores público-privado involucrados en su gobernanza, más de 1.300 proyectos asociados al desarrollo de sus hojas de ruta y US$ 469 millones de financiamiento de contraparte estatal comprometido (Chile Transforma, 2018).

Desarrollo de la transferencia tecnológica

Los temas de transferencia tecnológica y propiedad intelectual son materia reciente para el país. La ley de propiedad intelectual data de los años 70 y Chile no cuenta con una ley de transferencia tecnológica. Pese a esto, en la última década se han producido importantes avances en estas materias, resultado de una política pública que comienza a ver sus primeros frutos.

Desde 2011, CORFO ha apoyado sistemáticamente la conformación de oficinas de transferencia de tecnología y licenciamiento, OTLs, en las universidades chilenas. Primero, facilitando que gestores tecnológicos nacionales se relacionaran con gestores tecnológicos de EE. UU. a través de la asistencia a eventos de la Association of University Technology Managers, AUTM, posteriormente a través de la invitación de expertos para la capacitación en el país, y luego a través de 4 convocatorias para instalar, consolidar y desarrollar oficinas de transferencia y licenciamiento en universidades nacionales.

Este apoyo se concretó en la creación de unidades corporativas a cargo de estos temas, habitualmente dependientes de las Vicerrectorías de Investigación o Vicerrectorías Académicas de las universidades. En marzo de 2017, 20 universidades y centros de investigación nacionales habían elaborado y puesto en ejecución sus reglamentos de propiedad intelectual, conflictos de interés y creación de *spin-offs*. Asimismo, otras 9 instituciones se encontraban en la etapa de instalación de sus unidades corporativas.

Actualmente se estima que 40% de las universidades ha establecido oficinas de transferencia de tecnología y licenciamiento, que ayudan a identificar resultados de investigación susceptibles de protección, a protegerlos y posteriormente a negociar con terceros, privados y púbicos licencias para facilitar el desarrollo de la innovación y el emprendimiento.

En cuanto a indicadores de transferencia tecnológica, los que comúnmente se utilizan son divulgaciones de invención, prioridades de patentes de invención, contratos de licencia, contratos tecnológicos, ingresos por comercialización y emprendimientos de base tecnológica creados por año. En este sentido, Chile ha aumentado considerablemente sus resultados en los últimos tres años.

FIGURA 1
RESULTADO AGREGADO DE LAS OFICINAS DE TRANSFERENCIA Y LICENCIAMIENTO DEL PAÍS

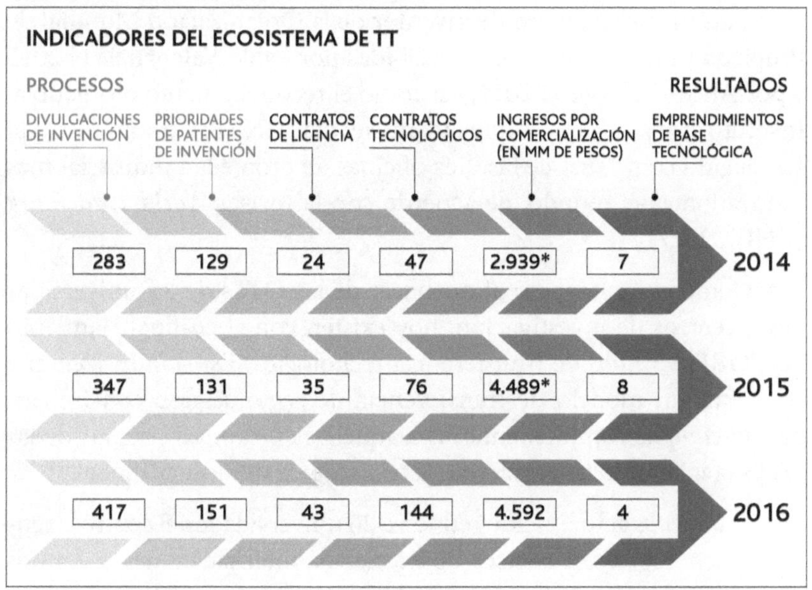

Fuente: CORFO, 2017.

La Figura 1 muestra el resultado agregado de 29 oficinas de transferencia y licenciamiento del país, la mayoría correspondiente a universidades y algunas de ellas a centros de investigación científica. Los indicadores más destacados son los referentes a contratos de licencia, que prácticamente se duplicaron en tres años; los contratos tecnológicos, que se triplicaron, y los ingresos por comercialización, que aumentaron en un 60%. En cuanto a los emprendimientos de base tecnológica o *spin off*, las cifras son estables, y si bien es cierto no muestran un aumento, sino más bien un descenso, esto es normal, ya que este tipo de indicadores tiene este comportamiento. Existen algunos años con alto crecimiento, como en el 2015, y luego se vuelve a estabilizar, como en el 2016. Aunque Chile aún se encuentra lejos de los estándares internacionales, las cifras indican un creciente aumento en los últimos años.

A nivel nacional, se han visto mejoras importantes respecto del número de patentes otorgadas, aumentando desde 19 el año 2005 a 150 el 2015. Por otro lado, entre los años 2004 y 2014 los chilenos solicitaron 710 patentes en EE.UU., 252 en Canadá y 222 en Australia (CNID, 2017). A pesar de este incremento, los datos muestran con claridad que este es uno de los puntos más débiles del estado actual de desarrollo en ciencia y tecnología en el país. Dicho esto, contamos con algunos casos de éxito que relevan la calidad de nuestra transferencia, como las medallas de oro de inventor de la Organización Mundial de Propiedad Intelectual (OMPI) recibidas por Pablo Valenzuela el 2015 y por Alexis Kalergis el 2017, así como el reconocimiento otorgado al Instituto Nacional de Propiedad Intelectual (INAPI) el año 2017, al ser elegido como una de las diez oficinas de propiedad industrial más innovadoras del mundo, de acuerdo con la revista *World Trademark* (CNID, 2017).

Como complemento al quehacer de las OTLs de las universidades y centros de investigación, hoy existen con el co-financiamiento de CORFO 3 *hubs* de transferencia tecnológica. Estos *hubs* vienen a concretar un modelo de transferencia de segunda fase con funciones *off-campus* complementarias a aquellas *on-campus* propias de las OTLs., facilitando la transferencia tecnológica de alcance global.

Estos *hubs* actualmente reúnen a 26 universidades, 8 centros científico-tecnológicos, 4 centros de excelencia internacionales, 2 fondos de inversión, 6 asociaciones gremiales, y tienen por propósito desarrollar *off-campus* innovaciones y prototipos. incrementar los emprendimientos tecnológicos, potenciando un ecosistema para la ciencia, tecnología e innovación en el país.

FINANCIAMIENTO E INSTITUCIONALIDAD PÚBLICA

La inversión del Sistema Público Nacional en ciencia, tecnología, innovación y emprendimiento ha permanecido sin cambios significativos en los últimos tres años y el Proyecto de Presupuesto presentado para 2018 mantiene esta situación. Los recursos invertidos vía gasto doméstico bruto en investigación y desarrollo corresponden a 0,39% del Producto Interno Bruto (PIB) nacional para 2015 (OECD, 2017), el que constituye el valor más bajo de todos los países asociados a la OECD y cuyo promedio nacional de aporte a ciencia y tecnología es 2,4% de sus respectivos valores de PIB. Para poner en perspectiva y de acuerdo con lo reportado por el CNID (2017), el gasto en ciencia, tecnología, innovación y emprendimiento realizado el 2016 fue equivalente a la mitad del realizado solamente por la Universidad Johns Hopkins en EE.UU.

A los bajos valores de gasto se deben agregar los efectos de las devaluaciones monetarias que han ocurrido en Chile en los últimos años. Los recursos para adquisición de equipos y fungibles importados y viajes de intercambio académico (congresos, visitas de investigadores, etc.) se anticipan como las actividades más afectadas. Asimismo, ha habido algunos desarrollos relacionados con la institucionalidad pública, lo que revisaremos a continuación, así como diversas propuestas que discutiremos en la próxima sección.

Restitución del Consejo de CONICYT

El Consejo de CONICYT fue creado en 1971 para asesorar al Presidente de la República en el planeamiento del desarrollo científico y tecnológico de Chile, y para promover la ciencia y la tecnología en el país. El Consejo operó desde su creación hasta 1974, cuando fue declarado en receso. Dicho receso duró 42 años. A través del Decreto Supremo N° 326 del 4 de agosto de 2014, el Consejo se volvió a constituir, reiniciando sus funciones el 7 de septiembre de 2015.

El principal beneficio resultante de la restitución de este Consejo radica en recuperar la capacidad de tomar decisiones colectivas en materias de políticas públicas en ciencia y tecnología, así como una mejor coordinación en las tareas a realizar. A ello se agrega la expectativa de formular un plan nacional de desarrollo científico-tecnológico en el país, que permita orientar las futuras acciones de instituciones y personas. Lo anterior ha permitido diferenciar las instancias estratégicas y operacionales de la institución. Sobre lo primero, el Consejo ha identificado los siguientes ejes estratégicos para el período 2017-2018 (CONICYT, 2017):

i. Fomentar el desarrollo de la investigación con ciertos énfasis. Esto considera la priorización de áreas de investigación en minería, recursos hídricos, desastres naturales, energía, salud y alimentos, y educación y desarrollo social. Asimismo se considera continuar el desarrollo de una Política Nacional de Centros de Investigación, fomentar la formación de recursos humanos avanzados y su inserción, lo que se ha implementado a través de los nuevos concursos de redes internacionales para investigadores jóvenes y la subvención para la instalación en la academia, fortalecer una política de equidad en ciencia y tecnología, y, por último, continuar la política de desarrollo regional de acuerdo con las estrategias y potenciales de cada región;

ii. Promover una cultura de ciencia, tecnología e innovación;

iii. Fortalecer la institucionalidad, principalmente a través de su estructura operacional.

Consejo Nacional de Innovación para el Desarrollo

Durante los últimos años, el Consejo Nacional de Innovación para el Desarrollo (CNID) ha jugado un activo rol en proponer las instancias de diálogo futuro respecto de los desafíos del país en términos de la investigación, desarrollo e innovación. Como resultado de este trabajo, publicó el año 2017 el documento "Ciencias, Tecnologías e Innovación para un nuevo pacto de desarrollo sostenible e inclusivo, orientaciones estratégicas de cara a 2030 tras diez años de trayectoria", que busca profundizar en la Estrategia Nacional de Innovación para el Desarrollo, y es referido en diversas instancias a lo largo de este capítulo. Sus principales propuestas transformadoras son (CNID, 2017):

i. Una invitación a ser grandes: retos nacionales para el desarrollo. Concordar un procedimiento que –incorporando las preocupaciones de las personas– permita seleccionar grandes desafíos país donde la CTI pueda hacer una contribución relevante, con un horizonte de al menos diez años.

ii. Un camino para actuar colectivamente: juntas de inversión empresariales para la investigación, el desarrollo y la innovación (I+D+i) sectorial. Establecer una contribución obligatoria para realizar I+D+i en torno a los desafíos colectivos de un sector económico, bajo la conducción y administración de las empresas del sector organizadas para esto.

iii. Una capacidad de mirar hacia delante: CTI para un Estado que comprende y se anticipa. Destinar un porcentaje del gasto total de cada ministerio para el financiamiento de la I+D+i, que responda a desafíos de largo plazo y temas de relevancia pública, concordados transversalmente.

iv. Una condición para despegar: banda ancha y Estado digital desde Visviri a Cabo de Hornos. Promover una amplia digitalización de los servicios que realiza el Estado, de forma que se generen condiciones de infraestructura digital que permitan el intenso despliegue de las redes y su aprovechamiento por parte de las pymes y la ciudadanía.

v. Una oportunidad de seguir volando alto: ciencia, tecnología e innovación en el corazón de las escuelas. Llevar en 5 años la CTI a todas las escuelas y liceos públicos de Chile, a través de espacios de encuentro y codiseño entre los mundos de las ciencias y la educación.

Además de lo anterior, el CNID ha desarrollado un rol articulador de iniciativas, algunas de las cuales han sido recogidas por CONICYT en su definición de ejes estratégicos, como la priorización de algunas áreas o el desarrollo de la política de centros; y en otros casos liderando la creación de instancias transversales con objetivos comunes orientados al desarrollo de Chile. Un ejemplo de lo anterior lo constituye la Red de Investigación en Recursos Hídricos, que congrega a centros de investigación y tecnológicos junto a otras organizaciones que abordan esta problemática, o bien la seguida como resultado del trabajo de la Comisión de I+D+i del CNID respecto de la Resiliencia frente a Desastres de Origen Natural, que buscará implementar un Instituto Tecnológico Público para seguir estos objetivos.

Creación de nuevas universidades y centros de investigación

Luego de la creación de los dos primeros centros FONDAP en 1997, el número y la diversidad de centros de investigación universitaria se incrementaron en forma significativa. En una cuantificación realizada por la Comisión Asesora Presidencial se pudo constatar el trabajo activo de 15 centros basales, 2 centros basales de investigación avanzada en educación, 13 centros en áreas prioritarias FONDAP, 13 centros regionales y 7 institutos milenio, a los que se suman tres nuevos institutos adjudicados en diciembre de 2017 y enero de 2018. Todos ellos han hecho subir la productividad científico-tecnológica y fomentado la creatividad de sus investigadores; han permitido y estimulado la colaboración y cooperación entre instituciones, así como también han desarrollado la multidisciplinariedad y la formación de masa crítica de investigadores. Por todas estas razones, se les considera iniciativas de mucho valor y que debieran continuar. Sobre la base de lo anterior, no es de extrañar que exista la promesa presidencial de revisar los plazos de vencimiento de estos centros. Así como estos centros de investigación científica tienen una fuerte conexión con el sistema universitario y una mayor vinculación con CONICYT, desde 2011 se han constituido en Chile 12 centros internacionales, más directamente relacionados con CORFO, orientados principalmente a la innovación y transferencia tecnológica, los que también se relacionan con universidades nacionales.

Dado el creciente número de centros ya existentes en el país, con tamaños y presupuestos más bien limitados y ausencia de coordinación en las actividades que realizan, estos deben ser sometidos a revisión con cierta periodicidad. Hasta ahora, las estrategias para su continuidad han sido variadas, de acuerdo con su financiamiento: renovaciones por tres años para los centros basales cercanos a la expiración de su financiamiento (luego de 10 años), y renovaciones competitivas para los institutos milenio en la misma condición. Probablemente, el énfasis resultante de la política de centros no se enfoque en la calidad del trabajo realizado, porque esta ha sido cautelada regularmente, sino más bien en articular y coordinar programas e iniciativas, y el potencial futuro que presenten.

Con fecha 3 de agosto de 2015, la Presidenta Bachelet promulgó la ley que crea dos nuevas universidades públicas, en las regiones de

O'Higgins y de Aysén. Ambas instituciones iniciaron sus actividades en septiembre de 2015 y empezaron a impartir clases en 2017. Sus autoridades expresaron su interés por desarrollar investigación científica y tecnológica, lo que permitiría contribuir a la inserción de nuevo personal avanzado en regiones.

REFORMAS CON POTENCIALES EFECTOS EN EL DESARROLLO DE CTI EN EL PAÍS

Como se ha dicho antes, en los últimos años se han formalizado las presentaciones de tres iniciativas legales que, si son aprobadas, podrían influir significativamente en el desarrollo de la CTI en el país. Estas corresponden a los proyectos de ley que reforman la educación superior en general y la educación superior estatal en Chile, y un tercer proyecto de ley que establece una institucionalidad pública para la CTI en Chile y que se presenta en la segunda parte de este trabajo.

Reformas a la educación superior

La educación superior y el desarrollo de la CTI no son problemas independientes, porque el desarrollo de esta última está condicionado de manera importante por la propia educación superior. Baste recordar que el 70-90% de la producción científica del país surge de los planteles de educación superior.

Durante julio de 2015, el Ministerio de Educación publicó las principales transformaciones que esperaba introducir en el Sistema Nacional de Educación Superior (MINEDUC, 2015). Dicho documento fue seguido por un conjunto de minutas (MINEDUC, 2016) y por la presentación de dos proyectos de ley, uno para la educación superior en general y otro para la educación superior estatal. Ambos documentos han motivado un amplio debate a nivel nacional (Bernasconi, 2017) sobre las propuestas. Después de dos años de análisis, ambos proyectos están en discusión en el Senado de la República, luego de haber sido aprobados por la Cámara de Diputados (al momento del cierre de este capítulo). La mayor parte de las transformaciones propuestas no se relacionan directamente con el desarrollo de CTI en las universidades. Sin embargo, varias de ellas inciden indirectamente en su desarrollo.

La proposición de reforma tiene cuatro ejes principales de cambio (MINEDUC, 2016), a saber:

i. *Cambios institucionales.* Se crea la Subsecretaría de Educación Superior y se transforma a la Comisión Nacional de Acreditación en la Agencia de Calidad de la Educación Superior. Esta nueva agencia, en conjunto con la Superintendencia de Educación, será la encargada del Sistema Nacional de Aseguramiento de la Calidad. La acreditación pasa a ser obligatoria en todas las instituciones de educación superior.

ii. *Marco regulatorio.* Este eje de cambio incluye un conjunto de normas que materializa la prohibición efectiva de perseguir fines de lucro y que además crea la Superintendencia de Educación Superior.

iii. *Universidades estatales.* Este tercer eje incluye un conjunto de regulaciones específicas para las instituciones de educación superior estatal. Esta parte del proyecto original dio cuerpo al Proyecto sobre Educación Superior Estatal.

iv. *Financiamiento de la gratuidad.* El cuarto eje corresponde al nuevo mecanismo de financiamiento de la educación superior, conocido como gratuidad.

Dos de los cambios mayores propuestos en el proyecto de ley de reforma de la educación superior tienen el potencial de afectar el desarrollo futuro de la CTI. Ellos se refieren a las nuevas disposiciones sobre acreditación y a aquellas sobre financiamiento público de las instituciones de educación superior, que analizaremos a continuación.

Posibles efectos de la acreditación

La acreditación es una certificación pública de la calidad y de los resultados de una institución. En consecuencia, ella garantiza que la institución acreditada cuenta con los recursos (académicos y materiales) necesarios para ofrecer una formación adecuada, que permitirá a los educandos un desempeño eficaz en el ámbito elegido.

En la actualidad, la acreditación de instituciones de educación superior incorpora dos áreas obligatorias (gestión institucional y docencia de pregrado) y tres optativas (investigación, docencia de posgrado y vinculación con el medio). Por su parte, la vigencia de un resultado positivo en el proceso de acreditación puede ser de tres a siete años. Es así como solo los estudiantes de instituciones de educación superior acreditados por un mínimo de cuatro años en las dos áreas obligatorias pueden obtener financiamiento del Estado para costear sus estudios superiores, a través de becas, beneficios de gratuidad o créditos con aval del Estado.

El proyecto sobre educación superior indica (Art. 15) que la acreditación institucional será obligatoria para las instituciones de educación superior autónomas, las que deberán acreditarse (Art. 17) en las cinco dimensiones indicadas previamente, incluyendo las optativas y las obligatorias. Así, serán evaluadas la docencia y los resultados del proceso de formación; la gestión y los recursos institucionales; los mecanismos de aseguramiento interno de calidad; los procesos de generación de conocimiento, creación y/o innovación; y los procesos y mecanismos de vinculación con el medio.

Para los efectos de lo establecido en esta ley, se entenderá (Art. 18) que, para la generación de conocimiento, creación y/o innovación, la institución debe contar con políticas institucionales claramente definidas, una organización adecuada para llevarlas a cabo, personal debidamente calificado y con dedicación académica suficiente, recursos materiales, de infraestructura e instalaciones apropiadas y se debe demostrar que el desarrollo de estas funciones asegura resultados de calidad. Asimismo, se tendrá en consideración la existencia de mecanismos que permitan un libre acceso al público por medio de la apertura digital de los contenidos de sus cursos y publicaciones. El proyecto de ley además indica que para que las instituciones puedan acceder al financiamiento institucional para la gratuidad, deberán estar acreditadas por al menos cuatro años (Art. 82) en las dimensiones antes señaladas, lo que incluye creación de conocimientos y/o innovación.

Es importante mencionar que la inclusión de la función de creación de conocimiento (= investigación) y/o innovación en las áreas necesarias de acreditar debiera resultar en los próximos años en un incremento importante de las actividades de investigación en las universidades nacionales. Mientras 24 universidades ya han recibido su acreditación en el ámbito de la investigación, otras 22 permanecen sin dicha acreditación (www.cnachile.cl, 2017). La necesidad de acreditar aproximadamente un 48% de las universidades en ejercicio, sin duda demandará la contratación de nuevos investigadores, aumento de infraestructura y desarrollo de nuevos programas de investigación en un gran número de universidades no acreditadas.

Financiamiento público de las instituciones de educación superior

De acuerdo con el proyecto de ley, los instrumentos de financiamiento aportados por el Estado para las instituciones de educación superior se orientarán a solventar solo dos funciones fundamentales, a saber:

i. *Transferencias por gratuidad para docencia de pregrado.* Las transferencias por gratuidad financiarán las carreras y programas de pregrado presenciales en modalidad diurna y vespertina. Dicho financiamiento será a través de la fijación de aranceles regulados y determinados por paneles técnicos. Ellos buscarán establecer los costos reales de los recursos materiales y humanos necesarios y razonables para impartir una carrera o programa de estudio. Los valores son promedios que se determinarán en razón de "grupos de carreras", definidos por la Subsecretaría de Educación, los que corresponderán a conjuntos de carreras o programas de estudios que tengan estructuras de costos similares entre sí. Para la determinación del arancel regulado, se deberán considerar los recursos que se requieren para impartir la carrera en función de su estructura curricular, de los años de acreditación con que cuenta cada institución considerada, del tamaño institucional y de la región en que se imparte la carrera. Los costos se calculan de igual manera para todas las instituciones de educación superior, y los valores promedio resultantes determinan el arancel de referencia o arancel regulado para ese conjunto de carreras.

ii. *Financiamiento para investigación y vinculación con el medio.* El proyecto y documentos anexos (MINEDUC, 2015, 2016) indican que existe un compromiso de gobierno para fortalecer a la educación pública a través de la entrega a las universidades que pertenecen al Estado de recursos basales, los que permitirán robustecerlas gradualmente, mejorando su calidad. Para ello se usará el instrumento Convenio Marco, creado el año 2015, que incluye un componente basado en investigación y creación. A ello se agrega un componente relacionado con compromisos futuros de fortalecimiento institucional en tareas estratégicas (investigación y desarrollo) y desarrollo territorial (vinculación con el medio). Para las universidades privadas que adopten compromisos públicos (esencialmente el grupo G9 del CRUCH), existirán aportes que se entregarán sobre la base de indicadores observados de investigación, creación y vinculación. Las universidades privadas sin compromisos públicos no recibirán aportes institucionales. La documentación existente (MINEDUC, 2015) también indica que los fondos concursables del Ministerio de Educación y aquellos de CONICYT estarán abiertos a las universidades públicas y privadas.

A continuación, se describen algunos efectos que se visualiza pudieran afectar el desarrollo de la CTI producto de esta política de financiamiento en las cuatro dimensiones que se presentan:

i. *Doctorado.* Resulta muy preocupante que el proyecto no contemple una línea de financiamiento para el desarrollo de los programas de doctorado en el país. En la actualidad, las instituciones de educación superior carecen de ayuda estatal para esta línea de financiamiento. Solo hay un apoyo indirecto a las instituciones con doctorandos que cuentan con becas de CONICYT (como ayuda a sus costos de matrícula). Sin embargo, se estima que las becas de doctorado de CONICYT cubren menos del 50% del total de estudiantes de doctorado en el país, lo que ya es insuficiente. La necesidad de esta línea de financiamiento, ya requerida bajo las condiciones actuales, aparece todavía como más urgente cuando se piensa (y espera) que el desarrollo futuro de Chile requerirá la presencia y accionar de personas con entrenamiento avanzado en muchas y distintas áreas. Así, visto en perspectiva, la ausencia de esta línea de financiamiento es una deficiencia mayor del proyecto de ley.

ii. *Financiamiento separado para investigación y docencia.* El esquema de financiar por separado las funciones de investigación y de docencia en el trabajo universitario conlleva varios riesgos. De partida, si ambas funciones son desarrolladas por distintas personas, la docencia se verá empobrecida por desconexión del docente de los frentes de investigación. Por otra parte, una investigación desconectada de la enseñanza a estudiantes de pregrado perderá vínculo con la realidad y difícilmente tenderá a orientarse a resolver problemas de la sociedad en la que está inserta. A lo anterior se suma el hecho de que el cálculo de los costos de la docencia se basa en promedios para un grupo de universidades. Inevitablemente, los costos de aquellas instituciones cuyos gastos reales se sitúan sobre el promedio del grupo sufrirán pérdidas económicas con el arancel promedio. Si este resultado se da en numerosas carreras, dicha institución acumulará un déficit presupuestario que deberá ser compensado a partir de otras funciones universitarias. La otra dimensión posible de compensar es investigación y creación de conocimiento. Dependiendo de los indicadores observados, es esperable que aquellas instituciones con mejores indicadores y con déficits presupuestarios en docencia empiecen a comprometer recursos para investigación. Es posible que en un primer momento se pueda compensar el déficit con reducciones en investigación. Sin embargo, la situación es insostenible en el mediano y largo plazo, porque la velocidad de cambio en investigación es alta y las reducciones o ajustes presupuestarios limitarán la tan necesaria renovación de equipos, infraestructura y personal.

iii. *Financiamiento de la investigación.* Bajo el esquema de financiamiento propuesto, la dependencia de la investigación de los fondos consignados para ese propósito, tanto en universidades estatales como en las privadas, adquiere máxima relevancia. En ese contexto resulta preocupante que ni los fondos concursables del Ministerio de Educación ni los de CONICYT hayan recibido incrementos de significación en los últimos tres años. En general, se desconoce el monto y la distribución de fondos basales por desempeño y ciertamente no generan ni la sensación de estabilidad ni de abundancia que requiere el desarrollo científico nacional. Asimismo, resulta urgente avanzar en un incremento del financiamiento para cubrir los gastos indirectos asociados a la investigación (*overheads*). Algunos instrumentos no los tienen o son muy bajos, llegando como máximo al 20%, lo que implica entre la mitad y un cuarto del rango de porcentajes que los países más desarrollados en investigación asignan típicamente, como se reporta en *Nature* (Ledford, 2014). Debido a esto, las universidades han debido subsidiar los costos indirectos de la investigación, lo cual necesariamente afecta a otras áreas de sus quehaceres y deberes. Asimismo, es de urgencia considerar financiamiento para el equipamiento mayor.

iv. *Fondos basales.* La presencia de fondos estables de desarrollo en investigación y creación artística en universidades estatales y su ausencia en universidades privadas es otra causa de preocupación en este proyecto de ley. Mientras que es comprensible que el Estado tenga la obligación de desarrollar sus propias instituciones, no se entiende que dicha iniciativa se circunscriba a un tipo de universidades, no solo porque los recursos usables provienen de toda la sociedad, sino también porque muchas de esas asignaciones tradicionalmente se han realizado por concurso público, bajo la premisa de favorecer los núcleos más competitivos y que se espera que hagan mejor uso de los recursos. Puede ser razonable que, bajo algún interés especial de desarrollo, los recursos se destinen unidireccionalmente a una determinada institución o región geográfica dada, pero no es comprensible que la totalidad de un tipo de recursos sea destinada por ley solo a un tipo de institución. La aplicación de esta práctica en algunos programas especiales, con frecuencia termina generando "refugios de competitividad", con perjuicio de la eficiencia y eficacia en el uso de los recursos asignados.

En conclusión, los antecedentes considerados sugieren la posibilidad de varios tipos de problemas para el financiamiento y desarrollo futuro de la investigación en las instituciones de educación superior, a pesar de la inclusión de este ámbito entre las dimensiones obligatorias a desarrollar para recibir una acreditación institucional que permita participar del programa de gratuidad.

INSTITUCIONALIDAD PÚBLICA PARA LA CIENCIA, LA TECNOLOGÍA Y LA INNOVACIÓN

El 23 de enero de 2017, la Presidencia de la República sometió a consideración del Senado el proyecto que crea la institucionalidad pública encargada de diseñar, coordinar, evaluar y ejecutar las políticas públicas, y los planes y programas en materia de ciencia, tecnología e innovación, con el fin de contribuir al desarrollo social, cultural y económico del país (Mensaje N° 338-364; Boletín N° 1.101-19).

El proyecto, en la última versión propuesta, contempla la creación del Ministerio de Ciencia, Tecnología e Innovación y un servicio público, llamado Agencia Nacional de Investigación y Desarrollo, encargado de la ejecución de las políticas y que, en la práctica, asumirá las actuales funciones de CONICYT. A fin de fijar estrategias y objetivos comunes de desarrollo a más largo plazo, el proyecto de ley contempla, además, la creación de un Consejo Nacional de Ciencia, Tecnología e Innovación para el Desarrollo. Este Consejo actuará como asesor permanente del Presidente de la República y elaborará la Estrategia Nacional de CTI entregando una visión general respecto de los distintos caminos y desafíos a futuro del país. En forma análoga, y a fin de ayudar a la coordinación y orientación de las instancias públicas que componen el sistema, también se propone el establecimiento del Comité Interministerial de Ciencia, Tecnología e Innovación, presidido por el ministro de Ciencia, Tecnología e Innovación, y conformado por los ministros de Educación, Hacienda, y Economía, Fomento y Turismo.

Análisis de los componentes del nuevo ministerio

A continuación, se describen algunas características relevantes de los principales componentes pertenecientes o asociados al nuevo ministerio.

i. *Estructura del ministerio.* El ministerio estará encabezado por un ministro(a) y secundado por un(a) subsecretario(a) de Ciencia, Tecnología e Innovación y por un número acotado de secretarios regionales ministeriales. Estas secretarías estarán estructuradas en macrozonas y definidas de acuerdo con características comunes a los territorios considerados, en lo que respecta a desafíos y oportunidades de desarrollo. El ministerio contará con distintas funciones y atribuciones y deberá asesorar y colaborar con el Presidente de la República en el diseño, formulación, coordinación, implementación y evaluación de políticas, planes y programas destinados a fortalecer la ciencia, la tecnología y la innovación. Por su parte, los secretarios regionales deberán participar en la elaboración de las respectivas políticas que tengan incidencia en su territorio, además de apoyar técnicamente a los gobiernos regionales en la elaboración y revisión de sus respectivas estrategias.

ii. *Agencia Nacional de Investigación y Desarrollo.* Se contempla la creación de un servicio público descentralizado, con personalidad jurídica y patrimonio propio, que se relacionará con la Presidencia de la República a través del Ministerio de Ciencia, Tecnología e Innovación. Esta agencia será la encargada de administrar y ejecutar programas e instrumentos destinados a promover, fomentar y desarrollar la CTI. El director de la agencia será el encargado de, entre otras funciones, adjudicar los concursos o convocatorias de los instrumentos y programas. Podrá ser asesorado por comités técnicos o de expertos conformados por personas calificadas.

iii. *Consejo Nacional de Ciencia, Tecnología e Innovación para el Desarrollo.* Este consejo será creado mediante Decreto Supremo del Presidente de la República. Tiene como misión asesorarlo en el análisis de las tendencias de desarrollos globales y nacionales en CTI; en la formulación de propuestas destinadas a fortalecer y desarrollar el Sistema Nacional de CTI y en la elaboración y revisión de la Estrategia Nacional de CTI. Este consejo estará compuesto por su presidente y catorce miembros. Su conformación deberá reflejar una adecuada diversidad de disciplinas, enfoques y competencias, incluyendo las ingenierías, así como distintas ramas de las ciencias, las artes y las humanidades.

iv. *Comité Interministerial para la Ciencia, Tecnología e Innovación.* La función de este comité interministerial será asesorar al Presidente de la República en la elaboración, implementación y seguimiento de la Política y del Plan de Acción en CTI. La Subsecretaría de Ciencia y Tecnología prestará al comité interministerial el apoyo administrativo necesario para su funcionamiento y el subsecretario será su secretario técnico.

v. *Instrumentos e instancias de coordinación.* El proyecto además contempla diversos instrumentos e instancias de coordinación para mejorar el funcionamiento del Sistema Nacional de CTI. Entre estos se contempla la formulación de una Estrategia Nacional que abordará, con una mirada de largo plazo, los desafíos y las propuestas para el desarrollo del país, generando un marco ordenador de políticas públicas en materias de CTI. Como se indicó anteriormente, esta estrategia será elaborada por el Consejo Nacional de CTI. Se establecerá una Política Nacional de CTI, que será definida por el comité interministerial antes descrito. Conjuntamente con la política, este comité confeccionará un Plan de Acción, que se revisará periódicamente (año a año), a fin de asegurar una implementación adecuada de la política.

COMENTARIOS AL PROYECTO

Aunque esta iniciativa es comúnmente conocida como el "Proyecto del Ministerio de Ciencia,Tecnología e Innovación", es necesario reconocer que su objetivo es más amplio que el solo establecimiento de un ministerio. Su rol principal es establecer una institucionalidad pública para desarrollar acciones coordinadas en CTI en el país, institucionalidad de la que el ministerio es únicamente una parte. Otra funcionalidad importante de este ministerio es promover la CTI de base científico-tecnológica en el enriquecimiento de los procesos de formulación e implementación de políticas públicas. Otros componentes importantes de esta iniciativa son las Secretarías Regionales propuestas, la Agencia Nacional de Investigación y Desarrollo, el Consejo Nacional de CTI y el Comité Interministerial. Este conjunto de entidades debiera permitir efectivamente diseñar, coordinar, ejecutar y evaluar nuevas políticas públicas, así como nuevos planes y programas en CTI en el país.

La institucionalidad propuesta tiene el mérito, además, de separar las entidades responsables de la planificación (Consejo Nacional), de la coordinación (Comité Interministerial) y de la ejecución (Agencia Nacional de Investigación y Desarrollo) de los planes y programas en CTI. Así como ocurre con el resto de los programas del Estado, se espera que aquí también se realicen funciones de evaluación de programas, quizás a cargo del Ministerio de Hacienda o de la Secretaría General de la Presidencia.

Potenciales desarrollos

La formulación de este proyecto se orienta a la solución de varios desafíos de importancia para el futuro desarrollo de la CTI en Chile, los que han sido sugeridos repetidamente en revisiones sobre el tema (por ej., CNID, 2015; Santelices, 2015). Los más importantes se revisan a continuación:

i. *Planes de desarrollo.* Se ha indicado (Santelices, 2015) la necesidad de un programa nacional de desarrollo de la ciencia, tecnología y la innovación a mediano y largo plazo. Tal programa se requiere para que personas, instituciones y el país en general puedan planificar sus propias actividades. El proyecto de ley contempla dos componentes importantes de desarrollo. Se establecerá una Estrategia Nacional de Ciencia, Tecnología e Innovación que abordará, con una mirada de largo plazo, los desafíos y las propuestas para el desarrollo del país. Con ello se determinará un marco que orientará las políticas públicas en materia de CTI. Esta estrategia será elaborada por el Consejo Nacional de Ciencia, Tecnología e Innovación y entregada al Presidente de la República. Luego se establecerá una Política Nacional de Ciencia, Tecnología e Innovación, que estará a cargo del comité interministerial y que definirá los lineamientos generales de las políticas públicas en CTI para el período presidencial respectivo.

ii. *Prioridades.* En la actualidad, no hay claras definiciones públicas sobre ámbitos o áreas a los cuales dedicar una dimensión mayor de esfuerzos de investigación. La puesta en marcha de una estrategia y de políticas de desarrollo tal vez enviará señales sobre ciertas áreas consideradas como prioritarias para los esfuerzos futuros en CTI en el país, sin dejar de lado la ciencia por "curiosidad". Esto a su vez puede tener efectos sobre las especializaciones que se priorizarán en los programas de formación y de absorción de capital humano especializado, en consonancia con lo comunicado por el presidente de CONICYT.

iii. *Desarrollo de CTI en regiones.* Como ha sido documentado en informes previos (CNID, 2015; Santelices, 2015a, 2015b), existe una clara asimetría en el desarrollo científico-tecnológico entre Santiago y otras regiones del país, así como entre ellas mismas. El establecimiento de las secretarías regionales ministeriales, su financiamiento y funcionamiento adecuado deberían ayudar a desconcentrar territorialmente los desarrollos nacionales en CTI, promover alianzas territoriales y definir estrategias de desarrollo regional con la inversión en CTI correspondiente, velando por resguardar la investigación de excelencia.

iv. *Financiamiento.* Se espera que, con el establecimiento de esta nueva institucionalidad, el financiamiento de las actividades de investigación y desarrollo se incremente tanto a nivel nacional como regional. Más aún, se espera que la coordinación del sistema y una programación más cuidadosa y crítica de actividades contribuyan a un mejor aprovechamiento de recursos, reduciendo duplicidades e incrementando producción (por ej., publicaciones, hallazgos relevantes, innovaciones, investigadores, etc.). El futuro presupuesto deberá incrementarse tanto para establecer el nuevo ministerio como para impulsar en forma efectiva las actividades de investigación, creación, desarrollo y transferencia.

Estado de progreso del proyecto de ley

A enero de 2018, el proyecto de ley ya ha sido aprobado en general y en particular por el Senado, y por las Comisiones de Ciencia y Tecnología y de Hacienda de la Cámara de Diputados, para continuar con los siguientes pasos de aprobación. Sin embargo, en el plenario de dicha Cámara el proyecto no fue aprobado por dos puntos de discrepancia. Ahora, el proyecto deberá pasar a la Comisión Mixta para la búsqueda de acuerdos.

El primer punto de discrepancia se refiere al número de Seremías en ciencia y tecnología que podrían coordinarse al interior de una Macrozona. En efecto, al momento de terminar este capítulo (abril de 2018), el proyecto contempla un número no establecido de Seremías, pero articuladas por un coordinador macrozonal. El proyecto de Ley contempla partir con 5 Seremis y los coordinadores macrozonales respectivos, por lo que habría un Seremi atendiendo más de una región, hasta que el sistema se completase en un periodo probable de 5 años. Esto, debido a que en la actualidad no hay recursos para tener una Seremía en cada región, lo que podría generar un problema de representatividad a nivel regional. Es posible que la salida a este problema deba considerar el que las coordinaciones macrozonales no se definan en el Proyecto de Ley, sino que a través de la gestión de las distintas Seremías, probando distintas acciones y cautelando un balance adecuado entre fondos para administración y fondos para el desarrollo de proyectos.

El segundo punto de discrepancia se refiere a la posibilidad de que el Estado pueda reclamar propiedad industrial derivada de proyectos financiados por el Estado. El proyecto de ley sugiere que en aquellas investigaciones que generen propiedad industrial (por ej. patentes, marcas, etc.) y que han sido financiados (parcialmente o totalmente) con fondos estatales, el Estado tendrá derecho a una licencia no exclusiva, intransferible, irrevocable y onerosa para practicar o hacer practicar, en cualquier lugar del mundo, dicha propiedad.

El problema de esta proposición es que la posibilidad de una licencia estatal activa, puede traducirse en un desincentivo a que terceros quieran invertir en futuros desarrollos de la patente. Esta situación amerita mayor discusión y quizás una distinción más precisa de casos. A manera de ejemplo, mientras pudiese ser entendible que el Estado se reserve el derecho de uso sobre tecnologías con valor estratégico para el país o relacionadas con situaciones especiales (por ejemplo, contingencias nacionales, catástrofes, terremotos), no resulta evidente que tal derecho se aplique a todo tipo de investigación, por el solo hecho de que el Estado haya financiado total o parcialmente la investigación.

A lo largo de su tramitación, este Proyecto de Ley ha sufrido la modificación del nombre del futuro Ministerio, el que ahora se llama Ministerio de Ciencia, Tecnología, Conocimiento e Innovación, nombre que aborda un amplio ámbito de acción. Es así como en varias ocasiones, miembros de la comunidad científica han expresado su preocupación por la posibilidad que la creación de este Ministerio lleve a reducir los ya escasos recursos para investigación por incrementos en los gastos de administración. Dicho esto, el proyecto ha tenido un apoyo transversal de todos los partidos políticos, por lo que se espera que el trámite legislativo sea rápido, con el nuevo gobierno del Presidente Piñera. Es nuestra convicción que el proyecto debe sacarse adelante a la brevedad con el fin de contar con un marco legal que permita estructurar, coordinar e impulsar las actividades de ciencia, humanidades y desarrollo tecnológico en todas sus etapas, y así contribuir al desarrollo económico sustentable de nuestro país.

CONCLUSIONES

El análisis de los eventos de mayor importancia en CTI ocurridos en Chile en los últimos 2-3 años indica la realización de una diversidad de acciones, agrupables en cuatro categorías, las que son brevemente discutidas a continuación:

i. *Indicadores de avance y desarrollo científico y tecnológico.* La inversión del Sistema Público Nacional en ciencia, tecnología e innovación ha permanecido sin variaciones significativas en los últimos tres años, lo que determina una política solo de mantención en todos los programas financiados por las agencias estatales. Ello incide en que indicadores como número de publicaciones por año, número de doctores graduados, número de proyectos de posdoctorado, etc., se mantengan en niveles promedio de crecimiento y sin cambios de consideración. Más aún, algunos de estos programas (por ej., FONDECYT regular) están mostrando una caída en el número de las investigaciones financiadas, lo que, a futuro, probablemente incidirá en una disminución en la producción científica nacional.

En forma análoga, la falta de recursos impide avanzar en la solución de problemas de larga data, como son la baja cantidad de investigadores en el país, la necesidad de estimular su inserción productiva (académica o no académica) en Chile, mejorar la infraestructura de investigación, innovación y desarrollo tecnológico o acentuar la regionalización en investigación.

ii. *Mejoramiento de definiciones conceptuales y procesos.* Los esfuerzos ya realizados en algunos programas, como en aquellos de formación doctoral, están sirviendo para mejorar el perfil del egreso necesario para la realidad chilena. Fuera de una formación de excelencia en la especialidad, se requiere que el profesional sea capaz de desenvolverse en la academia o en la industria, que tenga capacidad para interactuar en equipos multidisciplinarios y sea suficientemente creativo como para desarrollar iniciativas exitosas en regiones con desarrollo socioeconómico heterogéneo. Procesos de maduración como el aquí comentado debieran llevar a modificaciones y complementaciones significativas en los actuales programas de doctorado en el país, con el fin de que efectivamente preparen al nuevo egresado para trabajar en la academia o en la industria, participando ya sea en actividades de investigación o de innovación. Procesos similares de maduración y desarrollo están ocurriendo en los ámbitos de transferencia tecnológica y de patentamiento. Chile ya cuenta con 29 oficinas de transferencia y licenciamiento, la mayoría correspondiente a universidades o a centros de investigación científica. Los contratos de licenciamiento prácticamente se duplicaron en los últimos tres años, mientras que los contratos tecnológicos se triplicaron en el mismo período, incrementando los ingresos por comercialización en un 60%. En forma análoga, el número de patentes tanto nacionales como internacionales está aumentando muy significativamente en los últimos años.

iii. *Iniciativas derivadas de institucionalidad pública.* Durante el período también ha habido contribuciones derivadas de cambios en la institucionalidad pública. Uno de estos casos fue la restitución del Consejo de CONICYT, lo que ha permitido tener decisiones colectivas en materias de políticas públicas en ciencia y tecnología, así como mejorar la coordinación en las actividades de ciencia, tecnología e innovación por desarrollar. Un segundo ejemplo de contribución institucional fue dado por el Consejo Nacional para el Desarrollo (CNID), institución que elaboró un documento con orientaciones estratégicas para profundizar el Programa Nacional de Innovación para el Desarrollo (2017-2030). Allí se formulan varias proposiciones de cómo encauzar mejor el trabajo de investigación y de innovación para avanzar en el país. Se espera que este conjunto de iniciativas pueda desarrollarse en los próximos años.

iv. *Reformas con potenciales efectos en el desarrollo de CTI en el país.* Durante el período se formalizó la presentación de tres proyectos de ley con potenciales efectos en el desarrollo de CTI en el país. Ellos incluyen los dos proyectos de ley sobre educación superior (educación superior en general y educación superior para universidades estatales) y el proyecto de ley sobre la creación del Ministerio de Ciencia, Tecnología e Innovación. En el caso del proyecto sobre educación superior, los nuevos requerimientos sobre acreditación debieran estimular el desarrollo de investigación científica y/o innovación en todas las entidades de educación superior interesadas en participar en el programa de gratuidad en educación superior. Sin embargo, desde el punto de vista del desarrollo de la ciencia, la tecnología y la innovación, el proyecto tiene al menos tres debilidades, a saber: 1) no contempla línea de financiamiento para programas de doctorado, como sí lo hace para la docencia de pregrado y la investigación; 2) financia por separado la docencia y la investigación, lo que conlleva varios riesgos de desconexión entre ambas actividades y, además, subfinancia la docencia, debido al uso de aranceles promedio para calcular su costo; 3) hace depender la investigación científica en universidades no estatales de fondos basales, cuyos montos, distribución y proyección se desconocen. El proyecto de ley sobre el Ministerio de Ciencia, Tecnología e Innovación esencialmente establece una institucionalidad pública para la ciencia, la tecnología y la innovación, creando un conjunto de entidades (Agencia de Desarrollo, Consejo Nacional, etc.) que debieran efectivamente diseñar, coordinar, ejecutar y evaluar nuevas políticas públicas, así como nuevos planes y programas en CTI en el país. Se espera que, con el establecimiento de esta nueva institucionalidad, el financiamiento a las actividades de investigación y desarrollo se incremente a nivel nacional y regional. Los nuevos recursos son necesarios tanto para establecer el nuevo ministerio como para impulsar en forma efectiva las actividades de investigación e innovación, ayudando a resolver la diversidad de limitantes anotadas en las páginas precedentes.

AGRADECIMIENTOS

Agradecemos especialmente a María Elena Boisier, Rodrigo Cevallos, Álvaro Ossa, Claudio Parra, Malgorzata Lange y Patricia Villarreal por ayudarnos a obtener información relevante para la escritura de este capítulo.

REFERENCIAS

Bernasconi, A. (2017). Desafíos del futuro de la educación superior chilena. Santiago, Chile: *Centro de Políticas Públicas UC*, 12 (96), 1-13.

Brown, P. (2008). Education, Globalisation and the Future of the Knowledge Economy. *European Educational Research Journal*, 7 (2), 131-156.

Brunner, J. J. (2010). El lugar del mercado en el presente y el futuro de la educación superior chilena. Santiago, Chile: *Estudios Sociales / Corporación de Promoción Universitaria*, 118, 11-63.

Chile Transforma (2018). La Experiencia de los Programas Estratégicos: Casos Destacados y Resultados Tempranos. Santiago Chile. http://www.chiletransforma.cl/wp-content/uploads/2018/01/Encuentro-OCDE-CPC-Corfo-9.01-Carlos-Ladrix.pdf

CINDA (2007). *Educación Superior en Iberoamérica. Informe 2007*. Santiago, Chile: CINDA.

Clancy, P. y Dill, D. (2009). The Research Mission of the University: An Introduction. En P. Clancy y D. Dill (Eds.), *The Research Mission of The University: Policy, Reforms and Institutional Response*. Rotterdam, Boston, Taipei: Sense, 3-20.

CNID, Consejo Nacional de Innovación para el Desarrollo (2015). *Informe final. Comisión Presidencial para el Desarrollo de Chile*. Santiago, Chile.

CNID, Consejo Nacional de Innovación para el Desarrollo (2017). *Ciencias, tecnologías e innovación para un nuevo pacto de desarrollo sostenible e inclusivo*. Santiago, Chile. http://www.cnid.cl/wp-content/uploads/2017/05/CTI-para-un-nuevo-pacto-de-desarrollo-CNID-2a-edicion.pdf

CONICYT (2017). *Consejo, Ejes Estratégicos*, http://www.conicyt.cl/sobreconicyt/consejo/ejes-estrategicos-de-conicyt-2017-2018-2/

CORFO (2017). Encuesta de transferencia tecnológica de CORFO 2016-2017. Gerencia Tecnológica.

Ergard (2016). http://www.erhard-weigel-gesellschaft.de/ (Obtenido el 29 de octubre de 2016).

Incites (2017). *Incites Journal Citation Report*. https://jcr.incites.thomsonreuters.com/ (Obtenido el 27 diciembre de 2017).

Koch, K. (2005). Bologna Seminar, Doctoral Programmes for the European Knowledge Society, General Rapporteur's Report, Professor Kirsti Koch Christensen Rector of the University of Bergen, Norway (2005): En: http://www.eua.be/eua/jsp/en/upload/Salzburg_Report_final.1129817011146.pdf.

Ledford, H. (2014). Indirect costs: Keeping the lights on. *Nature* 515, 326–329.

MINECON (2014). *Cuarta Encuesta Nacional sobre Gasto y Personal en I+D 2013*. Santiago, Chile: División de Innovación. Ministerio de Economía.

MINECON (2016). *Sexta Encuesta Nacional sobre Gasto y Personal en I+D 2015*. Santiago, Chile: División de Innovación. Ministerio de Economía.

MINEDUC (2015). *Bases para una Reforma al Sistema Nacional de Educación Superior. Documento de Trabajo*. Santiago, Chile: Ministerio de Educación.

MINEDUC (2016). *Minuta Reforma al Sistema de Aseguramiento de Calidad de la Educación Superior*. Santiago, Chile: Ministerio de Educación.

OECD (2015). OECD Science, Technology and Industry Scoreboard 2015. Innovation for growth and society. http://www.oecd-ilibrary.org/science-and-technology/oecd-science-technology-and-industry-scoreboard-2015_sti_scoreboard-2015-en

OECD (2017). Main Science and Technology Indicators Scoreboard 2017. http://www.oecd-ilibrary.org/science-and-technology/main-science-and-technology-indicators_2304277x

Poblete, D y Baeza, P. (2017). *Aseguramiento de la Calidad de programas doctorales en Chile: estado actual y desafíos. Seminario Internacional para el aseguramiento de la calidad de programas de doctorado*. Comisión Nacional de Acreditación CNA-Chile.

Rüegg, W. A. (2004). *A history of the University in Europe* (Vol. III. Universities in the Nineteenth and Early Twentieth Centuries 1800-1945). Cambridge, Reino Unido: Cambridge University Press.

Santelices, B. y Lund, F. (2013). Innovación con base científica: observaciones para el análisis y la formulación de políticas públicas. En B. Santelices y col. (Eds.), *Innovación basada en conocimiento científico*. Santiago, Chile: Academia Chilena de Ciencias, 289-301.

Santelices, B., Cruz, A., Nervi, F., Toro-Labbé, A. y Vio, C. (2014). Producción científica y tecnológica. *Temas de la Agenda Pública*, 72, 51-56.

Santelices, B. (2015). *Estado actual del desarrollo de la investigación científico-tecnológica y la innovación en las universidades chilenas*. Santiago, Chile: Corporación de Promoción Universitaria.

Scopus (2017). https://www.scopus.com. (Obtenido el 27 diciembre de 2017).

Van Noorden, R. (2015). Interdisciplinary research by the numbers. *Nature*, 525, 306-307.

Wallach, R. (2017). Postdocts power research. *Science*, 357, 951.

INVISIBILIZAR LA DIFERENCIA: EL DESAFÍO QUE NOS FALTA PARA TENER UNA EDUCACIÓN VERDADERAMENTE INCLUSIVA EN CHILE[1]

RICARDO ROSAS
Centro de Justicia Educacional, CEDETi-UC

JAMES STAIG
Centro de Justicia Educacional

GUILLERMO LAZCANO
Centro de Justicia Educacional, CEDETi-UC

---

1   Esta investigación fue financiada por CONICYT PIA CIE160007. Centro de Justicia Educacional, Pontificia Universidad Católica de Chile.

PRESENTACIÓN

Antes de comenzar, debemos hacer una pequeña pero importante prevención. Nuestro quehacer principal, desde CEDETi-UC y desde el Centro de Estudios Avanzados de Justicia Educacional, es la investigación en educación y discapacidad. Y, por lo tanto, nuestro foco principal en este capítulo será tratar de manera más o menos sistemática aquello que creemos nos hace falta en Chile para lograr una educación plenamente inclusiva para las personas con discapacidad (PcD). De hecho, tomaremos como eje de este capítulo, las recomendaciones de una mesa de trabajo convocada por el MINEDUC, plasmadas en un excelente documento titulado *Propuestas para avanzar hacia un Sistema Educativo Inclusivo en Chile: un aporte desde la Educación Especial* (Mesa Técnica de Educación Especial, 2015). Porque si bien está claro que la educación inclusiva es un problema que trasciende con creces la inclusión de estudiantes con discapacidad, no es menos cierto que los desafíos de la inclusión de PcD probablemente son los más complejos, y que esta abarca los problemas de todas las demás poblaciones que deberían ser incluidas en la educación regular. Asimismo, los problemas de inclusión son aún tan grandes y urgentes que la mirada desde prácticamente cualquier colectivo no debidamente incluido en la educación regular sería un buen ejemplo de muchas de las cosas generales que diremos aquí. Pero debido a la restricción de espacio, debemos focalizarnos en la inclusión de PcD, para ilustrar los problemas generales de inclusión que aún subsisten. Muchos de ellos, como veremos, no tienen necesariamente que ver con nuestra mirada de las PcD; tienen más que ver con nuestra idiosincrasia social.

Vamos a partir con una anécdota para ilustrar lo que será la principal tesis de este capítulo:

Le ocurrió a un profesor de Psicología Educativa español, de visita en una comunidad indígena en Chiapas. Le explicaban cómo la comunidad en su conjunto se responsabiliza de la educación de todos los niños. Algunos adultos se encargan de las manualidades, otros de los aspectos prácticos de la agricultura, otros de la alfabetización, etc. De pronto, ven pasar a un niño con trisomía (síndrome de Down) y el profesor le pregunta a su interlocutor cómo hacen para educar a esos niños. Solo ve una cara de sorpresa, el jefe no entiende la pregunta. Y no la entiende por una razón que, más tarde, nuestro profesor comprendería con mucha vergüenza: el jefe no entendió la pregunta, porque era incapaz de ver la diferencia entre ese niño y todos los demás niños. Para los miembros de esa comunidad en particular, tener síndrome de Down no es una condición que afecte de alguna manera la posibilidad de ser educado formalmente. Es una cualidad como el color de pelo o la estatura. O cualquier otra que no altere el subentendido de que se trata de un miembro más de la comunidad, que debe ser educado; esto es, debe ser un sujeto activo y participante de la construcción de sentido de estas personas. En otras palabras, para esta comunidad, la discapacidad es invisible, o transparente, respecto de la educación.

Para que haya verdadera inclusión educativa, la diferencia debe ser invisible o transparente. No porque no exista, sino porque no debiera ser un tema relevante o que marque algún tipo de diferencia a la hora de tomar alguna decisión en relación con su inclusión en el sistema. Por ejemplo, si postulo a mi hijo a una escuela, no debiera ser un asunto si este utiliza silla de ruedas. Porque si el hecho de que lo haga despierta la pregunta acerca de si la escuela tiene o no un baño adaptado, o tiene o no un ascensor, o salas accesibles, etc., es porque su condición de discapacidad no es invisible o transparente para ese sistema. El hecho de que su condición despierte este tipo de preguntas es indicador claro de una disposición a la discriminación.

Esta es la tesis que queremos defender en este capítulo, como lo principal que nos falta para tener una educación verdaderamente inclusiva: la condición de discapacidad en el sistema educativo chileno es demasiado visible. Y esto, en un país donde la diferencia –cualquiera– parece ser tan importante que tratamos por todos los medios de minimizarla. Nos juntamos con iguales, queremos vivir en barrios segregados, inventamos servicios divididos por nivel socioeconómico, desde escuelas hasta hospitales, pasando por universidades y sistemas de transporte. En un país donde la diferencia como marca identitaria se subraya, se estimula y se exacerba, invisibilizarla vaya que sí es un desafío. Pero un desafío no imposible. Algunos pasos en la dirección correcta parecen estar dándose en el sistema educativo y en el tejido social en las últimas décadas. Pasos que nos permiten estar optimistas. Desde el retorno a la democracia han ocurrido algunos hitos importantes: Se crea el Servicio Nacional de la Discapacidad (originalmente Fondo Nacional de Discapacidad, FONADIS), se dictan normativas que evitan la discriminación en el sistema escolar, se asignan recursos preferenciales para estudiantes con necesidades educativas especiales (NEE) y, más recientemente, se dicta la "ley de inclusión", cuyo foco principal es el fin al lucro, fin al copago y la no selectividad. Todas estas medidas han generado un ambiente propicio para una mayor inclusión de estudiantes con discapacidad en el sistema de educación regular.

Como veremos a lo largo de este capítulo, aún falta mucho camino por recorrer. Pero no cabe la menor duda de que avanzamos en la dirección correcta.

El capítulo lo organizamos de la siguiente manera. Desde los principales ejes del documento elaborado por la mesa técnica, que describen cuál es el estado ideal que debiera tener un sistema educativo verdaderamente inclusivo en nuestro país, haremos una breve síntesis de cuál es el estado de desarrollo actual de la institucionalidad educativa, para establecer el grado de desarrollo en que nos encontramos. Discutiremos, en cada caso, las medidas correctivas que debieran tomarse para acelerar ese desarrollo, y cuando corresponda, analizaremos si el estado ideal descrito es el que debiéramos tener y al que podríamos aspirar al compararnos con países de más alto desarrollo. Por último, relevaremos las tensiones que no están aún resueltas, y que pensamos debieran ser parte de la agenda de la política pública acerca de la inclusión educativa en el futuro.

PRINCIPALES EJES[2]

La Mesa Técnica de Educación Especial del MINEDUC elaboró un documento –que compartimos en lo fundamental– que describe lo que considera son las cinco características esenciales de un sistema educativo verdaderamente inclusivo para estudiantes con NEE. El documento fundamenta cada uno de los aspectos, desde el punto de vista de lo que debiera ser el sistema. Lo que no reporta ni discute, probablemente porque se encuentra vastamente documentado en otros informes del ministerio, es cuál es el estado actual del sistema en cada uno de los cinco aspectos. Aquí haremos una breve síntesis y plantearemos los desafíos que implica este estado de desarrollo, para llegar al estado ideal. A continuación, haremos una descripción de esas cinco características, y lo que a nuestro juicio es el estado de desarrollo del sistema educativo en Chile en cada una de ellas.

Posee una *institucionalidad* y un marco regulatorio que promueve la colaboración, la *flexibilidad* y la *contextualización* para favorecer una educación en y para la diversidad

Para que la condición de discapacidad de los estudiantes con NEE sea invisible, es preciso contar con una institucionalidad y marcos regulatorios de gran complejidad. En primer lugar, es preciso asegurar, como punto de partida, que la infraestructura física urbana y escolar posea los estándares mínimos que permitan una inclusión adecuada de PcD. Señalética accesible en diferentes formatos y medios, accesibilidad total a edificios y sistemas de transporte, semáforos audibles, baños accesibles en todos los lugares, disponibilidad de interpretación local o remota de lengua de señas, etc. En otras palabras, una institucionalidad nacional más amplia que la que regula el sistema escolar, alineada 100% con una concepción de Sociedad Inclusiva. Pero, además, en lo específico, es preciso contar con un marco regulatorio lo suficientemente flexible como para poder adecuarse a personas de distinta condición, nivel o preparación para resolver las demandas del sistema educativo.

---

2   Los ejes están tomados literalmente del documento *Propuestas para avanzar hacia un Sistema Educativo Inclusivo en Chile: un aporte desde la Educación Especial* (Mesa Técnica de Educación Especial, 2015).

En cuanto a **institucionalidad**, los espacios que favorecerían una educación en y para la diversidad se encuentran dispersos. Por una parte, en 2010 se crea el Servicio Nacional de la Discapacidad (SENADIS) del Ministerio de Desarrollo Social como servicio público para promover el derecho a la igualdad de oportunidades de PcD. Es un organismo que funciona de manera descentralizada y cuyo objetivo es la inclusión social de personas con discapacidad y la eliminación de cualquier tipo de discriminación fundada en la discapacidad.

Por ser un servicio, el SENADIS no puede ejercer labores de fiscalización a nivel educacional. Esta labor recae en la Superintendencia de Educación, que es un segundo actor en el marco de la institucionalidad de una educación inclusiva. Esta institución, que entra en funciones en 2012, está a cargo de resguardar los derechos de los estudiantes y fiscalizar que leyes y decretos se cumplan, velar por el uso de recursos públicos en su ámbito de acción y atender a solicitudes de información, reclamos y denuncias de los usuarios del sistema educacional. Dentro de sus ejes estratégicos se encuentran las nuevas leyes del sistema escolar, como la Ley de Inclusión, poniendo énfasis en los procesos que crearían un sistema educacional más justo.

Junto al SENADIS y a la Superintendencia, el Ministerio de Educación también forma parte de la institucionalidad ligada a la educación inclusiva. Desde el ministerio se han generado instancias que buscan promover la inclusión de estudiantes con NEE en la educación regular por medio de subvenciones, como, por ejemplo, la Subvención Escolar Preferencial (SEP) y dentro de esta el Programa de Integración Escolar (PIE). El PIE es una estrategia de inclusión que aporta recursos a instituciones que acepten e integren estudiantes con NEE en las aulas regulares. Se activa cuando el colegio en cuestión acepta a un estudiante con NEE y postula en el ministerio a la subvención presentando el diagnóstico del estudiante y la contratación de los profesionales apropiados para cubrir las necesidades particulares que establece la normativa del PIE.

En cuanto a la **flexibilización**, en la actualidad existe un espacio para la adaptación curricular. En 2015 se aprueba el Decreto Ley 83, que busca diversificar la enseñanza por medio de criterios y orientaciones para la adecuación curricular en el caso de estudiantes con NEE. Este decreto responde a la Ley General de Educación del 2009 y fija principios que guían las adecuaciones curriculares sobre la base de igualdad de oportunidades, calidad y equidad, inclusión educativa y valoración de la diversidad y flexibilidad desde la respuesta educativa. Este decreto formula los parámetros según los cuales se pueden realizar adecuaciones curriculares, tales como los medios de presentación, ejecución, expresión, participación y compromiso, estableciendo como último recurso posible la eliminación de aprendizajes cuando ninguna otra adecuación puede hacer frente a estas necesidades.

De igual forma, a partir del 2017 se establecen cambios en la prueba estandarizada SIMCE, que evalúa el desempeño de los colegios. Gran parte de las modificaciones apelan a la posibilidad de **flexibilizar y contextualizar** los resultados de estas pruebas. Así, dentro de los cambios propuestos, se reduce la cantidad de pruebas de carácter censal, se incorporan algunas pruebas de carácter muestral en diferentes áreas y se crean formatos accesibles para estudiantes con NEE permanentes derivadas de discapacidades visuales y auditivas.

Por último, la dispersión legal y la multiplicidad de decretos y leyes que regulan la Educación Regular, la Educación Especial, el Desarrollo Profesional Docente, la Inclusión y no Discriminación, Planes y Programas para diferentes discapacidades y la Educación Diferencial, entre otros, genera confusión en cuanto a las necesidades y requerimientos legales y dificulta la posibilidad de poner en marcha programas y planes que promuevan la colaboración, flexibilidad y contextualización (ver Tabla 1).

TABLA 1
LEYES Y DECRETOS PROMULGADOS EN CHILE RELACIONADOS CON LA INCLUSIÓN ESCOLAR

Ley/Decreto*	Año	Contenido
Decreto N°86	1990	Aprueba planes y programas de estudios para niños con trastornos de la comunicación para ser aplicados en Escuelas Especiales y cursos específicos insertos en establecimientos educacionales regulares.
Decreto N°87	1990	Aprueba planes y programas de estudios para niños con discapacidad intelectual para ser aplicados en Escuelas Especiales y cursos específicos insertos en establecimientos educacionales regulares.
Decreto N°89	1990	Aprueba planes y programas de estudios para niños con déficit visual para ser aplicados en Escuelas Especiales y cursos específicos insertos en establecimientos educacionales regulares.
Decreto N°577	1990	Establece normas técnico-pedagógicas para educandos con trastornos motores.

Ley/Decreto*	Año	Contenido
Decreto N°815	1990	Aprueba planes y programas de estudios para niños con alteraciones en la relación y comunicación (espectro autista, disfasias severas, entre otros) para ser aplicados en Escuelas Especiales.
Decreto N°363	1994	Establece normas técnicas para funcionamiento de gabinetes técnicos de escuelas especiales.
Decreto N° 300	1994	Autoriza la organización y funcionamiento de cursos talleres básicos de nivel o etapa de orientación o capacitación laboral de la educación básica especial o diferencial, para mayores de 26 años con discapacidad, en establecimientos comunes o especiales.
Decreto N°1	1998	Establece normas para la integración social de personas con discapacidad. Dicta que el sistema escolar nacional, en su conjunto, deberá brindar alternativas educacionales a los alumnos con NEE.
Decreto con Fuerza de Ley N°2	1998	Establece las disposiciones que rigen la entrega de subvención para la educación por parte del Estado chileno.
Decreto supremo N° 374	1999	Norma sobre la educación de niños/as que se encuentran en proceso de rehabilitación médico-funcional, y que se encuentran internados en establecimientos hospitalarios.
Decreto N°291	1999	Reglamento para el funcionamiento de grupos diferenciales en los establecimientos educacionales del país.
Ordinario N° 702	2000	Entrega orientaciones técnico-administrativas con el objetivo de flexibilizar los aspectos organizativos y curriculares de las escuelas y aulas hospitalarias.
Decreto N°1.300	2002	Aprueba planes y programas de estudios para educandos con Trastornos Específicos del Lenguaje (TEL) para ser aplicados en Escuelas Especiales y cursos específicos insertos en establecimientos educacionales regulares.
Decreto N°1.398	2006	Procedimientos para entregar licencia de enseñanza básica y certificado de competencias a los alumnos con discapacidad de las escuelas especiales y establecimientos con integración escolar.
Ley N° 20.248	2008	Crea y norma la subvención escolar preferencial.
Ley General de Educación N°20.370	2009	Regula los derechos y deberes de los integrantes de la comunidad educativa. Fija requisitos mínimos para cada uno de los niveles educativos, regula el deber del Estado de velar por el cumplimiento de esta ley, y establece requisitos para el reconocimiento oficial de instituciones y establecimientos educativos.
Decreto con Fuerza de Ley N°2	2009	Fija texto refundido, coordinado y sistematizado de la Ley N°20.370 (LGE) con las normas no derogadas del DFL N°1 2005.
Decreto N°170	2009	Establece normas para determinar a los alumnos con NEE que serán beneficiarios de las subvenciones para educación especial.
Ley N°20.422	2010	Tiene como objetivo el asegurar el derecho a la igualdad de oportunidades de las personas con discapacidad, para obtener su plena inclusión social. Establece además los procedimientos para la calificación y certificación de la discapacidad.
Decreto Supremo N°332	2011	Determina edades mínimas para el ingreso a educación diferencial, modalidad de educación de adultos y aceleración curricular.
Ley N°20.529	2011	Crea el sistema nacional de aseguramiento de la calidad de la educación parvularia, básica y media, así como su fiscalización.

Ley/Decreto*	Año	Contenido
Ley N°20.609	2014	Establece medidas contra la discriminación, al instaurar un mecanismo judicial que permita restablecer de forma eficaz el imperio del derecho cuando se cometa un acto de discriminación arbitraria.
Decreto N°445	2014	Modifica el Decreto N°332, de 2011, que determina las edades mínimas para el ingreso a educación diferencial, modalidad de educación de adultos y aceleración curricular.
Ley de Inclusión N°20.845	2015	Regula la admisión de los estudiantes, en el marco de la inclusión escolar. Elimina el financiamiento compartido y prohíbe el lucro en establecimientos educacionales que reciben aportes del Estado. Incorpora el concepto de educación inclusiva en la Ley N°20.370.
Decreto N°83	2015	Aprueba criterios y orientaciones de adecuación curricular para estudiantes con NEE de educación parvularia y educación básica.
Ley N°20.903	2016	Crea el sistema de desarrollo profesional docente y modifica otras normas.

*Todas las leyes y decretos aquí referidos corresponden al Ministerio de Educación.

Esta dispersión del marco legal y regulatorio refleja la situación en la que se encuentra la Educación respecto de la inclusión. Para poder entender el proceso educativo de manera inclusiva, debemos contar con un marco legal que lo muestre como tal y no en incontables documentos que separen cada situación particular con pleonasmos, sobreposiciones, contradicciones, etc.

Provee diferentes opciones educativas equivalentes en calidad para asegurar el pleno acceso a la educación y el desarrollo de trayectorias educativas satisfactorias

Los países desarrollados en inclusión educativa han aprendido que una verdadera inclusión es aquella que, cuando se trata de brindar servicios de educación de calidad, antepone el bienestar del niño por sobre cualquier otro tipo de consideraciones, muy particularmente las normativo-institucionales e incluso las ideológicas. Esto significa que el sistema debe proveer alternativas de educación de calidad a los niños con NEE, aun si ello es a costa de tener que modificar estructuras administrativas o de gestión. En otras palabras, el sistema tiene como premisa máxima la siguiente: si es por el beneficio de que el niño reciba una educación de calidad, el sistema debe adaptarse a las necesidades del niño, y no este a las del sistema. Y esto vale tanto para las medidas de acceso a la educación como a las de evaluaciones de trayectoria.

Actualmente en el sistema nacional existen dos opciones para los estudiantes con NEE derivadas de discapacidad. La primera de ellas es la Educación Especial, que implica aulas o colegios segregados donde se educan estudiantes generalmente agrupados de acuerdo con su discapacidad y/o grupo etario. La segunda opción es el Programa de Integración Escolar (PIE), el cual va a permitir que el estudiante participe de un aula tradicional, con atenciones esporádicas, si se requieren, en un aula separada de la sala de clases regular y con los recursos y el apoyo de profesionales pertinentes a sus necesidades. La nueva regulación nacional, basada ampliamente en las normas internacionales sobre derechos de personas con discapacidad y no discriminación, busca promover la participación de todos los estudiantes en aulas de educación regular: "Es deber del Estado propender a asegurar a todas las personas una educación inclusiva de calidad. Asimismo, es deber del Estado promover que se generen las condiciones necesarias para el acceso y permanencia de los estudiantes con necesidades educativas especiales en establecimientos de educación regular o especial, según sea el interés superior del niño o pupilo" (Ley 20.370, 2009).

Estas dos opciones educacionales para personas con NEE carecen, dentro del marco regulatorio nacional o de las políticas ministeriales, de un sistema de medición de la calidad de la educación impartida. Mientras en la educación regular existe la prueba estandarizada SIMCE, la educación especial y los Programas de Integración Escolar no tienen medidores de calidad que permitan asegurar que la trayectoria de los estudiantes que siguen alguno de estos programas sea satisfactoria.

Si comparamos la situación chilena y las posibilidades que los estudiantes con NEE tienen dentro del sistema educacional del país con la situación de los alumnos que participan de sistemas educacionales en países que se consideran ejemplares en este campo, podemos ver algunas limitaciones que presenta el sistema nacional. Por ejemplo, el modelo de Finlandia establece mecanismos de detección temprana de las NEE de estudiantes, ya sean estas derivadas de discapacidad u otras razones. Con esta detección, al estudiante se le puede entregar el apoyo necesario en tres niveles diferentes. Qué nivel de apoyo requiere cada estudiante se decide luego de una evaluación en la que intervienen profesionales, pero también sus profesores, quienes son parte integral del proceso de apoyo y detección temprana. Estos sistemas de apoyo siempre buscan lograr que los estudiantes que necesiten apoyo especial o modos educativos diferentes puedan acceder a ellos sin comprometer la calidad de la educación que están recibiendo.

Existen además otros elementos y herramientas para poder asegurar el pleno acceso a la educación de personas con discapacidad. Por ejemplo, el nuevo sistema de admisión que se ha establecido en Chile para los colegios públicos –la mal llamada "tómbola" o algoritmo de selección– es similar al que se utiliza en España. Sin embargo, en Chile no se ha determinado si dentro del algoritmo habrá un valor prioritario, o una bonificación, para estudiantes con discapacidad o cuyos familiares directos presenten alguna discapacidad, como es el caso de España. Esto busca que las familias de personas con discapacidad tengan alguna prioridad para seleccionar el colegio que más les acomode por las razones que consideren pertinentes. De igual forma sucede con los recursos que se vinculan de forma más indirecta con la educación, como es el caso del transporte. La posibilidad de moverse desde y hacia el recinto educacional no es un factor que esté considerado dentro de las regulaciones relacionadas con las personas con discapacidad. Contar con recursos como estos, que están presentes en sistemas escolares como el de Finlandia, permite facilitar el acceso pleno al sistema educacional para estudiantes con discapacidad.

Como mencionamos previamente, el 2015 en Chile se promulga el Decreto 83, que aborda las adecuaciones curriculares para estudiantes con necesidades educativas especiales de educación parvularia y educación básica. Este decreto regula las diferentes adaptaciones que es posible hacer para que, por medio de la flexibilidad escolar, se pueda asegurar que las necesidades particulares de cada estudiante están cubiertas, y que, al mismo tiempo, se logren cubrir los contenidos previstos por el ministerio. Este decreto es un paso en la dirección correcta, pues intenta complementar lo que regula el Decreto 170, que establece las normas de las evaluaciones y diagnóstico de las NEE, ofreciendo los recursos necesarios para apoyar a los estudiantes que lo necesiten. Esto permite generar diferencias educativas con el fin de cubrir las necesidades particulares de los estudiantes con NEE, creando opciones o trayectorias educativas alternativas equivalentes a la educación regular.

Provee los recursos y apoyos necesarios para dar respuesta a la diversidad en todos los niveles educativos y asegurar la plena participación, desarrollo y aprendizaje de cada estudiante

La principal pregunta que surge al describir este aspecto es la del significado de la expresión "recursos para dar respuesta a la diversidad". Porque, por cierto, esta expresión no se refiere a dinero de manera exclusiva, sino a un completo y complejo bagaje de recursos materiales, humanos y tecnológicos que hacen posible este estado ideal de cosas. Por ello, además de los recursos financieros, estamos hablando de especialistas en didácticas especiales, de dispositivos tecnológicos de apoyo, de centros de recursos, de comunicación entre el sistema educativo y centros de educación superior que mantienen actualizado el sistema. Incluso se incluyen aquí algunos intangibles importantes, como, por ejemplo, la expectativa de autoeficacia por parte de profesores y maestros de afrontar con éxito la inclusión de niños y niñas con NEE.

¿Y cómo andamos por casa en esto?

Los recursos y apoyos que actualmente existen como respuesta a las NEE están reducidos en su gran mayoría a subvenciones. En un marco superior está la SEP (establecida en la Ley Nº 20.248 o Ley SEP), que se otorga a establecimientos que acogen a estudiantes prioritarios o preferentes debido a su situación socioeconómica. Aunque no está pensada particularmente para PcD, hay una asociación importante entre población con discapacidad y estratos socioeconómicos más vulnerables[3], lo que lleva a que gran parte de los estudiantes con discapacidad caigan dentro también de las categorías de la Subvención Escolar Preferencial. La administración de esta subvención y los mecanismos de registro de los estudiantes preferenciales quedan a cargo del Ministerio de Educación y obtiene sus datos a partir de sistemas de apoyo y estadísticas socioeconómicas, como el Sistema Chile Solidario, Fondo Nacional de Salud o el Registro Social de Hogares.

Además de la SEP, existen los fondos del Programa de Integración

---

3   Según el Segundo Estudio Nacional de la Discapacidad realizado por el SENADIS con el apoyo del Instituto Nacional de Estadísticas en el 2015, casi el 50% de la población con discapacidad se encuentra en los primeros dos quintiles.

Escolar (PIE), que está enmarcado en la misma lógica administrativa de la SEP, pero dirigido a estudiantes con NEE permanentes o transitorias. El PIE es una subvención que se entrega al recinto educacional por estudiante incorporado tras un diagnóstico multidisciplinar que certifique que el estudiante en cuestión requiere apoyos particulares para entrar al sistema escolar en un colegio con régimen educacional regular. La subvención busca financiar algunos de los gastos de recursos humanos y materiales que se ponen en acción para atender las necesidades particulares que el estudiante en cuestión requiera. La totalidad de los recursos entregados por esta subvención debe ser utilizada en la contratación de especialistas, coordinación de trabajo colaborativo y evaluación del programa, capacitación y perfeccionamiento sostenido de los docentes o la provisión de medios y recursos materiales educativos necesarios para facilitar la participación del estudiante.

El PIE se presenta como la principal fuente de recursos para educar a estudiantes con NEE. El dinero de la subvención se entrega sobre la base de la asistencia de los estudiantes que participen del programa en el recinto escolar y puede cubrir los gastos antes mencionados. Dentro de los requerimientos del PIE se exige que el personal de apoyo tenga un mínimo de diez horas cronológicas de trabajo por cada curso donde haya estudiantes PIE. Además, la reglamentación de la subvención educacional PIE establece limitantes a la cantidad de estudiantes que pueden participar del programa por curso. Así, en colegios que tengan jornada completa con PIE el número máximo de estudiantes con NEE permanentes podrán ser máximo 2 y con NEE transitorias, un máximo de 5 estudiantes.

Fuera de los recursos financieros presentados en este apartado, no existen otras iniciativas que busquen entregar otro tipo de recursos a los profesores, administrativos y estudiantes. Más adelante revisaremos la situación particular de la formación docente y los recursos y preparación de la que esta dispone para enfrentar las necesidades particulares de los estudiantes con discapacidad o con NEE. Pero tampoco, como mencionamos previamente, se cuenta con recursos extraacadémicos para los estudiantes con discapacidad, como pueden ser apoyos en transporte o prioridad en los procesos de admisión escolar.

Los establecimientos educativos debieran acoger a todos los estudiantes y dar respuesta a la diversidad de necesidades de aprendizaje

Este es probablemente el aspecto en el que más dista la realidad chilena del estándar ideal. Respecto de la selección, nuestra sociedad ha naturalizado que los proyectos escolares de cada escuela puedan determinar qué tipos de estudiantes y familias sean elegibles para participar de una determinada comunidad educativa, aceptándose de manera tácita las negativas de incorporación por razones de creencias, acuerdo con el proyecto educativo, ingresos, o condición de discapacidad.

¿Cómo se explica que en Chile las familias y la sociedad en su conjunto acepten e incluso justifiquen en ocasiones esta especie de derecho a la discriminación? En el caso de la discapacidad, que es el que nos preocupa en este documento, creemos que esto ha ocurrido fundamentalmente por el reconocer, también tácito por parte de las escuelas y las familias, de que hay una vulneración de derechos a la base del sistema que en ocasiones hace conveniente renunciar al derecho a la igualdad de oportunidades de ingreso. Por ejemplo, se suele esgrimir como argumento para no aceptar a niños en condición de discapacidad el que la escuela no posee las condiciones materiales y/o profesionales que permitan ofrecer una educación de calidad a dicho postulante. La escuela no cuenta con baños adaptados, o con ascensores, si se trata de un niño con trastorno motor. O no cuenta con educadora especial, si se trata de un niño con déficit intelectual. O una larga lista de etcéteras. ¿Y por qué ocurre esto? Porque no existe la noción naturalizada y regulada legalmente de que el sistema escolar debiera estar preparado para recibir a todos los niños, sin excepción, desde la misma constitución y origen de dicho sistema. Y porque esta noción inclusiva choca con una exclusiva y segregadora que ha sido la tradicional históricamente en nuestro país. Y eso es lo que ha estado cambiando, lentamente, con cuerpos legales que apuntan hacia una mejor y progresiva inclusión de todos los niños al sistema regular.

En Chile existen tres dispositivos legales que establecen la prohibición de selección en el sistema de educación básica. En primer lugar, el artículo 12° de la Ley General de Educación señala explícitamente que en los procesos de admisión de establecimientos subvencionados o que reciban aportes regulares del Estado no se podrá considerar, en ningún caso, el rendimiento pasado o potencial del postulante. Tampoco será requisito la presentación de antecedentes socioeconómicos de la familia del postulante para los cursos entre primer año de transición y sexto básico.

Un segundo dispositivo legal prohíbe seleccionar estudiantes en el marco de la asignación de la Subvención Escolar Preferencial (SEP) (Ley N°20.248, 2008). Sin embargo, este aporte adicional entregado por estudiante prioritario atendido está supeditado a si el sostenedor del establecimiento decide adherir o no a la política, firmando un "Convenio de Igualdad de Oportunidades". Dicho convenio exige a los establecimientos prescindir de criterios académicos y socioeconómicos para la admisión (Carrasco, Bogolasky, Flores, Gutiérrez y San Martín, 2013).

Por último, la Ley de Inclusión Escolar (Ley N°20.845, 2015), que establece de manera clara y taxativa el fin al lucro, al copago y a la selección, ha venido a consolidar de manera más o menos definitiva la idea de que todos los niños son igualmente elegibles para ser admitidos en cualquier comunidad educativa.

Sin embargo, pese a que en términos legales puede haber escuelas que incluso se enfrenten a una doble prohibición de seleccionar, las prácticas de selección están profundamente arraigadas en nuestro país. Como muestran Carrasco y colaboradores (2013), la legislación tiene un bajo poder coactivo, especialmente en aquellos establecimientos que poseen mayores recursos (tanto socioeconómicos como de logros educativos), y los procedimientos de selección utilizados son intensos, sofisticados y diversos. Este estudio revela además que si bien existe un porcentaje significativo de escuelas que se enfrentan a una presión adicional en cuanto a decisiones de admisión –debido a que tienen más postulantes que vacantes–, las prácticas de selección autorreportadas por los directores no están asociadas a una presión de demanda por matrícula. Es decir, la selección ocurre incluso en escuelas que tienen más vacantes que postulantes.

Cabe destacar que, pese a lo anteriormente expuesto, diversas investigaciones indican que la mayoría de los apoderados postulan a un solo colegio y que más del 90% declara tener a sus hijos en el colegio de primera preferencia (Figueroa et al., 2016). Es más, un porcentaje muy bajo de familias declara haber sido rechazada por algún colegio, incluso entre las más vulnerables (Contreras, Sepúlveda y Bustos, 2010; en Figueroa et al., 2016).

Otro elemento que apunta en esta dirección es el Diseño Universal de Aprendizaje (DUA), incorporado en la Ley de Igualdad de Oportunidades e Inclusión Social de Personas con discapacidad, promulgada el 2010, como un principio a cumplir en la aplicación de la ley.

Si bien se han realizado esfuerzos por dar respuesta a las diversas necesidades educativas presentes en el sistema escolar, aún falta por avanzar al respecto. Además, las prácticas de selección utilizadas en las escuelas tienen un impacto directo en la desigualdad y segmentación que se encuentra en las instituciones escolares (Mesa Técnica de Educación Especial, 2015), así como también en la forma en que se da respuesta a la diversidad de necesidades de aprendizaje. Esto porque los mecanismos de selección son utilizados para ajustar el tipo de alumnado que se admite a la forma o a los objetivos de trabajo que tienen las escuelas, siendo los estudiantes quienes deben responder a los intereses de cada escuela y las comunidades que las componen (Carrasco et al., 2013).

Actualmente se está implementando en nuestro país un nuevo sistema de admisión en algunas regiones, el cual se establecerá a nivel nacional a partir del 2018. Comparte ciertos elementos con el sistema de selección universitario chileno, como el hecho de que el proceso de postulación es centralizado por medio de un registro que el MINEDUC pone a disposición. Sin embargo, este nuevo sistema no elimina completamente la selección, ya que, por ejemplo, los liceos llamados emblemáticos podrán seleccionar aleatoriamente al 30% de su matrícula de entre los postulantes que provengan del 20% de los estudiantes con mejor rendimiento académico de sus establecimientos de origen.

Docentes y otros profesionales de la educación con competencias, motivación y condiciones adecuadas de trabajo

En una sociedad que, como ya hemos dicho, hace de la homogeneización una de sus características más pregnantes, no resulta sorprendente que sus profesionales de la educación sean formados en esa homogeneización. Así, una de las características más relevantes del sistema educacional chileno es la formación segregada por edades, contenidos y tipos de población atendida. Y, dentro de esta última, con separación clara por tipo de discapacidad (usualmente, cognitiva, auditiva o visual). En este contexto, es natural que las nuevas ideas de educación inclusiva sean recibidas con preocupación y alguna resistencia, ya que objetivamente los docentes no son preparados para atender a poblaciones diversas, que trasciendan los estrechos límites de los compartimentos estancos en los que cada uno ha sido previamente formado.

El año 2009 fue promulgado el Decreto N°170, que establece, además de lineamientos respecto de los procesos de evaluación diagnóstica y requisitos para el acceso a subvenciones, orientaciones para la coordinación, planificación de recursos, generación de lógicas y actitudes para el trabajo colaborativo, así como directrices de prácticas en el aula más inclusivas con estudiantes integrados. Es decir, abarca también elementos que influyen en la conformación y modo de trabajo que tienen los PIE. En este sentido, un estudio elaborado por el MINEDUC junto a la Fundación Chile (2013) sobre la implementación de los PIE establece que las escuelas han logrado cumplir con los requisitos mínimos en términos de diagnóstico de estudiantes y acceso a profesionales. Este estudio muestra además que los equipos PIE de las escuelas encuestadas están conformados principalmente por educadoras diferenciales y psicólogos. Tiene sentido que ambos tipos de profesionales sean los que estén presentes en la mayoría de los equipos PIE, ya que los psicólogos se encargan principalmente de los diagnósticos, mientras que los educadores diferenciales deben realizar el trabajo colaborativo en las salas junto a los docentes.

Es precisamente el trabajo colaborativo uno de los aspectos principales que se deben fortalecer. Si bien esta práctica se encuentra instaurada en los establecimientos que cuentan con PIE, donde por lo general hay 3 horas de trabajo fuera de la sala de clases entre los profesores de aula y los docentes de apoyo, en muchas escuelas la correcta implementación de estas horas se hace muy difícil debido al poco tiempo del que disponen los profesores, o porque dichas horas no han sido asignadas de manera oficial (MINEDUC/Fundación Chile, 2013). Esta dificultad para establecer un tiempo concreto de trabajo colaborativo se debe, además, según algunas críticas que surgen desde dentro de los equipos PIE, a un exceso de pasos, considerados burocráticos, relacionados con tiempos de evaluación y reevaluación, formularios y certificaciones médicas (MINEDUC/Fundación Chile, 2013). Toda esta burocracia, que afecta directamente los tiempos de trabajo con los estudiantes, se vincula con los procesos de obtención o mantenimiento de la subvención que otorga el Estado.

Otra de las problemáticas existentes se refiere a las competencias y motivaciones de estos profesionales para trabajar adecuadamente con la diversidad presente en el sistema educativo. Algunos ejemplos de esto quedan de manifiesto en el estudio elaborado por el MINEDUC y la Fundación Chile (2013), en donde se informa que las prácticas de trabajo colaborativo (planificación de actividades, organización, etc.) con otros profesionales de la escuela están asociadas por los docentes a trabajo extra. Este estudio también reporta que los profesores presentan dificultades y resistencias en relación con el uso de herramientas de trabajo con la diversidad (tales como evaluaciones diferenciadas, flexibilización curricular, entre otras), pese a que son aplicadas de todas formas. Estas dificultades y resistencias se relacionan principalmente con la falta de tiempo y con el desconocimiento de cómo realizarlas.

El desconocimiento acerca de la forma de trabajar con la diversidad apunta directamente a una de las principales problemáticas que es necesario abordar: la formación docente. En una investigación elaborada en la Universidad Metropolitana de Ciencias de la Educación por Tenorio (2011) se establece que la mayoría de los estudiantes que cursan carreras de pedagogía reconocen una falta de preparación en los temas que tienen que ver con la diversidad en el aula, integración escolar y estrategias pedagógicas para el trabajo de estudiantes con NEE. Esta falta de preparación no ocurre solo a nivel teórico, sino también práctico, ya que apenas el 25% de los encuestados en dicho estudio declara haber participado en prácticas con estudiantes con NEE integrados.

El hecho de que no exista un énfasis en la formación acerca de la diversidad para los docentes tiene influencia en cómo es su perspectiva frente a esta temática. En el estudio de Tenorio (2011) se observa que si bien el 43% de los encuestados está en total desacuerdo con la afirmación de que los estudiantes con discapacidad debieran estar en escuelas especiales, el 41% de la muestra no tiene una opinión clara sobre el tema. El que los propios estudiantes de pedagogía no tengan una postura clara puede explicar, al menos parcialmente, el hecho de que para muchos profesores la integración suena como un desafío lejano de poder llevarse a la práctica de manera adecuada actualmente, ya que tiene asociados muchos costos, así como varios problemas de gestión organizacional y desempeño profesional (Tenorio, 2005). Pese a que ambos estudios de Tenorio (2005, 2011) presentan muestras pequeñas, que no podrían considerarse como representativas de todo el cuerpo docente chileno, sirven para comprender de mejor manera el paradigma que informa la visión de algunos profesores respecto de la diversidad en el aula.

Aún están por verse las iniciativas legales que el Gobierno presentará como marco regulatorio de la nueva carrera docente. Es prematuro aún decir cuáles serán los cambios que se implementarán para lograr una mayor formación general que permita a los docentes de todos los niveles y estamentos lidiar efectivamente con las demandas que implica la nueva concepción de educación plenamente inclusiva en nuestro país.

CONCLUSIONES

Luego de esta sucinta revisión, parece claro que aún estamos lejos de contar con una educación verdaderamente inclusiva en nuestro país. Lejos de ser invisibilizada, la condición de discapacidad es relevada y distinguida como una condición que obliga a familias y escuelas a recurrir a un sinnúmero de instituciones y mecanismos auxiliares que hagan posible la incorporación con plenos derechos de un niño a un aula regular.

Respecto del **marco regulatorio**, hay tres aspectos que dificultan la inclusión plena: en primer lugar, los estudiantes con necesidades especiales requieren tener, desde el origen, una certificación de su condición que les permita ser sujetos de subvención especial. Los PIE son, por definición, mecanismos de segregación y etiquetamiento innecesarios, ya que conciben que el niño portador de la condición especial es el que da el derecho a una subvención especial. Un colegio sin PIE o un niño no debidamente diagnosticado hacen que la incorporación de ese niño a la educación regular no sea posible. ¿Y cuál es la alternativa? Bastante sencilla: toda escuela debe aceptar a todos los niños, y a posteriori recibe una subvención especial si dentro de su matrícula hay niños con necesidades especiales. El sistema se adapta al niño, y no viceversa. Es casi lo mismo, es cierto, pero con una pequeña aunque muy relevante diferencia. Al ingreso, todos los niños son iguales, y luego el sistema educativo es responsable de dar las ayudas remediales necesarias. Algo parecido al modo como funciona el modelo finlandés.

En segundo lugar, y relacionado con lo anterior, es preciso cambiar el concepto de subvención al niño con NEE por un concepto que implique que las escuelas tengan alguna forma de recurrir a ayudas centralizadas, con centros de recursos compartidos por varias escuelas, para aprovechar economías de escala. El concepto de ayuda al niño particular con PIE atomiza el problema y estigmatiza a los niños con NEE, que deben esperar a que haya una escuela con un PIE adecuado a sus necesidades.

Y, por último, es preciso ordenar en un único marco regulatorio general el tratamiento de niños con NEE, ofreciendo alternativas reales de educación a todos los niños, sin distinción.

Respecto de las **opciones educativas** que aseguren una educación de calidad a todos los estudiantes, es preciso avanzar todo lo que sea posible en una plena inclusión educativa de la mayoría de los estudiantes al sistema regular, pero sin dejar de fortalecer un sistema de educación segregada para aquellos estudiantes que no puedan ser incluidos sin afectar gravemente sus posibilidades de desarrollo educativo real, entre los cuales están los niños y niñas con trastornos graves del desarrollo, con deficiencia intelectual severa, y los niños sordos que tengan como lengua materna el lenguaje de señas. El discurso de la inclusión no puede desconocer la realidad de que hay niños y niñas que se benefician más de una educación especializada adecuada a sus necesidades específicas, o a sus especificidades subculturales, como la comunidad de personas sordas, por ejemplo. Nos falta, como sociedad, una discusión profunda y desideologizada respecto de estas poblaciones especiales. El discurso de la inclusión radical no ayuda necesariamente a la misión de brindar educación de calidad a estas poblaciones, ni tampoco ayuda a que la población típica encuentre verdadero sentido a una inclusión por la inclusión. Todo niño inserto en un aula regular debiera ser capaz de mantener rutinas inclusivas que garanticen que tanto él como sus compañeros obtengan algún beneficio objetivo por el hecho de estar compartiendo un aula típica. Si eso no ocurre, no tiene mayor sentido que se los haga partícipes de un aula donde en realidad no hay un beneficio para ninguna de las partes involucradas.

Respecto de la **provisión de recursos**, parece claro que este es uno de los aspectos más débiles de nuestro estado de cosas. Una inclusión de verdad, con invisibilidad de la diferencia, implica invertir en los recursos que hacen posible esa invisibilidad. Dado que la condición de discapacidad marca casi siempre una diferencia objetiva en el acceso a la educación, ya sea por condición de accesibilidad física o sensorial a materiales y métodos educativos, es preciso contar con medios humanos y tecnológicos que permitan superar las brechas en igualdad de condiciones. Lectores de pantalla, sillas especiales, intérpretes de lengua de señas, profesores preparados, infraestructura y una larga lista de etcéteras hacen que hoy los estudiantes con discapacidad partan con un hándicap aún mayor que su condición objetiva, ya que el proceso educativo requiere de mediaciones humanas y tecnológicas que deben agregarse en el proceso, a fin de conseguir una inclusión real. En nuestro país, lamentablemente, son las familias las que cargan con el peso de estas mediaciones necesarias para una verdadera inclusión educativa. Y ello no es siempre posible, por la mencionada relación entre discapacidad y pobreza. Nuestra propuesta a este respecto es bastante sencilla: todo niño con discapacidad debiera tener derecho, con costo al Estado o a los prestadores privados de salud, a los recursos humanos y tecnológicos que hagan posible una verdadera inclusión educativa.

Respecto de si la escuela está preparada para **recibir a todos los estudiantes**, sin excepción, nos parece claro que no, más allá de los discursos y las intenciones. Faltan recursos humanos, adecuaciones arquitectónicas, recursos tecnológicos, disposición cultural a incluir niños con discapacidad, y normalización e invisibilización de la condición de discapacidad, todas cosas que no cambian por decreto, ni de la noche a la mañana. Y en este punto creemos que es preciso hacer una diferencia conceptual importante: primero debemos defender, de manera clara e inequívoca, que como principio valórico esencial la escuela regular debe estar abierta y preparada a recibir a todos los estudiantes que lo requieran. Pero, con la misma claridad, es preciso destacar, como decíamos antes, que el único criterio válido para una educación inclusiva de calidad es que la inclusión de un estudiante con discapacidad sea beneficiosa para él y sus compañeros de clase y escuela. Si la escuela, aun cumpliendo con todos los requisitos enunciados antes, no es capaz de cumplir con su promesa de brindar servicios educativos de calidad, es mejor pensar en una educación especial para ese niño en particular.

Por último, y probablemente este sea el aspecto más importante, una verdadera inclusión educativa no es pensable sin un **cuerpo docente debidamente preparado y calificado** para la atención a la diversidad. Volviendo a la anécdota con que comenzábamos este capítulo, solo cuando los profesores no se cuestionen si el estudiante al que acogen tiene o no una condición especial, será el momento en que se haya logrado una verdadera inclusión educativa. Estamos muy lejos de esto, es cierto. Pero estamos mucho más cerca que 20 años atrás.

REFERENCIAS

Carrasco, A., Bogolasky, F., Flores, C., Gutiérrez, G., & San Martín, E. (2014). *Selección de estudiantes y desigualdad educacional en Chile: ¿qué tan coactiva es la regulación que la prohíbe?* Santiago, Chile. Recuperado de: http://www.ceppe.cl/images/stories/recursos/VF_Resumen_A_Carrasco_et_al_FONIDE_Seleccion_2014.pdf

Figueroa, N., Gallego, F., Ochoa, F., Beyer, H. Eyzaguirre, S. & Hernando, A. (2016). *Consideraciones para el nuevo sistema de postulación y admisión a establecimientos educacionales en Chile.* Santiago, Chile. Recuperado de: http://www.ceppe.cl/images/stories/recursos/VF_Resumen_A_Carrasco_et_al_FONIDE_Seleccion_2014.pdf.

Mesa Técnica de Educación Especial (2015). *Propuestas para avanzar hacia un sistema educativo inclusivo en Chile: Un aporte desde la educación especial.* Santiago, Chile. Recuperado de: http://portales.MINEDUC.cl/usuarios/edu.especial/doc/201505141109250.INFORMEFINALMESATECNICAEDESPECIAL.pdf.

MINEDUC-Fundación Chile (2013). *Análisis de la implementación de los Programas de Integración Escolar (PIE) en establecimientos que han incorporado estudiantes con Necesidades Educativas Especiales Transitorias (NEET): Resumen del Estudio.* Recuperado de: http://portales.MINEDUC.cl/index2.php?id_portal=20&id_seccion=2546&id_contenido=9188.

MINEDUC (1990). *Decreto N°86.* Santiago, Chile.

MINEDUC (1990). *Decreto N°87.* Santiago, Chile.

MINEDUC (1990). *Decreto N°89.* Santiago, Chile.

MINEDUC (1990). *Decreto N°577.* Santiago, Chile.

MINEDUC (1990). *Decreto N°815.* Santiago, Chile.

MINEDUC (1994). *Decreto N°363.* Santiago, Chile.

MINEDUC (1994). *Decreto N°300.* Santiago, Chile.

MINEDUC (1998). *Decreto N°1*. Santiago, Chile.

MINEDUC (1998). *Decreto con Fuerza de Ley N°2*. Santiago, Chile.

MINEDUC (1999). *Decreto Supremo N°374*. Santiago, Chile.

MINEDUC (1999). *Decreto N°291*. Santiago, Chile.

MINEDUC (2000). *Ordinario N°702*. Santiago, Chile.

MINEDUC (2002). *Decreto N°1.300*. Santiago, Chile.

MINEDUC (2006). *Decreto N°1.398*. Santiago, Chile.

MINEDUC (2008). *Ley General de Educación, N°20.370*. Santiago, Chile.

MINEDUC (2009). *Ley de Subvención Escolar Preferencial, N°20.248*. Santiago, Chile.

MINEDUC (2009). *Decreto con Fuerza de Ley N°2*. Santiago, Chile.

MINEDUC (2009). *Decreto N°170*. Santiago, Chile.

MINEDUC (2010). *Ley de Igualdad de Oportunidades e Inclusión Social de Personas con Discapacidad, N°20.422*. Santiago, Chile.

MINEDUC (2011). *Decreto Supremo N°332*. Santiago, Chile.

MINEDUC (2011). *Ley Sistema Nacional de Aseguramiento de la Calidad de la Educación Parvularia, Básica y Media y su Fiscalización, N° 20.529*. Santiago, Chile.

MINEDUC (2014). *Ley que Establece Medidas contra la Discriminación, N°20.609*. Santiago, Chile.

MINEDUC (2014). *Decreto N°445*. Santiago, Chile.

MINEDUC (2015). *Ley de Inclusión, N°20.845*. Santiago, Chile.

MINEDUC (2015). *Decreto N°83*. Santiago, Chile.

MINEDUC (2016). *Ley que crea el Sistema de Desarrollo Profesional Docente y modifica otras normas, N° 20.903*. Santiago, Chile.

Tenorio, S. (2005). La Integración escolar en Chile: Perspectiva de los docentes sobre su implementación. *Revista Electrónica Iberoamericana sobre Calidad, Eficacia y Cambio en Educación (REICE)*, vol. 3, l(e), 823-831.

Tenorio, S. (2011). Formación inicial docente y necesidades educativas especiales. *Estudios pedagógicos* (Valdivia), 37(2), 249-265. En: https://dx.doi.org/10.4067/S0718-7052011000200015.

CAPÍTULO 24

DESAFÍOS DE LA FORMACIÓN CIUDADANA PARA SU ENSEÑANZA Y APRENDIZAJE

RODRIGO HENRÍQUEZ
Profesor Asociado, Instituto de Historia UC

CAMILA RASSE
Psicóloga, Estudiante Doctorado en Educación UC

INTRODUCCIÓN

La inclusión de la formación ciudadana en el currículum gracias a la Ley 20.911 reposiciona la asignatura en el currículo para 3º y 4º medio. Así, la situación de la formación ciudadana quedará de la siguiente manera a partir de 2018: de 6º básico a 2º medio estará dentro de la asignatura de Historia y Ciencias Sociales y, gracias a la Ley 20.911, tendrá un lugar en 3° y 4° medio junto a otras instancias formativas en los establecimientos. Esta nueva orientación ministerial recupera el espacio curricular que antes tuvo la llamada Educación Cívica, que fuera incorporada en 1984. Luego, la reforma curricular de 1998 transversalizó los contenidos, habilidades y disposiciones de carácter ciudadano, lo que tuvo como consecuencia su invisibilización en las prácticas de aula, pues, dicho coloquialmente, esos contenidos, habilidades y disposiciones "no tenían nota"; es decir, muchos de los objetivos transversales no estaban diseñados como desempeños observables. Aún más, como se mencionó en un texto anterior (Henríquez & Mardones, 2015), muchos objetivos relacionados con ciudadanía presentes en el currículo de historia han sido en la práctica muy difíciles de llevar a desempeños observables, quedando invisibles o no desarrollados. La reinclusión de la formación ciudadana como asignatura a partir de 2019 plantea nuevos desafíos, debido a que deberá promover aprendizajes observables y evaluables.

El objetivo de este capítulo es identificar los desafíos educativos de la Ley 20.911 en la enseñanza y en el aprendizaje de la "Formación Ciudadana". Para ello, el texto se estructura en dos partes. En la primera, se identifican algunos desafíos educativos generales de la Ley 20.911, y en la segunda, se identifican temas significativos de investigaciones sobre formación ciudadana realizadas en Chile durante los últimos 20 años.

ALGUNOS DESAFÍOS EDUCATIVOS DE LA LEY 20.911

Una de las cuestiones detectadas en el capítulo "Educación y Ciudadanía" (Henríquez & Mardones 2015) fue la contradicción entre lo dicho y lo hecho en educación ciudadana. Más concretamente entre lo dicho, lo hecho y lo evaluado. Es decir, aunque se cuente con resultados de pruebas internacionales y evidencia curricular (de innumerables documentos curriculares y análisis de esos documentos) desde 1998, aún se sabe poco sobre cómo se aprenden esos contenidos, habilidades y actitudes. Creemos que, en cierta medida, esto se debe a que la agenda de una buena parte de la investigación educativa sobre educación ciudadana se focalizó en analizar lo que dicen los documentos, pero no en las prácticas ni en los aprendizajes: mucho menos sobre maneras de implementar un currículo atiborrado de objetivos y contenidos. No es de extrañar entonces que la nueva propuesta curricular plantee nuevamente la idea de una formación ciudadana que no tiene nada de novedosa, por cuanto muchas de las cosas puestas en la ley ya estaban en el currículo. La nueva ley repite los lugares comunes acerca de la ciudadanía, pero sin reconocer lo hecho y trabajado anteriormente en materia curricular. Es como si antes de la Ley 20.911 no hubiera existido nada, ni antes de 1998 –incluso antes de 1984, antes de 1973 y mucho antes– no hubiese existido ninguna coordenada, ninguna definición, ningún proceso histórico con el cual definir el concepto de ciudadanía. Sabemos que los conceptos tienen una historia situada en contextos de producción que permiten comprenderlos históricamente en el presente (Koselleck, 2013). El concepto de ciudadanía no escapa a ello, ni a las condiciones de producción de los significados que le han dado sentido al menos durante el siglo XX y lo que va del siglo XXI.

Lo que llama la atención de la ley es la amplitud de los propósitos. "Promover" y "fomentar" son los propósitos más utilizados por la nueva Ley 20.911 para dar sentido a un conjunto de significados ya presentes en nuestros currículos: ciudadanía, derechos y deberes, Estado de Derecho, instituciones, virtudes cívicas, derechos humanos, Constitución Política, tratados internacionales, derechos del niño, diversidad social y cultural, interés público y cultura democrática. La ley tiene dos ámbitos: definir los objetivos de la ley, los que luego se transformarán en los programas de estudio para 3º y 4º medio.

La Ley N°20.911 señala:

Los objetivos de este plan serán:

a. Promover la comprensión y análisis del concepto de ciudadanía y los derechos y deberes asociados a ella, entendidos éstos en el marco de una república democrática, con el propósito de formar una ciudadanía activa en el ejercicio y cumplimiento de estos derechos y deberes.

b. Fomentar en los estudiantes el ejercicio de una ciudadanía crítica, responsable, respetuosa, abierta y creativa.

c. Promover el conocimiento, comprensión y análisis del Estado de Derecho y de la institucionalidad local, regional y nacional, y la formación de virtudes cívicas en los estudiantes.

d. Promover el conocimiento, comprensión y compromiso de los estudiantes con los derechos humanos reconocidos en la Constitución Política de la República y en los tratados internacionales suscritos y ratificados por Chile, con especial énfasis en los derechos del niño.

e. Fomentar en los estudiantes la valoración de la diversidad social y cultural del país.

f. Fomentar la participación de los estudiantes en temas de interés público.

g. Garantizar el desarrollo de una cultura democrática y ética en la escuela.

h. Fomentar una cultura de la transparencia y la probidad.

i. Fomentar en los estudiantes la tolerancia y el pluralismo.

Otro aspecto relevante de la nueva Ley 20.911 es la participación de la comunidad escolar. La estrecha relación entre la comunidad escolar, sus características socioeconómicas y los resultados cívicos (Castillo, Miranda, Bonhomme, 2015), así como la relevancia de las prácticas docentes (Treviño, Béjares, Villalobos & Naranjo, 2017), han sido destacados por la literatura como factores muy relevantes para llevar a cabo las finalidades formativas. Los resultados presentados por Castillo et al. (2015) plantean que un clima abierto de aula contribuiría a mejores puntajes en conocimiento cívico, lo que generaría mayores probabilidades de estar involucrado políticamente en la adultez. A partir de esto, los autores señalan que la escuela logra aplacar significativamente los efectos de la relación entre el nivel socioeconómico y la participación política, pero no los elimina; tanto el conocimiento cívico como el clima de aula reducirían parte del impacto del nivel socioeconómico y el capital cultural (Castillo et al., 2015). Por tanto, la escuela podría contribuir a disminuir las barreras para la participación política futura de sus estudiantes.

Por otra parte, el estudio de Treviño et al. (2017), en base a los análisis secundarios de los resultados del ICCS 2009 de México, Colombia y Chile, plantea que mayores actitudes cívicas de los docentes estarían asociadas a niveles más altos de conocimiento cívico. Asimismo, se consideran variables de la escuela en las que el docente participa de manera más o menos directa. De esta forma, al menos en el caso de Chile y Colombia, un clima de aula abierto a la discusión sería relevante en el modelamiento de actitudes hacia la diversidad por parte de los estudiantes; esto se sumaría a los beneficios ya mencionados por Castillo et al. (2015). Las actitudes hacia la diversidad también se verían beneficiadas con un ambiente democrático en la escuela, lo que sería una variable relevante para las expectativas de participación política de los estudiantes (Treviño et al., 2017).

La Ley 20.911 propone –para reforzar el vínculo entre los actores y acciones de la comunidad escolar, profesores/as y directivos/as– formación continua, planificación curricular alineada y racional e instancias institucionales de participación.

La Ley 20.911 también promoverá:

i. Una planificación curricular que visibilice de modo explícito los objetivos de aprendizaje transversales que refuerzan el desarrollo de la ciudadanía, la ética y una cultura democrática en las distintas asignaturas del currículum escolar.

ii. La realización de talleres y actividades extraprogramáticas, en los cuales haya una integración y retroalimentación de la comunidad educativa.

iii. La formación de docentes y directivos en relación con los objetivos y contenidos establecidos en esta ley.

iv. El desarrollo de actividades de apertura del establecimiento a la comunidad.

v. Actividades para promover una cultura de diálogo y sana convivencia escolar.

vi. Estrategias para fomentar la representación y participación de los estudiantes.

vii. Otras que el sostenedor en conjunto con la comunidad educativa consideren pertinentes.

Sin embargo, los desafíos de la nueva asignatura de Formación Ciudadana estarán en cómo las finalidades de la ley y los objetivos de aprendizaje que tengan los futuros programas de estudio pueden ser llevados a cabo en las aulas.

El primer desafío será, entonces, cómo llevar a cabo esos objetivos en Programas de Estudio. Consideremos que el primer desafío educativo será definir propósitos observables. Como se ha señalado en ocasiones anteriores (Henríquez & Mardones, 2015), en los currículos ya existen objetivos de ciudadanía; el problema es que no se evalúan. La gran pregunta y desafío es justamente cómo evaluar habilidades y desempeños de alta complejidad, como son los contenidos, habilidades y actitudes que requieren los contenidos y objetivos de la ley. Es de esperar que los reformadores curriculares elaboren programas de estudio que asuman que la complejidad no pasa por aumentar contenidos y objetivos, sino que por darles una progresión coherente, alineada constructivamente, que incluya oportunidades permanentes de lectura y escritura de textos disciplinares, prácticas de argumentación escrita y oral.

Objetivos como "Fomentar en los estudiantes la tolerancia y el pluralismo" (Ley 20.911) solo se pueden llevar a cabo si directivos y profesores planifican actividades para que los estudiantes puedan efectivamente leer comprensivamente textos de variada complejidad, escribir textos en diferentes géneros históricos, hacer preguntas en clases y debatir argumentos contrapuestos basados en evidencia y no en prejuicios. La tolerancia y el pluralismo son habilidades que requieren del perspectivismo que da la comprensión histórica. Sin ella, no hay posibilidad de comprender que hay visiones contrapuestas, argumentos válidos y otros no, y sobre todo que existe un sentido político de la realidad social. Enseñar y aprender que hay visiones contrapuestas es muy complejo, lento y requiere de mucha práctica de lectura y escritura disciplinar. Así lo han demostrado estudios sobre aprendizaje de la argumentación histórica (Henríquez, Carmona & Quinteros, 2018), pero no para formar historiadores/as (una crítica muy recurrente), sino como camino para poder empoderar a los estudiantes con las habilidades históricas. Se sabe que ello demora. Enseñar y aprender habilidades disciplinares requiere horas de práctica, una práctica que se puede expresar a través de diferentes modos. Incluso por medio de algo tan simple como pudiese ser el desarrollo del habla en clases.

Se ha podido establecer que el fomento del habla en clases permite el desarrollo de una serie de funciones de interacción con otros, de socialización para comunicar y participar, así como la manifestación de funciones intelectuales a lo largo del currículo (Anderson, Chapin & O'Connor, 2011). Las así llamadas "discusiones productivas" se refieren al diálogo en clases con el objetivo de avanzar hacia los niveles más complejos de los objetivos curriculares en diferentes dominios disciplinares. Son discusiones que tienen una estructura y un protocolo reportado por la literatura y poseen características modelables y enseñables.

Recientemente, los programas de estudio del área de Historia y Ciencias Sociales, en particular los de tercero medio, han incorporado propuestas de desarrollo y evaluación del pensamiento histórico en la escritura y en la argumentación oral. En la sección de propuestas de evaluación del programa de ese nivel se proponen algunos criterios para evaluar las habilidades del currículo. En ellos destaca:

"a) Conocimiento y comprensión histórica: aprender los contenidos generales y comprender su significado e importancia, b) Herramientas de pensamiento histórico que permitan a los y las estudiantes usar adecuadamente diferentes fuentes históricas, realizar investigaciones, análisis e interpretación histórica, desarrollar argumentos, comprender el mundo actual y tomar decisiones fundamentadas". (MINEDUC, 2015:31)

Además, se propone que:

"en la evaluación de formación ciudadana, los debates y el desarrollo de ensayos constituyen herramientas útiles para medir habilidades como el análisis crítico y la expresión de opiniones fundadas, y actitudes como el respeto al otro, valorar opiniones diversas, expresar críticas de manera constructiva". (MINEDUC, 2015:31)

En concordancia con lo anterior, la nueva "Propuesta curricular para 3ero y 4to medio" de marzo del 2017 promueve que de forma transversal se desarrollen habilidades comunicativas que posibiliten:

"el intercambio efectivo de pensamientos y sentimientos, la interacción con otros y la utilización productiva y crítica de los medios digitales y de comunicación de masas. Las habilidades comunicativas implican tanto

la recepción como la expresión de información, incluidos sentimientos, pensamientos, percepciones, expectativas, instrucciones, actitudes, conocimiento y más; por lo tanto, involucran de modo estratégico las habilidades socioemocionales de empatía y asertividad". (MINEDUC, 2017:24)

Estas nuevas orientaciones curriculares que vinculan habilidades disciplinarias con habilidades comunicativas son también una tendencia global. Esto ha sido relevado, por ejemplo, en Estados Unidos a través de los *Core State Standards* (2010) en los estándares "Hablando y escuchando", para promover en los estudiantes oportunidades de participar en conversaciones productivas y estructuradas en varios contenidos disciplinares. Se sabe a nivel teórico y empírico que el desarrollo del habla en las clases es una poderosa oportunidad para el logro de objetivos educativos, tales como la argumentación histórica, social y política. Desde el punto de vista sociocultural, el aprendizaje está situado y mediado por el lenguaje, que permite a los novatos aprender observando prácticas de los expertos. Las discusiones productivas inician a los estudiantes en los procesos de construcción del conocimiento, fomentando el desarrollo de lo que Vygotsky denominó "funciones mentales superiores" (Lave & Wenger, 1991; Vygotsky, 1978). Asimismo, las discusiones productivas son un espacio para el desarrollo de las nociones normativas de la democracia participativa y el discurso argumentado como base de la convivencia social (Habermas, 1990). Las aulas, desde esta perspectiva, son los espacios para aprender la ciudadanía, y las discusiones ofrecen oportunidades a los estudiantes no solo para escuchar puntos de vista diversos, sino también para justificar sus afirmaciones basadas en evidencia (Reisman, 2015; Castillo & Cox, 2014). Disponemos en la actualidad de abundante literatura empírica sobre cómo las discusiones en el aula fomentan y apoyan el aprendizaje en matemáticas y ciencias. Por ejemplo, se han encontrado ciertas características de las discusiones productivas basadas en textos que favorecen el aprendizaje: preguntas auténticas de los profesores y aceptación de las ideas de los estudiantes (Applebee, Langer, Nystrand, & Gamoran, 2003; Nystrand, 2006) o razonamiento colaborativo sobre un problema (Reznitskaya et al., 2009). A nivel nacional, un estudio sobre el fomento de discusiones productivas en la formación inicial (Meneses et al., 2016) demostró la relevancia de su inclusión en la trayectoria docente a partir del modelamiento de discusiones basadas en textos y con observaciones de videos. Sin embargo, aún contamos con poca evidencia sobre el desarrollo de discusiones en disciplinas del currículo en general, y muy poco en Historia y Ciencias Sociales.

En términos contextuales, la gran cantidad de contenidos de los currículos incide en que el desarrollo de las habilidades de lectoescritura y argumentación oral –que generalmente requieren de mucho tiempo– se deje de lado para cubrir el listado de contenidos. Actualmente se sabe muy poco respecto de si se discute en clases y cómo se hace, si el profesor/a promueve las interacciones con los estudiantes y entre ellos, y si las interacciones son de calidad o no. Este punto tiene mucha relevancia. Si los propósitos curriculares expresados en los objetivos del currículo nacional y reproducidos en los libros de textos quieren efectivamente implementarse, ¿cómo sabemos que se implementan? Es una pregunta fundamental de política educativa, dado que, como comentamos más arriba, tenemos escasa información sobre este tema. Un ejemplo de esta circunstancia lo entrega el programa de Historia en tercero medio (MINEDUC, 2015), el cual propone para la Unidad 3 el siguiente objetivo (aprendizaje esperado): "Valorar la lucha por la defensa de los Derechos Humanos y la recuperación de la democracia que desarrollaron distintos actores en la década de 1980, como organismos de defensa de Derechos Humanos, la sociedad civil, la Iglesia católica y la comunidad internacional". Conocemos muy poco sobre cómo se evalúa el propósito "valorar" presente en el encabezado del ejemplo de la Unidad 3.

Lo que sabemos ha sido reportado en otros contextos. Por ejemplo, se ha comprobado que aprender las reglas de los turnos de palabra resulta importante en la socialización de normas de discusión tanto en la escuela como en el hogar y la comunidad. Esto lo han reportado investigaciones realizadas en Inglaterra y Australia (Cazden, 2001; Edwards-Groves, 2003; Mercer & Littleton, 2007). Sin embargo, se trata de procesos lentos. Un buen ejemplo es la experiencia reportada por la investigadora Abby Reisman. Su objetivo fue identificar algunas condiciones que mejoran las discusiones de aula en la asignatura de Historia. A través de una intervención, promovió el uso de movidas de lenguaje en 5 profesores de historia. Las movidas de lenguaje que se promovieron fueron tanto genéricas como históricas. Las primeras se refieren a movidas de lenguaje que pueden estar presentes en cualquier disciplina, tales como (1) presión: el profesor(a) pide al estudiante razones de su respuesta, (2) difusión y reformulación: el profesor reformula lo dicho por un alumno, con un tono de voz más alto, y

(3) participación: el profesor pide voluntarios o llama a algún estudiante específico para responder preguntas. Por su parte, las movidas históricas parten de la base de la utilización de un vocabulario técnico disciplinar (Grossman & Mc Donald, 2008). La selección de movidas que llevó a cabo Reisman (2015) fueron las siguientes:

1. Modelamiento (discusión basada en texto): los profesores modelan cómo usar el texto para apoyar una afirmación histórica o cómo estar de acuerdo o disentir con la interpretación de la evidencia hecha por un compañero.

2. Re-expresión (afirmaciones históricas basadas en texto): el profesor reformula/refina la afirmación basada en un texto de un estudiante, para destacar/aclarar la relación entre la afirmación y la justificación.

3. Aceptación (de afirmaciones históricas basadas en texto): el profesor hace seguimiento de la referencia textual de un estudiante con una pregunta, o provee o pide un contraargumento.

4. Marcar el texto (para una interpretación histórica): el docente dirige la atención de los estudiantes a un documento particular y hace una pregunta interpretativa acerca de él.

6. Presión textual: el docente pide al estudiante que sustente su afirmación con evidencia textual.

7. Estabiliza contenido: el profesor, autoritativamente (usualmente a través de una secuencia de I-R-E, caracterizada en Henríquez & Mardones, 2015), revisa contenido relevante para la discusión.

8. Pregunta presentista: el docente plantea una pregunta ahistórica o solicita a los alumnos que traigan visiones contemporáneas a la discusión del tema.

Los resultados muestran la complejidad de la enseñanza de la argumentación histórica en discusiones. El principal hallazgo es que tanto la selección de textos como las formas de discutir de los profesores inciden en la calidad de una discusión. Los profesores que no piden a sus estudiantes que sustenten sus argumentaciones en textos y no reexpresan los argumentos de los estudiantes no favorecían la calidad de la discusión (Reisman, 2015). Un punto que se debe destacar es la diversidad de perspectivas del profesorado en cuanto a lo que se considera una discusión. Reisman (2015) considera que el profesorado requiere conocer de mejor manera lo que significa argumentar históricamente, para poder utilizar de manera más efectiva un recurso tan necesario para llevar a cabo discusiones de aula, fomentar el perspectivismo y la tolerancia a las visiones contrapuestas.

Lo que los reformadores y elaboradores de currículo han empezado a tener cada vez más presente es que los currículos son un conjunto de propósitos que, al mismo tiempo que delimitan las finalidades, deben estar alineados a desempeños y tareas de los estudiantes y a las actividades de evaluación. El concepto de alineamiento constructivo (Biggs y Tang, 2011) proporciona un excelente modelo teórico para el desarrollo del aprendizaje profundo en los y las estudiantes, a través de actividades de aprendizaje y de evaluación alineadas con los propósitos educativos.

INVESTIGACIONES EN CHILE: QUÉ SUCEDE EN NUESTRAS AULAS

En los últimos 20 años, la agenda de investigación en educación ciudadana en aulas chilenas se ha focalizado en tres ámbitos: a) Estrategias de enseñanza utilizadas por los docentes, b) Percepción de docentes y estudiantes, y c) Aprendizaje de la ciudadanía y su contexto.

Los hallazgos realizados corresponden a la era de la educación ciudadana como objetivo transversal del currículum, por lo que resulta interesante mirarlos a la luz de los efectos que espera tener la Ley 20.911.

a) Estrategias de enseñanza de la ciudadanía

Las estrategias de enseñanza utilizadas por los docentes refieren mayoritariamente a clases expositivas, donde los docentes explican el contenido y los estudiantes prestan atención en silencio (Agencia de Calidad de la Educación, 2016; Bonhomme, Cox, Tham & Lira, 2015; Flores-González & García-González, 2014; Muñoz & Martínez, 2015). Esta metodología de enseñanza limitaría fuertemente la participación en clases de los estudiantes, así como las discusiones asociadas a temáticas relevantes y cotidianas que pudiesen interesar a los jóvenes (Bonhomme et al., 2015). Junto con esto, se privilegiaría un aprendizaje principalmente de memoria, sin poner en acto las competencias ciudadanas que se espera enseñar a los estudiantes (Muñoz & Martínez, 2015). Esto último es de gran relevancia, en la medida en que como plantean Flores-González y García-González (2014), la ciudadanía es un aprendizaje que debe ponerse en práctica para que los estudiantes puedan llegar a transformarse en ciudadanos activos. Es necesario que los estudiantes se apropien del conocimiento y actúen conforme a este. Asimismo, Bonhomme et al. (2015) señalan que estas actividades no serían las más efectivas para alcanzar los objetivos cognitivos, actitudinales y prácticos que tiene la educación ciudadana; al mismo tiempo, los estudiantes de este estudio indican preferencia por actividades más dinámicas y novedosas, las que estarían asociadas a buenas experiencias de aprendizaje (Bonhomme et al., 2015). Adicionalmente, se menciona en menor medida el uso de debates, trabajos de investigación, y el análisis de conceptos cívicos de forma comparada entre diferentes períodos históricos (Agencia de Calidad de la Educación, 2016).

Los resultados ya mencionados se condicen con los hallazgos de Reyes, Campos, Osandón y Muñoz (2013), quienes, por medio de entrevistas y registros etnográficos de clases de profesores de Historia de segundo ciclo básico, plantean que los docentes, por medio de sus estrategias de enseñanza, pondrían un foco más pronunciado en la formación de gobernados más que de gobernantes. Es decir, se formaría a ciudadanos que respetan y esperan mantener el orden social, en lugar de ciudadanos críticos que busquen generar cambios. Asimismo, Bonhomme et al. (2015) señalan que habría pocas instancias para discutir en clases temas asociados a ciudadanía, y cuando estos surgen, el profesor prioriza la transmisión de los contenidos planificados para la clase, por sobre el desarrollo de la discusión entre los estudiantes. De esta forma, se privilegia el contenido formal a cubrir, dejando de lado las discusiones que pudiesen darse en clases y la enseñanza de habilidades más críticas de ciudadanía activa.

En relación con esto, Aceituno, Muñoz y Vásquez (2012) señalan que aunque la formación de ciudadanos activos y participativos se ha fomentado desde políticas estatales, estas no llegarían a ponerse en práctica cabalmente en las aulas, a causa de las limitaciones institucionales y curriculares que les serían impuestas a los docentes (falta de tiempo, escasos espacios de participación escolar, etc.); esto sería apoyado por lo reportado en otros estudios (Agencia de Calidad de la Educación, 2016). Por tanto, aunque los profesores reportan que el desarrollo y la participación ciudadana en clases se trata por medio del desarrollo de pensamiento crítico a través de actividades de debate, la representación de instancias de sufragio y la realización de visitas guiadas a instituciones del Estado, en la realidad las clases se reducirían al conocimiento teórico acerca de ciudadanía y de participación, enfocándose en clases expositivas (Aceituno et al., 2012).

De manera más específica, Toledo, Magendzo, Gutiérrez e Iglesias (2015) investigan las prácticas pedagógicas de los docentes de Historia asociadas al abordaje de temas controversiales dentro del currículum. Estas temáticas se enseñarían menos, y cuando efectivamente se abordan en el aula, los profesores evitarían el conflicto y se posicionarían desde un rol discursivamente neutral. De manera similar, los datos de Magendzo, Abraham y Toledo (2009) indican que al trabajar en el aula temáticas sobre dictadura y transición a la democracia, se generarían omisiones por parte de los profesores tanto a nivel de narraciones personales asociadas a violación de derechos humanos como de la temática en sí misma. En ese sentido, plantean que al abordar estos asuntos surgen emociones en el aula que no son explicitadas y tampoco son consideradas para desarrollar una conversación con los estudiantes, lo que afectaría la formación de ciudadanos activos, democráticos y deliberantes (Magendzo et al., 2009; Toledo et al., 2015). Esto puede tener relación con la falta de preparación que reportan los docentes para enseñar contenidos de ciudadanía, debido a su carencia de formación inicial en esta área (Agencia de Calidad de la Educación, 2016; Muñoz, Victoriano, Luengo, Nail & Ansorena, 2010). La sensación de poca preparación podría llevar a desaprovechar oportunidades como las indicadas en los estudios de Magendzo et al. (2009) y Toledo et al. (2015) para la formación de ciudadanía en sus estudiantes, o un tratamiento de la educación ciudadana siempre enfocado desde la historia como área del conocimiento, dejando de lado la teoría política (Agencia de Calidad de la Educación, 2016).

Una estrategia de enseñanza alternativa indicada por Veneros y Toledo (2009) se refiere a las visitas pedagógicas, enfocándose en el caso de una visita de estudiantes secundarios de cuatro colegios diferentes al Parque por la Paz Villa Grimaldi, ubicado en la Región Metropolitana de Santiago. Las salidas o visitas pedagógicas podrían promover los objetivos transversales del currículum en cuanto al desarrollo de los estudiantes en términos sociales, personales, culturales y de conocimiento; estos objetivos involucran las dimensiones afectiva, física, cognitiva/intelectual, moral, espiritual, proactividad y trabajo, sociocultural y ciudadana, y uso de tecnologías de la información y la comunicación (TIC) (MINEDUC, 2016). De esta manera, las salidas pedagógicas fomentarían la formación ciudadana, así como la motivación y aprendizaje de la historia, y la creación de perspectiva propia. Las visitas pedagógicas podrían generar un mayor acercamiento entre el conocimiento de la escuela y el conocimiento fuera de esta, en la vida social (Veneros & Toledo, 2009). No obstante, esto requeriría ser complementado por un clima de aula abierto y democrático, ya que este estaría vinculado a confianza, respeto y promoción de la participación de los estudiantes (Bonhomme et al., 2015), de modo que el acercamiento entre el saber hacer de la escuela y el saber hacer social y cotidiano lograsen una conexión de carácter más permanente, y no solamente asociada a visitas pedagógicas aisladas.

Finalmente, se considera la apertura de la educación ciudadana a asignaturas diferentes de Historia, Geografía y Ciencias Sociales, llevándola a Lenguaje y Comunicación, y Orientación, utilizado como Consejo de Curso. A través de esta última, para trabajar temáticas asociadas a convivencia, se fomentaría el desarrollo de habilidades cívicas, como argumentación, investigación y pensamiento crítico (Agencia de Calidad de la Educación, 2016).

b) Percepción de docentes y estudiantes acerca de la ciudadanía y la educación ciudadana

La percepción de los docentes acerca de la educación ciudadana está fuertemente ligada a la idea de participación futura que tienen para sus estudiantes. De esta manera, por una parte, se representaría la ciudadanía como la participación en elecciones mediante el voto (Flanagan, Cerda, Lagos & Riquelme, 2010), mientras que, por otra, se buscaría modelar las formas de participación futura de los estudiantes, por medio de un esfuerzo desde los docentes por integrar las opiniones de sus alumnos en las clases, para de esta forma llevarlos a pensar críticamente en la sociedad (Cavieres-Fernández, 2017). Resultados similares señala Bonhomme et al. (2015), en cuanto los profesores de escuelas municipales de su estudio reportaron enfocarse en la formación de habilidades críticas y argumentativas, para así formar ciudadanos activos y con opinión, y darles más oportunidades de participación a sus estudiantes. Sin embargo, en este estudio se hace la distinción por dependencia administrativa del establecimiento educacional de los profesores, indicando que, en términos generales, la mayoría de sus participantes adscribía a una orientación con énfasis en la enseñanza de valores y la relación con otros en la vida cotidiana (Bonhomme et al., 2015). La perspectiva de los docentes respecto de la formación de habilidades críticas y argumentativas se vería enfrentada a los hallazgos de los estudios que indican que en el aula priman las clases expositivas por sobre las discusiones en clases.

Una perspectiva diferente es proporcionada por los docentes y jefes de Unidad Técnico Pedagógica entrevistados por la Agencia de Calidad de la Educación (2016), quienes se enfocarían en los valores asociados a la convivencia con otros, como el respeto y la tolerancia, más que en los valores democráticos, como la equidad, cohesión social y libertad. En ese sentido, su foco no estaría tanto en la participación futura de los estudiantes, sino en la convivencia social actual.

Por su parte, la percepción de la educación ciudadana y la ciudadanía por parte de los estudiantes señala resultados diversos. Por un lado, Muñoz y Torres (2014) indican que los estudiantes de octavo básico participantes de su estudio no tendrían una percepción acertada de lo que es o lo que se pretende lograr con la educación ciudadana. Esto refiere a que los estudiantes adquirirían habilidades ciudadanas como tolerancia o respeto por el otro, pero reducidas a obligaciones constitucionales, sin contextualización en cuanto a una asignatura o a una vivencia concreta. A partir de esto, se asociaría la educación ciudadana al conocimiento de la organización política de un país, y la formación ciudadana estaría en función del voto y la participación electoral (Muñoz & Torres, 2014). Lo mismo ocurriría en el caso de los estudiantes de educación media entrevistados por Flanagan et al. (2010), quienes relacionarían la idea de formación ciudadana con participar en las elecciones y votar; sin embargo, los hallazgos de este estudio indican que los estudiantes concebirían la ciudadanía como vinculada con actitudes de ciudadanía, tales como cuidado del medioambiente, respeto a las leyes, y conocimiento cívico, ampliando la mirada desde exclusivamente el proceso eleccionario. Esto último se encontraría más cercano a los resultados obtenidos por Bonhomme et al. (2015), en cuanto los estudiantes de octavo básico participantes de su estudio, en su mayoría no relacionarían el concepto de ciudadanía de manera fundamental con la participación política, a pesar de considerar al voto como un mecanismo de participación efectivo;

al menos en el caso de los estudiantes de escuelas municipales, estos declaraban interés en temas actuales y contingentes, pero diferenciando y desmarcando estos asuntos de la institucionalidad política y sus representantes (Bonhomme et al., 2015). En concordancia con esto, los estudiantes encuestados por Aceituno et al. (2012) vincularían la participación ciudadana a situaciones cotidianas en las que utilizan habilidades de ciudadanía, como intervenir en discusiones y debates, o buscar consensos, más que a la participación política propiamente tal.

c) Conocimiento de ciudadanía y expectativas de participación futura

Los estudios que se refieren a conocimiento de ciudadanía plantean una relación entre el conocimiento cívico de los estudiantes y el nivel socioeconómico tanto de sus escuelas como de sus familias. Las condiciones de desigualdad socioeconómica de los estudiantes tendrían relación con la desigualdad en el conocimiento cívico (Castillo, Miranda & Bonhomme, 2015; Collado, Lomos & Nicaise, 2015; Miranda, Castillo & Sandoval-Hernández, 2015). Esto daría como resultado una menor expectativa de participación política futura, en cuanto los autores postulan que al tener más conocimiento habría una mayor disposición a participar (Miranda et al., 2015). En concordancia con esto, el estudio realizado por Castillo et al. (2015) indica que los estudiantes provenientes de familias de nivel socioeconómico bajo tendrían menores expectativas de participación, por lo que se prevé que tendrían menores posibilidades de movilizarse políticamente por sus derechos. Asociado con esto, Miranda et al. (2015) postulan que en la medida en que la escuela no atenúe esta desigualdad, se producirá una reproducción de la desigualdad en la participación política, generando una subrepresentación de los grupos más desfavorecidos (Castillo et al., 2015; Miranda et al., 2015).

Sin embargo, debe tomarse en consideración que en el estudio realizado por Martínez y Cumsille (2015) se encuentra una asociación negativa entre educación de los padres y participación política en la actualidad y expectativas de participación política futura. Sobre esto, los autores plantean que la relación entre el apego hacia el establecimiento educacional y el nivel socioeconómico podría reflejar diferencias de carácter ideológico y cultural en las creencias de los estudiantes acerca de la sociedad, llevándolos a concebir diferentes formas de participación social y de ciudadanía. Es posible que en los estudios de Castillo et al. (2015) y Miranda et al. (2015) la conceptualización de participación política se encuentre inscrita exclusivamente en la idea de participar en elecciones, mientras que en el estudio de Martínez y Cumsille (2015), esta se presenta de manera más amplia. Asimismo, este estudio señala que la creencia respecto de que los estudiantes pueden generar cambios colectivamente estaría relacionada con la participación política actual y las expectativas de participación futura (Martínez & Cumsille, 2015). Mientras tanto, la creencia de que las personas pueden realizar un cambio a nivel individual se asociaría a la participación política actual (Martínez & Cumsille, 2015); esto estaría en línea con lo postulado por los profesores participantes del estudio de Cavieres (2015), quienes creen que, aunque las movilizaciones estudiantiles aumentaron la participación ciudadana de algunos estudiantes, esta sería motivada por intereses de carácter más personal, y no por los del grupo. Es decir, una mayor creencia en la capacidad de cambio del individuo podría relacionarse con una participación ciudadana más atomizada.

Los últimos 20 años de investigación en Chile acerca de educación ciudadana, aunque refieren a un área con una producción modesta, dan luces respecto de diferentes aspectos de la educación ciudadana en la escuela. Por una parte, las estrategias de enseñanza utilizadas para formar ciudadanos en la escuela suelen ser del tipo clase expositiva, donde se pide al estudiante que memorice información y responda preguntas. Sin embargo, esta aproximación a la enseñanza de la ciudadanía no favorece el desarrollo de habilidades y actitudes de ciudadanía, solamente el conocimiento cívico. Adicionalmente, es importante tomar en consideración que los docentes perciben que la formación de ciudadanos debe incluir no solamente el componente de participación política asociado al voto, sino que también la formación en habilidades críticas y argumentativas. Esto no se vería reflejado en sus prácticas pedagógicas al interior del aula, por lo que cabe preguntarse por las razones de esta disociación. En cuanto a los estudiantes, los resultados acerca de sus percepciones respecto de la educación ciudadana son menos concluyentes. Se plantea la relación con la participación política, así como con comportamientos y actitudes de ciudadanía, y el interés por temas de contingencia social. En base a esto, es posible que las percepciones del docente frente al curso no coincidan con las percepciones de los estudiantes a los que busca formar como ciudadanos activos, poniendo obstáculos al proceso de enseñanza-aprendizaje. Finalmente, no puede pasarse por alto la relación entre el nivel socioeconómico de los estudiantes, su conocimiento de ciudadanía y sus expectativas de participación futura. En la medida en que el nivel socioeconómico afecta estos aspectos, nuestro sistema escolar reproduce desigualdad y perpetúa la subrepresentación de los niveles socioeconómicos más bajos, así como una menor preparación en términos de las posibilidades de ejercer ciudadanía de quienes sí busquen participar políticamente. La investigación realizada en este período permite la formulación de nuevas preguntas respecto de la educación ciudadana en la escuela, considerando los cambios sociales y curriculares que esta institución ha presenciado y protagonizado.

CONCLUSIONES

Identificamos que los desafíos de la Ley 20.911 y sus efectos en el sistema son cuestiones de mediano plazo. Es decir, hay que esperar que los nuevos programas se implementen, que las instituciones formadoras de profesores/as incorporen en sus mallas cursos y prácticas de Formación Ciudadana y sobre todo resultados de estudios que den cuenta de cómo estos cambios en el sistema educativo han permitido, o no, llevar a cabo los objetivos propuestos por la ley. Por ello, este capítulo recoge dos grandes desafíos: a) a nivel de la implementación curricular de los propósitos de la ley, y b) sobre cómo los resultados de las investigaciones se consideran en la definición de lo relevante en los nuevos programas. Ahora es el turno de los reformadores/as curriculares del MINEDUC.

Las investigaciones que se han realizado en Chile en relación a la educación ciudadana en la escuela muestran que en el proceso de enseñanza-aprendizaje de la ciudadanía salen a la luz diversos aspectos. Por una parte, está la comprensión de los docentes acerca del foco de la educación ciudadana, participación política o convivencia; esto tiene relación directa con lo que van entendiendo los estudiantes sobre educación ciudadana y en qué consiste realmente. Por otra parte, las estrategias de enseñanza utilizadas pasan a ser fundamentales, en cuanto hay técnicas que podrían funcionar mejor en caso de aprendizajes cognitivos, pero no ser las más efectivas para aprendizajes actitudinales.

El cambio legal al que nos vemos enfrentados tiene una serie de consecuencias en términos de formación docente y modificaciones curriculares, pero no hay forma de estimar certeramente el efecto que esto tendrá en lo que ocurre en las aulas. En ese sentido, es necesario que la ley vaya de la mano no solamente de la formación inicial de docentes en educación ciudadana y de los cambios curriculares, sino que también de la generación de espacios y competencias para promover, fomentar y generar la participación, pensamiento crítico y formación de competencias ciudadanas que la misma ley especifica. Si los objetivos del Plan de Formación Ciudadana son acompañados de la promoción de prácticas que promuevan aprendizajes de calidad, habrá una implementación efectiva de la Formación Ciudadana en las escuelas chilenas. Es decir, desde la base de este plan se reconoce la necesidad de generar prácticas a nivel de escuela que potencien la formación de ciudadanos activos y participativos, asumiendo que esto no solamente pasa por la creación de una asignatura en el currículum. Es necesario que las escuelas generen espacios de participación, climas abiertos a la discusión, y busquen el desarrollo de habilidades de ciudadanía en todos los espacios que les sea posible. De esta manera, la educación ciudadana se plantea como un aprendizaje transversal a la experiencia escolar, en lugar de encapsularse en una asignatura y sus clases. La educación ciudadana se vuelve parte del *ethos* de la escuela.

REFERENCIAS

Aceituno, D., Muñoz, C. & Vásquez, G. (2012). Enseñanza y aprendizaje de la participación ciudadana en Chile: un estudio sobre alumnos y profesores de Historia de 2° año de Enseñanza Media. En De Alba, N., García, F. & Santisteban, A. (Eds.) *Educar para la Participación Ciudadana en la Enseñanza de las Ciencias Sociales. Volumen II* (pp. 165-176.). Asociación Universitaria de Profesorado de Didáctica de las Ciencias Sociales.

Agencia de Calidad de la Educación (2016). *Formación Ciudadana en el sistema escolar chileno: una mirada a las prácticas actuales y recomendaciones de mejora.*

Anderson, N., Chapin, S. & O'Connor, C. (2011). *Classroom discussions in Math: A facilitator's guide to support professional learning of discussion and the common core,* Scholastic Inc., USA.

Applebee, A. N., Langer, J. A., Nystrand, M., & Gamoran, A. (2003). Discussion-Based Approaches to Developing Understanding: Classroom Instruction and Student Performance in Middle and High School English. *American Educational Research Journal, 40,* 3, 685-730.

Biggs, J., y Tang, C. (2011). *Teaching for Quality Learning at University: What the Student Does* (4a ed). Maidenhead: McGraw-Hill/Society for Research into Higher Education/Open University Press.

Bonhomme, M., Cox, C., Tham, M. & Lira, R. (2015). La Educación Ciudadana Escolar de Chile "en acto": Prácticas docentes y expectativas de participación política de estudiantes. En Cox, C. & Castillo, J. C. (Eds.) *Aprendizaje de Ciudadanía. Contexto, Experiencias y Resultados* (pp. 373-425). Ediciones UC.

Castillo, J. C., Miranda, D. & Bonhomme, M. (2015). Desigualdad social y cambios en las expectativas de participación política de los estudiantes en Chile. En Cox, C. & Castillo, J. C. (Eds.) *Aprendizaje de Ciudadanía. Contexto, Experiencias y Resultados* (pp. 459-485). Ediciones UC.

Castillo, J. C., Miranda, D., Bonhomme, M. Cox, C. & Bascopé, M. (2015). Mitigating the political participation gap from the school: the roles of civic knowledge and classroom climate. *Journal of Youth Studies, 18*(1), pp. 16-35. http://dx.doi.org/10.1080/13676261.2014.933199.

Cavieres Fernández, E. (2015). Enseñando ciudadanía en medio del conflicto: profesores de Historia y movilizaciones estudiantiles en Chile. *Revista mexicana de investigación educativa, 20* (67), pp. 1311-1334.

Cavieres-Fernández, E. (2017). Teacher counter stories to a citizenship education mega policy narrative. Preparing for citizenship in Chile. *Journal of Curriculum Studies, 49*(4), pp. 414-436. http://dx.doi.org/10.1080/00220272.2016.1274783

Chapin, S. H., O'Connor, M. C., Anderson, N. C., & Chapin, S. H. (2013). *Classroom discussions in math: A teacher's guide for using talk moves to support the common core and more, grades K-6.* Sausalito, California, USA: Math Solutions: Scholastic.

Collado, D., Lomos, C., & Nicaise, I. (2015). The effects of classroom socioeconomic composition on student's civic knowledge in Chile. *School Effectiveness and School Improvement, 26*(3), pp. 415-440. http://dx.doi.org/10.1080/09243453.2014.966725

Common Core State Standards Initiative (2010). *Common Core State Standards for English Language Arts & Literacy in History/Social Studies, Science, and Technical Subjects.*

Cox, C. y Castillo, J. C. (Ed.) (2015). *Aprendizaje de la Ciudadanía. Contextos, Experiencias y Resultados.* Santiago: Ediciones UC.

Flanagan, A., Cerda, G., Lagos, D. & Riquelme, S. (2010). Tensiones y distensiones en torno a la ciudadanía y formación ciudadana: comparación de los significados de profesores y estudiantes secundarios en la región de Valparaíso. *Última década, 33* (diciembre 2010), pp. 115-137.

Flores-González, L. M., & García-González, C. A. (2014). Paradojas de la participación juvenil y desafíos de la educación ciudadana en Chile. *Magis. Revista Internacional de Investigación en Educación, 6*(13), 31-48.

Grossman, P., & McDonald, M. (2008). Back to the future: Directions for research in teaching and teacher education. *American Educational Research Journal 45*(1), pp. 184-205.

Habermas, J. (1990). *Teoría de la acción comunicativa.* Buenos Aires: Taurus.

Henríquez, R. & Mardones, R. (2015). "Educación y ciudadanía". En Sánchez, I. (Ed.) *Ideas en Educación. Reflexiones propuestas* (pp. 572-600). Santiago: Ediciones UC.

Henríquez, R., Carmona, A. y Quinteros, A. (2018). Escribir historia desde las evidencias. Géneros históricos y sentido histórico en estudiantes de 8vo de Educación Básica. *Revista Signos. Estudios de Lingüística.*

Koselleck, R. (2013). *Los estratos del tiempo: estudios sobre la historia.* Barcelona: Ediciones Paidós.

Lave, J., & Wenger, E. (1991). *Situated learning: Legitimate peripheral participation.* Cambridge, England: Cambridge University Press.

Ley 20.911, Crea el plan de Formación Ciudadana para los establecimientos educacionales reconocidos por el Estado, Santiago 17 de marzo de 2016.

Magendzo, A. & Toledo, M. I. (2009). Moral dilemmas in teaching recent history related to the violation of human rights in Chile. *Journal of Moral Education*, 38(4), pp. 445-465. http://dx.doi.org/10.1080/03057240903321923

Martínez, M. L. & Cumsille, P. (2015). La escuela como contexto de socialización política: influencias colectivas e individuales. En Cox, C. & Castillo, J. C. (Eds.) *Aprendizaje de Ciudadanía. Contexto, Experiencias y Resultados* (pp. 429-457). Ediciones UC.

Meneses A, Alejandra, Müller A, Magdalena, Hugo R, Evelyn, & García M, Ángeles. (2016). Discusión productiva para la comprensión de textos: habilidades y conocimientos específicos en la formación inicial de profesores. *Estudios pedagógicos (Valdivia)*, 42(4), pp. 87-106. https://dx.doi.org/10.4067/S0718-07052016000500006

MINEDUC (2016). *Historia, Geografía y Ciencias Sociales. Programa de Estudio Primero Medio.*

Ministerio de Educación, Chile, MINEDUC (2015). *Programa de Estudio. Historia, Geografía y Ciencias Sociales. Tercer año medio.* Recuperado de: www.curriculumenlineaMINEDUC.cl/605/articles-30013_recurso_30_2.pdf

Ministerio de Educación, Chile, MINEDUC (2017). *Propuesta curricular para 3º y 4º medio.* Recuperado de: http://basesdelfuturo.educarchile.cl/wp-content/uploads/2017/03/Propuesta_Curricular-Consulta-P%C3%BAblica.pdf.

Miranda, D., Castillo, J. C. & Sandoval-Hernández, A. (2015). Desigualdad y Conocimiento Cívico: Chile en Comparación Internacional. En Cox, C. & Castillo, J. C. (Eds.) *Aprendizaje de Ciudadanía. Contexto, Experiencias y Resultados* (pp. 487-524). Ediciones UC.

Muñoz Labraña, C. & Martínez Rodríguez, R. (2015). Prácticas pedagógicas y competencias ciudadanas: El caso del docente de historia en Chile. *Revista Electrónica Actualidades Investigativas en Educación*, 15(3), pp. 1-22. https://doi.org/10.15517/aie.v15i3.20658

Muñoz Labraña, C. & Torres Durán, B. (2014). La formación ciudadana en la escuela: Problemas y desafíos. *Revista Electrónica Educare*, 18(2), pp. 233-245. http://dx.doi.org/10.15359/ree.18-2.12

Muñoz, C., Victoriano, R., Luengo, H., Nail, N. & Ansorena, N. (2010). *El desafío de la Formación Ciudadana. Principios para un modelo de integración curricular en Lenguaje y Comunicación y Estudio y Comprensión de la Sociedad para la EGB.* Concepción: Ediciones Universidad de Concepción.

Nystrand, M. (2006). Research on the role of classroom discourse as it affects reading comprehension. *Research in the Teaching of English, 40*, pp. 392-412.

Reisman, A. (2015). Entering the historical problem space: Whole-class text-based discussion in history class. *Teachers College Record, 117*(2), pp. 1-44.

Reyes, L., Campos, J., Osandón, L. & Muñoz, C. (2013). El profesorado y su rol en la formación de los nuevos ciudadanos: desfases entre las comprensiones, las actuaciones y las expectativas. *Estudios Pedagógicos, 39*(1), pp. 217-237.

Reznitskaya, A., Kuo, L.-J., Clark, A.-M., Miller, B., Jadallah, M., Anderson, R. & Nguyen-Jahiel, K. (2009). Collaborative reasoning: a dialogic approach to group discussions. *Cambridge Journal of Education, 39*(1), pp. 29-48.

Toledo Jofré, M. I., Magendzo Kolstrein, A., Gutiérrez Gianella, V., & Iglesias Segura, R. (2015). Enseñanza de 'temas controversiales' en la asignatura de historia y ciencias sociales desde la perspectiva de los profesores. *Estudios Pedagógicos, 41*(1), pp. 275-292.

Treviño, E., Béjares, C., Villalobos, C. & Naranjo, E. (2017). Influence of teachers and schools on students' civic outcomes in Latin America. *The Journal of Educational Research, 110*(6), pp. 604-618. http://dx.doi.org/10.1080/00220671.2016.1164114

Veneros Ruiz-Tagle, D., & Toledo Jofré, M. I. (2009). Del uso pedagógico de lugares de memoria: visita de estudiantes de educación media al Parque por la Paz Villa Grimaldi (Santiago, Chile). *Estudios Pedagógicos, 35*(1), pp. 199-220.

Vygotsky, L. S. (1978). *Mind in society: The development of higher psychological processes*. Cambridge, Mass.: Harvard University Press.

CAPÍTULO 25

LAS CONTROVERSIAS POLÍTICAS DE LA EDUCACIÓN CIUDADANA[1]

RODRIGO MARDONES
Instituto de Ciencia Política UC

1   Este trabajo ha recibido apoyo financiero de CONICYT a través del proyecto FONDE-CYT N° 1171448, del cual el autor es Investigador Responsable.

INTRODUCCIÓN

Motivada por visiones normativas de la sociedad y en el contexto de procesos políticos nacionales distintivos, desde los años 90 se observa en el mundo una preocupación especial por la política pública de la educación ciudadana. En algunos casos, esta preocupación se ha traducido en reformas curriculares resultado de sendas comisiones y procesos de consulta. En el caso de Inglaterra, la reforma curricular de 2000 estuvo inspirada por el *Crick Report* (United Kingdom, 1998), con el propósito principal de potenciar la alicaída participación electoral de los jóvenes británicos (Osler & Starkey, 2001, p. 288). En el caso de Francia, el gobierno creó en 1991 una comisión llamada *Groupe Technique Disciplinaire, éducation civique*, lo que concluyó con un nuevo plan y programas en 1998 y, tal como en Gran Bretaña, un elemento catalizador de la reforma curricular francesa fue el bajo nivel de participación electoral de los jóvenes y su creciente alienación política (Haigh, Murcia & Norris, 2014, p. 602). Por su parte, la reforma a la educación ciudadana en Australia se inspiró en una serie de principios establecidos en el *Civics and Citizenship Draft Shape Paper*, formulada por la *Australian Curriculum Assessment and Reporting Authority* en 2012, entre los que se cuentan incentivar la comprensión del proceso de toma de decisiones bajo su sistema de gobierno, así como conocer los derechos, deberes y valores que sustenta la democracia australiana (Haigh et al., 2014, p. 599).

En Chile, el Presidente Eduardo Frei Ruiz-Tagle convocó en 1994 a una *Comisión Nacional de Modernización de la Educación*, que luego aprobó el documento *Los Desafíos de la Educación Chilena frente al Siglo XXI* (Gobierno de Chile, 1995), marco que permitió la modificación de los currículos de educación ciudadana para Enseñanza Básica (1996) y para Media (1998).

En contextos diversos y con apremios políticos específicos, en Chile y en el mundo existe un amplio consenso en que el objetivo primario de la educación ciudadana es promover las capacidades y compromisos en los niños y jóvenes para el ejercicio efectivo de la ciudadanía democrática (Junn, 2004, p. 253; Ross, 2004, p. 249; Westheimer, 2004, p. 232). Sin embargo, este consenso sobre el rol virtuoso de la educación ciudadana en la calidad de la democracia pronto se diluye cuando aparecen en las discusiones una serie de objetivos que son promovidos por algunos sectores políticos y evitados por otros. Este capítulo revisa primero algunas controversias políticas sobre la educación ciudadana en el debate académico internacional, para luego evaluar su presencia y variantes en Chile.

CONTROVERSIA SOBRE TIPOS DE CIUDADANO

Un primer ámbito de controversia surge al intentar precisar en qué consiste exactamente la ciudadanía. Desde la teoría política, Kymlicka y Norman (1994) dan cuenta de las distintas visiones de ciudadanía. Desde la izquierda, la visión de T. S. Marshall pone énfasis en los derechos que definen los tres tipos de ciudadanía; a saber, civil, política y social (Marshall, 1950), lo que requeriría el Estado de Bienestar de carácter liberal-democrático. Para Kymlicka y Norman, lo anterior es criticado desde la derecha como una concepción de ciudadanía pasiva –que solo reclama derechos y que generaría una cultura de dependencia– y por la ausencia de obligaciones, responsabilidades y virtudes. En respuesta, la izquierda consiente en la incorporación de responsabilidades y virtudes en su concepción de ciudadanía, pero rechaza la idea de obligaciones de los receptores de políticas sociales del Estado, prescritas por los programas de *workfare* en países anglosajones, concluyen Kymlicka y Norman.

Westheimer y Kahne (2004, 242-243) –por su parte– responden a la dimensión de responsabilidades y virtudes identificando tres tipos de buen ciudadano; a saber, ciudadano responsable, ciudadano participativo y ciudadano orientado a la justicia. Los tres tipos comparten el objetivo de contribuir a resolver los problemas sociales y mejorar la sociedad. El ciudadano responsable apunta a este objetivo siendo honesto y respetuoso de las leyes; esto es, se compromete en su comunidad, trabaja y paga sus impuestos, recicla y dona sangre, y se ofrece como voluntario en momentos de crisis. El ciudadano participativo, por su parte, se involucra activamente de forma permanente y asume roles de liderazgo en organizaciones políticas, ciudadanas y comunitarias. Conoce –además– las funciones de los servicios públicos y agencias del Estado y maneja estrategias para el logro de objetivos colectivos. Finalmente, el ciudadano orientado a la justicia evalúa, cuestiona y promueve –a través de la concientización y la acción colectiva– el cambio de los sistemas y estructuras que reproducirían patrones de injusticia (Westheimer & Kahne, 2004, 244-245). Claramente estos autores manifiestan una predilección por esta tercera modalidad de ciudadano. Sin embargo, los tres tipos exigen un activismo mucho mayor que el mero cumplimiento del deber de votar en las elecciones.

Una arista adicional sobre el tipo de ciudadano es la que resulta de la introducción de la categoría de ciudadanía global. Tradicionalmente, el nacionalismo impidió el asentamiento de la idea de comunidad internacional (Banks, 2004, p. 9); sin embargo, en el último tiempo la propuesta de ciudadanía global –promovida entre otros por Martha Nussbaum (1996)– ha sido incorporada como un componente crítico de la educación ciudadana. Las motivaciones para impulsar el modelo de ciudadanía global son variadas, pero en dos extremos se mencionan, por un lado, la necesidad de desarrollar capacidades laborales para desenvolverse en una economía mundializada, llamado "enfoque de las competencias globales", y, por el otro, el desarrollo de una orientación, empatía y sensibilidad cultural hacia los ciudadanos de otros países, conocido como "enfoque de la conciencia global" (Goren & Yemini, 2017, p. 171) o "cosmopolitismo", que es la perspectiva que favorece Nussbaum y otros teóricos políticos. La idea de cosmopolitismo incluye el desarrollo de una identidad común y una actitud de empatía hacia personas que están fuera del ámbito del Estado-nación. Para Amy Gutmann (1999, p. 311), por ejemplo, el cosmopolitismo es "…un afecto hacia todos los seres humanos independiente de las identidades particulares".

Desde el siglo XIX la educación cívica o ciudadana ha intentado reforzar el Estado-nación como comunidad política de referencia. En el debate contemporáneo, por el lado de los "patriotas", aparecen destacados estudiosos como Gertrude Himmelfard, Hilary Putnam y Michael Walzer. Para este último, a diferencia de la ciudadanía nacional, la ciudadanía global no tiene los anclajes institucionales que requiere el ejercicio de la ciudadanía, por lo que se trataría de un concepto abstracto que no haría referencia a un fenómeno real (Walzer, 1996, p. 125).

En verdad, los "patriotas" –tal como los "cosmopolitas"– rechazan las desviaciones del patriotismo xenófobo, mientras que aceptan la necesidad de desarrollar y fortalecer en los ciudadanos las actitudes positivas del cosmopolitismo. Se trata, en definitiva, de una diferencia de énfasis más que de sustancia. De modo que algunos países han incluido en sus reformas curriculares elementos de este nuevo paradigma de la educación ciudadana global. Destaca a nivel mundial el esfuerzo de la UNESCO (2015) en la promoción de la educación ciudadana global, bajo la modalidad del enfoque de la conciencia global, donde las preocupaciones centrales son desarrollo sustentable, justicia, equidad social y solidaridad global.

CONTROVERSIA SOBRE LA IDENTIDAD NACIONAL

Además de derechos, responsabilidades y virtudes que todo buen ciudadano debiera sustentar, una dimensión clave de la ciudadanía es la identidad. Según Haste (2010, p. 167), el asunto político importante es cómo se define la ciudadanía, quiénes son y quiénes no son ciudadanos, a propósito de la inmigración y una percepción de amenaza a la identidad nacional que se encuentra en tensión con una ética liberal de tolerancia y apertura al multiculturalismo (Osler & Starkey, 2001).

Para Kymlicka y Norman (1994, pp. 370-372), la ciudadanía como identidad es la expresión de la membresía de individuos en una comunidad política. Estos autores constatan que la tendencia mundial de pluralismo cultural dentro de los Estados-nación genera demandas por "ciudadanía diferenciada", tales como derechos de representación especial, derechos de autogobierno y derechos multiculturales. La respuesta más típica es permitir dentro del Estado-nación la diferenciación, mientras no se debilite su identidad principal. Dinamarca, por ejemplo, hizo una reforma curricular en los 90 con el objetivo declarado de resguardar la democracia, la cohesión social y la identidad nacional danesa, las que el proceso de globalización habría debilitado (Jensen & Mouritsen, 2015). El 2001 el diagnóstico era que la juventud musulmana en Dinamarca no tendría una mentalidad suficientemente democrática y que, careciendo de un sentido de pertenencia nacional, sería propensa a radicalizarse. Como consecuencia, el currículo se habría centralizado y habría aumentado sus contenidos de historia, idioma danés y literatura, además de educación ciudadana, la que era concebida como una herramienta para asimilar culturalmente a hijos de inmigrantes no occidentales, concluyen Jensen y Mouritsen (2015).

También en Francia e Inglaterra se registraron hacia 1999-2000 cambios en los currículos de educación ciudadana en vistas a fortalecer la democracia, pero, tal como en Dinamarca, con un foco puesto en la tolerancia a la diversidad racial y étnica, que se habría acentuado producto de las corrientes migratorias (Osler & Starkey, 2001, p. 287). La respuesta en este contexto fue otorgar preeminencia a la identidad nacional tradicional. La educación ciudadana en Francia –por ejemplo– ha mantenido como objetivo el reforzar su carácter republicano, lo que a veces ha entrado en conflicto con valores privados o de grupos étnicos o religiosos que tendrían el potencial de debilitar la identidad nacional y que, por lo tanto, debieran quedar sometidos al *ethos* republicano (Osler & Starkey, 2001, p. 290). Lo mismo ocurre en EE.UU., donde se reconoce el origen culturalmente diverso de su población, pero al mismo tiempo es difundida la idea de que existe un conjunto de creencias comunes, las que serían fácilmente identificables (Westheimer & Kahne, 2004, p. 234). Por lo tanto, la respuesta convencional al dilema de la inmigración en EE.UU. es que los hijos de los inmigrantes deben ser socializados en los valores patrios, de manera de preservar el verdadero carácter de la democracia americana (Junn, 2004, p. 253).

De lo expuesto anteriormente no resulta claro si la fórmula de abrazar el multiculturalismo mientras se refuerza la identidad nacional centrada en los valores patrios tradicionales efectivamente resuelve el dilema. El desafío más bien es cómo se actualiza una identidad nacional que por definición no puede ser estática. Aceptar el multiculturalismo puede enriquecer la identidad nacional, pero solo en la medida en que esta se reformule manteniendo los elementos esenciales que la definen.

LA FALACIA DE LA NEUTRALIDAD POLÍTICA

Las dimensiones de la ciudadanía y sus énfasis (derechos, responsabilidades, virtudes, orientación global e identidad) representan visiones en el ámbito escolar que son el reflejo de posiciones políticas dispares en la esfera pública. El abordaje de este posicionamiento político resulta difícil de acomodar en el sistema escolar. Para muchos educadores y autoridades escolares, la respuesta ha sido evitar la controversia.

En efecto, según Westheimer (2004, p. 231), mientras que algunos consideran la educación ciudadana como una forma de enseñar habilidades críticas y deliberativas en un ámbito plural de visiones acerca de la historia, la política exterior y los asuntos domésticos, otros se sienten incómodos con enfoques que generan disenso y críticas al *establishment* político. Lo anterior se justifica cuando la incomodidad se transforma en sanciones reales. Por ejemplo, después del 11 de septiembre de 2001, cuando EE.UU. definió su respuesta frente al terrorismo islámico, se reportaron numerosos casos de maestros sancionados por discutir con sus estudiantes sobre la Guerra de Irak y por expresar en las aulas opiniones distintas a la política de Estado (Westheimer, 2004, 232). De modo general, las sanciones no provienen únicamente de las autoridades de la escuela y del sistema educativo. Los padres suelen vocalizar su descontento cuando en la escuela se formulan juicios políticos que se apartan de sus preferencias y que suelen asociar con un adoctrinamiento de niños y jóvenes (Hess, 2004, 258).

La pretensión de que la educación ciudadana sea apolítica o neutral, en realidad busca una conformidad ciudadana con posiciones oficialmente aceptadas (Westheimer 2004, 232). Frente a este problema, Hess (2004, 259-260) señala que la respuesta de los profesores se ha dado en cuatro modalidades. La primera es la denegación del carácter controversial de un determinado tema político y la enseñanza de la visión del profesor como verdadera. La segunda es privilegiar una visión particular, aun cuando se reconoce frente a los estudiantes que existe una controversia sobre el tema. La tercera es omitir el tratamiento del tema controvertido, puesto que el profesor no cree poder ser objetivo, o no quiere tratar al tema o es mandatado por la autoridad escolar a no hacerlo. Finalmente, la cuarta respuesta es enseñar una posición balanceada presentando en clase las visiones contrapuestas en un esfuerzo de ecuanimidad. Muchos adhieren a esta última visión, la que no es siempre recomendable. Según Hess, en aras de la ecuanimidad no se puede balancear la democracia con ideas totalitarias o contrarias a la dignidad humana; lo que corresponde –en cambio– es un rechazo rotundo, en línea con la primera respuesta.

Evitar la controversia equivale a "sanitizar" la educación ciudadana, lo que resulta profundamente errado (Haigh et al., 2014, p. 599).

Sin incorporar las controversias y el conflicto en la educación ciudadana, se reduce la ciudadanía a una práctica insustancial, que reconoce las funciones del gobierno y el Estado de Derecho, pero que oculta la naturaleza esencialmente política de la vida democrática (Haigh et al., 2014). Pero no solo se desvirtúa precisamente el objeto que se pretende enseñar, sino que esta visión es instrumental a un sector político específico: el conservadurismo. En efecto, para Westheimer (2004, 233) la concepción ideológicamente conservadora de la educación ciudadana no refleja elecciones arbitrarias o neutras, sino que es instrumental al propósito de no alterar el orden social, político y económico, lo que tiene masivas consecuencias políticas.

Aparte de la pretendida neutralidad de la educación ciudadana, la definición de cuáles contenidos, habilidades y valores debieran ser incorporados en el currículo ha sido un ámbito de intensas querellas, que por lo demás es fiel reflejo de las disputas tradicionales en la asignatura de Historia y Ciencias Sociales. En efecto, en EE.UU. las controversias sobre los contenidos de la asignatura de *Social Studies* ha sido caracterizada como una verdadera guerra ideológica (Evans, 2004). Esta confrontación de ideas también es explicada por Ross (2004, 249) en los términos de dos concepciones contrapuestas de ciudadanía; por un lado, una visión que desea mantener un orden en torno a los valores e instituciones tradicionales del país (reproducción social) y, por el otro lado, una visión que disputa ese orden (reconstrucción social), a través de la examinación crítica de las tradiciones, instituciones y prácticas sociales existentes.

Según Ross (2004, 250), hasta hace poco, en el sistema escolar estadounidense habrían convivido múltiples orientaciones curriculares, pero esta característica se habría modificado recientemente con una reforma orientada a la estandarización curricular y a un control más estricto y centralizado, medida que limitaría los beneficios que el pluralismo comporta para la educación ciudadana. Según Ross, esta tendencia sería el resultado de una visión de rechazo al enfoque de reconstrucción social denunciado en el libro editado por Leming y Ellington (2003), quienes acusan que dicha perspectiva se habría articulado en las facultades de educación de algunas universidades estadounidenses de izquierda, con el objetivo de generar un cambio social radical. Para Ross (2004, 250), el dilema que traza el enfoque de reproducción social no es distinto a lo formulado hace 100 años por John

Dewey (2011) en *Democracia y Educación*, quien señala que todas las sociedades usan el sistema escolar como un medio de control social.

En una sociedad democrática existen –entonces– variadas visiones sobre los fines y estrategias de la educación ciudadana, y lo que corresponde al Estado es permitir la coexistencia de estas visiones, en tanto sean compatibles con los valores democráticos. Hay dos rasgos importantes del sistema escolar que pueden favorecer la inclusión de visiones diversas. El primero es la garantía de la libertad de educación y el segundo es la descentralización del sistema escolar. Lo anterior, en sintonía con la idea de razón pública de Rawls (1997), aseguraría la exclusión de proyectos educativos antidemocráticos. Siguiendo a Rawls, se debe debatir, deliberar y justificar en la esfera pública el propósito del sistema escolar y el de la educación ciudadana en general y de los proyectos educativos en particular, sean de reproducción social (derecha) o de reconstrucción social (izquierda).

LA POLÍTICA DE LA EDUCACIÓN CIUDADANA EN CHILE

La atención pública en la educación cívica se perfiló en el siglo XIX con el objetivo político de favorecer la construcción del Estado-nación (Dewey, 2011, p. 53), mientras se transitaba por los procesos de separación entre Iglesia y Estado. Como ejemplo, en Italia el sistema escolar respondía a dos fines políticos: fortalecer la reunificación y contribuir a la secularización del Estado (Ribolzi, 2004, p. 269). En el caso de Francia, Osler y Starkey (2001, p. 289) argumentan que el gobierno tuvo una temprana preocupación por este tema, con el objetivo de consolidar el apoyo ciudadano a la Tercera República (1870-1940) y que tomó su primera forma con la *Instruction Morale et Civique* del Ministerio de Instrucción Pública, instaurada a partir de 1882 en reemplazo de la *Instruction Morale et Religieuse*.

En el caso de Chile, en 1912 se estableció formalmente la educación cívica como parte del currículo escolar, en los últimos años de la secuencia escolar tanto primaria como secundaria (Gobierno de Chile, 2004a, p. 6). En esa época, los partidos radical y democrático, aunque minoritarios, buscaron –según Lira (2013, pp. 32-33)– universalizar la educación primaria y favorecer una pedagogía que canalizara la reivindicación social por métodos no rupturistas. Tres libros de la época sirvieron como textos escolares para la educación cívica, cuyos autores fueron Francisco Valdés Vergara (liberal), Luis Galdames (radical) y Malaquías Concha (democrático).[2] Mientras el primero ponía énfasis en los valores patrios, la participación electoral y los deberes ciudadanos, como el servicio militar, los dos últimos agregaban la necesidad de desarrollar una conciencia crítica en torno a la cuestión social (Lira, 2013, pp. 36-43).

Esta última aspiración se materializó con el Reglamento General de Escuelas Primarias (Decreto No. 6039 del 10 de diciembre de 1929), el cual prescribió que la asignatura de Ciencias Sociales comprendiese Historia, Geografía e "Instrucción Cívica". Poco después, en 1931, el Programa de Educación Primaria determinó que para el 5º y 6º año los estudiantes deberían ser capaces de comentar los aspectos más importantes de las leyes sociales (Lira, 2013, pp. 28-31).

El plan de estudios de los liceos de Chile –vigente desde 1955– estableció que la asignatura de Educación Cívica se impartiese en 5º y 6º año de humanidades, con dos horas a la semana, abordando también sus contenidos en Historia y Geografía y Castellano, además del espacio de Consejo de Curso. Sin embargo, la reforma educacional de 1967 eliminó la Educación Cívica como asignatura independiente e integró sus contenidos en Historia y Ciencias Sociales (Gobierno de Chile, 2004a, pp. 6-7).

La Revolución en Libertad (1964-70) y la Vía Chilena al Socialismo (1970-73) tenían objetivos fundacionales sobre la política, la economía y la sociedad, de modo que la reforma educacional respondía a fines ideológicos ambiciosos. En su pretensión comprensiva, más allá de alterar las políticas, programas y prácticas sectoriales, tenían el potencial de realizar un cambio paradigmático a nivel societal.

En el caso del gobierno de Frei Montalva destacan medidas de expansión en el acceso, reforma curricular, cambios en la filosofía de la educación (menos centrada en la jerarquía y en los contenidos lectivos y con más énfasis en la formación integral de la persona), nuevas prácticas pedagógicas y reorganización de los nuevos ciclos de Enseñanza

---

2   Luis Galdames. *Estudio de la Historia de Chile* (Santiago: Universo 1916); Malaquías Concha. *Cartilla de Educación Cívica. Elementos de Derecho Público y de Economía Política para el uso de las Escuelas Superiores y Normales de la República* (Santiago: Universo 1924); y Francisco Valdés Vergara. *Historia de Chile para la Enseñanza Primaria* (Santiago: Universo 1930).

Básica y Media, entre otros (Cox, 1984). Dado el carácter de reforma comprehensiva, resulta difícil evaluar el impacto de una medida "micro", tal como la eliminación de la asignatura de Educación Cívica en 1967. Con todo, la reforma educacional del gobierno de Frei pudo llevarse a cabo sustentada en el diagnóstico compartido de la necesidad de cambio y en el hecho de que no tuvo la oposición política que generaría una reforma radical, como sí ocurriría bajo la Unidad Popular.

En su clásico de 1968 (*Pedagogía del oprimido*), Paulo Freire denunció la educación capitalista como una forma de dominación que reduce la capacidad de las personas de cuestionar un orden injusto, de manera que la pedagogía consistiría propiamente en liberar la conciencia de los oprimidos (Freire, 2000). Es este enfoque marxista de pedagogía crítica el que estaba en la base del proyecto de la Escuela Nacional Unificada (ENU) del gobierno de la Unidad Popular. Iniciado este proyecto en 1971, generó intensa oposición, siendo postergada su aprobación y finalmente abortado por el Golpe Militar de 1973. Las implicaciones políticas y ciudadanas de este proyecto serían enormes y, por supuesto, superaban las cuestiones técnicas y curriculares de la educación, apuntando en cambio a refundar sus cimientos y fines.

Durante el Gobierno Militar se dieron dos reformas curriculares: en 1974 y 1980/1981. Según Bascopé et al. (2015), la de 1974 promovió una ideologización nacionalista del currículo, mientras que la de 1980/1981 articuló los principios del modelo de democracia protegida, sustentado por la Constitución de 1980, con el fin político de "despolitizar la sociedad". Con esta última reforma curricular se reintrodujo la asignatura, esta vez como Educación Cívica y Economía, con dos horas semanales de Educación Cívica en 3º medio y dos horas semanales de Economía en 4º medio (Decreto 300 del 30 de diciembre de 1981), mientras que en Enseñanza Básica los contenidos formaron parte de la asignatura de Ciencias Sociales e Historia (20 de mayo de 1980).

Para la reforma curricular de Enseñanza Media de 1981, Bascopé et al. (2015, p. 252) constatan que el Ministerio de Educación, a través del Centro de Perfeccionamiento e Investigaciones Pedagógicas (CPEIP), consultó a educadores y académicos de facultades de educación. Para el caso de la reforma en Básica, las consultas fueron dirigidas a profesores de colegios privados, cercanos a las autoridades ministeriales de la época. Al ministro de Educación de ese entonces – Alfredo Prieto– le correspondió llevar adelante la parte más importante de la reforma educacional comprehensiva realizada por el Gobierno Militar. Al describir las principales negociaciones –en el círculo estrecho de actores que apoyaban al Régimen–, señalaba que los planes y programas de estudio eran una dimensión muy difícil que generaba conflictos permanentes con la Academia Chilena de la Historia y con otros centros académicos (Espínola & De Moura Castro, 1999, p. 36).

El 10 de marzo de 1990 el Gobierno Militar dictó como ley de amarre –un día antes del fin de la dictadura– la Ley Orgánica Constitucional de Enseñanza (LOCE), que entre varios otros asuntos terminó con el monopolio ministerial sobre el currículo escolar y sobre los planes y programas de enseñanza, atribución que sostenía desde el siglo XIX (Cox, 2006, pp. 2-4). De esta forma, se permitía la autonomía de las escuelas, para que dentro de un marco curricular que ahora contiene *Objetivos Fundamentales y Contenidos Mínimos Obligatorios* definidos por el Ministerio, pudiesen elaborar sus propios planes y programas. Se creó entonces un Consejo Superior de Educación como organismo autónomo que entre otras funciones debía aprobar el marco curricular propuesto por el Ministerio, y cuyo mecanismo de renovación parcial de sus integrantes buscó impedir el control político total por parte del gobierno de turno.[3] Efectivamente, la creación de un ente autónomo con el mencionado mecanismo pone de relieve el significado político de su tarea y lo resuelve, según Cox (2006), mediante una integración mixta (político-técnica) y procurando un balance ideológico en su integración.

Las reformas educacionales de los años 80 en dictadura apuntaban al sistema de financiamiento (incorporando la subvención escolar a la demanda), a la dependencia del sistema escolar (descentralización y privatización), la flexibilidad curricular y la flexibilización de los contratos docentes. Por su parte, en los 90 las reformas tuvieron un componente de contenidos y procesos educativos (Programa de Mejoramiento Escolar y red informática Enlaces); un componente de programas focalizados (Programa de las 900 escuelas, MECE Rural, MECE Enseñanza Media); un componente de financiamiento (aumento de subvención, pagos diferenciados de familias en educación particular subvencionada, donaciones de empresarios, aportes de mu-

---

3   Con la Ley General de Educación (20.370) de 2009 pasa a denominarse Consejo Nacional de Educación.

nicipios y de sostenedores); un componente de extensión de jornada escolar; un componente de condiciones contractuales del profesorado; y, finalmente, un componente de contenidos curriculares (Espínola & De Moura Castro, 1999, pp. 12-24). De modo que es en este marco de reforma comprehensiva donde se da en los 90 la discusión sobre la educación ciudadana; además de condicionada por el contexto de una inconclusa transición a la democracia, marcada por incidentes tales como el "Ejercicio de Enlace" (1990), el "Boinazo" (1993) y el "Picnic de Punta Peuco" (1995).

Específicamente en el ámbito de contenidos, la primera tarea del Ministerio de Educación del gobierno de Aylwin fue la definición del marco curricular exigido por la LOCE, tarea que quedó a cargo –tal como en 1981– del CPEIP en una modalidad a puertas cerradas (Picazo, 2007, p. 314). Para el caso de Básica, fue un proceso con pocas consultas externas, distinto de la modalidad de consulta más amplia utilizada para Enseñanza Media (Bascopé et al., 2015, p. 257). La propuesta curricular del CPEIP incluía una serie de temas emergentes, tales como género, medio ambiente y derechos humanos. Al darse a conocer por la prensa, la iniciativa fue objetada por la oposición de derecha, la que lo comparaba con el proyecto de la Escuela Nacional Unificada (Cox, 2006, p. 6; Picazo, 2007, p. 319).

Tal como lo señala Cox (2006, p. 2), las concepciones de orden social, valores e identidad y la posibilidad de distintos grupos políticos de transmitir al sistema escolar su visión específica a través del currículo escolar inciden en que este ámbito de la educación sea el más directamente político de cualquier reforma educacional, lo que explica el rechazo frontal por parte de la oposición. Ante el temor de una confrontación ideológica y sin posibilidades de resolver institucionalmente el *impasse*, el Gobierno decidió retirar el proyecto, quedando en cualquier caso en evidencia que su resolución requería de un acuerdo tanto técnico como político (Cox, 2006, p. 7). Una arista técnica podría ser la distribución de horas entre las distintas asignaturas, lo mismo que la eventual eliminación o incorporación de ramos. Pero muy probablemente, eran los asuntos que definían la ciudadanía en torno a los temas emergentes –género, medio ambiente y derechos humanos– los que explican el bloqueo del proyecto por parte de la derecha.

Bajo la modalidad de gobernanza conocida como "democracia de los acuerdos", inducida por los enclaves autoritarios y por las amenazas de fuerza del Ejército, y para salir del atasco, el gobierno de Eduardo Frei Ruiz-Tagle creó en 1994 la *Comisión Nacional de Modernización de la Educación*, integrada por 32 miembros de ámbitos diversos de la vida nacional. Al mismo tiempo, se constituyó un *Comité Técnico para el Diálogo Nacional sobre Modernización de la Educación*, conocido como Comité Brunner (Picazo, 2007, p. 327), que propuso un documento de consenso titulado *Los Desafíos de la Educación Chilena frente al Siglo XXI*. Sin entrar en el meollo de las controversias políticas, este documento señalaba vagamente que el currículo debía incluir un componente de educación cívica que familiarizase a los estudiantes con mecanismos y procesos cotidianos de funcionamiento de la sociedad, que al mismo tiempo les permita "…cumplir sus deberes y exigir sus derechos de miembro de la comunidad" (Gobierno de Chile, 1995, pp. 4-16).

A juicio de Cox (2006, pp. 9-10), la modalidad adoptada por el Gobierno de Frei se constituyó al mismo tiempo en un foro experto y un foro ciudadano, que en definitiva articularon una decisión política de actuar en educación en el marco de los consensos y la cooperación. Para Picazo (2007, p. 327), en cambio, para permitir la aprobación de la Comisión Nacional, este consenso en el Comité Brunner se logró obviando la dimensión ética de la educación, que sería precisamente la razón de las controversias políticas, de manera que el documento resultante sería economicista, pragmático e instrumental.

Sergio Molina, ministro de Educación desde septiembre de 1994 a octubre de 1996, señaló que el desacuerdo sobre la reforma curricular no era solo articulado fuera del Gobierno, sino que en el propio Ministerio de Educación existirían diferencias profundas por razones generacionales o de origen profesional; por un lado, los pedagogos y, por el otro, los profesionales provenientes de otras disciplinas (Espínola & De Moura Castro, 1999, p. 69). El ámbito para resolver estas diferencias sería en adelante la Unidad de Currículum y Evaluación (UCE) del Ministerio, que concebía la actualización curricular como su tarea permanente. La UCE realizó entonces varias rondas de consultas con investigadores, docentes y políticos, generando al final los marcos curriculares para Enseñanza Básica y Media, aprobados en 1996 y 1998 respectivamente (Gobierno de Chile, 1996, 1998).

En estos nuevos marcos curriculares se introdujeron cuatro cambios fundamentales. Primero, en concordancia con la práctica internacional, se reemplazó el concepto de *educación cívica*, centrada en conocimientos sobre el Estado y el sistema político, por el concepto de *educación ciudadana*, que incluye conocimientos, habilidades y actitudes (valores). Segundo, se eliminó la asignatura específica de Educación Cívica y Economía creada en 1981, reemplazándola por objetivos y contenidos que estarían presentes en todos los niveles del sistema escolar. Tercero, se estableció que estos contenidos serían preferentemente impartidos a través de la asignatura de Historia y Ciencias Sociales, pero complementados en otras tres asignaturas; a saber, Lenguaje y Comunicación, Orientación y Filosofía. Cuarto, la educación ciudadana estaría también presente en otros espacios de la experiencia escolar, entre los que se incluían los centros de alumnos, instancias ceremoniales y otras actividades extraprogramáticas (Gobierno de Chile, 2004, pp. 4-5).

Cuando se trata de definir qué conocimientos, habilidades y actitudes conforman los Objetivos Fundamentales y Contenidos Mínimos Obligatorios, el Gobierno enumera como ejemplos los siguientes ejes comprehensivos, que incluyen a su vez una serie de temas y aspectos específicos (Gobierno de Chile, 2004a, pp. 16-19):

Conocimientos: democracia y derechos humanos; identidad nacional y relaciones internacionales; cohesión social y diversidad; economía política, y educación ambiental.

Habilidades: manejo de información pública; expresión y debate; relaciones con el otro y manejo en situaciones nuevas; pensamiento crítico y juicio moral; organización y participación, y formulación y resolución de problemas.

Actitudes (o valores): personales (responsabilidad, confianza, honestidad y lealtad); visión del otro (empatía, tolerancia, valoración del otro); integración social (solidaridad y compromiso con la sociedad); convivencia pacífica y democrática (colaboración, apertura al pluralismo, y orientación hacia la libertad y la justicia).

Los temas emergentes que habían trabado la primera ronda de consultas hacia 1991 fueron de todos modos incluidos en la reforma curricular de 1998. Esto sugiere que, más que una confrontación ideológica, fueron las dinámicas políticas de la transición a la democracia las que explican su bloqueo en 1991 y su aceptación posterior en 1998. En rigor, según Bascopé et al. (2015, p. 275), se trata de énfasis temáticos distintos, puesto que mientras el currículo autoritario pone énfasis en patriotismo, familia y Constitución, el currículo en democracia lo hace en equidad, tolerancia y diversidad.

En diciembre de 2004 se publicó el *"Informe de Comisión. Formación Ciudadana"*, resultado del trabajo de una comisión plural de expertos, políticos y actores sociales convocada durante el gobierno de Ricardo Lagos y encabezada por el académico Carlos Peña (Gobierno de Chile, 2004b). La Comisión enmarcó su trabajo en dos preocupaciones fundamentales: los bajos niveles de participación electoral de los jóvenes y la alta estratificación del sistema escolar. Dicho informe sistematiza las ideas principales del nuevo paradigma mundial de la educación ciudadana, aunque notoriamente deja fuera dos temáticas emergentes de importancia en el mundo, como son la dimensión colaborativa de la política (cohesión social y amistad cívica) y la idea de ciudadanía global (Mardones, 2015)

Con posterioridad a este informe, se realizó una serie de ajustes curriculares. En 2009, durante la primera administración de la Presidenta Michelle Bachelet, se puso mayor énfasis en los contenidos sobre institucionalidad política y el compromiso ciudadano. En 2013 se realizó un cambio en las Bases Curriculares que reformula las oportunidades de aprendizaje de ciudadanía en la escuela. En las tres sucesivas reformas curriculares se modifica, por ejemplo, el nivel en que se imparten estos conocimientos en Enseñanza Media, desde 1º Medio en 1998 a 4º Medio en 2009, y desde ahí a 2º Medio en 2013 (Mardones et al., 2014, p. 218). Habiendo sido incorporadas las temáticas emergentes en las reformas de 1996 y 1998, las siguientes modificaciones no innovan en estos contenidos. Se trata efectivamente de ajustes menores –o de sintonía fina– de aspectos más bien técnicos, tales como la distribución de contenidos de educación ciudadana en distintas asignaturas y la ubicación en la secuencia escolar de contenidos referidos a la institucionalidad política.

A principios de 2015, la Presidenta Bachelet convocó a un *Consejo Asesor Presidencial contra los Conflictos de Interés, el Tráfico de Influencias y la Corrupción*. Centrada en la relación entre los negocios y la política, la Comisión Engel dio a conocer su informe con una serie de recomendaciones en esta materia (Consejo Asesor Presidencial contra los Conflictos de Interés, 2015). El informe tiene muchas referencias a los conceptos de "ética cívica", "moral cívica" y "cultura cívica", presentando una sección referida a la "formación cívica" como un eje transversal del sistema escolar –que es precisamente así desde las reformas de 1996/1998– que ayude a resolver los dilemas éticos. Incluye además la propuesta de fortalecer la llamada *educación financiera*, que incluye temas de previsión, mercado de seguros, sistema financiero y sistema de salud (Henríquez & Mardones, 2015, pp. 576-577).

El 4 de abril de 2016 entró en vigencia la Ley 20.911, que "crea el plan de formación ciudadana para los establecimientos educacionales reconocidos por el Estado". En su artículo único señala que las escuelas deberán incluir un *Plan de Formación Ciudadana* en los niveles Preescolar, Básica y Media, que debe integrar las definiciones curriculares en la materia (las bases curriculares de 2009). La ley reitera los principios y valores presentes en dichas definiciones curriculares; por ejemplo, democracia, derechos humanos y diversidad. En línea con el Informe de la Comisión Engel, se recoge la necesidad de una formación ética, aunque nada se mandata sobre *educación financiera*.

CONCLUSIÓN

En Chile, hacia 1930, la discusión sobre la educación cívica no se orientaba por el propósito de fortalecer la identidad nacional en un contexto de consolidación del Estado-nación. Tampoco se dirigía hacia el fin político de contribuir a la secularización del Estado. Más bien, parecía fuertemente intencionada por la "cuestión social" y marcada por el fin de la república oligárquica y el advenimiento de la democracia de masas.

Durante buena parte del siglo XX, en Chile la educación cívica no parecía representar una preocupación específica entre los *policymakers*. El asunto quedaba subsumido en el desarrollo del sistema escolar, que experimentó una notable expansión y reformas importantes, las que fueron particularmente profundas durante el gobierno de Eduardo Frei Montalva. El fallido intento del proyecto ENU de la Unidad Popular fue seguido por otra reforma comprehensiva del sistema escolar durante la Dictadura Militar.

Esta última reforma tuvo dos notables implicancias políticas para el tema de la educación ciudadana. La primera fue el intento de sustentar el modelo de democracia protegida bajo la fórmula de una supuesta neutralidad política y del propósito de despolitizar las instituciones y la sociedad. Efectivamente, coincidió la promulgación de la Constitución de 1980 con la restauración de la asignatura de *Educación Cívica y Economía* en Enseñanza Media en diciembre de 1981. La segunda implicancia fue la dictación de la LOCE el 10 de marzo de 1990 que, entre otras cosas, posibilitó la descentralización curricular. Aunque el Ministerio de Educación mantuvo su rol en la definición de los Objetivos Fundamentales y Contenidos Mínimos Obligatorios, permite ahora que los planes y programas sean elaborados por las escuelas. Esto resulta valioso, pues asegura la libertad de educación. Sin embargo, al no definir mecanismos que permitan supervisar y eventualmente forzar la aplicación de dichos objetivos y contenidos, se genera el riesgo de que ciertas escuelas promuevan un plan de educación ciudadana aséptico, que paradójicamente excluya la política y sus controversias a fin de asegurar la mentada neutralidad.

En relación con el debate internacional, ni la controversia sobre el tipo de ciudadano que se busca formar (incluida la idea de ciudadanía global), ni los desafíos de la identidad nacional vis a vis los del multiculturalismo, inspiran de manera incisiva los cambios curriculares promovidos en Chile a partir de 1990. Sí lo hacen las vicisitudes de la transición a la democracia, primero con el propósito de promover la agenda de derechos humanos y, segundo, la memoria histórica. Entrando al siglo XXI los ajustes curriculares en Chile –tal como en otros países– respondieron preferentemente a la percepción de la escuálida calidad de la democracia, considerando sus indicadores de alienación política y bajas tasas de participación electoral, además de la fuerte inequidad social y la estratificación del sistema escolar.

Un rasgo típico de las controversias políticas de la educación ciudadana es su carácter instrumental a diversos fines político-normativos. En efecto, variados grupos de interés, movimientos sociales, organizaciones internacionales, etc., intentan adosar sus causas al currículo de educación ciudadana. Recientemente, contenidos como protección civil, educación financiera y prevención de la corrupción se han sumado a los ya más conocidos sobre género, medio ambiente, memoria y derechos humanos. Por cierto, estos temas emergentes podrían merecer un espacio en el sistema escolar. Un criterio para definir su pertinencia es su significado y alcance político, de modo que la educación ciudadana se concentre en lo que efectivamente le corresponde como fin: la socialización política democrática de niños, jóvenes y adultos.

REFERENCIAS

Banks, J. A. (2004). Introduction: Democratic citizenship education in multicultural societies. In J. A. Banks (Ed.), *Diversity and Citizenship Education. Global Perspectives* (pp. 3-15). San Francisco: Jossey-Bass.

Bascopé, M., Cox, C. & Lira, R. (2015). Tipos de ciudadano en los currículos del autoritarismo y la democracia. En C. Cox & J. C. Castillo (Eds.), *Aprendizaje de Ciudadanía. Contextos, Experiencias y Resultados* (pp. 245-281). Santiago: Ediciones UC.

Consejo Asesor Presidencial contra los Conflictos de Interés, el Tráfico de Influencias y la Corrupción (2015). *Informe Final*. Obtenido de http://www.consejoanticorrupcion.cl/.

Cox, C. (1984). *Continuity, conflict and change in state education in Chile: A study of the pedagogic projects of the Christian Democrat and the Popular Unity governments.* (Doctor of Philosophy dissertation), University of London, London.

Cox, C. (2006). Construcción política de reformas curriculares: el caso de Chile en los noventa. *Profesorado. Revista de Currículum y Formación del Profesorado, 10*(1), 1-24.

Dewey, J. (2011). *Democracy and Education.* La Vergne, TN: Simon and Brown.

Espínola, V. & De Moura Castro, C. (Eds.). (1999). *Economía Política de la Reforma Educacional en Chile. La Reforma Vista por sus Protagonistas.* Washington, DC: Banco Interamericano de Desarrollo.

Evans, R. W. (2004). *The Social Studies Wars: What Should We Teach the Children?* New York: Teachers College Press.

Freire, P. (2000). *Pedagogy of the Oppressed. With an Introduction by Donaldo Macedo. Translated by Myra Bergman Ramos [1970]* (30th Anniversary edition ed.). New York: Continuum.

Gobierno de Chile (1995). *Comité Técnico Asesor del Diálogo Nacional sobre la Educación Chilena, designado por S.E. el Presidente de la República. Los Desafíos de la Educación Chilena frente al Siglo XXI.* Santiago: Editorial Universitaria.

Gobierno de Chile, Ministerio de Educación (1996). *Objetivos Fundamentales y Contenidos Mínimos Obligatorios de la Educación Básica.* Santiago: MINEDUC.

Gobierno de Chile, Ministerio de Educación (1998). *Objetivos Fundamentales y Contenidos Mínimos Obligatorios de la Educación Media.* Santiago: MINEDUC.

Gobierno de Chile, Ministerio de Educación, Unidad de Currículum y Evaluación (2004a). *Formación Ciudadana en el Currículum de la Reforma*. Santiago: Ministerio de Educación.

Gobierno de Chile. Ministerio de Educación (2004b). *Informe Comisión Formación Ciudadana*. Santiago.

Goren, H., & Yemini, M. (2017). Global citizenship education redefines - A systematic review of empirical studies on global citizenship education. *International Journal of Educational Research, 82*, 170-183.

Gutmann, A. (1999). *Democratic Education. With a New Preface and Epilogue*. Princeton, NJ: Princeton University Press.

Haigh, Y., Murcia, K. & Norris, L. (2014). Citizenship, civic education and politics: the education policy context for young Australian citizens. *Journal of Education Policy, 29*(5), 598-616.

Haste, H. (2010). Citizenship education: A critical look of a contested field. In L. R. Sherrod, J. Torney-Purta & C. A. Flanagan (Eds.), *Handbook of Research on Civic Engagement in Youth* (pp. 161-188). Haboken, NJ: John Wiley & Sons, Inc.

Henríquez, R. & Mardones, R. (2015). Educación y ciudadanía. En I. Sánchez (Ed.), *Ideas en Educación. Reflexiones y Propuestas desde la UC* (pp. 571-600). Santiago: Ediciones UC.

Hess, D. E. (2004). Controversies about controversial issues in democratic education. *PS: Political Science & Politics, 37*(2), 257-261.

Jensen, K., & Mouritsen, P. (2015). *The politics of citizenship education in Denmark*. Paper presented at the 43rd ECPR Joint Sessions University of Warsaw, Warsaw.

Junn, J. (2004). Diversity, inmigration, and the politics of civic education. *PS: Political Science & Politics, 37*(2), 253-255.

Kymlicka, W. & Norman, W. (1994). Return of the citizen: A survey of recent work on citizenship theory. *Ethics, 104*(2), 352-381.

Leming, J. S. & Ellington, L. (Eds.) (2003). *Where Did Social Studies Go Wrong*. Washington, DC: Thomas B. Fordham Foundation.

Lira, R. (2013). Formación ciudadana y cuestión social: evolución de las asignaturas de Historia y Educación Cívica entre fines del siglo XIX y principios del XX. *Cuadernos Chilenos de Historia de la Educación, 1*(1), 26-64.

Mardones, R. (2015). El paradigma de la educación ciudadana en Chile: una política pública inconclusa. En C. Cox & J. C. Castillo (Eds.), *Aprendizaje de la Ciudadanía. Contextos, Experiencias y Resultados* (pp. 145-173). Santiago: Ediciones UC.

Mardones, R., Cox, C., Farías, A. & García, C. (2014). Currículos comparados, percepciones docentes y formación de profesores para la formación ciudadana: tendencias y proposiciones de mejoramiento. En I. Irarrázaval, C. Pozo & M. Letelier (Eds.), *Concurso Políticas Públicas 2014. Propuestas para Chile* (pp. 215-246). Santiago: Pontificia Universidad Católica de Chile.

Marshall, T. H. (1950). *Citizenship and Social Class. And other Essays*. London: Cambridge University Press.

Nussbaum, M. C. (1996). Patriotism and cosmopolitanism. In M. C. Nussbaum & J. Cohen (Eds.), *For Love of Country* (pp. 2-17). Boston: Beacon Press.

Osler, A. & Starkey, H. (2001). Citizenship education and national identities in France and England: Inclusive or exclusive? *Oxford Review of Education, 27*(2), 287-305.

Picazo, I. (2007). La reforma del currículo escolar chileno: entre tensiones creadoras y consenso necesario. *Revista Pensamiento Educativo, 40*(1), 313-333.

Rawls, J. (1997). The idea of public reason revisited. *The University of Chicago Law Review, 64*(3), 765-807.

Ribolzi, L. (2004). Italy: The imposible choice. In P. J. Wolf & S. Macedo (Eds.), *Educating Citizens. International Perspectives on Civic Values and School Choice* (pp. 268-286). Washington, DC: Brookings Institution Press.

Ross, E. W. (2004). Negotiating the politics of citizenship education. *PS: Political Science & Politics, 37*(2), 249-251.

UNESCO (2015). *Rethinking Education. Towards a global common good?* Paris: UNESCO.

United Kingdom. Advisory Group on Citizenship (1998). *Education for citizenship and the teaching of democracy in schools. Final report of the Advisory Group on Citizenship*. London: Qualifications and Curriculum Authority.

Walzer, M. (1996). Spheres of affection. In M. C. Nussbaum & J. Cohen (Eds.), *For Love of Country* (pp. 125-127). Boston: Beacon Press.

Westheimer, J. (2004). Introduction - the politics of civic education. *PS: Political Science & Politics, 37*(2), 231-235.

Westheimer, J. & Kahne, J. (2004). Educating the "good" citizen: Political choices and pedagogical goals. *PS: Political Science & Politics, 37*(2), 241-247.

PARTE V

ESTADÍSTICAS

CAPÍTULO 26

ESTADÍSTICAS DE LA EDUCACIÓN EN CHILE

ALEXANDRA CUCHACOVICH
Dirección de Análisis Institucional y Planificación,
Prorrectoría UC

INTRODUCCIÓN

Según cifras del Ministerio de Educación, el año 2016 había más de 5 millones de estudiantes en Chile. Un 75,3% de los alumnos cursaban sus estudios de educación parvularia, básica y media en los más de 16 mil establecimientos preescolares y escolares existentes en Chile. El 24,7% restante (1.247.135 alumnos) estudiaban en alguna de las 150 instituciones de educación superior vigentes en el país.

Respecto de los profesores, son más de 385 mil los docentes que educan a los niños, jóvenes y adultos chilenos en los distintos niveles de enseñanza. A los más de 230 mil docentes de establecimientos escolares y casi 46 mil de instituciones preescolares JUNJI e Integra, que representan un 71,6%, se añaden 109 mil académicos de universidades, institutos profesionales y centros de formación técnica.

TABLA 1
PANORAMA GENERAL: INSTITUCIONES, ALUMNOS Y PROFESORES EN CHILE, AÑO 2016

	N° instituciones	N° alumnos	N° docentes
Instituciones preescolares	4.229	259.158	45.981
Junji	3.132	182.142	30.301
Integra	1.097	77.016	15.680
Instituciones escolares	11.858	3.550.837	230.142
Municipal	5.234	1.273.530	101.820
Particular subvencionado	5.950	1.942.222	103.891
Particular pagado	604	288.964	22.179
Corporación de administración delegada	70	46.121	2.252
Instituciones de educación superior	150	1.247.135	109.378
Universidad	59	720.748	74.946

	N° instituciones	N° alumnos	N° docentes
Instituto profesional	42	384.667	22.946
Centro de formación técnica	49	141.720	11.486
Total sistema educacional chileno	**16.237**	**5.057.130**	**385.501**

Fuente: Estadísticas de la Educación 2016. Centro de Estudios MINEDUC, agosto 2017.

Aun cuando la cifra total de estudiantes chilenos aumentó solo un 2,9% en seis años, destaca la expansión de la matrícula en educación parvularia y en educación superior (13,6% y 16,7% más en 2016 en comparación con 2011, respectivamente), junto con una disminución de la matrícula en educación básica y media (2,3% y 7,4% de menor matrícula, respectivamente).

TABLA 2
EVOLUCIÓN DE LA MATRÍCULA TOTAL POR NIVEL, AÑOS 2011-2016

	2011	2012	2013	2014	2015	2016	Variación 2011-2016
N° de alumnos según nivel de enseñanza, años 2011-2016							
Educación parvularia	691.145	715.578	738.656	762.554	776.038	785.368	13,6%
Educación básica	2.049.963	2.021.395	2.001.942	1.997.094	1.995.554	2.003.504	-2,3%
Educación media	1.102.846	1.058.240	1.042.395	1.029.032	1.028.930	1.021.123	-7,4%
Educación superior	1.069.101	1.126.920	1.184.371	1.215.310	1.233.043	1.247.135	16,7%
Total	4.913.055	4.922.133	4.967.364	5.003.990	5.033.565	5.057.130	2,9%

Fuente: Estadísticas de la Educación 2016. Centro de Estudios MINEDUC, agosto 2017.

En relación con el gasto en educación, un 5,4% del producto interno bruto (PIB) se destina a ella en Chile. A nivel escolar, el gasto total asciende a un 3,3% del PIB (2,7% de gasto público y 0,6% de gasto privado). En el caso de la educación superior, 62% corresponde a gasto privado (principalmente de las propias familias) y el resto a gasto público, totalizando un 2,1% del PIB entre ambos tipos de fuentes. Cabe mencionar que Chile es uno de los países con mayor participación de los privados en el financiamiento de la educación, tanto a nivel escolar como superior.

Respecto del gasto público, un 15,7% del total es destinado a educación, desglosado en un 5,0% dirigido al financiamiento de la educación primaria, 5,7% al de la secundaria y 5,0% al de la terciaria (incluyendo I+D).

TABLA 3
GASTO EN EDUCACIÓN EN CHILE

	Educación primaria, secundaria y postsecundaria no terciaria	Educación terciaria	Total
Gasto en educación en Chile (como % del PIB) según nivel de enseñanza y fuente de financiamiento, año 2014			
Gasto público	2,7	0,8	3,5
Gasto privado	0,6	1,3	1,9
Total gasto	3,3	2,1	5,4

Fuente: *Education at a glance* 2016, OECD, noviembre 2016.

Estadísticas de la educación parvularia, básica y media

Según cifras del Ministerio de Educación, al año 2016 existían 3.809.995 alumnos preescolares y escolares en todo Chile, siendo la Región Metropolitana la que concentra la mayor cantidad de población estudiantil (38,2% de la matrícula total). Considerando la VIII y V región, se alcanza un 60% de la matrícula total. Un 48,8% de estos alumnos son mujeres.

A nivel de educación parvularia, hay más de 785 mil estudiantes. De ellos, un 33% asiste a instituciones preescolares JUNJI o Fundación Integra y el 67% a establecimientos escolares.

En la enseñanza básica, que concentra la mayor proporción de la matrícula, hay más de 2 millones de estudiantes a lo largo del país. Un 53,6% de los alumnos de educación básica asiste a establecimientos particulares subvencionados, y otro 38,4% a escuelas y liceos municipales. Solo un 8% de la matrícula de enseñanza básica estudia en colegios particulares pagados. A nivel de enseñanza media, de los 1.021.123 estudiantes, un 51% asiste a colegios particulares subvencionados, un 36,6% a establecimientos municipales, un 7,9% a colegios pagados y un 4,5% a corporaciones de administración delegada.

TABLA 4
CARACTERIZACIÓN DE LA MATRÍCULA PREESCOLAR Y ESCOLAR POR NIVEL DE ENSEÑANZA, AÑO 2016

	Educación parvularia	Educación básica	Educación media	Total
N° de alumnos según nivel educacional y sexo				
Hombres	404.297	1.033.256	514.440	1.951.993
Mujeres	381.071	970.248	506.683	1.858.002
Total	785.368	2.003.504	1.021.123	3.809.995
N° de alumnos según nivel educacional y dependencia				
Municipal	130.927	769.284	373.319	1.273.530
Particular subvencionado	348.266	1.073.084	520.872	1.942.222
Particular pagado	47.017	160.864	81.083	288.964
Corporación de administración delegada		272	45.849	46.121
Junji	182.142			182.142
Fund. Integra	77.016			77.016
Total	785.368	2.003.504	1.021.123	3.809.995
N° de alumnos según nivel educacional y región				
Región I	20.057	42.680	20.280	83.017
Región II	26.410	74.996	37.400	138.806
Región III	16.540	37.479	17.873	71.892
Región IV	39.579	91.271	46.497	177.347
Región V	76.491	197.071	104.900	378.462
Región VI	41.082	106.775	55.319	203.176
Región VII	50.263	120.171	60.426	230.860
Región VIII	93.295	235.412	119.655	448.362
Región IX	46.220	115.208	60.826	222.254
Región X	40.786	104.609	53.365	198.760
Región XI	6.423	13.872	6.341	26.636
Región XII	7.977	18.085	9.382	35.444
Región Metropolitana	289.591	773.148	390.780	1.453.519
Región XIV	18.025	44.395	23.511	85.931
Región XV	12.629	28.332	14.568	55.529
Total	**785.368**	**2.003.504**	**1.021.123**	**3.809.995**

Fuente: Estadísticas de la Educación 2016. Centro de Estudios MINEDUC, agosto 2017.

De los más de 230 mil docentes de las instituciones escolares, un 45,1% se desempeña en establecimientos particulares subvencionados y un 44,2% en colegios municipales. Un 9,6% de los profesores (22.179) pertenece a establecimientos particulares pagados. En términos generales, el 72,9% de los docentes en instituciones escolares son mujeres y el 94,3% son titulados en pedagogía.

Según la publicación *Education at a Glance* del 2016 de la Organización para la Cooperación y el Desarrollo Económicos, OCDE, las jornadas laborales de los profesores en Chile son de las más extensas entre los países miembros: en el año 2014, los profesores trabajaron 2.006 horas al año, de las cuales 1.146 se destinaron a docencia. Los profesores en Chile tienen también un mayor tamaño de sala de clases en todos los niveles educativos. En básica, el tamaño de clases fue de 30 alumnos, y en media, de 31 alumnos (en comparación con 21 y 23 alumnos en promedio en países de la OCDE). Finalmente, los profesores obtienen una remuneración sustancialmente menor que otros trabajadores con educación superior (30% menos respecto de un trabajador con educación terciaria que trabaja jornada completa en el año, para el caso de enseñanza básica, y 23% menos para los de enseñanza media superior. Los promedios de la OCDE son de 26% y 11%, respectivamente).

TABLA 5
CARACTERIZACIÓN DE LOS DOCENTES DE EDUCACIÓN PARVULARIA, BÁSICA Y MEDIA, AÑO 2016

	Municipal	Particular subvencionado	Particular pagado	Corporación de administración delegada	Total
N° de docentes en educación parvularia, básica y media según dependencia administrativa y función, año 2016					
Docente de Aula	82.633	84.805	19.332	1.911	188.681
Técnico Pedagógica	1.282	2.033	385	22	3.722
Planta Directiva	770	1.881	648	67	3.366
Director	3.248	5.259	538	68	9.113
Otra en el Establecimiento	5.400	3.923	518	44	9.885
Otra fuera del Establecimiento	616	449	100	11	1.176
Jefe Unidad Técnico Pedagógica	2.114	2.241	162	48	4.565

	Municipal	Particular subvencionado	Particular pagado	Corporación de administración delegada	Total
N° de docentes en educación parvularia, básica y media según dependencia administrativa y función, año 2016					
Inspector General	2.288	1.495	198	53	4.034
Orientador	1.119	829	142	26	2.116
Subdirector	186	299	26	2	513
Profesor encargado del establecimiento	1.984	501	9	0	2.494
Educador tradicional	180	176	121	0	477
Total	**101.820**	**103.891**	**22.179**	**2.252**	**230.142**
N° de docentes en educación parvularia, básica y media según dependencia administrativa y sexo, año 2016					
Hombres	30.641	25.249	5.403	1.174	62.467
Mujeres	71.179	78.642	16.776	1.078	167.675
Total	**101.820**	**103.891**	**22.179**	**2.252**	**230.142**
N° de docentes en educación parvularia, básica y media según dependencia administrativa y tipo de título, año 2016					
Titulados en educación	95.957	98.322	21.056	1.724	217.059
Titulados en otras áreas	4.466	3.649	734	481	9.330
No titulados	1.384	1.891	178	47	3.500
Sin Información	13	29	211	0	253
Total	**101.820**	**103.891**	**22.179**	**2.252**	**230.142**

Fuente: Estadísticas de la Educación 2016. Centro de Estudios MINEDUC, agosto 2017.

La última evaluación PISA del año 2012 señala que Chile alcanzó el primer lugar de Latinoamérica en las tres áreas evaluadas: lectura, matemáticas y ciencias, pero se encuentra bajo el promedio OCDE. En Matemática, un 52% de los estudiantes no alcanza el nivel 2 o superiores, la base mínima de preparación para enfrentar los desafíos de la vida en la sociedad moderna, versus el promedio de 63% que no lo logra superar en América Latina. Chile demuestra consistentemente mejores resultados en Lectura que en Matemática.

TABLA 6
RESULTADOS PRUEBAS PISA CHILE, AÑO 2012

	Bajo nivel 2 (%)	Nivel 2 (%)	Nivel 3 (%)	Nivel 4 (%)	Nivel 5 y 6 (%)	Promedio
Resultados prueba de Lectura						
Chile	33	35	24	7	1	441
Promedio Latinoamérica	46	31	17	5	1	413
Promedio OCDE	18	23	29	21	8	496
Resultados prueba de Matemáticas						
Chile	52	25	15	6	2	423
Promedio Latinoamérica	63	22	10	3	1	397
Promedio OCDE	23	22	24	18	13	494
Resultados prueba de Ciencias						
Chile	34	35	22	8	1	501
Promedio Latinoamérica	50	32	14	3	0	411
Promedio OCDE	18	25	29	20	8	501

Fuente: Informe Resultados Programme for International Students Assessment PISA 2012, OECD y Agencia Calidad de la Educación, Gobierno de Chile.

Estadísticas de la educación superior

El año 2016 eran 1.247.135 los estudiantes de la educación superior en Chile. Del total, 52,2% son mujeres, 57,8% estudian en universidades y 48% lo hacen en la Región Metropolitana. Considerando la VIII y V Región, un 71,8% de los estudiantes de educación superior se concentra en estas tres regiones. Un 28% estudia un programa en el área de tecnología, un 19% en salud y un 18,8% en administración y comercio.

TABLA 7
CARACTERIZACIÓN DE LA MATRÍCULA DE EDUCACIÓN SUPERIOR, AÑO 2016

	N	%
N° de alumnos según nivel educacional y sexo		
Hombres	595.564	47,8%
Mujeres	651.571	52,2%
Total	**1.247.135**	**100,0%**

	N	%
Nº de alumnos según nivel educacional y dependencia		
Universidad CRUCH	345.864	27,7%
Universidad Privada (no CRUCH)	374.884	30,1%
Instituto Profesional	384.667	30,8%
Centro de Formación Técnica	141.720	11,4%
Total	**1.247.135**	**100,0%**
Nº de alumnos según nivel educacional y región		
Región I	17.806	1,4%
Región II	40.548	3,3%
Región III	12.128	1,0%
Región IV	43.601	3,5%
Región V	136.793	11,0%
Región VI	28.829	2,3%
Región VII	55.349	4,4%
Región VIII	160.757	12,9%
Región IX	60.320	4,8%
Región X	42.889	3,4%
Región XI	2.471	0,2%
Región XII	8.047	0,6%
Región Metropolitana	598.002	48,0%
Región XIV	23.379	1,9%
Región XV	16.216	1,3%
Total	**1.247.135**	**100,0%**
Nº de alumnos según nivel educacional y área del conocimiento		
Administración y Comercio	234.237	18,8%
Agropecuaria	27.016	2,2%
Arte y Arquitectura	54.319	4,4%
Ciencias Básicas	21.036	1,7%
Ciencias Sociales	113.766	9,1%
Derecho	44.898	3,6%
Educación	153.177	12,3%
Humanidades	11.720	0,9%
Salud	236.667	19,0%
Tecnología	349.714	28,0%

	N	%
Sin área definida	585	0,0%
Total	**1.247.135**	**100,0%**

Fuente: Estadísticas de la Educación 2016. Centro de Estudios MINEDUC, agosto 2017.

En 2016, hay 19.219 estudiantes extranjeros, los que corresponden al 1,5% de la matrícula total distribuidos en carreras profesionales (44%), técnicas (25,8%), programas de posgrado (25,8%) y postítulos (4,4%). En programas de posgrado había 4.952 estudiantes extranjeros regulares. De los 19.219, la mayoría proviene de América del Sur (76,5%), destacando Perú con 6.118 estudiantes, Colombia con 3.191 estudiantes y Ecuador con 1.772 estudiantes.

En Chile, la cantidad de estudiantes extranjeros de intercambio matriculados en IES (la mayoría por un período no superior a un año y cursando un programa de forma no conducente a un título) alcanzó la cifra de 8.703. El 61,2% de los estudiantes extranjeros de intercambio son mujeres y el 68,1% son menores de 24 años. Las universidades del Consejo de Rectores suman en total el 59,4% de la matrícula extranjera de intercambio. Un 89,6% participa de un convenio institucional que les permite realizar estudios en Chile.

TABLA 8
CARACTERIZACIÓN DE LA MATRÍCULA EXTRANJERA EN EDUCACIÓN SUPERIOR, AÑO 2016

	Universidad CRUCH estatal	Universidad CRUCH no estatal	Universidad privada	Instituto profesional	Centro de formación técnica	Total
Nº de alumnos extranjeros regulares según tipo de programa y tipo de institución, año 2016						
Carrera Profesional	1.109	735	4.160	2.458	0	**8.462**
Carrera Técnica	226	20	140	2.481	2.093	**4.960**
Posgrado	2.100	1.716	1.136	0	0	**4.952**
Postítulo	150	121	544	28	2	**845**
Total	**3.585**	**2.592**	**5.980**	**4.967**	**2.095**	**19.219**
Nº de alumnos extranjeros de intercambio según tipo de institución, año 2016						
Alumnos extranjeros de intercambio	2.068	3.103	3.450	77	5	**8.703**

Fuente: Estudiantes extranjeros en Educación Superior en Chile, matrícula 2016.

En cuanto a los más de 109 mil docentes de las instituciones de educación superior, un 68,5% (74.946 académicos) se desempeñan en universidades, un 21% en institutos profesionales y un 10,5% en centros de formación técnica. De los casi 75 mil académicos universitarios, un 42,5% son mujeres, un 3,2% son de nacionalidad extranjera, un 52,7% tiene posgrado (doctorado, especialidad médica o magíster) y solo un 14,4% cuenta con grado de doctor.

TABLA 9
CARACTERIZACIÓN DE LOS DOCENTES DE LA EDUCACIÓN SUPERIOR, AÑO 2016

	Universidad	Instituto Profesional	Centro de Formación Técnica	Total
N° de docentes en educación superior según tipo de institución y sexo, año 2016				
Hombres	43.085	13.701	6.469	63.255
Mujeres	31.861	9.245	5.017	46.123
Total	**74.946**	**22.946**	**11.486**	**109.378**
N° de docentes en educación superior según tipo de institución y nivel de formación, año 2016				
Doctorado	10.774	117	48	10.939
Magíster	23.444	3.494	1.354	28.292
Especialidad Médica u Odontológica	5.289	27	35	5.351
Título Profesional	29.500	16.453	8.235	54.188
Licenciatura	4.259	1.224	420	5.903
Técnico Nivel Superior	730	1.237	1.197	3.164
Técnico Nivel Medio	29	65	17	111
Sin Título ni Grado	914	328	179	1.421
Sin Información	7	1	1	9
Total	**74.946**	**22.946**	**11.486**	**109.378**

Fuente: Estadísticas de la Educación 2016. Centro de Estudios MINEDUC, agosto 2017.

En términos de la oferta académica de programas de estudios en las instituciones de educación superior, el año 2017 se impartieron cerca de 21 mil programas de pre y posgrado. Esto representa un aumento de un 6,7% en el número de programas impartidos respecto del año 2011.

TABLA 10
OFERTA ACADÉMICA EN INSTITUCIONES DE EDUCACIÓN SUPERIOR

	2011	2012	2013	2014	2015	2016	2017	Variación 2011-2017
Evolución del N° de programas impartidos por instituciones de educación superior según tipo de carrera, años 2011-2017								
Bachillerato, Plan Común o Ciclo Básico	127	146	129	132	108	102	100	-21,3%
Técnico de Nivel Superior	7.571	7.953	8.430	8.983	8.561	8.498	7.764	2,5%
Profesional sin licenciatura	4.445	3.995	3.817	3.741	3.691	3.618	3.536	-20,4%
Licenciatura	119	119	139	149	171	174	221	85,7%
Profesional con licenciatura	4.478	4.306	4.618	4.830	4.948	5.101	4.696	4,9%
Diplomado	628	833	1.034	1.171	1.323	1.416	1.509	140,3%
Postítulo	490	491	450	421	468	489	545	11,2%
Especialidad de la salud	304	341	376	402	413	442	455	49,7%
Magíster	1.133	1.276	1.384	1.469	1.524	1.581	1.712	51,1%
Doctorado	217	217	233	248	258	272	284	30,9%
Total	**19.512**	**19.677**	**20.610**	**21.546**	**21.465**	**21.693**	**20.822**	**6,7%**
Evolución del N° de programas impartidos por instituciones de educación superior según tipo de institución, años 2011-2017								
Universidad CRUCH Estatal	2.697	2.370	2.448	2.516	2.601	2.553	2.698	0,0%
Universidad CRUCH no estatal	1.479	1.597	1.725	1.762	1.782	1.850	1.875	26,8%
Universidad Privada	5.275	5.347	6.115	6.664	6.843	6.951	6.480	22,8%
Instituto Profesional	6.976	6.590	6.219	6.127	6.377	6.663	6.353	-8,9%
Centro de Formación Técnica	2.976	3.661	3.988	4.365	3.755	3.569	3.308	11,2%
Fuerzas Armadas	109	112	115	112	107	107	108	-0,9%
Total	**19.512**	**19.677**	**20.610**	**21.546**	**21.465**	**21.693**	**20.822**	**6,7%**

Fuente: Servicio de Información de Educación Superior (SIES), División de Educación Superior, Ministerio de Educación, Chile.

TABLA 11
MATRÍCULA TOTAL, MATRÍCULA PRIMER AÑO Y TITULADOS POR TIPO DE INSTITUCIÓN

	Universidad CRUCH estatal	Universidad CRUCH no estatal	Universidad privada	Instituto profesional	Centro de formación técnica
Alumnos y titulados por tipo de institución					
N° de alumnos totales 2017	194.841	155.752	383.010	377.354	136.789
N° de alumnos primer año 2017	42.337	32.109	81.097	119.632	60.034
N° de titulados 2016	28.414	22.378	68.548	75.627	33.694

Fuente: Informe matrícula 2017 en educación superior en Chile e Informe de titulación en educación superior en Chile 2016, Servicio de Información de Educación Superior (SIES), División de Educación Superior, Ministerio de Educación, junio y julio 2017.

Cabe mencionar que un 34,3% de los estudiantes de los centros de formación técnica desertan durante su primer año de estudios (año 2015), al igual que un 32,4% de los alumnos de institutos profesionales. En el caso de las universidades, las tasas de deserción difieren según la naturaleza de la institución: un 22,1% en universidades estatales, un 17,9% en universidades no estatales del Consejo de Rectores y un 25,3% en universidades privadas. Respecto de la duración real de las carreras, en todos los tipos de institución los estudiantes demoran al menos un 30% más de tiempo en titularse que la duración oficial de los programas.

TABLA 12
RETENCIÓN DE PRIMER AÑO DE CARRERAS DE PREGRADO POR TIPO DE INSTITUCIÓN

Tipo de institución	2011	2012	2013	2014	2015
Centros de Formación Técnica	61,6%	63,4%	63,9%	64,5%	65,7%
Institutos Profesionales	64,1%	64,6%	66,1%	67,2%	67,6%
U. CRUCH Estatal	76,3%	80,1%	77,6%	78,6%	77,9%
U. CRUCH no estatal	80,0%	81,6%	81,8%	82,8%	82,1%
Universidades Privadas	73,1%	70,8%	71,8%	73,1%	74,7%
Total general	**68,6%**	**69,1%**	**69,5%**	**70,6%**	**71,3%**

Fuente: Informe retención de primer año de pregrado cohortes 2011-2015, Servicio de Información de Educación Superior (SIES), División de Educación Superior, Ministerio de Educación, diciembre 2016.

TABLA 13
PORCENTAJE DE SOBREDURACIÓN DE LAS CARRERAS SEGÚN TIPO DE INSTITUCIÓN - PREGRADO

Tipo de Institución	2012	2013	2014	2015	2016
Centros de Formación Técnica	33,1%	35,5%	35,3%	33,9%	34,0%
Institutos Profesionales	26,3%	28,3%	25,6%	24,8%	24,3%
Universidades	32,1%	32,1%	32,2%	31,7%	31,1%
Total general	**30,9%**	**31,6%**	**30,8%**	**30,0%**	**29,4%**

Fuente: Informe duración real y sobreduración de carreras o programas generación titulados y graduados 2012-2016, Servicio de Información de Educación Superior (SIES), División de Educación Superior, Ministerio de Educación, agosto 2017.

Finalmente, es importante relevar algunas estadísticas asociadas a la producción científica chilena, la que está concentrada en las universidades, principalmente del Consejo de Rectores. En términos generales, cabe mencionar que el número de publicaciones indexadas de instituciones chilenas ha aumentado fuertemente en los últimos años; específicamente, las publicaciones *Web of Science* han aumentado un 41% entre los años 2012 y 2016, en tanto las publicaciones *Scopus* se han incrementado en 45% en el mismo período.

TABLA 14
EVOLUCIÓN DE LAS PUBLICACIONES INDEXADAS EN CHILE

	2012	2013	2014	2015	2016	Variación 2012-2016
Evolución de publicaciones indexadas chilenas						
N° de publicaciones WoS (ISI)	8.847	9.214	10.940	11.299	12.448	40,7%
N° de publicaciones SCOPUS	7.827	8.904	9.317	10.999	11.556	45,2%

Fuente: SCImago Journal & Country Rank.

Considerando la cantidad de publicaciones *Scopus* desarrolladas por investigadores en instituciones chilenas entre los años 2008 y 2012, un 46% se concentra en las nueve universidades no estatales del Consejo de Rectores y otro 43,9% en las 25 universidades estatales. Solo un 10,1% de la producción científica de dicho período fue realizada en universidades privadas.

TABLA 15
PUBLICACIONES CHILENAS SEGÚN TIPO DE INSTITUCIÓN

	Universidad CRUCH estatal	Universidad CRUCH no estatal	Universidad privada	Otro	Total
Publicaciones SCOPUS chilenas según tipo de institución (2008-2012)					
N° de publicaciones 2008-2012	16.995	17.813	3.894	20	38.722
% respecto del total de publicaciones	43,9%	46,0%	10,1%	0,1%	100,0%

Fuente: Panorama de la Educación Superior en Chile 2014, Servicio de Información de Educación Superior (SIES), División de Educación Superior, Ministerio de Educación.

El porcentaje de gasto en ciencia y tecnología en Chile se encuentra en un nivel bajo, si bien ha aumentado levemente: en el 2015 el gasto en investigación y desarrollo experimental alcanzó un 0,38% del PIB (el promedio de la OCDE es de 2,4% del PIB). Chile es el país que menos recursos destina a la ciencia como proporción de sus ingresos.

TABLA 16
GASTO EN CIENCIA Y TECNOLOGÍA EN RELACIÓN CON EL PIB

	2010	2011	2012	2013	2014	2015
Gasto en Ciencia y Tecnología en relación con el PIB						
I+D (Investigación y Desarrollo Experimental)	0,33%	0,35%	0,36%	0,39%	0,37%	0,38%

Fuente: Red de Indicadores de Ciencia y Tecnología -Iberoamericana e Interamericana- RICYT.